"十二五"国家重点图书出版规划项目

发展方式转变丛书

2050：中国的低碳经济转型

Transformation of low-carbon Economy in China (2050)

张其仔
郭朝先
杨丹辉 等／著

社会科学文献出版社
SOCIAL SCIENCES ACADEMIC PRESS (CHINA)

发展方式转变丛书
学术指导委员会

主　任　王伟光

专　家　王伟光　中国社会科学院院长
　　　　　　何建坤　清华大学原副校长
　　　　　　金　碚　中国社会科学院工业经济研究所所长
　　　　　　郭日生　中国21世纪议程管理中心主任
　　　　　　谢寿光　社会科学文献出版社社长

发展方式转变丛书
编辑委员会

主 编 张其仔

成 员 杨春学 李海舰 张其仔 李 钢 郭朝先
       原 磊 邓泳红 沈可挺

课题统筹　张其仔

课题协调　孙新章　李　钢　谭秋成　郭朝先
　　　　　　　杨丹辉　刘　宇　张新民　纪建悦
　　　　　　　梁泳梅

撰写组成员（按姓氏笔画为序）

王　丽　王秀丽　王　磊　白　玫　伍业君　刘　宇
李继峰　朱菲菲　纪建悦　吴利学　张亚雄　张其仔
张新民　张　蕾　陈　莎　李　凯　杨丹辉　陈秋红
赵晓敏　秦　蕾　郭朝先　梁泳梅　渠慎宁　蔡松锋
谭秋成　薛志钢

序

2003年10月召开的中共十六届三中全会提出了科学发展观，并把它的基本内涵概括为"坚持以人为本，树立全面、协调、可持续的发展观，促进经济社会和人的全面发展"，坚持"统筹城乡发展、统筹区域发展、统筹经济社会发展、统筹人与自然和谐发展、统筹国内发展和对外开放的要求"。在党的十七大上，胡锦涛总书记在《高举中国特色社会主义伟大旗帜 为夺取全面建设小康社会新胜利而奋斗》的报告中提出，在新的发展阶段继续全面建设小康社会、发展中国特色社会主义，必须坚持以邓小平理论和"三个代表"重要思想为指导，深入贯彻落实科学发展观。

实现发展方式转变就是要用科学发展观统领我国的经济社会建设，是我国实现经济社会可持续发展、实现现代化宏伟目标的必然要求。2010年2月3日，胡锦涛总书记在中央党校举行的省部级主要领导干部"深入贯彻落实科学发展观 加快经济发展方式转变"专题研讨班开班式讲话中强调，加快经济发展方式转变是适应全球需求结构重大变化、增强我国经济抵御国际市场风险能力的必然要求，是提高可持续发展能力的必然要求，是在后国际金融危机时期国际竞争中抢占制高点、争创新优势的必然要求，是实现国民收入分配合理化、促进社会和谐稳定的必然要求，是适应实现全面建设小康社会奋斗目标的新要求、满足人民群众过上更好生活新期待的必然要求。

发展方式转变是一个长期而且艰巨的探索过程。改革开放以来，我国政府一直非常重视转变传统的经济增长方式。1981年五届人大四次会议通过的政府工作报告提出了以提高经济效益为中心的发展国民经济十条方针，可以说是重视和尝试转变经济增长方式的开端。此后在整个80年代，中央又多次提出要转变经济增长方式和提高经济效益。20世纪90年代我国提出了两个

"根本转变",如1996年3月5日通过的《"九五"计划和2010年远景目标纲要》指出:"从计划经济体制向社会主义市场经济体制转变,经济增长方式从粗放型向集约型转变,这是实现今后十五年奋斗目标的关键所在。"进入21世纪,中央又提出走"新型工业化"道路,这是我国转变经济增长方式的又一次重要飞跃。2002年9月,党的十六大将"新型工业化"道路正式概括为:"坚持以信息化带动工业化,以工业化促进信息化,走出一条科技含量高、经济效益好、资源消耗低、环境污染少、人力资源优势得到充分发挥的新型工业化路子。"2003年之后,我国开始由过去强调经济增长方式转变转向强调实现发展方式的转变。从我国不断强调经济增长方式转变和发展方式转变的过程,既可以看出我国对经济增长方式转变和发展方式转变的高度重视,也可以看出实现这种转变的艰巨性和复杂性。经过较长期的努力,我国在发展方式转变上虽然取得了令人瞩目的进展,但发展过程中面临的不可持续、不平衡、不协调的问题仍未从根本上解决,仍需付出艰苦的努力,进行不懈的探索。

组织编写"发展方式转变丛书"的目的,是为了推进发展方式转变的理论研究工作,为我国推进发展方式转变尽绵薄之力。丛书内容涵盖发展方式转变的理论基础、国际经验和我国发展方式转变的路径、政策选择和重大成就等,作为丛书编撰者,衷心期望丛书的出版能对我国发展方式转变实践起到启示或借鉴作用。

经过社会科学文献出版社的努力,"发展方式转变丛书"已列入"十二五"国家重点图书出版规划。为了出版好这套丛书,社会科学文献出版社还邀请了中国社会科学院常务副院长王伟光等知名学者组成丛书学术指导专家委员会。在此,编委会衷心地感谢王伟光常务副院长等知名学者的无私支持和对中青年学者的热心提携,感谢新闻出版总署的大力支持,感谢社会科学文献出版社,特别是谢寿光社长的大力支持和为此付出的辛勤劳动,感谢各位责任编辑为编辑本丛书付出的艰辛劳动。

发展方式转变是一场伟大的经济社会建设实践,限于编者水平,本丛书难免有所不足,敬请各位同行、尊敬的读者批评指正!

丛书编委会
2012年9月

引　言

近年来，温室气体排放引起全球气候变化的问题引人瞩目，成为环境问题研究中全球最为关注的焦点之一。改革开放以来，中国经济发展取得了显著的成就，但快速的经济增长同时也带来了资源消耗、碳排放增加等问题，目前已经成为世界第一碳排放大国。从长远看，无论国际社会的期望还是国内发展需求，都需要中国走出一条节能、低碳的科学发展之路。

气候变化是一项全球性课题，从历届国际气候大会的谈判进程及其达成的各种协议来看，一国（地区）的排放路径、峰值以及减排的成本会直接影响其应对气候变化的政策措施选择、在国际谈判中可以接受的全球气候变化治理方案。深入研究主要发达国家的排放路径与峰值，不仅有助于评估各种气候变化全球治理方案的可行性和进行全球共同治理气候变化的方案设计，而且有利于中国制订科学合理、代价较小的减排方案。正是基于这个考虑，我们开展了"主要国家和中国温室气体排放路径分析、峰值研究及减排成本效益分析"课题研究。课题承担单位是中国社会科学院工业经济研究所，参与单位包括中国 21 世纪议程管理中心、国家信息中心经济预测部政策仿真实验室、中国社会科学院农村发展研究所、中国社会科学院社会学研究所、中国环境科学研究院、浙江工商大学、中国海洋大学。中国社会科学院工业经济研究所负责课题的统筹管理，承担了中国温室气体排放峰值、主要行业的排放研究和发达国家的排放路径与减排政策研究等任务。中国温室气体排放峰值研究由李钢、吴利学、白玫等负责，主要行业的排放研究由郭朝先负责，发达国家排放路径与减排政策研究由杨丹辉负责；中国 21 世纪议程管理中心、中国社会科学院农村发展研究所主要承担发展中国家与典型地区排放路径与减排政策研究，由谭秋成、孙新章负责；中国社会科学院社会学所主要承担减排影响案例研究，由樊平负责；中国环境科学研究院承担交通运输行业的减排研究，由张新民负责；中国海洋大学承担大型公建和居民生活排放的研究，负责人是纪建悦；国家信息中心经济预测部政策仿真实验室承担减排的经济影响研究，负责人是张亚雄、李继峰和刘宇。

本研究成果的获得，除得到了国家973计划（课题编号：2010CB955205）资助外，还得到了人社部留学人员科技活动择优资助项目"产业竞争力分析的一般均衡方法研究"和中国社会科学院创新工程项目"工业经济运行监测与风险评估研究"的支持。在此，课题组对国家科技部、人社部、中国社会科学院创新工程办公室表示衷心感谢！在研究过程中，课题组还得到了原科技部副部长刘燕华、原清华大学副校长何建坤教授的细心指导，课题组对他们为本课题所付出的心血表示诚挚的谢意！

本报告的初稿写作分工如下：第一章，郭朝先；第二章，吴利学、白玫；第三章，杨丹辉；第四章，张亚雄、刘宇、吴利学、白玫、李继峰、蔡松锋、张其仔、谭秋成；第五章，张亚雄、刘宇、谭秋成、李继峰、蔡松锋、张其仔；第六章，谭秋成；第七章，郭朝先、白玫、梁泳梅、伍业君、王磊、朱菲菲、赵晓敏、秦蕾、王丽、张蕾；第八章，张新民、李凯、薛志钢、李红；第九章，纪建悦；第十章，杨丹辉、渠慎宁；第十一至十五章，陈秋红；第十六章，张其仔。初稿交来后，张其仔进行了进一步修改。本研究主体部分均在2010年进行并于2011年完成。因此，研究中的预测部分与目前最新的实际数据会存在差异。

在研究过程中，李钢作为课题协调人，做了大量组织工作；在课题进行过程中，梁泳梅做了大量组织、沟通工作，并对总报告进行了编辑加工。在此，我谨代表课题组对他们付出的辛勤劳动表示衷心感谢！

张其仔

2013年5月

目　　录

第一篇　中国的排放峰值研究

第1章　中国排放增长驱动因素分析：基于SDA分解技术 ⋯⋯⋯ 3
　一　研究方法 ⋯⋯⋯⋯⋯⋯⋯⋯⋯⋯⋯⋯⋯⋯⋯⋯⋯⋯⋯⋯ 5
　二　实证分析 ⋯⋯⋯⋯⋯⋯⋯⋯⋯⋯⋯⋯⋯⋯⋯⋯⋯⋯⋯⋯ 8
　三　产业结构变动对中国碳排放的影响 ⋯⋯⋯⋯⋯⋯⋯⋯⋯ 15

第2章　中国排放峰值分析 ⋯⋯⋯⋯⋯⋯⋯⋯⋯⋯⋯⋯⋯⋯⋯ 29
　一　研究思路 ⋯⋯⋯⋯⋯⋯⋯⋯⋯⋯⋯⋯⋯⋯⋯⋯⋯⋯⋯⋯ 29
　二　情景设定 ⋯⋯⋯⋯⋯⋯⋯⋯⋯⋯⋯⋯⋯⋯⋯⋯⋯⋯⋯⋯ 31
　三　情景分析 ⋯⋯⋯⋯⋯⋯⋯⋯⋯⋯⋯⋯⋯⋯⋯⋯⋯⋯⋯⋯ 35
　四　减排贡献分解 ⋯⋯⋯⋯⋯⋯⋯⋯⋯⋯⋯⋯⋯⋯⋯⋯⋯⋯ 45

第二篇　主要国家的排放研究

第3章　主要发达国家的排放路径与峰值 ⋯⋯⋯⋯⋯⋯⋯⋯⋯ 51
　一　欧盟温室气体排放态势与减排效果 ⋯⋯⋯⋯⋯⋯⋯⋯⋯ 51
　二　美国温室气体排放现状、路径变化与减排形势 ⋯⋯⋯⋯ 55
　三　日本温室气体的排放路径及新趋势 ⋯⋯⋯⋯⋯⋯⋯⋯⋯ 60
　四　澳大利亚温室气体排放的态势与特点 ⋯⋯⋯⋯⋯⋯⋯⋯ 64
　五　小结与比较 ⋯⋯⋯⋯⋯⋯⋯⋯⋯⋯⋯⋯⋯⋯⋯⋯⋯⋯⋯ 67

第4章　主要发达经济体的排放情景分析 ············ 77
一　乐观情景 ············ 77
二　发达国家无强烈减排意愿情景下的主要国家排放分析 ············ 103
三　发展中国家的排放情景 ············ 123

第5章　主要国家减排的经济影响 ············ 128
一　有关实现2℃目标的减排方案 ············ 128
二　发展中国家减排的经济影响 ············ 132
三　发达国家减排的经济影响 ············ 141

第三篇　典型部门与行业的排放研究

第6章　中国农业部门排放研究 ············ 171
一　农业温室气体排放现状 ············ 171
二　农业温室气体减排的路径及影响 ············ 176
三　中国农业发展转型 ············ 184

第7章　中国工业部门排放研究 ············ 189
一　钢铁工业的CO_2排放峰值及减排路径分析 ············ 189
二　水泥行业CO_2排放峰值及减排路径 ············ 202
三　电力行业CO_2排放峰值及减排路径 ············ 212
四　造纸业碳排放峰值及其减排投资成本 ············ 226
五　有色金属工业碳排放峰值及其减排投资成本 ············ 235
六　中国平板玻璃的排放研究 ············ 244
七　合成氨行业碳排放峰值及减排路径 ············ 274
八　乙烯排放研究 ············ 292

第8章　中国机动车排放研究 ············ 314
一　全国机动车污染源排放系数测算 ············ 314
二　机动车二氧化碳排放路径及峰值研究 ············ 322

三　机动车二氧化碳减排成本效益分析 …………………………… 324

第9章　中国居民部门排放研究 ………………………………………… 347
　　一　居民部门室内照明碳排放预测、减排潜力及减排路径研究 …… 347
　　二　居民部门室内耐用电器碳排放预测、减排潜力及减排路径研究 … 357
　　三　居民部门住宅采暖碳排放预测、减排潜力及减排路径研究 …… 371

第10章　废弃物温室气体排放峰值及减排成本收益分析 ……………… 385
　　一　研究背景与文献简评 …………………………………………… 385
　　二　废弃物碳排放及其峰值：基于FOD的测算 …………………… 387
　　三　废弃物减排成本收益：基于水泥窑协同处理方式的分析 …… 397
　　四　国际比较与政策建议 …………………………………………… 406

第四篇　案例研究——湖南省温室气体排放研究

第11章　地区温室气体排放理论研究与实践综述 ……………………… 413
　　一　各地区温室气体排放情况研究 ………………………………… 414
　　二　各地温室气体减排成本与收益估算 …………………………… 423
　　三　地区温室气体减排政策工具的应用 …………………………… 426

第12章　湖南省温室气体排放的时序分析 ……………………………… 435
　　一　能源消费温室气体排放 ………………………………………… 435
　　二　主要工业产品工艺过程温室气体排放 ………………………… 442
　　三　土地利用变化与牲畜管理中温室气体的排放 ………………… 445
　　四　固体废弃物处理与废水温室气体的排放 ……………………… 456
　　五　湖南省温室气体源和汇平衡结果的时间序列分析 …………… 460

第13章　湖南省温室气体排放情景分析与峰值研究 …………………… 469
　　一　能源消费温室气体排放情景分析 ……………………………… 469
　　二　主要工业产品工艺过程温室气体排放预测 …………………… 474
　　三　土地利用变化与牲畜管理中温室气体的排放预测 …………… 475

四　固体废弃物处理与废水温室气体的排放 ………………………… 477
　　五　基于 STIRPAT 模型的湖南省温室气体排放预测 ………………… 478

第 14 章　湖南省温室气体减排成本收益分析 ……………………………… 491
　　一　湖南减排潜力估算 …………………………………………………… 491
　　二　湖南省温室气体减排成本的估算 …………………………………… 496
　　三　湖南省温室气体减排收益的估算 …………………………………… 504

第 15 章　湖南省温室气体减排路径探讨 ………………………………… 508
　　一　湖南省能源消费碳排放的影响因素分析 …………………………… 509
　　二　湖南省减排温室气体的路径探讨 …………………………………… 522

第 16 章　中国低碳经济转型的路径选择与政策建议 …………………… 527
　　一　中国排放的总体形势 ………………………………………………… 527
　　二　减排的经济影响 ……………………………………………………… 531
　　三　中国典型部门与行业的减排活动 …………………………………… 533
　　四　政策建议 ……………………………………………………………… 536

2050
中国的低碳经济转型

第一篇
中国的排放峰值研究

第1章

中国排放增长驱动因素分析：
基于 SDA 分解技术

当前中国正处于快速工业化推进进程中，二氧化碳排放量仍保持快速增长态势，控制和削减二氧化碳排放形势十分严峻。图 1-1 表明，改革开放以来，伴随中国经济快速增长，中国二氧化碳排放量呈逐步增长态势。其中，在 1996 年之前增长相对平缓，1978 年中国二氧化碳排放量为 14 亿吨，1996 年达到 35 亿吨，1978~2006 年年均增长约 5%；受亚洲金融危机的影

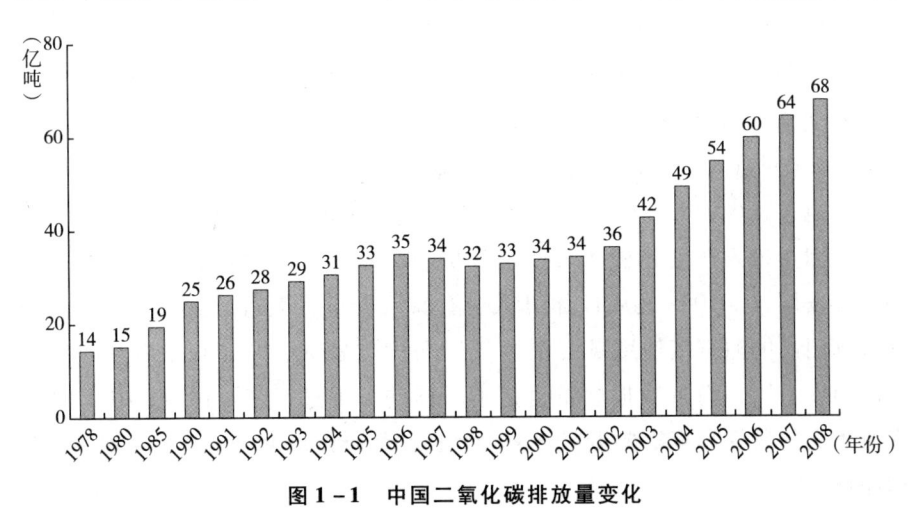

图 1-1　中国二氧化碳排放量变化

数据来源：根据历年分品种能源消耗及 2006 年 IPCC 国家温室气体排放指南，(2006) 提供的碳排放系数计算而来。

响，1997年之后的一段时间内中国碳排放出现了负增长，2001年二氧化碳排放水平大致和1997年持平，均约为34亿吨；进入21世纪特别是2002年以来，中国二氧化碳排放出现了快速增长，2002年二氧化碳排放量为36亿吨，2008年高达68亿吨，2002～2008年年均增长率约为11%，这个速度甚至高于同期经济增长速度。

到底是什么原因促进了中国碳排放持续快速增长，值得探讨。为深化对中国碳排放增长路径的认识，推动中国经济发展方式的转变，有必要对驱动碳排放增长各个因素从总的效应中分离出来，单独计量其对总排放增长的贡献。通行的分解方法主要有两种，一种是指数分解方法IDA（Index Decomposition Analysis），一种是结构分解方法SDA（Structural Decomposition Analysis）。SDA法与IDA法最大的区别在于前者基于投入产出表，而后者则只需使用部门加总数据。Hoekstra等（2003）对SDA法与IDA法在使用条件与使用方法上进行了比较，他们认为，相比于IDA法，SDA法对数据有着更高的要求，这是其主要劣势；但SDA法的主要优势在于可凭借投入产出模型全面分析各种直接或间接的影响因素，特别是一部门需求变动给其他部门带来的间接影响，而这是IDA法所不具备的。本处采用SDA分解方法对中国碳排放增长进行因素分解。

与本处较为密切的研究主要有廖明球（2009）对总产出的分解研究、潘文卿（2010）对能源消费变动的研究和张友国（2010）对碳排放分解的研究。本文借鉴了廖明球（2009）对总产出分解研究的成果，并把它整合到碳排放分解公式中。潘文卿（2010）对能源消费变动进行了SDA分解分析，本文借鉴采用其产业分类方法，将其运用到碳排放分解中。张友国（2010）也对碳排放进行了因素分解，他的碳排放分解不仅包括生产部门的排放，也包括生活部门的排放，尽管考虑问题更加全面，但也有重复计算的嫌疑，因为投入产出分析本来就是分析经济系统各个部门相互作用的。另外，张友国（2010）是从各部门终端能源消费角度进行分解的，而本文是从各部门的能源直接使用量（消费量）角度出发的，这不仅表现为观察问题的角度不同，而且数据质量也是不一样的。不过，张友国（2010）的研究对本文的研究具有重要借鉴意义，并且，其研究结论也可与本文研究结论相印证。

对比其他文献研究，本研究的特点在于：一是采用双层嵌套结构式SDA法对中国二氧化碳排放变动进行了分解，将碳排放变动分解为能源消费结构变动效应、能源消费强度变动效应、消费扩张效应、投资扩张效应、出口扩张效应、进口替代效应和投入产出系数变动效应等七种效应；二是采用了可比价投入产出表数据，消除价格因素的影响，从而研究方法更科学、计算结果更准确；三是分产业对分解结果进行了分析，不但对农业、工业、建筑业和服务业的不同效应在碳排放变动中发挥的作用进行了分解，而且将工业进一步划分为能源工业、轻制造业、重制造业和其他工业，从而更加全面分析各种效应的贡献。

一 研究方法

本处的研究是建立在扩展的经济－能源－碳排放投入产出表基础之上的，表1－1是这种表式的简表。由于中国未单独编制国内和进口的投入产出表，这里假设进口品和国内生产的产品没有差别，因而采用（进口）竞争型经济－能源－碳排放投入产出表表式。

表1－1 （进口）竞争型经济－能源－碳排放投入产出表表式

	中间使用	最终需求（Y）			进口	总产出
		消费	资本形成	出口		
中间投入	AX	C	I	EX	IM	X
增加值	V					
总投入	X^T					
能源消费	$\hat{E}X$					
能源结构	F					
碳排放量	Q^T					

注：X^T、Q^T分别是X、Q的转置，$\hat{X}$表示X的角阵。其中，$Q = \hat{S}\hat{E}X$，$S = c \times F$，c是碳排放系数向量。

表1－1中，A是投入产出直接消耗系数矩阵，X是总产出列向量，则X^T是总投入行向量（T表示转置），Y是最终需求矩阵，包括三个部分，即消费向量（C）、资本形成向量（I）和出口向量（EX），IM是进口列向量。E表示分产业部门的能源消费强度行向量，$\hat{E}X$表示分产业部门的能源消费量，其中$\hat{X}$表示X的角阵。F表示能源结构矩阵（指煤炭、石油、天然气三者所占比重）。由此可知，碳排放总量$Q = c\hat{F}\hat{E}X$，其中，c表示碳排放系

数向量。进一步令 $S = cF$，并将 S 写成角阵 $\hat{S}$ 的形式，则碳排放量 Q 可写成向量形式：$Q = \hat{S}\hat{E}$。①

由此，$\Delta Q = Q_1 - Q_0 = \hat{S}_1 \hat{E}_1 X_1 - \hat{S}_0 \hat{E}_0 X_0$。其中，下标 1、0 分别表示变量在第 1 期（报告期）和第 0 期（基期）的取值；Δ 表示变量的变化。

结构分解分析模型通常有四种形式：①保留交叉项；②不保留交叉项，将其以不同权重方式分配给各自变量；③加权平均法；④两极分解法或中点权分解法。方法①中由于交叉影响的存在，因此无法说明某个自变量对因变量的全部影响；方法②在合并交叉项时，存在权重不匹配问题；方法③在理论上比较完善，但是计算量较大；方法④相对粗糙，但可为方法③的近似解，而且比较直观。Dietzenbacher & Los（1998）也指出结构分解的形式并不是唯一的，从不同的因素排列顺序进行分解，会得到不同的分解形式。如果一个变量的变化由 n 个因素决定，那么该变量的结构分解形式共有 n!个。理论上，用这 n!个分解方程中每个因素的变动对应变量影响的平均值来衡量该因素的变动对应变量的影响是合理的，但实际计算操作上会相当复杂。不过，Dietzenbacher & Los（1998）进一步指出，如果变量过多，可采用两极分解方法作为替代，而所得到的结果却非常接近。② 这里采用两极分解方法来进行因素分解。

首先，可将 ΔQ 分解如下：

$$\Delta Q = \Delta \hat{S} \hat{E}_0 X_0 + \hat{S}_1 \Delta \hat{E} X_0 + \hat{S}_1 \hat{E}_1 \Delta X \tag{1}$$

同理，也可将 ΔQ 作如下分解：

$$\Delta Q = \Delta \hat{S} \hat{E}_1 X_1 + \hat{S}_0 \Delta \hat{E} X_1 + \hat{S}_0 \hat{E}_0 \Delta X \tag{2}$$

于是，

$$\Delta Q = (\Delta \hat{S} \hat{E}_0 X_0 + \Delta \hat{S} \hat{E}_1 X_1)/2 + (\hat{S}_1 \Delta \hat{E} X_0 + \hat{S}_0 \Delta \hat{E} X_1)/2 + (\hat{S}_0 \hat{E}_0 \Delta X + \hat{S}_1 \hat{E}_1 \Delta X)/2 \tag{3}$$

根据投入产出表平衡关系式，经济规模的变化 ΔX 还可以进一步分解为国内需求变动效应（进一步可分解为消费和资本形成变动效应）、出口扩张

---

① 由于不同能源碳排放系数一般比较稳定，其在总效应中的贡献微乎其微。本文假定碳排放系数没有变动，没有进一步分离出碳排放系数变动效应。
② 所谓两极分解方法就是将从第一个因素开始分解得到的各因素变化对应变量的影响值和从最后一个因素开始分解得到的各因素的影响值的平均值确定为各因素对应变量的影响值。

效应、进口替代效应、技术变动效应。将 ΔX 进行进一步分解后代入（3）就可形成"双层嵌套式"的结构分解表达式。

由于下述恒等式成立：

总产品 ≡ 国内生产国内使用的中间产品 + 国内生产国内使用的最终需求产品 + 出口产品

则有：

$$X_0 = \hat{U}_0 A_0 X_0 + \hat{U}_0 (C_0 + I_0) + EX_0 \tag{4}$$

$$X_1 = \hat{U}_1 A_1 X_1 + \hat{U}_1 (C_1 + I_1) + EX_1 \tag{5}$$

式中：A 为直接消耗系数矩阵，$\hat{U}$ 为国内供给比率的对角矩阵，其对角元素 u_i 为各部门产品的国内供给比率。计算公式是：

$$u_i = \frac{x_i - e_i}{x_i - e_i + m_i}$$

式中，m_i、e_i、x_i 分别为进口列向量 IM、出口列向量 EX、总产出列向量 X 相应的元素。

根据以上假定条件，可以进一步对经济规模变化量 ΔX 进行因素分解。为记述方便，令 $R_0 = (I - \hat{U}_0 A_0)^{-1}$，$R_1 = (I - \hat{U}_1 A_1)^{-1}$。[①] 则：

$$\Delta X = \frac{1}{2}(R_0 \hat{U}_0 + R_1 \hat{U}_1)\Delta C + \frac{1}{2}(R_0 \hat{U}_0 + R_1 \hat{U}_1)\Delta I + \frac{1}{2}(R_0 + R_1)\Delta EX$$

$$+ \frac{1}{2}[R_0 \Delta \hat{U}(A_1 X_1 + C_1 + I_1) + R_1 \Delta \hat{U}(A_0 X_0 + C_0 + I_0)]$$

$$+ \frac{1}{2}(R_0 \hat{U}_0 \Delta A X_1 + R_1 \hat{U}_1 \Delta A X_0) \tag{6}$$

将（6）式代入（3）式，并令 $k = (\hat{S}_1 \hat{E}_1 + \hat{S}_0 \hat{E}_0)/2$，可得：

$$\Delta Q = (\Delta \hat{S} \hat{E}_0 X_0 + \Delta \hat{S} \hat{E}_1 X_1)/2 \cdots\cdots 能源消费结构变动效应$$

$$+ (\hat{S}_1 \Delta \hat{E} X_0 + \hat{S}_0 \Delta \hat{E} X_1)/2 \cdots\cdots 能源消费强度变动效应$$

$$+ k(R_0 \hat{U}_0 + R_1 \hat{U}_1)\Delta C/2 \cdots\cdots 消费扩张效应$$

$$+ k(R_0 \hat{U}_0 + R_1 \hat{U}_1)\Delta I/2 \cdots\cdots 投资扩张效应 \tag{7}$$

---

① 具体推导过程可参阅廖明球《投入产出及其扩展分析》，首都经济贸易大学出版社，2009。

$$+ k(R_0 + R_1)\Delta EX/2 \cdots\cdots 出口扩张效应$$
$$+ k[R_0\Delta\hat{U}(A_1X_1 + C_1 + I_1) + R_1\Delta\hat{U}(A_0X_0 + C_0 + I_0)]/2 \cdots\cdots 进口替代效应$$
$$+ k(R_0\hat{U}_0\Delta AX_1 + R_1\hat{U}_1\Delta AX_0)/2 \cdots\cdots 投入产出系数变动效应$$

运用上述"双层嵌套式"的结构分解表达式可以对不同时间段的碳排放变动进行因素分析，分解出能源消费结构变动效应、能源消费强度变化效应、消费扩张效应、投资扩张效应、出口扩张效应、进口替代效应和投入产出系数变动效应等七种效应。[①]

二 实证分析

根据数据可获得性和匹配原则，本文采用的数据年度分别是 1992 年、1997 年、2002 年和 2007 年。采用的产业部门数是 29 个，其中农业部门 1 个，工业部门 24 个，建筑业部门 1 个，服务业部门 3 个。1992 年、1997 年、2002 年可比价投入产出表来源于刘起运、彭志龙主编的《中国 1992～2005 年可比价投入产出序列表及分析》，2007 年可比价投入产出表根据 2007 年中国投入产出表（现价）提供的初始数据，仿照可比价投入产出表编制方法由作者编制而成。分产业部门的能源采用一次能源（煤炭、石油、天然气）数据，原始数据来自历年的《中国能源统计年鉴》和《中国统计年鉴》，根据匹配的原则，将耗能产业部门数调整为 29 个产业部门。不同能源的碳排放系数数据来自气候变化专门委员会（IPCC）编制的《2006 年 IPCC 国家温室气体清单指南》提供的默认值。

我们从整体状况、分产业（农业、工业、建筑业和服务业）、工业分行业（能源工业、轻制造业、重制造业和其他工业）三个层面对 1992～2007 年中国碳排放变动进行 SDA 法分解。

（一）整体状况分解结果

表 1-2 显示了 1992～2007 年分阶段各因素对中国碳排放增长的贡献，结果如下。

（1）1992～2007 年中国二氧化碳排放增长 34.19 亿吨，其中，能源消

[①] 由于 $S = cF$，假定碳排放系数 c 保持不变，则 S 的变动是由能源消费结构变量 F 的变动引起的，故 S 的变动效应就是能源消费结构变动效应。

费强度变动效应始终保持负值，为中国减少碳排放发挥着积极作用，累计减排二氧化碳 103.86 亿吨。与此相反，消费、资本形成、出口等规模增长因素始终是驱使中国碳排放强力增长的主要因素，1992～2007 年三者累计增加碳排放 105.07 亿吨，分别为 25.60 亿吨、39.62 亿吨和 39.83 亿吨。表征广义技术进步（包括科学技术进步、管理集约化、产业结构变动等）的投入产出系数变动效应也始终是正值，且越来越大，1992～2007 年投入产出系数变动效应累计增加碳排放 32.10 亿吨，这说明，1992 年以来中国经济发展呈现日益"粗放型"增长态势，经济增长对物质资源特别是能源资源消耗的依赖程度加大，这与"低碳化"发展方向是背道而驰的。在此期间，能源结构变动效应不明显，1992～1007 年累计仅减排 0.36 亿吨，说明中国能源结构多年来一直保持着一种稳定的状态。进口替代效应则从负数转变为正数，1992～2007 年累计增加碳排放 1.27 亿吨，说明从碳排放的角度看，中国进口结构也处于一种"劣化"的过程中。

（2）从消费、投资、出口三者对中国碳排放增长的贡献来看，1992～1997 年增长最多的是投资扩张效应，1997～2002 年、2002～2007 年增长最多的是出口扩张效应，1992～2007 年累计效果则更明显，消费、投资、出口扩张效应分别为 25.60 亿吨、39.62 亿吨和 39.83 亿吨，表明出口和投资超过消费，成为碳排放增长的主要贡献源泉。

（3）2002 年开始的新一轮以重化工业为主的经济增长，使中国二氧化碳排放呈现急剧增长的态势。在 1992～2007 年碳排放增长 34.19 亿吨中，2002～2007 年碳排放增长占其中的 80%，达 27.24 亿吨。尽管这一时期中国大力推进节能减排工作，能源消耗强度变动效应为 -26.06 亿吨，但经济规模的扩张使碳排放增长 29.81 亿吨（消费、投资和出口三者扩张效应之和），尤其是投入产出系数变动使碳排放量大大地增加了，该效应达到 20.86 亿吨，这是一个令人担忧的现象。从"低碳化"角度来看，这一时期技术水平和产业结构出现了明显"倒退"，粗放型经济增长方式得以强化。

表 1-2　1992～2007 年中国碳排放变化结构分解

效 应	碳排放增长（亿吨）				贡献（%）			
	1992～1997 年	1997～2002 年	2002～2007 年	1992～2007 年	1992～1997 年	1997～2002 年	2002～2007 年	1992～2007 年
能源结构变动	0.02	-0.59	-0.06	-0.36	0.41	-19.25	-0.22	-1.07
能源强度变动	-15.49	-12.28	-26.06	-103.86	-401.88	-397.39	-95.65	-303.81

续表

效 应	碳排放增长（亿吨）				贡献（%）			
	1992~1997年	1997~2002年	2002~2007年	1992~2007年	1992~1997年	1997~2002年	2002~2007年	1992~2007年
消费扩张	6.17	4.61	6.83	25.60	160.21	149.12	25.06	74.88
投资扩张	7.73	4.54	11.04	39.62	200.50	146.79	40.51	115.88
出口扩张	5.49	4.64	11.94	39.83	142.41	150.22	43.84	116.50
进口替代	-0.41	-1.23	2.70	1.27	-10.61	-39.96	9.91	3.72
投入产出系数变动	0.35	3.41	20.86	32.10	8.96	110.47	76.56	93.89
合 计	3.85	3.09	27.24	34.19	100	100	100	100

（二）分产业分解结果

表1-3显示了分产业分解的结果。数据显示，在1992~2007年总的碳排放增长中（341869万吨），农业、工业、建筑业和服务业分别为1134万吨、344211万吨、204万吨和-3680万吨，对排放增长的贡献率分别为0.3%、100.7%、0.1%和-1.1%。可见，工业领域碳排放具有决定的作用，工业碳排放量超过全部碳排放增长量，而服务业碳排放则呈绝对减少态势。

分产业看，1992~2007年能源消费强度变动效应都是碳排放减少的主要因素，消费、投资和出口一般是碳排放增加的主要因素，但在不同产业作用不一样。在农业和服务业中，消费扩张效应比出口扩张效应、投资扩张效应都要大一些；在工业中，出口扩张效应比投资扩张效应、消费扩张效应要大一些；在建筑业中，占主导地位的是投资扩张效应，消费扩张效应和出口扩张效应则非常微小。在不同产业中，1992~2007年能源消费结构变动效应也是碳排放减少的一个因素，但效果很微弱，服务业中的能源消费结构变动效应相对大一些，但也只占26.3%。和其他产业的投入产出系数变动效应为负值不同，工业的投入产出系数变动效应是323528万吨，对碳排放增长的贡献为正的67.5%。1992~2007年，在所有产业中进口替代效应都不明显，所不同的是，工业的进口替代效应为正，而其他产业的进口替代效应为负。

表1-3　1992~2007年分产业碳排放变动结构分解

时间	效应	碳排放变动（万吨）				贡献（%）			
		农业	工业	建筑业	服务业	农业	工业	建筑业	服务业
1992~1997年	能源结构变动	0	262	14	-119	0.0	0.6	-7.3	3.6
	能源强度变动	-1095	-146222	-716	-6835	-339.6	-350.3	371.1	204.7
	消费扩张	1129	58488	10	2112	350.1	140.1	-5.1	-63.3
	投资扩张	34	75328	503	1399	10.7	180.4	-260.9	-41.9
	出口扩张	327	53129	6	1418	101.5	127.3	-2.9	-42.5
	进口替代	-18	-3931	-3	-137	-5.7	-9.4	1.8	4.1
	投入产出系数变动	-55	4691	-6	-1176	-17.0	11.2	3.3	35.2
	合计	322	41745	-193	-3339	100	100	100	100
1997~2002年	能源结构变动	0	-5784	-8	-158	0.0	-18.1	-2.3	20.1
	能源强度变动	-1019	-117454	-151	-4174	169.9	-367.8	-42.6	530.1
	消费扩张	104	44487	13	1477	-17.3	139.3	3.6	-187.6
	投资扩张	152	44234	463	508	-25.4	138.5	130.3	-64.6
	出口扩张	29	45431	8	952	-4.9	142.3	2.2	-120.9
	进口替代	-16	-12191	0	-139	2.7	-38.2	-0.1	17.6
	投入产出系数变动	150	33210	31	746	-25.0	104.0	8.8	-94.7
	合计	-600	31933	355	-787	100	100	100	100
2002~2007年	能源结构变动	0	-92	-16	-504	0.0	0.0	-39.3	-113.1
	能源强度变动	338	-258491	-550	-1892	23.9	-95.5	-1333.9	-424.2
	消费扩张	291	66565	36	1387	20.6	24.6	87.6	311.0
	投资扩张	380	108485	596	902	26.9	40.1	1445.5	202.3
	出口扩张	373	117981	13	1080	26.4	43.6	32.1	242.2
	进口替代	-17	26903	0	99	-1.2	9.9	-0.5	22.2
	投入产出系数变动	47	209182	-38	-627	3.3	77.3	-91.6	-140.5
	合计	1411	270533	41	446	100	100	100	100

续表

时间	效应	碳排放变动（万吨）				贡献（%）			
		农业	工业	建筑业	服务业	农业	工业	建筑业	服务业
1992～2007年	能源结构变动	0	-2668	-7	-966	0.0	-0.8	-3.4	26.3
	能源强度变动	-2171	-1013482	-2159	-20827	-191.5	-294.4	-1059.7	565.9
	消费扩张	1703	245084	81	9120	150.2	71.2	40.0	-247.8
	投资扩张	653	388165	2273	5079	57.6	112.8	1115.8	-138.0
	出口扩张	1058	390227	39	6942	93.4	113.4	19.2	-188.6
	进口替代	-77	13359	-8	-544	-6.8	3.9	-4.0	14.8
	投入产出系数变动	-32	323528	-16	-2483	-2.8	94.0	-7.8	67.5
	合计	1134	344211	204	-3680	100	100	100	100

表1-3显示，在不同时间段各种效应在不同产业中发挥的作用是不一样的。在农业和工业中，消费扩张效应呈逐步缩小趋势，而投资扩张效应和出口扩张效应则呈逐步增大趋势。在农业和服务业中能源消费强度效应有缩小的趋势（指贡献幅度，而非贡献率），而在工业中该效应有增大趋势。与其他产业碳排放增长（减少）相对缓慢相比，工业碳排放增长在2002～2007年出现了显著增长，尤其值得注意的是，其中的投入产出系数变动效应增长最多，该效应在工业碳排放增长中呈不断增长态势，而在其他产业中，其作用是不确定的。

（三）工业分行业分解结果

鉴于工业碳排放增长的绝对地位，有必要对工业碳排放增长进行进一步分解，不妨将工业划分为能源工业、轻制造业、重制造业和其他工业四个行业，四个工业分行业分解结果如表1-4所示。[①]

[①] 能源工业包括煤炭开采和洗选业、石油和天然气开采业、石油加工炼焦及核燃料加工业、电力热力的生产和供应业、燃气生产和供应业5个行业；轻制造业包括食品制造及烟草加工业、纺织业、纺织服装鞋帽皮革羽绒及其制品业、木材加工及家具制造业、造纸印刷及文教体育用品制造业5个行业；重制造业包括化学工业、非金属矿物制品业、金属冶炼及压延加工业、金属制品业、通用专用设备制造业、交通运输设备制造业、电气机械及器材制造业、通信设备计算机及其他电子设备制造业、仪器仪表及文化办公用机械制造业9个行业、其他工业包括金属矿采选业、非金属矿及其他矿采选业、工艺品及其他制造业、废品废料、水的生产和供应业5个行业。

表 1-4 工业分行业碳排放因素分解

时间	效应	碳排放变动（万吨）				贡献（%）			
		能源工业	轻制造业	重制造业	其他工业	能源工业	轻制造业	重制造业	其他工业
1992~1997年	能源结构变动	4740	5	-3925	-558	-30.4	1.1	-7.6	-10.2
	能源强度变动	-108066	-6721	-35981	4546	692.9	-1442.0	-70.0	82.9
	消费扩张	36681	3265	17661	881	-235.2	700.4	34.4	16.1
	投资扩张	32933	1237	40789	370	-211.2	265.3	79.4	6.7
	出口扩张	24390	1729	26213	796	-156.4	371.0	51.0	14.5
	进口替代	-3336	-7	-446	-142	21.4	-1.4	-0.9	-2.6
	投入产出系数变动	-2937	958	7079	-409	18.8	205.5	13.8	-7.5
	合计	-15595	466	51390	5485	100	100	100	100
1997~2002年	能源结构变动	-7438	-2	1117	539	-7.0	0.0	-1.7	-10.6
	能源强度变动	22691	-10837	-122436	-6873	21.3	235.6	188.2	135.3
	消费扩张	30247	2402	11605	233	28.4	-52.2	-17.8	-4.6
	投资扩张	22871	404	20054	905	21.4	-8.8	-30.8	-17.8
	出口扩张	21579	2546	20791	515	20.2	-55.4	-32.0	-10.1
	进口替代	-4967	70	-7122	-173	-4.7	-1.5	10.9	3.4
	投入产出系数变动	21696	816	10926	-227	20.3	-17.7	-16.8	4.5
	合计	106679	-4600	-65065	-5081	100	100	100	100
2002~2007年	能源结构变动	489	-33	-575	26	0.2	-0.5	-1.1	3.7
	能源强度变动	-188909	-5516	-63026	-1040	-90.0	-82.2	-118.6	-148.9
	消费扩张	55795	3243	7292	235	26.6	48.3	13.7	33.6
	投资扩张	74792	1451	31548	694	35.6	21.6	59.4	99.4
	出口扩张	81966	3562	31947	505	39.0	53.1	60.1	72.4
	进口替代	14900	1157	10830	16	7.1	17.2	20.4	2.2
	投入产出系数变动	170945	2847	35127	262	81.4	42.4	66.1	37.5
	合计	209978	6711	53145	699	100	100	100	100

续表

时间	效应	碳排放变动（万吨）				贡献（%）			
		能源工业	轻制造业	重制造业	其他工业	能源工业	轻制造业	重制造业	其他工业
1992~2007年	能源结构变动	-220	-37	-2433	21	-0.1	-1.4	-6.2	1.9
	能源强度变动	-527221	-36671	-446375	-3216	-175.1	-1422.8	-1130.9	-291.7
	消费扩张	183238	11890	49179	776	60.9	461.4	124.6	70.4
	投资扩张	203513	5749	176988	1914	67.6	223.1	448.4	173.6
	出口扩张	217453	13563	157523	1687	72.2	526.3	399.1	153.0
	进口替代	-2701	1717	14865	-522	-0.9	66.6	37.7	-47.3
	投入产出系数变动	227000	6365	89722	442	75.4	247.0	227.3	40.1
	合计	301062	2577	39470	1102	100	100	100	100

数据显示，在1992~2007年工业碳排放增长344211万吨中，能源工业、轻制造业、重制造业和其他工业碳排放分别增长301062万吨、2577万吨、39470万吨和1102万吨，对工业排放增长的贡献率分别为87.5%、0.7%、11.5%和0.3%。可见，能源工业是碳排放最重要的部门，重工业碳排放也具有重要地位，轻制造业和其他工业的碳排放量则相对较少，两者碳排放增长对工业碳排放增长的贡献率仅为1%。

从工业分行业情况看，1992~2007年能源强度变动效应始终是促使碳排放减少的主要因素。消费、投资和出口等最终需求扩张是促使碳排放增加的主要因素，在能源工业和轻制造业中出口扩张效应是其中最大的，在重制造业和其他工业中，投资扩张效应是其他最大的。除此之外，投入产出系数变动效应则是各个部门中促使碳排放增长的又一个重要因素。这意味着整个生产部门的技术变化产生了更多的碳密集型中间投入需求，工业发展日益依赖对物质资源特别是能源资源的投入。一般的，进口替代效应都不明显，所不同的是，能源工业和其他工业的进口替代效应为负，而轻制造业和重制造业的进口替代效应为正。

表1-4显示，在不同时间段各种效应在工业分行业中发挥的作用是不一样的。在能源工业中，与其他时间段相比，2002~2007年各种效应变化是最大的，不但消费、投资和出口等规模扩张效应出现大幅度增加

外，反映广义技术进步的投入产出系数变动效应也出现大幅度上升，这是导致工业乃至整个经济碳排放增长的一个重要因素。同时，在轻制造业、重制造业和其他工业中，投入产出系数变动效应也出现上升或由负转正，这反映近年来工业结构变动和技术水平变动出现了"高耗能、高排放"的不利形势。在具有最大排放贡献的能源工业和重制造业中，投资扩张效应和出口扩张效应倾向于超过消费扩张效应，而在轻制造业和其他工业中，这种趋势不明显。

三 产业结构变动对中国碳排放的影响

当前，中国正处于快速工业化进程中，二氧化碳排放仍保持快速增加态势，控制和削减二氧化碳排放形势十分严峻。产业结构变动作为经济发展的必然结果和重要标志，对碳排放增加或减少有重要影响，但具体程度究竟如何，以及未来中国产业结构变动将对碳排放变动产生何种影响，值得进一步定量分析。本文采用 LMDI 分解方法（Log Mean Divisia Index，迪氏对数指标分解方法），首先对中国碳排放历史进行分解分析，分离出产业结构变动对碳排放变动的影响。在此基础上，结合我们对未来中国产业结构变动和二氧化碳排放总量的预测，对未来产业结构变动对中国碳排放的影响给出了定量计算结果。

（一）文献回顾

一般的，节能减排主要手段包括技术措施、结构措施和管理措施，如果将管理措施纳入广义的技术措施之中，则节能减排措施主要是两大类：技术的和结构的。当然，这里的结构既包括产业结构，也包括能源消费结构，但产业结构调整是结构措施的主要方面。

近年来，中国能源消费量不断增长但单位 GDP 能耗却呈下降趋势，由此导致中国碳排放量不断增长但碳生产率呈上升的趋势。那么，这个变化过程中哪个因素是决定性的：是技术的还是结构的？对这个问题，似乎并没有统一的结论，仁者见仁、智者见智。

一种意见认为，结构调整是中国单位 GDP 能耗下降的主要因素，并对未来通过结构调整来达到节能减排的目的持有乐观的看法。比如，史丹（1999）通过计量回归分析后认为，1980～1997 年中国在能源弹性系数较小的条件下实现经济高速经济增长主要是经济结构的变动降低了单位 GDP 的能源消耗。结构变动对中国的能源消费有着非常重要的影响：第一产业比重的下降使煤炭消费需求大幅度下降，工业比重的上升拉动了石油的消费需求，电力将因结构的变动和经济总水平的提高而成为中国的主要消费能源。张雷、黄园淅（2008）认为，随着工业化从初始走向成熟，国家能源消费总量增长有一个从快到慢的减速过程，并且由此导致单位 GDP 的能耗由升到降局面的形成，其中，产业结构演进的作用至关重要。通常结构演进的能源消费加速效应发生在工业化的初期阶段，主要是由制造业的发展所造成的。一俟进入成熟阶段后，结构演进的能源消费减速效应便日趋明显起来，其关键则是服务业的发展。中国在长期一边倒的部门发展政策影响下，刚性演进特征极大地制约了国家产业结构节能效应的发挥，单位 GDP 能耗居高不下。张雷、李艳梅、黄园淅、吴映梅（2011）构建产业结构－能源消费、产业结构－单位能耗和能源结构－碳排放 3 个联动模型，进行中国经济发展、能源消费增长与碳排放三者的行为特征分析，认为产业结构演进决定能源消费增长基本走向；第二产业占绝对主导的产业结构演进极大地延缓了单位 GDP 能耗倒"U"形变化的过程；以煤炭为主的能源供应结构奠定了国家碳排放增长的总体格局。推动结构节能减排，是中国低碳经济发展的必由之路。初步判断，未来 20～30 年，在国家低碳经济发展中，产业结构和能源供应结构的改善至关重要，其中，前者的贡献度可能达到 60%，后者的贡献度可能在 10%。

另一种意见认为，技术进步才是最主要的因素，未来节能减排的主要动力仍来自技术进步。韩智勇、魏一鸣、范英（2004）将能源强度变化分解为结构份额和效率份额，结果表明：1998～2000 年间，中国能源强度下降的主要动力来自各产业能源利用效率的提高，其中工业能源强度下降是总体能源强度下降的主要原因。齐志新、陈文颖（2006）运用拉氏因素分解法，分析了 1980～2003 年中国宏观能源强度以及 1993～2003 年工业部门能源强度下降的原因，发现技术进步是中国能源效率提高的决定因素。吴巧生、成金华（2006）用简单平均微分 PDM2 方法对中国 1980～2004 年能源消耗强度变动的因素进行了分解，结果表明：中国能源消耗强度下降主要是各部门能源使用效率提高的结果，相对于效率份额，结构份额对能源消耗强度的影响也少得多，除了少数年份外，部门结构的调整对降低能源消耗强度的作用是负面的。齐志新、陈文颖、吴宗鑫

(2007) 计算了 1993~2005 年工业部门内部轻重结构变化对能源消费和能源强度的影响，发现重工业比例每增加 1 个百分点，则能源消费增加约 1000 万吨标准煤；总体上看，工业轻重结构的变化对工业能源强度和单位 GDP 能耗的影响小于部门强度因素。

上述诸多研究主要在两个方面存在不同：一是采用的方法不一样，二是选取的时间段不一致，显然，得出的结论也就不一样。本处将采用 LMDI 分解方法对中国二氧化碳排放历史状况进行因素分解，定量计算产业结构变动对二氧化碳排放（或减排）的贡献。之所以研究开展这个问题，一是本处关注产业结构调整（变动）对中国二氧化碳排放的贡献程度究竟有多大，而不纠缠于回答它是不是主导因素；二是本处研究立足点在于预测，即从目前开始到 2020 年，未来产业结构变动将对减少二氧化碳排放发挥何种程度的作用。

分解分析作为研究事物的变化特征及其作用机理的一种分析框架，在环境经济研究中得到越来越多的应用。将排放分解为各因素的作用，定量分析因素变动对排放量变动的影响，成为研究这类问题的有效技术手段。通行的分解方法主要有两种，一种是指数分解方法 IDA（Index Decomposition Analysis），一种是结构分解方法 SDA（Structural Decomposition Analysis）。相对于 SDA 方法需要投入产出表数据作为支撑，IDA 方法因只需使用部门加总数据，特别适合分解含有较少因素的、包含时间序列数据的模型，因而得到广泛使用。IDA 主要包括 Laspeyres 类指标分解（Laspeyres IDA）与 Divisia 类指标分解（Divisia IDA）。Divisia 指数分解法又包括 AMDI（Arithmetic Mean Divisia Index）与 LMDI（Log Mean Divisia Index）两种方法。本处采用 LMDI 分解方法（迪氏对数指标分解方法），对产业结构变动对 1996~2009 年中国碳排放的历史影响进行了测算，在此基础上，预测未来产业结构变动可能对碳排放影响的贡献。

（二）模型及数据处理

首先，介绍碳排放模型和 LMDI 分解方法，其次，介绍数据来源及其处理方法。

1. 碳排放模型及 LMDI 分解方法

有关二氧化碳排放的恒等式很多，为抓住所关注问题的重点，本处采用如下恒等式对碳排放轨迹进行分解分析，即将碳排放变动因素分解为经济总量效应、产业结构变动效应、能源利用效率因素和能源消费结构变动效应：

$$C = \sum_{ij} C_{ij} = \sum_{ij} Q \frac{Q_i}{Q} \frac{E_i}{Q_i} \frac{E_{ij}}{E_i} \frac{C_{ij}}{E_{ij}} = \sum_{ij} Q S_i I_i M_{ij} U_{ij}$$

其中，i 表示产业部门，j 表示能源消费种类；C 表示二氧化碳排放总量，C_{ij} 表示 i 产业消耗 j 种能源的二氧化碳排放量；Q 和 Q_i 分别表示经济总量和 i 产业增加值；E、E_i、E_{ij} 分别表示能源消耗总量、i 产业的能源消费总量、i 产业对 j 种能源的消费量；S_i 表示 i 产业增加值所占比重；I_i 表示 i 产业能源消费强度；M_{ij} 表示 j 种能源在 i 产业中所占的比重，U_{ij} 表示 i 产业中消费 j 种能源的二氧化碳排放系数。

这样，在基期和报告期的碳排放量差异可分解为：

$$\Delta C_{tot} = C^t - C^0 = \Delta C_{act} + \Delta C_{str} + \Delta C_{int} + \Delta C_{mix} + \Delta C_{emf}$$

上述分项中分别代表经济活动（经济规模扩张）、产业结构、能源消耗强度、能源结构和碳排放系数的变动对总的排放水平的影响。

对于上述公式，我们采用 LMDI 方法。LMDI 由于具有全分解、无残差、易使用、结果的唯一性、易理解等优点而在众多分解技术中受到重视，目前在许多领域得到广泛应用。LMDI 的主要缺陷在于无法处理具有 0 值和负值的数据，但 B. W. Ang 等人使用"分析极限"（analytical limit）的技巧成功地解决了这一问题。在实际问题中，一般不会出现负值，而对于 0 值，则可以用一个任意小的数代替（比如 $10^{-20} \sim 10^{-10}$）而不会影响计算结果。根据 LMDI 分解方法 ［详细推导过程可参阅 B. W. Ang, et al. (2003) 等］，则有：

$$\Delta C_{act} = \sum_{ij} \frac{(C_{ij}^t - C_{ij}^0)}{(\ln C_{ij}^t - \ln C_{ij}^0)} \ln\left(\frac{Q^t}{Q^0}\right)$$

$$\Delta C_{str} = \sum_{ij} \frac{(C_{ij}^t - C_{ij}^0)}{(\ln C_{ij}^t - \ln C_{ij}^0)} \ln\left(\frac{S_i^t}{S_i^0}\right)$$

$$\Delta C_{int} = \sum_{ij} \frac{(C_{ij}^t - C_{ij}^0)}{(\ln C_{ij}^t - \ln C_{ij}^0)} \ln\left(\frac{I_i^t}{I_i^0}\right)$$

$$\Delta C_{mix} = \sum_{ij} \frac{(C_{ij}^t - C_{ij}^0)}{(\ln C_{ij}^t - \ln C_{ij}^0)} \ln\left(\frac{M_{ij}^t}{M_{ij}^0}\right)$$

$$\Delta C_{emf} = \sum_{ij} \frac{(C_{ij}^t - C_{ij}^0)}{(\ln C_{ij}^t - \ln C_{ij}^0)} \ln\left(\frac{U_{ij}^t}{U_{ij}^0}\right)$$

2. 数据来源及处理

鉴于数据的可获得性，本处的计算年度为 1996～2009 年。采用的产业部门依据《国民经济行业分类》（GB－T 4754－2002）的标准，共 44 个产业部门，其中，农业部门 1 个（门类），工业部门 39 个（大类），建筑业 1 个（门类），服务业部门 3 个（在第三产业门类基础上合并成交通运输仓储及邮电通信业、批发和零售贸易业餐饮业、其他部门）。各产业能源消耗数据使用的是终端能源消耗数据，终端能源消费品种包括：原煤、洗精煤、其他洗煤、型煤、焦炭、焦炉煤气、其他煤气、其他焦化产品、原油、汽油、煤油、柴油、燃料油、液化石油气、炼厂干气、其他石油制品、天然气、热力、电力，原始数据来自所消耗的"实物量"。

历年各产业部门的增加值原始数据来自《中国统计年鉴》，但是，以下几个问题需要处理，使之标准化：一是产业部门分类问题及其处理。我们知道，2003 年以后统计部门按照《国民经济行业分类》（GB－T 4754－2002）进行部门分类，而此前采用的标准是《国民经济行业分类与代码》（GB/T4754－94），两者不完全一致。为使部门分类统一，我们对 1996～2002 年的产业部门数据进行了调整，统一按照新标准［《国民经济行业分类》（GB－T 4754－2002）］进行处理。二是工业行业部门统计口径问题及其处理。注意到 1996～1997 年统计口径是独立核算工业企业，1998～2006 年统计口径是全部国有及规模以上非国有工业企业，2007 年之后统计口径是规模以上工业企业。其中，后两种仅是名称上的差异，并无实质上的差异，因为近年来国有企业全部在规模以上。考虑到独立核算工业企业与全部国有及规模以上非国有工业企业口径差异较小，而最终我们采用的是全口径的工业企业增加值数据，所以这里无差别使用，均用它们的增加值比例数据乘以当年工业增加值数据得到全口径的工业行业增加值数据。这里暗含的假设是全部工业企业增加值结构和规模以上工业企业增加值结构是一样的。三是部分年份工业增加值数据缺失问题及其处理。国家统计局没有公布 2004、2008 和 2009 年分行业工业增加值数据，但是，公布了分行业工业总产值数据。考虑到各工业行业增加值率相对稳定的特点，为此，对于 2004 年的分行业工业增加值，我们采用 2003 和 2005 年增加值率的简单平均数乘以当年的工业总产值数据得到；对于 2008 和 2009 年的分行业工业增加值，则采用前两年的增加值率简单平均数乘以当年的工业总产值数据得到。四是价格问题及其处理。为便于比较，增加值数据应该采用不变价，但是历年直接统计采用的是当年价，这里，我们采用国民经济核算序列数据中提供的不变价及其指数，根据以现价计算的比例，来推算各部门的不变价数据。最终统一为2005年的不变价。

各产业终端能源消耗原始数据来自《中国能源统计年鉴》，其中，1996~2008年的数据来自《中国能源统计年鉴》（2009），2009年的数据来自《中国能源统计年鉴》（2010）。由于原始数据为"实物量"数据，因此，各产业分品种能源的比例数据通过《中国能源统计年鉴》附录中的"各种能源折标准煤参考系数"折算成标准煤后再进行计算而得到。

鉴于各种能源在不同年份碳排放系数变化率较小以及测度碳排放系数的技术困难，这里假定它们是不变的，统一使用IPCC提供的默认值（《2006年IPCC国家温室气体清单指南》）测算二氧化碳排放数据。因此，在接下来的碳排放因素分解中，碳排放系数变动效应 ΔC_{emf} 被假定为0，而被忽略。

3. 结果分析

表1-5和表1-6是LMDI因素分解结果，表格中除了有相邻年度碳排放增长的详细分解结果之外，还增加了两栏，列示1996~2008年和1996~2009年的分解结果。1996~2009年的分解结果实际上反映了一种汇总印象（1996~2009年各因素效应不等于分年度结果之和，这是由LMDI分解方法所内在决定的）。而1996~2008年的分解结果也具有很高的参考价值，这是因为2008年爆发了国际金融危机，在国际金融危机的冲击下，2009年中国高耗能产业出现较大比重的下降，这与此前总体呈现比重上升的趋势相反，考察1996~2008年时间段的因素分解结果，有助于更全面把握情况。

表1-5 碳排放增长的因素分解（数量）

单位：万吨

时间（年）	经济总量效应	产业结构效应	能源消费强度效应	能源消费结构效应	合 计
1996~1997	23743	-5567	-14940	3586	6821
1997~1998	21160	-7245	-5371	2075	10620
1998~1999	21108	4338	-28536	3205	115
1999~2000	23968	6646	-21723	3818	12708
2000~2001	24871	141	-16040	4932	13905
2001~2002	28428	-3405	-9906	1895	17013
2002~2003	34186	20023	-6960	3128	50377

续表

时间（年）	经济总量效应	产业结构效应	能源消费强度效应	能源消费结构效应	合　计
2003~2004	39498	18042	3735	2182	63457
2004~2005	51213	7888	-3647	6432	61886
2005~2006	64791	-5918	-9999	13888	62763
2006~2007	81528	9475	-31341	26039	85701
2007~2008	62467	13340	-49767	13900	39940
2008~2009	62751	-38157	8704	6074	39373
1996~2008	481203	67365	-221214	97951	425305
1996~2009	531337	49887	-223940	107395	464678

表1-6　碳排放增长的因素分解（贡献率）

单位：%

时间（年）	经济总量效应	产业结构效应	能源消费强度效应	能源消费结构效应	合　计
1996~1997	348.1	-81.6	-219.0	52.6	100
1997~1998	199.3	-68.2	-50.6	19.5	100
1998~1999	18376	3776	-24842	2790	100
1999~2000	188.6	52.3	-170.9	30.0	100
2000~2001	178.9	1.0	-115.4	35.5	100
2001~2002	167.1	-20.0	-58.2	11.1	100
2002~2003	67.9	39.7	-13.8	6.2	100
2003~2004	62.2	28.4	5.9	3.4	100
2004~2005	82.8	12.7	-5.9	10.4	100
2005~2006	103.2	-9.4	-15.9	22.1	100
2006~2007	95.1	11.1	-36.6	30.4	100
2007~2008	156.4	33.4	-124.6	34.8	100
2008~2009	159.4	-96.9	22.1	15.4	100
1996~2008	113.1	15.8	-52.0	23.0	100
1996~2009	114.3	10.7	-48.2	23.1	100

从总体情况看，1996~2009年中国碳排放增长464678万吨，其中，经济总量效应531337万吨，产业结构效应49887万吨，能源消费强度效应-223940万吨，能源消费结构效应107395万吨，诸因素对碳排放增长的贡献度分别为114.3%，10.7%、-48.2%和23.1%。另外，1996~

2008年中国碳排放增长425305万吨，其中，经济总量效应481203万吨，产业结构效应67365万吨，能源消费强度效应-221214万吨，能源消费结构效应97951万吨，诸因素对碳排放增长的贡献度分别为113.1%，15.8%、-52.0%和23.0%。

分年度看，经济总量效应始终是中国碳排放增长的主导因素；个别年份除外，能源消费强度效应一般是减少碳排放的因素；能源消费结构效应始终是导致碳排放增加的一个因素，这一点似乎出乎意料，反映能源消费结构趋于"高碳化"；少数年份除外，产业结构效应一般也导致了碳排放增长，说明中国产业结构呈现"高碳化"趋势，好在2008~2009年产业结构效应有了一个较大的负值，似乎阻止了这种趋势的继续发展。

产业结构效应较长时间内保持正数，从节能减排角度看，反映较长时间内中国产业结构出现"劣化"的趋势，突出地表现为高耗能产业比重"不降反升"。高耗能产业是指单位增加值能耗较高的行业，本文高耗能产业包括采矿业，制造业中的造纸业，石油加工，化学工业，非金属矿物制品业，金属冶炼及压延加工业，金属制品业，电力、燃气及水的生产供应业，交通运输、仓储和邮政业。图1-2反映了这种发展趋势。在国家强力节能减排政策作用下和国际金融危机冲击下，2009年中国高耗能产业比重出现明显回落，似乎预示着高耗能产业比重已达到峰值，今后高耗能产业比重有望继续下降。

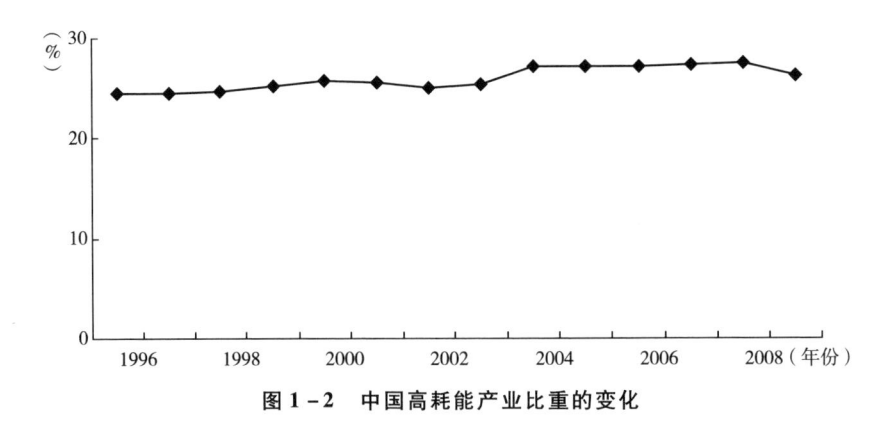

图1-2 中国高耗能产业比重的变化

进一步考察高耗能产业比重的变化与产业结构效应的对应关系，表1-7反映了这种情况。高耗能产业比重变化作为产业结构变动的一个重要方面，其比重的上升或下降会导致产业结构效应的上升或下降，但并不是一一对应的关系。在大多数年份情况下，高耗能产业比重增加，产业结构效应为正，高耗能产业下降，产业结构效应则为负。但也有例外的情形，这是因为产业结构变化并不仅仅是高耗能产业比重的变化，还包括其他产业比重的变化，并因此引起产业结构变动效应的上升或下降。表1-7显示，在13个连续的时间段中，高耗能产业比重上升或下降与产业结构效应为正或负方向一致的有9个，不一致的有4个。然而，高耗能产业比重的变化不失可以作为产业结构变动的一个表征指标，尤其是作为长时间段的表征指标更具有可靠性。

表1-7显示，高耗能产业比重上升一般导致产业结构效应为正，比重下降导致产业结构效应为负，分年度的高耗能产业比重变动1个百分点所对应的结构效应有大有小，最小的为6595万吨，最大的为95221万吨。1996～2008年的数据为22058万吨，1996～2009年为28505万吨，这两个数据恰好可以充当年度系列数据中的中位数（扣除方向不一致即负数的情况）。

表1-7 高耗能产业比重的变化与产业结构效应的对应关系

时间（年）	产业结构效应（万吨）（1）	高耗能产业比重变化（%）（2）	高耗能产业比重变动1个百分点所对应的结构效应（3）=（1）/（2）
1996～1997	-5566.86	0.1262	-44106
1997～1998	-7245.11	0.0104	-696588
1998～1999	4338.01	0.6578	6595
1999～2000	6645.88	0.5763	11533
2000～2001	141.45	-0.2859	-495
2001～2002	-3404.77	-0.4225	8058
2002～2003	20023.04	0.2114	94738
2003～2004	18042.31	1.8911	9541
2004～2005	7887.98	-0.0253	-312163
2005～2006	-5917.74	-0.0621	95221
2006～2007	9475.32	0.1466	64629
2007～2008	13339.97	0.2301	57967
2008～2009	-38156.91	-1.3038	29265
1996～2008	67364.72	3.0539	22058
1996～2009	49886.72	1.7501	28505

综合上述情形，若以2008年为界，则1996～2008年产业结构效应占碳排放增长的15.8%，高耗能产业上升1个百分点所对应的二氧化碳排放量

增加22058万吨;若已2009年为界,则1996~2009年产业结构效应占碳排放增长的10.7%,高耗能产业上升1个百分点所对应的二氧化碳排放量增加28505万吨。另外,注意到2008~2009年高耗能产业下降1个百分点所对应的二氧化碳排放量减少29265万吨。因此,总体情况可以概括为:在过去的十多年时间里,产业结构效应对碳排放增长的平均贡献率在10%~16%,高耗能产业上升或下降1个百分点所对应的二氧化碳排放量增加或减少2.2亿~2.9亿吨(简单平均可设定为1个百分点对应2.5亿吨)。

4. 未来产业结构变动对中国碳排放的影响

(1) 发达国家产业结构变动与碳排放的变动

从表1-8可以看出,1990年以来,主要发达国家第一产业、第二产业及其制造业在国民经济中所占份额不断下降,第三产业份额则持续上升。2009年,美国、日本、英国、德国、法国、意大利第一产业占GDP比重全部不足2%,第二产业一般在25%以下(德国和日本稍高一点,仍在27%以下),其中,制造业全部在20%以下,第三产业所占比重全部超过70%,其中,美国、英国、法国的第三产业均超过78%,接近80%。由于第二产业碳排放强度普遍较高,而第三产业碳排放强度普遍较低[①],因此,主要发达国家二氧化碳排放要么是绝对减排的趋势,要么是增长缓慢,其单位GDP碳排放强度呈下降趋势。反过来说,主要发达国家碳排放缓慢增长或绝对减排,产业结构及其变动趋势发挥了重要的支撑作用。

表1-8 主要发达国家产业结构与碳排放变动情况

单位:%,百万吨

年份	美国					日本				
	第一产业	第二产业		第三产业	CO_2排放	第一产业	第二产业		第三产业	CO_2排放
		全部	制造业				全部	制造业		
1990	2.06	27.88	18.18	70.05	5092	2.47	39.14	26.01	58.39	1141
1995	1.61	26.31	17.62	72.08	5415	1.89	34.34	22.43	63.77	1224
2000	1.19	23.44	15.31	75.37	5966	1.77	32.40	21.31	65.82	1252
2005	1.21	22.14	13.67	76.65	6105	1.53	30.45	20.65	68.02	1282
2009	1.03	20.03	12.27	78.94	5496	1.42	26.68	17.62	71.91	1145

---

① 第三产业中的交通运输业碳排放强度相对较高,其在发达国家中比重一般在5%~7%,且保持稳定,因此,不影响这个结论成立。

续表

年份	英国 第一产业	第二产业 全部	制造业	第三产业	CO_2排放	德国 第一产业	第二产业 全部	制造业	第三产业	CO_2排放
1990	1.82	34.07	22.52	64.12	588	1.49	37.34	28.06	61.17	1042
1995	1.84	31.00	21.17	67.16	551	1.27	32.14	22.64	66.58	930
2000	0.99	27.31	17.36	71.70	551	1.24	30.46	22.95	68.31	891
2005	0.67	23.47	13.26	75.86	555	1.10	29.48	22.66	69.41	864
2009	0.72	21.21	11.11	78.07	481	0.82	26.76	19.10	72.42	789

年份	法国 第一产业	第二产业 全部	制造业	第三产业	CO_2排放	意大利 第一产业	第二产业 全部	制造业	第三产业	CO_2排放
1990	4.21	27.09	17.96	68.70	396	3.49	32.09	23.26	64.42	436
1995	3.26	24.34	16.47	72.39	396	3.29	30.12	22.23	66.58	446
2000	2.84	22.93	16.02	74.23	412	2.78	28.24	20.96	68.98	464
2005	2.29	20.79	13.24	76.92	424	2.19	26.72	18.48	71.09	490
2009	1.76	19.03	10.60	79.21	378	1.88	25.08	16.38	73.04	417

注：为简便起见，这里仅列出了与经济活动最为密切的且所占份额最高的温室气体——CO_2排放数据，其他温室气体排放情况略去。

资料来源：根据OECD网站（www.oecd.org）和联合国数据中心（www.un.org/zh/databases）数据整理。

（2）中国产业结构变动与碳排放的经验关系

根据以往文献，产业结构变动对碳排放具有影响，其中，第二产业和高耗能产业结构的变动对碳排放影响最为显著。进一步考察第二产业和高耗能产业所占比重的变化与产业结构效应的对应关系，表1-9反映了这种情况。

表1-9显示，在大多数年份，产业结构变动效应与第二产业和高耗能产业所占比重变化成同向变动。平均而言，第二产业上升或下降1个百分点，将导致产业结构变动效应1亿~1.5亿吨，高耗能产业上升或下降1个百分点，将导致产业结构变动效应2.2亿~2.9亿吨。

（3）未来产业结构变动对中国碳排放的影响

根据课题组有关产业结构变动的预测数据，得到中国2050年前工业和高耗能产业比重的变化，据此测算2050年前产业结构变动效应，并据此计算

表1-9 产业结构变动与碳排放的关系

时间（年）	产业结构效应（万吨）(1)	第二产业比重变化（%）(2)	单位第二产业结构变动效应(3)=(1)/(2)	其中：高耗能产业比重变化(4)	单位高耗能产业结构变动效应(4)=(1)/(4)
1996~1997	-5566.86	0.3975	-14005	0.1262	-44106
1997~1998	-7245.11	0.5114	-14166	0.0104	-696588
1998~1999	4338.01	0.1932	22449	0.6578	6595
1999~2000	6645.88	0.3846	17281	0.5763	11533
2000~2001	141.45	0.0672	2098	-0.2859	-495
2001~2002	-3404.77	0.3180	-10707	-0.4225	8058
2002~2003	20023.04	1.1216	17851	0.2114	94738
2003~2004	18042.31	0.4511	39998	1.8911	9541
2004~2005	7887.98	0.3460	22795	-0.0253	-312163
2005~2006	-5917.74	0.3004	-19701	-0.0621	95221
2006~2007	9475.32	0.3762	25188	0.1466	64629
2007~2008	13339.97	0.1064	125382	0.2301	57967
2008~2009	-38156.91	0.3651	-104519	-1.3038	29265
1996~2008	67364.72	4.5737	14729	3.0539	22058
1996~2009	49886.72	4.9388	10101	1.7501	28505

注：①本表所指结构变化均指不变价格度量的结构变化。②高耗能产业是指单位增加值能耗较高的行业，本文高耗能产业包括采矿业，制造业中的造纸业、石油加工、化学工业、非金属矿物制品业、金属冶炼及压延加工业、金属制品业，电力、燃气及水的生产供应业，交通运输、仓储和邮政业。

产业结构变动对减排的贡献度，结果如表1-10、1-11所示。

表1-10显示，随着时间的推移，产业结构变动效应对减排的贡献度不断提高。以2005年为基期，2005~2010年产业结构变动效应对减排的贡献度为10.59%，2005~2020年、2005~2030年、2005~2040年、2005~2050年产业结构变动效应对减排的贡献度分别为31.76%、37.38%、42.44%和53.06%。其中，高耗能产业结构变动对碳减排的贡献率分别为5.7%（2005~2010年）、17.88%（2005~2020年）、21.57%（2005~2030年）、25.35%（2005~2040年）和32.71%（2005~2050年）。

表 1-10 产业结构变动对中国碳排放的贡献

年 份	2010	2015	2020	2025	2030	2035	2040	2045	2050
第二产业比重变化（%）	-1.49	-5.33	-8.38	-10.74	-12.52	-13.85	-14.83	-15.57	-16.11
其中，高耗能产业（%）	-0.42	-1.56	-2.46	-3.17	-3.76	-4.23	-4.61	-4.91	-5.16
产业结构变动效应（亿吨）	-1.94	-6.92	-10.90	-13.96	-16.27	-18.00	-19.28	-20.23	-20.94

注：2010 年之后数据为预计数。

表 1-11 产业结构变动对中国碳排放的贡献（根据高耗能产业比重变动预测）

年 份	2005	2010	2015	2020	2025	2030	2035	2040	2045	2050
高耗能产业比重（%）	28.40	27.98	26.84	25.94	25.23	24.64	24.17	23.79	23.49	23.24
高耗能产业比重变化（与 2005 年比较,%）	—	-0.42	-1.56	-2.46	-3.17	-3.76	-4.23	-4.61	-4.91	-5.16
高耗能产业结构变动效应（以 2005 年为基础，亿吨）		-1.04	-3.89	-6.14	-7.94	-9.39	-10.57	-11.52	-12.29	-12.91

注：①2010 年之后数据为预计数。②高耗能产业每上升或下降 1 个百分点产生的产业结构变动效应是 2.2 亿~2.9 亿吨。

参考文献

Dietzenbacher, E. & Los, B. Structural Decomposition Technique: Sense and Sensitivity, *Economic Systems Research*, 1998, (10).

Hoekstra, R., van den Bergh, J. C. J. M. Comparing Structural and Index Decomposition Analysis. *Energy Economics*, 2003, (25).

潘文卿：《中国生产用能源消费变动因素分析》，《中国 1992~2005 年可比价投入产出序列表及分析》，中国统计出版社，2010。

张友国：《经济发展方式变化对中国碳排放强度的影响》，《经济研究》2010 年第 4 期。

廖明球：《投入产出及其扩展分析》，首都经济贸易大学出版社，2009。

刘起运、彭志龙：《中国 1992~2005 年可比价投入产出序列表及分析》，中国统计出版社，2010。

夏明：《投入产出体系与经济结构变迁》，中国经济出版社，2006。

李景华：《中国第三产业投入产出分析：1987~1995——归因矩阵方法与 SDA 模型

研究》,《中国投入产出分析应用论文精粹》,中国统计出版社,2004。

李艳梅、张雷:《中国居民间接生活能源消费的结构分解分析》,《资源科学》2008年第6期。

夏炎、杨翠红、陈锡康:《基于可比价投入产出表分解我国能源强度影响因素》,《系统工程理论与实践》2009年第10期。

史丹:《结构变动是影响我国能源消费的主要因素》,《中国工业经济》2009年第11期。

第 2 章

中国排放峰值分析

本章采用增长核算的方法判断经济增长前景，采用能源弹性方法预测能源消费路径，主要根据资源和市场情况估计能源结构，从而分析不同情景下碳排放的变化轨迹和峰值点。

特别的，在针对碳排放与经济增长关系的研究中，具有代表性的是环境库兹涅茨曲线（EKC），即类似于经济发展与环境质量之间的倒"U"形关系。如果这一规律成立，那就意味着经济发展过程中碳排放存在着一个先增加后减少的路径，其中的拐点则为排放峰值。

一 研究思路

通常而言，碳排放分析多采用经济-能源模型来实现，这类模型的优势是考虑了经济、社会、能源、技术等多个方面的联系，具有较好的理论基础和逻辑一致性。但这些大型模型的运用，仍然需要研究人员对未来经济、社会和能源前景具有一定的判断，同时对其分析结果也需要根据其他方法的研究进行评判分析。

20 世纪 80 年代以来，国内外研究人员相继开发了众多模型用于 CO_2 排放的定量分析，帮助各个国家或地区制定相应的气候政策以及能源政策。在已存在的众多模型中，Kaya 恒等式无疑是其中应用最广的几个模型之一，它的得名主要是因为它是 1989 年由日本教授 Yoichi Kaya（1989）在 IPCC

的一次研讨会上最先提出[①]。Kaya 恒等式通过一种简单的数学公式将经济、政策和人口等因子与人类活动产生的二氧化碳建立起联系,具体可以表述如下:

$$CO_2 = \frac{CO_2}{PE} \times \frac{PE}{GDP} \times \frac{GDP}{POP} \times POP \tag{1}$$

其中,CO_2、PE、GDP 和 POP 分别代表二氧化碳排放量、一次能源消费总量、国内生产总值以及国内人口总量。其中,CO_2/PE、PE/GDP、GDP/POP 分别被称为能源结构碳强度(IC)、单位 GDP 能源强度(IE)、人均国内生产总值(PGDP)。Kaya 恒等式反映了一国能源结构与经济结构对排放量的影响,能够发掘导致排放的深层次因素,这使其在研究排放分解问题中得到较为广泛的运用。

本文采用该方法作为中国碳排放峰值的预测和分解的理论基础。具体而言,我们将首先通过预测人口总量、GDP、能源消费和能源结构碳强度,从而得到碳排放量预测结果。为了明确不同排放路径和达峰时间,我们仅仅分别设定了三种能源强度情景。这主要是考虑到未来一段时期,中国经济增长的路径相对稳定,能源效率的变化将主要取决于节能技术和政策力度。当然,由于资源约束和技术原因,能源消费需求的变化会对能源供给结构有较大影响,因而对应每一种需求情景,我们分别预测了不同的能源供给结构。此外,之所以没有对人口分情景设定,主要是因为:①我们直接预测 GDP 而不是人均 GDP,所以人口增长不影响最终碳排放总量;②人口增长率基本在 0.5% 左右,不同情景设定对人均碳排放的影响也很小。在得到不同预测的基础上,我们进一步采用(1)式来分解各因素对碳排放变化的贡献,从而确定与之相关的政策效果,为相关决策提供参考和借鉴。需要说明的是,本文没有引入经济增长和三种能源结构碳强度之间的关联,但考虑到目前阶段中国经济增长对能源效率有较大影响而能源消费波动对经济增长影响相对较小,该处理对分析结果的影响不会太大。

本文采用增长核算的方法判断经济增长前景。根据经济增长理论,GDP 增长率由资本存量,劳动投入(包括人力资本和就业数量),全要素生产率

---

① Kaya, Y., 1989. Impact of Carbon Dioxide Emission on GNP Growth: Interpretation of Proposed Scenarios. Presentation to the Energy and Industry Subgroup, Response Strategies Working Group, IPCC, Paris.

的增长率决定。具体而言，我们采用生产函数方法预测经济增长：

$$Y(t) = A(t)K(t)^\alpha H(t)^{1-\alpha} \tag{2}$$

其中 $Y(t)$ 表示产出，$A(t)$ 表示全要素生产率（TFP），$K(t)$ 表示资本存量，$H(t) = h(t)L(t)$ 表示有效劳动投入，$L(t)$ 表示劳动力数量，$h(t)$ 表示平均受教育水平，α 为资本产出弹性，$1-\alpha$ 为劳动产出弹性，$0 < \alpha < 1$。

方程两边同时除以人口数 $N(t)$：

$$y = Ak^\alpha (hl)^{1-\alpha} \tag{3}$$

其中 $y = Y/N$ 为人均产出，$k = K/N$ 为人均资本，$h(t)$ 表示平均受教育水平，$l = L/N$ 为劳动参与率。

两边取对数并对时间求导数：

$$g_y = \alpha \times g_k + (1-\alpha) \times g_h + (1-\alpha) \times g_L + g_A \tag{4}$$

这样，通过对资本投入、受教育水平、就业数量和全要素生产率等要素的增长前景预测经济增长。而对于资本存量等增长因素则可以根据中国经济发展趋势、经济发展阶段和其他国家的历史经验做出较为准确的判断。

二 情景设定

为说明我们的预测基础，这里给出人口、GDP、能源消费和能源结构碳强度情景的定性描述和主要发展指标的设定说明。

（一）人口

近年来中国人口逐步呈现出稳定增长态势，2009年总人口为13.35亿。从1985年以后人口增长率逐步降低，目前在0.5%左右，并且出现稳定趋势（参见图2-1）。考虑到人口预测对碳排放预测影响较小，我们只给出一种情景模式。我们对中国人口增长的基本判断是，随着中国经济的不断发展和人们生育观念的逐步转变，人口增长将进入一个相对稳定的过程。尽管计划生育政策将缓慢调整，但并不会造成人口增长率的剧烈波动，随着经济发展和城市化水平的不断提高，人口增长率将呈现稳定下降趋势。

图 2-1 中国人口总量和增长率

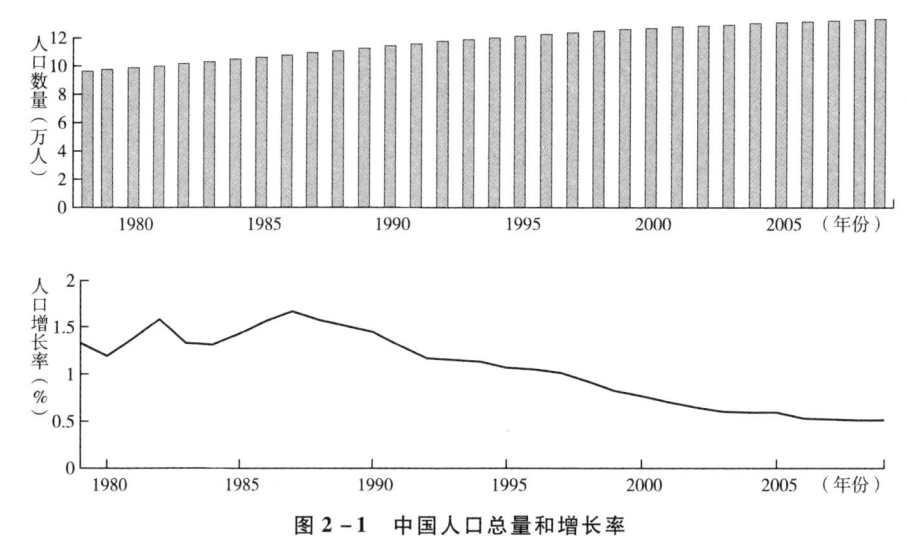

资料来源：国家统计局编《中国统计年鉴》（相关年份）（如无说明，下同）。

（二）GDP

改革开放以来，中国经济总体保持了高速增长，30年间平均经济增长率接近10%，2009年人均GDP已超过3000美元。中国长期的发展目标是在2050年达到目前中等发达国家水平。目前来看，这一目标基本上能够实现，甚至有可能提早实现。我们对中国未来经济增长的基本判断是：未来十几年，中国经济仍然保持以工业化和城市化为主要拉动力，各行业基本保持协调发展态势，经济增长速度依然将保持在较高水平。随后将逐步向服务型成熟经济转变，经济增长速度逐步放缓，技术进步和第三产业发展成为经济增长的主要动力。根据发达国家的一般经验和相关研究结论，我们判断中国经济年平均增速将从目前的9%～10%逐步下降到3%～4%。这意味着中国将提前实现"三步走战略"和"新三步走战略"的要求，人均GDP在2050年达到阿根廷、巴西、墨西哥、韩国、俄罗斯、葡萄牙、西班牙等代表性中等发达国家当时的平均水平。

（三）能源消费

改革开放之后，中国能源消费总体上呈现缓慢增长态势，20世纪90年代中后期甚至出现了不增反降的情况，直到近几年才出现加速增长。从中国能源开发利用情况，特别是近些年能源消费的变化看，中国的能源消费主要以工业需求为主，在工业化和城市化进程中能源消费增长与经济增长有很强的相关性，宏观经济运行状况对能源消费强度和能源结构都有直接的影响。如果经济增长较快，能源消费增长也会加速，而且这种情况下节能减排的成本比较高，困难比较大；而当经济增长相对较慢时，能源消费增速会大幅降低，节能减排政策和措施的效果也比较明显。因此，我们判断，随着中国经济增长速度逐步下降，技术和政策因素对能源利用效率的影响会越来越突出。在本文中，假定能源消费增长总体上依赖于经济增长，但不同政策条件下能源利用效率（或者说节能率）有一定差别，从而给出三种强度政策下的情景设定。

考虑到预测更主要地依赖于长期趋势而不是短期波动，而且能源消费与经济增长具有稳定的长期关系，因此我们通过回归方法得到能源消费与 GDP 的长期关系。具体来讲，我们用改革以来 28 个省级地区（由于数据原因不包括西藏、海南，重庆归并到四川）面板数据，采用固定效应模型估计了能源消费量与 GDP、人均 GDP 和时间趋势的关系，用以反映经济增长、经济发展水平以及技术进步对能源需求的影响。结果为公式（5），据此可以预测能源消费量的长期趋势，从而根据不同节能政策的情景再确定和调整其增长状况。

$$\ln ENERG = 4.3624 - 0.0126 \times (year - 1980) + 1.1275 \times \ln GDP - 0.4543 \times \ln PGDP, R^2 = 0.776 \tag{5}$$

（四）能源结构

不同能源品种的碳排放强度差别很大，因而能源消费碳排放强度主要

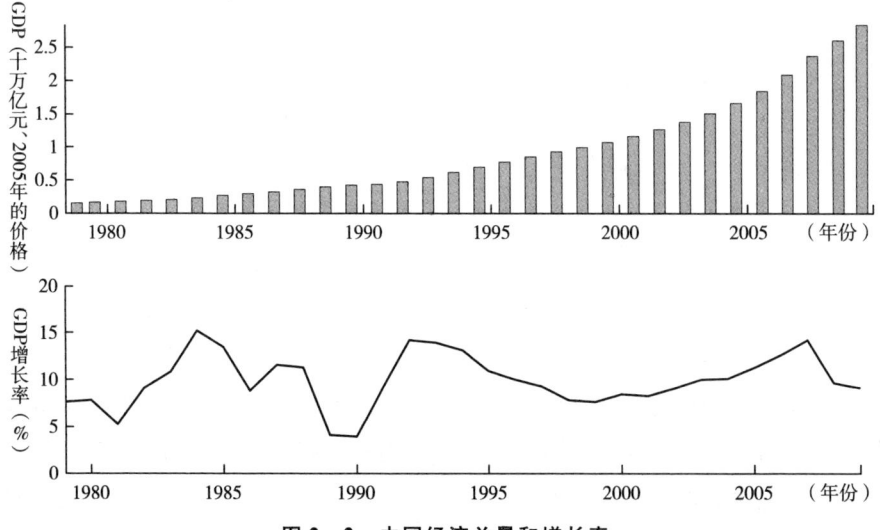

图 2-2　中国经济总量和增长率

由能源消费结构决定。要确定碳减排路径，不仅要分析能源消费量，还要预测能源结构。由于资源禀赋和经济发展水平等原因，中国能源结构总体上以煤为主，煤炭消费占能源消费总量的比重一直在2/3以上；石油比重保持在20%左右，尽管有些波动性变动，但总体趋势基本平稳；天然气比重近年来有上升趋势，但绝对数量仍比较小；近来中国能源结构的一个突出变化趋势是水电、核电、风电和太阳能等新能源和可再生能源开发利用快速增长，一定程度上缓解了对煤炭等传统能源的压力（参见图2-3）。我们对中国未来能源结构的基本判断是以煤为主的基本格局不会改变，石油比重大体稳定，天然气比重可能进一步提高，可再生能源和新能源开发利用比重将持续上升，特别是2020年之后可能随着新能源技术的不断突破而进一步加快增长。

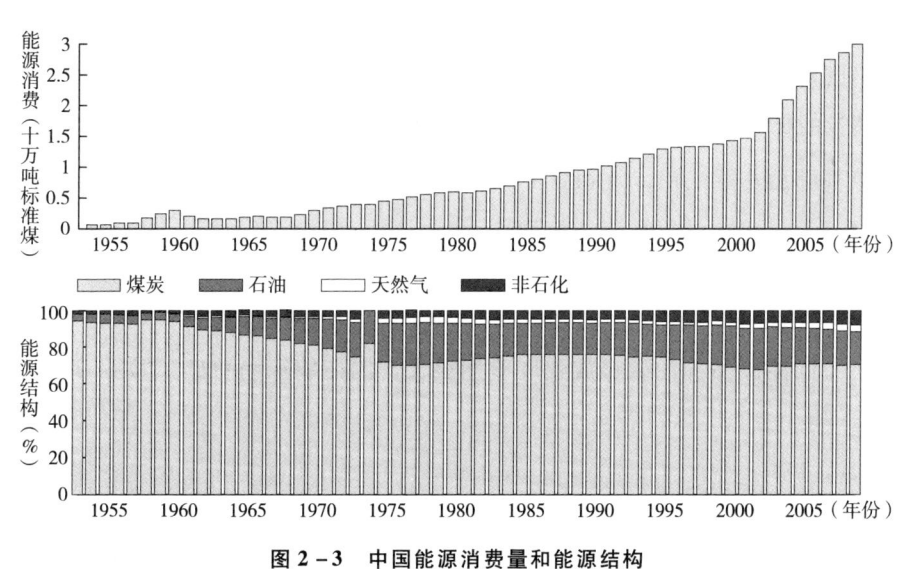

图2-3 中国能源消费量和能源结构

（五）碳排放系数

所谓能源碳排放系数，是指能源在消费过程中排放碳（通常以二氧化碳形式）的强度，煤炭、石油和天然气是主要的碳排放能源。从理论上讲碳排放系数是由能源的化学结构决定的，但现实中各种能源的化学成分都比较复杂，各国能源利用效率也有所不同，因此不同国家、机构根据不同样本得到的排放系数略有差别（见表2-1）。碳排放系数的计算结果只存在绝对数量上的微小差异，总体来看其变化趋势非常相近，因此采用哪一种排放系数实际上不会对碳排放和峰值产生严重影响。考虑到中国目前缺乏统一的碳排放系数标准，在本文中我们选择代表性碳排放系数估算结果的平均值，并假定它不随能源利用效率改变而变化（即不考虑实际发热率变化的影响），煤炭、石油、天然气碳排放系数分别为 0.7113、0.5602、0.4260，CO_2 排放系数分别为 2.6082、2.0539、1.5602。

表 2-1 部分研究采用的 CO_2 排放系数

推荐单位	天然气	石油	煤炭
北京加拿大项目	1.6573	2.1670	2.4053
美国能源部 DOE/EIA	1.4263	1.7527	2.5740
全球气候变化基金会（GEF）	1.6280	2.1377	2.7427
日本能源研究所	1.6463	2.1487	2.7720
亚洲开发银行	1.4997	2.1377	2.6620
中国工程院	1.5033	1.9800	2.4933
本课题	1.5602	2.0539	2.6082

注：碳系数需要乘以 12/44。
资料来源：胡初枝、黄贤金、钟太洋、谭丹撰《中国碳排放特征及其动态演进分析》，《中国人口·资源与环境》2008 年第 3 期。徐国泉、刘则渊、姜照华撰《中国碳排放的因素分解模型及实证分析：1995~2004》，《中国人口·资源与环境》2006 年第 6 期。

三 情景分析

（一）人口总量

表 2-2 给出了人口情景设定。我们的基本判断是未来随着经济发展，人口增长率将进一步降低。因此我们对人口增长率采用了从目前的 0.5% 左右逐步下降的设定，到 2040 年人口不再增长，人口总量达到峰值，为 14.4 亿，此后人口为负增长，2040~2050 年平均增速为 -0.17% 左右，2050 年人口为 14.2 亿左右。

表 2-2 人口预测结果

年 份	人口（期末数,亿）	增长率（五年平均,%）
2005	13.08	
2010	13.41	0.51

续表

年份	人口（期末数，亿）	增长率（五年平均，%）
2015	13.75	0.50
2020	14.00	0.36
2025	14.24	0.33
2030	14.37	0.19
2035	14.39	0.03
2040	14.40	0.01
2045	14.33	-0.10
2050	14.16	-0.24

（二）经济增长

如前所述，我们采用增长核算方法来预测经济增长，然后根据经济增长状况设定节能情景，从而预测能源消费。结合中国的发展进程和其他国家的发展规律，我们分析了未来一段时期中国这些经济增长决定因素的可能变化情况，通过对资本投入、受教育水平、就业数量和全要素生产率等要素的增长前景预测经济增长。

首先，资本存量主要由当前的经济总量和投资倾向决定，外资流入也会影响发展中国家的资本积累。根据主要发达国家和东亚"四小龙"等国家（地区）的经验，我们发现资本积累总体上具有以下基本规律：①稳定的资本积累是经济快速增长的必要条件，②不同国家投资率差别较大，东亚国家（地区）普遍较高，③发达国家投资回报比较稳定且差别不大，④在经济高速增长阶段投资增长率通常上升，但经济增长平稳后投资增长率会下降至稳定水平。

表2-3 部分国家经济发展水平比较

时期	项目	美国	日本	韩国	中国台湾	印度	中国
1980	人均GDP（2005年美元）	25620	22088	4270	4213	290	1173
	投资率（%）	21.51	36.54	34.83	25.62	11.86	29.09
	平均受教育水平（年）	11.86	8.51	7.91	7.61	3.27	5.00
	全要素生产率（美国1960年=100）	97	60	41	13	33	6.61
2000	人均GDP（2005美元）	42028	35733	17597	15704	745	1727
	投资率（%）	24.16	29.78	34.79	20.51	11.56	34.11
	平均受教育水平（年）	12.05	9.47	10.84	8.76	5.06	7.54
	全要素生产率（美国1960年=100）	122	61	53	17	38	13.10

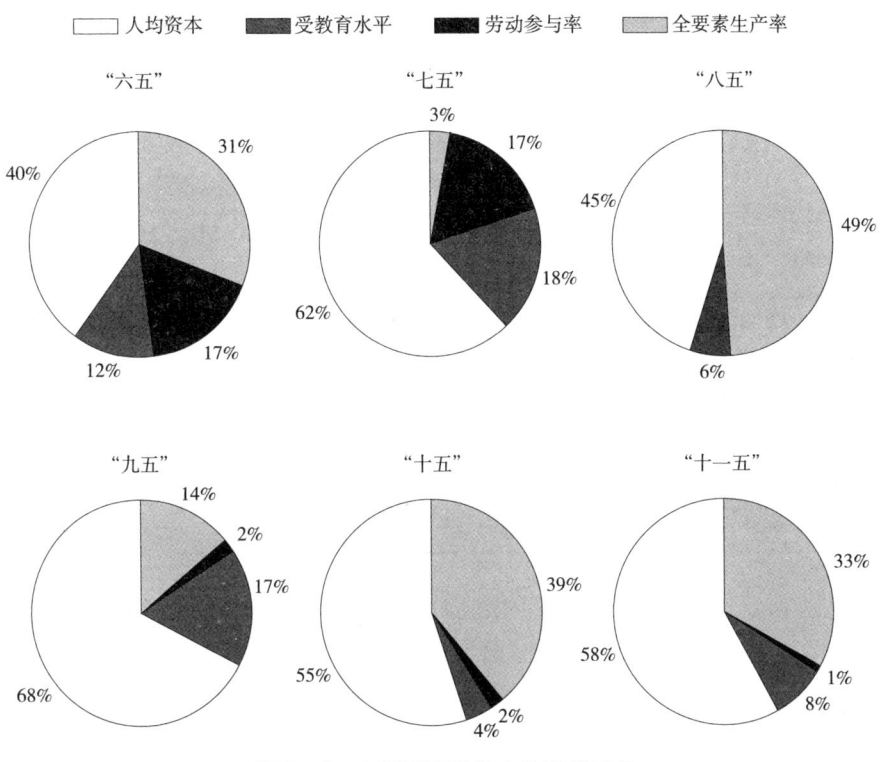

图 2-4 中国经济增长中的要素贡献

其次,劳动投入的决定因素主要包括由人口总量、人口结构、失业率等决定的劳动数量和由教育投入、劳动力市场发育、新技术的技能要求决定的人力资本(教育水平)。从发达国家和东亚"四小龙"的增长历程来看,有以下几点基本经验:①进入经济稳定增长阶段人口增长模式出现转型,②东亚国家(地区)就业倾向普遍较高,③教育水平在经济高速增长阶段提高较快,但达到较高水平后增长率会下降,④日本、韩国政府教育投入作用巨大,⑤信息时代技术进步有利于高教育水平工人。

再次,全要素生产率的决定因素主要包括经济体制、技术引进、研发投入等方面,综观各国的长期经济发展历程,可以看到以下基本现实:①发展中国家与发达国家差距巨大,②发达国家增长率较为稳定,③后发国家一段时期可能实现快速提高,④但跟随和模仿发展模式难以实现完全赶超。

新中国成立以来,特别是改革开放以来,中国经济取得了辉煌成就。从增长要素的角度看,改革开放以来产出(GDP)的年平均增长率为9.89%;资本投入的年平均增长率为10.45%;劳动投入的年平均增长率为3.97%,

其中就业增长率为2.16%，教育水平增长率为1.81%；全要素生产率的年平均增长率为2.53%，资本积累、劳动投入增加和全要素生产率提高对经济增长的贡献份额分别为52.82%，20.08%和25.56%。

表2-4 中国经济增长核算

时间（年）		产 出	资本投入	劳动投入			全要素生产率
				全 部	就 业	教 育	
1978~1992	平均增长率	9.39	8.95	5.58	3.63	1.95	1.96
	贡献份额	100.00	47.63	29.70	19.33	10.37	20.91
1993~2009	平均增长率	10.31	11.71	2.67	0.97	1.69	3.00
	贡献份额	100.00	56.79	12.93	4.72	8.21	29.06
1978~2009	平均增长率	9.89	10.45	3.97	2.16	1.81	2.53
	贡献份额	100.00	52.82	20.08	10.94	9.13	25.56

综合以上分析，我们对未来一段时期的中国经济增长前景判断如下。首先，考虑到今后逐步扩大国内需求的战略取向和投资回报平稳化，我们判断资本增速将逐步平稳下降，年平均增长率从目前的10%左右下降到2041~2050年的4%左右。其次，考虑到中国"计划生育"将使人口转型快于经济发展，我们预计人口增长放缓，人口逐步呈现老龄化趋势（2030年经济活动人口比重不再提高，但由于农村剩余劳动力和大量失业人口的存在，就业量仍将持续增长一段时期，2040年后才缓慢下降）。同时，随着对教育重视和投入的加大以及劳动力市场的不断完善，教育对经济增长的作用会进一步提高，而且技术水平的不断提高也会拉动教育需求，因此教育水平将稳定增长，不过由于教育水平存在上限，其增速会逐步放缓。再次，鉴于今后经济体制改革进程趋于平稳，中国的全要素生产率提高也将逐步稳定，考虑到仍与发达国家有较大技术差距和研发投入不断提高的趋势，全要素生产率仍将持续较快增长，但随着赶超空间的缩小，增速也会放缓。表2-5显示了我们的具体预测结果。

表2-5 中国经济增长分析

年 份	GDP（2005年价格，万亿元）	增长率（%）	人均GDP（2005年价格，元）	人均GDP（2005年价格，美元）	增长率（%）
2005	18.49		14144	1727	
2010	31.46	11.21	23450	3500	10.64

续表

年　份	GDP（2005年价格，万亿元）	增长率（%）	人均GDP（2005年价格，元）	人均GDP（2005年价格，美元）	增长率（%）
2015	47.01	8.36	34181	5095	7.83
2020	64.84	6.64	46302	6911	6.26
2025	88.32	6.38	62038	9264	6.03
2030	115.02	5.42	80036	11946	5.23
2035	142.23	4.34	98818	14720	4.31
2040	171.08	3.76	118788	17730	3.75
2045	201.81	3.36	140859	21066	3.47
2050	234.42	3.04	165595	24716	3.29

（三）能源消费

能源消费主要取决于能源利用效率。改革开放以来，中国能源效率总体上不断提高，1978～2009年平均节能率高达4.29%。我们认为，随着强化节能政策的推进和产业结构的升级，今后一段时期中国仍将保持非常高的节能率。当然，此后随着能源利用效率的不断提高和经济增长速度的缓慢下降，节能率也将下降，但幅度比经济增长更为平缓。考虑到中国政府正在并且将强化实施节能减排的经济发展战略和政策，在确定产出增长的情景下，我们通过节能率来判断能源消费增长。从各国的发展经验和目前中国的实际情况来看，国家战略与政府政策对能源利用效率具有巨大影响，例如"十五"期间重化工业超快发展对能源消费产生了过度需求，"十一五"期间实施了强制节能策略，节能力度大幅增强，五年间能源消费强度累计下降接近20%，节能政策对能效提高效果非常显著。

根据本文中能源需求模型［结果见公式（5）］，2011～2020年、2021～2030年、2031～2040年和2041～2050年能源需求增长率分别大约为3.98%、2.83%、1.48%和0.82%，对应的节能率分别为3.52%、3.07%、2.57%和2.38%。据目前规划，"十二五"期间年平均节能率控制目标为3.5%～3.8%，"十三五"期间会略有降低，但降幅不会很大。考虑到中国经济增长仍将保持持续较快增长，强度节能目标很可能会超额实现，实际节能率可能略高于以上数据。

为分析能源战略和能源政策对能源消费和碳排放的影响，我们以模型预测结果为基础，根据不同的政策情景来设定未来的能源增长状况。鉴于政策分析的需要，本文重点考虑了四种能源消费情景：①参考情景，即能源战略以满足经济增长需要为目标，以保障供应和能源安全为主要着力点，适度考虑节能和减排目标；②节能战略，即继续保持现有节能政策取向，根据经济发展阶段、经济承受能力和技术水平选择适当的节能战略，其主要政策背景是中央政府仍保持较强的节能减排政策力度，同时积极利用市场机制推动企业自主节能；③强化节能战略，即在节能战略的基础上，进一步强化节能力度，通过财政、税收、技术支持等措施积极推进严格和约束性节能战略，同时大力推进能源市场改革，充分利用市场机制和能源价格杠杆进一步强化节能力度、控制温室气体和助燃物排放；④超强节能战略，在强化节能战略基础上，制订更为严格的节能目标，并以此作为经济社会发展的约束条件，同时采用税收优惠等方式鼓励新能源和可再生能源开发利用，利用征收碳税的方式限制化石能源利用，通过技术补贴推进节能减排技术创新与推广。

具体来看，参考情景下，2011～2020年节能率在3.0%左右，到2041～2050年下降至2.25%左右；在节能情景下，2011～2020年节能率在3.5%左右，到2041～2050年下降至2.75%左右；在强化节能情景下，2011～2020年节能率在3.75%左右，到2041～2050年下降至2.9%左右；在超强节能情景下，2011～2020年节能率在4.25%左右，到2041～2050年下降至3.0%左右。表2－6显示了我们的具体分析结果。

表2－6 中国能源消费增长情景

情景	年份	能源需求（亿吨）	增长率（%）	节能率（%）	人均能源消费（吨标准煤）	能源强度（吨标准煤/元）	能源强度（吨标准煤/美元）
参考	2005	23.60			1.80	1.28	8.55
	2010	32.47	6.59	4.62	2.42	1.03	6.92
	2020	49.24	3.79	3.22	3.52	0.76	5.09
	2030	67.14	2.75	2.68	4.67	0.58	3.91
	2040	78.30	1.33	2.43	5.44	0.46	3.07
	2050	86.07	0.83	2.21	6.08	0.37	2.46

续表

情景	年份	能源需求（亿吨）	增长率（%）	节能率（%）	人均能源消费（吨标准煤）	能源强度（吨标准煤/元）	能源强度（吨标准煤/美元）
节能	2005	23.60			1.80	1.28	8.55
	2010	32.47	6.59	4.62	2.42	1.03	6.92
	2020	48.07	3.55	3.45	3.43	0.74	4.97
	2030	62.44	2.22	3.20	4.34	0.54	3.64
	2040	69.31	0.83	2.93	4.81	0.41	2.71
	2050	72.50	0.34	2.70	5.12	0.31	2.07
强化节能	2005	23.60			1.80	1.28	8.55
	2010	32.47	6.59	4.62	2.42	1.03	6.92
	2020	46.70	3.25	3.75	3.35	0.72	4.83
	2030	59.00	2.00	3.42	4.08	0.51	3.44
	2040	64.32	0.74	3.02	4.47	0.38	2.52
	2050	65.72	0.07	2.98	4.64	0.28	1.88
超强节能	2005	23.60			1.80	1.28	8.55
	2010	32.47	6.59	4.62	2.42	1.03	6.92
	2020	44.71	2.75	4.25	3.31	0.69	4.62
	2030	52.66	1.17	4.25	3.93	0.46	3.07
	2040	55.63	0.51	3.25	4.16	0.33	2.18
	2050	56.76	0.04	3.00	4.31	0.24	1.62

根据能源技术前景、国际环境和中国资源禀赋，今后很长一段时期中国能源供应仍以煤炭为主，但比重逐步下降，石油的比重不超过20%，天然气比重略有增长，水电、核能、风能和太阳能等清洁能源开发成为支撑能源消费的重要力量。对于不同的能源需求，我们认为中国能源供给的可行路径是，在经济和技术条件可行的情况下，尽量优先考虑新能源和可再生能源开发利用，在保证能源结构和空间布局相对合理的前提下尽量减少对化石能源的依赖。因此，我们对于上述四种能源需求情景下的能源消费结构判断如表2-7所示。

表2-7 中国能源消费结构情景

情景	年份	能源需求亿吨标准煤	煤炭数量（亿吨标准煤）	煤炭比重（%）	石油数量（亿吨标准煤）	石油比重（%）	天然气数量（亿吨标准煤）	天然气比重（%）	非化石数量（亿吨标准煤）	非化石比重（%）
参考	2005	23.60	16.71	70.81	4.67	19.79	0.61	2.58	1.60	6.78
参考	2010	32.47	22.42	69.05	5.86	18.05	1.30	4.00	2.90	8.93
参考	2020	49.24	29.00	58.91	8.57	17.41	3.25	6.60	8.41	17.08
参考	2030	67.14	37.58	55.97	10.00	14.89	5.20	7.74	14.36	21.39
参考	2040	78.30	41.85	53.44	10.71	13.68	5.85	7.47	19.89	25.40
参考	2050	86.07	42.67	49.58	11.43	13.28	6.50	7.55	25.47	29.59
节能	2005	23.60	16.71	70.81	4.67	19.79	0.61	2.58	1.60	6.78
节能	2010	32.47	22.42	69.05	5.86	18.05	1.30	4.00	2.90	8.93
节能	2020	48.07	28.12	58.49	8.58	17.86	3.25	6.77	8.12	16.88
节能	2030	62.44	32.51	52.07	10.29	16.47	5.35	8.57	14.29	22.89
节能	2040	69.31	33.45	48.27	10.71	15.46	5.85	8.44	19.29	27.84
节能	2050	72.50	29.82	41.14	11.43	15.76	6.50	8.97	24.74	34.13
强化节能	2005	23.60	16.71	70.81	4.67	19.79	0.61	2.58	1.60	6.78
强化节能	2010	32.47	22.42	69.05	5.86	18.05	1.30	4.00	2.90	8.93
强化节能	2020	46.70	26.83	57.46	8.52	18.24	3.23	6.91	8.12	17.39
强化节能	2030	59.00	30.01	50.87	9.92	16.81	5.16	8.74	13.91	23.58
强化节能	2040	64.32	27.89	43.36	10.82	16.82	5.91	9.18	19.70	30.63
强化节能	2050	65.72	22.75	34.61	11.43	17.39	6.50	9.89	25.04	38.11
超强节能	2005	23.60	16.71	70.81	4.67	19.79	0.61	2.58	1.60	6.78
超强节能	2010	32.47	22.42	69.05	5.86	18.05	1.30	4.00	2.90	8.93
超强节能	2020	44.71	25.34	56.67	8.21	18.35	3.11	6.96	8.05	18.01
超强节能	2030	52.66	25.11	47.69	9.32	17.70	4.85	9.20	13.38	25.41
超强节能	2040	55.63	21.75	39.10	9.96	17.90	5.44	9.77	18.49	33.23
超强节能	2050	56.76	16.42	28.93	10.62	18.71	6.04	10.64	23.67	41.71

（四）排放路径与峰值

根据以上结果，我们可以得到四种情景下能源相关的二氧化碳排放路径（见图2-5）。表2-8提供了不同情景碳排放，各种能源贡献份额以及人均排放和排放强度。结果显示，在节能战略情境下，2040年二氧化碳排放达到峰值，达峰时能源消费总量69亿吨标准煤，二氧化碳排放总量约为118亿吨，人均排放大约为8.2吨二氧化碳，排放强度大约为0.83吨/万元。在强化节能战略情境下，大约在2030年出现二氧化碳排放峰值点，达峰时人均GDP大约为17500美元（2005年汇率价格），人均排放大约为7.42吨二氧化碳，排放强度大约为0.93吨/万元，能源消费总量在59亿吨标准煤左右，二氧化碳排放总量为106亿吨。在超强节能战略情境下，2025年前后出现碳排放峰值点，达峰时人均GDP大约为9264美元（2005年汇率价格），人均排放大约为5.23吨二氧化碳，排放强度大约为0.32吨/万元；能源消费总量为56.76亿吨标准煤，年二氧化碳排放总量为102亿吨。

图2-5 中国碳排放路径情景

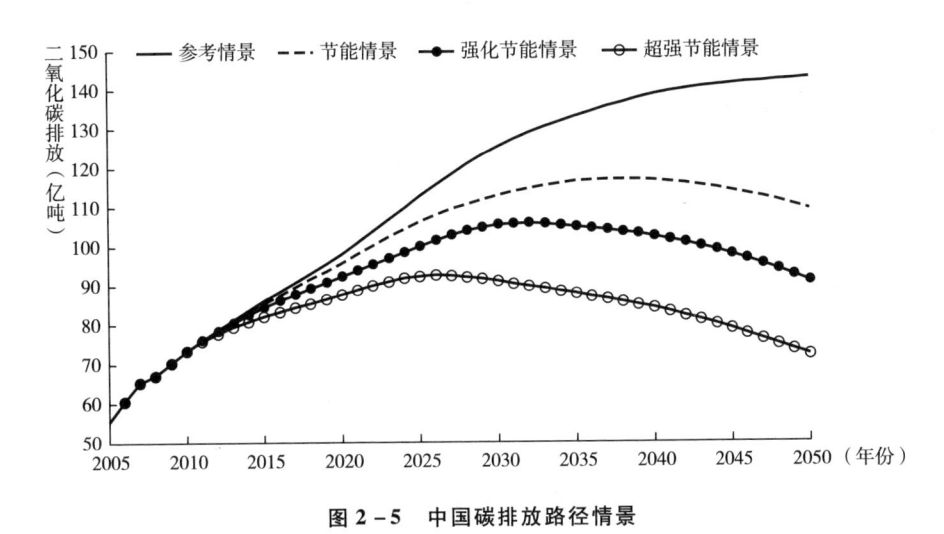

表2-8 中国能源相关二氧化碳排放情景

情　景	年　份	排放总量（亿吨）	人均排放（吨）	排放强度（吨/元）	排放强度（吨/美元）
参　考	2005	54.13	4.14	2.93	19.61
	2010	72.53	5.41	2.31	15.45
	2020	98.33	7.02	1.52	10.16
	2030	126.67	8.81	1.10	7.38
	2040	140.28	9.74	0.82	5.49
	2050	144.91	10.24	0.62	4.14

续表

情　景	年　份	排放总量（亿吨）	人均排放（吨）	排放强度（吨/元）	排放强度（吨/美元）
节　能	2005	54.13	4.14	2.93	19.61
	2010	72.53	5.41	2.31	15.45
	2020	96.04	6.86	1.48	9.92
	2030	114.28	7.95	0.99	6.66
	2040	118.39	8.22	0.69	4.64
	2050	111.40	7.87	0.48	3.18
强化节能	2005	54.13	4.14	2.93	19.61
	2010	72.53	5.41	2.31	15.45
	2020	92.52	6.61	1.43	9.56
	2030	106.70	7.42	0.93	6.22
	2040	104.18	7.23	0.61	4.08
	2050	92.94	6.57	0.40	2.66
超强节能	2005	54.13	4.14	2.93	19.61
	2010	72.53	5.41	2.31	15.45
	2020	87.81	6.27	1.35	9.07
	2030	92.21	6.42	0.80	5.37
	2040	85.67	5.95	0.50	3.36
	2050	74.07	5.23	0.32	2.12

在节能、强化节能和超强节能三种情景下，2050年人均二氧化碳排放分别为7.9、6.6和5.2吨，其中超强节能情景结果将接近当时日本和欧盟

表2-9　部分国家经济发展、能源消费和二氧化碳排放（2010年）

国家	人口（亿）	GDP（亿美元）	能源消费（亿吨标准煤）	CO_2排放（亿吨）	人均GDP（美元）	人均能耗（吨）	人均CO_2排放（吨）	能耗强度（吨/万美元）	排放强度（吨/万美元）
美　国	3.09	145867	32.65	61.45	47199	10.57	19.88	2.24	4.21
加拿大	0.34	15770	4.52	6.05	46236	13.26	17.74	2.87	3.84
澳大利亚	0.22	9618	1.69	3.67	43076	7.56	16.43	1.76	3.81
日　本	1.27	54588	7.16	13.08	42831	5.61	10.27	1.31	2.40
德　国	0.82	32805	4.56	8.28	40152	5.59	10.14	1.39	2.52

续表

国家	人口（亿）	GDP（亿美元）	能源消费（亿吨标准煤）	CO$_2$ 排放（亿吨）	人均 GDP（美元）	人均能耗（吨）	人均 CO$_2$ 排放（吨）	能耗强度（吨/万美元）	排放强度（吨/万美元）
法 国	0.65	25600	3.61	4.03	39460	5.56	6.21	1.41	1.57
英 国	0.62	22488	2.99	5.48	36144	4.80	8.81	1.33	2.44
意 大 利	0.60	20514	2.46	4.39	33917	4.06	7.26	1.20	2.14
韩 国	0.49	10145	3.64	7.16	20757	7.45	14.65	3.59	7.06
巴 西	1.95	20879	3.63	4.64	10710	1.86	2.38	1.74	2.22
俄 罗 斯	1.42	14798	9.87	17.00	10440	6.96	11.99	6.67	11.49
南 非	0.50	3637	1.73	4.37	7275	3.46	8.75	4.75	12.02
中 国	13.38	59266	34.75	83.33	4428	2.60	6.23	5.86	14.06
印 度	11.71	17271	7.49	17.07	1475	0.64	1.46	4.34	9.89
OECD	12.36	428085	79.55	141.41	34631	6.44	11.44	1.86	3.30
世 界	68.41	631239	171.46	331.58	9228	2.51	4.85	2.72	5.25

注：人口为年中数，澳大利亚 GDP 为预测数，汇率为市场汇率，中国数据与国家统计局略有差别。

资料来源：World Bank；IMF；BP Statistical Review of World Energy，July 2011。

水平，节能情景结果也远远低于当时美国的水平。也就是说，到 2050 年中国的人均碳排放将接近甚至达到世界最先进国家水平，而当时我们的人均 GDP 水平（按 2005 年价格计算）大约仅相当于美国的 1/3 或欧盟平均水平的一半，这将是中国节能减排的绝大成就和巨大贡献。

四 减排贡献分解

Kaya 恒等式的一个突出优点，就是可以通过简单的数学公式将经济、政策和人口等因子与人类活动产生的二氧化碳联系起来，从而对二氧化碳排放进行因素分解分析。例如，根据公式（1）进行简单的数学变换可以得到：

$$\ln(CO_2) = \ln\left(\frac{CO_2}{PE}\right) + \ln\left(\frac{PE}{GDP}\right) + \ln\left(\frac{GDP}{POP}\right) + \ln(POP) \tag{6}$$

也就是说，我们可以将二氧化碳排放量（对数）分解为人口、人均 GDP、能源强度和碳排放强度（对数）的总和。为了剔除变量量纲的影响，我们以其最小值为 1 对人口、人均 GDP、能源强度和碳排放强度（对数）

进行了标准化。

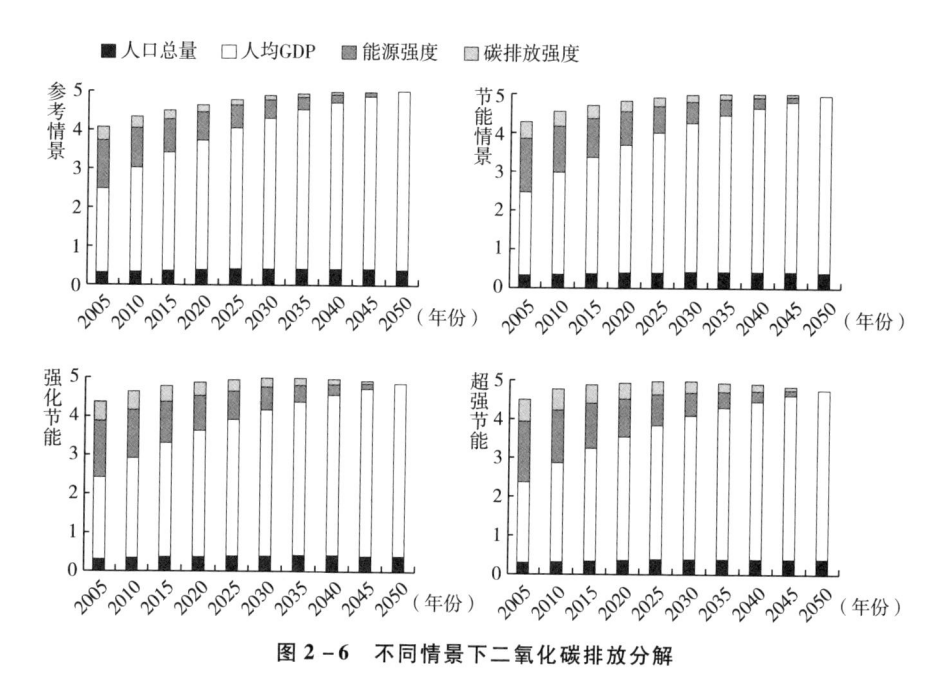

图 2-6　不同情景下二氧化碳排放分解

图 2-6 提供了 2010~2050 年历年二氧化碳排放量的分解结果。从中可见，人均 GDP 与能源强度的变化最为突出，但二者变化方向正好相反。经济增长是导致中国能源消费和二氧化碳排放增长的最主要因素，而能源强度下降（或者会所能源利用效率提高）是减缓能源消费和二氧化碳排放增长的最主要力量。对比四种能源政策情景，能源利用效率和能源结构变化的作用也比较明显，对节能减排都有很大影响。

类似的，我们还可以根据 Kaya 恒等式对二氧化碳排放的增长进行分解：

$$Gr_{CO_2} = Gr_{POP} + Gr_{PGDP} + Gr_{IE} + Gr_{IC}$$

其中，Gr 代表增长率，CO_2，POP，IE，IC 分别代表二氧化碳排放量、人口、人均国内生产总值、单位 GDP 能源强度和能源结构碳强度。这样，我们就可以将二氧化碳排放量变化分解为人口、人均国内生产总值、单位 GDP 能源强度和能源结构碳强度的变化。

表 2-10 提供了 2010~2050 年二氧化碳排放量增长率的分解结果。从中可见，人均国内生产总值呈上升趋势，对二氧化碳排放具有正向"贡献"；单位 GDP 能源强度和能源结构碳强度呈下降趋势，降低了二氧化碳排

放,具有负向"贡献";人口增长先是正向"贡献",而后变为负向"贡献"。从作用幅度来看,人均GDP增长对二氧化碳排放增长率影响最大,其次为

表 2-10 各排放因子对二氧化碳排放变化的贡献

单位:%

情景	时间(年)	CO_2排放量平均增长率	人口平均增长率	人均GDP平均增长率	能源强度平均增长率	排放强度平均增长率
参考	2006~2010	2.82	0.26	5.06	-2.12	-0.37
	2011~2015	1.60	0.25	3.77	-1.71	-0.71
	2016~2020	1.30	0.18	3.04	-1.36	-0.55
	2021~2025	1.39	0.17	2.93	-1.34	-0.36
	2026~2030	1.06	0.09	2.55	-1.29	-0.29
	2031~2035	0.60	0.02	2.11	-1.25	-0.28
	2036~2040	0.41	0.01	1.84	-1.19	-0.25
	2041~2045	0.20	-0.05	1.70	-1.12	-0.33
	2046~2050	0.10	-0.12	1.62	-1.08	-0.31
节能	2006~2010	2.82	0.26	5.06	-2.12	-0.37
	2011~2015	1.52	0.25	3.77	-1.84	-0.66
	2016~2020	1.14	0.18	3.04	-1.47	-0.60
	2021~2025	1.04	0.17	2.93	-1.58	-0.48
	2026~2030	0.60	0.09	2.55	-1.54	-0.50
	2031~2035	0.31	0.02	2.11	-1.49	-0.31
	2036~2040	0.02	0.01	1.84	-1.43	-0.40
	2041~2045	-0.22	-0.05	1.70	-1.37	-0.50
	2046~2050	-0.43	-0.12	1.62	-1.33	-0.60
强化节能	2006~2010	2.82	0.26	5.06	-2.12	-0.37
	2011~2015	1.40	0.25	3.77	-1.98	-0.64
	2016~2020	0.90	0.18	3.04	-1.62	-0.70
	2021~2025	0.80	0.17	2.93	-1.75	-0.54
	2026~2030	0.53	0.09	2.55	-1.65	-0.47
	2031~2035	-0.04	0.02	2.11	-1.63	-0.53
	2036~2040	-0.24	0.01	1.84	-1.48	-0.61
	2041~2045	-0.45	-0.05	1.70	-1.47	-0.64
	2046~2050	-0.74	-0.12	1.62	-1.47	-0.78

续表

情景	时间（年）	CO_2排放量平均增长率	人口平均增长率	人均GDP平均增长率	能源强度平均增长率	排放强度平均增长率
超强节能	2006~2010	2.82	0.26	5.06	-2.12	-0.37
	2011~2015	1.13	0.25	3.77	-2.18	-0.72
	2016~2020	0.65	0.18	3.04	-1.86	-0.71
	2021~2025	0.53	0.17	2.93	-2.04	-0.53
	2026~2030	-0.14	0.09	2.55	-2.06	-0.73
	2031~2035	-0.35	0.02	2.11	-1.83	-0.65
	2036~2040	-0.43	0.01	1.84	-1.59	-0.68
	2041~2045	-0.66	-0.05	1.70	-1.47	-0.84
	2046~2050	-0.87	-0.12	1.62	-1.48	-0.89

能源强度变化，人口增长率的影响最小，碳排放强度变化的作用幅度变化最为明显，特别是2040~2050年作用比较突出。总体来看，随着经济增长速度的下降，人均GDP增长的影响不断缩小，而碳排放强度的影响不断提高。

参考文献

胡初枝、黄贤金、钟太阳、谭丹：《中国碳排放特征及其动态演进分析》，《中国人口·资源与环境》2008年第3期。

徐国泉、刘则渊、姜照华：《中国碳排放的因素分解模型及实证分析：1995~2004》，《中国人口·资源与环境》2006年第6期。

第二篇
主要国家的排放研究

第3章
主要发达国家的排放路径与峰值

本部分着重分析欧盟、美国、日本、澳大利亚等主要发达国家温室气体排放的总体态势与排放路径变化，探讨这些国家和地区温室气体排放的峰值以及峰值出现时其主要经济特征，提出中国增强应对气候变化能力的对策建议，为构建适应气候变化的国家战略提供支撑。

一 欧盟温室气体排放态势与减排效果

欧盟是全球最大经济体，其能源消费量居世界第二。基于保障能源安全、增强竞争力等方面的考虑，欧盟一直是应对气候变化的主要倡导者，积极推动温室气体减排，试图成为全球应对气候变化的主导者。

（一）欧盟温室气体排放总量呈下降趋势

过去20年中，总体来看，欧盟温室气体排放总量呈下降态势。来自EEA的数据显示，2010年，欧盟15国温室气体排放总量为3813百万吨CO_2当量，分别比1990年和基年下降10.6%和10.7%，欧盟27国温室气体排放总量为4721百万吨CO_2当量，比1990年下降15.5%（见图3-1）。经济结构调整、产业升级与高碳工业海外转移、节能低碳技术的推广应用以及实行更严格的减排法规是欧盟温室气体排放总量下降的主因。

国际金融危机使欧盟经济遭受重创。受经济衰退的影响，2009年，欧盟

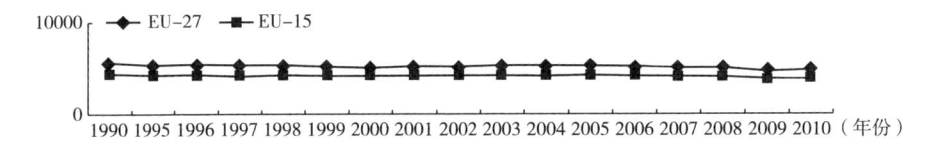

图 3-1 1990~2010 年欧盟（27 国和 15 国）温室气体排放总量
（excluding LULUCF）（百万吨 CO_2）①

资料来源：1990~2009 年数据来自 EEA，*Annual European Union Greenhouse Gas Inventory 1990 - 2009 and Inventory Report 2011*；2010 年数据来自 EEA，*Approximated EU GHG Inventory: Early Estimates for 2010*。

27 国温室气体排放比 2008 年大幅下降 7.1%，欧盟 15 国则下降 6.9%。相比 1990 年，欧盟 27 国和 15 国分别下降 17.4% 和 12.7%。2010 年经济恢复使得欧盟排放总量出现反弹，终止了此前连续 5 年同比下降的势头。根据 EEA 发布的 2010 年预估数据，2010 年欧盟 27 国和 15 国温室气体排放总量分别比 2009 年上升 2.3%（±0.7%）和 2.4%（±0.3%）。除了经济复苏的作用之外，天气因素也不可忽视。2010 年，欧盟特别是北欧和中东欧寒冷的冬季导致供热需求增加，进而引发居民和商业部门排放上升。

尽管欧盟温室气体排放总体呈下降态势，但欧盟内部各成员之间的减排效果却存在较大差别。从图 3-2 可以看出，1990~2010 年，排放量下降幅度较大的主要是经历了经济和政治体制剧变的中东欧国家，而欧盟主要工业

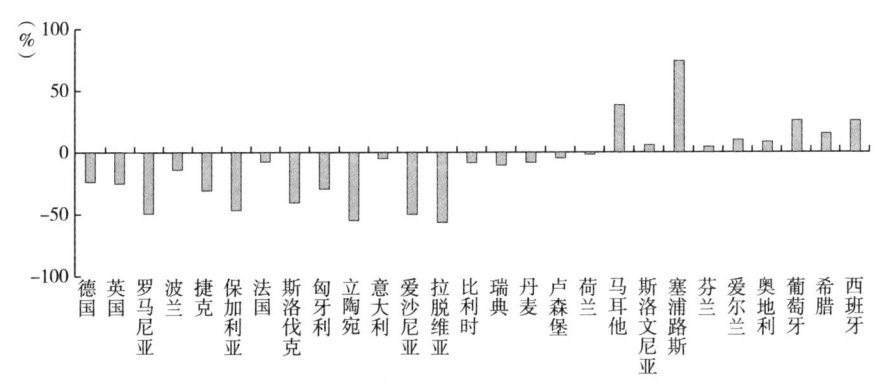

图 3-2 1990~2010 年欧盟各成员国温室气体排放总量（excluding LULUCF）的变化

资料来源：EEA，*Approximated EU GHG Inventory: Early Estimates for 2010*。

---

① 2010 年数据为 EEA 的预测值。其中，欧盟 27 国和 15 国温室气体排放总量预计分别比 2009 年上升 2.3%（±0.7%）和 2.4%（±0.3%）。

国温室气体减排的表现并不突出。其中,德国和英国排放分别下降23.5%和24.8%,虽然对欧盟15国排放总量下降做出了较大贡献,但其减排幅度在欧盟内部也仅处于中游水平,而法国(-6.8%)、荷兰(-0.2%)、意大利(-4.8%)、比利时(-7.8%)、瑞典(-11.1%)等欧洲主要工业国的排放下降幅度均低于欧盟27国和15国的平均降幅,同期西班牙温室气体排放则大幅上升了26.0%,为欧盟主要工业国排放上升幅度最大的国家。可见,欧盟主要成员国总量减排仍有一定的压力。

(二)工业生产过程和废弃物是欧盟排放下降幅度较大的部门

从主要排放源的构成来看,能源一直是欧盟温室气体排放的最大来源。2010年,欧盟(15国)能源部门排放的温室气体为3050.3百万吨CO_2当量,占排放总量的80.0%,其次为农业和工业生产过程,分别占比9.8%和7.0%。比较各排放源的减排效果可以看出,工业生产过程和废弃物部门排放下降的幅度较大。1990~2010年,这两个部门排放降幅分别达到24.2%和40.5%,其排放量占排放总量的比重分别下降了1.3和1.4个百分点(见表3-1和图3-3)。这两个部门的减排效果既得益于清洁生产和循环经济等技术减排手段的实施,同时也在相当程度上是产业转移的结果。自20

表3-1 欧盟(15国)主要排放源构成的变化

单位:百万吨CO_2当量,%

年 份	1990	1995	2000	2005	2009	2010	1990~2010年排放增减
能源	3274	3200	3252	3342	2973	3050.3	-6.8
工业生产过程	353	351	309	309	250	267.6	-24.2
溶剂及其他产品使用	14	12	12	11	9	—	-35.7
农业	441	419	419	393	379	374.1	-15.2
LULUCF	-229	-257	-276	-255	-293	—	-27.9
废弃物	184	173	148	123	112	109.4	-40.5
其他	0	0	0	0	0	—	0
总计(不含LULUCF)	4265	4155	4140	4178	3724	3813	12.7

注:溶剂、LULUCF和其他部门为1990~2009年的数据。

资料来源:1990~2009年数据来自EEA, *Annual European Union Greenhouse Gas Inventory* 1990 - 2009 *and Inventory Report* 2011;2010年数据来自EEA, *Approximated EU GHG Inventory: Early Estimates for* 2010。

世纪 80 年代中期以来，欧盟通过对外直接投资，将高污染、高排放产业大规模向中国、东南亚等国家和地区转移。在产业升级的过程中，也实现了温室气体排放的转移。然而，在 2010 年的排放反弹中，工业生产过程排放的回升幅度达到了 7.0%，明显超出欧盟（15 国）排放总量的反弹，这表明欧盟实体经济从金融危机中恢复得相对较快。

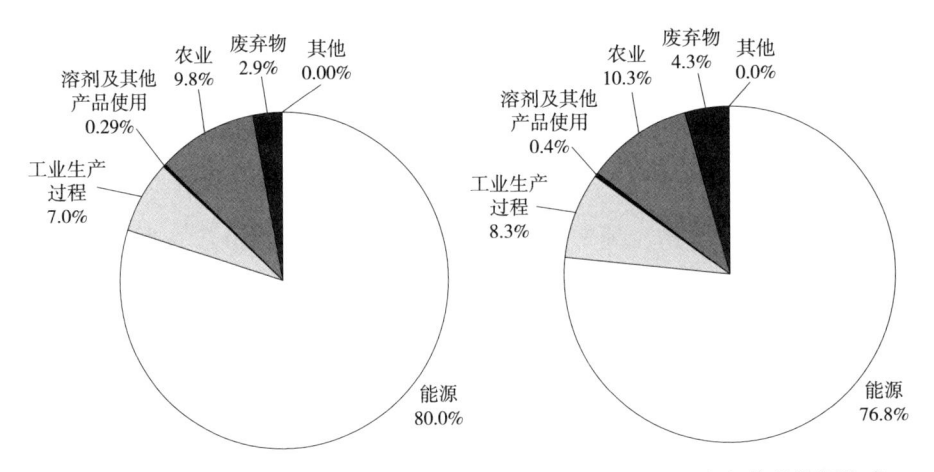

图 3-3　1990 年（右图）和 2010 年（左图）欧盟（15 国）温室气体排放源构成（excluding LULUCF）的变化

资料来源：1990 年的数据来自 UNFCCC；2010 年的数据来自 EEA。

（三）工业及电力部门减排效果较为显著，交通部门减排形势严峻

随着产业结构、消费方式和政策环境的调整，欧盟温室气体的排放路径发生了变化。电力和热力生产、钢铁、非钢制造业、固废处置以及居民与服务等领域的排放量有明显下降，表明这些领域取得了积极的减排效果。其中，制造业成为欧盟减排的主力军。1990~2009 年，欧盟 15 国和 27 国钢铁与非钢制造业分别合计减排 201.1 百万和 332.8 百万吨 CO_2 当量，对同期温室气体总量减排的贡献度分别达到 37.2% 和 34.2%。与制造业减排进展形成鲜明对比的是，交通部门的排放量却有较大幅度上升。1990~2009 年，欧盟 15 国和 27 国陆路交通分别增排 115.0 百万和 164.8 百万吨 CO_2 当量，是这一时期排放上升最多的部门，交通也因此成为欧盟减排形势最为严峻的部门。同时，氟利昂以及其他高分子化学制剂的大量使用导致由卤代烃引发的 HFC 排放增长较快，这一领域未来也将面临较大的减排压力（见表 3-2）。

表 3-2 1990~2009 年欧盟温室气体排放路径的变化

单位：百万吨 CO_2 当量

排放路径	EU15	EU27
陆路交通（CO_2 from 1A3b）	115.0	164.8
卤代烃消费（HFC from 2F）	63.0	69.9
水泥生产（CO_2 from 2A1）	-14.7	-20.5
肠道发酵（CH_4 from 4A）	-16.4	-38.9
硝酸生产（N_2O from 2B2）	-24.4	-33.4
卤代烃生产（HFC from 2E）	-25.6	-25.6
农业土壤（N_2O from 4D）	-42.0	-76.7
逃逸排放（CH_4 from 1B）	-46.8	-71.0
己二酸生产（N_2O from 2B3）	-48.1	-49.1
固体燃料制造（CO_2 from 1A1c）	-55.6	-57.6
居民与服务（CO_2 from 1A4）	-59.6	-117.3
公共电力和热力生产（CO_2 from 1A1a）	-61.6	-232.3
钢铁生产（CO_2 from 1A2a+2C1）	-69.3	-105.1
固体废弃物处置（CH_4 from 6A）	-69.4	-63.9
除钢铁外的制造业（与能源相关的 CO_2 from 1A2 excl. 1A2a）	-131.8	-227.7
总　计	-541.2	-974.3

资料来源：EEA, *Annual European Union Greenhouse Gas Inventory 1990-2009 and Inventory Report* 2011。

二　美国温室气体排放现状、路径变化与减排形势

美国是全球能源消费和温室气体排放大国。美国政治、经济、外交政策一向奉行利己主义，在温室气体减排问题上也不例外。其减排目标的确立紧密围绕着能源安全、经济利益、国内政治、外交霸权等核心价值，而美国相关政策制定实施也是国内经济发展、产业结构调整、减排技术变革以及新兴产业发展的共同结果。在这种价值导向下，布什时代不顾国际舆论的压力，坚持强度减排目标，确保美国实现经济转型的排放空间。目前，美国温室气体排放进入较为平缓的阶段，其减排技术更加成熟，具备了调整减排目标和策略的条件。

（一）美国温室气体排放总量呈波动下降的态势

根据美国环保部发布的《美国温室气体排放与吸收清单：1990～2010年》（2012年），不计入LULUCF，2010年美国温室气体排放总量为6865.5百万吨CO_2当量，比1990年上升11.0%，年均上升0.5%。其中，1990～2000年温室气体排放增长15.0%，2000～2010年下降2.54%。2009年，美国排放量同比下降6.13%，为1990年以来的最大降幅，金融危机造成的需求萎缩和经济衰退是导致2009年美国排放大幅下降的直接原因。在经历了2008年和2009年的短暂回调后，随着经济复苏，加之夏季高温，美国电力需求增加，2010年美国温室气体排放反弹，同比回升幅度为3.35%，但仍比2007年的水平显著下降5.81%（见图3-4和图3-5）。

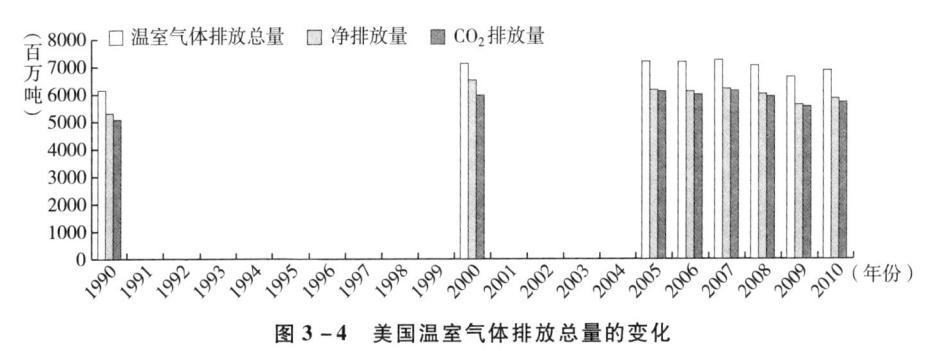

图3-4 美国温室气体排放总量的变化

资料来源：US EPA：Inventory of U. S. Greenhouse Gas Emissions and Sinks 相关年份。

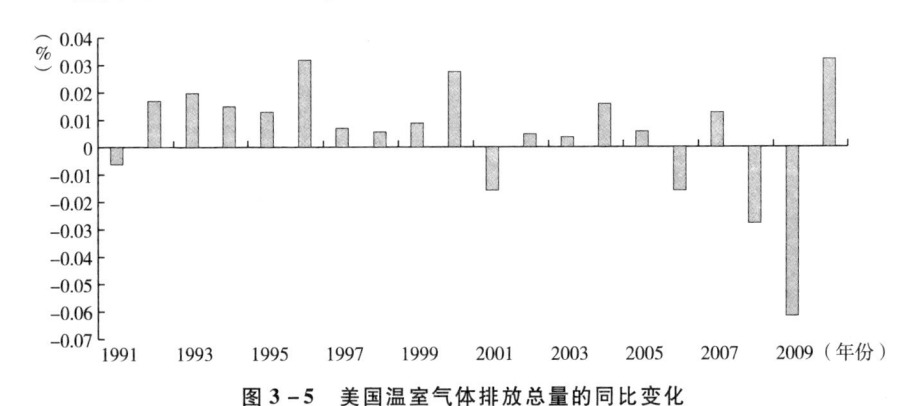

图3-5 美国温室气体排放总量的同比变化

资料来源：US EPA, Inventory of U. S. Greenhouse Gas Emissions and Sinks 相关年份。

（二）从温室气体排放的结构来看，美国最主要的温室气体是CO_2

2010年CO_2占其温室气体排放总量的83.3%，1990～2010年CO_2排放

上升12.1%。其中，2010年化石能源燃烧排放的CO_2占CO_2排放总量的比重高达94.5%。1990~2010年，其他温室气体排放的情况为：CH_4下降0.3%，NO_2下降0.6%，而HFC、PFC和SF_6合计大幅上升71.7%，尽管HFC、PFC和SF_6在温室气体排放总量中占比较小，但这类温室气体对气候变化的影响更大。

（三）美国能源和农业部门排放增长幅度较大，工业生产过程排放小幅上升

能源同样是美国最大的排放源，2010年，能源部门温室气体排放量达5949.7百万吨CO_2当量，占美国排放总量的比重达到86.7%。1990~2010年，能源部门排放增长662.1百万吨CO_2当量，上升幅度为12.5%。居第二位的排放源是农业部门，排放增长45.0百万吨CO_2当量（+11.3%），这两个部门排放上升幅度均高出同期排放总量的增幅。相比之下，工业生产过程和废弃物的减排有一定进展。同期美国工业过程排放仅增加0.6%，而废弃物排放则大幅下降了21.0%，是这一时期美国唯一下降的排放源，工业生产过程和废弃物排放量占排放总量的比重分别由1990年的5.35%和2.91%降至2010年的4.59%和1.92%（见表3-3、图3-6）。值得注意的是，2010年的排放反弹中，美国工业生产过程排放的回升势头尤为明显。2010年工业生产过程排放比2009年上升12.0%，远超排放总量的反弹幅度。尽管这一回升势头能否长期持续还有待观察，但一方面这说明金融危机对美国实体经济冲击较大，导致工业生产过程排放波动加剧；另一方面，也在一定程度上反映出后危机时期美国"再工业化"进程加快、制造业投资回流的态势。

表3-3 1990~2010年美国温室气体主要排放源的排放情况

单位：百万吨CO_2当量

排放源	1990年	2000年	2005年	2006年	2007年	2008年	2009年	2010年
能源	5287.6	6168.4	6297	6230.2	6304.8	6126	5756.7	5949.7
工业生产过程	313.7	349.6	335.1	342.7	356.5	330.8	281.6	315.4
溶剂及使用	4.4	4.9	4.4	4.4	4.4	4.4	4.4	4.4
农业	399.4	410.6	439.2	440.9	448.7	450.6	443.7	444.4
LULUCF	13.8	36.3	25.6	43.2	37.6	27.4	20.5	19
废弃物	167.7	143.9	137.2	136.5	136.7	138.2	136	132.5
合 计	6186.6	7113.9	7238.3	7170.9	7288.8	7077.4	6643	6865.5

资料来源：US EPA，Draft Inventory of U. S. Greenhouse Gas Emissions and Sinks：1990-2010。

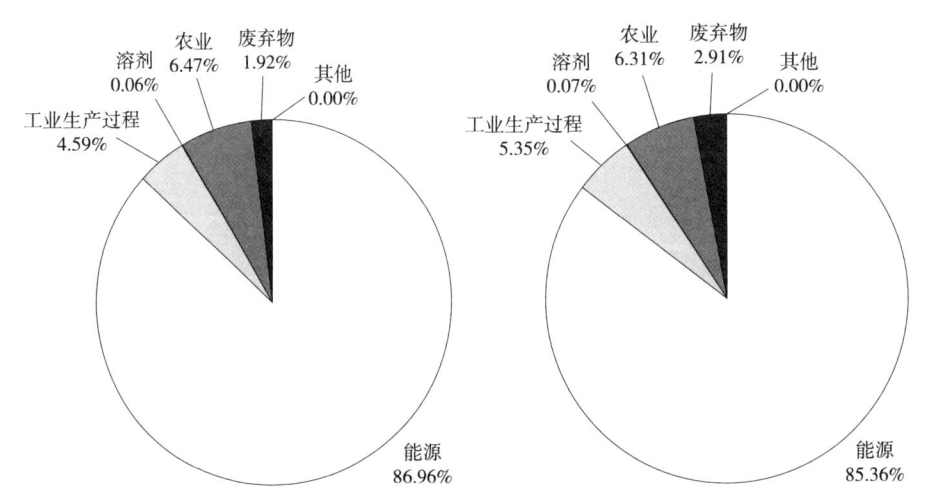

图3-6 1990年（右图）和2010年（左图）美国温室气体排放源构成（excluding LULUCF）的变化

资料来源：1990年的数据来自UNFCCC，2010年的数据来自USEPA。

（四）电力和交通是美国温室气体排放的主要经济部门

按照美国环保部的划分标准，电力和交通部门占其温室气体排放总量的六成以上。2010年，这两个部门排放占比分别为33.6%和26.6%，排放量分别比1990年上升23.6%和18.3%，电力和交通对这一时期美国排放总量上升的贡献度合计高达148.0%。工业部门排放居第三位，同时也是过去20年中美国唯一排放总量下降的经济部门，2010年分别比1990年和2005年下降10.5%和3.6%，排放占比由1990年的25.3%降至20.4%。产业结构向服务业升级、能源转换以及能效提高是美国工业部门实现减排的主要动因。居第四位的农业部门排放占比7.4%，1990~2010年排放上升14.8%。随着全球农产品价格高企，近年来美国农产品生产和出口需求刚性增强，农业用地（农场）等农业生产要素价格攀升，给农业部门带来了新的减排压力。不同于其他部门以排放CO_2为主，农业部门排放的温室气体主要由土壤排放的NO_2和发酵排放的CH_4构成。商业和居民分别居第五位和第六位，这两个部门的排放呈小幅波动态势（见表3-4）。

（五）美国节能减排潜力巨大，阻力同样也很大

尽管金融危机对美国超前消费模式造成了一定冲击，国内回归"储蓄社会"和"理性消费"的呼声很高，但总体来看，美国物质消费总量仍很大，

表3-4 1990~2010年美国主要经济部门的温室气体排放变化

单位：百万吨 CO_2 当量

经济部门	1990年	2005年	2006年	2007年	2008年	2009年	2010年	1990年和2010年占比（%）	
电 力	1866.2	2248.8	2393	2459.1	2405.8	2191.2	2306.5	30.2	33.6
交 通	1545.2	2017.4	1994.4	2003.8	1890.6	1812.9	1828.4	25	26.6
工 业	1564.5	1452.5	1488.5	1497.2	1448	1327.5	1400.1	25.3	20.4
农 业	443.6	510.6	532.2	533.8	522.5	510.1	509.2	7	7.4
商 业	388	379.5	367.4	382.2	393.7	395.5	401.2	6.3	5.8
居 民	345.5	371.3	336.1	359.1	368.4	360.1	374.7	5.6	5.5
美国国土	33.7	58.2	59.3	53.5	48.4	45.5	45.5	0.6	0.7
合 计	6186.6	7238.3	7170.9	7288.8	7077.4	6643	6865.5	100	100

资料来源：US EPA, Draft Inventory of U.S. Greenhouse Gas Emissions and Sinks: 1990-2010。

居民、交通、建筑用能浪费严重，这些部门节能减排潜力巨大。然而，美国节能减排也面临着诸多阻力。以汽油消费为例，近年来美国汽油价格涨幅较大，但目前美国汽油零售价格与中国相近，甚至略低于中国。美国不少州的电力价格也比中国低。以美国的收入水平支撑这样的能源价格，势必导致节能动力不足。2012年共和党总统候选人还承诺当选后将提高本土原油供应能力，致使美国消费者对未来能源价格产生较为乐观的预期，进一步抑制了新能源消费和投资热情。同时，由于大石油公司和汽车公司掌控着美国的输油管道和加油站网络，这些大公司不断质疑气候变化的影响，试图左右公共舆论，极力阻挠地方政府改善公共交通等减排行动。这些大公司还积极进入页岩气等领域，利用现有管网，试图控制非传统化石资源市场。归根结底，虽然美国高度重视培育新兴产业的国际竞争力，积极储备新能源技术实力，并试图引领全球新能源产业发展，但实际上，综合考虑其资源储备、基础设施条件、产业结构、消费模式、利益集团博弈以及国内政治格局，现阶段大规模开发利用可再生能源并不符合美国的国家利益，这是美国节能减排的最大阻力之一。

（六）应对气候变化，各级地方政府积极参与

美国独特的政治体制决定了联邦政府很难在应对气候变化中有大的作为。力度大的减排目标和方案，一旦进入国内立法程序，难以突破石油、电力等寡头企业以及钢铁、汽车等行业利益集团设置的重重阻挠，这也是导致《美

国清洁能源法案》难产、国家层面全局性综合性减排方案缺失的重要原因。受制于国内政治体制,在维护国家核心利益的谈判战略下,美国在国际气候变化谈判中一贯运用避重就轻的战术,采取捆绑中国、纠缠于中国总量减排等策略,以转移国内外视线,误导公众视听。"9·11"事件后,美国两党政治斗争不断升级,并随着奥巴马当选进入白热化。目前,美国又处在竞选周期,应对气候变化的任何重大举措都异常敏感。在这种情况下,美国政府一般不会冒牺牲国内政治利益的风险,对国际社会做出有分量的减排承诺。

与联邦政府的裹足不前形成反差的是,美国部分地方政府在应对气候变化方面表现得更加积极活跃,成为推动美国温室气体减排的重要力量。近年来,以加利福尼亚州为代表的一些州、市政府纷纷制定目标明确的减排方案,并不断推出更为严格的排放标准和监管措施。美国地方政府应对气候变化的积极态度在很大程度上是迫于当地经济和就业形势的压力。以加州为例,加州政府将应对气候变化这一人类生存面临的危机视为摆脱地方经济和财政困局的契机,期望通过州政府层面的减排行动,成为美国应对气候变化的领导者,以吸引新兴产业的投资,加快基础设施更新改造,促进新能源、新技术的开发应用,进而为当地创造更多的就业岗位。各级地方政府的推动和参与有利于自下而上改善美国应对气候变化的政策氛围,并将对美国居民生活和消费方式转变产生一定的积极影响。

当然,美国并不是所有的地方政府都对应对气候变化持积极态度。金融危机后,一些传统产业比较集中的州和城市受冲击较大。迫于当地经济和就业形势的压力,这些地区地方政府应对气候变化的立场出现反复,如亚利桑那、新泽西、芝加哥等地相继宣布停止碳交易或退出区域温室气体减排倡议,致使地方层面的减排行动陷入倒退局面。

三 日本温室气体的排放路径及新趋势

日本是高度工业化的经济大国,温室气体排放总量居世界第五位。同时,日本也是国土相对狭小的岛国,经常受到地震、台风和龙卷风等自然灾害侵袭,气候变暖导致的海平面上升等问题对日本威胁较大。因而,日本政府对温室气体减排的态度总体上是比较积极的。随着经济增长放缓、高排放产业向海外转移以及节能减排政策力度加大,日本温室气体排放出现了下降趋向。然而,2011年4月发生的东日本大地震及其引发的核泄漏对日本能源战略和温室气体减排的目标取向产生了重大影响,使其未来减排形势存在诸多不确定性。

(一) 日本温室气体排放总量小幅波动,缓慢下降

20世纪90年代初期,日本温室气体排放总量增长较快。进入21世纪,日本温室气体排放增长幅度明显缩小,呈窄幅波动态势。根据日本环保部发布的《2012年国家温室气体排放清单报告》,日本温室气体排放总量由1990年的1204.9百万吨CO_2当量上升为2010年的1258.0百万吨CO_2当量,上升幅度为4.4%。其中,1990~2000年上升幅度为11.4%,2000~2010年温室气体排放总量下降6.3%。2010年,日本温室气体排放同样经历了金融危机后的反弹,排放量比2009年回升4.2%,但相比2007年的排放水平仍大幅下降了7.9%(见图3-7)。从温室气体排放结构来看,由于农业在三次产业中占比很小,因此CO_2在日本排放总量中所占比重超过美国、欧盟等发达国家。与1990年相比,2010年CO_2排放量占日本温室气体排放总量的比重达94.7%,排放上升4.4%,而同期CH_4、NO_2、HFC、PFC和SF_6排放量分别下降36.2%、30.3%、9.7%、75.8%和89.0%。[1]

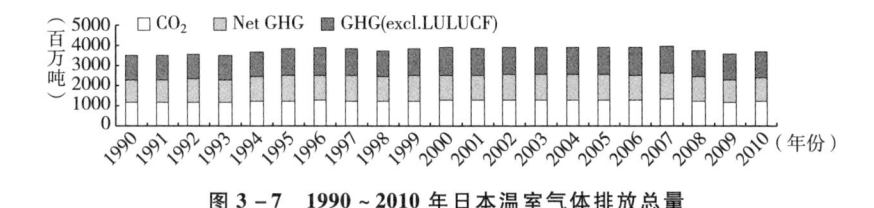

图3-7 1990~2010年日本温室气体排放总量

资料来源:Japan Ministry of the Environment, National Greenhouse Gas Inventory Report (2012)。

(二) 能源部门排放增长是日本排放总量上升的主因

相比其他主要发达国家,日本能源部门的排放问题尤为突出,2010财年能源排放占排放总量的比重高达91.1%(见图3-8)。1990~2010年,日本主要排放源中只有居第一位的能源部门排放增长了6.2%,其他排放源的排放量均有小幅下降。其中,工业生产过程、农业、废弃物、溶剂使用排放分别下降了3.9%、18.5%、19.0%和66.7%,这使得能源部门的减排压力进一步凸显。

---

[1] HFC、PFC和SF_6的下降幅度为2010年与基年相比的数据。

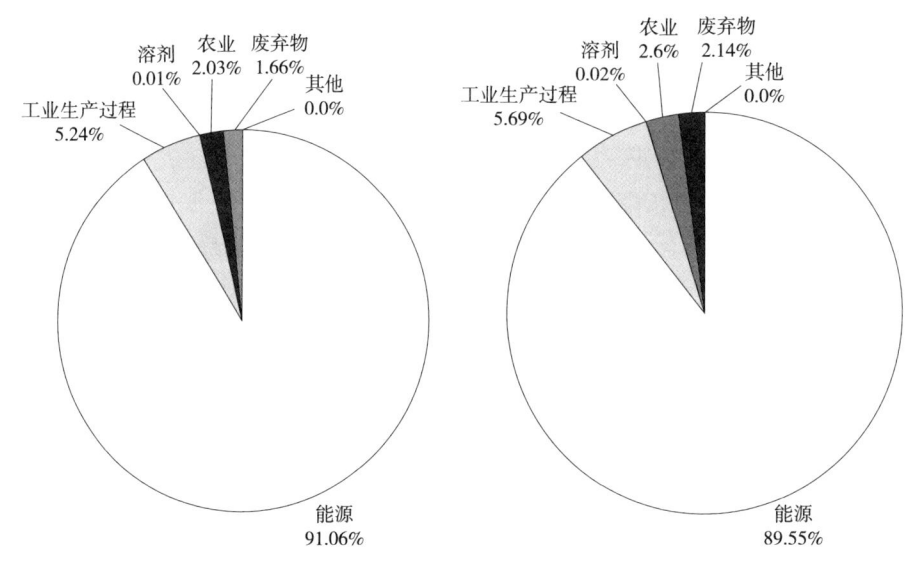

62　2050：中国的低碳经济转型

图3-8　1990年（右图）和2010年（左图）日本温室气体
排放源构成（excluding LULUCF）的变化

资料来源：Japan Ministry of the Environment, National Greenhouse Gas Inventory Report（2012）。

（三）日本产业领域减排取得实质性进展，后续减排压力集中在能源、商业等部门

从表3-5可以看出，日本减排路径主要在产业部门和工业生产过程中实现。1990~2010年，这两个部门温室气体排放分别下降了11.3%和33.9%，

表3-5　日本主要排放部门排放量变化

单位：%

门　类	1990年	2000年	2005年	2006年	2007年	2008年	2009年	2010年
能源	0.0	09.7	25.2	21.9	38.5	30.1	19.2	25.6
产业	0.0	-0.3	-2.7	-2.6	-3.8	-13.0	-17.3	-11.3
交通	0.0	22.8	17.0	15.4	12.7	8.1	5.6	6.6
商业及其他部门	-0.0	21.3	32.4	32.6	22.9	18.1	11.6	10.4
居民	0.0	21.7	19.3	12.0	10.5	4.2	2.0	7.8
工业生产过程	-3.8	-13.4	-19.7	-19.6	-20.8	-26.6	-35.3	-33.9
废弃物	-2.7	35.0	30.5	22.6	25.2	27.7	17.5	20.6
其他	0.0	-1.6	2.7	-2.0	2.5	3.3	-4.0	-9.5
总　计	-0.3	9.4	12.1	10.4	13.3	6.0	-0.2	4.2

资料来源：Japan Ministry of the Environment, National Greenhouse Gas Inventory Report（2012）。

而同期能源和商业部门的排放则上升了25.6%和10.4%。再从细分产业的排放变化来看，除了钢铁工业和石油产品之外，包含第一产业和第二产业在内的主要产业部门燃料燃烧产生的排放均有不同程度的下降。其中，建筑、造纸、化学、机械、水泥和有色金属排放分别下降了20.9%、27.9%、14.5%、58.0%、21.8%和64.9%。日本产业领域的减排效果很大程度上是技术减排的结果，产业转移和结构升级也是导致其排放路径变化的主要因素。同时，1990~2010年，日本钢铁和石油行业排放分别上升1.2%和82.1%。由于钢铁和石油是产业领域的排放大户（2010年这两个行业在产业领域的排放占比接近50%），一方面，这些行业是日本未来减排潜力较大的重点领域；另一方面，日本的减排方案和目标往往会受到来自这些行业的大企业的反对和抵制，使得在不同执政背景的政府更迭中，日本温室气体减排策略和立场频繁摇摆。

表3-6 日本细分部门排放量的变化

单位：千吨CO_2当量

年份	1990	2000	2005	2006	2007	2008	2009	2010
1.燃料燃烧	1059144	1166902	1202573	1185109	1218496	1138441	1075243	1123371
能源产业	317760	348484	397828	387262	440247	413360	378893	399164
发电	290010	320872	369918	362421	415752	387097	349475	372495
热力供应	571	916	1038	966	992	910	834	916
石油产品	15893	17285	16434	16089	16013	14320	14559	14995
其他能源产业	11286	9411	10438	7786	7489	11032	14024	10759
产业	390068	388933	379474	379891	375097	339203	322508	345833
农业林业	6284	8320	7342	6533	5913	5061	4798	4938
渔业	15096	7887	7817	7142	6741	5596	5627	5534
矿业	1007	852	727	673	593	539	558	621
建筑	14027	14023	11970	11850	11587	11019	10963	11101
食品	13129	13161	11326	10407	9776	8862	8761	8817
纸浆造纸	25825	28922	25559	24168	23325	21239	19588	18612
化纤	9674	10415	7727	7325	7026	6052	5751	6458
石油产品	10634	15313	19824	20420	19500	19659	19501	19368
化学	55048	56712	50856	51518	52232	47208	46371	47086
玻璃制品	3169	1991	1687	1646	1583	1389	1369	1370

续表

年 份	1990	2000	2005	2006	2007	2008	2009	2010
水泥	40397	37767	35094	35252	35385	33657	31693	31595
钢铁	149600	150468	152107	154130	159472	142892	134167	151323
有色金属	5974	2991	2617	2689	2645	2329	2119	2094
机械	17886	8660	9294	9512	9564	7844	7306	7508
数据调整	-29313	-16157	-14722	-14793	-15124	-13358	-13586	-14178
其他产业	51629	47609	50249	51417	44880	39215	37162	43587
交通	211054	259076	247010	243632	237831	228099	222768	224943
民航	7162	10677	10799	11178	10876	10277	9781	9193
陆路交通	189228	232827	222652	219194	214195	205933	202018	204277
铁路	932	707	644	620	591	600	586	588
海运	13731	14865	12915	12640	12170	11288	10383	10885
居民与商业	140262	170408	178261	174324	165321	157779	151075	153431
居民	56668	68958	67583	63466	62590	59023	57792	61095
商业及其他	83593	101450	110678	110857	102731	98756	93283	92336
2. 工业生产过程	59934	53983	50031	50102	49345	45739	40314	41177
矿产品	55369	49842	46903	47006	46142	43009	37714	38280
水泥	37905	34394	31579	31289	29989	27925	24755	23784
石灰石	10522	9339	8480	8740	8959	8332	7450	8073
化学工业	4209	3893	2887	2919	2990	2574	2488	2737
金属	356	248	242	178	212	156	112	160
废弃物	22082	30636	29614	27823	28425	28988	26662	27366
合 计	1141196	1251557	1282257	1263070	1296304	1213206	1142254	1191947

资料来源：Ministry of the Environment, Japan, National Greenhouse Gas Inventory Report (2012) of Japan。

四 澳大利亚温室气体排放的态势与特点

澳大利亚是受气候变化影响最大的国家之一，多变的气候、贫瘠的土地、脆弱的生态系统以及高度聚集在沿海地带的城市和居民是造成其易受气候变化影响的主要原因。近年来，作为全球矿产品的生产和出口大国，有别于主要发达国家，澳大利亚温室气体排放呈较快上升趋势，其排放路径也具有独特性。

(一) 澳大利亚温室气体排放总量明显上升，其构成与主要发达国家存在一些差异

来自澳大利亚气候变化与能源效率部的数据显示，2010 年澳大利亚温室气体排放总量为 545 百万吨 CO_2 当量，比 1990 年大幅上升 30.3%，在主要发达国家中，澳大利亚温室气体排放增长幅度最大。2009 年以来，在国际金融危机冲击下，澳大利亚高排放的电力、钢铁、农业等部门生产下滑，致使温室气体排放快速上升的势头有所减弱，呈现小幅下降的态势。2009 年、2010 年和 2011 年，澳大利亚温室气体排放总量同比分别下降 1.0%、0.2% 和 1.0%。从排放源构成来看，澳大利亚温室气体排放最多的是能源领域，2011 年能源生产和利用占其排放总量的比重为 76.8%。居第二位的农业部门尽管排放量较 1990 年下降 9.9%，但占比仍达 14.5%，明显高出发达国家农业排放的水平。另外，与欧盟、美国、日本等主要发达国家工业生产过程的减排效果形成鲜明对比的是，1990~2011 年，澳大利亚工业生产过程排放大幅度上升了 34.3%。这既反映出澳大利亚工业技术的总体水平落后于欧盟、美国、日本等国家，也与近年来其资源性产业快速增长密切相关（见表 3-7）。

表 3-7 澳大利亚温室气体排放总量与排放源构成变化

单位：百万吨 CO_2 当量

主要排放源	1990 年	2008 年	2009 年	2010 年	2011 年	1990~2011 年变化（%）
能源	289	417.6	417.4	418	414.6	43.4
工业生产过程	24.5	31.2	29.6	32	32.9	34.3
农业	86.8	87.9	84.7	82	78.2	-9.9
废弃物	18	14.1	14.1	14	14.2	-21.8
总　计	551	550.8	545.8	545	539.8	30.3

注：2011 年的数据为 2010 年 9 月~2011 年 9 月的数据。
资料来源：Department of Climate Change and Energy Efficiency, Australia。

(二) 农业、矿业等初级产品部门排放上升较快

再从各经济部门的排放情况来看，2009 年澳大利亚主要经济部门排放占排放总量的比重依次为：电气水为 37.6%；初级产品生产（农、林、渔、

矿）为29.6%；制造业为11.8%；服务业、建筑、交通、仓储为11.3%和居民为9.7%。这一构成基本反映出澳大利亚产业结构、出口结构和贸易条件的现状和特点。同时，澳大利亚排放的产业构成在发达国家中很少见，资源性产品和农产品等高排放产品的大量出口使澳大利亚初级产品领域的排放占比为主要发达国家最高水平，而电力部门的排放比重则处于相对较低的水平。其中，1990~2009年，虽然初级产品生产（农、林、渔、矿）部门排放大幅下降了50.5%，但2009年其排放占比仍接近30%。同期，澳大利亚矿业排放上升67.2%，而非能源矿业排放上升幅度更是高达199.9%（见表3-8）。初级产品和矿业部门的快速扩张使得澳大利亚减排形势十分严峻。

表3-8 澳大利亚主要经济部门排放量的变化

单位：百万吨CO_2当量

经济部门	1990年	2009年	1990~2009年变化（%）
农林渔业	21.9	109.8	-50.5
矿业	35.1	57.2	67.2
煤炭	20.2	31.8	57.7
油气开采	12.5	18.0	43.9
非能源矿业	2.5	7.4	199.9
制造业	65.4	66.6	1.8
电力、燃气和水	135.7	212.2	56.5
商业与建筑	21.1	19.3	-8.2
交通仓储	27.1	44.8	64.5
居民	43.5	54.7	25.7

资料来源：Department of Climate Change and Energy Efficiency, Australia: National Inventory by Economic Sector 2009。

（三）结构减排及相关政策实施难度较大

20世纪80年代末，澳大利亚曾是温室气体减排和应对气候变化的倡导者，但到20世纪90年代末至21世纪初却蜕变为落后者，直到工党执政后才回归国际主流意识，转而试图成为后京都议程的积极建构者。这期间澳大利亚温室气体减排政策虽几经起伏，但始终贯穿着国家利益至上的原则，其减排目标是权衡气候变化影响、减排成本、自身发展、世界形势和国际影响等诸多因素的结果。现阶段，澳大利亚温室气体减排面临一系列新的矛盾。一方面，在煤炭、铁矿石等初级产品国际需求激增的情况下，澳大利亚矿业等高排放行业的扩张动力十分强劲，大型工矿企业对工党减排新政颇有抵触；另一方面，澳大利亚排放总量增幅和人均排放水平明显高于主要发达国家，国内外环保组织不断指责澳政府减排目标过于保守，减排的利益博弈直接影响其国内政局的稳定。从历史和政治渊源考量，澳大利亚与欧美发达国家保持减排立场一致具有战略意义，而从地缘发展和产业结构来看，澳大利亚又与中国、印度等亚太地区的发展中大国存在一些利益交集和契合点。如何在保持能源和资源输出大国的国际地位的同时，促进经济转型，推动国内减排取得实效，是澳大利亚应对气候变化的政策难点。

五　小结与比较

从以上对欧盟、美国、日本、澳大利亚温室气体排放态势和路径变化的分析可以看出，排除金融危机的影响，与1990年相比，欧盟温室气体排放总量减少，进入了持续下降的阶段，而美国、日本和澳大利亚排放总量虽均有不同程度的上升，但排放上升的势头趋缓。导致主要发达国家温室气体排放下降或上升放缓的短期因素，主要包括石油价格高位波动一定程度上抑制需求、可再生能源成本下降较快、清洁能源价格机制调整以及天气原因等，而长期因素则在于经济转型与产业升级、节能技术成熟、新能源产业发展、减排政策力度加大以及公众节能环保意识普遍提高等方面。这些长期因素的作用使得主要发达国家温室气体的排放路径发生了一些变化，主要表现在：过去20余年中，欧盟、美国、日本等发达国家结构升级和技术减排取得了一定成效，其工业生产过程和废弃物处置的减排有了显著进展，而在能源、交通、居民等领域，受制于国内需求规模，加之这些部门技术减排的效果有限，主要发达国家仍面临较大的减排压力（见表3-9）。

表3-9　主要发达国家温室气体排放及其构成的比较

单位：%

国家/地区	能源 占排放总量的比重（2010年）	能源 1990~2010年的占比变化	农业 占排放总量的比重（2010年）	农业 1990~2010年的占比变化	工业生产过程 占排放总量的比重（2010年）	工业生产过程 1990~2010年的占比变化
欧盟（15）	80.0	-9.2	9.8	-14.1	7.0	-29.2
美国	87.0	12.5	6.5	11.3	4.6	0.6

续表

国家/地区	能源		农业		工业生产过程	
	占排放总量的比重(2010年)	1990~2010年的占比变化	占排放总量的比重(2010年)	1990~2010年的占比变化	占排放总量的比重(2010年)	1990~2010年的占比变化
日本	91.1	6.2	5.2	-3.9	2.0	-18.5
澳大利亚	76.8	43.4	14.5	-9.9	6.1	34.3

注：欧盟（15国）与澳大利亚为2011年与1990年比较数据。

澳大利亚的情况则比较特殊。在国际大宗产品需求持续扩大和价格不断攀升的刺激下，澳大利亚初级产品部门和资源性产业急剧扩张，这些部门温室气体排放显现较强的刚性，而由于其产业技术在发达国家中处于相对落后的水平，澳大利亚工业部门排放仍在较快上升。以其现有产业结构、出口结构和技术能力，澳大利亚温室气体排放总量减排难度较大。

目前，主要发达国家已经达到排放强度（集中于20世纪20~50年代达峰）和人均排放峰值（集中于20世纪70~90年代达峰）。然而，迄今只有英国、德国等少数工业化国家达到总量排放峰值。世界银行的研究指出，要想实现坎昆气候大会温控2°C的目标，全球应在2020年达到峰值。因此，分析主要发达国家排放总量峰值及其出现时的经济特征，将为中国制定峰值谈判策略提供有益参考。

现有国外的研究很少测算特定国家达到排放总量峰值的时间和峰值量，而更多的是设定某国（地区）在某一时间达到排放峰值的目标，进而提出完成这一目标的减排安排，包括技术创新和政策设计。本章根据相关文献以及温室气体排放的趋势，分析主要发达国家温室气体排放总量峰值及其峰值出现时的人均GDP水平、产业结构、城市化等主要经济特征。

（一）主要发达国家温室气体排放总量峰值

欧盟 关于欧盟温室气体何时达峰仍有争议。自向UNFCC提交排放清单以来，欧盟27国温室气体排放总量的最高值出现在1990年，而欧盟15国总量的最高值则出现在1991年。按照2009年欧盟议会通过的"气候与能源方案"，到2020年，欧盟排放总量将较1990年减排20%。其中，可交易部门与非可交易部门将分别比1990年减排21%和10%。这意味着欧盟已经形成了具有约束性的减排政策氛围，其温室气体排放会继续处于基本可控的总体下降态势。另一个导致欧盟总量排放下行的因素是欧债危机。目前,欧债危机对欧盟经济的冲击及其持续的时间超出了危机之初的预期,欧盟宏观经济整体上处于温和衰退的局面,但欧元区的经济形势却有失衡和分化加剧、进一步恶化的可能,其中西班牙、意大利等欧盟工业和排放大国的经济和就业形势更不乐观。因此,欧盟排放总量大幅度逆转式上升的可能性很小,即可以认为欧盟27国和15国排放总量分别已于1990年和1991年达到了峰值。根据欧盟温室气体排放清单相关年份的数据,1990年欧盟27国排放值为5567百万吨CO_2当量,1991年欧盟15国的排放总量为4288百万吨CO_2当量。另据欧盟主要成员国各自的排放清单,英国排放的高点出现在1991年,排放总量770.6百万吨CO_2当量;德国则在1990年,排放总量为1248.7百万吨CO_2当量。

美国 以往的研究结果显示,美国在2020年达峰难度很大,因而,一般认为美国不会轻易向国际社会承诺2020年达到峰值。但综合考察美国经济增长、能源消费以及金融危机后美国温室气体排放情况的新变化,需要对美国2020年达峰的可能性进行重新判断。

首先,过去20年中,美国排放强度持续下降,人均温室气体排放自2000年以来也呈下降态势(2010年略有反弹)。同期美国温室气体排放总量虽有增长,但其年均增速略低于能源消费增速,更是明显低于GDP和人口增速。近些年,温室气体排放总量指数与经济、人口、能源消费指数的相差幅度有进一步拉大的倾向。这意味着未来美国经济增长的排放压力有所弱化,而且还可以推断"美国温室气体排放总量有可能先于能源部门碳排放达到峰值"。2010年虽然美国温室气体排放出现反弹,但在金融危机冲击下,美国生产消费尚未完全恢复,温室气体排放趋于平缓。其次,随着页岩气开采技术日益成熟,美国能源价格体系开始调整,煤炭价格上涨、天然气价格下降使得美国能源消费结构发生变化,进而使其发电用能的排放减少。再次,金融危机和石油价格高位波动已经对美国超前消费的理念和模式产生一定冲击,国内回归"储蓄社会"的呼声很高,而且美国就业形势至今仍尚未根本性好转,经济全面复苏一波三折。同时,为应对危机后战略性新兴产业的全球竞争,美国战略性新兴产业投资规模扩大,这些因素都会在不同程度上延长美国温室气体排放下降周期,进而使其2020年(之前)达峰的可能性增大。

另据本课题组测算,在考虑到能源结构变化和技术进步等因素的情况下，2020年、2030年、2040年和2050年美国能源消耗的二氧化碳排放分别将达到56亿吨、58亿吨、59亿吨和61亿吨，表现出较为平稳、小幅上升的趋势。尽管测算结果显示，到2050年美国并未出现峰值，但未来30~40年间，美国排放总量波动不大。这意味着一方面，美国只要做出一些积极的政策设计，其2020年达到峰值是有可能的；另一方面，较为平稳的变动趋势也说明美国排放总量的弹性较小，加之美国是一个高度市场化的国家，这使其大幅度总量减排的难度仍然很大。

从美国国内的研究情况来看，2010年提交111届美国国会的一份报告对《美国清洁能源和安全法案》（ACESA）、《美国可再生能源法案：碳限额及能源》（CLEARA）、《美国电力法案》（APA）等减排新政的预期效果做出了评估。该报告认为，在BUA情景下，到2050年，美国温室气体排放将比2010年上升18%，达到83.79亿吨CO_2当量，但仍未出现峰值，而在其他减排政策应用的情景下，美国排放总量都将于2012年之后不断减少，这些情景下2012年排放总量的峰值分别为71.85亿、69.93亿和69.46亿吨CO_2当量（见表3-10）。

表3-10 主要发达国家总量峰值出现时的排放水平与部分经济指标

国 别	达峰时间（年）	峰值（百万吨CO_2当量）	人均排放（吨）	人均GDP（万美元）	城市化率（%）	产业结构（%）工业增加值比重	产业结构（%）服务业增长值比重
欧盟（27）	1990	5567	11.98	1.65	73	34	63
欧盟（15）	1991	4228	12.54	2.10	77	32	66
德国	1990	1248.7	15.72	2.35	73	37	61
英国	1991	770.5	13.42	1.94	89	32	66
美国	2012	7185 6993 6946	22.20 21.70 21.4	5.02	83	20	79
日本	2007	1365.3	10.68	3.00	66	29	69

注：人均GDP以2005年美元不变价计算。
资料来源：各国温室气体排放清单；World Bank：Development Indicator。

日本 尽管2011年的东日本大地震直接导致其核能利用收缩，并为其降低减排政策力度、延缓减排进程提供了借口，其能源结构和排放总量控制也出现一些不确定性，但由于日本很多高耗能产业已转移到海外，加之经济长期低迷，近年来日本温室气体排放总量呈下降的趋向。即使在国内产业界压力下日本政府的减排立场有反复，但从国内资源、产业结构、消费模式和技术储备等条件来看，日本也完全有条件在2020年前总量达峰。

20世纪90年代中期阪神地震的恢复重建期，日本碳排放强度达到高点。而从图3-9和图3-10日本温室气体排放总量和人均CO_2排放量的变化可以认为，2007年出现的排放高点即为日本排放总量峰值的可能性很大。主要原因：一是在经济增长乏力、高排放产业海外转移加快等因素的共同作用下，日本温室气体排放很难重现2007年的高位水平。二是虽然地震后日本关停了一批核电站，但值得注意的是，2007年日本温室气体之所以出现高排放水平，恰恰是当年同样出现了部分核电站停运的问题，这使得2007年的排放状况与震后核电减少的情景更加接近；同时，日本未来核电发展虽然会受到限制，但以国内资源条件，日本不可能重新走上大规模依赖传统化石能源提供电力的老路，而势必会加快研发和市场化进程，推动新能源开发利用，增加非传统石化能源的进口，进而弱化"弃核"引发的温室气体排放压力。三是一般而言，震后恢复重建过程中温室气体排放有可能反弹。但比照1995年"阪神大地震"灾后重建中温室气体排放的反弹幅度，在当前日本的经济结构下，即使在未来灾后重建中，日本温室气体排放同样很难再现2007年的高点水平。[①] 据此，可将2007年的排放量视为日本排放总量的峰

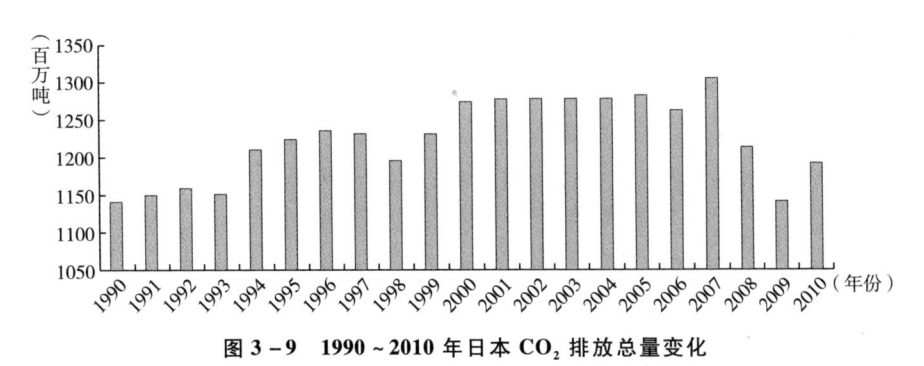

图3-9 1990~2010年日本CO_2排放总量变化

资料来源：Ministry of the Environment, Jana, National Greenhouse Gas Inventory Report (2012) of Japan, pp. 2-3。

---

① 1995年阪神地震后，日本连续两年温室气体排放上升，1995年和1996年分别比震前的1994年排放增长5.0%和6.1%，而2011年震后，日本若要达到2007年的温室气体排放水平，排放总量的反弹空间为7.9%，显著超过阪神地震灾后重建时的上升幅度。

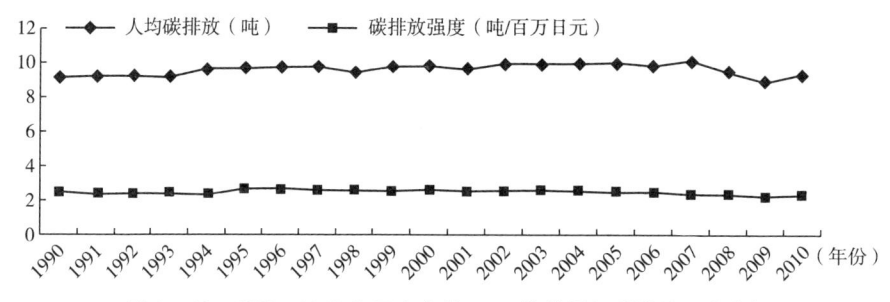

图 3-10　1990~2010年日本人均 CO_2 排放量和碳排放强度变化

资料来源：Ministry of the Environment, Jana, National Greenhouse Gas Inventory Report (2012) of Japan, pp. 2-3。

值，为1365.3百万吨 CO_2 当量，该年度日本人均 CO_2 排放为10.12吨。

（二）发达国家排放总量峰值出现时的主要经济特征

从表3-10的排放水平和主要经济指标可以看出，欧盟、美国、日本等主要发达国家达到温室气体排放总量峰值时的人均 CO_2 排放量在10.68~22.20吨，而由于各国峰值出现的时间相差较长，因此峰值时人均GDP水平的差别也很大。欧盟27国于1990年达峰时的人均GDP为1.65万美元（2005年美元），而在最乐观的情景下，美国可于2012年达峰，届时其人均GDP将达到5.02万美元（2005年美元）。同时，主要发达国家达峰时的城市化均处于较高水平，为66%~89%。而从产业结构来看，排放总量达峰时主要发达国家服务业占GDP的比重在61%~79%，明显超过工业比重20%~37%的水平。这些数据表明，主要发达国家温室气体排放总量达峰时均处于工业化后期或后工业化时期，服务业比重超过60%，工业领域减排的压力逐步减弱，这是其总量达峰的基本条件和主要经济特征。[①]

从发达国家的经验来看，即使采取积极有效的技术和结构减排措施，中国也很难跨越工业化中后期的高排放阶段，在未完成工业化时就能够达到排

[①] 1990年欧盟27国出现排放高点时，中东欧和苏联成员国工业增加值占GDP的比重普遍超过40%，如波兰为50%，捷克、罗马尼亚、保加利亚、斯洛伐克则分别为49%、50%、49%和59%，远远超过西欧、北欧发达成员和欧盟的平均水平，但因这些国家的经济总量在欧盟中所占份额相对较小，因而对欧盟27国达峰时总体产业结构的影响有限。同时，虽然这些国家当时仍处于工业化中后期，但由于其经济政治在20世纪80年代末90年代初发生了剧烈动荡，直接导致其经济增长严重萎缩，排放总量大幅下降。

放总量的峰值。另据国际上各种对中国经济增长、人口规模变化的预测结果总体判断，2030~2040 年中国人均 GDP 达到 3 万美元是有可能的。考虑到人民币汇率将在未来相当长一段时期内呈上行态势，特别是在 2010~2020 年人民币升值较快、升值幅度较大，中国以"人均 GDP 3 万美元时达到排放总量峰值"作为谈判策略，未必有利，而且以人均 GDP 水平作为峰值谈判依据，发达国家将对人民币汇率升值施加更大压力，迫使中国排放总量峰值加快出现。

参考文献

AGO, *Tracking the Kyoto Target 2006. Australia's Greenhouse Emission Trends 1990 to 2008, 2012 and 2020*. Common Wealth Press, 2006.

Ahmad, N., A Framework For Estimating Carbon Dioxide Emissions Embodied in International Trade of Goods. OECD, Paris, 2003.

Bollen, J., T. Manders, and P. Veenedaal. How Much Does a 30% Emission Reduction Cost? Macroeconomic Effects of Post-Kyoto Climate Policy in 2020, www.cpb.nl, 2004.

Bonner, M. Update on Global Status of CCS, APEC Clean Fossil Energy Technical and Policy Seminar, Gold Coast, Queensland, Australia, Feb. 21-24, 2012.

European Communities. Limiting Global Climate Change to 2 Degrees Celsius the Way ahead for 2020 and Beyond: Impact Assessment, www.ec.europa.eu, 2007.

Common Wealth of Australia. Australia's Low Pollution Future: the Economics of Climate Change Mitigation Report, http://treasury.gov.au/lowpollutionfuture/report/downloads/ALPF_consolidated.pdf, 2008.

Den Elzen, M. G. J. and M. Meinshausen. Meeting the EU 2℃ Climate Target: Global and Regional Implications, www.mnp.nl, 2005.

Common Wealth of Australia, Department of Climate Change. *Carbon Pollution Reduction Scheme Green Paper*, http://www.climatechange.gov.au/greenpaper/report/pubs/greenpaper.pdf, 2008.

Common Wealth of Australia, Department of Climate Change and Energy Efficiency, *National Greenhouse Gas Inventory Accounting for the Kyoto Target: December Quarter 2010*, 2011.

Common Wealth of Australia, Department of Climate Change and Energy Efficiency. National Greenhouse Gas Inventory Accounting: Quarterly Update of Australia's National

Greenhouse Gas Inventory September Quarter 2011, 2012.

EEA. Approximated EU GHG Inventory: Early Estimates for 2010, 2011.

Fawcett, A. A., Katherine V. Calvin, Francisco C. de la Chesnaye and John M. Reilly. Overview of EMF 22 U. S. transition scenarios, Energy Economics, 2009 (31).

Ministry of the Environment, Japan, National Greenhouse Gas Inventory Report of Japan, 2012, http://www-gio.nies.go.jp/aboutghg/nir/2012/NIR-JPN-2012-v3.0E.pdf.

Hassler, John, Per Krusell, and Conny Olovsson. "Oil Monopoly and the Climate" (joint with John Hassler and Conny Olovsson), *American Economic Review Papers and Proceedings*, 2010 (2).

IPCC. *IPCC Fourth Assessment Report: Summary for Policymakers*, 2007.

Posner, E. A. and D. Weisbach (2010). *Climate Change Justice*, Princeton University Press.

UNFCCC. Greenhouse Gas Inventory Data. http:///unfccc.int/ghg_data/items/3800.php.

US EPA. *Draft Inventory of U. S. Greenhouse Gas Emissions and Sinks*: 1990-2010, 2012/2/27.

US Global Change Research Program, Subcommittee on Global Change Research. Our Changing Planet: A Report of the US Global Change Research Program for Fiscal Year 2011. [2011-05-20], http://downloads.globalchange.gov/ocp/ocp2011/ocp2011.pdf.

Vogler, J. "Climate Change and EU Foreign Policy: The Negotiation of Burden-Sharing", *UCD Dublin European Institute Working Paper* 08-11, 2008.

WEC: Energy Scenario Development Analysis: WEC Policy to 2050, www.worldenergy.org, 2007.

World Energy Council. Energy Scenario Development Analysis: WEC Policy to 2050, www.worldenergy.org, 2007.

2050 Japan Low-Carbon Society Scenario Team, National Institute for Environmental Studies (NIES), Kyoto University, and Mizuho Information and Research Institute. Japan Roadmaps towards Low-Carbon Societies (LCSs). 2009/8/14.

国立環境研究所:《日本温室効果ガス排出量2020年25%削減目標達成に向けたAIMモデルによる分析結果（中間報告）》, 2009年11月19日。

王伟光、郑国光主编《应对气候变化报告——通向哥本哈根》, 社会科学文献出版社, 2009。

张志强、曲建升、曾静静编著《温室气体排放科学评价与减排政策》, 科学出版社, 2009。

中国科学院可持续发展战略研究组:《中国可持续发展战略报告——探索中国特色的低碳道路》, 科学出版社, 2009。

樊纲主编《走向低碳发展：中国与世界》，中国经济出版社，2010。

王伟光、郑国光主编《应对气候变化报告：德班的困境与中国的战略选择》，社会科学文献出版社，2011。

《第二次气候变化国家评估报告》编写委员会编著，《第二次气候变化国家评估报告》，科学出版社，2011。

科学技术部社会发展科技司、中国21世纪议程管理中心编著《适应气候变化国家战略研究》，科学出版社，2011。

中国科学院可持续发展战略研究组：《中国可持续发展战略报告——实现绿色的经济转型》，科学出版社，2011。

陈健鹏编著《温室气体减排国际经验与政策选择》，中国发展出版社，2011。

范英主编《温室气体减排的成本、路径与政策研究》，科学出版社，2011。

周剑、何建坤：《欧盟气候变化政策及其经济影响》，《现代国际关系》2009年第2期。

国务院发展研究中心课题组：《全球温室气体减排：理论框架和解决方案》，《经济研究》2009年第3期。

约翰·施密特：《为什么欧洲要主导全球变暖问题》，《国际政治》（中国人民大学书报资料中心）2009年第4期。

刘晨阳：《日本气候变化战略的政治经济分析》，《现代日本经济》2009年第6期。

刘兰翠、甘霖、曹东、蒋洪强：《世界主要国家应对气候变化政策分析与启示》，《中外能源》2009年第9期。

王焱侠：《日本应对气候变化的行业减排倡议和行动——以日本钢铁行业为例》，《中国工业经济》2010年第1期。

崔艳新：《欧盟应对气候变化政策的进展及影响》，《国际经济合作》2010年第6期。

苏明：《中国应对气候变化财政政策的若干建议》，《中国能源》2010年第7期。

高翔：《主要发达国家能源与应对气候变化立法动向及其启示》，《中国能源》2010年第7期。

罗丽：《日本应对气候变化立法研究》，《法学论坛》2010年第9期。

陈力宏：《欧盟应对气候变化的财税政策》，《中国财政》2010年第10期。

唐洪政：《美国应对气候变化的研究进展及启示》，《中国减灾》（上）2012年第12期。

陈新伟、赵怀普：《欧盟气候变化政策的演变》，《国际展望》2011年第1期。

王守荣：《美国气候变化科学计划综述》，《气候变化研究》2011年第11期。

傅聪：《欧盟应对气候变化的全球治理：对外决策模式与行动动因》，《欧洲研究》2012年第1期。

董勤:《欧盟气候变化政策的能源安全利益驱动——兼析欧盟气候单边主义倾向》,《国外理论动态》2012年第2期。

马欣:《典型国家温室气体减排政策、措施及经验》,《2010中国环境科学学会年会论文集》(第二卷),2010。

麦肯锡:《通向低碳经济之路——全球温室气体减排成本曲线》,http://www.drcnet.com.cn/DRCNet.Common.Web/DocViewSummary.aspx?docid=2089569&leafid=16333。

第4章

主要发达经济体的排放情景分析

本部分对主要发达经济体的排放情景分析,采用了两种情景,一种是乐观情景,就是主要发达经济体有减排意愿的情景;另一种是悲观情景,就是主要发达经济体没有减排意愿的情景。

一 乐观情景

本部分采用增长核算的方法判断经济增长,采用能源弹性方法预测能源消费路径,主要根据资源和市场情况和历史数据估计能源结构,从而分析各国碳排放的变化轨迹。需要说明的是:目前欧盟成员国已达27个,但考虑到部分新进入国家不属于发达国家,因而本文分析中将较为发达的法国、德国、英国、意大利、西班牙、葡萄牙、奥地利、爱尔兰、比利时、丹麦、希腊、卢森堡、荷兰、瑞典、芬兰共15个成员国作为一个整体,分析它们的经济增长、能源消费和碳排放。

(一)研究思路

20世纪80年代以来,国内外众多研究人员相继开发了多个模型用以定量分析CO_2的排放,帮助各个国家或地区制定相应的气候政策以及能源政策。在已存在的众多模型中,Kaya恒等式无疑是其中应用最广的几个模型之一,它的得名主要是因为它是1989年由日本教授Yoichi Kaya(1989)在

IPCC 的一次研讨会上最先提出[①]。Kaya 恒等式通过一种简单的数学公式将经济、政策和人口等因子与人类活动产生的二氧化碳建立起联系,具体可以表述如下:

$$CO_2 = \frac{CO_2}{PE} \times \frac{PE}{GDP} \times \frac{GDP}{POP} \times POP \tag{1}$$

其中,CO_2、PE、GDP 和 POP 分别代表二氧化碳排放量、一次能源消费总量、国内生产总值以及国内人口总量。其中,CO_2/PE、PE/GDP、GDP/POP 又分别被称为能源结构碳强度(IC)、单位 GDP 能源强度(IE)、人均国内生产总值。Kaya 恒等式反映了一国能源结构与经济结构对排放量的影响,能够发掘导致排放的深层次因素,这使其在研究排放分解问题中得到较为广泛的运用。

本文也采用该方法作为中国碳排放峰值的预测和分解的理论基础。具体而言,我们将首先通过预测人口、GDP、能源消费和能源结构碳强度,从而得到碳排放量预测结果。由于发达国家人口增长早已进入稳定阶段,我们采用简单的趋势外推方法,但根据各国(地区)未来的发展趋势进行了一定调整。考虑到经济增长对碳排放的影响最为突出,我们采用增长核算方法,即分别判断资本积累、劳动投入和技术进步的趋势,从而得到经济增长的趋势判断。发达国家的能源需求弹性普遍相对稳定,因为我们通过对未来能源弹性的判断来确定其能源消费。鉴于能源结构受技术进步和政策影响比较突出,我们对其处理也相对复杂,采用向量自回归、趋势外推和情景设定方法,综合三种方法的结果对各国能源结构进行判断。

1. 经济增长情景分析方法

我们采用增长核算方法来预测经济增长,然后根据经济增长状况设定节能情景,从而预测能源消费。根据经济增长理论,GDP 增长率由资本存量、劳动投入(包括人力资本和就业数量)、全要素生产率的增长率决定。具体而言,我们采用生产函数方法预测经济增长。

$$Y(t) = A(t) K(t)^{\alpha} H(t)^{1-\alpha} \tag{2}$$

其中 $Y(t)$ 表示产出,$A(t)$ 表示全要素生产率(TFP),$K(t)$ 表示资本

[①] Kaya, Y., 1989, "Impact of Carbon Dioxide Emission on GNP Growth: Interpretation of Proposed Scenarios", Presentation to the Energy and Industry Subgroup, Response Strategies Working Group, IPCC, Paris.

存量，$H(t)=h(t)L(t)$ 表示有效劳动投入，$L(t)$ 表示劳动力数量，$h(t)$ 表示平均受教育水平，α 为资本产出弹性，$1-\alpha$ 为劳动产出弹性，$0<\alpha<1$。

两边同时除以人口数 $N(t)$：

$$y = Ak^{\alpha}(hl)^{1-\alpha} \qquad (3)$$

其中 $y=Y/N$ 为人均产出，$k=K/N$ 为人均资本，$h(t)$ 表示平均受教育水平，$l=L/N$ 为劳动参与率。

两边取对数并对时间求导数：

$$g_y = \alpha \times g_k + (1-\alpha) \times g_h + (1-\alpha) \times g_L + g_A \qquad (4)$$

这样，通过对资本投入、受教育水平、就业数量和全要素生产率等要素的增长前景预测可以预测经济增长。而对各要素的增长，则需要结合各国的经济发展规律进行判断，由于发达国家的经济增长相对稳定，因此我们对经济增长因素变化情况的预测应当是比较可靠的。

2. 能源需求情景分析方法

本文采用能源消费弹性系数分析方法预测能源消费需求，该方法是通过研究能源消费总量和宏观经济发展指标（一般采用国内生产总值，即 GDP）之间的关系，进行能源需求预测的一种宏观计量经济分析方法。能源消费弹性系数给定时期内能源消费量增长与经济增长之间的关系，计算公式为：能源消费弹性系数＝能源消费量年平均增长速度/国民经济年平均增长速度。在未来经济发展年递增率的条件下，即可通过估计能源消费弹性得到未来能源消费的增长率。显然，能源消费弹性系数分析方法仅是一种粗略的、宏观的、趋势性的预测分析方法，但该方法简单直观，它仍是中近期能源规划和远期能源战略分析中被广泛采用的一种方法，并经常被用来对其他预测方法所得的结果进行校验和评价，成为分析未来的能源消费与经济增长之间相互关系的一个极为有用的工具。在不同国家和不同发展时期，能源消费和国民经济的发展之间有着不同的内在联系，特定时期的能源消费弹性系数与经济结构调整、技术水平提高以及人民生活消费结构变化等因素有关。通常，各国能源弹性会有较大差别，但发达国家目前来看能源弹性比较稳定，因而预测效果往往比较好。

3. 能源结构情景分析法

能源结构预测有弹性系数法、趋势外推法、经济部门法、经济计量模型法和能源投入产出分析法等。不同研究对象所采用的方法也不相同，同时各种方法均有其应用局限性。其中数学模型预测法通常是根据历年的统计数据分析把握其变化规律,进而预测未来的能源结构。该类方法在各种影响因素基本不变的情况下,预测结果能较为准确。而情景分析法则是从分析经济发展与能源消耗的关系入手,对经济发展的不同状况做出假设,进而推断多种假设条件下的能源结构,该方法的优势是思路比较清晰,可以结合既有研究等经验判断。

无论采用何种预测方法,现实中的突发事件或不可预料因素会影响假设条件的成立。从而降低了预测结果的准确性。因此,本文将数学模型预测法与情境分析法结合使用,具体方法如下:首先,我们采用向量自回归方法,根据历史数据预测了2010~2050年各主要国家的能源结构;其次,采用趋势外推方法进行了类似的预测;再次,我们根据各国目前的承诺和实际的政策取向,设定了相应的能源结构情景;最后,我们综合三种方法的结果,对各国能源结构进行了判断。总体而言,对于市场作用更为突出的美国,向量自回归和趋势外推的结果比较接近,我们主要采用了这两种预测;欧盟、日本和澳大利亚未来能源结构受政策影响会更大,我们更多采用了情景设定的结果。

4. 排放系数选择

碳排放系数是指煤炭、石油和天然气等含碳能源在消费过程中(通常以二氧化碳形式)排放碳的强度。由于各种能源的化学成分都比较复杂,各国能源利用效率也有所不同,因此不同国家、机构根据不同样本得到的排放系数略有差别。考虑到发达国家能源利用效率较高,我们统一采用IPCC提供的排放系数,并假定它不随能源利用效率改变而变化(即不考虑实际发热率变化的影响),煤炭、石油、天然气碳排放系数的具体数值分别为0.756、0.586、0.449。不过,绝大部分碳排放系数的计算结果只存在绝对数量上的微小差异,总体来看其变化趋势非常相近,因此采用哪一种排放系数实际上不会对碳排放路径产生严重影响。

(二) 美国的排放

1. 人口

美国是发达国家中少数保持人口平稳增长的国家之一,1950~1973年、1974~1991年和1992~2009年的年平均增长率分别为1.47%、1.00%和1.08%。[①] 但美国

[①] 如果没有特别说明,本文中美国经济数据来自美国商务部统计数据库,能源数据来自美国能源信息署;欧盟(15国)、日本和澳大利亚经济数据来自世界银行,能源数据来自BP Statistical Review of World Energy。二者在计量单位、碳排放系数等方面略有差别,但对计算结果影响很小。

出生率并不高,移民是人口增长的主要来源。近年来,由于移民政策趋紧和经济增长放缓等原因,人口增长率呈现缓慢而稳定的下降趋势(图4-1)。我们判断,未来美国人口增长率仍将保持目前的稳定下降趋势,2010~2020年、2021~2030年、2031~2040年和2041~2050年人口增长率分别设定为1.00%、0.90%、0.80%和0.70%,从而得到2020年、2030年、2040年和2050年总人口分别为3.43亿、3.75亿、4.06亿和4.35亿。

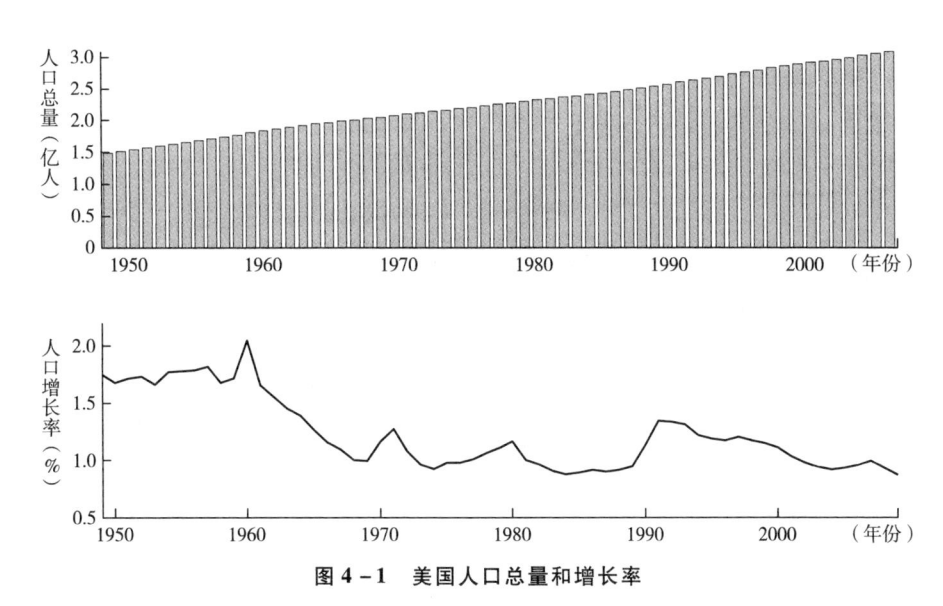

图4-1 美国人口总量和增长率

2. 经济增长

"二战"以来,美国经济总体上保持了强劲增长,GDP年平均增长率在3%左右(图4-2),其中1950~1973年是"二战"后的恢复和黄金增长时期,GDP增长率接近4%。尽管两次石油危机和最近的金融危机都给美国经济带来很大冲击,但美国经济增长的基本格局和动力机制并没有很大变化,1974~1991年平均增长率为2.75%,1992~2009年平均增长率为2.67%。从经济增长核算角度来看,美国资本存量增长率在4%左右,就业增长大体与人口增长同步,而近年来全要素生产率的平均增速长期在0.5%左右波动。

我们判断,未来很长一段时期内,美国经济仍将保持平稳增长的态势。当然,考虑到在全球经济中作用和地位的相对变化趋势,美国的经济增长速度很可能会缓慢下降,但是幅度不会太大。同时,由于近期美国经济仍处于恢复阶段,2010~2020年的平均增长速度可能会略低一些,2020年后回到长期趋势的增长状态。

因而我们的具体设定为：2010~2020年、2021~2030年、2031~2040年和2041~2050年的资本存量增长速度分别为3.75%、4.00%、3.75%和3.50%；劳动力增长速度与人口增长速度一致；全要素生产率变化较为平稳，年平均增长率均为0.5%。由此得到美国2010~2020年、2021~2030年、2031~2040年和2041~2050年的GDP增长速度分别为2.41%、2.36%、2.21%和2.06%。

总体来看，以上预测结果显示：2010~2050年期间，美国总人口年平均增长率大约为0.85%，2020年大约为3.43亿人，2050年达到4.36亿人；GDP年平均增长率大约为2.26%，以2005年不变价格计算，2020年大约为16.73万亿美元，到2050年大约为32.21万亿美元；人均GDP年平均增长率大约为1.40%，以2005年不变价格计算，2020年大约为4.9万美元，2050年大约为7.4万美元。

表4-1　美国经济增长核算

单位：%

时间（年）	年均增长率			
	GDP	资本存量	就业	TFP
1950~1973	3.975	4.940	1.549	1.307
1974~1991	2.752	3.959	1.694	0.311
1992~2009	2.671	4.131	0.829	0.752

表4-2　美国经济增长情景

单位：%

时间（年）	年均增长率			
	GDP	资本存量	就业	TFP
2010~2020	2.41	3.75	1.00	0.50
2021~2030	2.36	4.00	0.80	0.50
2031~2040	2.21	3.75	0.70	0.50
2041~2050	2.06	3.50	0.60	0.50

3. 能源消费与结构

伴随着经济增长，美国能源消费也呈现持续增长的态势。受两次石油危机冲击，20世纪70年代以来美国的能源利用效率大幅提升，年平均节能率

图 4-2 美国 GDP 和增长率

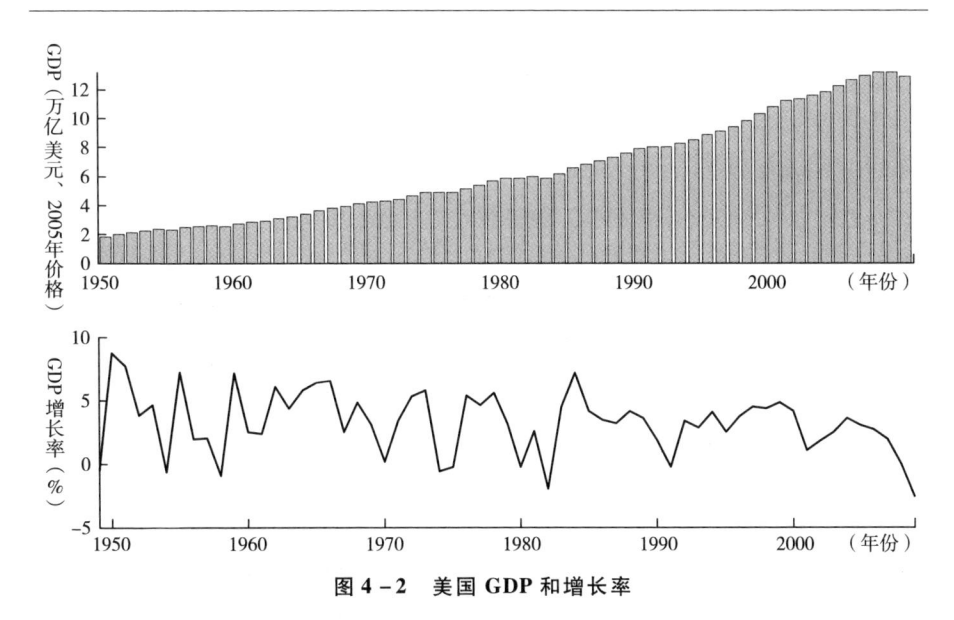

超过 2%,人均能源消费也出现了下降的态势(表 4-3)。从能源品种结构来看,美国能源仍是以化石能源为主,煤炭、石油和天然气的比重都在 20% 以上(图 4-3)。石油危机之后核电比重有较快上升,但近年来也基本稳定。最近的一个突出变化是天然气比重略有提高,主要是受石油价格上升和页岩气开采量大幅增长的影响。

表 4-3 美国能源消费变化率

单位:%

时间(年)	能源消费	能源强度	人均能源消费
1950~1973	3.461	-0.495	1.988
1974~1991	0.619	-2.074	-0.369
1992~2009	0.621	-2.045	-0.449

从长期趋势来看,美国能源消费的增长不会有太大变化,考虑到经济增长逐步趋缓,我们设定 2010~2020 年、2021~2030 年、2031~2040 年和 2041~2050 年的能源消费增长速度分别为 0.60%、0.55%、0.50% 和 0.45%,相应的能源需求弹性分别为 0.250、0.233、0.227 和 0.219。如前所述,能源品种结构的预测比较困难,我们综合采用多种方法进行判断。总体来看,美国对气候变化反应不够积极,是唯一没有加入"京都议定书"的主要发达国家,并没有采取强有力的能源结构政策,各品种之间的相互替

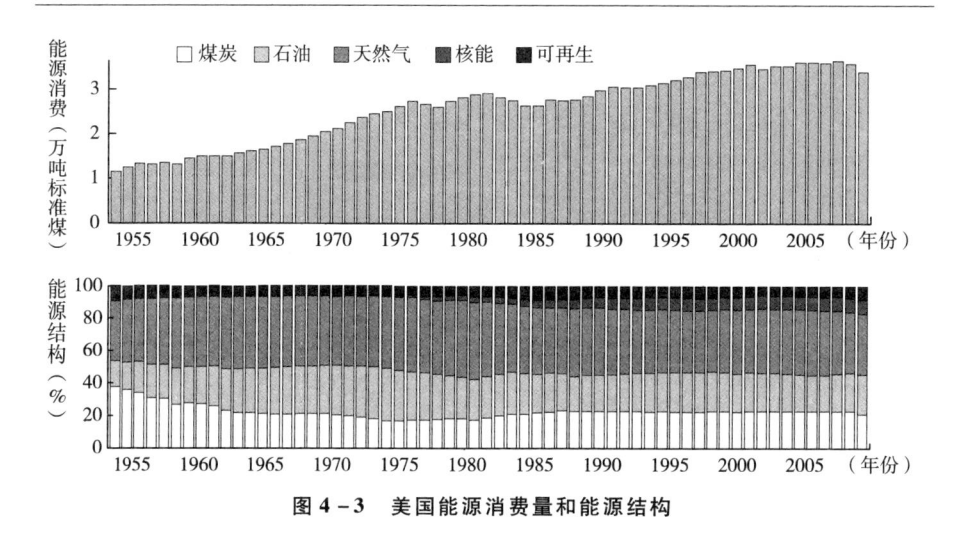

图 4-3 美国能源消费量和能源结构

代主要受市场价格因素影响。因此我们主要采用了计量方法的预测结果，基本判断是煤炭和石油比重缓慢下降，天然气比重基本稳定，核能和可再生能源比重平稳上升（参见表 4-4）。

表 4-4 美国能源消费结构预测

单位：%

年 份	煤 炭	天然气	石 油	核 能	可再生能源
2009	20.91	24.73	37.33	8.84	8.20
2020	20.14	24.61	36.35	9.81	9.10
2030	19.40	24.48	35.36	10.77	9.99
2040	18.72	24.47	34.46	11.60	10.75
2050	18.12	24.58	33.69	12.24	11.36

以上分析结果显示：2010~2050 年期间，美国能源消费总量年平均增长率大约为 0.525%，2020 年大约为 36.36 亿吨标准煤，2050 年大约为 42.23 亿吨标准煤；单位 GDP 能耗年平均下降率大约为 1.73%，以 2005 年不变价格计算，2020 年大约为 2.17 吨标准煤/万美元，2050 年大约为 1.31 吨标准煤/万美元；人均能源消费年平均下降率大约为 0.325%，2020 年大约为 10.6 吨标准煤，2050 年大约为 9.7 吨标准煤。

4. 排放

根据以上结果，我们可以得到美国二氧化碳排放路径（参见表 4-5）。2010~2050 年期间，美国二氧化碳排放总量年平均增长率大约为

0.285%，2020年大约为55.94亿吨，到2050年大约为60.75亿吨；单位GDP排放年平均下降率大约为1.93%，以2005年不变价格计算，2020年大约为3.34吨/万美元，2050年大约为1.89吨/万美元；人均二氧化碳排放年平均下降率大约为0.564%，2020年大约为16.31吨，2050年大约为13.94吨。

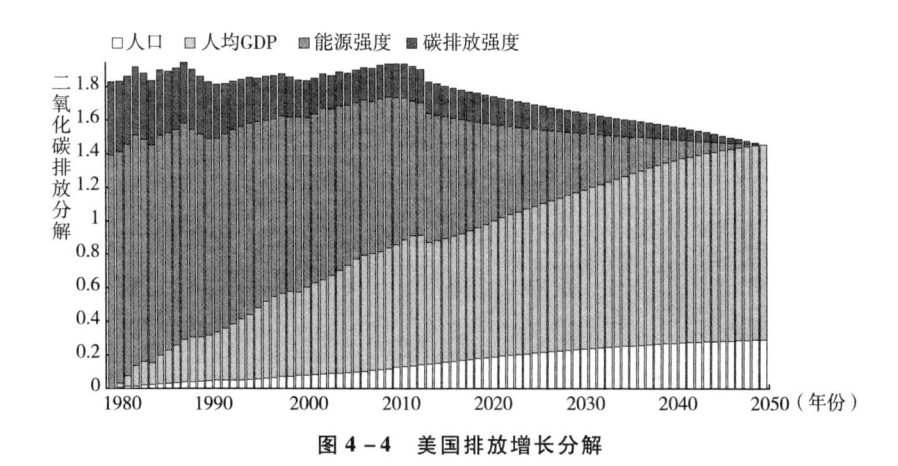

图4-4 美国排放增长分解

表4-5 美国二氧化碳排放趋势

年 份	二氧化碳排放量 （亿吨）	人均二氧化碳排放量 （吨）	排放强度 （吨/万美元）*
1990	50.20	20.10	6.25
2009	54.06	17.58	4.20
2020	55.94	16.31	3.34
2030	57.60	15.35	2.73
2040	59.20	14.57	2.25
2050	60.75	13.94	1.89

* 美元以2005年不变价格计算。

根据以上结果，我们可以得到以下主要结论：第一，美国二氧化碳排放总量在2050年之前仍将持续增长，没有峰值出现，是主要发达国家中二氧化碳排放增长持续时间最长，峰值出现最晚的国家；第二，美国人均二氧化碳排放将持续下降，但仍将保持较高水平，2050年接近14吨，大约为中国的两倍，更远远高于欧盟和日本；第三，美国二氧化碳排放强度持续下降，但幅度比较小，以2005年不变价格计算，2009～2050年平均下降0.3%左右。不过，对比目前承诺目标来看，美国的减排承诺偏低，容易实现，对其经济基本没有重大影响。根据我们测算，美国基准情况下2020年二氧化碳排放强度分别比1990年和2005年下降46.5%和29.3%，远低于中国的承诺幅度；2050年分别比1990年和2005年下降69.8%和60.1%，美国作为最为发达的国家之一，完全有能力为全球减排做出更大贡献。

（三）欧盟（15国）碳排放情景分析

1. 人口

欧盟（15国）人口增长已经相当稳定，经历"二战"后的人口恢复性增长之后，很长一段时间保持了低速人口增长，1970~2000年的年平均增长率不足0.3%，尤其非移民人口出生率更低，一度成为影响欧洲大部分国家经济社会发展的严重问题。进入新世纪以来，受欧盟移民政策的影响，人口增长率略有提高，2001~2009年达到0.55%（图4-5）。但是这也给很多国家带来了严重的社会问题和财政负担，目前移民政策已经开始调整。近年来由于移民政策趋紧和经济增长放缓等原因，人口增长率呈现缓慢而稳定的下降趋势。因此我们判断，未来欧盟（15国）人口增长率仍将保持目前的稳定下降趋势，2010~2020年、2021~2030年、2031~2040年和2041~2050年人口增长率分别设定为0.50%、0.40%、0.30%和0.20%，从而得到2020年、2030年、2040年和2050年总人口分别为4.18亿、4.35亿、4.48亿和4.57亿。

图4-5 欧盟（15国）人口总量和增长率

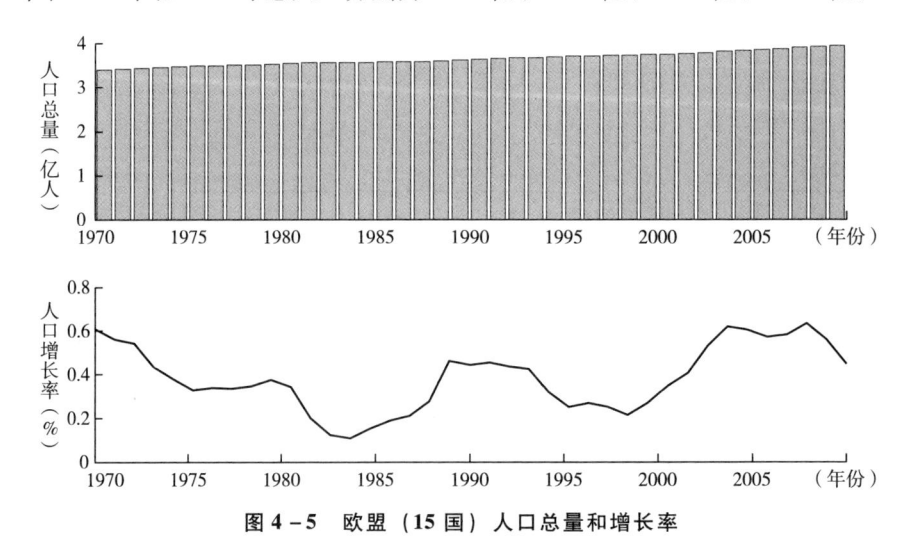

2. 经济增长

第二次世界大战以来，欧盟（15国）经济总体上保持了稳定增长，GDP年平均增长率在2%~3%（参见图4-6），特别是两次石油危机之后，经济增长更为稳定，年平均增长率保持在2.5%。不过，最近的金融危机给欧盟（15国）经济带来巨大冲击，使其财政负担问题充分暴露，经济增长大幅下滑，2009和2010年均为负增长。从经济增长核算角度来看，欧盟（15国）资本存量增长率在2%左右，就业增长大体与人口增长同步，要素投入增长明显低于美国。全要素生产率增长有一定波动，1981~2000年的平均增速超过1%，而最近十年却出现下降。这与欧洲国家"二战"后的技术进步路径有关，"二战"后很长一段时间，欧洲各国在赶超美国的过程中技术进步较快，而近年来在信息技术的推广和应用方面落后于美国，加之为促进增长而采取了鼓励投资的政策，资源配置效率有所下降。

总体来看，欧盟（15国）目前经济确实十分困难，但长期的经济增长格局不会发生太大变化。我们判断，最近一段时期欧盟（15国）的经济增长会比其历史趋势缓慢，2010~2020年的平均增长速度可能会略低一些，而且考虑到欧盟（15国）的技术水平已经接近或达到世界技术前沿，今后技术进步率大体与美国接近，而资本积累和劳动投入速度都将慢于美国，因而经济增长速度也会低于美国。我们的具体设定为：2010~2020年、2021~2030年、2031~2040年和2041~2050年的资本存量增长速度分别为2.20%、2.00%、1.90和1.80%；考虑到移民和教育因素，欧盟（15国）劳动力投入增长速度会快于人口增长速度；全要素生产率平均增长率与美国相同均为0.5%。由此得到欧盟（15国）2010~2020年、2021~2030年、2031~2040年和2041~2050年的GDP增长速度分别为1.73%、1.63%、1.57%和1.50%。

表4-6 欧盟（15国）经济增长核算（1980~2009年）

单位：%

时间（年）	年均增长率			
	GDP	资本存量	就　业	TFP
1981~1990	2.431	2.009	0.711	1.275
1991~2000	2.092	2.172	0.405	1.091
2001~2009	1.114	2.588	1.075	-0.456

总体来看，以上预测结果显示：2010~2050年期间，欧盟（15国）总人口年平均增长率大约为0.35%，2020年大约为4.17亿人，2050年达到4.57亿人；GDP年平均增长率大约为1.61%，以2005年不变价格计算，2020年大约为15.76万亿美元，到2050年大约为25.12万亿美元；人均GDP年平均增长率大约为1.25%，以2005年不变价格计算，2020年大约为4.77万美元，2050年大约为5.50万美元。

表4-7 欧盟（15国）经济年均增长率预测

单位：%

时间（年）	GDP	资本存量	就 业	TFP
2011~2020	1.73	2.20	0.75	0.50
2021~2030	1.63	2.00	0.70	0.50
2031~2040	1.57	1.90	0.65	0.50
2041~2050	1.50	1.80	0.60	0.50

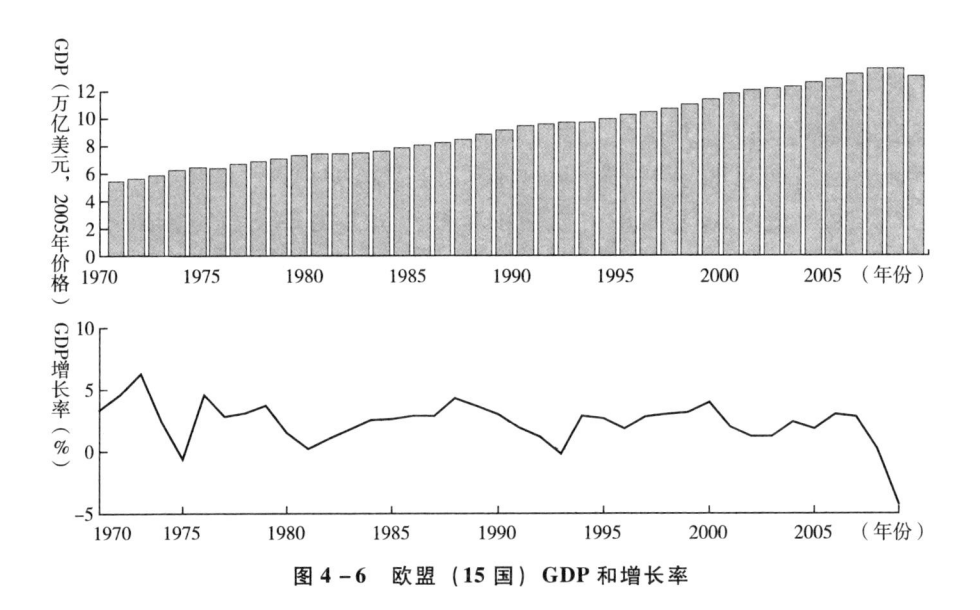

图4-6 欧盟（15国）GDP和增长率

3. 能源消费与结构

欧盟（15国）能源利用效率一直比较高，随着工业化进程的逐步完成，能源强度持续下降。总体来看，1970~2000年欧盟（15国）能源消费呈现缓慢增长趋势，进入21世纪以来逐步出现了负增长，能源消费不断下降（表4-8）。当然，近两年的大幅下降也是受金融危机和财政危机的冲击影响，今后的降幅会趋于平稳。从能源品种结构来看，欧盟（15国）是世界非化石能源技术较为领先、能源结构变化较大的经济体。1970年以来，煤炭、石油比重总体上呈现下降趋势（两次石油危机期间煤炭比重有一定上升），天然气、核能和可再生能源比重不断上升，目前比重已经超过40%（图4-7），而且将保持继续提高的趋势。能源消费总量下降和新能源技术进步为欧盟调整能源结构提供了现实基础，与此同时绿色发展的理念也成为节能减排的重要动力。

表4-8 欧盟（15国）能源消费变化（1971~2009年）

单位：%

时间（年）	能源消费年均增长率	人均能源消费年均增长率	能源强度年均增长率
1971~1980	1.330	0.964	-1.415
1981~1990	0.890	0.673	-1.504
1991~2000	0.820	0.540	-1.246
2001~2009	-0.829	-1.328	-1.710

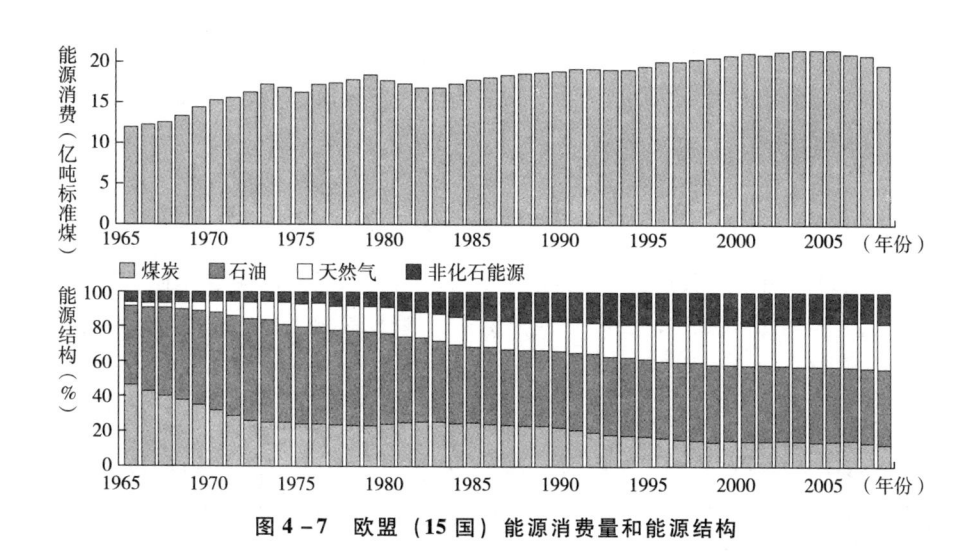

图4-7 欧盟（15国）能源消费量和能源结构

从趋势来看，欧盟（15国）能源消费总量仍将缓慢下降，但变化幅度将逐步趋缓，我们设定2010~2020年、2021~2030年、2031~2040年和2041~2050年的能源需求增长速度分别为-0.75%、-0.50%、-0.25和-0.25%。考虑到欧盟是目前温室气体减排的主要倡导者之一，减排的政策力度比较突出，我们在趋势外推和向量自回归预测的基础上，主要根据欧盟的减排承诺和新能源技术前景对其能源结构进行设定（表4–9）。我们的基本判断是，煤炭和石油比重缓慢下降，天然气比重基本稳定，核能和可再生能源比重上升幅度相对较快，到2050年欧盟（15国）石油、天然气和非化石能源比重大体相当，污染比较严重的煤炭仅在某些领域和地区继续使用。

表4–9 欧盟（15国）能源消费结构预测

单位：%

年 份	煤 炭	石 油	天然气	非化石能源
2009	13	43	27	18
2020	12	40	28	20
2030	11	37	30	23
2040	10	35	30	25
2050	10	30	30	30

以上分析结果显示：2010~2050年期间，欧盟（15国）能源消费总量年平均下降率大约为0.438%，2020年大约为18.03亿吨标准煤，2050年大约为16.30亿吨标准煤；单位GDP能耗年平均下降率大约为1.858%，以2005年不变价格计算，2020年大约为1.14吨标准煤/万美元，2050年大约为0.69吨标准煤/万美元；人均能源消费年平均下降率大约为0.785%，2020年大约为4.32吨标准煤，2050年大约为3.57吨标准煤。

4. 排放

根据以上结果，我们可以得到欧盟（15国）二氧化碳排放路径（表4–10）。2010~2050年期间，欧盟（15国）二氧化碳排放总量年平均下降率大约为0.90%，2020年大约为29.79亿吨，到2050年大约为23.08亿吨；单位GDP排放年平均下降率大约为2.32%，以2005年不变价格计算，2020年大约为1.89吨标准煤/万美元，2050年大约为0.98吨标准煤/万美元；人均二氧化碳排放年平均下降率大约为1.25%，2020年大约为7.13吨，2050年大约为5.05吨。

根据以上结果，我们可以得到以下主要结论：第一，欧盟（15国）二氧化碳排放总量峰值已经过去，今后将逐步下降，是主要发达国家中二氧化碳排放峰值出现最早的国家（地区），今后减排效果也最为突出；第二，欧盟（15国）人均二氧化碳排放水平较低，而且将持续下降，2050年大约为

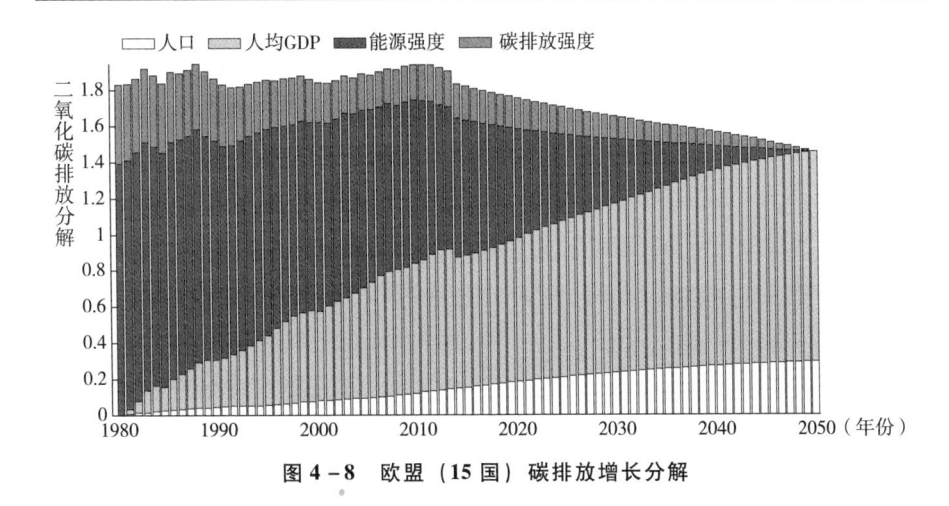

图 4-8 欧盟（15 国）碳排放增长分解

5 吨，仅为美国的 1/3；第三，欧盟（15 国）二氧化碳排放强度持续下降，而且降幅很大，以 2005 年不变价格计算平均达到 2.3% 左右。因此，欧盟（15 国）最有可能实现其减排承诺。但是，无论从总量还是排放强度来看，欧盟（15 国）承诺的基准年份（1990 年）都相对较高，如果从 2010 年开始比较，其减排力度就明显变小，中国完全能够实现相同的强度减排。

表 4-10 欧盟（15 国）二氧化碳排放预测

年 份	二氧化碳排放量 （亿吨）	人均二氧化碳排放量 （吨）	排放强度 （吨/万美元）*
1990	34.778	9.548	3.663
2009	33.165	8.346	2.499
2020	29.793	7.132	1.891
2030	27.136	6.242	1.465
2040	25.462	5.684	1.176
2050	23.081	5.050	0.980

* 美元以 2005 年不变价计算。

（四）日本碳排放情景

1. 人口

第二次世界大战之后，日本人口增长率就一直呈下降趋势，近年来已经趋于稳定。最近两年的人口负增长，主要是受经济萧条和人口生育年龄结构的影响（图4-9）。随着人口结构和人口政策的调整，日本人口预计会保持基本稳定，或略有增长。因此我们设定2010~2020年、2021~2030年、2031~2040年和2041~2050年日本人口增长率分别为0.03%、0.03%、0.01%和0%，则总人口基本稳定在1.27亿~1.28亿。

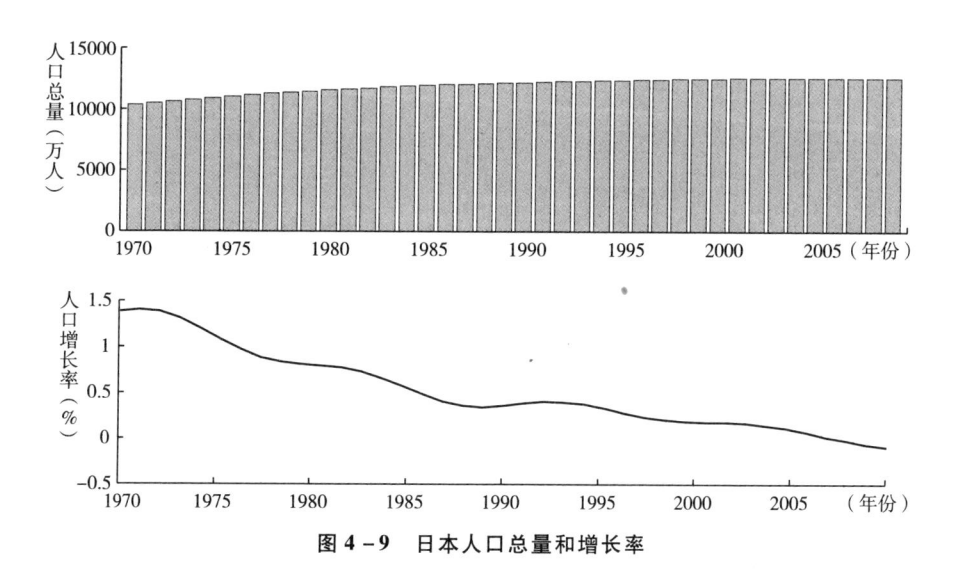

图4-9 日本人口总量和增长率

2. 经济增长

"二战"以后，日本经济经历了战后恢复、快速增长、平稳增长和持续低迷等几个阶段。GDP年平均增长率在20世纪六七十年代一度高达6%~7%，石油危机之后下降到4%~5%，20世纪90年代以后进一步下降，近期则处于持续低迷状态。最近又受国际金融危机冲击，经济增长大幅下滑，2009年和2010年均为负增长。从经济增长核算角度来看，日本各增长要素的增长率也都基本呈现下降趋势，资本存量增速从"二战"后的5%左右下降到目前的不足2%，就业增速也从4%下降到目前的不足0.5%，全要素生产率平均增速曾一度超过3%，而近期则基本停滞。

总体来看，目前日本经济仍没有完全摆脱困境，但是也有一些积极的变化，国内结构的艰难转型取得了一定成效，而且越来越多地融入亚洲经济，有望实现稳定的低增长。另外，由于自然灾害等原因，最近一段时期日本政府加大基础设施投资、鼓励私人资本的意向更为明显，资本存量增速将有所上升。考虑到人口政策和年龄结构因素，日本劳动力投入增长速度会快于人口增长速度。考虑到日本经济结构仍没有完全适应世界技术进步的新潮流，今后技术进步率仍将处于较低水平。我们具体设定：2010～2030 年、2031～2050 年的资本存量增长速度分别为 1.50% 和 1.00%；就业增速从 0.50% 下降至 0.30%；全要素生产率平均增长率为 0.25%。由此得到日本 2010～2020 年、2021～2030 年、2031～2040 年和 2041～2050 年的 GDP 增长速度分别为 1.08%、1.08%、0.85% 和 0.78%。

总体来看，以上预测结果显示：2010～2050 年期间，日本总人口年平均增长率大约为 0.015%，总量为 1.27 亿～1.28 亿；GDP 年平均增长率大约为 0.95%，以 2005 年不变价格计算，2020 年其 GDP 大约为 4.89 万亿美元，到 2050 年大约为 6.40 万亿美元；人均 GDP 年平均增长率大约为 0.915%，以 2005 年不变价格计算，2020 年其人均 GDP 大约 3.84 万美元，2050 年大约为 5.01 万美元。

表 4-11 日本经济增长核算

单位：%

时间（年）	GDP 年平均增长率	资本存量年平均增长率	就业年平均增长率	TFP 年平均增长率
1981～1990	4.21	3.37	1.14	2.29
1991～2000	0.85	2.63	0.39	-0.28
2001～2009	0.47	1.08	-0.13	0.20

表 4-12 日本经济增长预测

单位：%

时间（年）	GDP 年平均增长率	资本存量年平均增长率	就业年平均增长率	TFP 年平均增长率
2011～2020	1.08	1.50	0.50	0.25
2021～2030	1.08	1.50	0.50	0.25
2031～2040	0.85	1.00	0.40	0.25
2041～2050	0.78	1.00	0.30	0.25

3. 能源消费与结构

日本是资源禀赋极度缺乏的国家，能源利用效率一直比较高，随着工业化进程的逐步完成，能源强度持续下降，进入 21 世纪后逐步出现了负增长，能源消费不断下降。但值得注意的是，在日本经济增长乏力的 1990～2000 年，能源消费增长并没有呈现同步下降的趋势，而是出现了能源强度上升的

图 4-10 日本 GDP 和增长率

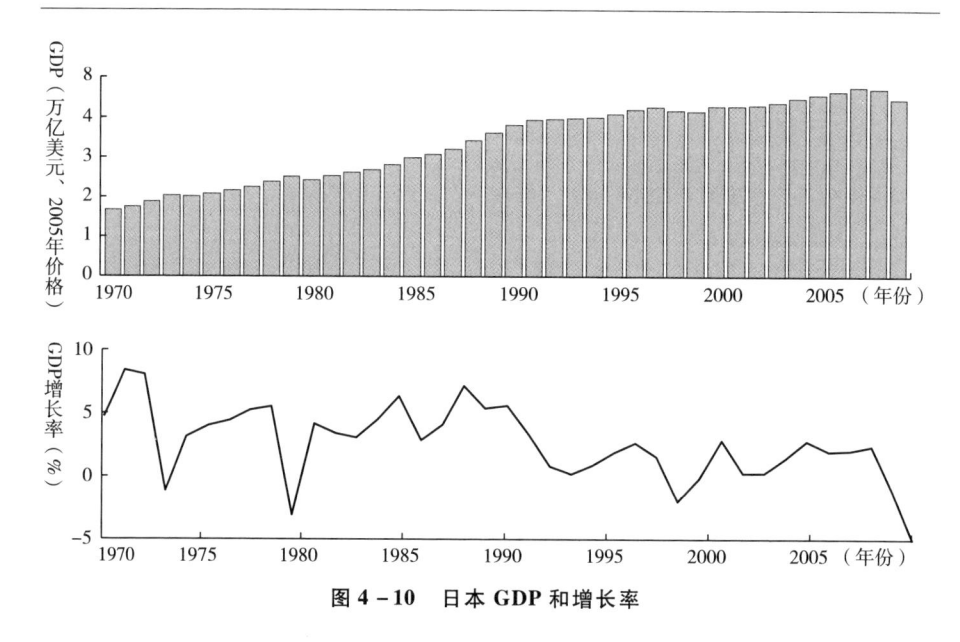

态势（表4-13）。这表明，如果经济急剧下滑，并不一定有利于提高能源效率，适度的经济增长是提高能源利用效率的重要保证。从能源品种结构来看，由于日本主要能源都依赖于进口，因而便于远距离运输的石油在能源消费中比重相对较高（图4-11）。尽管日本也积极开发核能与可再生能源，但由于资源禀赋和地理条件限制，还不可能取代化石能源而成为能源消费的主体。2011年的福岛事件，可能成为诱发日本进行大规模新能源技术研发的契机，但短期来看，煤炭、石油比重不会有大幅下降。

表 4-13 日本能源消费变化

单位：%

时间（年）	能源消费年均增长率	人均能源消费年均增长率	能源强度年均增长率
1971~1980	1.825	0.833	-1.489
1981~1990	2.155	1.691	-1.970
1991~2000	1.359	1.111	0.506
2001~2009	-1.018	-1.040	-1.461

综合以上分析，我们对日本能源消费的基本判断是，消费总量将缓慢下降，能源结构将平稳调整。考虑到日本经济增长和能源弹性都不会有很大波动，我们设定其能源消费增长率也维持在-0.25%左右，煤炭和石油比重分别下降10个百分点左右，天然气和非化石能源比重相应地上升10个百分点

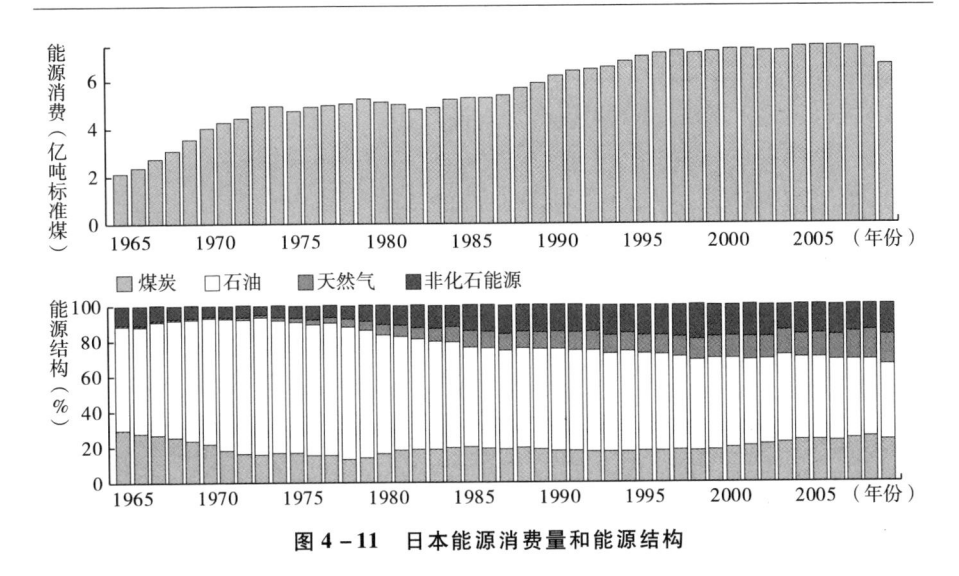

图 4-11 日本能源消费量和能源结构

左右，具体结果参见表 4-14。这一结果显示，日本能源消费总量到 2020 年大约为 6.42 亿吨标准煤，2050 年大约为 5.81 亿吨标准煤；以 2005 年不变价格计算，2020 年单位 GDP 能耗大约为 1.31 吨标准煤/万美元，2050 年大约为 0.91 吨标准煤/万美元；2020 年人均能源消费大约为 5.03 吨标准煤，2050 年大约为 4.54 吨标准煤。

表 4-14 日本能源消费结构预测（2009~2050 年）

单位：%

年 份	煤炭占比	石油占比	天然气占比	非化石能源占比
2009	24	43	17	17
2020	20	42	20	18
2030	18	40	23	20
2040	15	38	25	23
2050	15	35	25	25

4. 排放

根据以上结果，我们可以得到日本二氧化碳排放路径（参见表 4-15）。2010~2050 年期间，日本二氧化碳排放总量年平均下降率大约为 0.70%，2020 年大约为 11.46 亿吨标准煤，到 2050 年大约为 9.17 亿吨标准煤；单位 GDP 排放年平均下降率大约为 1.63%，以 2005 年不变价格计算，2020 年大约为 2.35 吨/万美元，2050 年大约为 1.43 吨/万美元；人均二氧化碳排放

图 4-12 日本碳排放增长分解

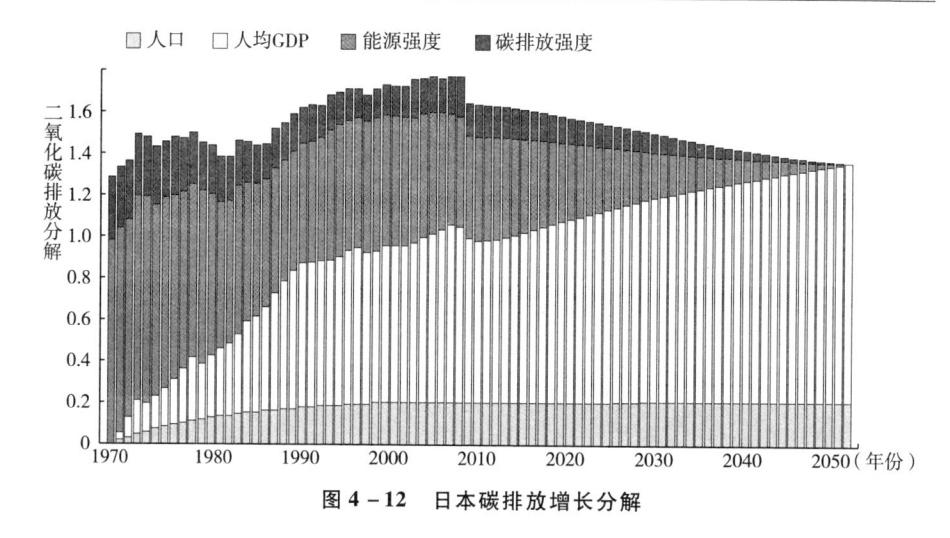

年平均下降率大约为 0.71%，2020 年大约为 9.00 吨，2050 年大约为 7.17 吨。由此，我们可以得到以下判断：日本二氧化碳排放很有可能已经达到峰值，但其总量、人均排放量和排放强度都将下降，但幅度不会太大，人均排放量和排放强度与欧盟（15 国）的差距将逐步扩大。

表 4-15 日本二氧化碳排放预测

年 份	二氧化碳排放（亿吨）	人均二氧化碳（吨）	排放强度（吨/万美元）*
1990	11.627	9.438	3.065
2009	12.137	9.552	2.766
2020	11.462	8.998	2.345
2030	10.486	8.212	1.926
2040	9.721	7.605	1.641
2050	9.168	7.173	1.432

* 美元以 2005 年不变价格计算。

（五）澳大利亚碳排放情景

1. 人口

澳大利亚地广人稀，人口增速一直保持了较快增长，1960~1990 年平均增长率接近 2%，1990~2010 年平均增长率虽有下降，但也超过 1%（参见图 4-13）。从目前来看，澳大利亚人口政策并没有显著变化，人口增长主要取决于经济发展和生育选择。因此我们判断，未来澳大利亚人口增长率仍将保持较高水平，但随着经济发展会略有下降。我们设定 2010～2030 年平均人口增长率为 1%，2030～2050 年平均人口增长率为 0.8%，从而得到 2020 年、2030 年、2040 年和 2050 年总人口分别为 2377 万、2626 万、2844 万和 3079 万。

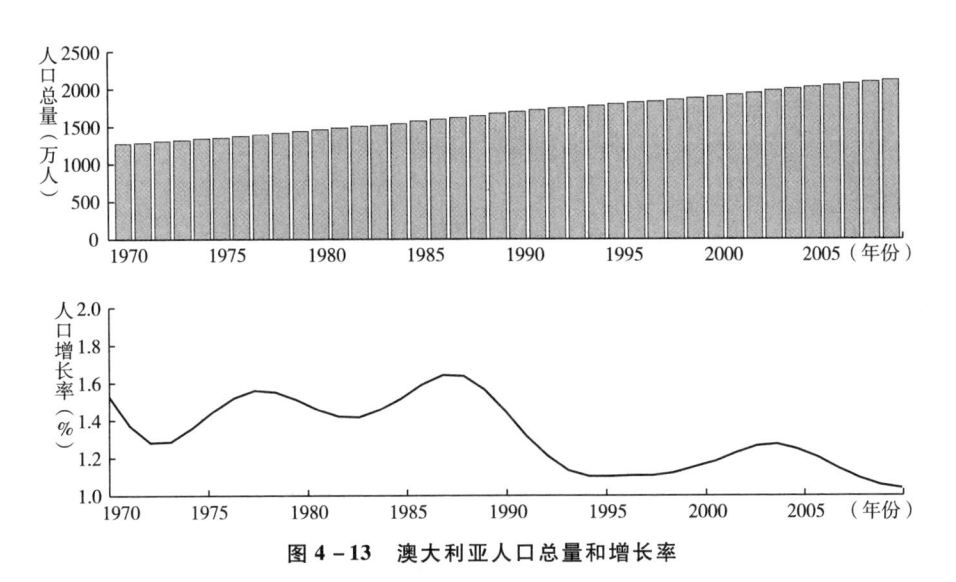

图 4-13 澳大利亚人口总量和增长率

2. 经济增长

第二次世界大战以来，澳大利亚经济总体上保持了稳定增长，GDP 年平均增长率在 3% 左右。1990 年之后，其他发达国家普遍经济增长逐步放缓，但澳大利亚却依然保持强劲增长态势，甚至还因为新兴国家对铁矿石等自然资源的需求提高，经济增长有所加速（图 4-14）。从经济增长核算角度来看，澳大利亚资本存量增长率在 3% 左右，但近年来有加速趋势，目前增长保持在 5% 以上；同时，劳动力投入大体与人口同步增加，基本保持了较快的增长速度；但长期以来技术进步并不突出，全要素生产率水平明显低于美国等其他发达国家。

总体来看，由于全球资源紧缺的态势不会有大的改变，因而澳大利亚经济会在较长时间内保持较快增长，特别是在资源开采和冶炼加工领域的投资仍将维持很长时间。我们判断，澳大利亚在 2030 年之前都会保持较快的经济增长，此后逐步放缓，但考虑到其主要产业技术进步空间较小，全要素生产率提高仍然会落后于其他发达国家。我们的具体设定为：2010～2020 年、2021～2030 年、2031～2040 年和 2041～2050 年的资本存量增长速度分别为

5%、4%、3%和2%;考虑到移民和教育因素,澳大利亚劳动力投入增长速度会快于人口增长速度;全要素生产率平均增长率均为0.25%。由此得到澳大利亚2010~2020年、2021~2030年、2031~2040年和2041~2050年的GDP增长速度分别为2.92%、2.58%、1.92%和1.58%。由此,澳大利亚GDP年平均增长率大约为2.25%,以2005年不变价格计算,2020年大约为1.16万亿美元,到2050年大约为2.12万亿美元;人均GDP年平均增长率大约为1.34%,以2005年不变价格计算,2020年大约4.89万美元,2050年大约为6.89万美元。

表4-16 澳大利亚经济增长核算

单位:%

时间(年)	GDP年平均增长率	资本存量年平均增长率	就业年平均增长率	TFP年平均增长率
1981~1990	2.60	2.69	2.14	0.27
1991~2000	3.55	3.08	1.20	1.70
2001~2009	3.11	5.13	1.94	0.11

表4-17 澳大利亚经济增长预测

单位:%

时间(年)	GDP年平均增长率	资本存量年平均增长率	就业年平均增长率	TFP年平均增长率
2011~2020	2.92	5.00	1.50	0.25
2021~2030	2.58	4.00	1.50	0.25
2031~2040	1.92	3.00	1.00	0.25
2041~2050	1.58	2.00	1.00	0.25

3. 能源消费与结构

伴随着经济的快速增长,澳大利亚能源消费增速也相对较快,是主要发达国家中能源消费增长最快的国家。不过由于技术进步,能源利用效率也有所提高,在城市化和电气化基本实现之后,人均能源效率开始下降。与其资源禀赋和产业结构高度相关,澳大利亚能源品种结构的突出特点是煤炭比重较高,是世界主要发达国家中唯一一个非化石能源比重没有明显上升的国家。但是,由于其化石能源利用和环保力度比较高,其污染问题并不严重,今后能源利用的主要问题就是温室气体排放。

图 4-14 澳大利亚 GDP 和增长率

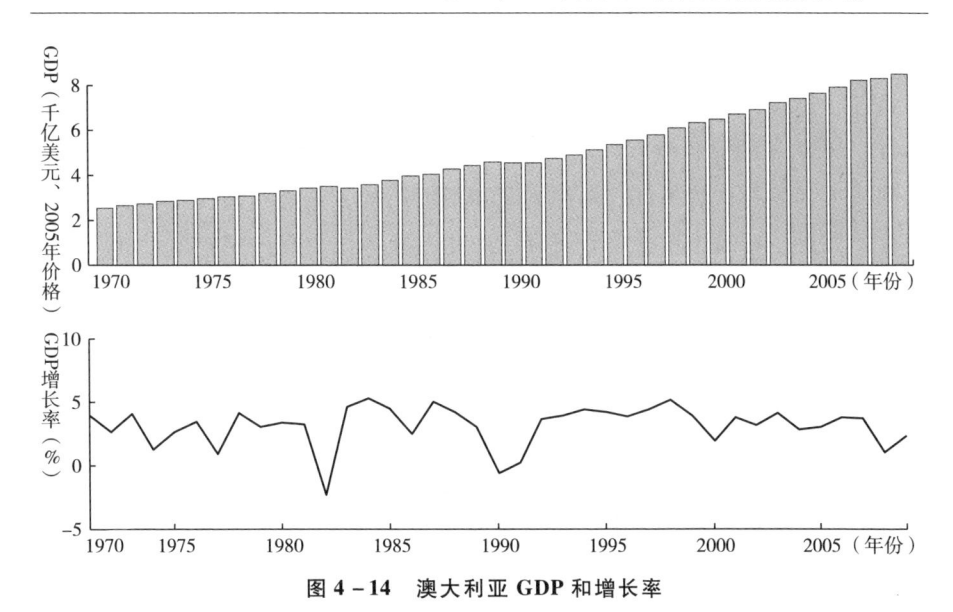

表 4-18 澳大利亚能源消费变化

单位：%

时间（年）	能源消费年平均增长率	人均能源消费年平均增长率	能源强度年平均增长率
1971~1980	3.548	2.226	0.979
1981~1990	2.147	0.762	-0.438
1991~2000	2.114	1.081	-1.388
2001~2009	0.928	-0.107	-1.703

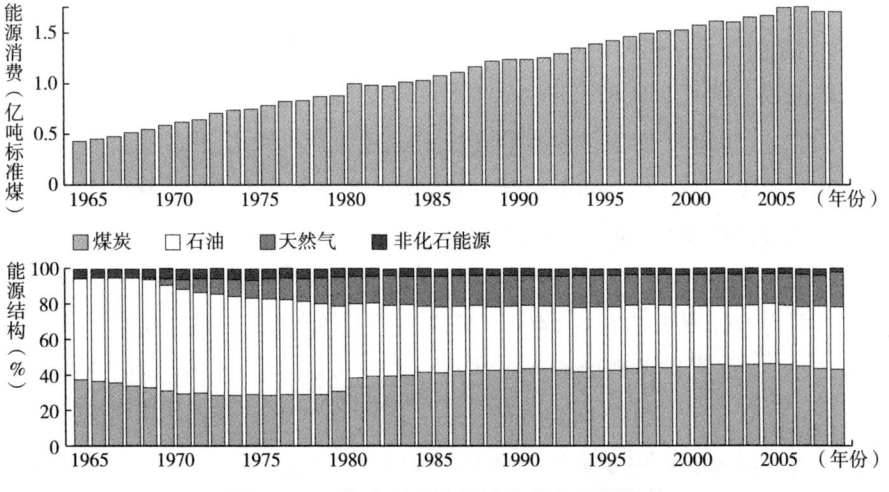

图 4-15 澳大利亚能源消费量和能源结构

从趋势来看，澳大利亚能源消费总量仍将保持一定幅度增长，但增长幅度将逐步趋缓，我们设定2010~2020年、2021~2030年、2031~2040年和2041~2050年的能源效率增长速度分别为1%、0.75%、0.5%和0.5%。考虑到澳大利亚的自然条件、资源禀赋和产业结构，其能源结构也不会有很大变化，煤炭、石油比重会略有下降，非化石能源比重有一定幅度上升，天然气比重会大体稳定。具体预测结果参见表4-19。由此判断，2010~2050年期间，澳大利亚能源消费总量年平均增长率大约为0.687%，2020年大约为1.90亿吨标准煤，2050年大约为2.26亿吨标准煤；单位GDP能耗年平均下降率大约为1.527%，以2005年不变价格计算，2020年大约为1.63吨标准煤/万美元，2050年大约为1.07吨标准煤/万美元；人均能源消费年平均下降率大约为0.211%，2020年大约为7.98吨标准煤，2050年大约为7.33吨标准煤。

表4-19 澳大利亚能源消费结构预测（2009~2050年）

单位：%

年 份	煤炭占比	石油占比	天然气占比	非化石能源占比
2009	42	35	20	3
2020	40	33	23	5
2030	35	33	25	8
2040	33	33	25	10
2050	30	30	25	15

4. 排放

根据以上结果，我们可以得到澳大利亚二氧化碳排放路径（参见表4-20）。2010~2050年期间，澳大利亚二氧化碳排放总量年平均增长率大约为0.25%，2020年大约为4.13亿吨，到2050年大约为4.26亿吨标准煤；单位GDP排放年平均下降率大约为1.95%，以2005年不变价格计算，2020年大约为3.55吨/万美元，2050年大约为2.01吨/万美元；人均二氧化碳排放年平均下降率大约为0.64%，2020年大约为17.37吨，2050年大约为13.84吨。由此可以得到以下主要结论：澳大利亚二氧化碳排放仍将保持较快增长，2050年前后才能达到峰值；而且人均二氧化碳排放水平很高，甚至高于美国。这表明，由于资源禀赋和产业结构差异，发达国家的碳排放路径也有很大不同，中国应当也有权利根据自身能力来承担减排任务。

表 4-20 澳大利亚二氧化碳排放预测

年 份	二氧化碳排放（亿吨）	人均二氧化碳（吨）	排放强度（吨/万美元）
1990	2.771	16.215	6.091
2009	3.855	17.915	4.423
2020	4.130	17.372	3.554
2030	4.251	16.188	2.835
2040	4.319	15.190	2.382
2050	4.262	13.841	2.009

注：表中美元以 2005 年不变价格计算。

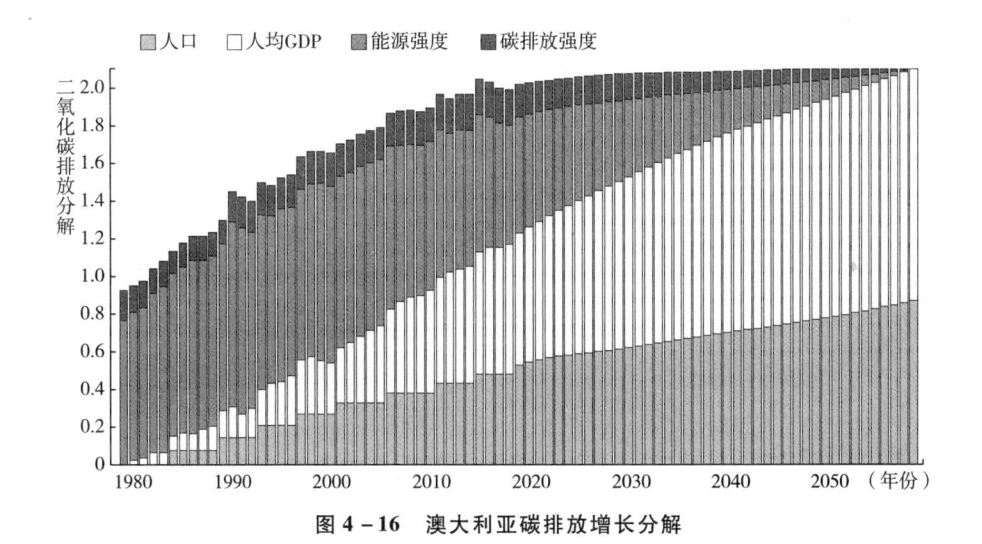

图 4-16 澳大利亚碳排放增长分解

（六）比较分析

最后，我们比较了本文与 OECD、BP 和 IEA 等代表性机构的预测。不过由于对地区和时期的划分差异，不同的预测难以直接进行比较，只能根据这些结果进行一些参照。例如，OECD 的 *Environmental Outlook to* 2050 选择了欧盟 27 国和欧洲自由贸易区（EU27&EFTA）口径，澳大利亚等国太平洋地区的 OECD 合并为 Oceania；美国能源署（EIA）的 *International Energy Outlook* 2011 选择了欧洲 OECD 国家口径，也把澳大利亚与新西兰合并处理。为了便于比较，我们将 GDP、能源消费和碳排放的相关预测全部换算成预测期内的平均增长率。总体而言，这些预测结果（我们的结果即表中的"本课题组"）还是比较接近的，其中对 GDP 增长率的预测最为接近，只有 OECD 对日本（加韩国）GDP 增长率预测略高一些；我们对美国能源消费和碳排放的预测与 IEA 结果比较接近，但与 BP 预测有一些不同；而 IEA 对澳大利亚（加新西兰）碳排放的预测要比我们的结果高出不少；另外，欧盟 15 国以外的国家未来的能源消费和碳排放总量增长都可能远远超过欧盟 15 国，因此不同区域划分是导致预测中对欧盟碳排放差异较大的主要原因，欧盟 15 国能源消费和碳排放增长双双下降的趋势影响是比较确定的。

表 4-21 GDP 增长率预测比较

机构	时间（年）	美国	欧盟（15 国）	日本	澳大利亚
本课题组	2011~2020	2.41	1.73	1.08	2.92
	2021~2030	2.36	1.63	1.08	2.58
	2031~2040	2.21	1.57	0.85	1.92
	2041~2050	2.06	1.50	0.78	1.58
OECD 2050 环境展望	时间（年）	美国	欧盟 27 国和欧洲自由贸易联盟	日本和韩国	大洋洲
	2010~2020	2.24	2.07	2.10	2.78
	2020~2030	2.29	1.98	1.64	2.40
	2030~2050	2.10	1.71	0.95	2.20
国际能源展望（2011）	时间（年）	美国	OECD 欧洲国家	日本	澳大利亚和新西兰
	2008~2020	2.35	1.51	0.82	2.82
	2020~2030	2.66	1.84	0.34	2.54
	2030~2035	2.51	1.74	0.29	2.51

表 4-22 能源消费增长率预测比较

机构	时间（年）	美国	欧盟（15 国）	日本	澳大利亚
本课题组	2011~2020	0.60	-0.75	-0.25	1.00
	2021~2030	0.55	-0.50	-0.50	0.75
	2031~2040	0.50	-0.25	-0.25	0.50
	2041~2050	0.45	-0.25	-0.25	0.50

续表

机　构	时间（年）	美　国	欧　盟		
BP能源展望（2030）	2010~2020	0.05	0.44		
	2020~2030	-0.13	0.11		
国际能源展望（2011）	时间（年）	美　国	OECD欧洲国家	日　本	澳大利亚和新西兰
	2008~2020	0.39	0.46	0.29	1.15
	2020~2030	0.57	0.55	0.21	0.86
	2030~2035	0.57	0.43	0.08	0.92

表4-23　碳排放总量增长率预测比较

机　构	时间（年）	美　国	欧盟（15国）	日　本	澳大利亚
本课题组	2011~2020	0.34	-1.07	-0.57	0.69
	2021~2030	0.29	-0.93	-0.89	0.29
	2031~2040	0.28	-0.63	-0.75	0.16
	2041~2050	0.26	-0.98	-0.58	-0.13
国际能源展望（2011）	时间（年）	美　国	OECD欧洲国家	日　本	澳大利亚和新西兰
	2008~2020	-0.09	-0.39	-0.52	0.23
	2020~2030	0.56	0.12	-0.28	0.65
	2030~2035	0.66	0.28	-0.42	

二　发达国家无强烈减排意愿情景下的主要国家排放分析

（一）模型介绍

动态的全球能源环境分析模型（GTAP-E-Dyn）是一个世界经济的动态递归可应用的一般均衡模型（AGE）。它扩展了标准GTAP-E模型（Hertel，1997），包括跨国资本流动、资本积累，以及投资的适应性预期理论。动态GTAP扩展的一个突出的技术特征是时间的处理。许多动态模型，将时间作为一个指数（Index），使得模型中每一个变量都有一个时间指数。在全动态GTAP模型中，时间本身是一个变量，受外生变化与通常的政策、技术和人口变量的影响。

动态GTAP-E与标准GTAP-E的区别可以概括为以下几点：①与静态

模型相比，动态 GTAP-E 提供了一个更好的长期分析。因为，在动态模型中需要构建基准情景，并且要考虑各种要素的累积效应。②在标准的 GTAP-E 模型中，资本只允许在同一个区域内的不同产业间进行流动。但在动态模型中，资本可以在不同区域之间流动，这使得不同地区间的投资和资本存量对各地区不同的资本回报率做出反应。③国家间回报率调整需要时间。静态模型假定各个国家不同的资本回报率调整是瞬间完成没有时滞。在动态模型中认为这种调整需要一定的时间，应该说更符合现实。④引入投资的适应性预期。投资行为的变动不是取决于实际回报率，而是取决于预期回报率的变化。这就允许投资在短期内可以出错，但是在长期保持与实际回报率变动一致。⑤引入金融资产的资本和收益实现不同年份的动态链接（Ianchovichina，McDougall and Hertel，2000；Walmsley and Strutt，2010）。

1. 最新的动态 GTAP-V7 数据库加总

我们采用美国普渡大学（Purdue University）最新版动态 GTAP-V7（Global Trade Analysis Project）数据库，该库是以 2004 年为基年的全世界多区域投入产出表，最新版的 V7（Version 7）数据库中包括 113 个国家和地区，57 个部门（其中，42 部门为产品部门，15 个部门为服务业部门）。

根据研究的需要，我们对区域和产品进行了加总和归并。① 从区域来看，我们将原始的 113 个国家加总成 9 个国家，分别为"基础四国"（中国、印度、巴西和南非）、三大经济体（美国、日本和欧盟②）、澳大利亚和其他国家。加总的原则是尽可能地覆盖主要的排放大国和增长较快的国家。对于部门而言，我们归并的原则有两个：①尽量加总产生排放较少的部门，相反，细化产生排放较多的部门。②要与 V7 的 CO_2 排放数据库的部门相匹配。考虑到服务业部门的排放较少，而农业部门排放的更多是非二氧化碳（甲烷和氮气等），所以，在加总部门时着重加总了服务业和农业部门，而对煤炭、石油、天然气、成品油和电力等部门进行了细分。最终，将 57 个部门加总成 17 个部门。具体的区域和产品对照见附表 1 和附表 2。

---

① 除了具体的研究需要之外，对于区域和产品进行加总还可以提高模型的运行速度和减少模拟需要的时间。
② 尽管英国不属于欧盟，鉴于其与欧盟紧密的贸易联系和分析的方便，我们将英国也计入欧盟区域。从目前来看，欧盟包括 27 个国家，但是 GTAP-V7 数据库中并没有包括所有的 27 个国家，只包括了 24 个国家，但从产值上来看，覆盖的国家超过欧盟产值的 95% 以上，所以，并不影响区域的代表程度。

2. 2004 年 113 个区域 V7 – CO_2 排放数据库调整

由于我们需要使用动态 GTAP – E 模型测算 9 区域产生的 CO_2 排放，所以，我们需要一个基年的 CO_2 排放数据库。目前公布最新的 CO_2 数据库是以 2004 年基年 113 个地区 59（57 个部门 + 私人消费 + 政府消费）个部门对 6 种能源产品（煤炭、石油、天然气开采、天然气运输、成品油和电力[①]）使用的排放数据库，与 V7 数据库的区域和部门相匹配。这 6 种能源产品的排放数据主要来自国际能源署（IEA）的能源平衡表。

(1) 排放数据库中的经济主体。从需求侧来看，只有中间使用、私人消费和政府消费[②]产生排放，在数据库中，我们认为作为需求的投资不产生排放。同时，也不考虑一些与产出相关的排放（水泥的生产等）。至于出口排放直接计入了其他国家使用该国进口产品产生的排放中，不计入本国的排放。因此，一国内产生的排放总量不但包括使用国产品还包括使用进口产品产生的排放。从排放的性质来看，数据库中的 CO_2 排放是属于直接使用的排放，并不是内涵（隐含）能源的排放。

(2) 排放数据库的调整。首先，需要加总部门和区域。原始的 2004 年排放数据库是 113 个区域 57 个部门的排放数据，所以要加总成 9 区域 17 部门从而保持与动态 GTAP – E 数据库相一致。有一点需要说明的是，为了便于分析和处理，我们将天然气开采和运输通常合并为一个部门。其次，单位要进行统一。在排放数据库中的 CO_2 单位是千吨（Gg），为了与标准数据库中百万美元相匹配，将排放量的单位变换为百万吨。这样处理主要是为了统一计算碳税时的单位（美元/吨）。另外，在 V6 排放数据库中还涉及 CO_2 和 C 当量之间的转换。因为标准 GTAP – E 中的排放是指 C 当量的排放并不是指 CO_2，所以，还涉及一个分子式[③]之间的转换。但在 V7 数据库中不存在这个问题，已经完全转换成 CO_2 当量。最后，对一些特殊部门的使用进行处理。其实，并不是所有的部门使用煤炭和原油等产品都排放 CO_2，这分为两种情况：第一，没有燃烧。如原煤到煤炭洗选业只是进行简单冲洗提纯，并没有燃烧，所以，根本就不会产生 CO_2

---

① 目前 V7 的 CO_2 排放数据库中假定使用电力的排放为零。
② 目前 2004 年的 CO_2 排放数据库中假定政府消费产生的排放为零。
③ CO_2 的分子量为 44，而 C 的分子量为 12，所以，两者之间的比例关系为 3/11。其实，用 CO_2 当量和 C 当量都是一样的，只是含义有所不同，我们这里用的是 CO_2 当量，便于与国际组织和研究机构 CO_2 排放数据进行比较。

排放。第二,大部分被转化掉,只有少部分燃烧了。如炼焦煤对原煤使用大多数是一种转化,只有很小的比例消耗了。同样原油对成品油的投入也是一样的道理。类似这样的都需要进行特别的处理。① 2004年基年分区域的CO_2排放量见附表3。

3. 动态GTAP-E模型的构建

目前标准的GTAP-E属于静态模型,只能进行比较静态分析,不能进行动态的外推构建基准情景进行政策分析。我们的思路是在普渡大学最新开发的动态GTAP模型基础上嵌入能源和排放模块,从而能构建能源和排放的BAU情景和进行政策模拟的分析。与标准的GTAP模型相比,GTAP-E考虑了能源产品之间的替代关系,可以反映在能源价格变化时,经济主体对不同能源产品需求的变化,当然能源产品间替代的程度也取决于弹性参数的设置(关于GTAP-E模型的详细介绍见附录4)。

4. 模型的平衡条件

本研究不但校准了宏观变量,还控制了一些能源产品的产量。在校准宏观变量时模型需要保证一些经济学和平衡的假设。动态GTAP-E模型的平衡条件如下。

(1) 区域的收入等于支出(收支平衡)

$$Y = Real\ GDP + NFY - C + G + S$$

Y代表总收入;$Real\ GDP$代表实际GDP;NFY代表来自国外的净收入;C、G和S分别代表总私人消费、总政府消费和储蓄。在这个平衡方程中,我们可以找到$Real\ GDP$、C、G和NFY的数据,所以,我们校准了这些宏观变量,相反让模型和方程内生决定S。

(2) 区域的经常账户的平衡

$$X - M + NFY = S - I$$

X和M分别代表区域的出口和进口;I代表区域的投资。由于我们已经控制了NFY和S两个变量,所以,只要控制I或$X-M$就可以了,我们选择校准投资(I)让方程内生决定贸易平衡项($X-M$)的变化。

(3) 全球的总投资等于全球总储蓄

由于全球的总投资必须等于全球的总储蓄,所以,我们不能把所有国家的

---

① 具体计算公式和解释见GTAP网站关于V7排放数据库说明,https://www.gtap.agecon.purdue.edu/resources/res_display.asp?RecordID=1143。

投资都控制住，必须得放开一个国家的投资让模型决定（瓦尔拉斯均衡，如果存在 N 个市场，那么 N－1 个市场均衡了，第 N 个市场会自动均衡）。由于我们主要关注其他 8 个单独的主要区域，所以本研究选择放开其他地区（ROW）。

（4）全球外国资产的收入支出相等

外国资产的收入有很多限制，我们最终选择校准外国持有中国资产的收入（YQTF）。

（二）分区域的历史数据

1. 主要宏观经济变量校准

本研究校准的宏观变量主要包括经济增长、人口、私人消费、政府消费和投资。从表 4－24 可以看出，中国的 GDP 增速在 2010 年以后是逐渐下降的，到 2050 年中国的 GDP 年均增速将会下降到 3.3%。与中国相似，其他发展中国家如印度和巴西的 GDP 也将分别在 2010 年和 2015 年以后呈现下降趋势。南非的 GDP 也会在 2015 年以后开始表现出下降趋势。

表 4－24　九区域 GDP 累计增长率

单位：%

年　份	2010	2015	2020	2025	2030	2035	2040	2045	2050
中　国	73.8	54.4	46.2	40.9	34.5	28.2	23.5	20.2	17.7
欧　盟	3.1	7.9	9.5	8.8	8.3	8.5	7.9	6.2	3.6
美　国	3.1	12.2	14.9	13.3	11.9	11.7	11.5	11.1	10.6
日　本	－2.1	3.7	6.4	6.1	5.3	4.6	4.2	4.0	4.0
澳大利亚	14.3	15.5	15.5	14.7	13.1	11.1	9.5	8.5	8.0
印　度	47.7	43.5	40.7	38.3	36.5	34.9	33.4	31.8	30.2
巴　西	15.5	20.0	19.8	17.3	15.3	14.0	12.8	11.4	10.0
南　非	19.6	21.9	21.6	20.1	18.2	16.5	15.7	15.7	16.0
其他国家	8.0	17.1	16.6	11.6	10.5	13.8	15.6	14.7	12.3

注：2010 年为 2004～2010 年 6 年的累计增长率，其余各年为 5 年累计增长率。

数据来源：中国社会科学院工业经济研究所课题组。

与发展中国家相比，发达国家的 GDP 在未来的变化比较温和，美国的 GDP 增长率在 2010～2050 年间的 GDP 年均增长率基本保持在 2%～3%。欧盟的 GDP 在 2045 年以前年均增长率基本位置在 1.2%～1.8%，2045～2050 年欧盟的 GDP 年均增长率将会降至 1% 以下。日本在 2010～2050 年间的

GDP 年均增长率将保持在 0.8%～1.0%。澳大利亚有些例外，在 2010～2030 年间，澳大利亚的 GDP 年均增长在 2%～3%，2030 年以后将会下降到 2% 以下。

如表 4-25 所示，在人口增速方面，中国人口总量将会在 2035 年前后达到峰值，之后人口数量开始下降。巴西在 2045 年前后人口到达顶峰。日本的人口增速将长期处于较低水平，并将在 2040 年前后人口开始进入零增长。其他国家和地区的人口在 2050 年前还会继续增长。

表 4-25 九区域人口累计增长率

单位：%

年 份	2010	2015	2020	2025	2030	2035	2040	2045	2050
中 国	0.5	1.9	2.3	1.8	1.1	0.5	-0.1	-0.5	-1.0
欧 盟	2.8	2.7	2.5	2.2	1.9	1.7	1.4	1.2	0.9
美 国	3.7	5.4	5.7	5.0	4.4	4.2	4.0	3.8	3.5
日 本	-0.2	0.0	0.2	0.2	0.1	0.1	0.0	0.0	0.0
澳大利亚	5.7	5.2	5.1	5.2	5.1	4.4	3.9	3.9	4.1
印 度	6.1	6.4	6.0	4.9	3.9	3.1	2.5	1.9	1.4
巴 西	4.2	3.9	3.3	2.4	1.7	1.1	0.5	0.0	-0.5
南 非	4.6	3.1	2.5	2.4	2.3	1.9	1.4	1.1	1.0
其他国家	2.6	7.6	9.6	9.0	6.6	3.2	0.9	0.2	1.0

注：2010 年为 2004～2010 年 6 年的累计增长率，其余各年为 5 年累计增长率。

数据来源：中国社会科学院工业经济研究所课题组。

中国的私人消费增速在 2015 年前后将会超过 GDP 的增速，成为 GDP 的主要贡献者。但随着中国经济增速的逐渐放缓，个人消费的增速在 2015 年以后也将呈现下降趋势。印度、巴西和南非也会呈现类似的趋势。而对于发达国家而言，私人消费的增速变化并不是很大，主要原因是其经济结构和消费结构已经基本稳定，经济发展增速平稳。通过对比表 4-26 和表 4-27，可以看出，政府消费与私人消费的趋势比较接近，区别是政府消费相对于私人消费更加稳定一点，这主要是由政府消费自身的稳定性决定的。

投资是一国经济发展的重要动力，因此，投资的变化和一个国家的 GDP 变化有着较强的关联性。如表 4-28 所示，受金融危机影响，美国和日本的投资在 2004～2010 年期间有所下降。

表4-26　九区域私人消费累计增长率

单位:%

年　份	2010	2015	2020	2025	2030	2035	2040	2045	2050
中　国	53.9	62.6	57.3	49.5	42.6	36.5	29.6	22.8	16.7
欧　盟	2.8	7.8	9.5	8.8	8.3	8.5	7.9	6.2	3.6
美　国	5.6	9.2	11.3	12.3	12.4	11.9	11.4	11.0	10.6
日　本	-1.6	2.0	5.1	7.4	7.4	5.4	3.8	3.5	4.2
澳大利亚	15.0	15.6	15.4	14.7	13.1	11.1	9.5	8.5	8.0
印　度	49.6	43.8	40.6	38.3	36.5	34.9	33.4	31.8	30.2
巴　西	24.6	21.5	19.1	17.1	15.4	14.1	12.7	11.4	10.0
南　非	20.3	22.1	21.5	19.8	18.3	17.2	15.4	12.8	9.9
其他国家	7.5	10.7	12.2	12.8	13.9	15.6	15.7	14.3	12.0

注：2010年为2004~2010年6年的累计增长率，其余各年为5年累计增长率。
数据来源：中国社会科学院工业经济研究所课题组。

表4-27　九区域政府消费累计增长率

单位:%

年　份	2010	2015	2020	2025	2030	2035	2040	2045	2050
中　国	60.6	60.7	57.1	51.7	45.4	39.0	31.2	23.4	16.4
欧　盟	7.9	8.9	9.0	8.5	8.4	8.6	7.9	6.2	3.6
美　国	5.4	13.5	15.4	13.4	11.9	11.6	11.5	11.1	10.6
日　本	7.1	5.8	5.4	5.7	5.5	4.7	4.1	3.9	4.0
澳大利亚	16.0	14.0	13.7	14.2	13.4	11.2	9.4	8.5	8.0
印　度	60.4	44.9	40.2	38.1	36.5	34.9	33.4	31.8	30.2
巴　西	-0.5	16.6	21.4	18.0	15.0	13.9	12.8	11.5	10.0
南　非	19.7	21.9	21.6	20.1	18.2	16.5	15.7	15.7	16.0
其他国家	10.1	12.7	13.3	13.0	14.0	16.0	16.1	14.1	11.2

注：2010年为2004~2010年6年的累计增长率，其余各年为5年累计增长率。
数据来源：中国社会科学院工业经济研究所课题组。

表4-28　九区域投资累计增长率

单位:%

年　份	2010	2015	2020	2025	2030	2035	2040	2045	2050
中　国	71.5	45.4	36.3	31.5	24.1	16.0	13.1	15.2	19.9
欧　盟	0.0	7.2	9.8	8.9	8.2	8.5	7.9	6.2	3.6

续表

年 份	2010	2015	2020	2025	2030	2035	2040	2045	2050
美 国	-26.8	19.5	33.3	18.0	9.8	10.6	12.0	11.7	10.3
日 本	-7.3	11.8	13.1	2.5	-2.7	1.3	5.8	6.2	3.1
澳大利亚	32.4	6.9	3.2	10.9	15.0	12.0	9.1	8.0	8.2
印 度	45.6	43.3	40.9	38.3	36.5	34.9	33.4	31.8	30.2
巴 西	22.8	21.2	19.2	17.1	15.4	14.1	12.7	11.4	10.0
南 非	14.1	20.9	22.1	20.2	18.1	16.5	15.7	15.7	16.0
其他国家	2.9	18.2	20.2	15.1	12.2	12.7	13.7	14.3	14.5

注：2010年为2004～2010年6年的累计增长率，其余各年为5年累计增长率。
数据来源：中国社会科学院工业经济研究所课题组。

2. 主要能源产品校准

CO_2的排放主要是能源产品的燃烧产生的，所以，能源产品的产量增长就是影响排放量预测的重要因素。因此，我们也校准了2004～2050年九个区域的能源产品产量的增速（见表4-29，表4-30，表4-31）。

表4-29 2004～2050年九区域煤炭累计增长率

单位：%

年 份	2010	2015	2020	2025	2030	2035	2040	2045	2050
中 国	57.8	14.2	10.9	7.7	5.0	4.0	3.2	-1.7	-3.6
欧 盟	-4.3	-5.0	-7.0	-9.0	-11.0	-13.0	-15.0	-17.0	-19.0
美 国	0.8	6.8	5.4	4.0	3.5	1.6	0.4	-0.1	-0.3
日 本	37.1	8.0	6.5	5.0	3.5	2.6	1.4	1.2	0.8
澳大利亚	20.7	13.2	10.8	8.6	6.5	4.5	2.4	0.7	-1.0
印 度	74.0	10.0	9.8	9.6	9.4	9.2	9.0	8.8	8.6
巴 西	16.1	-18.0	-16.0	-14.0	-12.0	-10.0	-8.0	-6.0	-4.0
南 非	45.6	6.3	5.4	4.7	4.1	3.5	3.0	2.5	2.1
其他国家	25.3	3.8	3.1	3.0	3.0	2.0	2.0	2.0	2.0

注：2010年为2004～2010年6年的累计增长率，其余各年为5年累计增长率。
数据来源：中国社会科学院工业经济研究所课题组。

各国成品油的产量，除了受各国石油产量的影响以外，还与本国的石油进口量和成品油进口量密切相关。从表4-32可以看出，发展中国家的成品油产量将会保持较高的增长率，而发达国家的成品油产量将保持较低增速并呈现下降趋势。

表 4-30　2004~2050 年九区域石油累计增长率

单位：%

年　份	2010	2015	2020	2025	2030	2035	2040	2045	2050
中　国	7.5	6.6	6.3	6.1	2.1	-0.4	-1.5	-2.7	-5.7
欧　盟	-19.1	9.4	8.5	7.6	6.7	5.8	4.9	4.0	3.1
美　国	6.3	5.5	4.7	3.9	3.1	2.3	1.5	0.7	-0.1
日　本	6.0	6.0	5.9	5.9	5.8	5.8	5.7	5.7	5.6
澳大利亚	0.2	7.4	6.8	6.2	5.6	5.0	4.4	3.8	3.2
印　度	5.7	6.1	5.6	5.0	4.5	3.9	3.2	2.5	1.7
巴　西	25.5	19.6	19.1	18.6	18.1	17.6	17.1	16.6	16.1
南　非	6.0	6.0	5.5	5.0	4.5	4.0	3.5	3.0	2.0
其他国家	5.3	8.8	8.4	8.1	7.5	6.5	6.1	5.7	5.4

注：2010 年为 2004~2010 年 6 年的累计增长率，其余各年为 5 年累计增长率。
数据来源：中国社会科学院工业经济研究所课题组。

表 4-31　2004~2050 年九区域天然气累计增长率

单位：%

年　份	2010	2015	2020	2025	2030	2035	2040	2045	2050
中　国	86.3	24.9	20.5	16.3	12.8	8.3	4.2	-2.7	-8.2
欧　盟	-5.7	10.0	7.2	6.4	5.6	3.8	2.0	1.2	0.4
美　国	27.4	19.7	18.6	15.2	13.0	12.8	10.6	8.4	6.2
日　本	42.0	16.0	14.8	12.6	10.4	8.2	6.0	3.8	2.6
澳大利亚	35.2	33.8	29.0	28.0	27.0	26.5	25.0	23.5	22.0
印　度	89.3	51.3	47.3	43.3	39.3	35.3	31.3	27.3	23.3
巴　西	38.2	5.7	4.9	3.1	1.8	1.2	1.0	0.6	0.1
南　非	48.0	14.0	13.8	13.6	13.4	13.2	13.0	12.8	12.6
其他国家	28.2	21.3	19.8	18.7	18.0	17.3	16.5	15.8	15.0

注：2010 年为 2004~2010 年 6 年的累计增长率，其余各年为 5 年累计增长率。
数据来源：中国社会科学院工业经济研究所课题组。

表 4-32　2004~2050 年九区域成品油累计增长率

单位：%

年　份	2010	2015	2020	2025	2030	2035	2040	2045	2050
中　国	44.8	32.1	26.4	21.8	16.4	11.1	7.4	1.7	-5.6
欧　盟	-3.1	-1.3	-0.5	0.1	0.6	0.8	1.3	1.5	1.6
美　国	-5.2	0.6	1.8	1.9	2.0	2.1	2.2	2.3	2.3
日　本	16.2	-1.2	-1.2	-1.1	-1.1	-1.1	-1.1	-1.1	-1.1

续表

年份	2010	2015	2020	2025	2030	2035	2040	2045	2050
澳大利亚	3.9	5.0	3.8	3.2	3.0	2.9	2.4	2.0	1.7
印度	79.8	21.6	20.7	20.4	19.0	18.1	17.5	17.1	16.3
巴西	35.8	10.3	9.5	8.9	8.1	7.5	7.0	6.6	6.2
南非	35.1	7.2	7.0	7.0	5.7	4.5	2.9	0.0	-1.0
其他国家	17.0	11.3	9.0	8.0	7.4	6.3	5.0	4.0	3.0

注：2010年为2004~2010年6年的累计增长率，其余各年为5年累计增长率。
数据来源：中国社会科学院工业经济研究所课题组。

（三）2004~2050年9区域的排放情景

1. 模拟方案

本研究采用最新的动态GTAP模型和V7数据库，该数据库是基于2004年各国的社会核算矩阵建立起来的，共包含113个区域和57个部门。根据研究需要，我们将其加总为17种产品部门和9个国家和地区。

根据本研究的研究目的，我们详细设计了基准情景方案。

基准方案：本文采用动态的方法模拟了2004~2015年的基准方案。基准方案除了假设所有国家现行政策将持续执行外，还考虑中国在2001~2010年间按照加入WTO协议继续调整其关税政策，在2005年1月取消《多种纤维协定》（MFA），以及欧盟东扩等。

2. 模拟结果

运用经过宏观变量和能源产品产量校准的动态GTAP-E模型，我们模拟的九个国家和地区的CO_2排放量数据如下。

从表4-33可以看出，一是发展中国家的二氧化碳排放增速较快，尤其是中国和印度；二是各国二氧化碳排放峰值的到达时间不同，2050年之前能达到排放峰值的国家只有日本。其他国家在2050年之前都不能达到排放峰值，尤其是中国、印度和巴西都还有较大的增长潜力。三是世界二氧化碳排放的增速和潜力还很大，如表中所示，全球的二氧化碳排放量将从2010年的329.5亿吨增加到2050年的737.2亿吨，增长123%[①]。因此，如果全

[①] 这与IEA的研究比较接近，国际能源署（IEA）完成的《能源技术展望2008》报告发出警告，如果排除政策变化和主要的供给约束，到2050年，全球石油需求将增长70%，二氧化碳排放量将增长130%。

球二氧化碳排放量不加以控制，2050年全球的温度将会上升将近6℃。2050年与我们要求限制全球气候变化在2℃以内①的目标相去甚远。

表4-33 2010~2050年九区域CO_2排放量

单位：亿吨

年 份	2010	2015	2020	2025	2030	2035	2040	2045	2050
中　　国	72.5	85.5	98.4	113.7	126.6	135.1	140.3	143.6	144.9
欧　　盟	34.8	36.1	37.7	39.4	41.3	43.9	47.0	49.4	51.2
美　　国	64.8	69.0	73.4	77.9	82.7	87.6	92.0	95.9	98.2
日　　本	12.7	13.0	13.4	13.7	14.0	14.3	14.5	14.6	14.3
澳大利亚	4.6	5.4	6.3	7.2	8.1	8.9	9.7	10.3	10.8
印　　度	18.5	22.8	28.3	34.3	41.6	50.0	59.7	71.9	84.0
巴　　西	3.9	4.3	4.6	5.0	5.5	5.9	6.4	6.8	7.0
南　　非	5.2	5.8	6.5	7.3	8.1	8.8	9.3	9.6	9.7
其他国家	112.6	132.9	154.0	174.2	196.0	223.6	255.7	286.6	317.1
汇　　总	329.5	374.9	422.7	472.6	523.9	578.0	634.6	688.8	737.2

数据来源：动态GTAP-E模拟。

3. 2010~2050年发达经济体二氧化碳排放比较分析

（1）与已有研究比较

美国

总体的判断，基准情景下，本研究美国的碳排放将在2050年前不能达到峰值，2010年的排放量为64.8亿吨，2050年排放量为98.2亿吨。其他研究关于峰值的结果与本研究相同，只是在2050年的排放预测上有所差异，其研究结果是2050年美国的二氧化碳排放量在74亿~110亿吨，各个研究的2050年美国二氧化碳排放的平均值为91亿吨，与本研究结果比较接近。

表4-34 美国温室气体排放（基准情景）

单位：十亿吨CO_2当量

年　　份	2010	2020	2030	2050
Adage	7.3	7.8	8.3	9.1
Eppa	7	7.6	8.3	10.9

---

① 这是避免气候变化出现危险的界限。

续表

年份	2010	2020	2030	2050
Merge	7.2	7.2	7.2	8.2
SGEM – CO$_2$	6.6	6.6	6.7	7.4
Gains	7.2	7.3	7.4	
Witch	7.9	9.3	10.4	11
Linkages	7.1	7.4	7.4	8.1
Mckinsey	7	7.7	8.3	
GTEM	7.4	7.7	8.2	
DNE21 +		7.5	7.9	
EIA – CO$_2$	5.7（2015）	5.8	6.1	
本研究（GTAP – E）	6.5	7.3	8.3	9.8

资料来源：*World Energy Outlook 2008*，*World Energy Outlook 2010*，OECD：National and Sectoral GHG。Mitigation Potential：A Comparision across Model。

欧盟

欧盟主要成员国碳排放强度和人均碳排放量已经达到了峰值，英国分别于1883年和1971年、德国分别于1917年和1979年、法国分别于1930年和1973年达到碳排放强度和人均碳排放量的峰值。从碳排放总量来看，欧盟部分成员国已于20世纪70年代达到峰值，但受到欧盟扩员等因素的影响，基准情景下，欧盟温室气体排放总量的未来趋势由于采用不同研究方法而结果不同。据欧盟环境部（EEA，European Environment Agency）排放清单统计，在1990年欧盟27国能源相关的温室气体排放达到高点42.67亿吨，由于政治动荡和休克疗法，中东欧国家正在进行工业化的过程突然中断，包括捷克、斯洛文尼亚、波兰、保加利亚、罗马尼亚等国家。而2003年欧盟15国能源相关的温室气体排放达到高点33.38亿吨。这主要有两方面原因：一方面，当时能源价格大幅上涨，市场机制导致总排放下降。另一方面，欧盟为成为气候变化的领导者而采取的一些严厉的减排政策措施。

本研究认为2010~2050年欧盟的二氧化碳排放量会缓慢上升，预计在2050年前不能达到峰值，2050年的排放量为51亿吨。其他研究欧盟的峰值在2010年、2020年、2030年或者2050年都有可能出现。我们认为国家的口径不同是一个主要的原因，有欧元区15国口径、有欧元区17国口径，还有整个欧盟27国口径。另一个是温室气体覆盖的范围不同。有的是指所有温室气体，有统计的是能源相关的排放，还有特指二氧化碳排放。

表4-35 欧盟温室气体排放（基准情景）

单位：十亿吨 CO_2 当量

年　份	2010	2020	2030	2050
Poles	4.7	4.9	4.9	4.9
GTEM-E3	4.7	4.8	5.2	
Gains	5.1	5.4	5.4	
GTEM	5	5.3	5.2	5.5
Dne21+		5.6	5.6	
Witch	5.7	6.3	6.6	6.1
Merge	5.1	5.1	4.9	4.7
SGM-CO_2	4.3	4.4	4.6	4.7
Env-linkage	5.3	5.3	5.3	7.1
WEM-CO_2	4	3.9	3.8	
Mckinsey	5.2	5.5	5.6	
本研究（GTAP-E）	3.5	3.8	4.1	5.1

资料来源：*World Energy Outlook 2008*，*World Energy Outlook 2010*，OECD：National and Sectoral GHG。Mitigation Potential：A Comparision across Model。

日本

本研究日本的基准情景在2010年以后二氧化碳排放就会缓慢上升，在2050年前后达到排放峰值，排放量为14.3亿吨。其他研究日本的排放在基准情景下，到2020~2030年会达到峰值，峰值的排放量在13亿~14亿吨。

澳大利亚

在主要工业化国家中，澳大利亚温室气体排放增长幅度最大，人均排放水平明显高于主要发达国家，2010年的温室气体排放总量预计比1990年增加30.7%。本研究认为，基准情景下，澳大利亚的二氧化碳排放量会继续上升，澳大利亚2050年排放量为10.8亿吨。其他研究认为澳大利亚的排放在2010年后会继续增长，在2050年前很难达到峰值，2050年的排放量在9.6亿~10.4亿吨。

表4-36 日本温室气体排放(基准情景)

单位:十亿吨 CO_2 当量

年 份	2010	2020	2030	2050
DNE21+		1.4	1.4	
WEM-CO_2	1.2	1.2	1.1	
Mckinsey	1.4	1.5	1.4	
Gains	1.4	1.3	1.3	
GTEM	1.4	1.3	1.3	1.1
Env-linkage	1.4	1.3	1.3	1.2
IEA-CO_2(2008)	1.17(2015)	1.15	1.06	
本研究(GTAP-E)	1.27	1.34	1.40	1.43

资料来源:*World Energy Outlook 2008*,*World Energy Outlook 2010*,OECD:National and Sectoral GHG Mitigation Potential:A Comparision across Model。

表4-37 澳大利亚温室气体排放(基准情景)

单位:百万吨 CO_2 当量

年 份	2010	2020	2030	2050
MMRE	623	774	849	1039
GTEM	609	716	804	958
Gains	561	598	594	
G-cubed		818		1007
DNE21+		664	712	
澳大利亚气候与环境部(2011)	570	690		
本研究(GTAP-E)	455	628	809	1079

资料来源:*Australia's Fifth National Communication on Climate Change*,OECD:National and Sectoral GHG Mitigation Potential:A Comparision across Model。

(2) 与历史排放相比较

表4-38和表4-39、表4-40分别为全球八大经济体历史排放和本研究所做的2010~2030年、3030~2050年的BAU情景预测,从表中可以看出,中国在2001~2008年二氧化碳排放的年均增长率为10.52%,在2010~2030年增长率降至2.83%,2030~2050年增长率进一步降至0.68%。印度二氧化碳年均增长率也将从2001~2008年的5.45%降至

2010~2030 年的 4.14%，2030~2050 年降至 3.57%。其他发展中国家的二氧化碳增速也将在 2010~2050 期间不断下降。

与发展中国家相比，发达国家的二氧化碳增速较低并呈下降趋势，其中日本在 2045~2050 年的年平均增长率将变为负数。有的发达国家在未来的二氧化碳排放增速还会略有上升，美国的碳排放在 2001~2008 年的年均增速为 0.18%，在 2010~2030 年将上升为 1.23%，在 2030~2050 年间也将保持 0.86% 的增速。有的发达国家在二氧化碳排放的控制上取得了一定的效果，欧盟通过碳市场的建立使得在 2001~2008 年二氧化碳排放实现了下降。在 2010~2050 年间，欧盟的排放还会继续增加，但会维持在较低的增速。总体而言，各个国家的未来 BAU 情境下的排放与历史排放相比，增速上会有明显下降，排放量上会不断上升接近或者已达到峰值。

表 4-38　2001~2008 年九区域 CO_2 排放量

单位：亿吨，%

年　份	2001	2002	2003	2004	2005	2006	2007	2008	年均增长率
中　国	34.9	36.9	45.3	52.9	57.9	64.1	67.9	70.3	10.52
欧　盟	39.7	39.5	40.4	40.5	40.2	40.4	39.8	39.1	-0.22
美　国	53.9	54.4	54.7	55.6	56	55.1	55.8	54.6	0.18
日　本	12	12.2	12.4	12.6	12.4	12.3	12.5	12.1	0.12
澳大利亚	3.2	3.4	3.5	3.5	3.7	3.8	3.8	4	3.24
印　度	12	12.3	12.8	13.5	14.1	15	16.1	17.4	5.45
巴　西	3.4	3.4	3.2	3.4	3.5	3.5	3.7	3.9	1.98
南　非	3.6	3.5	3.8	4.1	4.1	4.1	4.3	4.4	2.91
其他国家	74.1	75.5	79.1	81.8	84.3	86.4	89.2	92.7	3.25

数据来源：世界银行 WDI 数据库。

表 4-39　2010~2030 年九区域 CO_2 排放量

单位：亿吨，%

年　份	2010	2015	2020	2025	2030	年均增长率
中　国	72.5	85.5	98.4	113.7	126.6	2.83
欧　盟	34.8	36.1	37.7	39.4	41.3	0.85

续表

年 份	2010	2015	2020	2025	2030	年均增长率
美 国	64.8	69.0	73.4	77.9	82.7	1.23
日 本	12.7	13.0	13.4	13.7	14.0	0.49
澳大利亚	4.6	5.4	6.3	7.2	8.1	2.92
印 度	18.5	22.8	28.3	34.3	41.6	4.14
巴 西	3.9	4.3	4.6	5.0	5.5	1.71
南 非	5.2	5.8	6.5	7.3	8.1	2.25
其他国家	112.6	132.9	154.0	174.2	196.0	2.81

数据来源：动态 GTAP-E 模拟。

表 4-40　2030~2050 年九区域 CO_2 排放量

单位：亿吨，%

年 份	2030	2035	2040	2045	2050	年均增长率
中 国	126.6	135.1	140.3	143.6	144.9	0.68
欧 盟	41.3	43.9	47.0	49.4	51.2	1.08
美 国	82.7	87.6	92.0	95.9	98.2	0.86
日 本	14.0	14.3	14.5	14.6	14.3	0.10
澳大利亚	8.1	8.9	9.7	10.3	10.8	1.45
印 度	41.6	50.0	59.7	71.9	84.0	3.57
巴 西	5.5	5.9	6.4	6.8	7.0	1.27
南 非	8.1	8.8	9.3	9.6	9.7	0.92
其他国家	196.0	223.6	255.7	286.6	317.1	2.43

数据来源：动态 GTAP-E 模拟。

4. 按排放源划分

(1) 私人排放和企业排放

从能源使用者的角度来看，主要包括生产者和消费者，不同国家生产者和消费者对能源消费以及二氧化碳排放的贡献也不相同，大致是发达国家私人排放二氧化碳比重高于发展中国家。私人排放和企业排放在基准情景下的比例会发生一定的变化，中国、印度、南非、巴西在未来私人排放的比例会不断上升。日本在未来私人排放的比例会有所下降。美国、欧盟、澳大利亚私人排放的比例变化不大。

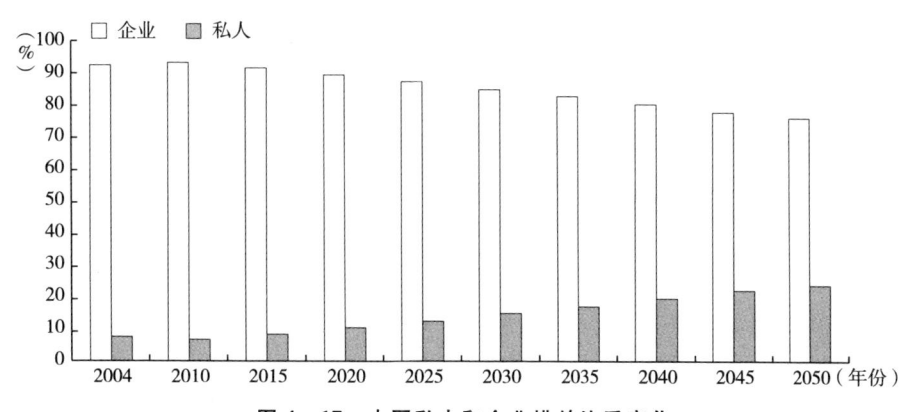

图 4-17 中国私人和企业排放比重变化

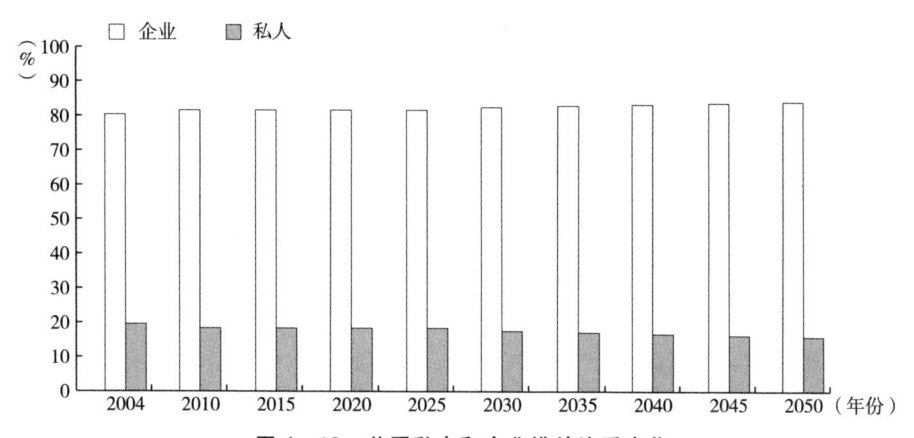

图 4-18 美国私人和企业排放比重变化

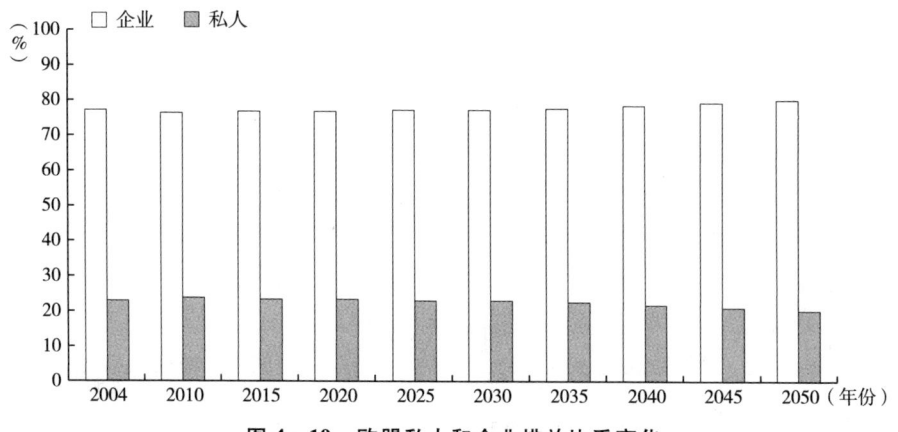

图 4-19 欧盟私人和企业排放比重变化

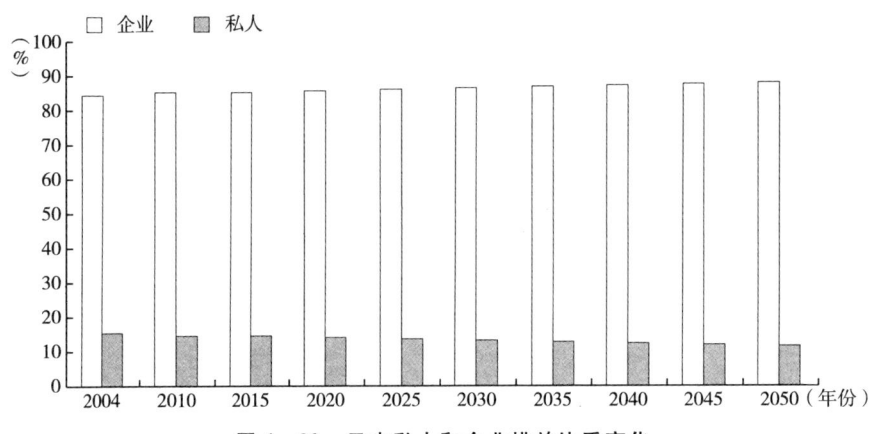

图 4-20　日本私人和企业排放比重变化

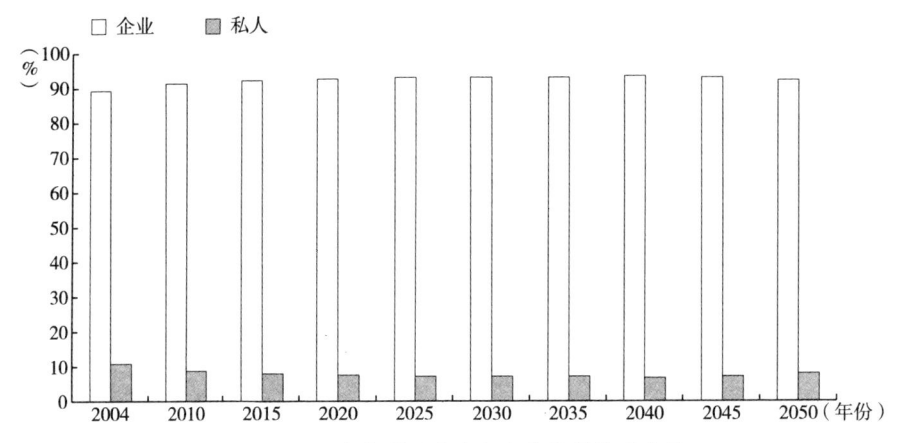

图 4-21　澳大利亚私人和企业排放比重变化

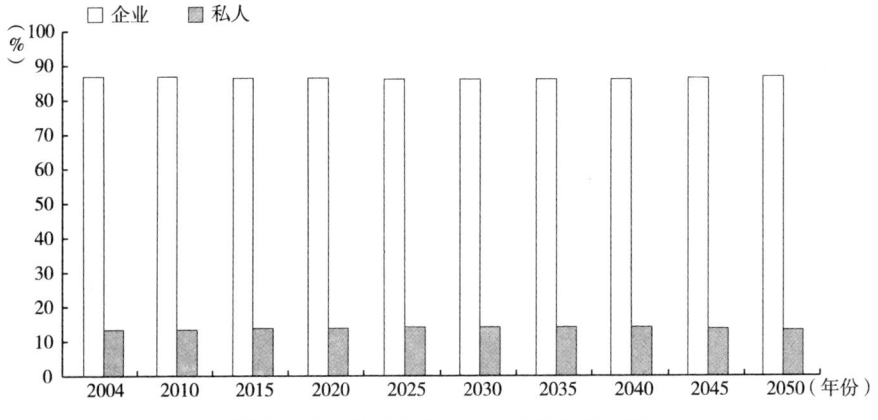

图 4-22　印度私人和企业排放比重变化

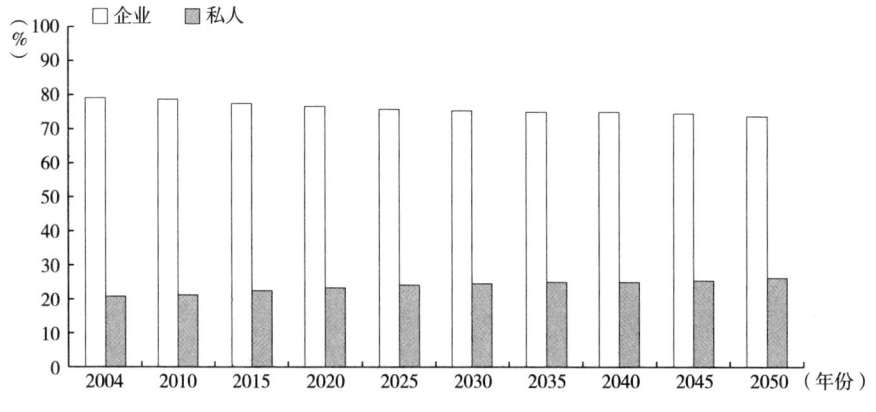

图 4-23 巴西私人和企业排放比重变化

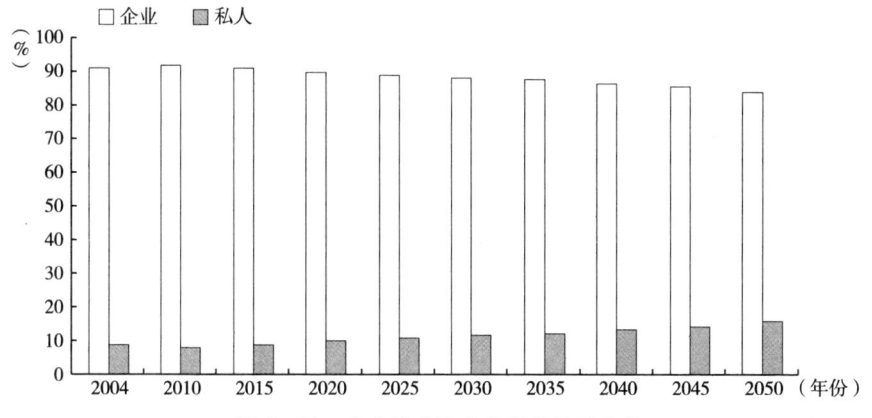

图 4-24 南非私人和企业排放比重变化

(2) 按行业

以下两个表为各国分产业的二氧化碳排放。从表 4-41 中可以看出,从

表 4-41 各国分行业二氧化碳排放量变化情况

单位:百万吨

国家或地区	中国			美国			欧盟			日本		
年份	2010	2030	2050	2010	2030	2050	2010	2030	2050	2010	2030	2050
农业	163	396	641	59	82	87	71	91	88	32	32	26
食品	72	88	73	81	118	144	61	79	96	12	12	10
电力	3962	5598	4535	2738	3468	3997	1076	1386	1968	466	551	608
建筑	46	64	46	13	18	22	19	21	24	15	21	23
批发零售	73	172	152	86	138	186	58	67	80	19	21	20

续表

国家或地区	中国			美国			欧盟			日本		
年份	2010	2030	2050	2010	2030	2050	2010	2030	2050	2010	2030	2050
钢铁	362	585	496	67	101	153	68	75	92	51	47	49
制造业	374	489	359	216	324	458	122	141	166	38	35	32
其他运输	184	382	307	765	805	837	553	554	585	202	219	201
水运	181	367	277	40	49	64	112	157	233	24	38	58
航空	25	64	67	433	470	509	141	145	153	15	17	18
化工	336	609	603	235	426	736	98	145	213	73	78	87
金属矿	603	597	358	79	119	157	96	117	148	27	26	24
服务业	115	242	240	231	377	538	115	143	174	95	100	93

国家或地区	印度			澳大利亚			巴西			南非		
年份	2010	2030	2050	2010	2030	2050	2010	2030	2050	2010	2030	2050
农业	1	2	3	6	7	6	22	29	24	6	15	13
食品	42	67	95	3	7	11	6	7	7	1	2	2
电力	1093	2378	1710	270	516	557	34	55	90	330	461	497
建筑	1	3	6	3	4	6	0	0	0	1	2	3
批发零售	11	15	21	3	7	17	4	5	8	2	3	4
钢铁	73	179	415	6	16	44	28	31	40	26	39	37
制造业	51	108	211	25	49	99	25	29	35	14	22	22
其他运输	109	211	342	31	38	47	101	133	155	28	54	83
水运	28	51	83	2	3	4	15	17	23	2	4	7
航空	7	14	23	35	43	49	16	20	23	6	14	24
化工	79	295	822	5	14	35	21	32	43	30	48	46
金属矿	67	133	262	8	16	32	14	20	27	16	24	26
服务业	9	17	32	3	6	17	3	5	7	10	16	24

长期看，电力仍然将是各国二氧化碳排放最多的部门。另外，除电力以外，其他部门的排放量的排名将会有所变化。这说明在未来，各国的产业结构会有所变化，以中国为例，中国的农业部门在未来的能源需求将不断上升，以此来满足现代农业的发展，服务业和运输业的排放也将会有较大的提高。而建筑业、制造业和金属矿业的排放在2050年会有所下降。

三 发展中国家的排放情景

(一) 模拟方案与结果

本研究采用最新的动态 GTAP 模型和 V7 数据库,该数据库是基于 2004 年各国的社会核算矩阵建立起来的,共包含 113 个区域和 57 个部门。根据研究需要,我们将其加总为 17 种产品部门和 9 个国家和地区,运用此模型模拟了发展中国家的排放情景。

运用经过宏观变量和能源产品产量校准的动态 GTAP-E 模型,我们模拟的发展中国家的 CO_2 排放量数据如下。

从表 4-42 可以看出,发展中国家的二氧化碳排放增速较快,尤其是中国和印度,基准情景下,这些国家 2050 年前都没有达到峰值。

表 4-42 发展中国家 CO_2 排放量变化

单位:亿吨

年份	2010	2015	2020	2025	2030	2035	2040	2045	2050
中 国	72.5	85.5	98.4	113.7	126.6	135.1	140.3	143.6	144.9
印 度	18.5	22.8	28.3	34.3	41.6	50.0	59.7	71.9	84.0
巴 西	3.9	4.3	4.6	5.0	5.5	5.9	6.4	6.8	7.0
南 非	5.2	5.8	6.5	7.3	8.1	8.8	9.3	9.6	9.7
其他国家	112.6	132.9	154.0	174.2	196.0	223.6	255.7	286.6	317.1
汇 总	329.5	374.9	422.7	472.6	523.9	578.0	634.6	688.8	737.2

数据来源:动态 GTAP-E 模拟。

(二) 相关比较

1. 与其他研究比较

由于正处于工业化的过程中,在一般节能措施下,中国 CO_2 排放难以在 2050 年前达到峰值,在加大节能减排力度的情形下,中国 CO_2 排放将大致在 2030 年之后达到峰值,如果实行超强的节能减排措施,能源技术革命又能取得较大进展,那么 CO_2 的达峰时间可能出现在 2020～2030 年间,但无论如何 2020 年前不可能达峰。本研究和其他研究一样,都认为中国在基准情境下 2050 年之前很难达到峰值。本研究 2050 年中国的二氧化碳排放量为 144.9 亿吨,其他研究在 85 亿～180 亿吨之间。

未来的 20 年，印度的碳排放强度将有所下降，但排放总量和人均排放量仍将增长。本研究认为，在基准情景下，2010 年到 2050 年，印度的排放会持续增加，2050 年前印度的排放量并不能达到峰值。其他研究的结果也是如此。

巴西的经济增长建立在低碳发展的基础上，由于巴西能源消费结构的特殊性，未来巴西的二氧化碳仍不会出现大幅增加的趋势，但也会缓慢增长。本研究认为，在基准情景下，巴西的排放会持续增长，2050 年不会达到峰值，其他研究也是如此。

南非的温室气体排放在基准情景下，2050 年不可能达到峰值，但是经过很大的努力，到 2020~2050 年间可以达到峰值。开普敦大学能源研究中心发表了《南非减缓气候变化的长期情景报告》，该报告估计了南非在两种预设情景下温室气体排放峰值。情景一假定：2003~2050 年，南非对温室气体排放没有任何限制，年均经济增长率仍保持在 3%~6% 的水平，同目前一样能以最低价格使用石化能源，并且土地利用趋势、农业生产和废弃物生产管理也保持现状。在这一情景下，南非温室气体排放将增长 4 倍，由 2003 年的 4.4 亿吨二氧化碳增加到 2050 年的 16 亿吨，能源消费将增加 5 倍多。情景二假定：南非根据国际气候变化谈判达成的要求进行温室气体减排，2050 年南非温室气体排放在 2003 年的基础上减少 30%~40% 是合理的。情景二在 2050 年排放的温室气体要比情景一少 13 亿吨，相当于 2003 年南非全部温室气体排放总量的 3 倍。在这种情景下，南非在 2020~2025 年间可以达到峰值

表 4-43 印度排放情景

单位：百万吨 CO_2 当量

情 景	2010 年	2020 年	2030 年	2040 年	2050 年
EIA - CO_2（2010）参考情景	1566	1751	2296		
EREC - CO_2 参考情景	1394	2541	4001	5336	7098
本研究（GTAP - E）	1848	2828	4162	5974	8399

表 4-44 巴西排放情景

单位：百万吨 CO_2 当量

情 景	2010 年	2020 年	2030 年
EIA - CO_2（2010）参考情景	478（2015）	534	682
本研究（GTAP - E）	388	464	545

表 4-45　南非排放情景

单位：百万吨 CO_2 当量

情　　景	2010 年	2020 年	2030 年	2040 年	2050 年
Fair2.1-CO_2 参考情景		669			1122
EREC-CO_2 参考情景	358	439	504	550	582
本研究（GTAP-E）	519	654	809	930	972

表 4-46　中国排放情景

单位：百万吨 CO_2 当量

情　　景	2010 年	2020 年	2030 年	2040 年	2050 年
EREC-CO_2 参考情景（Mt）	3807	4879	6073	7320	8547
Witch-CO_2 参考情景	8410	10590	13340	15980	18070
EIA-CO_2（2010）参考情景	7716（2015）	9057	11945		
中国人类发展报告	7600	11400	13900	15300	16200
2050 中国能源和碳排放报告	7820	10190	11660	12930	12710
本研究（GTAP-E）	7252	9841	12663	14025	14491

2. 与历史排放相比较

下表分别为全球八大经济体历史排放和本研究预测的 2010~2050 年的 BAU 情景预测，从表 4-47 中可以看出，中国在 2001 年至 2008 年的二氧化碳排放的年均增长率为 10.52%，在 2010~2030 年增长率降至 2.83%，2030~2050 年增长率进一步降至 0.68%。印度二氧化碳年均增长率也将从 2001~2008 年的 5.45% 降至 2010~2030 年的 4.14%，2030~2050 年降至 3.57%。其他发展中国家的二氧化碳增速也将在 2010~2050 期间不断下降。

表 4-47　2001~2008 年发展中国家 CO_2 排放量

单位：亿吨 CO_2 当量，%

年　　份	2001	2002	2003	2004	2005	2006	2007	2008	年均增长率
中　　国	34.9	36.9	45.3	52.9	57.9	64.1	67.9	70.3	10.52
印　　度	12	12.3	12.8	13.5	14.1	15	16.1	17.4	5.45
巴　　西	3.4	3.4	3.2	3.4	3.5	3.5	3.7	3.9	1.98
南　　非	3.6	3.5	3.8	4.1	4.1	4.1	4.3	4.4	2.91
其他国家	74.1	75.5	79.1	81.8	84.3	86.4	89.2	92.7	3.25

数据来源：世界银行 WDI 数据库。

表 4-48　2010~2030 年发展中国家 CO_2 排放量

单位：亿吨 CO_2 当量，%

年　份	2010	2015	2020	2025	2030	年均增长率
中　国	72.5	85.5	98.4	113.7	126.6	2.83
印　度	18.5	22.8	28.3	34.3	41.6	4.14
巴　西	3.9	4.3	4.6	5.0	5.5	1.71
南　非	5.2	5.8	6.5	7.3	8.1	2.25
其他国家	112.6	132.9	154.0	174.2	196.0	2.81

数据来源：动态 GTAP-E 模拟。

表 4-49　2030~2050 年发展中国家 CO_2 排放量

单位：亿吨 CO_2 当量，%

年　份	2030	2035	2040	2045	2050	年均增长率
中　国	126.6	135.1	140.3	143.6	144.9	0.68
印　度	41.6	50.0	59.7	71.9	84.0	3.57
巴　西	5.5	5.9	6.4	6.8	7.0	1.27
南　非	8.1	8.8	9.3	9.6	9.7	0.92
其他国家	196.0	223.6	255.7	286.6	317.1	2.43

数据来源：动态 GTAP-E 模拟。

3. 按行业比较

从表 4-50 中可以看出，从长期看，电力仍然将是各国二氧化碳排放最多的部门。另外，除电力以外，其他部门的排放量的排名将会有所变化。这说明在未来，各国国家的产业结构会有所变化，以中国为例，中国的农业部门在未来的能源需求将不断上升，以此来满足现代农业的发展，服务业和运输业的排放也将会有较大的提高。而建筑业、制造业和金属矿业的排放在 2050 年会有所下降。

表 4-50　发展中国家行业 CO_2 排放情况

单位：百万吨 CO_2 当量

国　别	中　国			印　度			巴　西			南　非		
年　份	2010	2030	2050	2010	2030	2050	2010	2030	2050	2010	2030	2050
农　业	163	396	641	1	2	3	22	29	24	6	15	13
食　品	72	88	73	42	67	95	6	7	7	1	2	2
电　力	3962	5598	4535	1093	2378	4710	34	55	90	330	461	497

续表

国别	中国			印度			巴西			南非		
年份	2010	2030	2050	2010	2030	2050	2010	2030	2050	2010	2030	2050
建筑	46	64	46	1	3	6	0	0	0	1	2	3
批发零售	73	172	152	11	15	21	4	5	8	2	3	4
钢铁	362	585	496	73	179	415	28	31	40	26	39	37
制造业	374	489	359	51	108	211	25	29	35	14	22	22
其他运输	184	382	307	109	211	342	101	133	155	28	54	83
水运	181	367	277	28	51	83	15	17	23	2	4	7
航空	25	64	67	7	14	23	16	20	23	6	14	24
化工	336	609	603	79	295	822	21	32	43	30	48	46
金属矿	603	597	358	67	133	262	14	20	27	16	24	26
服务业	115	242	240	9	17	32	3	5	7	10	16	24

参考文献

OECD. Environmental Outlook to 2050, OECD Publishing, http://dx.doi.org/10.1787/9789264122246-en, 2012.

EIA: International Energy Outlook 2011, www.eia.gov/pressroom/presentations/howard_09192011.pdf, 2011.

IEA: World Energy Outlook 2008, 2010, www.iea.org/publications/freepublications/.../WEO2008、2010_WEB.pdf.

Ianchovichina, Elena & Robert McDougall & Thomas W. Hertel, A. Disequilibrium Model of International Capital Mobility, *GTAP Working Papers* 399, *Center for Global Trade Analysis*, Department of Agricultural Economics, Purdue University, 2000.

AnnaStrutt and Terrie Walmsley. Trade and Sectoral Impacts of the Global Financial Crisis: A Dynamic CGE Analysis, https://www.gtap.agecon.purdue.edu/resources/.../4673.pdf, 2010.

第 5 章
主要国家减排的经济影响

20世纪末以来，以全球气候变暖为特征的全球气候系统变化日益得到国际社会的广泛关注。国际社会的主流观点认为，全球变暖是自工业化革命以来人类大量排放的二氧化碳日益积累导致的温室效应日益增温的结果。因此，减少二氧化碳排放就被认为是减缓全球气候系统变暖的根本途径。当前，国际气候政策的迟缓进展与全球温室气体排放量的持续快速增加，使人类应对气候变化面临严峻挑战。人类社会需要付出更多的努力，才能从根本上扭转全球温室气体排放量的增长趋势，为人类社会应对全球气候变化的挑战赢得先机。在后京都时代的国际气候变化框架协议的谈判中，有关大气温度安全水平、大气温室气体浓度控制目标和减排行动的有效开展等内容是关乎气候变化减缓事业成败的关键因素。

这部分我们的主要研究内容是分析八个主要经济体为达到2100年大气温度控制在2℃目标时需要减排的二氧化碳数量是多少？同时测算完成承诺的减排量对本国的经济影响怎样？因此，我们可以将下面的分析内容分为两部分：第一，综述国际社会上有影响力和权威的达到2℃目标的二氧化碳减排的方案有哪些？以及这些方案之间有何差异？第二，对这些减排方案进行整理和加工，确定我们使用的方案。最后，通过动态 GTAP - E 模型来模拟为完成承诺减排量的经济影响。

一 有关实现2℃目标的减排方案

基于对气候变化及其影响的不同认识，国际社会在应对气候变化问题上大致有三种态度：第一种，大多数国家坚持采取有效措施减排温室气体；第二种，部分国家坚持在科学研究和政策试验找到最有效的减排方法之前，不采取任何减排行动；第三种，个别国家认为首先应该弄清楚气候变化的事实再讨论是否开展气候变化减缓行动。尽管世界各国在气候政策和立场、温室气体减排途径、减排责任分担等问题上仍然存在一定的分歧和争议，但一些国际组织、国家、研究机构和学者已经率先提出了具体的应对气候变化行动方案，部分方案中对气候目标、温室气体减排行动及其成本进行了详细的阐述分析，这些信息无疑将为国际、各国和地方开展温室气体减排的谈判和行动部署提供重要的参考。

在本文选择的7个方案中，5个为减排方案，2个为排放空间分配方案，我们先对它们分别作简单介绍。

第一个是IPCC方案，它发表在IPCC第四次评估报告中。这个方案的出发点是把工业革命以来到21世纪末的增温控制在2℃以内，在这个目标下，该方案倾向于在2050年前把大气二氧化碳当量（CO_{2-e}）浓度控制在450ppmv之内。CO_{2-e}浓度是一个没有明确定义的单位，如果把CH_4和N_2O等温室气体都转换成CO_{2-e}浓度的话，目前大气CO_{2-e}浓度已经在460ppmv左右，因此450ppmvCO_{2-e}浓度目标是不可能实现的。根据IPCC的报告，大气气溶胶等的致冷效应，同二氧化碳以外的温室气体的致暖作用大致相等。这个看法的可靠性虽大可值得怀疑，但它至少说明，目前IPCC报告中用的CO_{2-e}其实基本相当于二氧化碳。在450ppmvCO_{2-e}目标下，IPCC方案提出，《联合国气候变化框架公约》中的40个附件Ⅰ国家（澳大利亚、奥地利、白俄罗斯、比利时、保加利亚、加拿大、克罗地亚、捷克共和国、丹麦、爱沙尼亚、芬兰、法国、德国、希腊、匈牙利、冰岛、爱尔兰、意大利、日本、拉脱维亚、列支敦士登、立陶宛、卢森堡、摩纳哥、荷兰、新西兰、挪威、波兰、葡萄牙、罗马尼亚、俄罗斯联邦、斯洛伐克、斯洛文尼亚、西班牙、瑞典、瑞士、土耳其、乌克兰、英国、美国），2020年在1990年的基础上减排25%～40%，到2050年则要减排80%～95%。对非附件Ⅰ国家（主要是发展中国家）中的拉美、中东、东亚以及"亚洲中央计划国家"，2020年要在"照常情景"（BAU）水平上大幅减排（可理解为大幅度放慢二氧化碳排放的增长速率，但排放总量还可增加），到2050年，所有非附件Ⅰ国家都要在BAU水平上大幅减排。

第二个是G8方案，由G8国家（美国、英国、法国、德国、意大利、加拿大、日本和俄罗斯）在 2009 年 7 月的意大利峰会上提出。它要求到 2050 年，将全球通过化石能源利用和水泥生产排放的二氧化碳削减 50%，而发达国家则削减 80%。这个方案没有设定基准年，也没有设定中期目标和 2050 年二氧化碳浓度控制目标。

第三个是联合国开发计划署（UNDP）方案，它提出的目标是全球二氧化碳排放在 2020 年达到峰值，2050 年在 1990 年的基础上减少 50%，但在此总目标下，发达国家和发展中国家的减排途径不同。发达国家应在 2012~2015 年达到峰值，2020 年在 1990 年基础上减排 30%，到 2050 年则减排 80%；发展中国家在 2020 年达到峰值，届时可比"现有水平"多排放 80%，到 2050 年，则要比 1990 年减排 20%。这个方案提出的 2050 年 CO_2 浓度控制目标，与 IPCC 方案相同，也为 450ppmvCO_{2-e}。

第四个是 OECD（经济合作和发展组织）方案，它以 2000 年为基准年，减排主体分为 OECD 国家、金砖四国和其他国家。它在 2050 年大气二氧化碳浓度控制在 450ppmv 目标下，提出 2030 年全球应减排 3%，其中 OECD 国家减排 18%，金砖四国排放可增加 13%，其他国家增长 7%；到 2050 年，全球在 2000 年的基准上减排 41%，其中 OECD 国家减排 55%，"金砖四国"减排 34%，其他国家减排 25%。

第五个方案由澳大利亚的研究人员 Garnaut 提出（后文称 Garnaut 方案），它提出以 2001 年为基准年，2005 年为起始年。在 450ppmv 情景下，该方案提出到 2020 年，全球排放可比 2001 年增长 29%，到 2050 年则要减少 50%。在减排主体上，它分为澳大利亚（以 2000 年为基准年）、加拿大、美国、日本、欧盟 25 国及发展中国家六大类，前五类国家到 2020 年减排幅度在 25%（澳大利亚）至 45%（加拿大），到 2050 年的减排幅度在 82%（欧盟 25 国）与 90%（澳大利亚）；发展中国家 2020 年可比 2001 年多排放 85%，到 2050 年时要减排 14%。这个方案还分别对中国和印度给出目标，中国在 2020 年可比 2001 年多排放 195%，到 2050 年则要减排 45%；印度则到 2020 年可增加排放 97%，到 2050 年这个增排幅度则要降至 90%。

第六个方案由来自美国、荷兰和意大利的几位科学家共同提出（后文称 CCCPST 方案），它强调在公平原则下，由不同国家的高收入群体承担减排任务，一个国家的高收入人数在全球所有高收入人数中的比例即为此国家的减排比例，而一国高收入人数则通过该不同人群收入分布计算获得。在这个方案中，控制排放的主体分四类：美国、美国以外的经合组织国家、中国、中国以外的非经合组织国家,并要求到 2020 年全球达到排放高峰,该年总的排放量设定为 9.03GtC(1GtC=10 亿吨碳),分配到四个主体,美国 1.39GtC,美国以外的经合组织国家 2.13GtC,中国 2.32GtC,中国以外的非经合组织国家 3.19GtC;2030 年全球总排放量设定在 8.18GtC,其分配方案是美国 0.87GtC,美国以外的经合组织国家 1.69GtC,中国 2.24GtC,中国以外的非经合组织国家 3.38GtC。这个方案将 2003 年设定为基准年,据美国能源信息署(EIA)的数据,该年全球化石能源燃烧排放的二氧化碳为 6.95GtC。

第七个方案由丹麦研究人员 Sørensen 提出(后文称 Sørensen 方案),该方案对 2000~2100 年期间不同排放主体的排放空间直接作了分配。它分配的原则是"人均未来趋同",即当前排放高者逐渐减排,低者可逐渐增高,2100 年前后,达到不同国家人均排放相同。在这样的原则下,该方案通过模型计算,得出 2000~2100 年通过化石能源燃烧和土地利用可总共排放 486.27GtC,并将这部分排放空间分配到 13 个主体,分别是:美国 69.55GtC,加拿大、澳大利亚和新西兰 12.00GtC,日本 17.73GtC,西欧 48.82GtC,东欧 9.27GtC,俄罗斯、乌克兰和白俄罗斯 21.27GtC,中东 43.91GtC,中国 68.18GtC,印度 49.91GtC,其他亚洲国家 42.27GtC,拉丁美洲 23.45GtC,非洲 58.09GtC,国际航空和航海 21.82GtC。

由于关于 2100 年全球大气温度控制在 2℃ 范围内的减排方案很多,而且各个方案之间也有很大的差异,如基准年份确定、方案涉及的经济体、减排幅度、温室气体的浓度和温度的控制等等。所以,为了尽量避免这些不一致的问题,我们尽量采用各个国家明确承诺的减排量:在 2020 年的减排承诺是各个国家在 2009 年的哥本哈根会议上做出的。关于 2050 年的承诺,则是参考了上述的文献和其他的一些研究成果。总体上来说,我们的减排目标处于各个减排方案的中间水平。

表 5-1 2020 年和 2050 年主要国家减排情景一览

国家或地区	基准年份	基准年份的二氧化碳(百万吨)	2020 年绝对减排目标(%)	2020 年相对减排目标(%)	2050 年绝对减排目标(%)
中 国	2005	5058.33	—	40~45	28
美 国	2005	5784.48	17.00	—	83
日 本	1990	1065.34	25.00	—	80

续表

国家或地区	基准年份	基准年份的二氧化碳（百万吨）	2020年绝对减排目标（％）	2020年相对减排目标（％）	2050年绝对减排目标（％）
印　　度	2005	1153.57	—	20~25	20
澳大利亚	2000	338.66	15或25	—	80
南　　非	2005	254.67	34.00	—	20
巴　　西	2005	193.04	36.1~38.9	—	20
欧　　盟	1990	4059.36	20或30	—	80

数据来源：笔者根据各国承诺材料整理。

二 发展中国家减排的经济影响

主要包括的经济体。本研究主要涉及八个主要经济体（发达经济体包括四个国家，主要是三大经济体：美国、日本和欧盟＋澳大利亚，发展中国家是基础四国：中国、印度、南非和巴西）实现2050年减排承诺的经济影响。其他经济体则统一加总为其他经济体。

国家间溢出和反馈效应的处理。由于我们采用的是动态GTAP－E全球模型，有区域间和贸易、资本的流动，也就是说，一个国家完成减排承诺的经济影响，还取决于其他国家是否完成承诺以及在多大程度上完成。因为，在全球模型中，当一个国家产生政策冲击后会有一系列的连锁反应，存在着国家间的溢出和反馈的效应。为了简化分析，我们这里假定的情景是2050年当一个国家完成承诺时其他国家保持不变，从而部分地隔离了其他国家的影响，这样我们可以捕捉到由于自身减排对经济的影响。

减排路径的假设。完成2050年承诺的减排有三种方式，先快后慢、先慢后快和线性的减排，虽然这三种不同的方式都可以达到同样的减排目标，但是三种方式对经济的影响却不一样。如中国在之前减排的越多，对整个的经济影响就越大，因为之前中国的大型基础设施还没有全部完成，而且工业化和城市化率还在大幅推进，这就导致第二产业比重较高，高耗能行业也会保持较快的发展，所以，与先慢后快或者线性减排相比，如果这时选择先快后慢的减排就会产生更大的负面影响，即使是减排同样数量的二氧化碳。所以，减排的路径选择也会直接影响到减排的成本和相关的经济影响。在这里我们采用的假设是较为普遍的线性减排方式。

减排的方式假设。为达到同样的减排目标其实也是有很多的方式和手段选择的，如可以征收碳税增加企业和居民使用高排放产品的相对价格，从而抑制其对这些产品的消耗。当然也可以通过区域间碳市场的方式来实现，也就是说通过买卖配额的方式来达到减排目标。还有一些技术的措施，如大力发展 CCS 技术和一些新能源技术等措施。有一点极端的是还可以通过扩大植树造林扩大绿化面积来增加碳汇也可以实现承诺。在这里我们选择的是常规的最主要的经济手段——征收碳税。

（一）2050 年中国减排的经济影响

根据我们设定的方案，2050 年中国需要在 2005 年的基础上减少 28%，2050 年二氧化碳排放达到 36.42 亿吨，2010 年中国二氧化碳排放为 72.5 亿吨，到 2050 年下降一半左右。模型显示（见表 5-2），完成 2050 年承诺经济累计将会下降 45.1%，投资、消费和贸易也均出现大幅度的下降。其中，降幅最大的是投资下降 65.6%，这是由于征收碳税的直接影响就是导致国内的投资回报率下降，所以整体投资受到的冲击最大。另外，从物价看，通过征收碳税完成承诺会推高国内的物价水平，模型显示物价将会上涨 52.43%。

表 5-2 2050 年中国完成减排的宏观累计影响

单位：%

国家和地区	GDP	投资	私人消费	政府消费	出口	进口	物价
中国	-45.06	-65.56	-37.92	-11.21	-31.71	-27.04	52.43
欧盟	3.83	12.94	1.47	1.31	5.22	4.79	-1.95
美国	1.83	9.45	0.85	0.75	0.78	3.91	-1.08
日本	3.93	16.39	-0.02	0.34	-7.40	-0.35	-1.94
澳大利亚	2.94	9.82	1.28	1.70	0.44	2.12	-1.74
印度	5.00	9.81	5.56	3.63	2.67	9.62	-2.16
巴西	3.52	12.48	0.22	-0.33	7.54	0.23	-4.81
南非	2.44	11.89	4.31	3.86	-1.13	7.24	0.74

数据来源：动态 GTAP-E 模拟结果。

从行业结果看，所有行业均受到很大的负面冲击（见表 5-3）。所有 17 个行业的平均影响为 -54.9%，但是对不同行业的影响有很大的差异。其中，能源密集型和高排放行业受到的冲击影响比较大，如煤炭、石油、天然气、成品油和电力等行业，而低排放行业的影响相对较小。

表 5-3　2050 年中国减排的行业累计影响

单位：%

国家和地区	农产品	食品	煤炭	石油	天然气	成品油	电力	建筑业	贸易	钢铁	制造业	其他运输业	海运	航空	化工	矿产品	服务业
中　　国	-28.0	-32.0	-81.3	-99.8	-78.9	-60.9	-68.7	-64.2	-39.9	-59.3	-47.2	-41.3	-44.6	-43.2	-55.0	-54.9	-35.6
欧　　盟	3.2	2.4	5.6	-13.5	-2.5	10.9	16.2	10.0	3.9	5.6	9.4	1.8	-5.3	0.0	3.4	7.3	2.3
美　　国	3.4	1.1	3.1	-9.2	0.5	8.3	4.2	7.0	2.1	1.6	5.8	1.7	-2.6	0.7	0.0	3.4	1.0
日　　本	3.4	1.7	-1.3	-17.0	-0.1	-2.4	5.1	14.9	3.0	3.1	8.7	3.7	-6.8	-4.7	0.9	9.4	2.4
澳大利亚	2.4	1.0	3.5	-10.6	-0.9	10.5	3.2	9.1	2.4	3.0	7.4	3.0	0.9	2.5	-0.3	7.2	2.2
印　　度	2.1	4.4	1.4	-18.4	-1.1	14.2	5.0	8.4	6.1	5.4	6.7	5.7	3.1	5.1	7.5	7.8	3.7
巴　　西	6.6	2.9	12.4	-4.7	7.3	11.2	6.8	11.9	2.2	14.7	14.1	4.7	1.7	5.3	9.8	12.8	1.1
南　　非	1.8	1.6	0.2	-12.6	-16.4	4.9	4.1	10.5	1.2	-5.0	1.8	0.9	-4.3	-2.2	-3.3	3.8	3.6

数据来源：动态 GTAP-E 模拟结果。

(二) 2050年印度减排的经济影响

根据我们设定的方案，2050年印度需要在2005年的基础上减少20%，2050年二氧化碳排放达到9.23亿吨。模型显示（见表5-4），完成2050年承诺经济累计将会下降46.4%，投资、消费和贸易也均出现不同程度的下降。其中，降幅最大的是投资，下降71.3%，这是由于征收碳税的直接影响就是导致国内的投资回报率下降，所以，整体投资受到的冲击最大。另外，从物价看，征收碳税完成承诺将会大幅推高国内的物价水平，模型显示物价将会大幅上涨36.8%。这是因为印度的私人消费中成品油和制造业等高排放产品的比重相对较高。

表5-4 2050年印度减排的宏观累计影响

单位：%

国家和地区	GDP	投资	私人消费	政府消费	出口	进口	物价
中国	1.05	1.89	1.33	0.72	0.84	2.06	-1.75
欧盟	0.63	0.89	0.54	0.05	1.42	1.15	-1.42
美国	0.29	0.60	0.25	-0.01	1.45	1.40	-0.87
日本	0.45	0.83	0.49	0.19	1.38	2.04	-0.86
澳大利亚	0.56	0.38	-0.11	-0.41	2.46	-0.38	-1.97
印度	-46.39	-71.26	-46.55	-25.72	-28.68	-41.74	36.79
巴西	0.48	0.71	-0.05	-0.64	3.39	-0.09	-2.37
南非	-0.63	-2.04	-1.31	-1.59	1.56	-0.87	-2.33

数据来源：动态 GTAP-E 模拟结果。

从行业结果看，所有行业均受到负面冲击。17个行业的平均影响为-58.6%，但是对不同行业的影响却有很大的不同（见表5-5）。其中，能源密集型和高排放行业受到的冲击影响比较大，如煤炭、天然气、成品油、电力、建筑、钢铁、化工和矿产品等行业，而像农产品、食品和服务业等低排放行业的影响相对较小。这里需要解释的是农产品的产出为什么下降这么小？这是因为印度土地价格下跌，而农产品是土地密集型产品，所以其价格也大幅下降，从而提高了印度农产品的国际竞争力。而且数据库显示，印度农产品有25%都是用来出口的，因此，出口的刺激导致该行业的产出下降较小。

136　2050：中国的低碳经济转型

表 5-5　2050 年印度减排的行业累计影响

单位：%

国家和地区	农产品	食品	煤炭	石油	天然气	成品油	电力	建筑业	贸易	钢铁	制造业	其他运输业	海运	航空	化工	矿产品	服务业
中　　国	-3.3	0.0	1.1	-15.0	3.6	2.5	1.4	1.9	1.5	3.5	3.4	1.1	1.6	0.9	1.7	1.9	1.3
欧　　盟	-1.0	0.6	0.8	0.1	1.3	4.8	0.7	0.7	1.0	5.2	2.2	0.2	-1.6	0.4	2.3	1.6	0.1
美　　国	-0.4	0.8	-4.0	-0.2	-0.1	4.4	1.1	0.5	0.3	3.1	1.4	0.4	-2.2	0.2	1.5	1.0	0.0
日　　本	-0.8	0.3	-1.7	-2.0	-0.9	4.8	0.7	0.8	0.4	3.5	0.9	0.4	-1.2	-1.4	1.4	0.9	0.3
澳大利亚	0.0	1.4	-0.1	-1.1	2.6	4.4	1.4	0.3	0.2	6.4	2.0	0.8	-9.6	1.1	3.2	1.6	0.0
印　　度	-4.1	-26.2	-90.0	-80.1	-95.7	-66.2	-70.9	-63.3	-52.6	-72.5	-62.4	-53.3	-45.0	-51.1	-65.1	-65.8	-31.7
巴　　西	0.3	0.7	0.7	-0.5	2.5	3.4	1.4	0.7	0.2	8.3	3.6	1.1	1.3	1.5	3.5	2.3	-0.1
南　　非	-1.0	-0.2	0.0	0.1	7.5	5.4	1.9	-1.7	0.9	8.8	2.1	0.7	-3.8	1.1	2.1	0.6	-1.1

数据来源：动态 GTAP-E 模拟结果。

(三) 2050 年巴西减排的经济影响

根据我们设定的方案，2050 年巴西需要在 2005 年的基础上减少 20%，2050 年二氧化碳排放达到 2.61 亿吨。模型显示（见表 5-6），完成 2050 年承诺经济累计将会下降 13.1%，投资、消费和贸易也均出现不同程度的下降。其中，降幅最大的是投资，下降 27.3%，这是由于征收碳税的直接影响就是导致国内的投资回报率下降，所以整体投资受到的冲击最大。另外，从物价看，征收碳税完成承诺将会大幅推高国内的物价水平，模型显示物价将会大幅上涨 11.5%。这是因为巴西的私人消费中成品油、电力和制造业等高排放产品的比重相对较高。

表 5-6 2050 年巴西减排的宏观累计影响

单位：%

国家和地区	GDP	投资	私人消费	政府消费	出口	进口	物价
中　　国	0.16	0.35	0.18	0.13	0.17	0.35	-0.10
欧　　盟	0.12	0.25	0.08	0.03	0.23	0.19	-0.09
美　　国	0.05	0.15	0.03	0.01	0.15	0.15	-0.05
日　　本	0.11	0.28	0.04	0.03	0.24	0.25	-0.05
澳大利亚	0.11	0.24	0.06	0.03	0.26	0.19	-0.08
印　　度	0.27	0.47	0.32	0.15	0.21	0.53	-0.18
巴　　西	-13.06	-27.32	-10.79	-2.47	-11.93	-5.21	11.46
南　　非	0.02	0.13	0.06	0.02	0.04	0.18	-0.04

数据来源：动态 GTAP-E 模拟结果。

从行业结果看，所有行业均受到负面冲击（见表 5-7）。17 个行业的平均影响为 -26.6%，但是对不同行业的影响却有很大的不同。其中，能源密集型和高排放行业受到的冲击影响比较大，如煤炭、天然气、成品油、电力、建筑、钢铁、化工和矿产品等行业，而像农产品、食品、贸易和服务业等低排放行业的影响相对较小。这里需要解释的是：石油产出为什么下降这么小？这是因为巴西土地价格下跌，而石油是土地密集型产品，所以其价格也大幅下降，从而提高了巴西石油的国际竞争力。而且数据库显示巴西石油有 57% 都是用来出口的，因此，出口的刺激导致该行业的产出下降较小。农产品也是同样的原因。

138　2050：中国的低碳经济转型

表 5-7　2050 年巴西减排的行业累计影响

单位：%

国家和地区	农产品	食品	煤炭	石油	天然气	成品油	电力	建筑业	贸易	钢铁	制造业	其他运输业	海运	航空	化工	矿产品	服务业
中国	0.0	0.1	0.2	-2.9	-0.2	0.4	0.1	0.3	0.2	0.4	0.3	0.2	0.2	0.1	0.2	0.3	0.2
欧盟	0.0	0	0.2	-0.4	-0.6	0.7	0.1	0.2	0.1	0.8	0.2	0.2	0.4	0.3	0.2	0.4	0.1
美国	0.1	0.0	0.1	-0.3	-0.5	0.6	0.1	0.1	0.1	0.7	0.1	0.1	0.2	0.1	0.2	0.5	0.0
日本	0.0	0	0.1	-0.6	-0.2	0.5	0.2	0.3	0.1	0.7	0.2	0.1	0.2	0.0	0.2	0.3	0.1
澳大利亚	0.1	0.0	0.2	-0.4	-0.1	0.8	0.2	0.2	0.1	0.7	0.3	0.2	0.4	0.3	0.1	0.3	0.1
印度	0.0	0.1	0.2	-0.8	0.1	0.8	0.3	0.4	0.3	0.6	0.4	0.4	0.4	0.3	0.5	0.5	0.2
巴西	-6.2	-6.2	-35.6	0.7	-54.9	-43.8	-18.6	-26.4	-12	-48.7	-26.6	-21.5	-46.5	-34.4	-29.7	-33	-7.6
南非	0.0	0	0.0	-0.4	-0.5	0.6	0.1	0.1	0.1	0.8	0.1	0.1	0.4	0.2	0.0	0.4	0.0

数据来源：动态 GTAP-E 模拟结果。

(四) 2050 年南非减排的经济影响

根据我们设定的方案,2050 年南非需要在 2005 年的基础上减少 20%,2050 年二氧化碳排放达到 2.57 亿吨。模型显示(见表 5-8),完成 2050 年承诺经济累计将会下降 10.1%,投资、消费和贸易也均出现不同程度的下降。其中,降幅最大的是投资,下降 21.9%,这是由于征收碳税的直接影响就是导致国内的投资回报率下降,所以整体投资受到的冲击最大。另外,从物价看,征收碳税完成承诺将会大幅推高国内的物价水平,模型显示物价将会小幅上涨 5.4%。这是因为南非的私人消费中成品油、运输业和制造业等高排放产品的比重相对较高。

表 5-8 2050 年南非减排的宏观累计影响

单位:%

国家和地区	GDP	投 资	私人消费	政府消费	出 口	进 口	物 价
中 国	0.05	0.16	0.01	-0.01	0.05	0.04	-0.02
欧 盟	0.02	0.06	-0.06	-0.06	0.14	0.00	0.00
美 国	0.02	0.09	0.00	-0.01	0.11	0.06	0.02
日 本	0.03	0.11	-0.04	-0.04	0.16	0.03	0.00
澳大利亚	0.05	0.12	-0.04	-0.05	0.23	-0.03	-0.01
印 度	0.07	0.12	0.03	0.00	0.12	0.07	-0.02
巴 西	0.01	0.01	-0.04	-0.04	0.21	-0.08	-0.04
南 非	-10.13	-21.90	-5.26	-1.70	-13.36	-4.63	5.37

数据来源:动态 GTAP-E 模拟结果。

从行业结果看,几乎所有行业均受到负面冲击(表 5-9)。能源密集型和高排放行业受到的冲击影响比较大,如成品油、电力、建筑、钢铁、航空和矿产品等行业,而像农产品、食品、贸易和服务业等低排放行业的影响相对较小。这里需要解释的是:煤炭的产出为什么上升?这是因为南非土地价格下跌,而煤炭中土地要素占了产品成本的 91%,所以其价格也大幅下降,从而提高了南非煤炭的国际竞争力。而且数据库显示南非煤炭有 95% 都是用来出口的,因此,出口的刺激导致该行业的产出出现小幅扩张。天然气一方面是土地价格下降,另一方面是其主要投入煤炭价格也下降。石油之所以下降这么小是因为其超过 97% 都用作成品油行业,所以成品油行业下降导致石油行业收缩,但是与进口原油相比,国内原油价格下降幅度更大,而且南非使用的原油 87% 都是进口的,所以石油行业只有很小的降幅。

表 5-9　2050 年南非非减排的行业累计影响

单位：%

国家和地区	农产品	食品	煤炭	石油	天然气	成品油	电力	建筑业	贸易	钢铁	制造业	其他运输业	海运	航空	化工	矿产品	服务业
中国	0.0	0	-0.1	-0.2	0.4	0.1	0.1	0.2	0.0	0.1	0.1	0.1	0.1	0.2	0.1	0.1	0.0
欧盟	0.0	0	-0.1	0.0	0.3	0.5	0.5	0.0	0	0.6	0.0	0.1	0.1	0.4	0.1	0.1	0.0
美国	0.0	0	-0.4	0.0	0.4	0.3	0.1	0.1	0.0	0.3	0.0	0.1	0	0.1	0.1	0.1	0.0
日本	0.0	0	-0.4	0.1	0.1	0.3	0.1	0.1	0.0	0.4	0.1	0.0	0	0.2	0.1	0.1	0.0
澳大利亚	0.1	0.0	-0.2	-0.1	0.2	0.3	0.2	0.1	0.0	0.5	0.1	0.1	0.2	0.3	0.1	0.1	0.0
印度	0.0	0	-0.3	0.0	0.4	0.3	0.2	0.1	0.1	0.3	0.1	0.1	0.1	0.1	0.2	0.1	0.0
巴西	0.0	0	-0.4	0.0	0.4	0.3	0.1	0.0	0	0.6	0.1	0.0	0.2	0.2	0.1	0.1	0.0
南非	-5.4	-4.3	0.3	-0.5	-1.4	-17.2	-59.4	-20.5	-12.9	-37.5	-19.7	-15.4	-22.6	-29.3	-18.6	-24.3	-5.9

数据来源：动态 GTAP-E 模拟结果。

三 发达国家减排的经济影响

(一) 2050年欧盟减排的经济影响

根据我们设定的方案,2050年欧盟需要在1990年的基础上减少80%的二氧化碳排放量,2050年二氧化碳排放达到2.02亿吨。模型显示(见表5-10),完成2050年承诺经济累计将会下降25.5%,投资、消费和贸易也均出现大幅度的下降。其中,降幅最大的是投资,为下降25.4%,这是由于征收碳税的直接影响就是导致国内的投资回报率下降,所以整体投资受到的冲击最大。另外,从物价看,通过征收碳税完成承诺会推高国内的物价水平,模型显示物价将会上涨17.5%。

表5-10 2050年欧盟减排的宏观累计影响

单位:%

国家和地区	GDP	投资	私人消费	政府消费	出口	进口	物价
中国	-0.12	1.65	-2.12	-1.80	-3.76	-6.38	-1.34
欧盟	-25.5	-25.44	-27.95	-7.15	-24.44	-19.42	17.53
美国	0.28	2.38	-0.28	-0.16	-0.54	-1.32	0.70
日本	0.71	4.21	-0.88	-0.67	0.89	0.54	0.94
澳大利亚	0.22	1.26	-0.51	-0.33	-0.84	-2.42	0.49
印度	0.22	2.04	-1.59	-1.01	-1.06	-3.91	-1.67
巴西	0.62	5.61	-0.95	-0.53	-0.21	-2.75	-0.38
南非	0.58	1.87	0.09	-0.06	2.81	2.18	1.58

数据来源:动态GTAP-E模拟结果。

从行业结果看,所有行业均受到很大的负面冲击(见表5-11)。其中,能源密集型和高排放行业受到的冲击影响比较大,如煤炭、石油、天然气、成品油、电力、建筑、钢铁、化工等行业,而像农产品、食品、贸易和服务业等低排放行业的影响相对较小。

(二) 2050年美国减排的经济影响

根据我们设定的方案,2050年美国需要在2005年的基础上减少83%的二氧化碳排放量,2050年二氧化碳排放达到9.83亿吨。模型显示,完成2050年承诺经济累计将会下降13.4%,投资、消费和贸易也均出现大幅度的下降。

表 5-11 2050 年欧盟减排的行业累计影响

单位：%

国家和地区	农产品	食品	煤炭	石油	天然气	成品油	电力	建筑业	贸易	钢铁	制造业	其他运输业	海运	航空	化工	矿产品	服务业
中国	-2.5	-1.3	0.7	2.9	5.6	-0.1	0.4	1.5	-1.3	2.9	0.0	3.1	2.9	7.9	4.9	1.9	-2.0
欧盟	-12.8	-17.2	-88.9	-82.8	-99.1	-88.7	-63.8	-21.9	-19.2	-51.9	-17.7	-34.9	-37.9	-57.6	-40.9	-35.2	-9.6
美国	-0.2	-0.3	1.5	0.2	14.3	5.0	1.5	1.7	0.1	2.8	-0.7	3.9	13.9	6.2	8.4	6.5	-0.8
日本	0.6	-0.7	1.3	-1.8	13.2	3.7	1.2	3.7	-0.1	0.7	-0.3	1.9	15.3	14.2	4.9	4.1	-0.3
澳大利亚	0.2	-0.4	-0.1	-0.2	0.4	5.6	-0.2	1.1	-0.3	0.9	-2.0	3.9	23.2	12.5	7.8	3.4	-1.0
印度	-0.4	-2.1	4.8	3.1	3.3	1.4	0.9	1.4	0.1	4.5	0.5	1.4	8.8	3.6	5.6	2.6	-1.8
巴西	0.4	0.0	6.7	-0.2	13.2	6.7	1.8	5.3	-0.2	6.7	1.2	1.8	31.0	8.5	6.8	6.4	-0.8
南非	-1.3	-0.6	0.2	0.6	1.8	9.5	15.0	1.8	-0.6	6.1	-2.7	3.4	23.3	16.4	3.5	6.2	-0.3

数据来源：动态 GTAP-E 模拟结果。

其中，降幅最大的是投资，下降18.7%，这是由于征收碳税的直接影响就是导致国内的投资回报率下降，所以整体投资受到的冲击最大。另外，从物价看，通过征收碳税完成承诺会推高国内的物价水平，模型显示物价将会上涨2.82%。从宏观结果看，美国完成2050年承诺对其经济的影响很小（见表5-12）。

表5-12 2050年美国减排的宏观累计影响

单位：%

国家和地区	GDP	投资	私人消费	政府消费	出口	进口	物价
中　国	0.52	1.87	0.06	-0.17	-0.30	-0.23	-0.55
欧　盟	1.49	6.73	0.42	0.29	1.98	2.24	0.07
美　国	-13.35	-18.71	-12.74	-4.10	-14.51	-8.91	2.82
日　本	0.58	2.53	-0.07	-0.18	0.86	1.61	0.37
澳大利亚	0.46	1.24	0.07	-0.13	1.39	0.66	0.44
印　度	1.04	2.18	1.13	0.08	1.00	2.11	-0.89
巴　西	0.40	2.67	-0.52	-0.77	1.28	-1.60	-0.90
南　非	0.58	2.60	0.14	-0.12	3.27	3.14	0.25

数据来源：动态GTAP-E模拟结果。

一个问题是：为什么美国完成承诺比欧盟受到的负面冲击小？模型显示美国GDP下降13.35%，而欧盟GDP下降25.53%。这主要有三方面的原因。第一，二氧化碳减排幅度不同。2050年美国是从参考情景的60.75亿吨下降到9.83亿吨，下降了6.18倍，而欧盟从23.31亿吨下降到2.02亿吨，下降了11.5倍。所以，与美国相比，欧盟的减排力度更大。第二，产业结构差异。模型显示，2050年欧盟和美国的第一产业比重基本相同，第二产业和第三产业有很大差异，其中欧盟的第二产业占比要比美国高出8个百分点，而第三产业占比低于美国8个百分点。通常第二产业的二氧化碳排放强度要大，因此征收碳税受到的冲击较大。第三，经济体的资本和劳动比率。数据库显示，在2050年美国的资本比重为28.5%，劳动力比重为71.5%，整个经济明显偏重于劳动力。而欧盟资本比重为41.4%，劳动力比重为58.6%，虽然整个经济也是劳动份额大，但是与美国相比，其资本的比重更高，高出美国13个百分点。征收碳税主要对资本密集型行业的影响较大。所以，综合上述的三个因素，2050年欧盟完成承诺受到的损失要比美国更大。

从行业结果看，几乎所有行业均受到负面冲击。能源密集型和高排放行业受到的冲击影响比较大，如煤炭、石油、天然气、成品油、电力、建筑、钢铁、化工等行业，而像食品、贸易和服务业等低排放行业的影响相对较小（见表5-13）。

表5-13 2050年美国减排的行业累计影响

单位：%

国家和地区	农产品	食品	煤炭	石油	天然气	成品油	电力	建筑业	贸易	钢铁	制造业	其他运输业	海运	航空	化工	矿产品	服务业
中 国	-1.2	-0.1	0.8	-10.1	27.2	1.7	0.8	1.8	0.5	1.9	1.1	1.5	0.9	4.3	2.8	1.6	0.1
欧 盟	-0.1	0.1	-0.1	-2.2	37.1	4.0	2.7	4.9	1.5	3.0	1.4	2.3	0.2	9.9	8.2	4.4	0.2
美 国	3.4	-7.7	-17.3	-42.1	-92.6	-72.5	-61.1	-17.2	-10.2	-28.5	-12.5	-22.5	-18.8	-24.8	-33.3	-27.3	-6.0
日 本	-0.5	-0.1	-6.0	-1.3	86.0	5.5	1.1	2.3	0.3	1.6	0.0	0.9	-0.5	6.6	5.0	2.5	0.2
澳大利亚	-0.2	-0.2	-0.2	-1.5	12.4	5.6	0.3	1.1	0.1	0.7	-0.6	1.1	1.5	6.6	4.9	1.3	-0.2
印 度	-0.2	0.1	-1.2	-3.0	1.3	4.7	1.8	1.8	1.4	3.0	1.5	1.7	1.5	2.5	4.8	2.4	0.1
巴 西	0.7	0.4	-0.6	-0.7	15.2	0.1	1.5	2.5	0.0	6.9	2.3	1.2	2.9	4.2	6.0	4.3	-0.4
南 非	-0.4	-0.2	-0.1	-0.4	17	9.5	3.9	2.3	0.7	2.3	0.4	1.6	2.1	10.5	3.2	2.2	0.1

数据来源：动态GTAP-E模拟结果。

一个例外是农产品行业，这是由于美国农产品的价格并没有上升而出现下降，使美国农产品在国际市场上的竞争力加强。美国有20%的农产品是用于出口，所以，农产品价格下降拉动美国农产品的产出增加。而美国的农产品价格之所以下降是因为美国农产品行业的投入中原始要素土地、劳动力和资本占了接近70%，而这几种要素的价格由于经济的负面冲击而下降。

(三) 2050年日本减排的经济影响

根据我们设定的方案，2050年日本需要在1990年的基础上减少80%的二氧化碳排放量，2050年二氧化碳排放达到2.43亿吨。模型显示，完成2050年承诺经济累计将会下降8.93%，投资、消费和贸易也均出现大幅度的下降。其中，降幅最大的是投资，下降5.28%，这是由于征收碳税的直接影响是导致国内的投资回报率下降，所以整体投资受到的冲击最大。另外，从物价看，征收碳税完成承诺并没有推高国内的物价水平，模型显示物价将会小幅上升1.94%（见表5-14）。这是因为日本私人消费中超过65%都是消费的服务业，而服务业由于基本不排放二氧化碳，所以直接征收碳税对其影响很小，更多受到要素价格下降的影响，进而，服务业的价格下降导致整体物价走低。与其他国家相比，日本完成2050年承诺对其经济的影响很小。

表5-14 2050年日本完成减排的宏观累计影响

单位：%

国家和地区	GDP	投资	私人消费	政府消费	出口	进口	物价
中　　国	0.02	-0.06	0.08	-0.03	-0.53	-0.54	-0.11
欧　　盟	0.10	0.16	0.12	0.04	0.19	0.25	0.08
美　　国	0.04	0.07	0.04	0.00	0.15	0.12	0.13
日　　本	-8.93	-5.28	-10.25	-2.72	-18.58	-10.98	1.94
澳大利亚	0.02	0.01	-0.08	-0.14	0.24	-0.21	-0.05
印　　度	0.23	0.20	0.49	0.09	0.08	0.42	-0.29
巴　　西	-0.02	-0.18	-0.09	-0.21	0.41	-0.40	-0.22
南　　非	0.04	0.64	-0.09	-0.17	0.44	0.35	-0.02

数据来源：动态GTAP-E模拟结果。

从行业结果看，几乎所有行业均受到负面冲击，如煤炭、天然气、成品油、电力、建筑、钢铁、化工和矿产品等行业，而像农产品、食品、贸易和服务业等低排放行业的影响相对较小。一个例外是石油行业，这个行业的产出并没有下降反而还上升了（见表5-15）。这是由于日本的原油价格大幅下降，

表 5-15 2050 年日本减排的行业累计影响

单位：%

国家和地区	农产品	食品	煤炭	石油	天然气	成品油	电力	建筑业	贸易	钢铁	制造业	其他运输业	海运	航空	化工	矿产品	服务业
中 国	-0.1	-0.2	0.1	-4.6	0.2	0.7	0.1	-0.1	0.0	0.8	-0.1	0.1	0.2	0.2	0.9	0.3	0.0
欧 盟	0.0	0	-0.4	-0.9	-1.4	1.3	0.0	0.1	0.1	0.8	0.0	0.2	1.0	0.7	1.2	0.4	0.0
美 国	0.2	0.0	-3.1	-0.5	-1.2	1.0	0.2	0.0	0	0.8	-0.1	0.2	0.5	0.3	1.2	0.5	0.0
日 本	-9.3	-8	-17	3.3	-22.1	-58.7	-32.5	-5.7	-6.4	-32.7	-5.8	-13.7	-13.5	-22.8	-32.0	-15.0	-5.6
澳大利亚	0.3	0.1	0.0	-0.4	-3.1	1.1	0.1	0.0	0	2.0	0.2	0.3	0.7	0.7	1.3	0.4	-0.1
印 度	0.0	0	-0.1	-1.6	0.0	1.4	0.3	0.2	0.3	1.0	0.2	0.4	0.5	0.4	1.1	0.3	0.1
巴 西	0.3	0.1	0.4	-0.3	0.0	1.0	0.1	-0.2	-0.1	2.3	0.4	0.2	1.5	0.7	0.9	0.3	-0.1
南 非	0.2	0.0	-0.1	-0.3	0.7	1.4	0.4	0.5	0.3	2.8	0.3	0.4	0.8	0.9	0.6	0.6	0.0

数据来源：动态 GTAP-E 模拟结果。

而国际价格变化很小,而且数据库显示,日本精炼油行业超过90%使用的都是进口原油,所以,国产原油价格下降导致本国的原油行业受益。

(四) 2050年澳大利亚减排的经济影响

根据我们设定的方案,2050年澳大利亚需要在2000年的基础上减少80%的二氧化碳排放量,2050年二氧化碳排放达到0.6773亿吨。模型显示,完成2050年承诺经济累计将会下降15.9%,投资、消费和贸易也均出现不同程度的下降。其中,降幅最大的是投资,下降21.5%,这是由于征收碳税的直接影响就是导致国内的投资回报率下降,所以整体投资受到的冲击最大。另外,从物价看,征收碳税完成承诺并没有大幅推高国内的物价水平,模型显示物价只会小幅上升1.74%(见表5-16)。这是因为澳大利亚的私人消费中的服务业和贸易等低排放产品的比重相对较高。

表5-16 2050年澳大利亚减排的宏观累计影响

单位:%

国家和地区	GDP	投资	私人消费	政府消费	出口	进口	物价
中国	0.09	0.20	0.05	0.00	0.03	0.05	-0.04
欧盟	0.14	0.60	0.03	0.03	0.18	0.19	-0.02
美国	0.03	0.16	0.01	0.00	0.07	0.09	0.04
日本	0.05	0.23	-0.03	-0.03	0.09	0.06	0.02
澳大利亚	-15.88	-21.51	-14.11	-4.67	-19.77	-12.85	1.74
印度	0.08	0.14	0.08	-0.03	-0.01	-0.07	-0.07
巴西	0.05	0.27	-0.03	-0.06	0.21	0.01	-0.06
南非	0.01	0.23	-0.11	-0.13	0.18	-0.05	-0.04

数据来源:动态GTAP-E模拟结果。

从行业结果看,几乎所有行业均受到负面冲击,天然气、成品油、电力、建筑、钢铁、航空、化工和矿产品等行业等所受冲击较大,而像农产品、食品、和服务业等低排放行业的影响相对较小(见表5-17)。一个例外是煤炭行业,这个行业的产出并没有下降反而还上升了。这是因为数据库显示澳大利亚有超过75%的煤炭都是用来出口,而国内煤炭价格下降导致出口大幅增加从而拉动煤炭产业产出扩张。石油行业也是同样的原因,所以产出下降的幅度较小。

表 5-17 2050年澳大利亚减排的行业累计影响

单位：%

国家和地区	农产品	食品	煤炭	石油	天然气	成品油	电力	建筑业	贸易	钢铁	制造业	其他运输业	海运	航空	化工	矿产品	服务业
中 国	-0.1	-0.1	-0.1	-0.9	1.6	0.2	0.1	0.2	0.1	0.3	0.2	0.1	0.1	0.7	0.2	0.2	0.0
欧 盟	0.0	-0.1	-0.6	-0.1	4.3	0.3	0.2	0.4	0.1	0.5	0.3	0.2	0.0	1.5	0.2	0.4	0.0
美 国	0.0	-0.1	-0.4	-0.1	3.3	0.1	0.1	0.1	0.0	0.2	0.0	0.1	0.1	0.6	0.0	0.1	0.0
日 本	-0.1	-0.1	-0.5	-0.1	8.5	0.3	0.0	0.2	0.0	0.4	0.1	0.1	-0.2	0.9	0.1	0.2	0.0
澳大利亚	-1.1	-3.2	0.6	-9.1	-89.9	-69.4	-58.9	-20.4	-12.3	-46.5	-30.9	-23.6	-24.1	-39.4	-25.4	-29.1	-5.9
印 度	0.0	-0.1	-0.2	-0.3	0.1	0.3	0.2	0.1	0.1	0.4	0.3	0.1	0.1	0.3	0.2	0.2	0.0
巴 西	0.0	0	0.0	0	1.8	0.3	0.1	0.3	0.0	0.7	0.3	0.1	0.2	0.6	0.2	0.3	0.0
南 非	0.1	-0.1	0.0	0.1	2.3	0.4	0.3	0.2	0.1	0.8	0.3	0.2	0.6	1.7	0.1	0.3	-0.1

数据来源：动态 GTAP-E 模拟结果。

参考文献

Burniaux, Jean – Marc & Truong Truong, "*GTAP – E: An Energy – Environmental Version of the GTAP Model*," GTAP Technical Papers 923, Center for Global Trade Analysis, Department of Agricultural Economics, Purdue University. https://www.gtap.agecon.purdue.edu/resources/.../1203.pdf, 2002.

附录：

附表1 GTAP-V7 的 113 国家和区域与 9 个国家的对照

序号	区域	区域解释	加总的区域
1	aus	Australia（澳大利亚）	AUS
2	nzl	NewZealand（新西兰）	ROW
3	xoc	RstOceania（大洋洲其他地区）	ROW
4	chn	China（中国）	CHN
5	hkg	HongKong（香港）	ROW
6	jpn	Japan（日本）	JPN
7	kor	SouthKorea（韩国）	ROW
8	twn	Taiwan（台湾地区）	ROW
9	xea	RstEastAsia（东亚其他地区）	ROW
10	khm	Cambodia（柬埔寨）	ROW
11	idn	Indonesia（印度尼西亚）	ROW
12	lao	Laos（老挝）	ROW
13	mmr	Burma（缅甸）	ROW
14	mys	Malaysia（马来西亚）	ROW
15	phl	Philippines（菲律宾）	ROW
16	sgp	Singapore（新加坡）	ROW
17	tha	Thailand（泰国）	ROW
18	vnm	Vietnam（越南）	ROW
19	xse	RstSEAsia（东南亚其他地区）	ROW
20	bgd	Bangladesh（孟加拉国）	ROW
21	ind	India（印度）	IND
22	pak	Pakistan（巴基斯坦）	ROW
23	lka	SriLanka（斯里兰卡）	ROW
24	xsa	RstSthAsia（南亚其他地区）	ROW
25	can	Canada（加拿大）	ROW
26	usa	UnitedStates（美国）	USA
27	mex	Mexico（墨西哥）	ROW
28	xna	RstNthAmeric（北美其他地区）	ROW
29	arg	Argentina（阿根廷）	ROW
30	bol	Bolivia（玻利维亚）	ROW

第 5 章 主要国家减排的经济影响　151

续表

序　号	区　域	区域解释	加总的区域
31	bra	Brazil（巴西）	BRA
32	chl	Chile（智利）	ROW
33	col	Colombia（哥伦比亚）	ROW
34	ecu	Ecuador（厄瓜多尔）	ROW
35	pry	Paraguay（巴拉圭）	ROW
36	per	Peru（秘鲁）	ROW
37	ury	Uruguay（乌拉圭）	ROW
38	ven	Venezuela（委内瑞拉）	ROW
39	xsm	RstSouthAmer（南美其他地区）	ROW
40	cri	CostaRica（哥斯达黎加）	ROW
41	gtm	Guatemala（危地马拉）	ROW
42	nic	Nicaragua（尼加拉瓜）	ROW
43	pan	Panama（巴拿马）	ROW
44	xca	RstCentAmeri（中美其他地区）	ROW
45	xcb	RstCaribbean（加拉比其他地区）	ROW
46	aut	Austria（奥地利）	EU25
47	bel	Belgium（比利时）	EU25
48	cyp	Cyprus（塞浦路斯）	EU25
49	cze	CzechReplbic（捷克）	EU25
50	dnk	Denmark（丹麦）	EU25
51	est	Estonia（爱沙尼亚）	EU25
52	fin	Finland（芬兰）	EU25
53	fra	France（法国）	EU25
54	deu	Germany（德国）	EU25
55	grc	Greece（希腊）	EU25
56	hun	Hungary（匈牙利）	EU25
57	irl	Ireland（爱尔兰）	EU25
58	ita	Italy（意大利）	EU25
59	lva	Latvia（拉脱维亚）	EU25
60	ltu	Lithuania（立陶宛）	EU25
61	lux	Luxembourg（卢森堡）	EU25
62	mlt	Malta（马耳他）	EU25

续表

序号	区 域	区域解释	加总的区域
63	nld	Netherlands（荷兰）	EU25
64	pol	Poland（波兰）	EU25
65	prt	Portugal（葡萄牙）	EU25
66	svk	Slovakia（斯洛伐克）	EU25
67	svn	Slovenia（斯洛文尼亚）	EU25
68	esp	Spain（西班牙）	EU25
69	swe	Sweden（瑞典）	EU25
70	gbr	UnitedKingdm（英国）	EU25
71	che	Switzerland（瑞士）	ROW
72	nor	Norway（挪威）	ROW
73	xef	RstEFTA（欧洲自由贸易联盟其他地区）	ROW
74	alb	Albania（阿尔巴尼亚）	ROW
75	bgr	Bulgaria（保加利亚）	ROW
76	blr	Belarus（白俄罗斯）	ROW
77	hrv	Croatia（克罗地亚）	ROW
78	rou	Roumania（罗马尼亚）	ROW
79	rus	RussianFed（俄罗斯）	ROW
80	ukr	Ukraine（乌克兰）	ROW
81	xee	RstEastEurop（东欧其他地区）	ROW
82	xer	RstEurope（欧洲其他地区）	ROW
83	kaz	Kazakhstan（哈萨克斯坦）	ROW
84	kgz	Kyrgyzstan（吉尔吉斯坦）	ROW
85	xsu	RstSovietUni（苏联其他地区）	ROW
86	arm	Armenia（亚美尼亚）	ROW
87	aze	Azerbaijan（阿塞拜疆）	ROW
88	geo	Georgia（格鲁吉亚）	ROW
89	irn	Iran（伊朗）	ROW
90	tur	Turkey（土耳其）	ROW
91	xws	RstWestAsia（南亚其他地区）	ROW
92	egy	Egypt（埃及）	ROW
93	mar	Morocco（摩纳哥）	ROW
94	tun	Tunisia（突尼斯）	ROW

续表

序号	区域	区域解释	加总的区域
95	xnf	RstNthAfrica（北非其他地区）	ROW
96	nga	Nigeria（尼日尔）	ROW
97	sen	Senegal（塞内加尔）	ROW
98	xwf	RstWestAfric（西州其他地区）	ROW
99	xcf	CentAfrica（中非）	ROW
100	xac	SthCentAfric（中南非）	ROW
101	eth	Ethiopia（埃塞俄比亚）	ROW
102	mdg	Madagascar（马达加斯加）	ROW
103	mwi	Malawi（马拉维）	ROW
104	mus	Mauritius（毛里求斯）	ROW
105	moz	Mozambique（莫桑比克）	ROW
106	tza	Tanzania（坦桑尼亚）	ROW
107	uga	Uganda（乌干达）	ROW
108	zmb	Zambia（赞比亚）	ROW
109	zwe	Zimbabwe（津巴布韦）	ROW
110	xec	RstEastAfric（中非其他地区）	ROW
111	bwa	Botswana（博茨瓦纳）	ROW
112	zaf	SouthAfrica（南非）	ZAF
113	xsc	RstSACU（南非关税同盟其他地区）	ROW

注：ROW（Rest of World）代表其他国家。
数据来源：GTAP－V7 数据库。

附表 2　GTAP－V7 的 57 部门与 17 部门的对照

序号	57 部门	部门解释	17 部门
1	pdr	Paddy rice	农产品
2	wht	Wheat	农产品
3	gro	Cereal grains nec	农产品
4	v_f	Vegetables, fruit, nuts	农产品
5	osd	Oil seeds	农产品
6	c_b	Sugar cane, sugar beet	农产品
7	pfb	Plant-based fibers	农产品
8	ocr	Crops nec	农产品
9	ctl	Cattle, sheep, goats, horses	农产品

续表

序 号	57 部门	部门解释	17 部门
10	oap	Animal products nec	农产品
11	rmk	Raw milk	农产品
12	wol	Wool, silk-worm cocoons	农产品
13	frs	Forestry	农产品
14	fsh	Fishing	农产品
15	coa	Coal	煤炭
16	oil	Oil	石油
17	gas	Gas	天然气
18	omn	Minerals nec	制造业
19	cmt	Meat: cattle, sheep, goats, horse	食品
20	omt	Meat products nec	食品
21	vol	Vegetable oils and fats	食品
22	mil	Dairy products	食品
23	pcr	Processed rice	食品
24	sgr	Sugar	食品
25	ofd	Food products nec	食品
26	b_t	Beverages and tobacco products	食品
27	tex	Textiles	制造业
28	wap	Wearing apparel	制造业
29	lea	Leather products	制造业
30	lum	Wood products	制造业
31	ppp	Paper products, publishing	制造业
32	p_c	Petroleum, coal products	成品油
33	crp	Chemical, rubber, plastic prods	化工业
34	nmm	Mineral products nec	矿产品
35	i_s	Ferrous metals	钢铁业
36	nfm	Metals nec	制造业
37	fmp	Metal products	制造业
38	mvh	Motor vehicles and parts	制造业
39	otn	Transport equipment nec	制造业
40	ele	Electronic equipment	制造业
41	ome	Machinery and equipment nec	制造业

续表

序 号	57 部门	部门解释	17 部门
42	omf	Manufactures nec	制造业
43	ely	Electricity	电力
44	gdt	Gas manufacture, distribution	天然气
45	wtr	Water	服务业
46	cns	Construction	建筑业
47	trd	Trade	贸易
48	otp	Transport nec	其他运输业
49	wtp	Sea transport	海运
50	atp	Air transport	空运
51	cmn	Communication	服务业
52	ofi	Financial services nec	服务业
53	isr	Insurance	服务业
54	obs	Business services nec	服务业
55	ros	Recreation and other services	服务业
56	osg	PubAdmin/Defence/Health/Educat	服务业
57	dwe	Dwellings	服务业

数据来源：GTAP - V7 数据库。

附表 3　2004 年 9 区域 5 种能源产品的 CO_2 排放

单位：百万吨 CO_2 当量

	中国	欧盟	美国	日本	澳大利亚	印度	巴西	南非	其他	合计
煤 炭	3312	992	2026	250	179	695	21	277	1480	9232
石 油	31	1	0	16	0	0	0	0	74	122
天然气	136	1076	1584	186	58	64	44	7	3420	6575
成品油	904	1760	2452	643	117	302	233	60	3536	10009
电 力	0	0	0	0	0	0	0	0	0	0
合 计	4382	3829	6063	1096	354	1061	298	344	8512	25939

数据来源：加总的 GTAP - V7 CO_2 排放数据库。

附录4　GTAP－E模块的介绍

一　GTAP－E模型架构[①]

1. 生产面架构

GTAP－E模型假设每个生产部门使用初级要素、能源投入与其他中间投入作为生产投入组合，依CES生产函数产出单一产品，生产者在零利润条件下，追求成本最小化。模型中产品的生产结构是由六层巢式结构所组成，如图1所示。在能源替代行为的刻画上，共可分为两个步骤：首先，假设能源投入与其他中间投入分离，与初级要素形成综合商品，此综合商品与其他中间投入的替代弹性为零，各单项中间投入可来自国产及进口，按照Armington假设为不完全替代品，国内产品及进口产品间、不同国家产品间的替代弹性分别为a与b；其次，资本与能源形成综合商品，综合能源商品的巢式结构，自上而下依次刻画为电力与非电力、煤炭与非煤炭、天然气与原油及石油炼制品的替代关系（见图1）。

各层的方程如下

（1）第一层

①生产方程：

$$Qo = \alpha(\delta_1 QVA^{-\rho} + \delta_2 QF^{-\rho})^{-1/\rho}$$

②产出价格：

$$PO = \frac{1}{\alpha}(\delta_1{}^\sigma PVA^{1-\sigma} + \delta_2{}^\sigma PF^{1-\sigma})^{\frac{1}{1-\sigma}}$$

③投入的需求方程：

$$QVA = QO\left(\frac{\delta_1 PO}{PVA}\right)^\sigma$$

$$QF = QO\left(\frac{\delta_2 PO}{PF}\right)^\sigma$$

其中σ为该层对应的替代弹性。α为该层的技术效率参数，δ_1，δ_2为该层的分配参数。

从投入的需求方程可以看出，某一投入的需求不仅和该投入的价格有

---

① Burniaux and Troung (2002).

附图 1　GTAP - E 生产结构

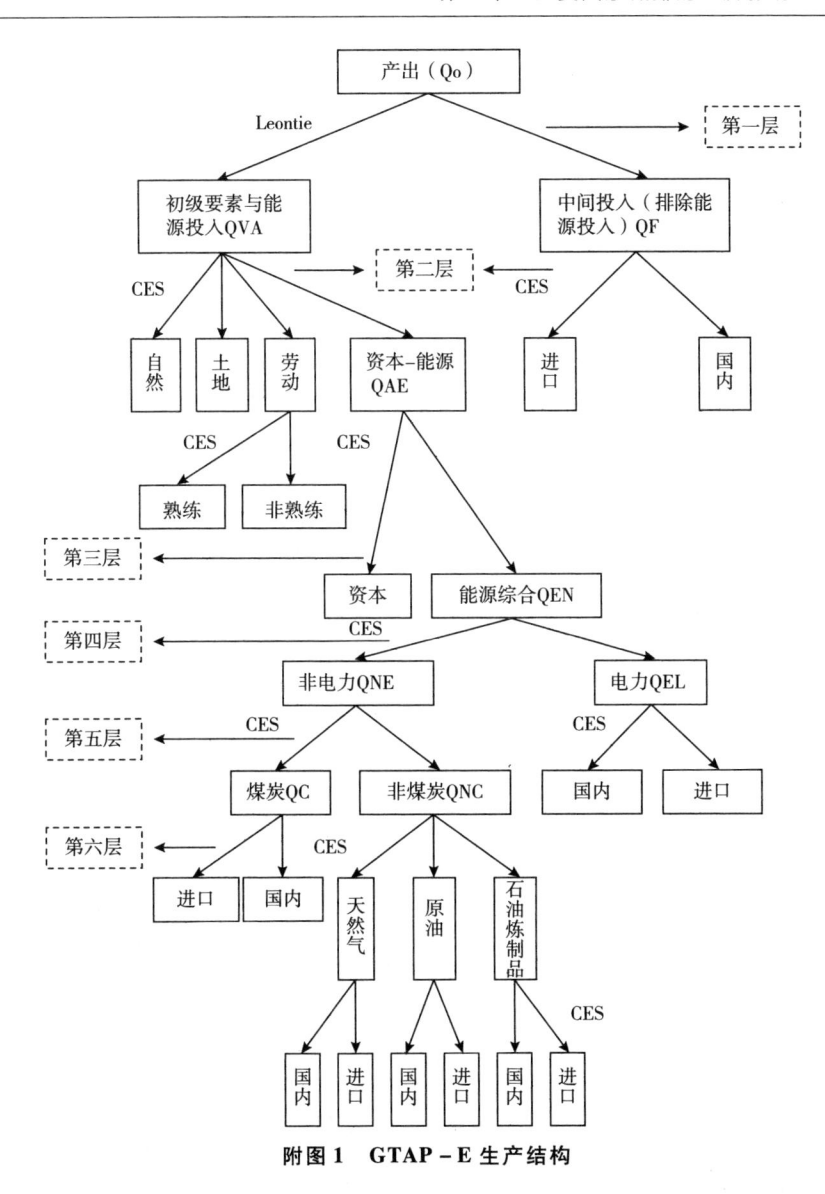

关，还和投入之间的替代弹性以及产出的价格有关，产出的价格又与各个投入的价格相关。

（2）第二层

①生产方程：

$$QVA = \alpha \left(\delta_1 Q_{自然资源}^{-\rho} + \delta_2 Q_{劳动力}^{-\rho} + \delta_3 Q_{土地}^{-\rho} + \delta_4 Q_{资本能源}^{-\rho} \right)^{-1/\rho}$$

②产出价格：

$$PVA = \frac{1}{\alpha}(\delta_1{}^\sigma P_{自然资源}^{1-\sigma} + \delta_2{}^\sigma P_{劳动力}^{1-\sigma} + \delta_3{}^\sigma P_{土地}^{1-\sigma} + \delta_4{}^\sigma P_{资本能源}^{1-\sigma})^{\frac{1}{1-\sigma}}$$

③投入的需求方程:

$$Q_{自然资源} = QVA\left(\frac{\delta_1 PVA}{P_{自然资源}}\right)^\sigma$$

$$Q_{劳动力} = QVA\left(\frac{\delta_2 PVA}{P_{劳动力}}\right)^\sigma$$

$$Q_{土地} = QVA\left(\frac{\delta_2 PVA}{P_{土地}}\right)^\sigma$$

$$Q_{资本能源} = QVA\left(\frac{\delta_2 PVA}{P_{资本能源}}\right)^\sigma$$

其中 σ 为该层对应的替代弹性。α 为该层的技术效率参数，δ_1，δ_2 为该层的分配参数。

(3) 第三层

①生产方程:

$$Q_{资本能源} = \alpha(\delta_1 Q_{资本}^{-\rho} + \delta_2 Q_{能源综合}^{-\rho})^{-1/\rho}$$

②产出价格:

$$P_{资本能源} = \frac{1}{\alpha}(\delta_1{}^\sigma P_{资本}^{1-\sigma} + \delta_2{}^\sigma P_{能源综合}^{1-\sigma})^{\frac{1}{1-\sigma}}$$

③投入的需求方程:

$$Q_{资本} = QO\left(\frac{\delta_1 P_{资本能源}}{P_{资本}}\right)^\sigma$$

$$Q_{能源综合} = QO\left(\frac{\delta_1 P_{资本能源}}{P_{能源综合}}\right)^\sigma$$

其中 σ 为该层对应的替代弹性。α 为该层的技术效率参数，δ_1，δ_2 为该层的分配参数。

(4) 第四层

①生产方程:

$$q_{能源综合} = \alpha(\delta_1 q_{电力}^{-\rho} + \delta_2 q_{非电力}^{-\rho})^{-1/\rho}$$

② 非煤炭综合产品价格:

$$p_{能源综合} = \frac{1}{\alpha}(\delta_1{}^\sigma p_{电力}^{1-\sigma} + \delta_2{}^\sigma p_{非电力}^{1-\sigma})^{1+1/\rho}$$

③投入的需求方程：

$$q_{电力} = q\left(\frac{\delta_1 p_{能源综合}}{p_{电力}}\right)^\sigma$$

$$q_{石油炼制品} = q\left(\frac{\delta_2 p_{能源综合}}{p_{非电力}}\right)^\sigma$$

其中 σ 为该层对应的替代弹性。α 为该层的技术效率参数，δ_1，δ_2 为该层的分配参数。

（5）第五层

①生产方程：

$$q_{非电力} = \alpha\left(\delta_1 q_{煤炭}^{-\rho} + \delta_2 q_{非煤炭}^{-\rho}\right)^{-1/\rho}$$

②非煤炭综合产品价格：

$$p_{非电力} = \frac{1}{\alpha}\left(\delta_1^\sigma p_{煤炭}^{1-\sigma} + \delta_2^\sigma p_{非煤炭}^{1-\sigma}\right)^{\frac{1}{1-\sigma}}$$

③投入的需求方程：

$$q_{煤炭} = q_{非电力}\left(\frac{\delta_1 p_{非电力}}{p_{煤炭}}\right)^\sigma$$

$$q_{非煤炭} = q_{非电力}\left(\frac{\delta_2 p_{非电力}}{p_{非煤炭}}\right)^\sigma$$

其中 σ 为该层对应的替代弹性。α 为该层的技术效率参数，δ_1，δ_2 为该层的分配参数。

（6）第六层：

①生产方程：

$$q_{非煤炭} = \alpha\left(\delta_1 q_{石油}^{-\rho} + \delta_2 q_{石油炼制品}^{-\rho} + \delta_3 q_{天然气}^{-\rho}\right)^{-1/\rho}$$

②非煤炭综合产品价格：

$$p_{非煤炭} = \frac{1}{\alpha}\left(\delta_1^\sigma p_{原油}^{1-\sigma} + \delta_2^\sigma p_{石油炼制品}^{1-\sigma} + \delta_3^\sigma p_{天然气}^{1-\sigma}\right)^{\frac{1}{1-\sigma}}$$

③投入的需求方程：

$$q_{原油} = q_{非煤炭}\left(\frac{\delta_1 p_{非煤炭}}{p_{原油}}\right)^\sigma$$

$$q_{石油炼制品} = q_{非煤炭}\left(\frac{\delta_2 p_{非煤炭}}{p_{石油炼制品}}\right)^\sigma$$

$$q_{天然气} = q_{非煤炭} \left(\frac{\delta_3 p_{非煤炭}}{p_{天然气}} \right)^{\sigma}$$

其中 σ 为该层对应的替代弹性。α 为该层的技术效率参数，δ_1，δ_2 为该层的分配参数。

2. 消费面架构

在最终需求行为方面，GTAP–E 模型继承了 GTAP 模型的假设，将政府部门与私人家计部门的消费分离，其巢式消费结构分别如图 2 和 3。效用函数假设为 C–D 形式，消费产品分为进口品和国产品，进口和国产通过 CES 函数替代。私人家计部门的消费则采用非齐序（non–homothetic）的固定差异弹性（Constant Difference of elasticity，CDE）效用函数刻画，并以人均为基础，计算私人家计部门消费效用的变动情形。

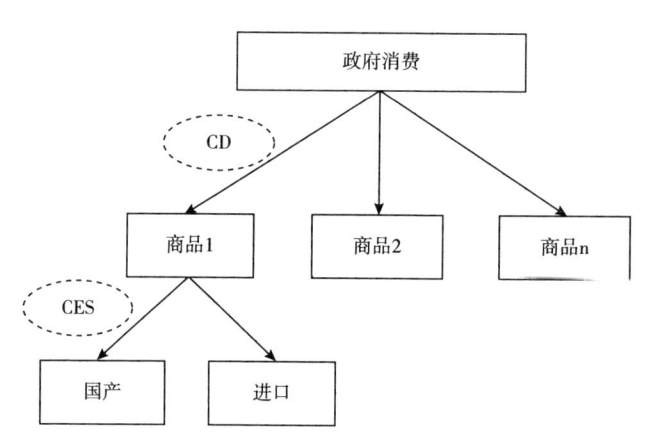

附图 2 **GTAP–E 政府消费结构**

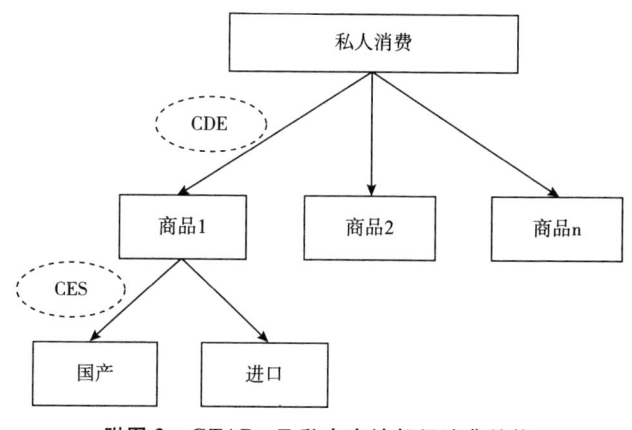

附图 3 **GTAP–E 私人家计部门消费结构**

3. 政府和私人部门的方程

在方程中，各个变量后面的标注的代表含义如下。

r 代表区域

s 代表区域（目的地）

n 代表非储蓄商品

d 代表需要的商品

p 代表生产的商品

t 代表可流通的商品

e 代表禀赋产品

em 代表流动性禀赋产品

es 代表非流动性禀赋产品

ec 代表禀赋性资本商品

c 代表资本商品

在区域家计部门的行为分析中，模型假设的是私人部门的消费者的效用函数为 CDE 效用函数，政府部门的效用函数为 CD 效用函数。

$$U(r) = UP(r)^{\frac{PRIVEXP(r)}{INCOME(r)}} \times \left(\frac{UG(r)}{POP(r)}\right)^{\frac{GOVEXP(r)}{INCOME(r)}} \times \left(\frac{QSAVE(r)}{POP(r)}\right)^{\frac{SAVE(r)}{INCOME(r)}}$$

$$QSAVE(r) = \frac{SAVE(r)^0}{INCOME(r)^0} \times \frac{INCOME(r)}{PSAVE}$$

$$UG(r) = \frac{GOVEXP(r)^0}{INCOME(r)^0} \times \frac{INCOME(r)}{PGOV(r)}$$

$$PGOV(r) = \prod_t PG(t,r)^{\frac{VGA(t,r)}{GOVEXP(r)}}$$

$$QG(t,r) = \frac{VGA(t,r)^0}{GOVEXP(r)^0} \times \frac{PGOV(r) \times UG(r)}{PG(t,r)}$$

$$PG(t,r) = \left[GMSHR(t,r) \times PGM(t,r)\right]^{1-ESUBD(t)} + \left[1 - GMSHR(t,r)\right]$$
$$\left[PGD(t,r)\right]^{\left[1-ESUBD(t)\right]\frac{1}{1-ESUBD(t)}}$$

其中

$$GMSHR(t,r) = \frac{VIGA(t,r)}{VGA(t,r)}$$

$$QGM(t,r) = QG(t,r) \times GMSHR(t,r) \times \left[\frac{PGM(t,r)}{PG(t,r)}\right]^{-ESUBD(t)}$$

$$QGD(t,r) = QG(t,r) \times \left[1 - GMSHR(t,r)\right] \times \left[\frac{PGD(t,r)}{PG(t,r)}\right]^{-ESUBD(t)}$$

$$\sum_t B(t,r) UP(r)^{EP(t,t,r)EY(i,r)} \left[\frac{PP(t,r)}{PRIVEXP(r)/POP(r)} \right]^{EP(t,t,r)} \equiv 1$$

$$PRIVEXP(r) = \frac{PRIVEXP(r)^0}{INCOME(r)^0} \times INCOME(r)$$

$$QP(t,r) = \frac{B(t,r) \times EPP(t,t,r) \times UP(r)^{EP(t,t,r)EY(T,r)} \left[\frac{PP(t,r)}{PRIVEXP(r)/POP(r)} \right]^{EP(t,t,r)-1}}{\sum_t B(t,r) \times EP(t,t,r) \times UP(r)^{EP(t,t,r)EY(T,r)} \left(\frac{PP(t,r)}{PRIVEXP(r)/POP(r)} \right)^{EP(t,t,r)}}$$

$$PP(t,r) = [PMSHR(t,r) \times PPM(t,r)]^{1-ESUBD(t)} + [1 - PMSHR(t,r)]$$
$$[PPD(t,r)]^{[1-ESUBD(t)]\frac{1}{1-ESUBD(t)}}$$

其中：

$$PMSHR(t,r) = \frac{VIPA(t,r)}{VPA(t,r)}$$

$$QPD(t,r) = QP(t,r) \times [1 - PMSHR(t,r)] \times \left[\frac{PPD(t,r)}{PP(t,r)} \right]^{-ESUBD(t)}$$

$$QPM(t,r) = QP(t,r) \times PMSHR(t,r) \times \left[\frac{PPM(t,r)}{PP(t,r)} \right]^{-ESUBD(t)}$$

二 模型方程组

GTAP-E 在模型方程式上，大部分和 GTAP 一样，只是方程式在经济体系与能源体系、环境体系的连接上，进行了以下数项扩充。首先，模型纳入各种经济活动所使用的能源数量，目前模型中的能源商品共有五种，分别为煤炭、原油、天然气、石油炼制品、电力部门。其次，导入国内能源政策变数——碳税，课征的对象为使用能源的所有经济个体（生产部门、私人家计部门、政府部门）。碳税作为价格政策工具，主要针对能源的碳含量征税，因此征税后含碳量较高的能源（如煤炭）的相对价格提高。再次，利用固定替代弹性（constant elasticity of substitution，CES）函数，刻画经济个体的能源替代行为，此项机制反映和捕捉碳税创造价格的诱导因素，解释碳税对经济个体能源消费选择的影响。又次，依据气候变化政府间专家小组（Inter-Governmental Panel on Climate Change，IPCC）的方法推估能源（化石燃料）燃烧所排放的二氧化碳（IPCC/UNEP/OECD/IEA，1997）。最后，建构国际排放交易制度，可用以评估京都议定弹性机制的运用对各国温室气体减量成本的意义。其具体的方程式如下。

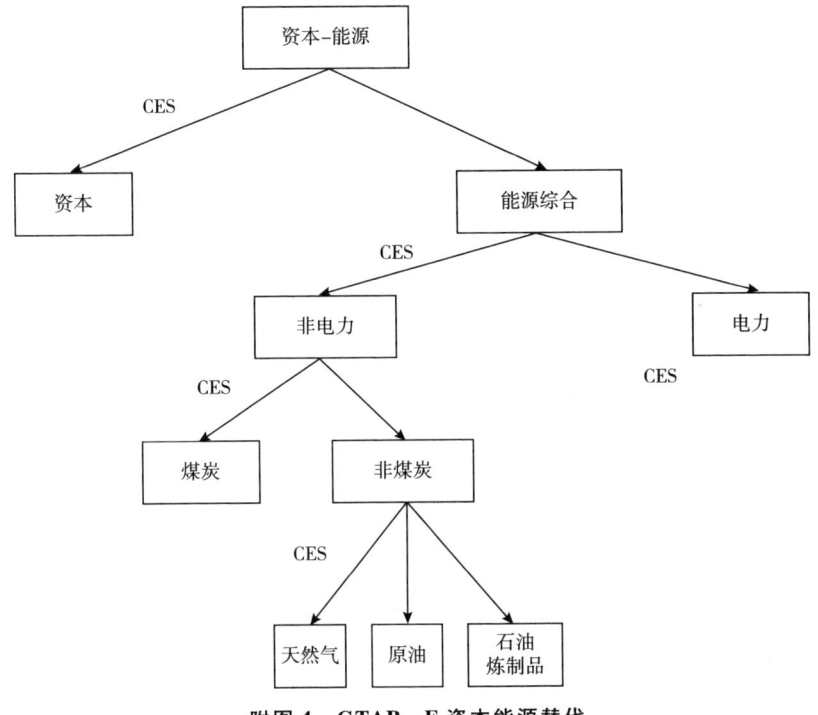

附图4　GTAP－E 资本能源替代

1. 能源替代

GTAP－E 中的五类能源类商品，(分别是煤，原油，天然气，石油炼制品)，在生产函数中的替代关系分为三层，最底层（第三层）为原油，天然气，石油炼制品；第二层为煤炭和非煤炭（包括原油，天然气，石油炼制品）；第一层（顶层）为电力和非电力（包括煤炭和非煤炭）。

根据 CES 函数的原理，设第一层的替代弹性为 a_1，第二层的替代弹性为 a_2，最底层的替代弹性为 a_3。p 代表能源商品的价格，q 为其数量。则各层的关系如下。

（1）最底层

①生产方程：

$$q_{非煤炭} = \alpha(\delta_1 q_{石油}^{-\rho} + \delta_2 q_{石油炼制品}^{-\rho} + \delta_3 q_{天然气}^{-\rho})^{-1/\rho}$$

②非煤炭综合产品价格：

$$p_{非煤炭} = \frac{1}{\alpha}(\delta_1^\sigma p_{原油}^{1-\sigma} + \delta_2^\sigma p_{石油炼制品}^{1-\sigma} + \delta_3^\sigma p_{天然气}^{1-\sigma})^{\frac{1}{1-\sigma}}$$

③投入的需求方程：

$$q_{原油} = q_{非煤炭} \left(\frac{\delta_1 p_{非煤炭}}{p_{原油}} \right)^{\sigma}$$

$$q_{石油炼制品} = q_{非煤炭} \left(\frac{\delta_2 p_{非煤炭}}{p_{石油炼制品}} \right)^{\sigma}$$

$$q_{天然气} = q_{非煤炭} \left(\frac{\delta_3 p_{非煤炭}}{p_{天然气}} \right)^{\sigma}$$

其中 σ 为替代弹性。α 为技术效率参数，δ_1，δ_2，δ_3 为分配参数。

从投入的需求方程可以看出，某一投入的需求不仅和该投入的价格相关，还和投入之间的替代弹性以及产出的价格相关，产出的价格又与各个投入的价格相关。

该层结构，生动地刻画了石油，天然气和石油炼制品之间的能源替代关系。通过方程的传导机制，天然气或石油炼制品投入品的价格不仅仅影响其自身的投入量，也会影响其他投入品的需求量。

（2）第二层

①生产方程：

$$q_{非电力} = \alpha (\delta_1 q_{煤炭}^{-\rho} + \delta_2 q_{非煤炭}^{-\rho})^{-1/\rho}$$

②非煤炭综合产品价格：

$$p_{非电力} = \frac{1}{\alpha} (\delta_1^{\sigma} p_{煤炭}^{1-\sigma} + \delta_2^{\sigma} p_{非煤炭}^{1-\sigma})^{\frac{1}{1-\sigma}}$$

③投入的需求方程：

$$q_{煤炭} = q_{非电力} \left(\frac{\delta_1 p_{非电力}}{p_{煤炭}} \right)^{\sigma}$$

$$q_{非煤炭} = q_{非电力} \left(\frac{\delta_2 p_{非电力}}{p_{非煤炭}} \right)^{\sigma}$$

其中 σ 为替代弹性。α 为技术效率参数，δ_1，δ_2，分配参数。

同理，第二层结构刻画了煤炭和非煤炭之间的能源替代关系。通过方程的传导机制，煤炭或非煤炭投入的价格不仅仅影响其自身的投入量，也会影响其他投入的需求量。

（3）第一层

①生产方程：

$$q_{能源综合} = \alpha(\delta_1 q_{电力}^{-\rho} + \delta_2 q_{非电力}^{-\rho})^{-1/\rho}$$

$$p_{能源综合} = \frac{1}{\alpha}(\delta_1{}^\sigma p_{电力}^{1-\sigma} + \delta_2{}^\sigma p_{非电力}^{1-\sigma})^{1+1/\rho}$$

②投入的需求方程：

$$q_{电力} = q\left(\frac{\delta_1 p_{能源综合}}{p_{电力}}\right)^\sigma$$

$$q_{石油炼制品} = q\left(\frac{\delta_2 p_{能源综合}}{p_{非电力}}\right)^\sigma$$

其中 σ 为替代弹性。α 为技术效率参数，δ_1，δ_2 为分配参数。

同理，第一层结构刻画了煤炭和非煤炭之间的能源替代关系。通过方程的传导机制，电力或非电力投入的价格不仅仅影响其自身的投入量，也会影响其他投入的需求量。

2. 碳税的设计

在碳税的设计上，以生产者为例，以生产者购买的价值减去排除不包括碳税的价值就等于碳税值。方程式为：

$$DFCTAX(i,j,r) = VDFA(i,j,r) - VDFANC(i,j,r)$$
$$IFCTAX(i,j,r) = VIFA(i,j,r) - VIFANC(i,j,r)$$

其中，$DFCTAX$（i，j，r）表示区域 r 部门 j 使用国内生产的 i 征收的碳税值。$VDFA$（i，j，r）表示区域 r 生产者 j 购买国内生产的 i 的支出价值，$VDFANC$（i，j，r）是指生产者排除碳税后生产者支出的价值。$IFCTAX$（i，j，r）指区域 r 部门 j 使用进口的 i 征收的碳税值。$VIFA$（i，j，r）表示区域 r 生产者 j 购买进口的 i 的支出价值，$VIFANC$（i，j，r）是指生产者排除碳税后生产者支出的价值。

碳税税率分为名义碳税和实际碳税，

名义碳税是指每吨碳排放的征收的美元。实际碳税是名义碳税的表达式，具体方程式为：

$$RRCTAX(r) = [1.0/PIND(r)] \times \{NCTAXB[REGTOBLOC(r)] - 0.01 \times NCTAXLEV(r) \times p(r)\}$$

$PIND$（r）为区域 r 的收入平减指数的水平值。$NCTAXB$［$REGTOBLOC$（r）］为区域 r 碳税的变化率，$NCTAXLEV$（r）为碳税的水平值。p（r）为区域 r 的收入平减指数的变化率。

3. GTAP-E 二氧化碳排放模块

在 GTAP-E 中，并不是所有的能源使用都会产生二氧化碳排放，具体 GTAP-E 的能源商品结构图如下。

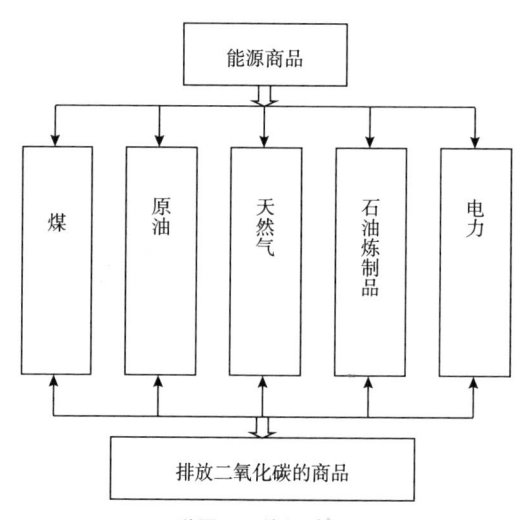

附图 5　能源商品

GTAP-E 数据库在 GTAP 数据基础上添加了各个国家的二氧化碳排放数据。二氧化碳排放数据是根据排放源（煤、石油、天然气等），排放源类型（国内还是进口）还有排放活动（具体什么部门的排放）。

二氧化碳的排放数据是一个 4 维的数据，它能清楚地说明具体国家的哪个部门通过使用哪来的中间投入产生了二氧化碳。即它是一个 4 维的变量 $ECO_2(i, r, s, t)$。其中 i 代表排放源 i（煤、石油、天然气等），t 代表排放源类型 t（国内和进口），s 代表排放活动的部门，r 代表排放区域。

区域 r 使用能源 i 的二氧化碳排放方程式为：

$$CO_2(r,i) = \sum_{j \in PROD-COMM} [CO_2IF(i,j,r) + CO_2DF(i,j,r)] + CO_2DG(i,r) + CO_2IG(i,r)CO_2DP(i,r) + CO_2IP(i,r)$$

其中 $CO_2(i, r)$ 为区域 r 使用能源 i 的二氧化碳排放量。

据此推导，区域 r 的总二氧化碳排放量为：

$$GCO_2T(r) = \sum_{i \in PROD-COMM} CO_2(r,i)$$

然后，全球的二氧化碳排放为：

$$GCO_2W = \sum_{r \in REG} GCO_2(r)$$

在二氧化碳微观排放量的设计上，二氧化碳的排放量与其排放源的使用量成正比，采用如下方程（以生产排放为例）：

$$gco_2fd(i,j,r) = qfd(i,j,r)$$

其中，gco_2fd （i, j, r) 为区域 r 部门 j 使用 i 后排放的二氧化碳的百分比变化。qfd （i, j, r) 为区域 r 部门 j 使用 i 的百分比变化。

4. 排放交易

对于各国的排放交易，在 GTAP – E 模型中，首先定义了一个新的名词 BLOC，将每个区域和国家都对应一个 BLOC，同一个 BLOC 之间可以进行碳交易。而且同一个 BLOC 的国家或区域的碳税相同。

GTAP – E 中，定义了每个国家的排放定额 CO_2Q （r），每个国家的实际排放量为 CO_2T （r），每个国家的排放定额和实际排放额不一定相等。于是定义了一个排放购买强度 $PEMP$ （r）

$$PEMP(r) = CO_2T(r) / CO_2Q(r)$$

第三篇
典型部门与行业的排放研究

第6章

中国农业部门排放研究

一 农业温室气体排放现状

(一) 农业温室气体排放数量

如表 6-1 所示，2009 年，中国农业总计排放温室气体 158557.3 万吨 CO_2 当量，比 1980 年增长 52.03%，年均增长 1.46%。其中，CH_4 排放 1864.97 万吨，相当于 39164.32 万吨 CO_2，占总排放的 25%；N_2O 排放 266.68 万吨，相当于 82670.24 万吨 CO_2，占总排放的 52%；CO_2 排放 36722.74 万吨，占总排放的 23%。与 1980 年相比，CH_4 排放的比重下降了 4 个百分点，N_2O 排放比重保持不变，CO_2 排放比重上升了 4 个百分点。在 2009 年排放的 CH_4 中，水稻生产排放占 36.42%，畜牧生产排放占 63.58%；在排放的 N_2O 中，畜牧生产排放占 21.54%，因化肥施用排放占 21.05%，土壤管理排放占 57.41%；在排放的 CO_2 中，因能源使用排放占 36.28%，因化肥施用和生产排放占 58.87%，因农药施用排放占 4.1%，因农膜使用排放占 0.8%。

(二) 农业温室气体排放来源

按来源分析，在 2009 年排放的温室气体中，水稻种植排放 14264.45 万吨，占 9%；畜牧生产排放 42709.94 万吨，占 26.94%；土壤排放 47457.81 万吨，占 29.93%；化肥、能源、农药、农膜等投入排放 54125.11 万吨，占 34.14%。较 1980 年，水稻种植排放下降了 4070.43 万吨，所占比重下降

表 6-1　中国农业温室气体总排放及 CH_4、N_2O、CO_2 排放

单位：万吨

年份	CH_4 总量	CO_2 当量	比重	N_2O 总量	CO_2 当量	比重	CO_2 总量	比重	农业总排放
1980	1453.44	30522.28	0.29	174.84	54198.87	0.52	19573.85	0.19	104295.00
1983	1434.18	30117.79	0.28	178.70	55395.65	0.51	22220.85	0.21	107734.30
1986	1495.85	31412.92	0.28	183.91	57010.87	0.51	24385.88	0.22	112809.67
1989	1581.17	33204.52	0.28	192.30	59613.85	0.50	27054.03	0.23	119872.40
1992	1614.00	33893.91	0.27	201.69	62523.13	0.50	29084.56	0.23	125501.60
1995	1775.23	37279.91	0.27	216.90	67238.77	0.49	32182.25	0.24	136700.92
1998	1685.04	35385.75	0.24	263.18	81585.21	0.54	33297.80	0.22	150268.76
2001	1655.47	34764.91	0.23	262.53	81384.12	0.55	32493.05	0.22	148642.08
2004	1756.09	36877.82	0.24	262.98	81523.66	0.53	36374.67	0.24	154776.15
2007	1719.44	36108.33	0.23	260.10	80632.50	0.52	37455.92	0.24	154196.75
2009	1864.97	39164.32	0.25	266.68	82670.24	0.52	36722.74	0.23	158557.30

了 8.58 个百分点；畜牧生产排放增加了 21464.78 万吨，所占比重上升了 6.57 个百分点；土壤管理排放增加了 8757.15 万吨，所占比重下降了 7.18 个百分点；化肥、能源、农药、农膜等投入排放增加了 28110.81 万吨，所占比重上升了 9.2 个百分点（见表 6-2）。

表 6-2　中国农业温室气体排放源

单位：万吨，%

年份	水稻种植 排放量	所占比重	畜牧生产 排放量	所占比重	土壤管理 排放量	所占比重	化肥、能源等投入 排放量	所占比重
1980	18334.88	17.58	21245.16	20.37	38700.66	37.11	26014.30	24.94
1983	17664.23	16.40	21450.78	19.91	38332.14	35.58	30287.15	28.11
1986	17056.15	15.12	24696.52	21.89	37502.17	33.24	33554.83	29.74
1989	17223.57	14.37	27502.34	22.94	37278.51	31.10	37867.98	31.59
1992	16670.61	13.28	30069.59	23.96	37188.80	29.63	41572.61	33.13
1995	16814.90	12.30	36207.20	26.49	37011.56	27.07	46667.26	34.14
1998	16014.96	10.66	34337.32	22.85	50523.38	33.62	49393.11	32.87
2001	14413.96	9.70	36280.71	24.41	49733.70	33.46	48213.71	32.44
2004	13873.94	8.96	40556.72	26.20	47718.29	30.83	52627.20	34.00
2007	13895.86	9.01	38393.36	24.90	47441.95	30.77	54465.59	35.32
2009	14264.45	9.00	42709.94	26.94	47457.81	29.93	54125.11	34.14

水稻排放的温室气体下降源于稻田种植面积缩减。2009年，水稻种植面积为2962.69万公顷，较1980年减少了12.55%。稻子种植属劳动密集型产业，随着工业化和城市化，更多的农村劳动力在农业部门外就业，种植水稻的劳动成本上升，南方部分地区将双季稻改为单季稻，部分低产水田则完全退出耕种，出现李嘉图效应。在2009年畜牧业排放的温室气体中，黄牛比重最高，占41.96%；其次是生猪，占16.72%。在畜牧业中，温室气体排放增长最快的是奶牛，1980~2009年间增加了21.78倍；其次是兔，增加了12.86倍；接下来是家禽、黄牛、山羊、猪、绵羊，分别增加了7.41倍、1.33倍、86.74%、66.5%和25.7%。水牛排放的温室气体基本保持不变，而马、驴、骡、骆驼等排放的温室气体下降，1980~2009年，水牛、马、驴、骡、骆驼五种动物排放的温室气体下降了3.23%。奶牛、兔、家禽、黄牛、山羊、猪、绵羊主要提供肉、奶、蛋等动物蛋白，居民消费水平提高后其需求必然上升，而水牛、马、驴、骡、骆驼属于役畜，在农业机械化过程中逐渐被机器代替。

表6-3 主要牲畜排放的温室气体

单位：万吨

年份	猪	奶牛	黄牛	水牛、马、驴、骡、骆驼	山羊	绵羊	家禽	兔
1980	4289.66	166.06	7700.27	4775.26	1696.30	2232.77	378.69	6.15
1983	3890.48	246.37	8343.32	4989.16	1430.37	2071.30	471.71	8.07
1986	4831.33	478.22	9983.66	5318.68	1413.23	2073.25	587.54	10.60
1989	5148.36	654.39	11055.21	5458.57	2063.17	2376.86	731.87	13.91
1992	6541.44	762.15	11870.93	5559.02	2052.15	2297.52	958.13	28.26
1995	7349.35	1080.80	14288.28	5749.58	3145.06	2664.89	1891.05	38.20
1998	6640.72	1130.54	13428.25	5387.80	2978.74	2666.75	2053.69	50.83
2001	6904.15	1466.80	13721.93	5234.22	3623.93	2845.60	2426.98	57.12
2004	7579.15	2870.38	14586.27	5043.66	4110.38	3578.27	2721.65	66.95
2007	6552.67	3615.31	14535.08	4735.27	3014.11	2979.39	2874.68	86.85
2009	7142.37	3783.05	17920.25	4621.03	3167.73	2806.48	3183.76	85.26

由化肥、能源、农药、农膜等投入产生的温室气体中，化肥构成主要排放源，2009年占72%。其次是能源，占25%；农药、农膜分别占3%和1%。1980~2009年，化肥排放增加了103.92%，年均增长2.49%；能源排

放增加了143.96%，年均增长3.12%。尽管化肥、能源等投入产生的排放目前已是农业温室气体最大的排放源，但这些投入大大提高了粮食产量，节约了土地，减少了役畜，从而降低了土壤和畜牧引起的排放。而且，因化肥施用引起的排放自2006年以来趋于平稳，中国农业基本上已最大限度地利用了化肥的生产潜力。

如果按照确定的范围，只计算农业生产活动排放的温室气体，2009年农业排放为126705.59万吨，比1980年增加了45.3%。如图6-1所示，活动排放占农业实际排放的比重从1980年的84%降至2009年的80%，而投入排放的比重在此期间从16%上升至20%，再次说明投入物已成为农业温室气体排放的重要来源。

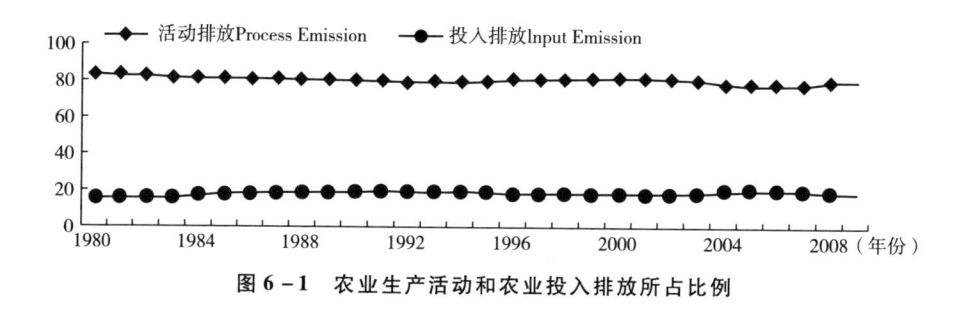

图6-1 农业生产活动和农业投入排放所占比例

（三）农业温室气体排放效率

国际社会一旦达成温室气体减排的协议，排放额度便成为稀缺资源。如果存在统一市场，可预期温室气体排放额度将因竞争使用而形成统一的国际市场价格，单位温室气体排放在各行业、各地区将产生相等的边际收益。在传统的土地、资本、劳动力要素之外，单位温室气体排放产生的收益即排放效率是决定农业是否具有比较优势的另一重要因素。如果农业排放效率低于其他行业，有限的排放额度将流向其他行业；如果中国农业排放效率低于其他国家，农业将进一步丧失比较优势，中国将进口更多的农产品。

按1978年为基期的可比价格计算，2009年每元农业GDP排放的温室气体为2.98千克，仅相当于1980年的39.21%。每千克粮食排放的温室气体为1.5千克，较1980年下降了30.56%。其中，水稻、小麦、玉米每千克排放的温室气体分别为1.67、1.25、1.13千克，较1980年分别下降了29.83%、44.44%、18.12%（见表6-4）。表6-5是不包括饲料等投入排放，每千克肉、蛋、奶生产过程排放的温室气体。肉类中牛肉排放温室气体最高,2008年达28.54千克;羊肉次之,为15.5千克;禽肉最少,为0.54千克;猪肉和兔肉分别为1.49、1.39千克。每千克牛奶排放的温室气体为1.04千克,禽蛋为0.83千克。除禽蛋略有增加外,1985~2008年,每千克肉类和牛奶排放的温室气体都有较大幅度降低。特别是牛肉,23年间下降了85.81%。

表6-4 农业增加值及主要粮食温室气体排放效率

单位:千克

年 份	排放/GDP	粮食平均	水 稻	小 麦	玉 米
1980	7.60	2.16	2.38	2.25	1.38
1983	6.08	1.83	1.98	1.66	1.28
1986	5.36	1.80	1.91	1.56	1.28
1989	5.14	1.79	1.88	1.61	1.27
1992	4.68	1.66	1.80	1.52	1.12
1995	4.46	1.63	1.83	1.50	1.08
1998	4.35	1.70	1.82	1.67	1.17
2001	3.98	1.74	1.83	1.58	1.28
2004	3.70	1.63	1.78	1.43	1.19
2007	3.21	1.59	1.74	1.33	1.19
2009	2.98	1.50	1.67	1.25	1.13

表6-5 肉类、奶、蛋温室气体排放效率

单位:千克

年 份	猪 肉	牛 肉	羊 肉	禽 肉	兔 肉	牛 奶	禽 蛋
1985	2.60	201.07	55.13	0.93	1.73	1.69	0.74
1988	2.53	112.14	52.71	0.67	1.10	1.57	0.71
1991	2.22	74.66	36.66	0.58	1.54	1.64	0.67
1994	1.93	40.66	31.37	0.55	1.46	1.88	0.76
1997	1.82	28.86	25.22	0.53	1.65	1.85	0.74
2000	1.67	27.08	23.07	0.55	1.38	1.53	0.81
2003	1.74	26.40	23.15	0.59	1.44	1.33	0.83
2006	1.70	24.61	21.28	0.61	1.46	1.11	0.92
2008	1.49	28.54	15.50	0.54	1.39	1.04	0.83

粮食、肉、蛋、奶等必需品的温室气体排放效率提高主要取决于技术进步和生产效率提高。以水稻种植为例，1980～2009年，中国水稻种植面积减少了12.55%，但由于杂交等育种技术突破，化肥、农膜、能源等高效投入增加，抛秧等技术推广，每公顷稻谷产量由4130千克增至6585千克，单产提高了59.44%，总产量增加了39.45%。再以生猪为例，1980年，散户养殖生猪的出栏天数为302天，规模养殖为238天。由于品种改良，饲料质量提高，饲养技术改进，2009年散户养殖生猪的出栏天数降至163天，规模养殖降至141天。如果2009年仍保持1980年的技术条件，生猪排放的温室气体将达13939.52万吨，相当于目前的7142.37万吨1.95倍。

二 农业温室气体减排的路径及影响

（一）农业温室气体排放峰值预测

1980年，中国水稻种植面积为3387.85万公顷，之后便呈不断下降趋势，2003年曾降至2650.79万公顷。2004年以来，水稻种植面积缓慢回升。2009年，水稻种植面积为2962.69万公顷，其中早稻587.01万公顷，中稻或一季晚稻1752.72万公顷，双季晚稻622.96万公顷。预计2020年水稻种植面积3000万公顷，其中早稻600万公顷，中稻或一季晚稻1770万公顷，双季晚稻630万公顷；2030年水稻种植面积2900万公顷，其中早稻580万公顷，中稻或一季晚稻1710万公顷，双季晚稻610万公顷；2040年水稻种植面积2800万公顷，其中早稻560万公顷，中稻或一季晚稻1650万公顷，双季晚稻590万公顷；2050年水稻种植面积2700万公顷，其中早稻540万公顷，中稻或一季晚稻1590万公顷，双季晚稻570万公顷。

2009年，每公顷水稻种植面积施用纯氮166.07千克，预计2020年每公顷施用纯氮150千克，2030年为140千克，2040年为130千克，2050年为120千克。假定稻田甲烷和氮排放系数保持不变，利用稻田种植面积和每亩氮肥施用预测数据，可计算出2020、2030、2040、2050年种植水稻排放的温室气体数量分别达15090.66万、14551.44万、14015.15万、13481.77万吨。

根据发达国家经验和中国膳食结构的特征，假定中国人均肉类产量达到90千克后即趋于饱和。假定畜牧业生产效率每10年提高10%，即单位肉产量排放每10年减少10%，利用预测的人口数量、收入水平、肉类产量与人口和收入的经验系数、畜牧温室气体与肉类产量的经验系数,可预测 2020、2030、2040、2050 年畜牧业温室气体排放量分别为 46812.57 万、47245.87 万、41402.24 万、35063.90 万吨,畜牧业温室气体排放将在 2026 年达峰。

2009 年,中国耕地面积 12177.59 万公顷,比 1996 年减少 6.3%,年均减少 0.5%。1996~2010 年,中国城镇化率从 30.48% 提高至 49.95%。假定耕地面积递减速度与城镇化率在近期仍保持 1996~2010 年间的比例关系;同时假定 2024 年城镇化率达到 70% 后,耕地面积不再减少。利用 IPCC 提供的土壤氮排放系数,可计算 2020、2030、2040、2050 年土壤排放的温室气体分别为 44892.06 万、43993.87 万、43993.87 万、43993.87 万吨。土壤排放的温室气体在 1996 年已达峰值,之后持续下降,并在 2024 年以后保持稳定。

1996~2009 年,中国播种面积从 15238.06 万公顷增加到 15863.93 万公顷,年均增长 0.3%。受耕地面积、水资源、技术和劳动力成本上升等因素制约,预计播种面积在 2012 年达 160000 万公顷后保持稳定。假定单位面积农药施用量及农药二氧化碳排放系数不变,计算 2020、2030、2040、2050 年中国农药排放的温室气体都为 1504.00 万吨。农药温室气体排放将在 2012 年达到峰值,为 1505.12 万吨。

假定粮食播种面积在 2012 年达到 11000 万公顷后稳定,粮食单产每年平均提高 0.5%,根据化肥施用量与播种面积和产量的经验系数可计算 2010~2050 年化肥施用量。假定化肥利用效率未来每年提高 1%,可计算出未来实际的化肥施用量。根据化肥温室气体排放和化肥施用量之间的经验关系可计算出化肥温室气体排放量,2020、2030、2040、2050 年分别为 40111.8 万、39449.86 万、38368.13 万、36831.41 万吨。化肥排放的温室气体在 2010 年已达到峰值,之后缓慢下降。

假定农作物播种面积在 2012 年达到 16000 万公顷后保持稳定,利用人口增长率和城市化率可计算从事农业劳动力的数量。2009 年,中国农业机械水平为 50%,由于中国山地面积较多,假定中国农业机械化程度在 2033 年达到 80% 后将保持稳定。利用农业机械动力与播种面积及劳动力的经验关系可计算 2032 年之前的农业机械动力,利用农业能源消耗与农机动力的经验关系可计算未来农业能源消耗,利用农业能源温室气体排放与能源使用量的经验关系可计算农业能源排放量。2020、2030、2040、2050 年农业能源排放的温室气体分别为 16735.44 万、19780.85 万、20643.97 万、

20643.97万吨。农业能源排放将在2033年达到峰值，之后保持稳定。

假定薄膜用量以4%的速度增加，与农业机械动力一样，到2033年达到饱和。假定薄膜温室气体排放系数保持不变，可计算出2020、2030、2040、2050年塑料薄膜排放的温室气体数量分别为446.33万、660.67万、743.05万、743.05万吨。

将水稻种植、畜牧、土壤、农药、化肥、能源、薄膜温室气体排放预测加总后，整个农业部门的温室气体排放将在2026年达到峰值，数量为168484.76万吨。其中水稻种植、土壤、化肥施用等排放的温室气体已经达到峰值，农药排放的温室气体将在2012年达到峰值，畜牧排放将在2026年达到峰值，能源和塑料薄膜将在2033年达到峰值。

表6-6 农业部门温室气体排放情景分析

单位：万吨

年份	水稻排放	畜牧排放	土壤排放	农药排放	化肥排放	能源排放	薄膜排放	总排放
2010	15084.05	43034.80	47218.62	1495.83	40522.75	13683.29	301.52	161340.86
2012	15085.40	43731.06	46743.86	1505.12	40361.26	14300.70	326.13	162053.52
2015	15087.39	44887.86	46040.65	1504.00	40295.71	15211.77	366.85	163394.22
2020	15090.66	46812.57	44892.06	1504.00	40111.80	16735.44	446.33	165592.86
2025	14820.69	48880.39	43993.87	1504.00	39831.19	18258.25	543.02	167831.41
2026	14766.78	49326.32	43993.87	1504.00	39763.12	18565.93	564.74	168484.76
2030	14551.44	47245.87	43993.87	1504.00	39449.86	19780.85	660.67	167186.56
2035	14282.93	44420.13	43993.87	1504.00	38963.61	20643.97	743.05	164551.57
2040	14015.15	41402.24	43993.87	1504.00	38368.13	20643.97	743.05	160670.41
2045	13748.10	38282.62	43993.87	1504.00	37658.94	20643.97	743.05	156574.55
2050	13481.77	35063.90	43993.87	1504.00	36831.41	20643.97	743.05	152261.97

（二）农业温室气体减排潜力及路径

中国目前水稻种植施用有机肥较少。可以预见，为改良土壤和提高稻米品质需要，堆肥、厩肥、绿肥的施用量将增加。这将提高稻田的有机物含量，从而提高单位水稻面积的CH_4排放系数。减少水稻CH_4排放可通过以下途径：①培育种植期更短的水稻品种；②改变灌溉方式，将长期淹灌改为间歇性灌溉；③直接缩减种植面积；④推广精准施肥技术，提高化肥利用效率，减少化肥施用量。途径①取决于育种技术进步，途径②取决于栽培技术的完善和推广，二者都具有不确定性。假定途径①和②减少的 CH_4 排放可抵消因有机物增加而增加的 CH_4 排放。通过提高稻谷产量，增加大米进口，可逐步将效率较低、品质较差的早稻退出生产。假定到 2050 年，早稻完全弃种，中稻面积和晚稻面积则保持不变。同时将水稻施用氮肥的效率在同期提高一倍。水稻排放的温室气体将从 2010 年的 15084.05 万吨减至 2050 年的 11834.23 万吨，较预期减排 12.22%。

减少畜牧业排放主要靠提高生产效率，如培育新的牲畜品种，提高肉、奶、蛋的产出率；改进饲料配方和养殖方式，缩短出栏时间等。假定自 2011 年至 2050 年，将畜牧业的生产效率提高 60%，畜牧业排放的温室气体将从 2010 年的 43034.80 万吨降至 2050 年的 23375.93 万吨，较预期排放减少 33.33%。

减少土壤排放主要通过提高粮食单产，实行退耕还林。假定从 2011～2050 年将 20% 的低产农田退出耕种，用于植树种草，发展绿色经济。同期将播种面积减少 20%。土壤排放将从 2010 年的 47218.62 万吨降至 2050 年的 38639.95 万吨。播种面积减少后，农药排放将从 2010 年的 1495.83 万吨降至 2050 年的 1224.07 万吨，分别较预期排放减少 12.17% 和 18.61%。

播种面积减少 20% 后，化肥施用量可在预期的基础上再减少 20%。化肥排放将从 2010 年的 40522.75 万吨减至 2050 年的 29465.13 万吨，较预期减少 20%。随着各项节能减排政策实施，能源利用效率可提高 40%。能源排放将从 2010 年的 13683.29 万吨降至 2050 年的 12386.38 万吨，较预期减排 40%。

假定薄膜排放预期不变，综合稻田、畜牧、土壤、农药、化肥、能源各项减排措施，农业温室气体排放可从 2010 年的 161340.86 万吨减至 2050 年的 117668.74 万吨，较预期的 152261.97 万吨减少 22.72%。

表 6-7　农业部门温室气体减排潜力

单位：万吨

年份	水稻排放	畜牧排放	土壤排放	农药排放	化肥排放	能源排放	薄膜排放	总排放
2010	15084.05	43034.80	47218.62	1495.83	40522.75	13683.29	301.52	161340.86
2011	15036.83	43156.42	46982.53	1488.35	40240.90	13852.67	313.58	161071.29
2012	14989.70	43284.82	46747.62	1480.91	39957.65	14014.68	326.13	160801.50

续表

年份	水稻排放	畜牧排放	土壤排放	农药排放	化肥排放	能源排放	薄膜排放	总排放
2013	14942.65	43419.63	46513.88	1473.51	39737.92	14165.62	339.17	160592.38
2014	14895.67	43560.39	46281.31	1466.14	39514.80	14311.44	352.74	160382.50
2015	14848.79	43706.60	46049.90	1458.81	39288.31	14451.18	366.85	160170.44
2016	14801.98	43797.69	45819.65	1451.51	39058.48	14588.55	381.52	159899.39
2017	14755.26	43894.48	45590.55	1444.26	38825.32	14716.01	396.78	159622.66
2018	14708.62	43996.28	45362.60	1437.04	38588.87	14837.39	412.65	159343.45
2019	14662.06	44102.35	45135.79	1429.85	38349.16	14952.68	429.16	159061.05
2020	14615.59	44211.87	44910.11	1422.70	38106.21	15061.90	446.33	158774.70
2021	14520.93	44323.98	44685.56	1415.59	37860.05	15168.19	464.18	158438.47
2022	14426.41	44382.44	44462.13	1408.51	37610.70	15265.13	482.75	158038.07
2023	14332.02	44443.21	44239.82	1401.47	37358.20	15356.00	502.06	157632.77
2024	14237.76	44505.23	44018.62	1394.46	37102.58	15440.80	522.14	157221.59
2025	14143.64	44567.41	43798.53	1387.49	36843.85	15519.51	543.02	156803.46
2026	14049.66	44628.58	43579.53	1380.55	36582.07	15595.38	564.74	156380.51
2027	13955.80	43827.64	43361.64	1373.65	36317.24	15661.82	587.33	155085.13
2028	13862.09	43000.65	43144.83	1366.78	36049.42	15722.18	610.83	153756.77
2029	13768.50	42171.48	42929.10	1359.94	35778.62	15776.47	635.26	152419.38
2030	13675.05	41340.13	42714.46	1353.15	35504.87	15824.68	660.67	151073.01
2031	13581.74	40506.59	42500.89	1346.38	35228.22	15869.51	687.10	149720.42
2032	13488.56	39640.37	42288.38	1339.65	34948.69	15905.47	714.58	148325.69
2033	13395.51	38773.23	42076.94	1332.95	34666.31	15895.86	743.05	146883.85
2034	13302.60	37905.18	41866.56	1326.28	34381.12	15689.42	743.05	145214.21
2035	13209.82	37016.78	41657.22	1319.65	34093.16	15482.98	743.05	143522.66
2036	13117.17	36128.38	41448.94	1313.05	33802.45	15276.54	743.05	141829.58
2037	13024.66	35239.97	41241.69	1306.49	33509.04	15070.10	743.05	140135.01
2038	12932.29	34335.94	41035.48	1299.96	33212.95	14863.66	743.05	138423.33
2039	12840.04	33432.73	40830.31	1293.46	32914.23	14657.22	743.05	136711.04
2040	12747.94	32530.33	40626.15	1286.99	32612.91	14450.78	743.05	134998.16
2041	12655.96	31628.75	40423.02	1280.56	32309.03	14244.34	743.05	133284.72
2042	12564.12	30712.94	40220.91	1274.15	32002.62	14037.90	743.05	131555.70
2043	12472.42	29798.84	40019.80	1267.78	31693.72	13831.46	743.05	129827.08
2044	12380.85	28886.45	39819.71	1261.44	31382.38	13625.02	743.05	128098.89

续表

年份	水稻排放	畜牧排放	土壤排放	农药排放	化肥排放	能源排放	薄膜排放	总排放
2045	12289.41	27975.76	39620.61	1255.14	31068.63	13418.58	743.05	126371.17
2046	12198.11	27066.78	39422.50	1248.86	30752.50	13212.14	743.05	124643.94
2047	12106.94	26139.39	39225.39	1242.62	30434.05	13005.70	743.05	122897.14
2048	12015.90	25215.13	39029.26	1236.40	30113.31	12799.26	743.05	121152.32
2049	11925.00	24293.98	38834.12	1230.22	29790.32	12592.82	743.05	119409.51
2050	11834.23	23375.93	38639.95	1224.07	29465.13	12386.38	743.05	117668.74

(三) 减排对中国农业的影响

2009年，中国因粮食生产而排放的温室气体达79764.83万吨，占农业温室气体排放总量的50%，高出畜牧业排放将近1倍，以粮食生产为例说明减排对中国农业影响是合适的。生产粮食的农田既是温室气体排放源，也可成为CO_2储存地。如果将农田退耕还林，不仅可以避免因施用化肥农药、翻耕土地引起的排放，而且可以利用森林吸收CO_2，形成碳汇。

《2006年IPCC国家温室气体清单指南》(第4卷)提供了不同气候带每公顷人工林每年可储存的干物质量以及干物质中含碳的比例，根据已有的参数和中国热带、亚热带、温带和北方温带所占耕地面积比重，计算得出全国平均每公顷人工林的碳汇为3.26吨，相当于11.95吨CO_2。如果将1999~2008年10年间平均7.48吨作为目前每公顷粮食生产排放的标准，意味着：将那些生产一季粮食的耕地植树后，每公顷土地可减少CO_2排放19.43吨；将那些生产两季粮食的耕地植树后，每公顷土地可减少CO_2排放26.91吨。

根据2010年《全国农业品成本收益资料汇编》，2004~2008年间，生产50千克粮食平均可得利润19.98元，相当于每千克粮食得利润0.4元。如果全球一致减排后出现了CO_2交易市场，且农民可在种粮和植树储存CO_2之间自由选择，CO_2价格便成为农户生产决策的重要依据，严重影响播种面积和粮食产量。假定CO_2价格每吨40元，则种植一季粮食的耕地每年每公顷可获碳收益777.2元，种植两季粮食的耕地每年每公顷可获碳收益1076.4元，两者分别相当于1943、2691千克粮食的利润。也就是说，那些每公顷产量低于1943千克的单季产粮耕地及每公顷产量低于2691千克的双季产粮耕地将退出粮食生产，成为种植树木的林地。

进一步分析，假定全国种植粮食的耕地产量服从正态分布：

$$p(X) = \frac{1}{\sqrt{2\pi}\sigma} e^{-\frac{(X-\mu)^2}{2\sigma^2}}, -\infty < X < +\infty, \qquad (1)$$

其中：X 表示单位面积粮食产量，属随机变量，μ 表示 X 均值，σ^2 表示 X 分布的方差，$p(X)$ 表示概率密度。随机变量 $Y = \frac{X-\mu}{\sigma}$ 则服从标准正态分布：

$$p(y) = \frac{1}{\sqrt{2\pi}} e^{-\frac{y}{2}}, -\infty < y < ++\infty, \qquad (2)$$

对于给定的值 a，随机变量 $Y \leq a$ 的概率为：

$$\Phi(a) = \frac{1}{\sqrt{2\pi}} \int_{-\infty}^{a} e^{-\frac{y}{2}} dy, \qquad (3)$$

因此，如果 CO_2 存在一个市场价格，根据每公顷耕地排放的 CO_2 数量以及每千克粮食得利润 0.4 元，可计算出每公顷耕地获得的以粮食表示的 CO_2 收益。以此作为随机变量 X 的一个实现值。同时，根据 X 的均值 μ、方差 σ^2 可计算出 Y 分布的一个实现值 $a = \frac{X-\mu}{\sigma}$。进而，根据标准正态分布函数表，可查到 $Y \leq a$ 的概率，这一概率便是种粮收益低于 CO_2 收益、可能用于植树的耕地比例。

1999~2008 年 10 年间，中国粮食的平均单位面积产量为每公顷 4546 千克。我们缺乏关于耕地质量分布的数据，作为模拟说明，以 1999~2008 年 10 年间分省的平均单位面积产量作为替代。30 个省市中，单位面积产量最高的为上海市，每公顷 6672.2 千克；最低的为甘肃省，每公顷 3018.6 千克。以每省 10 年间平均粮食产量占全国总产量比重为权重，计算的方差等于 818133.9，标准差等于 904.51。对于种植双季的耕地，则有 $\mu = 2 \times 4546 = 9092$，$\sigma^2 = 4 \times 8181339.6 = 32725358.4$，标准差 $2\sigma = 1089.02$。

以分省粮食平均单位面积产量作为耕地质量分布样本，不仅抹平了省内耕地质量差别，而且也抹平了全国耕地质量差别。根据我们在丹江口库区周边的调查，即使在较少的范围内，不同地块之间粮食产量的区别甚大。因此，以分省平均产量替代耕地的实际产量将低估随机变量 X 方差 σ^2，导致分布曲线窄而高，样本粮食产量过于集中在平均值 μ 附近。

表 6-8 第一栏是假设的每吨 CO_2 价格，第二栏是根据 $\mu = 9092$，$2\sigma = 1089.02$ 计算的 a_1 值，第三栏是 $Y \leq a_1$ 的概率，即种植双季的耕地退耕还林

的比例；第四栏是根据 $\mu=9092$，$3\sigma=2713.53$ 计算的 a_2 值，第五栏是基于 a_2 种植双季的耕地退耕还林的比例；第六栏是根据 $\mu=9092$，$4\sigma=3618.04$ 计算的 a_4 值，第七栏是基于 a_3 种植双季的耕地退耕还林的比例；第八栏是根据 $\mu=4546$，$\sigma=904.51$ 计算的 a_4 值，第九栏是基于 a_4 种植单季的耕地退耕还林的比例。

从表 6-8 可以看出，对于种植单季粮食的土地，每吨 CO_2 为 80 元将使 23.27% 的耕地退出粮食生产；当每吨 CO_2 为 100 元时，这一比例高达 63.31%。对于种植双季粮食的土地，标准差为 2σ 时，每吨 CO_2 为 100 元将导致 8.53% 的耕地退出粮食生产，此后随 CO_2 价格提高退耕的比例显著上升；标准差为 3σ 时，每吨 CO_2 为 80 元有 8.53% 的耕地退出粮食生产，100 元时有 19.22% 的耕地退出粮食生产；标准差为 4σ 时，每吨 CO_2 为 80 元有 15.15% 的耕地退出粮食生产，100 元时有 25.18% 的耕地退出粮食生产。无疑，耕地产量分布的标准差越大，CO_2 在越低的价格上便可冲击粮食种植。但是，无论何种标准差，一旦每吨 CO_2 价格进入 130~140 元之间，种植双季粮食的耕地将有 50% 退出粮食生产。这就说明，中国粮食生产利润率过低，CO_2 较低的价格便严重影响粮食生产面积和产量。

表 6-8 减排对中国粮食生产的影响

假定 CO_2（元/吨）	分布值	退耕比例（%）	假设分布值 1	退耕比例（%）	假设分布值 2	退耕比例（%）	一季分布值	退耕比例（%）
40	-3.54	0.02	-2.36	0.91	-1.77	3.84	-2.88	0.20
60	-2.79	0.03	-1.86	3.14	-1.40	8.08	-1.80	3.59
80	-2.05	2.02	-1.37	8.53	-1.03	15.15	-0.73	23.27
100	-1.31	8.53	-0.87	19.22	-0.65	25.78	0.34	63.31
110	-0.94	17.36	-0.62	26.76	-0.47	31.92	0.88	81.06
120	-0.56	28.77	-0.38	35.20	-0.28	38.97	1.42	92.22
130	-0.19	42.47	-0.13	44.83	-0.10	46.02	1.96	97.50
140	0.18	57.14	0.12	54.78	0.09	53.59	2.49	99.36
150	0.55	70.88	0.37	66.43	0.28	61.03	3.03	99.86
160	0.92	82.12	0.62	73.24	0.46	67.72	3.57	99.98
170	1.30	90.32	0.86	80.51	0.65	74.22	4.10	99.99
180	1.67	95.25	1.11	88.65	0.83	79.67	4.64	100.00
190	2.04	97.93	1.36	91.31	1.02	84.61	5.18	100.00

续表

假定 CO_2（元/吨）	分布值	退耕比例（%）	假设分布值1	退耕比例（%）	假设分布值2	退耕比例（%）	一季分布值	退耕比例（%）
200	2.41	99.20	1.61	94.63	1.21	88.69	5.71	100.00
210	2.78	99.73	1.86	96.86	1.39	91.77	6.25	100.00
220	3.16	99.93	2.10	98.21	1.58	94.29	6.79	100.00
240	3.90	99.99	2.60	99.53	1.95	97.44	7.86	100.00
260	4.64	100.00	3.10	99.90	2.32	98.98		

三 中国农业发展转型

本研究从农业生产过程和化肥、能源等投入两方面计算了中国农业温室气体排放。2009年，中国农业总计排放温室气体158557.3万吨CO_2当量，比1980年增长52.03%，年均增长1.46%。其中，CH_4占总排放的25%，N_2O占总排放的52%，CO_2占总排放的23%。按来源分析，在2009年排放的温室气体中，水稻种植排放14264.45万吨，占9%；畜牧生产排放42709.94万吨，占26.94%；土壤排放47457.81万吨，占29.93%；化肥、能源、农药、农膜等投入排放54125.11万吨，占34.14%。

2009年每元农业GDP排放的温室气体为2.98千克，每千克粮食排放的温室气体为1.5千克。其中，稻谷、小麦、玉米每千克排放的温室气体分别为1.67、1.25、1.13千克。每千克牛肉排放的温室气体在2008年为28.54千克，羊肉为15.5千克，猪肉为1.49千克，禽肉为0.54千克，牛奶为1.04千克，禽蛋为0.83千克。由于技术进步和生产效率提高，每千克粮食、肉类和牛奶排放的温室气体都有较大幅度降低。

整个农业部门的温室气体排放将在2026年达到峰值，数量为168484.76万吨。其中水稻种植、土壤、化肥施用等排放的温室气体已经达到峰值，农药排放的温室气体将在2012年达到峰值，畜牧将在2026年达到峰值，能源和塑料薄膜将在2033年达到峰值。

通过提高水稻等作物单产，扩大部分农产品进口，改良牲畜品种和饲料结构，提高化肥施用和能源利用效率等措施，农业温室气体排放可从2010年的161340.86万吨减至2050年的117668.74万吨，较预期的152261.97万吨减少22.72%。

中国农业已进入大规模利用石化能源时代，今后应逐渐向绿色农业转型。在自然资源可持续利用的基础上，提高农业生产力和农民收入水平，保障中国居民食物的充足供给。实现绿色农业转型的关键是农业技术进步。

（一）农业正大规模利用石化能源

千百年来，中国农业采用精耕细作的方式，在有限的耕地面积上实现产量最大化。农业投入主要是土地、劳动力以及堆肥、农家肥、绿肥等有机物，来自农业外部的物质和能源极少。进入20世纪80年代，随着工业化和城市化过程加快，大批劳动力离开农业。与此同时，诸如机械、化肥、能源等外部投入不断增加。1980~2009年，中国农业GDP以不变价格计算增加了2.88倍，而投入农业的能源、化肥、农业机械总动力分别增加了1.61、3.25、4.93倍，中国目前已成为单位土地面积施用化肥和农药最高的国家，农业已进入大规模利用石化能源的时代（见表6-9）。

农业利用石化能源可替代劳动力，提高农业产量，降低工业化和城市化过程中的劳动力成本。但是，大规模利用石化能源也带来了一系列负面影响，如大量施用化肥农药后导致：①土壤结构被破坏；②水体和食物被污染，农村和城市居民的饮水和食品安全受到威胁；③大量昆虫、鸟类及其他动物被农药杀死，江河、湖泊由于化肥含量过高出现富营养化，生物多样性遭到严重破坏；④农产品品质下降。

表6-9 1980~2009年中国农业对石化能源的依赖

年 份	农业GDP（亿元）	总能源（万吨标准煤）	总化肥施用（万吨）	农机总动力（万马力）
1980	1371.59	2394.99	1269.30	14745.75
1981	1467.37	2434.23	1334.90	15679.80
1982	1636.54	2492.88	1513.40	16614.20
1983	1772.80	2568.87	1659.80	18022.10
1984	2001.15	2788.17	1739.80	19497.20
1985	2038.05	2791.05	1775.80	20912.50
1986	2105.68	2924.22	1930.60	22950.00
1987	2204.73	3084.99	1999.30	24836.00
1988	2260.83	3249.21	2141.60	26575.00
1989	2330.35	3271.98	2357.10	28067.00

续表

年　份	农业GDP（亿元）	总能源（万吨标准煤）	总化肥施用（万吨）	农机总动力（万马力）
1990	2501.11	3377.55	2590.30	28707.70
1991	2561.00	3518.31	2805.10	29388.60
1992	2681.40	3463.80	2930.20	30308.40
1993	2807.50	3298.89	3151.90	31816.60
1994	2919.80	3522.45	3318.10	33802.50
1995	3065.80	3798.45	3593.60	36118.10
1996	3222.20	3688.79	3828.00	38546.90
1997	3334.90	3692.86	3980.90	42015.60
1998	3451.60	3685.75	4083.50	45207.70
1999	3548.30	3779.82	4124.36	48996.12
2000	3633.40	3913.77	4146.37	52573.61
2001	3735.30	4115.20	4253.11	55172.10
2002	3843.60	4331.18	4332.31	57929.85
2003	3939.70	4954.60	4411.56	60386.54
2004	4187.90	5697.35	4629.14	64027.91
2005	4407.00	6071.06	4765.78	68397.85
2006	4626.80	6330.71	4927.65	72522.12
2007	4800.00	6228.40	5106.84	76589.56
2008	5058.20	6013.13	5236.75	82190.41
2009	5321.20	6251.18	5390.60	87496.10

（二）发展绿色农业

农业不仅供给食物和纤维，而且可以涵养水源，释放氧气，净化环境，保护生物多样性；农村和大自然具有美学的价值，给人民带来愉悦，是旅游参观的场所；农业还是人民休闲、放松、怡情的一项活动。当居民基本温饱问题解决后，随着收入水平提高，社会对食品品质更加关注，对空气、水源的质量要求更高，部分人群将回归自然，从城市返回乡村居住。因此有必要逐渐减少对石化能源的依赖，发展绿色农业。

发展绿色农业总的目标是，在自然资源可持续利用的基础上，提高农业生产力和农民收入水平，保障中国居民食物的充足供给。基本内容包括：更有效率地利用自然资源，减少农业生产对水、空气、土壤的污染，保持生物多样性。按照联合国环境规划署（UNEP）(2011) 关于发展绿色经济的报告，当前，发展绿色农业的措施主要有：①通过增加有机肥施用、实行不同作物轮作的方式保持土壤肥力；②通过更有效地利用水资源，采用少耕、免耕的方式减少土壤侵蚀；③采用生物防治的方法减少农药和除草剂的使用；④发展农产品仓储设施，减少产品腐烂和在储藏、运输、加工过程中的损失。

（三）农业绿色转型的关键是技术进步

发展绿色农业需要政府加大对自然资本的投资，增加土地、水、生物品种等自然资本存量；需要培育关于绿色农产品的市场，合理引导社会需求。但是，发展绿色农业的关键还是农业科技进步。通过大幅度提高农业产量，一方面保证社会对农产品的需求，另一方面减少对自然资源损耗，让更多的耕地退耕还林还草。

中国人多地少，今后农业技术进步的方向是：①育种技术，如通过培育高产、优质、抗逆的作物新品种，培育产肉率高、出栏期短的畜产品种；②生物技术，如培育抗病虫害、提高化肥利用效率的作物；③减少土壤侵蚀、培养地力、提高水资源利用效率的工程技术；④以精准农业为主的作物栽培和动物养殖技术。

参考文献

IPCC, IPCC Guidelines for National Greenhouse Gas Inventories Volume 4: Agriculture, Forestry and Other Land Use, 2006, Prepared by the National Greenhouse Gas Inventories Programme, H. S. Eggleston, L. Buendia, K. Miwa, T. Ngara and K. Tanabe (eds), Published: IGES, Japan.

中国环境与发展国际合作委员会：《中华人民共和国气候变化初始国家信息通报》，中国计划出版社，2004。

INCCA Indian Network for Climate Change Assessment, India: Greenhouse Gas Emissions 2007, 2010, Ministry of Environment and Forests Government of India, 22 - 27.

胡向东、王济民：《中国畜禽温室气体排放量估算》，《农业工程学报》2010 年第 10 期。

Sam Wood and AnnetteCowi, A Review of Greenhouse Gas Emission Factors for

Fertiliser Production, 2004, Research and Development Division, State Forests of New South Wales.

E. Audsley, K. Stacey, D. J. Parsons, A. G. Williams. Estimation of the Greenhouse Gas Emissions from Agricultural Pesticide Manufacture and Use, 2009, Cranfield University.

谭秋成:《丹江口库区化肥施用控制与农田生态补偿标准》,《中国人口·资源与环境》2011年第21卷。

UNEP, 2011, Towards a Green Economy: Pathways to Sustainable Development and Poverty Eradication, http://www.unep.org/greeneconomy.

第7章

中国工业部门排放研究

一 钢铁工业的 CO_2 排放峰值及减排路径分析

(一) 中国钢铁工业的能源消耗特征及 CO_2 排放

分析钢铁工业未来能源消费及 CO_2 排放情景,对中国能源消费的 CO_2 排放峰值的研究至关重要。

1. 钢铁工业能源消费

钢铁工业能源消费的主要特征是规模大,它是中国能源消耗最大的工业部门。2010年,钢铁工业能耗5.75亿吨标准煤,约占中国总能耗32.50亿吨标准煤的17.70%。

表7-1 1995~2010中国钢铁工业能源消费比重

年 份	能源消费总量 (万吨标准煤)	炼钢能源消费总量 (万吨标准煤)	钢铁工业能源消费 比重 (%)
1995	131176	18532.80	14.13
2000	145531	18962.27	13.03
2005	235997	39544.25	16.76
2010	324939	57533.71	17.71

数据来源:《中国能源统计年鉴2011》。

2. 钢铁工业的 CO_2 排放

中国钢铁工业 CO_2 排放量大，对全球 CO_2 减排意义重大。中国钢铁工业的 CO_2 排放，不仅对中国 CO_2 排放而且对世界 CO_2 排放的贡献巨大。相关统计表明，世界钢铁工业排放 CO_2 占全球 CO_2 排放总量的 7% 左右，其中，中国钢铁工业排放 CO_2 占全球 CO_2 排放总量的 4% 左右。

影响钢铁工业的 CO_2 排放的最主要原因有能源消费结构、铁钢比等因素。

（1）以煤为主的能源结构

钢铁工业 CO_2 排放，主要取决于煤炭利用的水平，它体现在高炉燃料比（焦炭和煤粉）和烧结加入的固定碳量（见表 7-2）。

表 7-2　主要钢铁生产国能源消费结构

单位：%

国　家	煤　炭	石　油	天然气	电　力
日　本	56.40	19.90	0	23.70
德　国	55.80	20.70	8.20	15.30
美　国	60.00	7.00	17.00	16.00
中　国	69.90	3.20	0.50	26.40

（2）铁钢比

铁钢比是影响吨钢能耗的一个重要因素。在钢铁生产流程中，能源消耗和污染排放主要集中在烧结、焦化、炼铁等工序，这些工序的能耗约占钢铁生产总能耗的 60%。铁钢比升高 0.1 会使钢铁企业吨钢综合能耗上升 20 千克标准煤/吨。

据测算，与使用铁矿石相比，用废钢炼钢可节约能源 60%、节水 40%，减少排放废水 76%、废气 86%、废渣 72%。多"吃"废钢，具有巨大的节能减排效益。采用废钢为原料的电炉生产时，吨钢 CO_2 排放量为 0.4 吨。废钢铁是一种可以循环利用的再生资源，从钢材－制品－使用，到报废－回炉炼钢，每 8~30 年为一个轮回，不断积累，不断产生，无限循环使用。

2008 年全球铁钢比为 0.7096，除中国以外的铁钢比为 0.5662。西方工业发达国家的铁钢比在 0.5 左右，长流程的吨钢 CO_2 排放量在 1.7 吨左右，欧洲最好水平吨钢 CO_2 排放量在 1.3 吨左右。中国的铁钢比为 0.9404 吨，长流程的吨钢排放 CO_2 在 2.2 吨左右，远高于世界平均水平（参见图 7-1）。

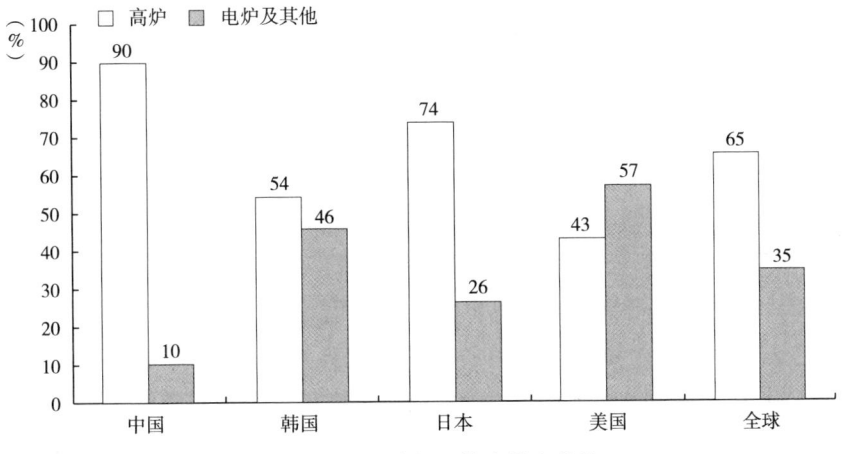

图 7-1 主要产钢国的高炉电炉比

(二) 粗钢产量分析

1. 全球粗钢产量及增长趋势

(1) 发展现状

总体而言,全球粗钢产量呈不断上升趋势。据世界钢协统计数据,2011年全球粗钢产量 15.27 亿吨,同比增长 6.8%,创历史新高。超过亿吨的产钢国有中国和日本:中国粗钢产量 6.955 亿吨,同比增长 8.9%;日本粗钢产量 1.076 亿吨,同比小幅下降 1.8%。超过 5000 万吨而不足 1 亿吨的国家有 4 个,即美国、印度、俄罗斯和韩国;美国粗钢产量 8620 万吨,同比增长 7.1%;印度 7220 万吨,同比增长 5.7%;俄罗斯粗钢产量 6870 万吨,同比增长 2.7%;韩国粗钢产量 6850 万吨,同比增长 16.2%(见表 7-3)。

表 7-3 2011 年主要产钢国粗钢产量及增速

单位:亿吨,%

国 家	2011 年	2010 年	2011 年/2010 年
中 国	6.955	6.387	8.9
日 本	1.076	1.096	-1.8
美 国	0.862	0.805	7.1
印 度	0.722	0.683	5.7
俄 罗 斯	0.687	0.669	2.7
韩 国	0.685	0.589	16.2

国　　家	2011 年	2010 年	2011 年/2010 年
德　国	0.443	0.438	1
乌克兰	0.353	0.334	5.7
巴　西	0.352	0.329	6.8
土耳其	0.341	0.291	17

（2）主要国家粗钢产量占世界比重的变化

钢铁产业具有空间高度集中的特征。世界钢铁生产地理集中度一直较高，1870 年，全球产量前三名的国家的粗钢产量占全球粗钢产量高达 78%；1900 年，这一数据为 80%；1920 年为 86%；1940 年为 65%；1960 年为 47%；1980 年为 46%；2000 年为 40%；2010 年为 58%（见图 7-3）。

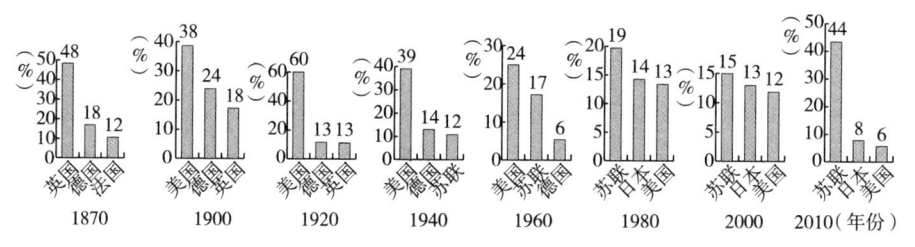

图 7-2　主要国家钢铁产量占世界比重

（3）国际机构对粗钢产量的预测

全球粗钢需求增长率预测（2011~2015 年），增长率为 3%~5%，其中，中国、印度、俄罗斯增长率在 8%~10%。2000~2010 年 10 年间复合增长率超过

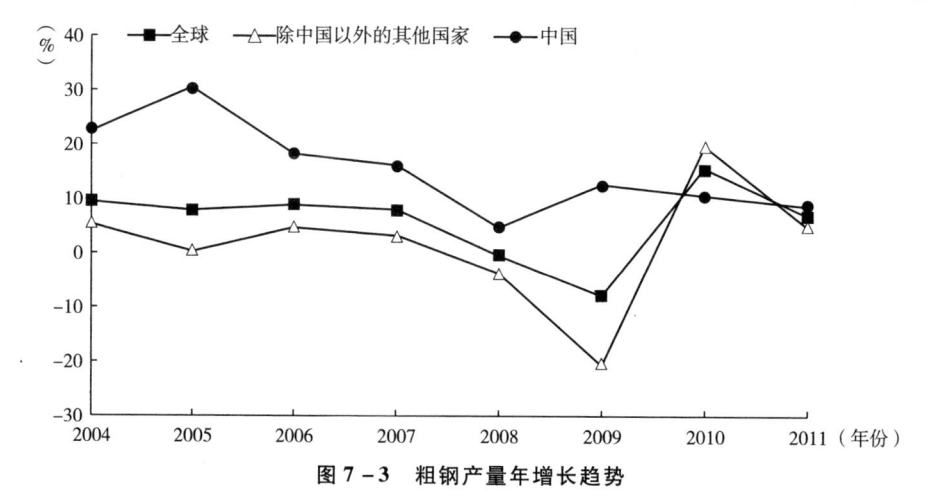

图 7-3　粗钢产量年增长趋势

5%。此前20年全球粗钢产量几乎没有增长，年复合增长率为0.5%。到2015年全球粗钢产量将达17亿~18亿吨，中国约占50%，也就是8亿~9亿吨左右。

（三）中国粗钢产量及峰值的情景分析

1. 钢铁产量峰值的国际经验

（1）城市化率与人均粗钢产量峰值

发达国家钢铁产量均经历了急速上升，然后达到峰值后保持平稳或者回落的过程。城市化的进程中必然伴随着钢铁产业的扩张和成熟。

观察美国城市化率与人均粗钢产量的关系，美国人均年产钢铁量在1910~1940年期间基本处于300~400千克，同时城市化率由40%上升至60%；第二次世界大战后进入500~600千克，城市化率由60%上升至70%。20世纪80年代后，美国城市化进程基本完成，回落至300~400千克（见图7-5）。

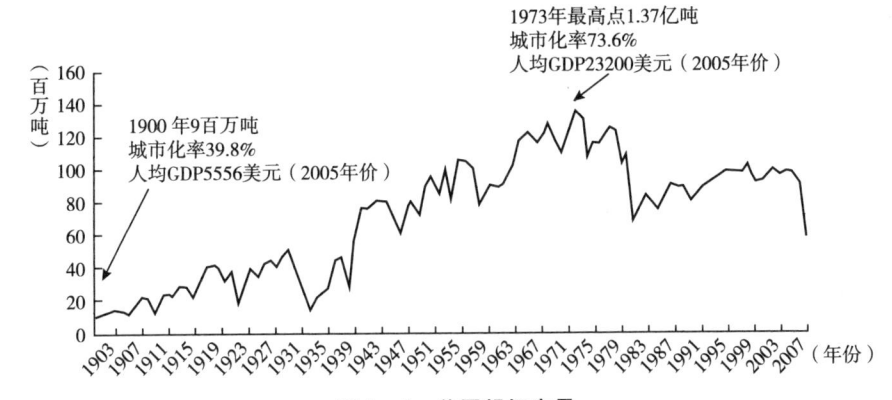

图7-4 美国粗钢产量

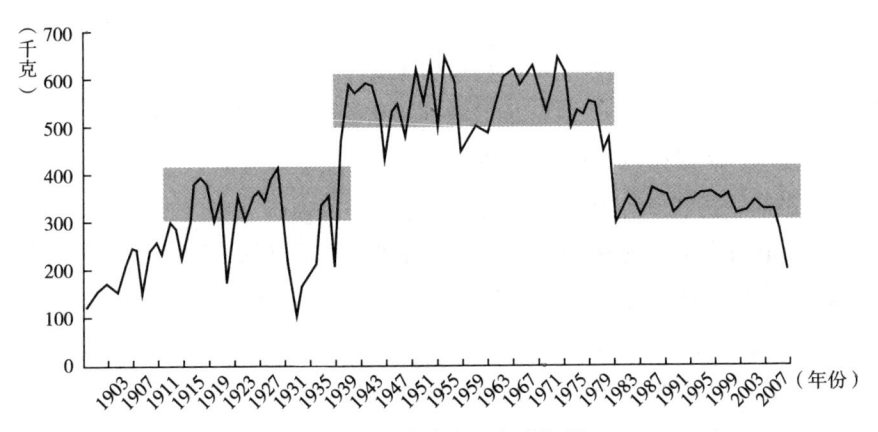

图7-5 美国人均年产钢量

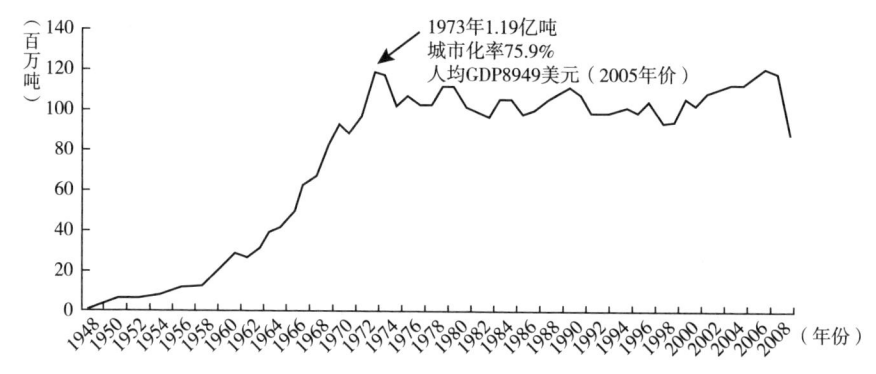

图 7-6 日本粗钢产量

观察日本城市化率与人均粗钢产量的关系，可以发现：日本人均年产钢量于 1973 年达到 1097 千克，为历史最高点。当时日本城市化基本完成，城市化率达到 75%。与美国不同的是，日本在前期人均产钢量增速惊人，而进入后期并无大幅回落，除了少数几次危机外，基本稳定在 800～1000 千克（见图 7-7）。

图 7-7 日本人均年产钢量

（2）GDP 增速与粗钢产量具有正相关性

观察中国和日本 GDP 增速与粗钢产量增速，可以发现 GDP 增速与粗钢产量增速具有互相关性。见图 7-8 和图 7-9。

2. 影响中国粗钢产量及峰值的因素

影响中国粗钢产量及峰值除了钢铁的替代和钢材的节约外，主要因素是我国的工业化与城镇化进程以及钢铁的累积量。

（1）工业化与城镇化的进程

从欧美发达国家的经验看，钢铁产业的发展总是与工业化进程密切联系在一起。在发达国家，当城镇化和工业化基本完成时，人均粗钢产量就达到峰值。

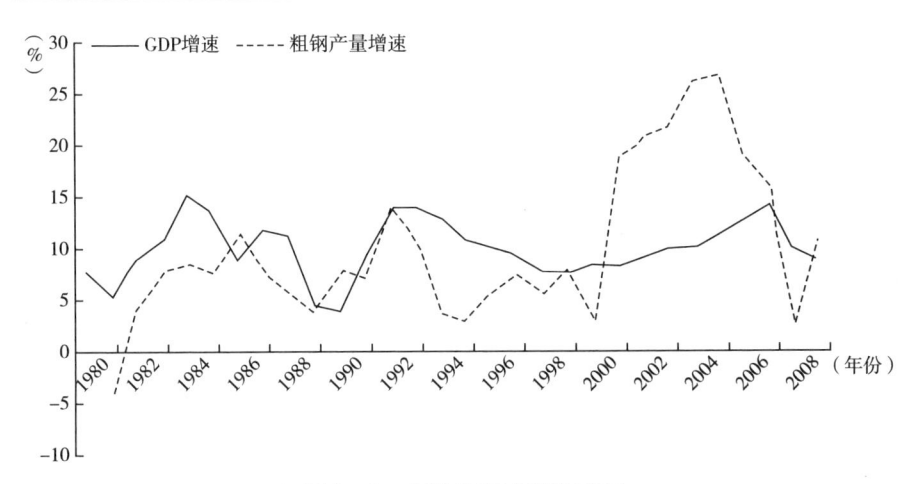

图 7-8 中国 GDP 与粗钢产量

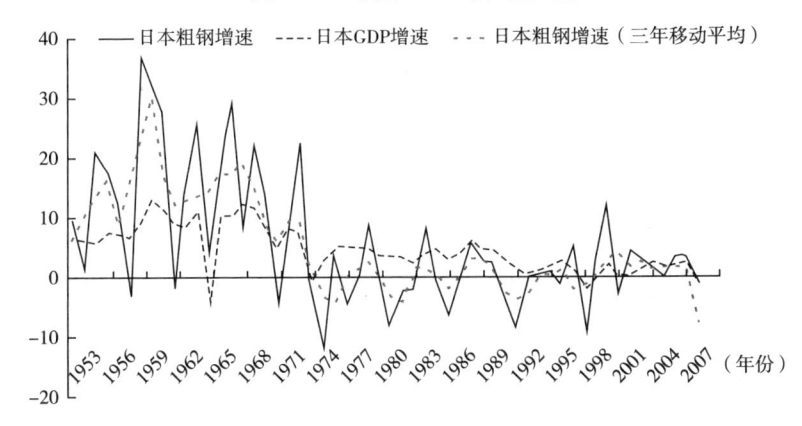

图 7-9 日本 GDP 与粗钢产量

判断中国工业化发展阶段,可以用克拉克-配第劳动力产业分布理论。统计数据表明,2010 年中国三次产业从业人员比重为 36.7∶28.7∶34.6。根据克拉克-配第理论,其工业化大致处于克拉克-配第定理所说的第三阶段到第四阶段。因此,中国工业化的道路还需要很长的时间,还有接近 20% 的农业从业人口需要向工业转移。

表 7-4 克拉克-配第劳动力产业分布的经验数据及对工业化阶段的判断

单位:%

所处阶段	第一产业从业人员比重	第二产业从业人员比重	第三产业从业人员比重
第一阶段	80.5	9.6	9.9
第二阶段	63.3	17	19.7

续表

所处阶段	第一产业从业人员比重	第二产业从业人员比重	第三产业从业人员比重
第三阶段	46.1	26.8	27.1
第四阶段	31.4	36	32.6
第五阶段	17	45.6	37.4
2010年	36.7	28.7	34.6

资料来源：威廉·配第：《配第经济著作选集》，陈冬野、马清槐、周锦如译，商务印书馆，19页；《新帕尔格雷夫经济学大辞典》，第一卷，A－D，经济科学出版社，第467页；苏东水：《产业经济学》，高等教育出版社，第227页。

判断中国工业化阶段，也可以用霍夫曼理论。霍夫曼定理的核心思想就是在工业化的进程中，霍夫曼比例呈下降趋势：在工业化的第一阶段，消费资料工业的生产在制造业中占主导地位，资本资料工业的生产不发达，此时，霍夫曼比例[1]为5（±1）；第二阶段，资本资料工业的发展速度比消费资料工业快，但在规模上仍比消费资料工业小得多，这时霍夫曼比例为2.5（±1）；第三阶段，消费资料工业和资本资料工业的规模大体相当，霍夫曼比例是1（±0.5）；第四阶段，资本资料工业的规模超过了消费资料工业的规模。通过计算，中国现阶段霍夫曼比例为2.5（±1），处于第二阶段。钢铁行业等资本资料工业的发展速度比消费资料工业快，还会有一定的发展空间。

表7-5 中国霍夫曼比例

年 份	2007	2006	2005	2004	2003	2002	2001
霍夫曼比例	2.31	2.30	2.40	2.54	3.05	3.68	3.30

城镇化率（城镇化水平）是一个国家或地区经济发展的重要标志。通常用市人口和镇人口占全部人口（人口数据均用常住人口而非户籍人口）的百分比来表示，用于反映人口向城市聚集的过程和聚集程度。2010年，中国城镇化率为49.7%。

（2）中国钢铁累积储量水平

钢铁累积储量是反映一国钢铁产业发展的指标。到2009年，中国累计产钢约51亿吨，已经超过日本47亿吨，但仍低于美国的78亿吨。

---

[1] 霍夫曼比例＝消费资料工业的净产值/资本资料工业的净产值。

3. 中国粗钢产量及峰值分析

(1) 城市化率与人均粗钢产量达峰时间

人均粗钢产量达峰的时间：美国和日本人均粗钢产量达峰的时间分别在城市化率为 73% 和 75% 时。①中国城市化率变化的判断。1996 年开始中国城市化率开始加速，迄今年均涨幅为 1.25 个百分点。考虑到城市化增长的速度变化，中国在 2036 年城市化率将达到 70%，2024 年才能达到 60% 的城市化，2030 年中国城市化率达到 65.61%。②根据国际经验，中国人均粗钢产量达到峰值时间应该发展生在 2036 年前后，但考虑到目前中国较强的钢铁产业政策以及国际钢铁产业竞争环境的压力，综合判断：中国人均粗钢产量达峰时间在 2030 年前后，但达峰后峰值弧顶区仍将持续一个时期。

表 7-6 中国城镇化率的情景分析

年 份	人口增长率（%）	人口（万）	城镇化率（%）
2010	0.504	134146.69	47.00
2011	0.475	134783.88	47.61
2020	0.385	140027.76	56.51
2021	0.295	140566.87	57.46
2022	0.295	140981.54	58.41
2023	0.295	141397.43	59.35
2024	0.295	141814.56	60.28
2025	0.295	142232.91	61.19
2026	0.185	142652.50	62.10
2027	0.185	142916.40	63.00
2028	0.185	143180.80	63.88
2029	0.185	143445.68	64.75
2030	0.185	143711.06	65.61
2031	0.075	143976.92	66.46
2032	0.075	144084.91	67.29
2033	0.075	144192.97	68.11
2034	0	144301.12	68.92
2035	0	144301.12	69.71

续表

年　份	人口增长率（%）	人口（万）	城镇化率（%）
2036	0	144301.12	70.49
2037	-0.065	144301.12	71.25
2038	-0.065	144207.32	72.00
2039	-0.065	144113.58	72.74
2040	-0.065	144019.91	73.46
2050	-0.245	141561.57	79.86

（2）中国粗钢产量及达峰时间

情景分析：目前中国人均年产钢量为516.2千克，仍低于城市化完成后期的美国（646千克）和日本（1097千克），城市化率也刚刚接近50%，正处于快速增长阶段。①按"十二五"钢铁工业发展规划设定发展情景，峰值粗钢消费量为7.7亿~8.2亿吨，考虑到出口，按4000万吨/年计算，达峰时产量为8.1亿~8.6亿吨。达峰值人均产量为低方案578.46千克，高方案为614.16千克。②选取美国人均产量达峰时的值646千克。③选取日本人均产量达峰时的值1097千克。

情景1：若按美国人均粗钢产量峰值646千克计算，中国粗钢年产量峰值可能达到9.3亿吨，达到峰值的时间在2034年；

情景2：若按人均粗钢产量峰值614.16千克计算，中国粗钢年产量峰值可能达到8.9亿吨，达到峰值的时间在2029年；

情景3：若按人均粗钢产量峰值578.46千克计算，中国粗钢年产量峰值可能达到8.3亿吨，达到峰值的时间在2026年；

若按日本人均粗钢产量峰值1097千克计算，中国粗钢年产量峰值可能达到15.8亿吨，达到峰值的时间在2030年。我们认为在转变经济增长方式和国际气候变化压力的背景下，这一情景发生的可能性较小。

（四）钢铁工业能源消费与CO_2减排峰值分析

在上述三个达峰情景假设下，再给定三个节能情景。情景A设定为现行节能水平，情景B设定为日本钢铁工业的节能水平，情景C设定为在情景B的基础上，增加25%的CCS技术。那么钢铁工业能源消费及CO_2减排情景见表7-7。

表7-7 钢铁工业能源消费与CO_2减排情景

达峰情景		达峰时指标			情景A 基准情景(现行节能水平政策)		情景B 日本节能标准情景		情景C 在情景B的基础上,25%应用CCS	
情景	说明	粗钢产量峰值(亿吨)	达峰时间(年)	人均产量(千克)	总能耗(亿吨标准煤)	CO_2排放量(亿吨)	总能耗(亿吨标准煤)	CO_2排放量(亿吨)	总能耗(亿吨标准煤)	CO_2排放量(亿吨)
情景1	美国情景	9.33	2034	646	8.84	18.59	8.4	14.55	8.82	10.91
情景2	"十二五"高方案	8.81	2029	614	8.39	17.63	8.07	14.62	8.47	10.97
情景3	"十二五"低方案	8.3	2026	578.46	8.09	16.96	7.13	10.17	7.49	7.63
吨钢综合能耗及吨钢CO_2排放量					0.97	2.04	0.86	1.22	0.92	1.03

情景A：基准情景时，能源消费量为8.84亿吨标准煤，CO_2排放量为18.59亿吨；情景B：日本水平，综合能耗水平达到日本2008年水平，CO_2排放达到欧洲先进水平时，能源消费量为7.99亿吨标，CO_2排放量为11.39亿吨；情景C：在情景B的基础上，25%应用CCS技术时，能源消费量为8.82亿吨标准煤，CO_2排放量为10.91亿吨。

(五) 减排路径分析

1. 日本钢铁行业减排的经验

日本钢铁业的温室气体排放占全国14%，减排压力巨大。为完成《京都议定书》规定的2010年比1990年减排6%的目标，钢铁工业针对环保的自主行动计划取得了很大成效。具体的做法如下。

提出日本钢铁产业到2010年将钢铁生产整体能耗消减10%的战略目标（基于1990年水平）；日本钢铁联盟宣布了到2020年的二氧化碳排放量中期减排目标，整个日本钢铁行业将通过最大限度采用最先进技术，到2020年把二氧化碳排放量比未采取措施的预测值削减500万吨。

在整个减排计划中，有关设备投资额约为1万亿日元（约合7867亿元人民币）；减排量约相当于2007年度国内钢铁行业排放量的2.5%。

降低 CO_2 和所有温室气体排放是钢铁工业的重大任务，为此开发降低 CO_2 排放的节能重要技术，有干熄焦、高炉炉顶余压发电（TRT）、废热回收、连续铸钢、热装炉轧制和连续退火等技术，并改善了生产结构，实现了钢铁生产的集中化和大型化，采取了软焦煤大配比炼焦、高炉喷煤、加强废热回收、提高电厂和氧气厂的换能效率等节能减排措施。

还有一点经验很重要，就是通过采用高强度钢板来制造高性能钢铁产品，实现大规模降低车辆自重的目的。尽管在生产高性能钢铁产品时在一定程度上增加了能源消耗与 CO_2 排放，但高性能钢铁产品在整体节能减排上具有以下两点独特的优势：可以使最终产品（如汽车等）大规模节能降耗；总体上减少了钢铁在最终产品中的用量。

表 7-8 最终产品及节能

高性能钢铁产品	应用领域	何种能源被节省
高强度薄钢板	汽车行业	燃料能源
高强度中厚板	造船行业	燃料能源
不锈钢钢板	电气火车	电能
宽缘钢型	建筑用钢	N/A
晶粒取向电器用硅钢片	变压器制造	电能
防热钢管	发电厂的大型锅炉	燃料能源

2. 韩国的经验

通过产业政策降低铁钢比是韩国钢铁工业节能的主要经验。钢铁工业政策如下。

韩国于1970年颁布了《钢铁工业育成法》，规定了扶持钢铁工业发展的有关政策、法律。在《钢铁工业育成法》中考虑到韩国缺乏高炉用的炼焦煤和铁矿石这一实际情况，为确保高炉厂的规模效益，规定只允许浦项一家企业建高炉，其他则发展电炉钢。这一政策有效控制了铁钢比，2009年产粗钢4860万吨，浦项钢铁公司形成2600万吨年产能力，年电炉钢产量比重达到了45.7%。

3. 美国钢铁行业

美国钢铁业签署了气候自愿行动协议，承诺能源强度在2002年数据基础上改善10%。其主要节能经验如下：第一，采取措施，提高电炉钢比重、增加转炉废钢配比、实现全连铸以及板材轧制工序的热装热送。第二，国家层面开发节能技术，美国能源部与行业合作，针对钢铁行业开发了包括无焦炼铁技术、LCS 激光等值线测量系统、高强轧辊等技术。通过努力，美国钢铁业取得了巨大的节能效果，吨钢能耗不断下降。见图 7-10。

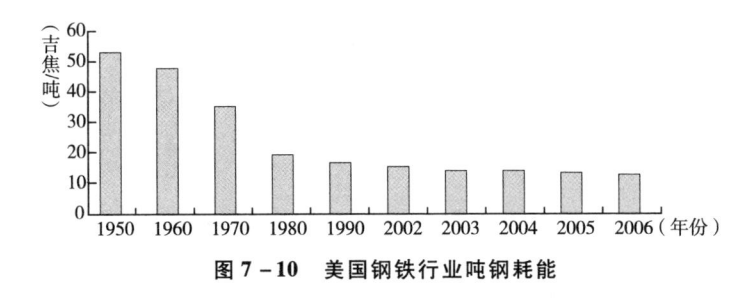

图 7-10　美国钢铁行业吨钢耗能

4. 中国钢铁工业减排路径

第一，改善能源结构，减少电煤比，提高炼钢过程的能源效率。持续优化和最大化废钢的循环利用。废钢的回收率提高（发达国家的废钢回收率超过 60%）。炼钢过程产生的副产品使用率提高。

第二，淘汰落后产能，扩大目前已经在最有效的场所使用的已有技术，进行新技术的研究开发，快速降低吨钢 CO_2 排放量。2010 年淘汰落后炼铁产能 3000 万吨，炼钢产能 825 万吨；2011 年淘汰炼铁产能 7200 万吨。

第三，节能措施。中低温余热利用技术：在余热余能利用方面，发达国家的余热余能回收率已达到 92%，其企业能耗费用仅占产品成本的 14%。中国比较先进的企业的余热余能回收率约为 68%，其能源费用占产品成本的 21.3%。而大多数钢铁企业的余热余能回收率则低于 50%，能源费用占产品成本的 30% 以上。

第四，钢渣吸收 CO_2 技术：中国每年钢渣有几千万吨。钢渣除用于道路工程、水泥工业、建材等领域外，还可以在钢渣中通入 CO_2 气体。1 吨钢渣可以吸收 200 千克的 CO_2，CO_2 气体和钢渣中的自由氧化钙等结合，使钢渣碳酸化，使之成为钢渣岩块。钢渣岩块放到海中对浮游生物的生长有促进作用，而浮游生物的生长要依赖于光合作用，光合作用将从大气中吸收 CO_2 气体，因此通过钢渣的促进作用可以使海洋吸收大量 CO_2。

（六）减排成本与收益

将前面设定的情景 1 作为基准情景，分析比较情景 2 和情景 3 下的成本与收益。这里成本主要指投资成本，收益主要指减排收益。

情景2下：与人均钢产量为646千克相比，当人均钢产量为616千克时，钢铁产能投资将大幅下降。相关资料表明，曹妃甸首钢一期工程产量800万吨、工程总投资635亿元，吨钢投资成本大约是7937元。如果按吨钢投资成本7000元，带来的减排总收益是15.74亿吨CO_2，投入的总成本是16393亿元，单位减排成本1041元/吨CO_2。

情景3下：与人均钢产量为646千克相比，当按照日本节能标准，带来的减排总收益是12.18亿吨CO_2，投入的总成本是474185亿元，单位减排成本3894元/吨CO_2。

说明，由于数据获取的困难性，成本计算是以具体项目的投资成本推算的。

表7-9 CO_2减排成本与收益

年 份	情景1（人均646千克）	情景2（人均614千克）	收益（减少CO_2排放量，万吨）	成本（亿元）	日本节能标准收益（减少CO_2排放量，万吨）	成本（亿元）
2005	35324	35324				
2010	58419.3	58419				
2020	80911.9	80422	3225	1114	62567	21618
2030	90096.4	87610	13291	1851	143300	19958
2040	85341.5	81476	51599	2752	221614	11819
2050	71144.2	73871	2744	3703	260437	351488

二 水泥行业CO_2排放峰值及减排路径

水泥行业排放的CO_2是工业部门中CO_2主要排放源。中国是水泥工业大国，连续多年来水泥总产量位居世界第一，总量占世界的50%左右。2010年，中国水泥工业CO_2排放量达14亿吨以上，约占中国CO_2排放的15%。可见，中国水泥行业减排，不仅对中国CO_2减排意义重大，而且对世界水泥行业CO_2减排意义重大。

（一）影响水泥行业CO_2排放的因素分析

影响水泥行业CO_2排放的因素主要有水泥产量、水泥的技术工艺与日生产规模、水泥生产的能源效率、能源结构与熟料替代等。但在技术水平没有巨大变化的前提下，影响水泥行业 CO_2 排放的关键因素是水泥产量。

1. 技术工艺与日生产规模

水泥生产技术工艺直接影响水泥的 CO_2 排放。考虑水泥生产技术水平的高低以及不同规模水泥企业的差异，水泥生产可以分成大型新型干法（大于 4000 吨 - 熟料/日）、中型新型干法（2000~4000 吨 - 熟料/日）、小型新型干法（小于 2000 吨 - 熟料/日）和立窑（小于 2000 吨 - 熟料/日）等四类，其吨综合煤耗、电耗和 CO_2 排放有比较大的差异。见表 7-10 和表 7-11。

表 7-10 水泥生产能源消耗及 CO_2 排放

指 标	大型新型干法	中型新型干法	小型新型干法	立 窑	中国平均
市场份额（%）	29.32	23.21	9.29	38.18	100.00
烧成煤耗（煤耗千克/吨 - 水泥）	111.38	119.17	132.33	141.12	126.49
烘干煤耗（煤耗千克/吨 - 水泥）	3.50	3.50	3.50	3.50	3.50
水泥综合煤耗（煤耗千克/吨 - 水泥）	114.88	122.67	135.83	144.62	129.99
烧成电耗（电耗千瓦时/吨 - 水泥）	45.44	49	55.29	58.1	52.02
其他电耗（电耗千瓦时/吨 - 水泥）	46.5	50.97	49.23	32.9	42.6
水泥综合电耗（电耗千瓦时/吨 - 水泥）	91.94	99.97	104.52	91	94.61
水泥 CO_2 排放（千克/吨 - 水泥）	573.40	587.87	609.01	619.01	597.48

表 7-11 不同生产工艺能耗对比

千克标准煤/吨熟料	新型干法窑	机立窑	湿法窑	干法中空窑
热 耗	115	160	208	243
热耗系数	100	139	181	211

2. 能源效率、能源结构与熟料的替代

水泥生产过程的 CO_2 排放主要来源于碳酸盐的煅烧以及原料中所含有机碳的燃烧、水泥窑传统化石燃料的燃烧、水泥窑替代化石燃料的燃烧（也称化石替代燃料或化石废料）、水泥窑生物质燃料的燃烧（包括生物质废弃物）、非水泥窑用燃料的燃烧以及废水中所含碳的燃烧。

提高能源利用效率，直接影响吨水泥 CO_2 排放量。煅烧是水泥工业的核心工艺，由生料煅烧成熟料需要大量的热量，此外，水泥粉磨需要大量的电能。

表7-12 近几年水泥行业能源消耗情况

年 份	水泥产量（万吨）	能源消耗（万吨）	万元增加值综合能耗（吨标准煤/万元）	吨熟料综合能耗（千克标准煤/吨）	水泥综合能耗（千克标准煤/吨）
2008	106885	11730	14.07	148	127
2009	123611	13102	12.77	142	120
2010	136110	14300	11.76	138	115

减少燃料中化石能源（主要是煤炭）的比重，会直接影响吨水泥 CO_2 排放量。GNR 数据显示，在某些欧洲国家，水泥行业燃料平均替代率超过50%，个别水泥厂甚至达到98%。水泥工业可用的典型替代燃料有：预处理过的工业固体废弃物和城市生活垃圾，废旧轮胎，废油及其溶液，塑料、纺织品和废纸，生物质能燃料。其中生物质能燃料包括：骨粉饲料、木料、木块和碎木屑，废旧木材和废纸，农业残余物，如米糠、锯末，污水污泥，以及农作物秸秆。替代燃料的使用取决于当地工业类型、废弃物处理立法水平、管理体制和实施力度、废弃物收集基础设施等条件的限制。

水泥中熟料使用的多少直接影响吨水泥 CO_2 排放量。熟料是水泥的主要成分，也是水泥行业 CO_2 排放的主要来源。其他矿物质，如高炉矿渣细粉（钢铁工业副产品），粉煤灰和天然火山物质等也具有与熟料相似的作用，这些替代物的使用可以降低水泥中熟料的含量，从而降低二氧化碳的排放。

3. 水泥产量

水泥产量的多少直接影响水泥行业 CO_2 排放量的多少。尽管水泥行业的技术进步大大降低了吨水泥 CO_2 的排放量，但是随着世界水泥产量从1970年的不到6亿吨增加到2010年的30亿吨，水泥行业的 CO_2 排放量还是大幅度提高的。

4. 碳捕捉与碳封存技术

碳捕捉与碳封存技术的成熟与否直接影响水泥产业的 CO_2 排放水平。碳捕捉与封存（CCS）是一种新技术，利用这种技术可以将二氧化碳排放集中收集起来并压缩成液体，再通过管道输送，将其永久封存在地底深处。水泥行业的二氧化碳排放主要发生在燃料燃烧和石灰石煅烧阶段，对于它们的捕捉需要特殊的、低成本、高效率的碳捕捉技术。

（二）发达国家与地区水泥消费需求变化的特点

1. 世界水泥产量及 CO_2 排放现状

2010 年，世界水泥的总产量约为 30 亿吨，排放 CO_2 约为 22.5 亿吨，约占世界 CO_2 排放总量的 6.79%。1930~2010 年，世界水泥产量以年均 6.13% 的速度增长。水泥生产中排放的 CO_2 占人类活动制造的 CO_2 总量的比重不断增加，从 1970 年的 2.86% 增加到 2010 年的 6.79%（见表 7-13）。

表 7-13　世界水泥产量及 CO_2 排放现状

年　份	世界产量（亿吨）	年均增长速度（%）	世界水泥产业 CO_2 排放量（亿吨）	世界 CO_2 排放总量（亿吨）	水泥行业 CO_2 排放占全球 CO_2 排放的比重（%）
1930	0.72	—	0.54	—	—
1940	0.81	1.25	0.61	—	—
1950	1.33	6.42	1.00	—	—
1960	3.17	13.83	2.38	—	—
1970	5.72	8.04	4.29	149.93	2.86
1980	8.83	5.44	6.62	193.22	3.43
1990	10.43	1.81	7.82	226.13	3.46
2000	16.6	5.92	12.45	255.77	4.87
2005	23.5	7.31	17.63	298.26	5.91
2010	30	7.14	22.50	331.58	6.79

资料来源：根据 CEMENT STATISTICS，U. S. GEOLOGICAL SURVEY，November 20，2009 数据整理计算。

2. 世界水泥产业将有巨大的发展空间

对于世界水泥产业的发展趋势，有许多专家进行了大量的研究。有一个

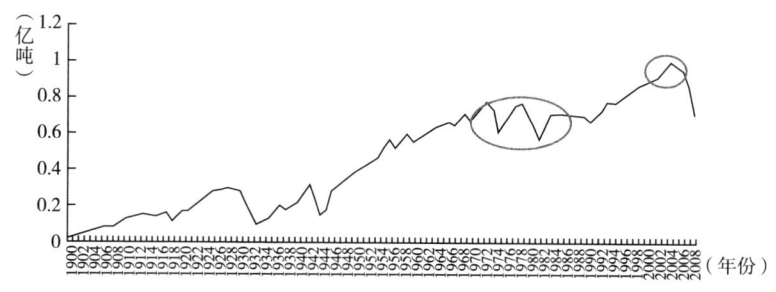

图 7-11　美国水泥产量

事实被共同接受，那就是随着世界各国经济的发展，水泥产量将会继续增长。有权威研究表明，到 2050 年，预计世界水泥产量比目前增加一倍，将在 60 亿吨左右（Nicolas Muller, Jochen Harnisch, 2007）。

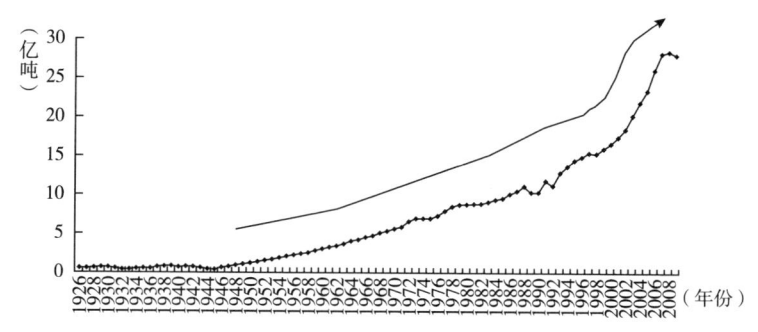

图 7-12　世界水泥产量

3. 世界水泥总需求量与产量的变化特点

世界发达国家和地区的发展经验表明，一个国家或地区的水泥需求或消费量与该国或该地区所处的经济发展阶段密切相关。当一个国家或地区处在经济起步阶段时，水泥需求量呈缓慢上升态势；当一个国家或地区经济进入高速增长期时，水泥需求量呈快速增长态势；而达到水泥需求的高峰期（亦称拐点、饱和点或顶点）时，应当处在经济高速增长时期的大规模建设阶段；当一个国家或地区的经济进入成熟期后，水泥需求量会逐渐稳定，并趋近于一个常量。

各国的国情不同，峰值出现的时间和水泥消费量的关系也不尽相同。但有一条共同规律，那就是峰值出现的时间大多在城市化率达到 70% 前后。

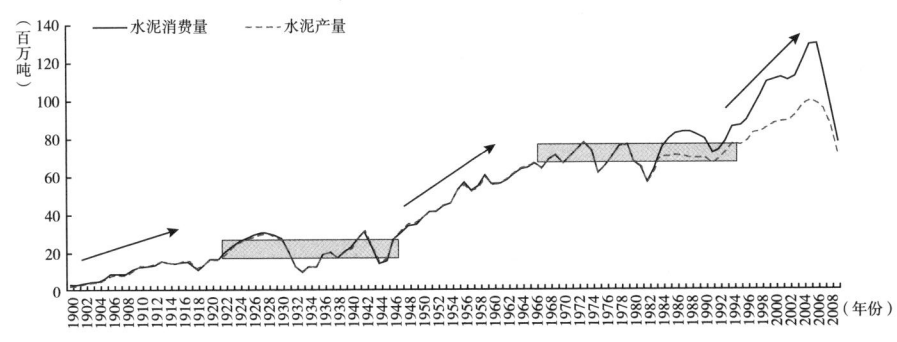

图 7-13 美国水泥消费量及水泥产量

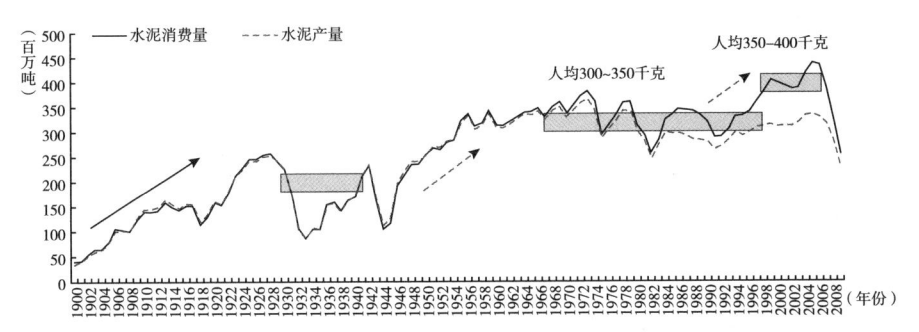

图 7-14 美国 1900~2009 年人均水泥消费量及人均水泥产量

美国的经验是，人均水泥需求量在 300~350 千克达到饱和，人均累积消费量 10 吨时水泥产量达峰值。随后，人均水泥消费量在这一水平上保持较长时间。

日本、法国、德国、中国台湾的水泥发展也有类似的特点。日本、法国、德国达峰值时的人均水泥消费量分别是 715 千克、700 千克和 800 千克，而中国台湾水泥消费量达峰值时的人均水泥消费量是 1350 千克（见表 7-14）。

表 7-14 发达国家与地区人均水泥消费量峰值比较

国家/地区	消费快速增长期（年）	人均消费量峰值（千克）	达到峰值时间（年）	城镇化率（%）	人均累计消费量（吨）	人均消费平稳值（千克）
美 国	1944~1952	430	2005	90	10	350
日 本	1950~1991	715	1991	82	11	600
法 国	1950~1972	700	1972	70.4	—	—
德 国	1950~1982	800	1982	80.0	—	—
韩 国	1960~1990	1000	1990	90%	—	—
中国台湾	1950~1993	1350	1993	78.0	18	745

(三) 中国水泥产量峰值情景分析

1. 中国水泥产量及 CO_2 排放现状

中国水泥产业超常规发展，水泥产量从1950年的100万吨发展到2010年的18.5亿吨，年均增长速度超过10%。2010年，水泥熟料产量9.62亿吨，同比增长10.2%，其中预分解窑熟料4.91亿吨，同比增长22.1%。新型干法水泥比例达到51%，同比增长5%。

尽管随着水泥产业的快速发展，水泥产业的技术水平不断提高，单位GDP能源强度不断下降，但水泥产业产生的 CO_2 排放也大幅提升，由2000年的4.48亿吨迅速提升到2010年的14.01亿吨。

图7-15 中国水泥产量及 CO_2 排放

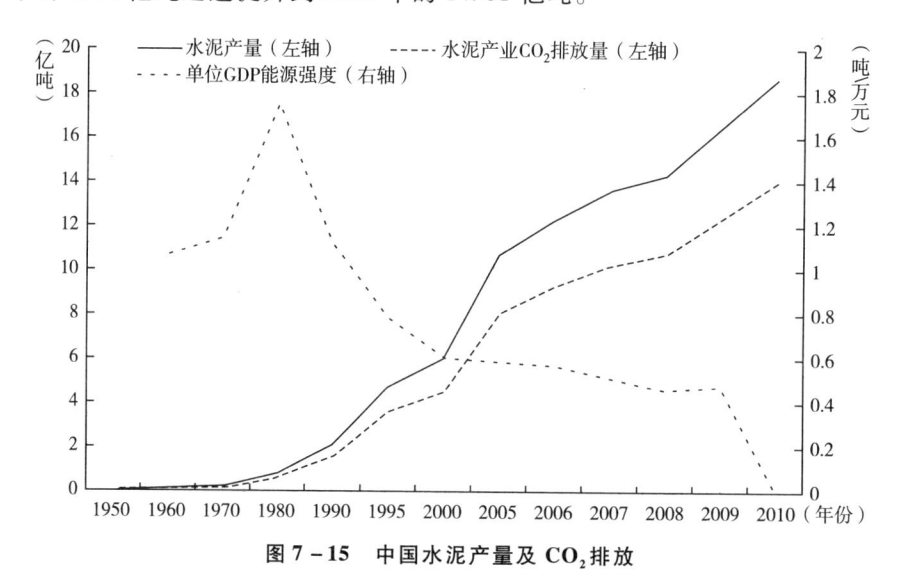

表7-15 中国水泥产量、CO_2 排放及增长速度情况

年 份	水泥产量（亿吨）	增长速度（%）	三年移动平均增长速度（%）	水泥产业 CO_2 排放量（亿吨）	单位 GDP 能源强度（吨/万元）
1950	0.01	113.64		0.01	
1960	0.16	27.55	31.68	0.12	1.07
1970	0.26	40.79	24.01	0.19	1.14
1980	0.80	8.06	12.86	0.60	1.76
1990	2.10	-0.28	4.21	1.57	1.12
1995	4.76	12.92	15.59	3.57	0.78

续表

年　份	水泥产量（亿吨）	增长速度（%）	三年移动平均增长速度（%）	水泥产业 CO_2 排放量（亿吨）	单位 GDP 能源强度（吨/万元）
2000	5.97	4.19	5.28	4.48	0.60
2005	10.69	10.55	13.87	8.02	0.58
2006	12.37	15.71	12.80	9.28	0.57
2007	13.61	10.06	12.11	10.21	0.51
2008	14.30	5.06	10.28	10.73	0.46
2009	16.50	15.38	10.17	12.38	0.48
2010	18.68	13.21	11.22	14.01	—

资料来源：根据《中国统计年鉴》相关年份数据整理计算。

2. 水泥消费量及 CO_2 排放达峰分析

水泥行业与全社会固定资产投资规模、国家基础设施建设和房地产行业紧密相关，未来投资拉动将成为水泥需求增长的主要因素。从历史经验看，每亿元公路投资会拉动水泥需求 2 万~2.5 万吨，每亿元铁路投资拉动水泥需求 2 万吨，每平方米建筑用水泥 0.2 吨。分析我国未来铁路、公路和房地产的投资规模，水泥消费将在 2035 年达到 35 亿吨。

利用 Engle - Granger 模型，对城镇化率和人均水泥累计消费量进行协整检验，发现两者存在明显协整关系：城镇化率每上升 1%，就需人均累计 0.32 吨水泥作为支撑。2035 年，中国城镇化率在 69.71% 左右，将比 2009 年上升 23.12 个百分点，对应的人均累计水泥消费量增加 7.40 吨，届时人均累计水泥消费量将为 19.93 吨。这与发达国家水泥消费达峰值时人均累计水泥消费量约为 20 吨比较接近。由于我国的水泥消费结构（混合材比例较高）、水泥品种与国外存在较大差别，水泥消费达峰时，水泥人均累计消费量有可能超过 20 吨，达峰时间也可能略晚于 2035 年。

根据目前水泥消费水平、水泥替代新材料的使用，以及到 2035 年时的人口和城市化率情景假设，可得出结论：如果措施得力，中国水泥产量有望在 2035 年达峰，达峰时产量在 28 亿吨左右，人均累计消费量 20 吨，且水泥行业的 CO_2 排放达峰与产量达峰基本同步。

如果按水泥行业目标的发展惯性推测，中国水泥产量有可能在"十二五"末即突破 25 亿吨，排放的 CO_2 界时将在 16 亿吨左右。那么水泥消费达峰时的产量有可能突破 30 亿吨，水泥行业的 CO_2 排放量将有可能超过 20 亿吨。

表 7-16 水泥行业能源消费、CO_2 排放量

年 份	水泥产量（亿吨）	吨水泥能耗（千克标准煤/吨）	吨水泥 CO_2 排放量（千克）	能源消费（亿吨标准煤）	CO_2 排放量（亿吨）	CO_2 减排量（亿吨）
2010	18.37	115.00	597.00	2.11	10.97	2.81
2020	23.00	101.96	580.00	2.35	13.34	3.91
2030	24.50	96.98	560.00	2.38	13.72	4.66
2035	28.88	94.50	550.00	2.45	14.28	5.19
2040	24.50	92.01	500.00	2.25	12.25	6.13
2050	24.00	89.50	420.00	2.15	10.08	

（四）中国水泥行业减排实践及成本收益分析

1. 淘汰落后产能，提高能源效率

中国水泥行业的整体技术水平世界领先。世界水泥看中国，新型干法是当今世界最先进的水泥生产方法，中国新型干法水泥产量占全国水泥产量的85%。2010年中国新型干法生产线有1273条，熟料年生产能力为12.6亿吨，水泥产量16亿吨。中国新型干法水泥生产线绝大部分是2002年以后建设的，技术先进。与此相比，世界工业发达国家的新型干法水泥生产线大都建于20世纪70～90年代，其总体技术水平与21世纪新建的生产线相比有一定差距。

表 7-17 淘汰落后产能的成本收益分析

阶 段	淘汰落后产能（万吨）	新增产能（万吨）	淘汰成本（元/吨）	新建成本（元/吨）	淘汰成本（万元）	新建产能投资（万元）	水泥产业减排成本（亿元）
2011～2013 年	32000	32000	315	340	1008	1088	2096
2013 年以后		65000		340		2210	2210
2011～2050 年合计	32000	97000					4306

2009年淘汰落后产能7400万吨，2010年淘汰10728万吨左右。目前中国还有约3.2亿吨的落后产能没有淘汰，根据《关于抑制部分行业产能过剩和重复建设引导产业健康发展的若干意见》，需要在今后几年逐步淘汰。

2. 余热利用

2009年全国有1113条新型干法水泥生产线,其中有498条2000吨/天以上新型干法生产线安装了余热发电,总装机容量3316兆瓦,年发电能力222亿度,节能800多万吨标准煤,减排2000万吨CO_2。

根据国产低温余热发电设备的投资效果来看,以5000吨/天的新型干法熟料生产线为例,得出的结论是吨熟料生产成本降低13.8元,全年成本节约空间为2000万元左右。中国新型干法水泥采用余热发电的生产线要达到干法水泥生产线的40%。

表7-18 5000吨/天低温余热发电设备(国产)成本收益分析

装机容量 千瓦	每千瓦投资 (元)	总投资 (万元)	余热发电综合成本(元/吨)	吨熟料余热发电量(kWh)	吨节约成本(元)	全年节约成本(万元)
7000	7000	4900	0.12	32	13.8	2060

表7-19 水泥余热发电的成本收益分析

产量(亿吨)	单位余热发电投资(元/吨)	吨年收益(元/吨年)	总投资(亿元)	年收益(亿元)
10			306.3	138
12	30.63	13.8	367.56	165.6
14			428.82	193.2

3. 水泥行业CO_2减排的综合成本

表7-20 不同减排途径的投资成本分析

新型干法水泥			关 小			余热利用		
净新增产能(亿吨)	单价(元/吨)	投资(亿元)	关小产能(亿吨)	单价(元/吨)	投资(亿元)	规模(亿吨)	单价(元/吨)	投资(亿元)
15.281521	340	5195.71714	6.5	315	2047.5	25.97	30.63	795.461

表7-21 水泥CO_2减排的成本分析

减排总投资(亿元)	CO_2减排总量(亿吨)	单位减排成本(元/吨)
8038.68	57.50	139.80

三 电力行业 CO_2 排放峰值及减排路径

以 CO_2 为代表的温室气体大量排放引起的全球气候变化是人类迄今面临的最为严重的全球性环境问题。中国是 CO_2 排放大国，2010 年以来，年 CO_2 排放量超过 80 亿吨，约占全球总量的 25%。

电力行业是 CO_2 排放最多的行业。2010 年电力行业 CO_2 的排放量约占能源消费的 CO_2 排放量的 40%。因此，电力行业 CO_2 减排对于中国实现中长期减排目标乃至全球碳减排努力而言，都具有重要的意义。

（一）中国电力消费及 CO_2 排放现状

1. 电力消费需求与经济增长

1995 年中国全社会用电量为 10023 亿千瓦时，2000 年为 1.35 万亿千瓦时，2005 年为 2.49 万亿千瓦时，2010 年为 4.19 万亿千瓦时。1995~2000 年电量消费年均增长率为 6.09%，同期 GDP 年均增长率为 8.83%，此阶段电量消费弹性系数为 0.69 左右；2000~2005 年，电量消费量快速上升，年均增长速度为 13.11%，同期 GDP 年均增长速度为 9.76%，此阶段电量消费弹性系数高达 1.34。2010 年，GDP 增长速度 10.4%，电力消费弹性系数为 1.27。

表 7-22 中国电力消费量

年 份	1995	2000	2005	2006	2007	2008	2009	2010
GDP（亿元）	60794	99215	184937	216314	265810	314045	340903	401202
GDP 增长速度（%）	10.9	8.4	11.3	12.7	14.2	9.6	9.2	10.4
人口（万）	121121	126743	130756	131448	132129	132802	133450	134091
电力消费总量（亿千瓦时）	10023	13472	24940	28588	32712	34541	37032	41934
人均电力消费量（千瓦时）	828	1063	1907	2175	2476	2601	2775	3127
电力消费增长速度（%）	8.2	9.5	13.5	14.6	14.4	5.6	7.2	13.2
电力消费弹性系数	0.75	1.13	1.19	1.15	1.01	0.58	0.78	1.27

资料来源：根据《中国能源统计年鉴 2011》。

从 1995~2010 年电力消费与经济增长间的关系看，全社会电量消费弹性系数呈增长态势。只是在 1995~2000 年间，由于经历了国内经济体制改革和国有企业转型过程中遇到的暂时困难，国际上又遇上亚洲金融危机，造成国内工业生产受挫，其中老工业基地的工业生产受挫情况更为严重，由此使得1997~1998年全国电量消费弹性系数跌至0.36，造成1995~2000年间全社会电量消费弹性系数为0.69左右。2000年以后，除2008、2009年受美国次贷危机影响，电力消费弹性系数分别为0.58和0.78外，其他年份电量消费弹性迅速超过1，甚至在2003年一度达到1.56的水平。其主要原因是中国经济进入工业化过程中的重化工化阶段，随着房地产业、汽车工业、交通运输等基础设施的迅猛发展，钢铁、建材等行业的产量大幅增长，用电量大幅上升。

2. 部门用电量消费结构

从部门用电量消费结构来看，1995~2010年，服务业和居民生活用电比重上升，农业和工业用电比重下降。工业内部，制造业用电比重上升较大，主要是因钢铁和有色金属用电比重大幅上升。从长期看，随着经济的发展和人均收入的增加，完成重工业化的进程，产业结构中第二产业尤其是工业比重将逐步下降，工业用电比重也将随之呈下降趋势，而民用电和商业服务业用电将继续呈上升态势（见表7-23）。

表7-23 中国分部门用电量消费结构

单位：%

年份 行业	1995	2000	2005	2010
消费总量	100.00	100.00	100.00	100.00
农、林、牧、渔业	5.81	3.96	3.11	2.33
工业	76.42	74.26	74.26	73.62
采掘业	8.36	7.38	5.94	4.63
煤炭开采和洗选业	3.91	3.10	2.36	1.79
制造业	51.44	49.96	52.63	54.54
纺织业	3.34	2.75	3.30	3.04
造纸及纸制品业	1.69	1.76	1.63	1.28
石油加工、炼焦及核燃料加工业	1.56	1.82	1.26	1.35
化学原料及化学制品制造业	10.26	8.56	8.54	7.50
医药制造业	1.07	0.66	0.61	0.53
塑料制品业	0.71	0.90	1.29	1.27

续表

年份 行业	1995	2000	2005	2010
非金属矿物制品业	5.98	5.67	5.69	5.84
黑色金属冶炼及压延加工业	9.03	8.32	10.23	11.00
有色金属冶炼及压延加工业	4.25	5.18	5.91	7.46
金属制品业	1.13	1.46	2.03	2.29
通用设备制造业	1.36	1.19	1.38	1.48
交通运输设备制造业	1.54	1.51	1.21	1.88
电气机械及器材制造业	0.65	0.67	0.99	1.21
通信设备、计算机及其他电子设备制造业	0.39	0.93	1.31	1.60
电力、煤气及水生产和供应业	16.62	16.92	15.70	14.45
电力、热力的生产和供应业	15.36	15.54	14.83	13.56
建筑业	1.59	1.19	0.94	1.15
交通运输、仓储和邮政业	1.82	2.09	1.73	1.75
批发、零售业和住宿、餐饮业	1.99	3.11	3.02	3.08
其他行业	2.34	4.63	5.38	5.85
生活消费	10.03	10.78	11.57	12.22

3. 电耗系数分析

电耗系数是指单位GDP需消耗的电量（千瓦时/元），经济系统的结构（包括产业结构、部门结构、产品结构）以及用电的技术水平（用电效率）是影响电耗系数的主要因素。全社会及产业电耗系数可用于分析经济的走势、结构的变化、用电效率等。中国目前所处的发展阶段中，基本规律是随着经济的发展，人均收入的提高，结构的变化以及用电技术水平的提高，全社会电耗系数逐年下降。产业电耗系数的情况是第二产业（尤其工业）的电耗系数逐年下降，而第一产业与第三产业的变化不大或稍有上升。第二产业电耗系数下降得益于产品结构优化组合及用电技术水平提高。第一产业用电，尤其是农业用电受气候影响大，同时也与第一产业的电气化程度有关，随着中国第一产业用电设备的增加，电气化程度的提高，第一产业的电耗系数在现阶段应是增加的。而第三产业的电耗系数也是逐年增长，因为随着人均收入的增加，第三产业内部如商业、服务业等部门用电设施也在逐步普及与提高（如空调及信息设备的使用等）。

4. 用电量指标国际比较

人均GDP高的发达国家，电耗系数低，人均用电量高。美国、澳大利亚在发达国家中又偏高，日本2007年人均GDP为40681美元，高于美国同年水平，其人均用电量、人均生活用电量低于美国同期水平（低一半左右）。这说明，一般规律是随着经济与生活水平的提高，用电水平也随之提高，但是不应无限地提高，发达国家目前用电指标之间差距是很大的，说明不同国家消费方式及消费观念存在差异，应在生活舒适的前提下，提倡节约用电。

中国的电耗系数是10个国家中最高的，甚至是印度的1.68倍，是日本的6倍，美国的3.6倍。中国电耗系数高与目前处于工业化阶段有关，但在优化结构、提高用电效率等方面，节能潜力巨大。

中国是人均生活用电量很低的国家。中国2006年人均GDP不足巴西的一半，而中国2007年人均用电量2467千瓦时，与巴西用电量2060千瓦时（2006年）相比要高些，但同年中国的人均生活用电量（273千瓦时）与巴西人均生活用电量（446千瓦时）相比，低了很多（见表7-24）。说明中国产业用电比重太高，今后随着生活水平的提高，居民生活用电比重一定会上升。

5. 电力行业 CO_2 排放

我国电力行业 CO_2 排放高，约占全国能源消费 CO_2 排放总量的40%左右，并且这一比例有上升的趋势。2005年电力行业的碳排放相对1980年增加了5倍多，其占全部化石能源碳排放的比例逐年增高，由1980年的21.07%逐步增加到2005年的37.29%，2011年，这一数据进一步上升到41.94%。

表7-24 2007年部分国家主要用电量水平

国家	人均GDP	电耗系数	人均用电量	人均生活用电量
中 国	1595	1.28	2467	273
印 度	634	0.79	503	94
日 本	40681	0.21	8648.1	2188
巴 西	4041	0.51	2060	446
美 国	38047	0.36	13727.5	4508
英 国	28548	0.21	6114	1923

续表

国　　家	人均 GDP	电耗系数	人均用电量	人均生活用电量
意 大 利	19974.5	0.29	5791	1148
西 班 牙	16468	0.37	6152	1491
澳大利亚	24062	0.48	11619.8	2999

注：人均 GDP 单位为 2000 年美元；电耗系数单位为千瓦时/美元（2000 年价）；人均用电量、人均生活用电量单位为千瓦时。印度、巴西为 2006 年数；中国人均 GDP、电耗系数为 2006 年数。

资料来源：国际能源署（IEA）。

2011 年，中国电力行业发电煤耗 310 克/千瓦时，单位发电量的 CO_2 排放量为 966.17 克/千瓦时，燃煤发电量为 3.9 万亿千瓦时，CO_2 排放总量为 37.66 亿吨，全国 CO_2 排放总量为 89.79 亿吨。

表 7-25　中国电力行业 CO_2 排放量

年份	发电煤耗（克/千瓦时）	电力行业 CO_2（克/千瓦时）	煤电发电量（万亿千瓦时）	煤电 CO_2 排放量（亿吨）	全国 CO_2 排放量（亿吨）	电力 CO_2 排放占全国比重（%）
2005	352	1096.28	2.02	22.12	59.32	37.29
2006	348	1084.60	2.36	25.57	65.20	39.22
2007	334	1040.97	2.72	28.33	69.79	40.59
2008	322	1003.57	2.79	28.00	71.85	38.97
2009	320	997.33	2.98	29.75	75.47	39.42
2010	312	972.40	3.33	32.38	83.33	38.86
2011	310	966.17	3.90	37.66	89.79	41.94

数据来源：根据《中国能源统计年鉴》《中电联电力统计公告》《BP 能源统计》数据计算。

（二）影响电力需求量因素及电力总需求情景分析

从历史主要国家电力需求的变化情况看，截至目前，尚没有一个国家的电力需求量有峰值。图 7-16 是 1990~2010 年主要经济大国电力需求的变化情况。

1. 电力消费弹性系数与发展阶段

电力消费弹性系数，反映电力消费增长速度与国民经济增长速度之间比

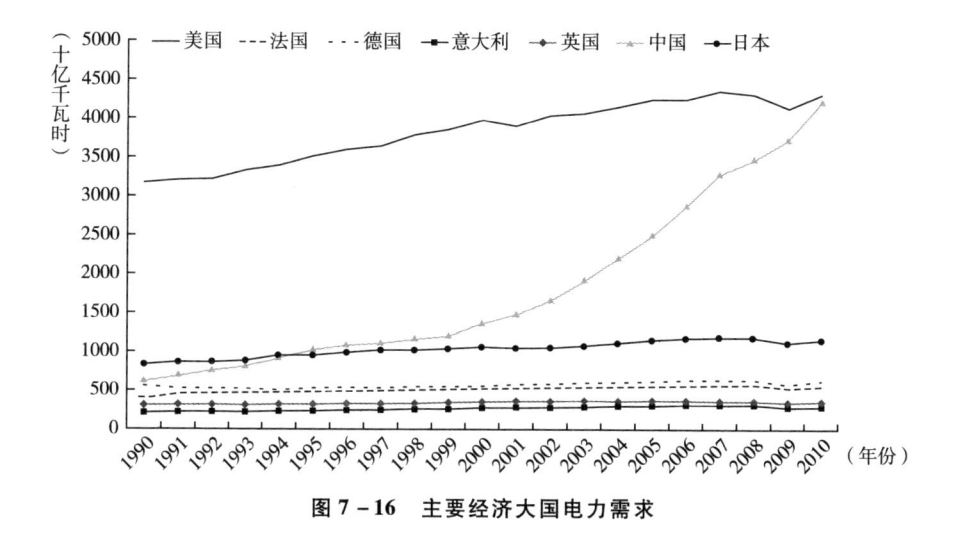

图 7-16 主要经济大国电力需求

例关系的指标，是制订电力长远发展规划考虑的重要因素之一。它等于电力消费量年平均增长速度与国民经济年平均增长速度之比。即：

电力消费弹性系数 = 电力消费量年平均增长速度/国民经济年平均增长速度

发达国家的经验表明：工业化进程中电力消费的一般规律是，进入工业化中期时，电力弹性系数大于 1；所处的经济发展阶段、经济结构、工业内部结构及居民生活用电水平决定了这一时期电力弹性系数的水平。工业化完成后，电力弹性系数小于 1。中国电力弹性系数水平见表 7-26。

表 7-26　中国电力弹性系数变化情况

年　份	GDP 增长速度（%）	电力生产增长速度（%）	电力消费增长速度（%）	电力生产弹性系数	电力消费弹性系数
1980	7.80	6.60	6.60	0.85	0.85
1985	13.50	8.90	9.00	0.66	0.67
1990	3.80	6.20	6.20	1.63	1.63
1995	10.90	8.60	8.20	0.79	0.75
2000	8.40	9.40	9.50	1.12	1.13
2005	11.30	13.50	13.50	1.19	1.19
2010	10.40	13.30	13.20	1.28	1.27

中国电力弹性系数呈波动态势，反映出不同年份、不同经济结构对电力需求增长牵动的强弱变化。2000年以后，除受金融危机影响较大的2008、2009年，中国电力消费弹性系数大于1。

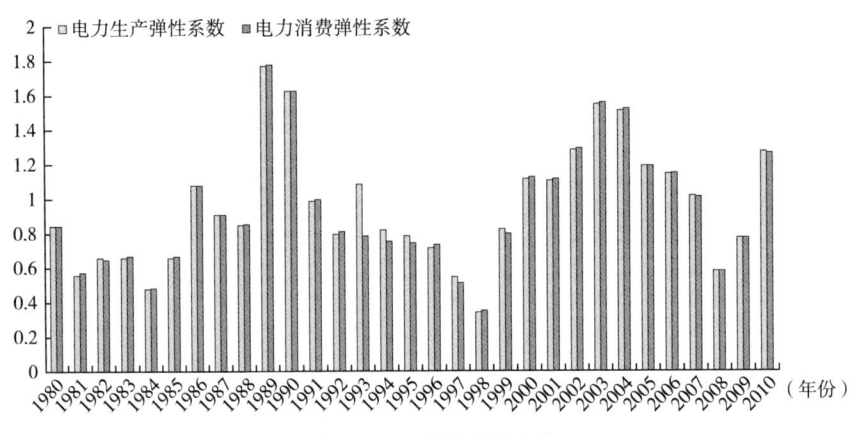

图 7-17 弹性系数变化

表 7-27 电力需求的影响因素

影响因素	主要内容	可能的规律	主要内容
经济发展阶段	经济发展阶段的影响	需求量峰值	没有峰值
宏观经济形势	国民经济波动对电力需求的影响	电力消费弹性	工业化中期电力弹性系数大于1
产业结构	产业结构对电量需求影响		
产品结构	高耗能产品对电量需求影响		
技术进步	技术进步、节能技术对电力需求影响		
生活方式	居民生活用电对电力需求的影响		

2. 中国中长期经济社会发展情景设定及方法

电力需求预测的方法主要包括回归分析法、重点行业用电比重法、产值单耗法、人均用电量、消费弹性系数法、趋势外推法、灰色模型等。本报告重点采用电力消费弹性系数法、人均用电量法等进行综合分析。

随着中国进入工业化中后期，电力消费弹性系数呈明显下降趋势。"十二五"期间为0.89，"十三五"期间为0.75，具体见表7-28。

表 7-28 情景设定（2005 年 =1）

年 份	电力消费弹性系数	GDP（万亿元）	经济增长速度（%）	人口（亿人）	人均 GDP（美元）
2010	1.27	31.46	10.44	13.41	3500
2015	0.89	46.22	8.00	13.75	5095
2020	0.75	64.84	7.00	14.00	6911
2025	0.55	88.32	6.38	14.24	9264
2030	0.5	115.02	5.42	14.37	11946
2035	0.46	142.23	4.34	14.39	14720
2040	0.48	171.08	3.76	14.40	17730
2045	0.45	201.81	3.36	14.33	21066
2050	0.4	234.42	3.04	14.16	24716

2015 年，中国全社会用电量将达到 5.6 万亿~6.5 万亿千瓦时，"十二五"期间年均增长约 8.8%，最大负荷将达到约 10.26 亿千瓦，总装机需要 13.44 亿千瓦；2030 年，全社会用电量将达到 8.4 万亿~9.7 万亿千瓦时，装机将达到 23.24 亿千瓦，人均用电量达到目前英国人均用电量水平；2050 年，全社会用电量将达到 8.7 万亿~9.8 万亿千瓦时，装机将达到 30 亿千瓦，人均用电量达到目前日本人均用电量水平。

表 7-29 2005~2050 年电力需求情景

年份	装机总容量（百万千瓦）	电力需求（万亿千瓦时）				人均用电量（千瓦时）			
		情景1	情景2	情景3	参考情景	情景1	情景2	情景3	参考情景
2005	494	2.4	2.4	2.5	2.5				
2010	966	4.1	4.1	4.2	4.2	3067	3070	3094	3094
2015	1344	6.2	6.0	5.6	6.5	4490	4364	2577	4742
2020	1738	7.9	7.7	7.2	8.4	5666	5519	5149	5976
2025	2023	9.2	9.0	8.4	9.7	6483	6327	5928	6830
2030	2324	10.5	10.3	9.7	11.1	7341	7176	6745	7726
2035	2516	11.3	11.1	10.5	11.9	7882	7717	7273	8288
2040	2716	12.2	11.9	11.3	12.8	8438	8273	7817	8865
2045	2866	12.7	12.5	11.8	13.3	8861	8702	8247	9302
2050	3016	13.2	13.0	12.4	13.9	9351	9197	8741	9808

(三) 电力结构情景分析及电力行业 CO_2 排放

1. 电力结构情景分析

要计算电力行业的 CO_2 排放,不仅需要预测电力生产总量,而且还要知道其结构。我们这里设定了四种情景,这四种情景的电力结构见表 7-30 至表 7-33。

表 7-30 参考情景电力结构

年份	电力需求(万亿千瓦)	火电(万亿千瓦)	水电(万亿千瓦)	核电(万亿千瓦)	风电(万亿千瓦)	光伏(万亿千瓦)	占比(%) 火电(%)	水电(%)	核电(%)	风电(%)	光伏(%)
2005	2.46	2.02	0.40	0.04	0.00	0.00	82.1	16.2	1.7	0.0	0.0
2010	4.15	3.33	0.68	0.08	0.06	0.00	80.2	16.4	2.0	1.4	0.0
2015	6.52	5.25	0.88	0.22	0.16	0.01	80.6	13.5	3.3	2.5	0.1
2020	8.37	6.46	1.06	0.52	0.31	0.02	77.2	12.6	6.3	3.7	0.3
2025	9.72	7.16	1.21	0.91	0.40	0.04	73.6	12.5	9.4	4.1	0.4
2030	11.10	7.86	1.37	1.30	0.50	0.08	70.8	12.4	11.7	4.5	0.7
2035	11.93	8.14	1.37	1.68	0.59	0.14	68.2	11.5	14.1	5.0	1.2
2040	12.77	8.42	1.37	2.07	0.69	0.22	66.0	10.7	16.2	5.4	1.7
2045	13.33	8.42	1.37	2.45	0.78	0.30	63.2	10.3	18.4	5.9	2.2
2050	13.89	8.42	1.37	2.84	0.88	0.37	60.7	9.9	20.5	6.3	2.7

表 7-31 情景 1 电力结构

年份	总供给量(万亿千瓦)	火电(万亿千瓦)	水电(万亿千瓦)	核电(万亿千瓦)	风电(万亿千瓦)	光伏(万亿千瓦)	占比(%) 火电(%)	水电(%)	核电(%)	风电(%)	光伏(%)
2005	2.44	2.02	0.38	0.04	0.00	0.00	82.8	15.5	1.7	0.0	0.0
2010	4.11	3.33	0.65	0.08	0.05	0.00	80.9	15.8	2.0	1.3	0.0
2015	6.17	4.96	0.84	0.21	0.16	0.01	80.4	13.5	3.4	2.5	0.1
2020	7.93	6.10	1.01	0.52	0.29	0.02	76.9	12.7	6.5	3.7	0.2
2025	9.23	6.76	1.16	0.90	0.38	0.03	73.3	12.5	9.7	4.1	0.4
2030	10.55	7.42	1.31	1.28	0.47	0.07	70.4	12.4	12.1	4.5	0.7
2035	11.35	7.69	1.31	1.66	0.56	0.13	67.8	11.5	14.6	4.9	1.2

续表

年份	总供给量（万亿千瓦）	火电（万亿千瓦）	水电（万亿千瓦）	核电（万亿千瓦）	风电（万亿千瓦）	光伏（万亿千瓦）	火电（%）	水电（%）	核电（%）	风电（%）	光伏（%）
2040	12.15	7.95	1.31	2.04	0.65	0.21	65.5	10.8	16.8	5.4	1.7
2045	12.69	7.95	1.31	2.42	0.74	0.28	62.7	10.3	19.0	5.8	2.2
2050	13.24	7.95	1.31	2.80	0.83	0.35	60.1	9.9	21.1	6.3	2.6

表 7-32　情景 2 电力结构

年份	总供给量（万亿千瓦）	火电（万亿千瓦）	水电（万亿千瓦）	核电（万亿千瓦）	风电（万亿千瓦）	光伏（万亿千瓦）	火电（%）	水电（%）	核电（%）	风电（%）	光伏（%）
2005	2.44	2.02	0.38	0.04	0.00	0.00	82.8	15.5	1.7	0.0	0.0
2010	4.12	3.33	0.65	0.08	0.05	0.00	80.9	15.8	2.0	1.3	0.0
2015	6.00	4.78	0.84	0.21	0.16	0.01	79.7	13.9	3.6	2.7	0.2
2020	7.73	5.88	1.01	0.52	0.30	0.02	76.1	13.0	6.8	3.9	0.3
2025	9.01	6.52	1.16	0.91	0.39	0.04	72.3	12.9	10.1	4.3	0.4
2030	10.31	7.15	1.31	1.29	0.48	0.07	69.4	12.7	12.5	4.7	0.7
2035	11.11	7.41	1.31	1.68	0.58	0.14	66.7	11.8	15.1	5.2	1.2
2040	11.92	7.66	1.31	2.06	0.67	0.21	64.3	11.0	17.3	5.6	1.8
2045	12.47	7.66	1.31	2.45	0.76	0.29	61.5	10.5	19.6	6.1	2.3
2050	13.02	7.66	1.31	2.83	0.85	0.36	58.9	10.1	21.8	6.6	2.8

表 7-33　情景 3 电力结构

年份	总供给量（万亿千瓦）	火电（万亿千瓦）	水电（万亿千瓦）	核电（万亿千瓦）	风电（万亿千瓦）	光伏（万亿千瓦）	火电（%）	水电（%）	核电（%）	风电（%）	光伏（%）
2005	2.46	2.02	0.40	0.04	0.00	0.00	82.1	16.2	1.7	0.0	0.0
2010	4.15	3.33	0.68	0.08	0.06	0.00	80.2	16.4	2.0	1.4	0.0
2015	5.58	4.31	0.88	0.22	0.16	0.01	77.3	15.7	3.9	2.9	0.2
2020	7.21	5.30	1.06	0.52	0.31	0.02	73.5	14.7	7.3	4.2	0.3
2025	8.44	5.88	1.21	0.91	0.40	0.04	69.6	14.4	10.8	4.8	0.4

续表

年份	总供给量（万亿千瓦）	火电（万亿千瓦）	水电（万亿千瓦）	核电（万亿千瓦）	风电（万亿千瓦）	光伏（万亿千瓦）	占比(%)				
							火电(%)	水电(%)	核电(%)	风电(%)	光伏(%)
2030	9.69	6.45	1.37	1.30	0.50	0.08	66.6	14.2	13.4	5.1	0.8
2035	10.47	6.68	1.37	1.68	0.59	0.14	63.8	13.1	16.1	5.6	1.4
2040	11.26	6.91	1.37	2.07	0.69	0.22	61.4	12.2	18.4	6.1	2.0
2045	11.82	6.91	1.37	2.45	0.78	0.30	58.5	11.6	20.8	6.6	2.5
2050	12.37	6.91	1.37	2.84	0.88	0.37	55.9	11.1	23.0	7.1	3.0

2. 电力行业 CO_2 排放量

电力二氧化碳排放呈现排放总量上升、排放强度逐年下降的特点。以2005年为基准年，"十一五"期间，累计减排二氧化碳约17.4亿吨，成效显著。其中，通过降低供电煤耗累计减排二氧化碳约9亿吨，占51%；通过发展水电累计减排二氧化碳约6.5亿吨，占37%。

火力发电厂每发1千瓦时电能平均耗用的标准煤量称发电煤耗，是计算火电行业 CO_2 排放的重要指标。2005年，中国发电煤耗为352克/千瓦时；2010年，发电煤耗为312克/千瓦时；2050年，发电煤耗为271克/千瓦时。发电煤耗和 CO_2 排放量的变化情况见表7-34、表7-35。

表7-34 电力行业的节能率及 CO_2 排放率设定

单位：克/千瓦时

年　份	发电煤耗	CO_2 排放量
2005	352	1096
2010	312	972
2015	305	951
2020	300	935
2025	295	919
2030	290	904
2035	285	888
2040	280	873
2045	275	857
2050	271	845

表 7-35 2005~2050 年中国火电发电量及其 CO_2 排放

年 份	火电发电量（万亿千瓦）				CO_2 排放量（亿吨）			
	参考情景	情景 1	情景 2	情景 3	参考情景	情景 1	情景 2	情景 3
2005	2.02	2.02	2.02	2.02	22.12	22.12	22.12	22.12
2010	3.33	3.33	3.33	3.33	32.38	32.38	32.38	32.38
2015	5.25	4.96	4.78	4.31	49.95	47.18	45.45	40.99
2020	6.46	6.10	5.88	5.30	60.40	57.05	54.96	49.57
2025	7.16	6.76	6.52	5.88	65.84	62.18	59.90	54.03
2030	7.86	7.42	7.15	6.45	71.05	67.11	64.65	58.31
2035	8.14	7.69	7.41	6.68	72.32	68.30	65.80	59.35
2040	8.42	7.95	7.66	6.91	73.50	69.41	66.87	60.31
2045	8.42	7.95	7.66	6.91	72.18	68.17	65.67	59.24
2050	8.42	7.95	7.66	6.91	71.13	67.18	64.72	

（四）电力行业 CO_2 减排收益与成本分析

1. 减排路径

随着全球气候变化越来越成为国际社会关注热点，电力行业碳减排研究日益活跃。减排途径有：通过发展煤基化工动力联产来实现碳减排，通过 CO_2 捕获与封存（CO_2 Capture and Storage，CCS）技术实现碳减排（IPCC，2005），以及通过低碳燃料、可再生能源、核能等替代能源实现减排。

电力生产过程中的 CO_2 减排方式主要有两类，一类是针对化石燃料电站的各种碳减排措施，包括：节能技术、以天然气联合循环为代表的低碳燃料发电、CO_2 捕获与封存（CCS）、煤气化多联产碳捕获技术、CO_2 捕获与资源化利用（CCU）技术等；第二类是指采用非化石能源的 CO_2 近零排放发电技术，包括可再生能源发电技术、核能发电技术等。

通过节能，实现碳减排。电力行业通过节能来实现 CO_2 减排效果显著，以上大压小为例，600 兆瓦及以上超超临界机组的供电煤耗可低至 280~290 克/千瓦时，相对于传统亚临界机组可节约标准煤 30 克/千瓦时。节能技术主要有：改变发电机组构成，以大容量高参数的先进机组替代落后、高能耗的小机组，业内称"上大压小"；对现役机组的优化运行；对现役机组以节能为目标的技术改造等；积极发展各种先进高效发电方式，如整体煤气化联合循环发电（IGCC）、以煤气化为核心的化工动力联产以及更高参数的超临界发电等。

提高天然气发电、风电、核电、太阳能发电等比重是控制电力生产过程CO_2排放的另一项重要途径。以天然气为例，其单位热值的含碳量仅为煤炭的60%左右；同时，燃用天然气可采用效率更高的燃气蒸汽联合循环，其发电效率可达55%~60%，较常规火电机组提高15~20个百分点，并有很好的调峰性能。因此天然气发电的单位电能CO_2排放可比传统火电机组降低50%~60%。发展低碳燃料发电的主要瓶颈在于资源量的限制。

CO_2捕获与封存技术。CO_2捕获与封存技术是将CO_2从工业或相关能源生产链中分离出来，输送到某个地点封存，并且长期与大气隔绝。采用CO_2捕获与封存技术可以减少电站CO_2排放的80%~95%，理论减排潜力巨大。

2. 电力行业CO_2减排收益

不同的CO_2减排方式对化石能源消耗量具有不同影响：节能、可再生能源发电和核电可以减少化石能源的消耗。在中国，用于发电的化石能源主要是煤炭，同时大部分碳减排方式在减排的同时可以实现化石能源的节约。

不同情景下的CO_2减排量。情景1、情景2、情景3是通过节能、天然气发电、风电、核电、太阳能发电实现碳减排。与参考情景相比，三个情景下电力行业CO_2减排量如表7-36所示。

表7-36 电力行业CO_2减排量

单位：亿吨

年 份	情景1	情景2	情景3
2020	26.01	42.22	83.99
2025	17.69	28.71	57.11
2030	19.16	31.10	61.87
2035	19.95	32.38	64.41
2040	20.29	32.92	65.50
2045	20.20	32.78	65.21
2050	19.85	32.21	64.08

3. CO_2减排的投资成本

对于发电装机投资，随着核电、风电、光伏发电技术进步和规模的扩大，单位投资成本不断下降。风电价格与常规发电价格相差比较小。中国的风电也已经开始接近常规发电电价水平。

根据美国、日本、欧洲的发展路线图预计,随着技术进步、转换效率的提高以及市场规模的扩大,到 2020 年前后,光伏发电的成本将可能与常规电力相竞争。

核电造价大体分四个档次:中国自主新建二代改进型机组,比投资为 1500~2000 美元/千瓦;一些非热门机型,比投资在 2000~3000 美元/千瓦;法国 Areva 的 EPR 机组和日本的 APWR 的比投资,高达 3000~4000 美元/千瓦;在美国建造东芝西屋的 AP1000 造价 4000~7000 美元/千瓦。

表 7-37 各类新能源新增装机与装机成本

年 份	累计新增装机(万千瓦)					装机成本(元/千瓦)		
	火电	水电	核电	风电	光伏	核电	风电	光伏
2020	81145	19890	6083	16733	1270	18500	12000	27250
2025	12500	5000	5000	5000	1000	18000	9500	22250
2030	12500	5000	5000	5000	2600	18000	7000	17250
2035	5000	0	5000	5000	4200	18000	6500	12250
2040	5000	0	5000	5000	5000	18000	6500	10250
2045	0	0	5000	5000	5000	18000	6500	10250
2050	0	0	5000	5000	5000	18000	6500	10250

2011~2020 年,电力行业碳减排成本在 5.5 万亿~8.7 万亿元,其中新能源装机投资超过 4 万亿元,节能投资为 1.37 万亿~4.44 万亿元。三个情景的分阶段减排成本如表 7-38 所示。

从单位减排成本来看,情景 3 最低,为 887 元/吨 CO_2;情景 1 最高,为 1579 元/吨 CO_2。从总减排成本来看,情景 1 最低,从 2011 年至 2050 年累计减排成本为 22 万亿元;情景 3 最高,从 2011 年至 2050 年累计减排成本为 41 万亿元;从减排效果看,情景 3 效果最好,总减排量为 462 亿吨 CO_2,情景 1 总减排量为 143 亿吨 CO_2。

表 7-38 电力行业 CO_2 减排投资

单位:亿元

年 份	装机投资			节能投资			总投资		
	情景 1	情景 2	情景 3	情景 1	情景 2	情景 3	情景 1	情景 2	情景 3
2020	41169	42158	43015	13741	22302	44364	54911	64459	87380
2025	16675	17023	17276	9556	15509	30853	26231	32532	48129
2030	17905	18304	18608	10529	17089	33994	28434	35392	52602

续表

年份	装机投资 情景1	装机投资 情景2	装机投资 情景3	节能投资 情景1	节能投资 情景2	节能投资 情景3	总投资 情景1	总投资 情景2	总投资 情景3
2035	18195	18609	18928	11152	18100	36005	29347	36708	54933
2040	17475	17864	18158	11541	18731	37262	29016	36595	55420
2045	17375	17760	18051	11697	18984	37765	29072	36744	55816
2050	17375	17760	18051	11697	18984	37765	29072	36744	55816

表7-39 2011~2050年减排总成本与总收益

项目	情景1	情景2	情景3
减排总量（亿吨CO_2）	143	232	462
装机投资（亿元）	146169	149478	152087
节能投资（亿元）	79914	129699	258008
减排成本（亿元）	226084	279176	410095
单位减排成本（元/吨CO_2）	1579	1202	887

四 造纸业碳排放峰值及其减排投资成本

（一）基本情况

表7-41是中国造纸业基本情况。表7-40显示，随着造纸业的快速增长，其能源消耗和碳排放也呈快速增长态势，但是，能源消耗强度和碳排放强度指标呈下降趋势，降幅明显。总体情况是，与2000年相比，2009年造纸业的增加值增长了1.29倍，而能源消耗和碳排放增长了1倍，并由此导致能耗强度和碳排放强度下降1/3，年均节能率为3%。

表7-40 中国造纸业基本情况

年份	增加值（2005不变价，亿元）	能耗（万吨标准煤）	碳排放量（万吨CO_2）	能耗强度（吨/万元）	碳排放强度（吨/万元）	增加值占全国GDP比重（%）	占全国能源消耗比重（%）	占全国碳排放比重（%）	机制纸及纸板产量（万吨）	人均机制纸及纸板产量（千克）
1978									439	4.56
1980									535	5.42

续表

年份	增加值（2005不变价，亿元）	能耗（万吨标准煤）	碳排放量（万吨CO$_2$）	能耗强度（吨/万元）	碳排放强度（吨/万元）	增加值占全国GDP比重（%）	占全国能源消耗比重（%）	占全国碳排放比重（%）	机制纸及纸板产量（万吨）	人均机制纸及纸板产量（千克）
1985									911	8.61
1990									1372	12.00
1995		2138	4349				1.63	1.32	2812	23.22
2000	751	2269	4252	3.02	5.66	0.65	1.56	1.19	2487	19.62
2005	1227	3575	7024	2.91	5.73	0.66	1.51	1.22	6205	47.46
2006	1327	3792	7808	2.86	5.88	0.64	1.47	1.24	6863	52.21
2007	1492	3643	7802	2.44	5.23	0.63	1.30	1.15	7792	58.98
2008	1624	3999	7891	2.46	4.86	0.62	1.37	1.13	8404	63.28
2009	1722	4101	8191	2.38	4.76	0.61	1.34	1.11	8965	67.17

从与国民经济的关系看，造纸业占GDP的比重为0.6%~0.7%，而其能源消耗占全国能源消耗比重为1.3%~1.7%。可见，造纸业的能耗强度是全国单位GDP能耗强度的2倍以上。事实上，造纸业历来被冠以"污染大户、能耗大户"。造纸是能源密集型产业，能源成本占总成本的10%~20%。

图7-18显示了纸和纸板生产量和消费量的关系，一般的，中国纸和纸板消费量大于产量，中国是一个净进口国，缺额部分通过进口弥补。

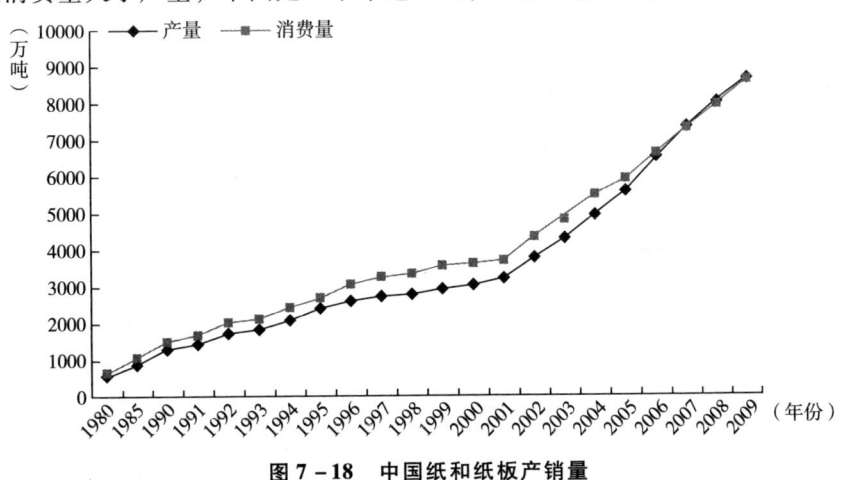

图7-18 中国纸和纸板产销量

资料来源：陈庆蔚撰《废纸造纸业的未来前瞻》，《中华纸业》第31卷第19期，2010年10月。

就造纸业的主要产品产量而言,2009年纸及纸板产量是1978年的20.4倍,人均产量是1978年的14.7倍。就增长速度而言,是非常迅速的。2008年中国纸及纸板的年产量已经超越美国,位居世界第一(2008年中国纸和纸板的生产量达7980万吨,美国产量为7960万吨)。但与世界发达国家相比,人均消费量还处于低水平上,因此还有巨大的增长空间。

中国不但净进口纸和纸板,而且主要进口生产纸和纸板的原料——纸浆,事实上是世界上最大的纸浆净进口国。与此同时,越来越多进口废纸,据统计,近年来中国废纸进口量已名列全球第一,超过其他废纸主要进口国家的进口量十几倍之多。不过,考虑到中国大量出口产品需要用包装材料纸和纸板,中国纸及纸板产品实际上是净输出状况。

表7-41　纸和纸板产量排名前10位的国家（2009年）

单位:万吨

排　　序	国　　家	产　　量
1	中　国	8640
2	美　国	7161
3	日　本	2628
4	德　国	2090
5	加　拿　大	1286
6	瑞　典	1093
7	芬　兰	1060
8	韩　国	1048
9	巴　西	937
10	印度尼西亚	936

资料来源:邝仕均撰《2009年世界造纸工业概况》,《造纸信息》2010年第10期。

表7-42　纸和纸板表观消费总量前5名的国家（2009年）

单位:万吨

排　　序	国　　家	表观消费量
1	中　国	8569
2	美　国	7173
3	日　本	2730
4	德　国	2816
5	英　国	1035

资料来源:邝仕均撰《2009年世界造纸工业概况》,《造纸信息》2010年第10期。

表 7-43 纸和纸板人均表观消费量前 5 名的国家（2009 年）

单位：千克

排 序	国 家	人均表观消费量
1	比利时	344.1
2	芬兰	339.1
3	美国	263.3
4	奥地利	255.3
5	德国	248.9

资料来源：邝仕均撰《2009 年世界造纸工业概况》，《造纸信息》2010 年第 10 期。

图 7-19 图 7-20 显示，多数发达国家的人均消费量一般为 200~300 千克。但发达国家纸和纸板总量和人均消费量平稳增长，这与中国增长速度较快，几乎成呈指数增长成鲜明对比。

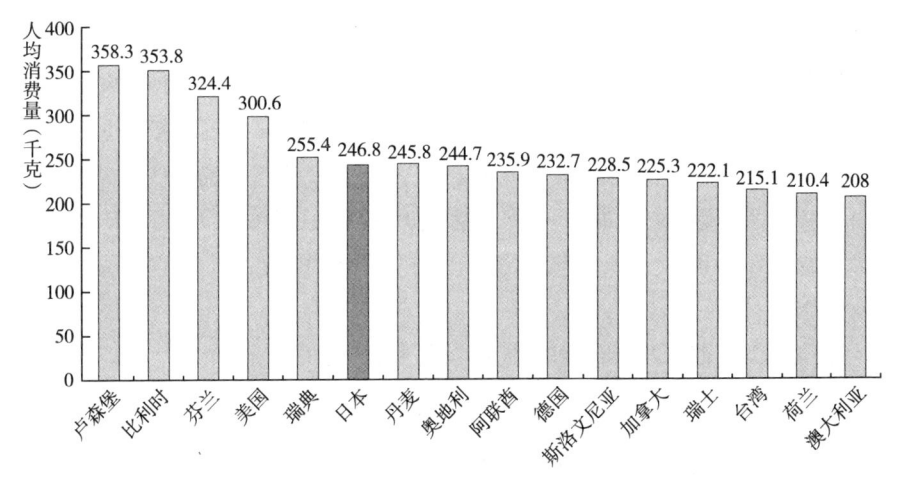

图 7-19 世界人均纸和纸板消费量（2005 年）

资料来源：丰福邦隆撰《日本造纸工业现状与技术进步》，《中华纸业》2008 年第 1 期。

（二）未来产量情景分析

一般的，发达国家当前人均消费量为 200~300 千克。以下限 200 千克计算，要达到这个数字，中国还要在目前的水平上增长 2 倍。未来中国庞大的经济规模要求以内需为主，这样，未来本国消费量和生产量应大体相当。因此，从达到发达国家的人均消费量的下限要求看，在保持过去增长速度不变的情况下，中国纸及纸板产量要达到发达国家现在水平至少还需要十多年

图 7-20 世界人均纸和纸板消费量

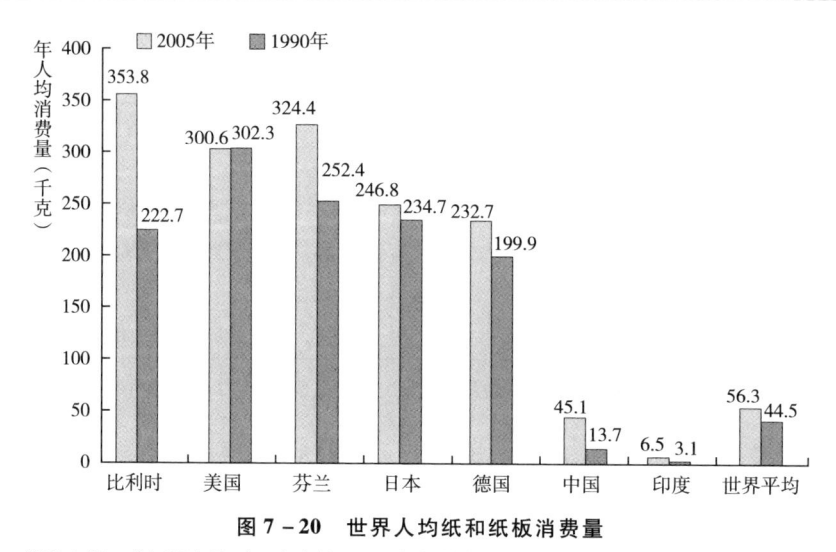

资料来源：丰福邦隆撰《日本造纸工业现状与技术进步》，《中华纸业》2008 年第 1 期。

的时间。

许多研究表明，一国（地区）用纸量和 GDP 成正比，人均用纸量和人均 GDP 成正比，这是显而易见的。同时，有研究表明，用纸量和城市化率也是高度相关的。因为与生活在农村相比，城市人的阅读需求、城市中的广告用纸、产品包装用纸都有一个显著的增长。通过观察中国 GDP、人均 GDP 与纸和纸板产量、人均纸和纸板产量的趋势图看，发现它们之间存在很强的相关关系。

回归分析表明，中国纸和纸板产量与 GDP 的关系是：

$$\text{Log}(Y) = 1.44 + 1.013458 \times \text{Log}(X)$$

其中，X 为人均 GDP 指数（1978 年 = 100）；Y 是纸和纸板总产量。

根据上式预测，中国于 2025 年人均纸和纸板消费量超过 200 千克，达到当前发达国家人均纸和纸板消费量的下限。此时，纸和纸板的总产量达到 2.9 亿吨，是目前的 3 倍多。根据发达国家的经验，初步判断，2026~2035 年的 10 年间，中国纸和纸板的生产量仍维持在高位水平（呈低速增长态势），之后将出现产量下降。预计 2032 年达到产量峰值 3.14 亿吨，人均 218 千克。

（三）未来能耗及碳排放分析

目前，中国造纸企业吨产品综合能耗平均为 1.38 吨标准煤（2005 年水平），按照国家节能减排政策要求，2010 年应达到 1.10 吨标准煤的水平。就整体而言，中国单位纸产品能耗高出发达国家 50% 左右。如果与国际"最佳实践"相比，则中国纸浆、造纸的能耗值普遍比国际"最佳实践"能耗值高出 1 倍。显然，这个差距这是中国造纸业节能减排的潜力。中国应该通过结构减排、技术减排、管理减排等多种措施，将造纸业的能耗确实降下来。

基于上述分析，假定在基准情形下，中国造纸业人均产量达到发达国家目前水平之时，单位产品能耗达到目前世界标杆水平，即能源消耗强度比现在下降 1 倍，那么，可以预计 2025 年前后中国造纸业能耗总量将是现在的 1.6 倍，消耗能源 6688 万吨标准煤，排放二氧化碳 1.34 亿吨。在强节能情形下，能耗总量 5888 万吨标准煤，排放二氧化碳 1.07 亿吨（表 7-44）。

表 7-44　中国造纸业产量、能耗及 CO_2 排放量预测结果

年　份	产量（万吨）	人均产量（千克）	基准情形 能耗（万吨标准煤）	基准情形 CO_2 排放量（万吨）	强节能情形 能耗（万吨标准煤）	强节能情形 CO_2 排放量（万吨）
2010	9490	71	4157	8303	4124	8238
2015	14324	104	5052	10091	4817	9582
2020	20818	149	5913	11810	5417	10403
2025	29243	206	6688	13359	5888	10754
2030	31054	216	6099	12182	5098	8748
2035	30558	212	5154	10294	4090	6561
2040	29003	201	4201	8390	3165	4708
2045	27415	192	3410	6811	2504	3436
2050	25782	182	2754	5500	1971	2444

基于对造纸业发展趋势的研究，我们认为，2025 年后中国造纸业产量增速将下降，再过 5~10 年，有可能不再增长或衰退。而节能技术的进步，很有可能导致 2025 年成为中国造纸业能源消耗和二氧化碳排放达到峰值的年份。

（四）节能潜力及减排的投资成本分析

对于造纸工业而言，节能减排的措施应包括淘汰落后产能（关闭小企业，以及企业兼并重组等手段淘汰落后产能）、技术改造（包括发展循环经济，以及企业内部的管理措施等），以及采用"石头造纸"新工艺来节能

减排。

很长时间以来,"小造纸"就是中国"五小"之一,属于国家重点治理的对象。但是,令人奇怪的是,即使到了"十一五"时期,规模以上造纸业企业数量不减反增。2006年全国规模以上造纸企业7892家,2009年9937家,高峰年是2008年,达到10011家。这里有企业做大的因素,但不可否认,中国造纸业企业数量仍然偏多,平均规模仍然偏小。

据造纸专家判断,近年来造纸业"低、小、散"企业正不断被淘汰,从全行业看,已经淘汰了20%~30%落后产能,结构调整、产品升级换代是造纸业的长期任务,接下来还有30%~50%落后产能需要淘汰,造纸业还有5~10年的淘汰期。"十一五"淘汰造纸落后产能1030万吨,淘汰落后产能"出超"58.5%。"十二五"期间,全国造纸行业预计淘汰落后产能近1500万吨。

在技术节能方面,大力发展循环经济是一条重要途径。造纸工业是具有典型循环经济和可持续发展特点的产业,可以实现资源的高效利用和循环利用及污染物的低排放。节能的工艺与装备技术是生产过程节能的基础,当前重点研发和推广应用的造纸企业节能工艺装备关键共性集成技术包括:①蒸汽动力系统能量梯级(多级)利用与集成技术:能量转换环节与利用环节各级能流的耦合与最优匹配技术;全厂热、电、冷三联供优化耦合技术,生物质能源转化技术;②低位能能量的利用技术,低能耗打浆技术、低能耗原材料替代技术、强机械脱水节能集成技术、高效干燥技术、软测量与优化控制技术、变频驱动技术应用;③过程余热回收集成技术等。工艺依托于装备,装备服务于工艺,相依相承,共同发展。控制及仪表是装备先进性的关键,并且需要加强先进装备与先进控制技术的结合。

当今世界造纸技术前沿是"石头造纸",其工艺流程就是把富含碳酸钙的石头磨成粉末后添加树脂、黏合剂等原料,然后再经过烘干、精细加工成纸。与传统纸相比,这种用石头粉制成的纸,具有超强耐水功能、抗折叠、防霉、防蛀和快速降解等优点,能耗比传统材料造纸低30%,CO_2排放量降低一半。石头造纸技术的诞生一改世人对造纸工业滥伐森林资源、破坏生态平衡、污染环境的偏见,实现了造纸技术的革命性突破。"石头造纸"领先的是台湾龙盟科技股份有限公司,其技术获中、美、英、法、德、澳、加等40多国的发明专利。目前该公司已在安徽、内蒙古、云南等地建厂生产"石头纸"。

1. 技术改造的单位二氧化碳减排的投资成本

根据下述两个案例，测算技术改造单位二氧化碳减排的投资成本约为500元/吨。

表7-45 减排成本案例

企 业	投资（万元）	其中，节能投资比重（%）	减少能耗（吨标准煤）	减少二氧化碳排放（吨）	减排吨二氧化碳成本（元/吨）
两面针纸业	25900	30	73300	180318	431
永泰集团	450	100	3000	7380	610

2. 淘汰落后产能的单位二氧化碳减排的投资成本

根据部分省份的淘汰造纸业落后产能有关数据测算，淘汰落后产能的单位二氧化碳减排的投资成本约为1800元/吨。2008年淘汰落后产能中央财政奖励资金计划安排60亿元，河南省共争取到约11.4亿元，占全国的19%，居全国第一位。2008年，河南省经国家确认的淘汰产能中造纸为69.68万吨，共涉及35家造纸企业。

表7-46 淘汰落后产能成本

项 目	投资（万元）	减少产能（吨）	当前单位产能对应的碳排放量系数	减少二氧化碳排放（吨）	减排吨二氧化碳成本（元/吨）	备 注
河南省（2008年）	114000	696800	0.9	627120	1818	淘汰落后产能财政资金奖励

3. 采用"石头造纸"新工艺的单位二氧化碳减排的投资成本

近年来，造纸业出现的新工艺是"石头造纸"。石头纸是以碳酸钙为主要成分的石灰石、方解石等为主料，经过粉碎、造粒，加以高分子材料（树脂）和多种无机物为辅料，经搅拌混匀，在高温高压的条件下轧成纸膜。用石头造纸符合国家节能、环保及资源综合利用的政策要求，是部分替代传统造纸的新型产业。根据国内"石头造纸"项目投资成本计算，单位产能投资成本为6000~8000元/吨（见表7-47）。

为估算"石头造纸"新工艺单位二氧化碳减排的投资成本，假定条件如下：与普通造纸工艺相比，"石头造纸"新工艺将节能减排50%，新工艺平均使用年限为10年。由此估算，减少 CO_2 的投资成本为1778元/吨 [8000/ (0.9×50%) /10]。

表 7-47　"石头造纸"新增产能投资情况

企　业	年　份	投资额（万元）	产能（万吨）	单位产能投资成本（元/吨）	备　注
方解石造纸（重庆武隆）	2009	160000	20	8000	用电量仅是传统造纸方法用电量的35%
石头造纸项目（内蒙古鄂尔多斯）	2009	600000	72	8333	
石头造纸项目（陕西渭南）	2009	220000	36	6111	
石头造纸项目（云南昆明）	2010	36000万美元	36	6400	1美元＝6.4元人民币

资料来源：笔者根据相关报道整理。

尽管"石头造纸"节能环保（客观地说，在部分环节也有污染的成分），且成本比传统工艺造纸还要便宜，但受资源条件的制约，"石头造纸"在整个造纸业中所占份额不容高估。

上述三种路径的节能潜力及减排的投资成本分析汇总如表 7-48 所示。

表 7-48　造纸业节能潜力及减排的投资成本分析

技术路径	技术改造		淘汰落后产能		石头造纸	
单位减排的成本（元/吨 CO_2）	500		1800		1778	
单位环境收益（减少 CO_2 排放量）	当年 CO_2 排放量的20%		设定2020年之前每年减排5%，2020年之后因落后产能全部淘汰而消失		受资源和需求等条件约束，预计占当年排放量的10%	
2020 年	2362	1181024	591	1062922	1181	2099862
2025 年	2672	1335899	0	0	1336	2375229
2030 年	2436	1218230	0	0	1218	2166013
2035 年	2059	1029424	0	0	1029	1830316
2040 年	1678	839039	0	0	839	1491811
2045 年	1362	681063	0	0	681	1210930
2050 年	1100	550014	0	0	550	977926

五 有色金属工业碳排放峰值及其减排投资成本

（一）基本情况

有色金属属于"能耗大户"，近年来中国有色金属产业增加值占全国GDP比重不到2%，能源消耗占比却超过4%。在有色金属能耗总量中，从环节看，有色金属冶炼占比超过90%；从品种角度看，铝工业占比超过70%。

表7-49 中国有色金属产业基本情况

年 份	产量（万吨）	工业增加值（亿元）	能耗（万吨标准煤）	能耗强度（吨/万元）	占全国GDP比重（%）	占全国总能耗比重（%）
1996	523.10	761.54	3668.72	4.82	0.90	2.71
2000	783.81	1188.05	4504.56	3.79	1.02	3.10
2005	1639.02	2521.95	8084.47	3.21	1.36	3.43
2006	1915.21	3709.58	9599.85	2.59	1.78	3.71
2007	2370.05	4664.91	11696.50	2.51	1.96	4.17
2008	2550.73	4733.57	12151.13	2.57	1.81	4.17
2009	2604.43	4752.57	12234.26	2.57	1.67	3.99

注：产量为十种常用金属的产量。

在中国有色金属的十种常用金属总产量中，铝约占55%，铜占11%，铅占11%，锌占18%，其他合计5%（根据表7-50数据计算）。

表7-50 中国有色金属主要产品产量

种 类	2005年	2006年	2007年	2008年	2009年	2010年	"十五"年均增长率（%）	"十一五"年均增长率（%）
十种金属合计（万吨）	1639.02	1915.21	2370.05	2550.73	2604.43	3135.0	15.90	13.85
精炼铜（万吨）	260.04	300.32	349.94	379.46	405.13	457.4	13.66	11.96
原铝（万吨）	780.60	935.84	1258.83	1317.82	1289.05	1619.5	22.81	15.72
铅（万吨）	239.14	271.49	278.83	345.18	377.29	419.9	16.80	11.92
锌（万吨）	277.61	316.27	374.26	404.23	428.63	516.4	7.24	13.22

续表

种类	2005年	2006年	2007年	2008年	2009年	2010年	"十五"年均增长率（%）	"十一五"年均增长率（%）
镍（万吨）	9.51	10.19	11.57	12.87	16.48	17.1	13.32	12.45
锡（万吨）	12.18	13.21	14.88	13.99	14.04	14.9	1.62	4.11
锑（万吨）	13.83	14.04	14.66	15.81	16.54	18.7	4.07	6.22
汞（吨）	1094	759	798	1333	1425	—	40.06	—
镁（万吨）	45.08	51.97	62.47	55.52	52.56	—	25.97	—
钛（吨）	9161	18037	45200	57244	45730	—	36.90	—

资料来源：2010年数据来自工业和信息化部提供的数据，其他年份数据来自《中国有色金属工业年鉴》（历年）。

随着有色金属产量增长，中国有色金属工业进出口贸易也得以大幅度增长，中国日益成为有色金属进出口贸易大国，是有色金属工业净进口大国（见表7-51）。

表7-51 全国有色金属工业进出口贸易额

单位：亿美元

年份	进出口总额	出口额	进口额	净出口额
1995	68.35	27.77	40.71	-12.94
2000	143.11	43.23	99.88	-56.65
2005	468.37	164.89	303.48	-138.59
2006	654.30	239.82	414.48	-174.66
2007	875.08	263.89	611.19	-347.30
2008	873.65	260.14	613.51	-353.37
2009	831.97	172.58	659.39	-486.81
2010	1203.40	282.60	920.80	-638.20
"九五"增长率（%）	15.93	9.26	19.66	—
"十五"增长率（%）	26.76	30.70	24.89	—
"十一五"增长率（%）	20.77	11.38	24.86	—

资料来源：2010年数据来自工业和信息化部提供的数据，其他年份数据来自《中国有色金属工业年鉴》（2010）。

"十一五"期间有色金属产业节能减排取得新进展，部分产品单位能耗降低了一半。在一系列节能减排政策尤其是在《节能减排综合性工作方案》

(国发〔2007〕15号)和《有色金属工业节能减排工作方案》的强力作用下，"十一五"期间有色金属主要产品单位能耗继续大幅度降低，平均下降幅度超过"十五"期间的下降幅度。2010年，铜冶炼、电解锌单位产品综合能耗已下降到2005年的一半以下，锑冶炼单位产品综合能耗于2009年，铜加工材、铝加工材单位产品综合能耗于2008年即已下降到2005年的一半以下。但是，铝锭综合交流电耗仅下降4%（见表7-52）。

表7-52 主要有色金属能耗指标变化情况

年 份	2000	2005	2007	2008	2009	2010	2010/2005
铜冶炼综合能耗（千克/吨）	1277.2	733.1	485.8	444.3	366.3	360.3	0.49
氧化铝综合能耗（千克/吨）	1212.0	998.2	868.1	794.4	656.7	632.4	0.63
铝锭综合交流电耗（度/吨）	15480	14575	14441	14283	14171	13979	0.96
铅冶炼综合能耗（千克/吨）	721.0	654.6	551.3	463.3	459.4	453.5	0.69
电解锌综合能耗（千克/吨）	2306.9	1953.1	1063.3	1027.6	957.1	946.6	0.48
锡冶炼综合能耗（千克/吨）	2680.4	2444.6	1813.0	1655.0	1507.6	—	
锑冶炼综合能耗（千克/吨）	3922.1	1646.3	2080.3	2021.9	823.0		
电解镍综合能耗（千克/吨）	5581.7	4056.1	3275.0	3580.6	—		
铜加工材综合能耗（千克/吨）	1106.8	719.9	565.1	314.5			
铝加工材综合能耗（千克/吨）	1139.5	746.2	450.6	371.4			

资料来源：2010年数据来自工业和信息化部提供的数据，其他年份数据来自《中国有色金属工业年鉴》(2010)。

在有色金属品种中，铝是产量最大、能耗最多、排放量最大的。以2009年为例，全国电解铝耗电1822亿千瓦时，占整个有色金属行业电耗的83%，占全国发电量的5%。将所耗电力产生的排放计算在内，电解铝生产排放的二氧化碳总计达2.18亿吨，占整个有色金属行业的65%，占全国二氧化碳排放的3%。考虑到铝矿采掘和生产氧化铝环节也要消耗能源和排放二氧化碳，则铝工业能耗和碳排放占整个有色金属的比重超过70%。

（二）未来产量、能耗与碳排放预测

根据众多文献，有色金属产量预测有下述要点：人均产量（消费量）与经济发展水平有关（用人均GDP表示）、与城市化率有关；诸多预测表明，铝、铜、铅锌在达到峰值时经济发展水平和城市化率大体一致，即基本同步达到峰值。在能耗预测时，充分考虑能源效率提高的情况，一般根据能源效率提高的历史情况及其变化趋势预测未来能效利用率的变化。

我们的研究表明，有色金属原生金属产量在 2026 年前后达到峰值，届时有色金属总产量迈上 9200 万吨平台，人均产量近 65 千克，在基准情形下，能耗 2.5 亿吨标准煤，二氧化碳排放量 6 亿吨；在强节能情形下，能耗 1.9 亿吨标准煤，二氧化碳排放量 3.9 亿吨。

需要说明的是，从减少能源消耗和碳排放角度看，所谓有色金属产量峰值，是指原生金属的产量峰值，在达到峰值后，原生金属产量不再增长，但再生金属产量仍将继续增长，因此，有色金属消费量仍将继续增长。

表 7-53 中国有色金属产业产量、能耗及碳排放量预测结果

年 份	产量 （万吨）	人均产量 （千克）	基准情形 能耗 （万吨标准煤）	基准情形 CO_2 排放量 （万吨）	强节能情形 能耗 （万吨标准煤）	强节能情形 CO_2 排放量 （万吨）
2010	3135	23.4	13990	34416	13990	34416
2015	4764	34.7	17336	42473	16452	39978
2020	6682	47.7	20880	51156	17855	41066
2025	8774	61.7	24157	58461	18507	40715
2030	9012	62.7	21861	52465	15417	32376
2035	8229	57.0	17588	42212	11479	22958
2040	7438	51.6	14008	33339	8638	17276
2045	6388	44.6	10599	25225	6207	12415
2050	5208	36.8	7614	17894	4236	8471

（三）节能潜力及减排的投资成本分析

一般的，有色金属产业节能减排的措施包括结构措施（关闭小企业，以及企业兼并重组等手段淘汰落后产能）、技术措施、管理措施（企业内部），以及通过发展循环经济手段来节能减排。在这些减排措施中，通过发展再生金属显然是最经济有效的手段，而通过强行关闭落后产能将是代价最高的节能减排手段。

在技术进步方面，有色金属节能减排仍有巨大的潜力。"十二五"期

间，将以有色金属工业发展对资源、能源、环境和高端产品的技术和装备需求为重点，加快行业重大、共性、关键性技术与装备研发，不断提高有色金属工业整体技术装备水平，提升有色金属产业自主创新能力。根据《有色金属工业"十二五"科技发展规划》，到 2015 年，重点企业普遍建立技术中心，完善技术创新体系，技术创新能力得到进一步增强；主要产品的核心技术、重点装备接近或达到国际先进水平；矿产资源利用率从目前的55%~60%提高 3~5 个百分点；氧化铝综合能耗降到 800 千克标准煤/吨以下；电解铝综合交流电耗降到 1400 千瓦时/吨以下；重点铜、铅、锌冶炼企业单位产品综合能耗接近或达到世界先进水平；强化企业科技投入主体地位，研究与开发投入占规模以上企业销售收入的 1.5% 以上。"十二五"期间，围绕矿产资源勘查开发与综合利用、节能、清洁生产与环境保护、循环经济与再生金属、有色金属基础材料、新材料、重大装备等行业重点发展领域和目标，进一步突出重点，选出重大共性技术、重点工程、关键产品等 12 个重大专项，取得明显突破，实现重点跨越；选择一批意义重大，任务、目标明确，基础较好，能够解决的关键共性技术共 20 项作为重点项目，支撑发展；针对未来需要及有色金属行业高新技术产业壮大与发展，超前安排前沿技术 10 项，引领行业技术发展，形成新兴产业。其中，12 个重大专项是：矿产资源勘查与安全高效开采技术；难选有色金属资源清洁选矿技术；铝冶炼重大节能技术；短流程连续炼铜清洁冶金技术；短流程连续炼铅节能冶金技术；先进铝合金材料；高性能铜合金材料；电子信息材料及微电子配套材料；大型矿产基地资源综合利用；有色金属资源循环与再生金属回收利用技术；有色重金属污染防控技术；重大装备。

在淘汰落后产能方面，虽然已取得重要进展，但能源消耗高、环境污染大、劳动强度高的落后产能在有色金属工业中仍占相当比例。据公布的数据，"十二五"期间，有色金属行业将淘汰电解铝落后产能 90 万吨，铜冶炼 80 万吨，铅（含再生铅）冶炼 130 万吨，锌（含再生锌）冶炼 65 万吨，共计 365 万吨。其中，2011 年有色金属行业将电解铝淘汰落后产能 61.9 万吨，铜冶炼淘汰 42.5 万吨，铅冶炼淘汰 66.1 万吨，锌冶炼淘汰 33.8 万吨，共计 204 万吨。

有色金属具有良好的循环再生利用性能，这是有色金属推进节能减排工作的一个优势，是其今后发展的重要趋势。发展再生有色金属产业，多次循环利用有色金属，既保护原生矿产资源，又节约能源、减少污染。据测算，与原生金属生产相比，每吨再生铜、再生铝、再生铅分别相当于节能 1054 千克、3443 千克、659 千克标准煤，节水 395 立方米、22 立方米、235 立方米，减少固体废物排放 380 吨、20 吨、128 吨，每吨再生铜、再生铅分别相当于少排放二氧化硫 0.137 吨、0.03 吨。[①] 据估算，当前中国消费领域蓄积有色金属资源超过 2 亿吨。"十二五"时期，中国正处于工业化、城镇化快速发展阶段，随着经济社会快速发展，已逐步进入资源循环大周期，大量汽车、家电等机电产品面临淘汰或报废，有色金属社会蓄积量不断增加，为加快发展再生有色金属产业提供了基础条件。根据《再生有色金属产业发展推进计划》，到 2015 年，中国主要再生有色金属产量达到 1200 万吨，其中再生铜、再生铝、再生铅占当年铜、铝、铅产量的比例分别为 40%、30%、40% 左右；再生有色金属产业的预处理拆解、熔炼、节能环保技术装备水平大幅提升，产业布局和产品结构进一步优化，节能减排和综合利用水平显著提高。

表 7-54 原生有色金属与再生有色金属能耗指标

单位：千克标准煤/吨,%

金属	采矿综合能耗	选矿综合能耗	冶炼综合能耗	原生金属生产能耗	再生金属生产能耗	再生金属节能量	再生金属能耗占原生金属能耗的比重
铜	334.0	623.0	485.8	1444.0	390.0	1054.0	27.0
铝	36.0	1997.0	1881.0	3916.0	150.0	3443.0	3.8
铅	175.6	117.1	551.3	844.0	185.0	659.0	22.0

资料来源：转引自吴滨《中国有色金属工业节能现状及未来趋势》，《资源科学》第 33 卷第 4 期，2011 年 4 月。

1. 技术改造的单位二氧化碳减排的投资成本

根据重点企业技术改造相关资料，可以得到二氧化碳减排的投资成本为 3250 元/吨。东营方圆有色金属有限公司下属子公司东营鲁方金属材料有限公司利用亚洲开发银行贷款投资建设的烟气回收与余热利用节能减排项目，是有色行业首个获得亚行贷款的项目，也是截至目前有色行业利用国际金融组织贷款金额最大的项目。该项目总投资 5.2 亿多元人民币。"烟气回收与余热利用节能减排项目"是东营方圆承担的国家科技支撑计划"吹氧造锍

---

① 《再生有色金属产业发展推进计划》（工业和信息化部联节〔2011〕51 号）。

多金属捕集技术"二期"年处理100万吨多金属矿项目"的配套工艺项目，主要用于有色金属冶炼烟气中余热的综合利用及烟气中二氧化硫等的回收，实现废气的资源化、减量化。项目正式投产后，预计年可发电4897万千瓦时，回收低压蒸汽3.4万吨，年节约标准煤6.2万吨，减排二氧化碳159986吨，减排二氧化硫551吨。

2. 淘汰落后产能的单位二氧化碳减排的投资成本

依据中国近年来淘汰落后产能的相关数据，可就节能减排效果及其结构性减碳的成本进行计算，结果如表7-55所示（根据《有色金属产业调整和振兴规划》按期淘汰落后产能的要求，2009年淘汰落后铜冶炼产能30万吨、铅冶炼产能60万吨、锌冶炼产能40万吨；2010年淘汰落后小预焙槽电解铝产能80万吨）。计算表明，当前有色金属产业通过淘汰落后产能的方式减少二氧化碳，其单位投资成本：电解铝为23256元/吨，铜冶炼为9575元/吨，铅锌冶炼为18929元/吨。有色金属平均单位二氧化碳减排的投资成本是15271元/吨。

表7-55 淘汰落后产能减碳的投资成本计算

	淘汰落后产能（万吨）	产量（万吨）	年节能（万吨标准煤）	减少CO_2排放（万吨）	单位产能平均投资额（万元/吨）	总投资额（亿元）	单位CO_2减排投资成本（元/吨）
电解铝	80	50	4.30	10.58	3.08	246	23256
铜冶炼	30	20	11.00	27.06	8.64	259	9575
铅锌冶炼	100	80	7.74	19.04	3.60	360	18929
有色金属合计/平均	210	150	23.04	56.68	6.29	866	15271

注：假设其中10%的投资额节能投资。
资料来源：笔者根据《2010中国有色金属工业年鉴》相关数据整理。

3. 发展再生金属的单位二氧化碳减排的投资成本

发展再生金属回收利用产业，几乎不需要什么投资建设成本，为简便起见，这里建设其投资建设成本仅为原生金属冶炼建设成本的1/10，相应的，其单位二氧化碳减排的投资成本也为淘汰落后产能的单位二氧化碳减排的投资成本，即15271元/吨。

上述三种路径的节能潜力及减排的投资成本分析汇总如表7-56所示。

表7-56 有色金属产业节能潜力及减排的投资成本分析

技术路径	技术改造		淘汰落后产能		再生金属利用	
单位减排的成本（元/吨CO_2）	3250		15271		1527	
单位环境收益（减少CO_2排放量）	当年CO_2排放量的10%		设定2020年之前每年减排5%，2020年之后因落后产能全部淘汰而消失		每年增加再生金属产量比重1个百分点，与原生金属相比，相当于减排87%	
年份	减排潜力（万吨CO_2）	减排投资成本（万元）	减排潜力（万吨CO_2）	减排投资成本（万元）	减排潜力（万吨CO_2）	减排投资成本（万元）
2020	5116	16627087	2558	39058729	445	679600
2025	5846	19001362	0	0	763	1164965
2030	5247	17052747	0	0	913	1393995
2035	4221	13720089	0	0	918	1401954
2040	3334	10836177	0	0	870	1328722
2045	2523	8198943	0	0	768	1172905
2050	1789	5816048	0	0	623	950878

附录：铝工业排放与峰值情况

铝工业是能耗密集型的工业，俗称"电老虎"。目前世界平均生产每吨金属铝的总能耗约为42800千瓦时。生产总能耗中包括生产所需原材料（如氧化铝、冰晶石等）、能量输入（如电、煤等）以及铝用碳素材料（石油焦、沥青等）所含能耗，由于火力发电存在燃煤热能转化效率问题（一般约为36%），因此铝生产因用电来源不同而总能耗有很大区别。

铝工业不但在消耗能源时产生碳排放问题，在生产过程中也产生碳排放问题。Hall - Heroult 铝电解槽所排出的温室气体主要包括 CO_2、CF_4、C_2F_6 等，其中两种多氟烃（PFC）对大气的温室效应有很大影响。一般认为，电解铝每生产1吨电解铝排放约为0.15吨CO_2当量。

$$铝土矿 \frac{消耗能源共折算标准煤1265千克}{相应排放二氧化碳3040千克} \rightarrow 氧化铝(2吨)$$

$$\frac{电解耗电排放4130千克二氧化碳}{生产过程排放1500千克二氧化碳} \rightarrow 电解铝(1吨)$$

生产1吨电解铝需排放二氧化碳8670千克

$$能源消耗关系：铝土矿 \frac{烧结法(1420千克标准煤)}{拜耳法(460千克标准煤)} \rightarrow$$

$$氧化铝 \xrightarrow{\text{综合交流电耗}(14000千瓦时)} 电解铝$$

物质消耗关系：铝土矿(5吨) → 2吨氧化铝 + 0.5吨碳素材料 + 0.025吨氟化盐 → 电解铝(1吨)

通过考察美国、日本、德国铝的生产和消费，发现存在下述规律：第一，铝生产受本国资源条件影响极大，而人均消费量则与经济发展水平高度相关；第二，在人均GDP超过3万美元（换算成2005年价格），各国铝消费量逐次达到峰值，一般而言，资源丰富的国家如美国、德国人均消费量峰值为35千克左右，资源匮乏国家则接近30千克（日本为27千克）。第三，随着经济的发展，到一定阶段再生铝产量超过原铝产量。在铝消费量达到峰值时，再生铝至少占到铝消费总量的1/3。

参照美国、日本、德国的铝工业发展轨迹，对中国铝工业未来发展做出如下判断：如果以人均铝消费量峰值（35千克）来判断，则中国于2024年达到原铝产量峰值。即最早到2024年，中国原铝产量为3200万吨，再生铝1600万吨，总消费量4800万吨，人均消费量约为35千克。要求是：今后原铝产量增长速度较"十一五"期间发展速度有较大幅度下降；如期完成"十二五"再生铝比例（30%）的目标。如果按照满足一定经济发展水平再达到峰值，则中国铝生产量和消费量达到峰值的时间还要推后。

表7-57 美国铝工业峰值情况

年份	原生铝（万吨）	再生铝（万吨）	原铝消费量（万吨）	人均原铝生产量（千克）	人均再生铝生产量（千克）	人均铝消费量（原铝+再生铝）	人均GDP（现价美元）
1980	458	178	459	20.12	7.79	27.88	12249
1997	360	355	672	13.2	13.01	37.64	30541

表7-58 日本铝工业峰值情况

年份	原生铝（万吨）	再生铝（万吨）	原铝消费量（万吨）	人均原铝生产量（千克）	人均再生铝生产量（千克）	人均铝消费量（原铝+再生铝）	人均GDP（现价美元）
1977	119.29						
2000	4.1	121.4	222.49	0.32	9.53	26.99	36837

表7-59　德国铝工业峰值情况

年份	原生铝（万吨）	再生铝（万吨）	原铝消费量（万吨）	人均原铝生产量（千克）	人均再生铝生产量（千克）	人均铝消费量（原铝+再生铝）	人均GDP（现价美元）
2007	55.1	83.56	200.83	6.7	10.16	34.57	40273
2008	60.59	72.09	194.96	7.38	8.78	32.51	44363

六　中国平板玻璃的排放研究

平板玻璃是重要的工业产品，主要应用于传统建筑、汽车、家具和装饰装修等领域，另外，随着电子信息和光伏发电等新兴行业的不断成长，其对平板玻璃的需求也在增加。近年来，中国平板玻璃工业发展很快，2008年总产能达到6.5亿重量箱，平板玻璃总产量5.74亿重量箱，约占世界玻璃总产量的50%，已连续20年居世界第一。目前，中国平板玻璃的产量仍然在不断增长，2010年已经达到6.30亿重量箱。同时，平板玻璃又属于能源消耗大、污染排放比较严重的产品。因此，分析平板玻璃的能耗和CO_2排放，对中国发展低碳经济具有重要的参考意义。

（一）平板玻璃制造的背景介绍和国际生产排放情况

1. 平板玻璃制造的背景介绍

1912年，比利时人E. 富尔科提出玻璃液通过槽子砖经引上机拉制成平板玻璃工艺，1913年用于工业生产，开始大批量连续生产平板玻璃和窗片玻璃。1910年，美国人I. W. 科尔伯恩研究平板玻璃的水平拉引法问世，1916年由利比-欧文斯（Libbey Owens）公司成功投产。1930年，美国匹兹堡玻璃公司（PPG）采用无槽引上法生产平板玻璃。1931年，生产连续玻璃纤维法问世。1959年，英国皮尔金顿（Pilkington）公司发明的平板玻璃浮法成型投入生产，玻璃液漂浮在熔融金属（锡）表面，使成型质量大为提高。通过专利技术转让，这一技术在世界各地迅速推广，成为制造平板玻璃的主体技术。

但是，中国并没有购买皮尔金顿公司的专利技术使用权，是世界上唯一没有该专利使用权的国家，而是走了一条自主创新的道路。历经20年，中国在1981年研发成功了"中国洛阳浮法"，成为与英国Pilkington float process、美国 PPG float process 齐名的世界三大浮法技术之一。自此，中国进入了浮法大发展时期。从1985年开始，在中国平板玻璃的产量构成中，浮法玻璃的比例明显增加，形成了以浮法工艺为主体的发展格局。

目前，平板玻璃主要分为三种：引上法平板玻璃、平拉法平板玻璃和浮法玻璃。由于浮法玻璃的厚度均匀、上下表面平整平行，再加上劳动生产率高及便于管理，已经成为玻璃制造方式的主流。

2. 主要发达国家平板玻璃的产量（产出）

发达国家由于工业化完成的时间较早，其平板玻璃的生产也较早地达到了峰值（如日本），或者是增长比较平缓（如美国、德国、法国、意大利等）。

日本的玻璃产业发展得比较早。日本早在1990年就达到了平板玻璃产量的峰值（为3741.7万重量箱），此后，其平板玻璃的年产量开始快速下降，直至21世纪后才开始稳定下来。2007年，日本平板玻璃产量为26824万重量箱。

但是，日本也仍然是平板玻璃的主要生产国家。旭硝子公司是世界主要的平板玻璃制造商，2007年，其产量占世界平板玻璃市场的12%。[①]

日本平板玻璃产量达到峰值的1990年，其人均GDP为24501现价美元，以2000年不变美元计算则是人均33463美元。

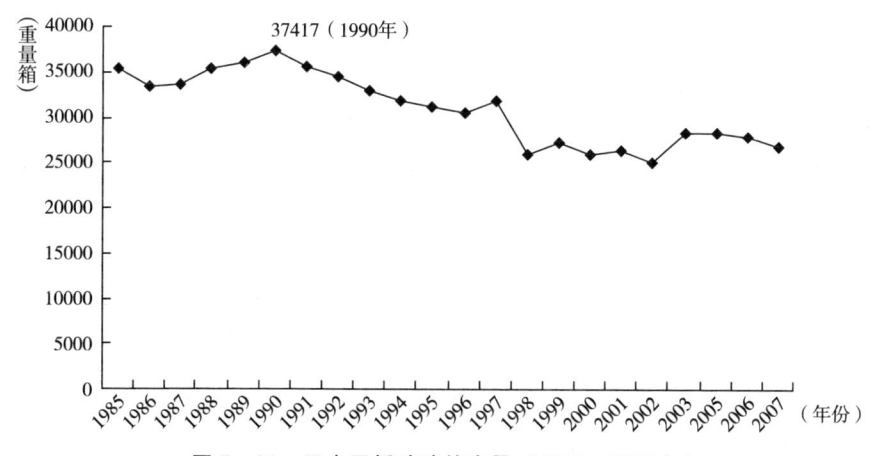

图 7-21　日本平板玻璃的产量（1985~2007年）

数据来源：日本统计局。

---

① http://www.agc-flatglass.com/AGC-Flat-Glass/English/About-us/page.aspx/995.

1991~2008年,美国平板玻璃的增长都比较平缓,未见明显峰值。进一步细分时期来看,1991~2002年,美国平板玻璃的产量增长比较快,在2002年达到阶段性的高峰(为561.8万吨,66.8亿平方英尺)。从产出来看,2002~2008年[1],平板玻璃的产出先小幅上涨,在2005年达到峰值(为3392百万美元),随后开始缓慢下降(见图7-22)。

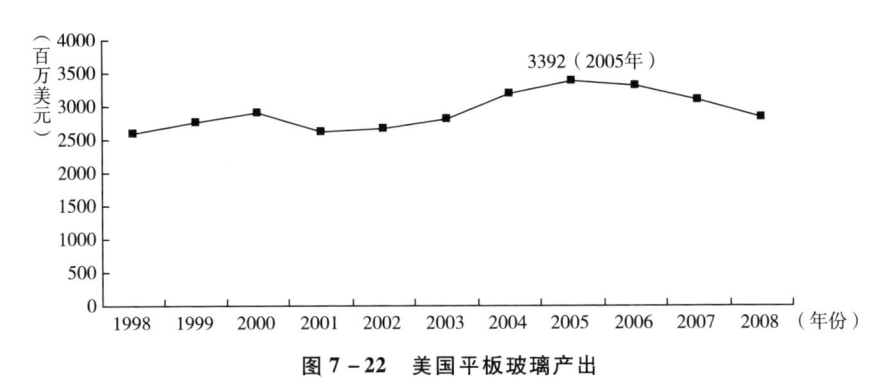

图7-22 美国平板玻璃产出

数据来源:www.bea.gov。

表7-60 美国平板玻璃产出指数(2005年=100)

年份	1998	1999	2000	2001	2002	2003	2004	2005	2006	2007	2008
产量	77.66	84.39	86.89	77.93	80.39	82.91	97.52	100.00	96.02	90.25	80.34

数据来源:www.bea.gov。

从20世纪末开始到现在,德国、法国和意大利平板玻璃的产量比较平稳。德国在2000年达到阶段性峰值,产量为187万吨。意大利在2005年达到阶段性峰值,产量为118万吨。目前,还没有关于法国平板玻璃总产量的统计数据,但其与机械产品有关的平板玻璃产量,则在2007年达到阶段性峰值,为115万吨。

目前,还没有可信的关于玻璃生产的国际统计数据,大致来看,全球玻璃产业主要包括容器玻璃和平板玻璃两大行业(Pilkington,2005)。[2] 其中,平板玻璃在2009年的全球产量约为6000万吨(中国建筑玻璃与工业玻璃协会,2009)。

---

[1] 1997年以前,美国使用不同的产业分类,没有平板玻璃制造业的统计。
[2] 转引自 IPCC. Climate Change 2007 – Mitigation of Climate Change:Working Group Ⅲ Contribution to the Fourth Assessment, Cambridge University Press, 2007, p.468.

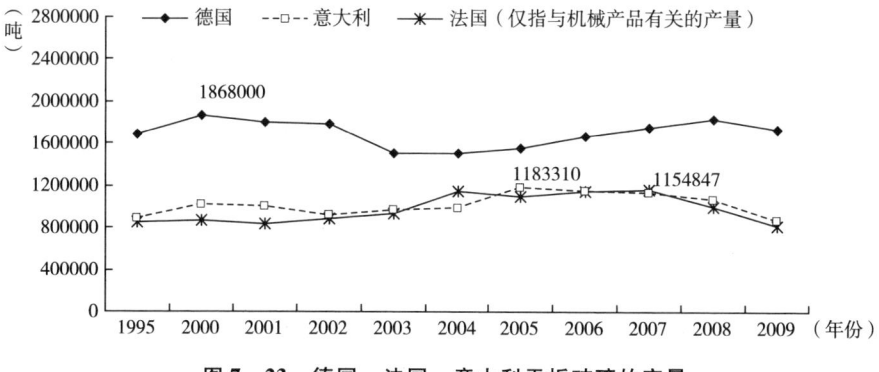

图 7-23 德国、法国、意大利平板玻璃的产量

数据来源：CPIV。

我们进一步将这些国家平板玻璃的人均产量与人均 GDP 联系起来，通过对比，在现有的数据基础上，并未发现平均玻璃的人均产量与人均 GDP 有明显的联系（见图 7-24）。

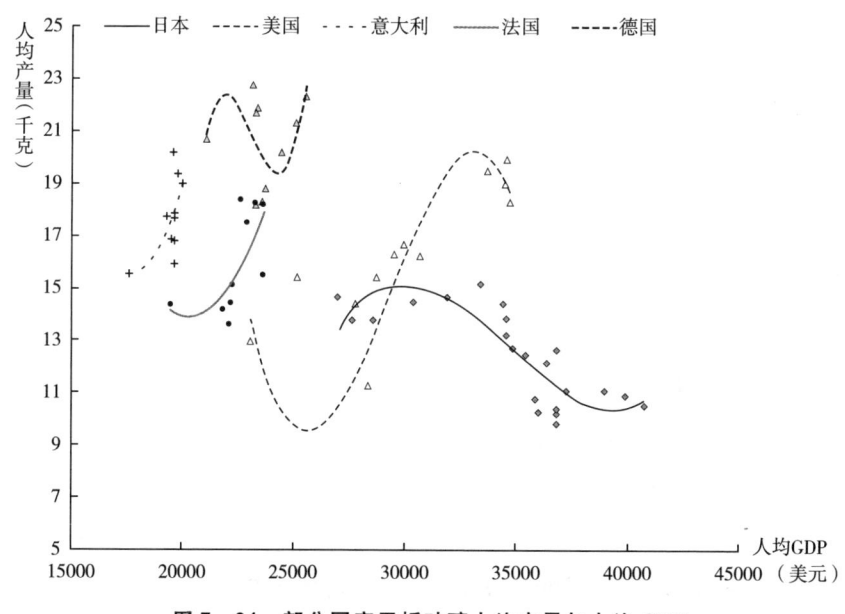

图 7-24 部分国家平板玻璃人均产量与人均 GDP

注：图中点为实际值，曲线为模拟趋势和关系。

3. 主要发达国家平板玻璃的能源消耗

发达国家平板玻璃能源消耗的情况各有不同，例如，英国较早地达到了平板玻璃能源总需求的峰值，虽然此后有所反复，但从总体来看，其能源消耗是不断下降的。而美国平板玻璃部门的能源消耗虽然总量在增长，但其能源使用效率是不断提高的。

具体地看，美国在平板玻璃产业中的首次能源使用的情况是：1991年是49万亿英热单位，1994年是52万亿英热单位，2002年是62万亿英热单位，2006年是69万亿英热单位。1991~1994年间，平板玻璃消耗的能源总量年均增长2.00%，产量年均增长5.54%；1994~2002年间，能源总量年均增长2.22%，产量年均增长7.09%；2002~2006年，能源总量年均增长2.71%。因此，结合能源和产量来看，美国平板玻璃生产的能源效率是在不断提高的，但是增长的速度是在不停下降的。1991~1994年间，能源效率年均提高3.35%，1994~2002年间，能源效率年均提高0.98%。

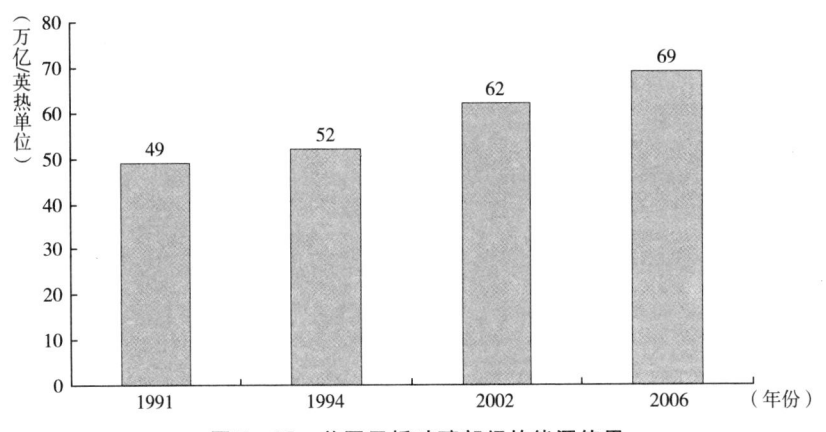

图7-25 美国平板玻璃部门的能源使用

数据来源：EIA。

英国玻璃产业的燃料使用情况是：在1991年达到能源使用的峰值（为0.686百万吨标油）。随后，能源使用总量出现了大幅下降。但是在21世纪初又出现了能源的增长，2003年再次增长至0.673百万吨标油，此后再次大幅下降。

（二）中国平板玻璃的历史产出、工艺和排放

中国平板玻璃的发展主要是在20世纪80年代末。1949~1979年，平板玻璃的发展还十分缓慢，其产量增长不大。80年代末开始得到长足发展，从1949年的91万重量箱，增长到1989年的8442万重量箱。目前，中国平板玻璃的产量正处于始于21世纪初的快速增长阶段，从2000年的18352万重量箱增长到2010年的63026万重量箱，达到了一个阶段高点。

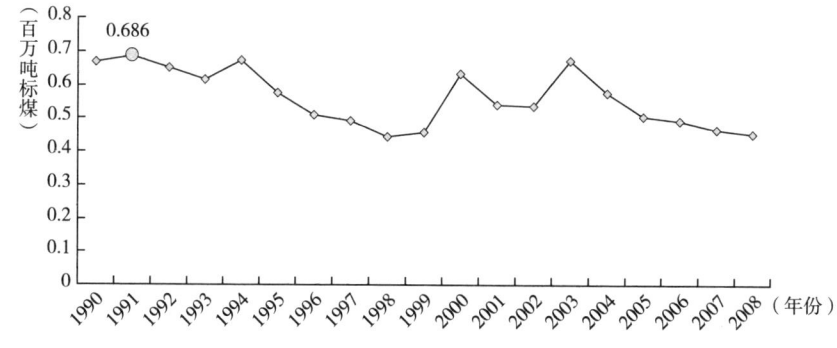

图 7-26　英国玻璃产业的燃料使用情况（1990~2008 年）

数据来源：英国统计局。

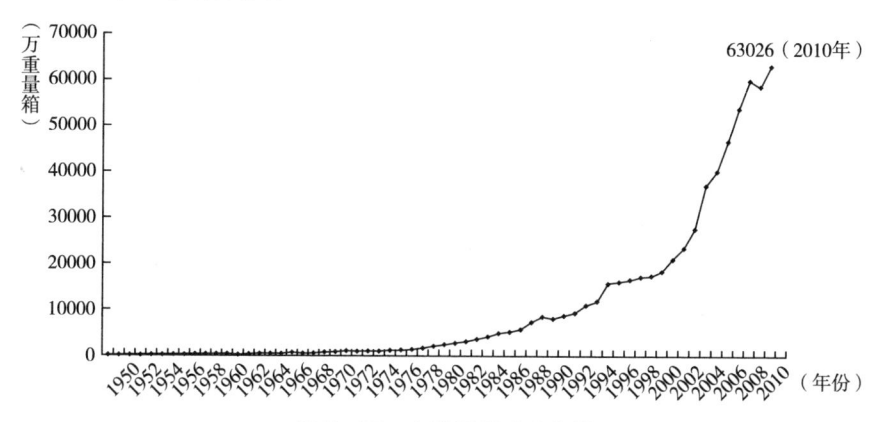

图 7-27　中国平板玻璃产量

数据来源：中国建筑玻璃与工业玻璃协会。

目前，中国平板玻璃的产量约占世界总量近 50%，成为玻璃生产大国。[①] 2009 年世界平板玻璃产能约为 6000 万吨，中国、欧洲和北美是三大产能集中区域，占总产能的 83%。

表 7-61　2009 年世界平板玻璃产能分布

单位：万吨

地区	欧洲	俄罗斯	日本	东南亚	中国	北美	南美	其他地区	总计
产能	1200	200	100	400	3200	600	100	200	6000

资料来源：中国建筑玻璃与工业玻璃协会《中国平板玻璃工业 60 年发展综述》，《建筑玻璃与工业玻璃》2009 年第 10 期。

---

① 中国建筑玻璃与工业玻璃协会：《中国平板玻璃工业 60 年发展综述》，《建筑玻璃与工业玻璃》2009 年第 10 期。

自从"中国洛阳浮法"生产技术被研发出来之后，浮法玻璃开始逐步成为中国平板玻璃的主流产品。浮法生产线的增长很快。1981年浮法玻璃比例还不足5%，1985年以后浮法玻璃比例开始明显上升，浮法玻璃所占份额开始上升，直至1996年浮法玻璃比例超过50%。2000~2007年，新增114条浮法玻璃生产线，新增产能32555万重量箱。从2005年开始，浮法玻璃产量占平板玻璃全部产量的比例就开始超过80%。中国建筑材料联合会信息部统计，2009年，全国平板玻璃产量为5.79亿重量箱，其中浮法玻璃产量4.9亿重量箱，产量占比达84.65%，[①] 普通玻璃产量仅占平板玻璃产量的小部分。

表7-62 新增玻璃生产线情况

年份	2001	2002	2003	2004	2005	2006	2007	2008	2009	2010
浮法线总数（条）	82	93	96	120	143	162	178	191	215	238
新增数（条）	15	11	3	24	23	19	19	13	24	23
新增产能（万重量箱/年）	3606	2880	720	6958	7091	5300	6000	—	—	—

资料来源：中国建筑玻璃与工业玻璃协会。

中国拥有的浮法生产线数量，在全世界是最多的。截至2009年7月，全世界共有浮法生产线410条，其中中国拥有204条，占全世界的50%，亚洲和欧洲生产线数量超过全球的80%。

表7-63 2008年中国平板玻璃产品结构

项目	全国平板玻璃总量	优质浮法玻璃	普通浮法玻璃	压延玻璃	普通平板玻璃
数量（万重量箱）	57400	14000	34000	2000	7400
比例（%）	100	24.4	59.2	3.5	12.9

资料来源：中国建筑玻璃与工业玻璃协会编《中国平板玻璃工业60年发展综述》，2009。

表7-64 世界浮法玻璃生产线分布

单位：条

北美洲	南美洲	俄、白、乌	欧洲其他地区	非洲	中国	亚太其他地区
41	9	17	68	4	204	63

资料来源：中国建筑玻璃与工业玻璃协会编《中国平板玻璃工业60年发展综述》，2009。

---

① http://www.cbminfo.com/tabid/63/InfoID/327671/Default.aspx.

中国的浮法生产线的单线规模不断由小变大。1981年，中国浮法玻璃生产线的熔化量最大只有250吨/天，至2009年，最大规模已经达到了1000吨/天，单线规模居世界首位。2008年，全行业浮法玻璃生产线平均规模近500吨/天。至2008年底，全国共计191条浮法玻璃生产线，规模分布情况见表7-65。截止到2010年末，全国共有浮法玻璃生产线238条，年生产能力7.98亿重量箱，其中正在生产的浮法生产线208条，年有效生产能力7.09亿重量箱。

表7-65　2008年全国浮玻璃生产线规模分布

规模（吨/天）	≤300	350~450	500~550	600~800	900~1000
数量（条）	27	60	43	51	10

资料来源：中国建筑玻璃与工业玻璃协会。

中国生产出来的平板玻璃，绝大部分用于建筑业，其比例约为80%。其余则有小部分用于汽车和特殊行业等。

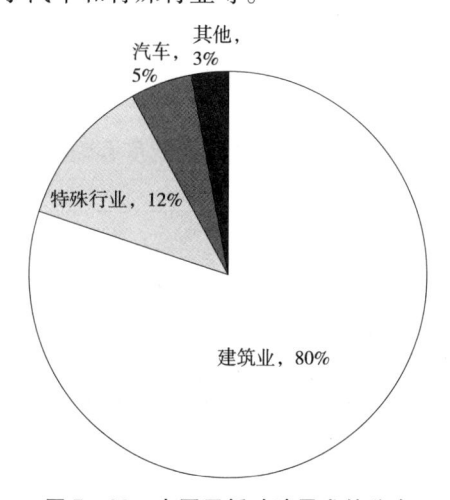

图7-28　中国平板玻璃需求的分布

资料来源：中国建筑玻璃与工业玻璃协会。

在产量发展的同时，中国平板玻璃生产的技术也在提高，其能源使用效率也在不停提高。平板玻璃的单位综合能耗从1985年的每重量箱消耗37.05千克标准煤下降到2010年的17千克标准煤。

根据中国平板玻璃产量的历史数据和现有的单位能耗数据，可以计算出中国部分年份的平板玻璃总综合能源消耗。可以看出，平板玻璃的总能耗是在不断增长的,从1985年的183.1万吨标准煤增加到2010年的1071.4吨标准煤。平板玻璃的能源消耗占全国总能源消耗的比例,从1985年的0.25%上升到2010年的0.33%。2000～2005年,平板玻璃生产的能耗占全国能源消费总量的比例基本处于上升态势,说明该期间,平板玻璃生产的能耗增长很快。2005～2010年,平板玻璃生产的能耗占全国能源消费总量的比例基本处于下降态势,说明该期间,平板玻璃生产的能耗控制较好,能耗出现了较大幅度的下降。

表7-66 中国部分年份的平板玻璃单位综合能耗

单位：千克标准煤/重量箱

年 份	1985	1990	1993	1994	1995	1996	1997	1998
单位综合能耗	37.05	34.79	27.35	29.63	27.74	26.36	25.7	24.88
年 份	1999	2000	2005	2006	2007	2008	2009	2010
单位综合能耗	24.35	25	22	19.22	18.85	18.35	17.96	17

数据来源：1985～1999年数据来自《中国能源统计年鉴》；2000～2005年数据来自国家发展和改革委员会能源研究所编《能效及可再生能源项目融资指导手册》，中国环境科学出版社，2010；2006～2010年数据来自刘志海《"十一五"中国平板玻璃工业成绩斐然》，《中国建材报》2011年5月9日。

表7-67 中国部分年份的平板玻璃总综合能耗

单位：万吨标准煤

年 份	1985	1990	1993	1994	1995	1996	1997	1998
总综合能耗	183.1	280.7	303.2	353.3	436.4	423.6	427.4	427.8
年 份	1999	2000	2005	2006	2007	2008	2009	2010
总综合能耗	424.2	458.8	884.6	895.2	1070.3	1099.0	1052.0	1071.4

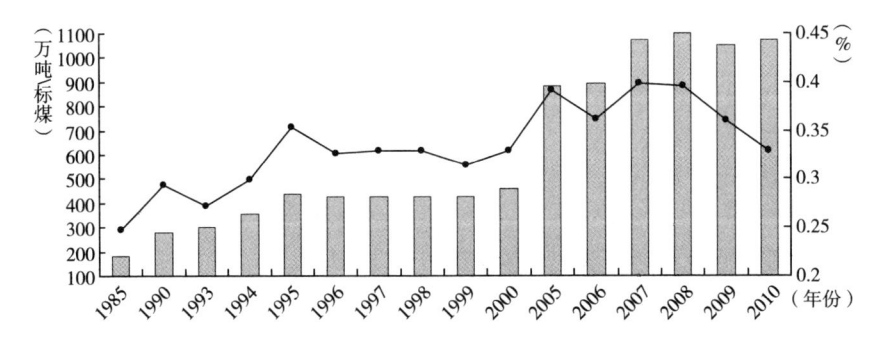

图7-29 中国部分年份的平板玻璃总综合能耗及其占全国能源消费的比重

（三）中国中长期平板玻璃产量预测

对中国中长期平板玻璃产量的预测，遵循以下的原则：根据平板玻璃的需求来预测平板玻璃的产出。

根据上面的分析，平板玻璃的产出，绝大部分是用于建筑物上，只有小部分用于其他行业。平板玻璃需求在日本、英国、美国等发达国家也是大致相当的分布。在英国，约75%的平板玻璃用于建筑物，5%用于汽车，20%用于家具和其他产品。[①] 在美国，约有80%的平板玻璃用于住宅和商业建筑以及汽车行业。[②] 因此，可以预见，这一分布趋势在未来并不会有较大改变。

因此，平板玻璃产量的预测，应该选择与房屋建筑密切相关的指标为中介。根据相关历史数据的统计描述，我们发现，平板玻璃的产量与城镇新建住宅面积呈现较强的相关性，而与农村新建住宅面积的相关性较弱（这可能是因为，城镇住宅比农村住宅使用更多的平板玻璃）。

经过多次的试验和筛选，我们最终选取的预测中国中长期平板玻璃产量的模型形式为：

$$\ln glass = \alpha_1 + \ln S + \varepsilon$$

其中，$glass$ 是平板玻璃的产量，S 是城镇新建住宅面积，α_1 是常数项。分别对 $glass$ 和 S 取对数，认为平板玻璃产量的增长速度由城镇新建住宅面积的增长速度来决定。利用 1985~2009 年的历史数据进行回归，回归结果见表 7-68。其中，模型调整后的离差平方和为 0.8664，即回归方程能够解释的变差占总变差的 86%。这与上面分析的，平板玻璃的消费中有 80% 用在建筑行业的分布是一致的。

表 7-68 平板玻璃产量的回归结果

Source	SS	df	MS	Number of obs = 25
				F (1, 23) = 156.65
Model	12.345	1	12.346	Prob > F = 0.0000
Residual	1.813	23	0.079	R - squared = 0.8720
Total	14.158	24	0.590	Adj R - squared = 0.8664

---

① UK Glass Manufacture: A Mass Balance (2009), http://www.britglass.org.uk.
② Glass Manufacturing Industry Council. Glass Industry Technology Roadmap, 2002.

续表

lnglass	Coef.	Std. Err.	t	Root MSE = 0.281	
				P > |t|	95% Conf. Interval
lnS	1.430	0.114	12.52	0.000	1.193　1.666
_cons	7.768	0.165	46.89	0.000	7.425　8.111

根据回归结果,我们认为,模型的拟合优度是比较好的。因此,确定使用该模型进行产量的预测。

在预测中,首先是对中长期城镇新建住宅面积的预测。城镇新建住宅面积的增长与城市化率密切相关。因此我们使用课题组设定的城市人口增长情景来预测城镇新建住宅面积,具体方法如下。

城镇新建住宅面积可以分为两大部分,一是原有城镇人口由于改善性住房而增加的部分,另一个则是由于城镇新增人口的新需求而产生的部分。通过历史数据,可以简单地回归拟合出由原有城镇人口以及城镇新增人口产生的对城镇新建住宅面积的需求。通过对各个回归模型的比较,我们选定了如下模型:$\ln S = \alpha_0 + \alpha_1 \ln rural pop + \alpha_2 \ln new rural pop + \varepsilon$,其中,rural pop 和 new rural pop 分别为原有城镇人口和城镇新增人口。其含义为,原有城镇人口的增长速度以及城镇新增人口的增长速度,将与城镇新建住宅面积的增长速度呈线性关系。用 1985~2009 年的历史数据进行回归后的结果如下。

表 7-69　城镇新建住宅面积的回归结果

Source	SS	df	MS	Number of obs = 25	
				F (2, 22) = 175.89	
Model	5.6845	2	2.8423	Prob > F = 0.0000	
Residual	0.3555	22	0.0162	R-squared = 0.9411	
Total	6.0401	24	0.2517	Adj R-squared = 0.9358	

LnS	Coef.	Std. Err.	t	Root MSE = 0.12712	
				P > |t|	95% Conf. Interval
lnruralpop	1.4191	0.1149	12.35	0.000	1.18087　1.657449
lnnuwruralpop	0.2767	0.0908	3.05	0.006	0.08835　0.465082
_cons	-15.68627	0.9473	-16.56	0.000	-17.65078　-13.72176

随后，利用本课题组的每年城镇人口数量和新增人口数量，来推算未来的城镇新建住宅面积。具体结果见表 7 – 70。

表 7 – 70　预测的城镇新建住宅面积

单位：亿平方米

年　份	2020	2030	2040	2050
城镇新建住宅面积	10.70	13.13	13.95	13.03

然后，使用预测的城镇新建住宅面积结果，根据上述平板玻璃产量的预测模型，预测出未来平板玻璃的产量。并在此基础上，进行调整与平滑。调整的内容主要是：本模型预测的平板玻璃产量，主要是由于建筑物住宅面积增加而引致的对平板玻璃的需求。进入 21 世纪后，由于汽车行业以及其他特殊行业的发展也产生了新的对平板玻璃的需求，这部分需求所引致的产量并不能由模型系统来获得。根据中国近年来的数据以及美国、英国等发达国家的情况，用于建筑物的平板玻璃大约占全部平板玻璃产量的 80%。这正如模型检验所示，模型系统只能解释全部平板玻璃产量的 86.64%。因此，我们需要将其他部分需求所引致的平板玻璃产量也加上。这里，使用一个简单的方法，即假设模型预测的结果占全部平板玻璃产量的 0.8664，由此预测全部的平板玻璃产量，并最后对预测结果进行平滑处理。最终结果见表 7 – 71 和图 7 – 30。

表 7 – 71　预测的平板玻璃产量

单位：万重量箱

年　份	2015	2020	2025	2030
平板玻璃产量	65383.41	80790.5	95842.43	108273.1
年　份	2035	2040	2045	2050
平板玻璃产量	114661.8	116846.1	116429.3	107118.4

从预测的结果来看，平板玻璃产出的峰值将在 21 世纪 40 年代初（即 2042 年）达到，平板玻璃产量将达到 116896.2 万重量箱。

（四）中国中长期平板玻璃能源需求预测

平板玻璃能源消耗的计算方式是：

平板玻璃能耗 = 平板玻璃的产量 × 单位综合能耗

图 7-30 平板玻璃产量

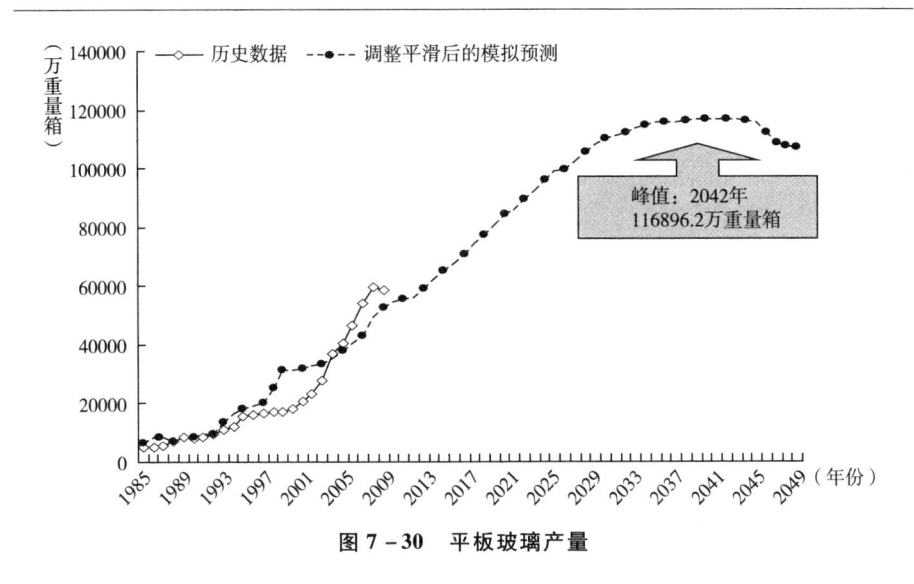

因此，在得到中长期平板玻璃产量的预测结果之后，对平板玻璃能源需求的预测，重点在于单位能源消耗的确定。

本研究将分两种情景来进行未来中国平板玻璃的能源需求预测。

情景1：基准情景

本研究所指的基准情景，是指不采取更多、力度更强的节能减排措施，而是继续当前政策和生产技术的情景。在这种情景下，未来平板玻璃生产的单位综合能耗仍然与当前水平相同，为17千克标准煤/重量箱。未来的中长期平板玻璃的能量消耗结果见表7-72。

表7-72 中国平板玻璃未来的总体综合能源消耗（情景1）

单位：万吨标准煤

年 份	2020	2030	2040	2050
万吨标准煤	1373.44	1840.64	1986.38	1821.01

根据预测的结果，中国平板玻璃综合能源消耗的峰值在2041年，为1987.2万吨标准煤。此后能源总消耗则不断下降。

情景2：继续强节能减排情景

根据前面的平板玻璃能耗变化的历史数据，可以发现，中国平板玻璃生产的单位能耗下降很快，这说明中国近期内实行了较强有力的节能减排政策。如果在中长期内，这种减排力度能够继续保持下去，平板玻璃的能源消耗则会是另一种情景。

继续强节能减排情景下，对未来中国平板玻璃单位能源消耗强度的假设原则是：以历史变化为基础，结合中国减排政策的推行，比对主要发达国家相应能源消耗强度来进行设定。

根据统计局公布的平板玻璃生产单位综合能耗，可以计算得到，1985~1990年间，平板玻璃单位综合能耗从37.05千克标准煤/重量箱下降到34.79千克标准煤/重量箱，年均下降1.25%。1990~1995年间，平板玻璃单位综合能耗从34.79千克标准煤/重量箱下降到27.74千克标准煤/重量箱，年均下降4.43%；这段时间综合能耗的下降，与平板玻璃中浮法玻璃的比例开始有较大增长有关。1995~2000年间，平板玻璃单位综合能耗从27.74千克标准煤/重量箱下降到25千克标准煤/重量箱，年均下降2.06%，在此期间，由于平板玻璃的生产工艺相对成熟，未有较大变化，因此能耗下降的幅度有所缩小。2000~2005年间，平板玻璃单位综合能耗从25千克标准煤/重量箱下降到22千克标准煤/重量箱，年均下降2.52%。2005~2010年间，平板玻璃单位综合能耗从22千克标准煤/重量箱下降到17千克标准煤/重量箱，年均下降5.03%，这个阶段单位综合能耗的大幅下降，主要是大量淘汰落后产能的结果。从整体来看，平板玻璃的单位综合能耗是在不断下降的，尤其是近年来，国家对节能减排的强调和企业减排意识的不断增强，平板玻璃的能源使用效率有了很大提升。

表7-73 中国平板玻璃单位综合能耗下降速度

单位：%

时期（年）	年平均下降速度
1985~1990	1.25
1990~1995	4.43
1995~2000	2.06
2000~2005	2.52
2005~2010	5.03

数据来源：根据《中国能源统计年鉴》公布的部分年份平板玻璃单位综合能耗计算而得。

从一个较长的时间来看，从1996年浮法玻璃的生产在中国平板玻璃的生产中占据主体地位开始，至2010年的14年间，平板玻璃单位综合能耗从26.37千克标准煤/重量箱下降到17千克标准煤/重量箱（折合为340.0千克标准煤/吨），平均每年下降3.08%。从国际比较上看，中国这种单位能耗下降的速度，是非常快的。以美国为例，从1991年至2002年，其平板玻璃单位能耗年均下降1.20%。中国前段时期如此高的能耗下降速度，除了有技术进步的原因，也有政府干预淘汰大量落后产能的原因。对于未来的能耗下降速度，一方面，中国还会继续实施较强的节能减排措施，因此会继续推动能耗下降。另一方面，在没有重大技术突破的前提下，这种下降的幅度会比前期的幅度有所缩小。因为，第一，中国目前已经有一部分平板玻璃大型生产线（主要为800吨/天及以上规模的）的能耗达到了国际先进水平，因此，进一步进行节能的空间相对较小，主要依赖于先进节能技术的产生。第二，考虑到就业等因素的影响，淘汰落后产能等手段很难成为未来平板玻璃节能减排的主要手段之一。因此，前一个阶段中国较高的年均能耗下降速度难以延续下去。结合国际情况和国内情况，我们假定，在继续实行较强的节能减排措施，而平板玻璃生产并无重大技术突破的情景下，未来40年，中国平板玻璃单位综合能耗年均下降2%，即从2010年至2050年，平板玻璃单位综合能耗都比上年减少2%。按照这种速度，可以估计得到未来各年的平板玻璃单位综合能耗系数。具体结果见表7-74。

表7-74　中国平板玻璃未来的单位综合能耗系数

年　份	2020	2030	2040	2050
千克标准煤/吨玻璃	277.8	227.0	185.5	151.5
千克标准煤/重量箱	13.9	11.3	9.3	7.6

根据预测的中国平板玻璃产量和单位综合能耗，可以做出在继续强节能减排情景下，中国中长期平板玻璃的能量消耗预测。具体结果见表7-75和图7-31。

表7-75　中国平板玻璃未来的总体综合能源消耗

单位：万吨标准煤

年　份	2020	2030	2040	2050
万吨标准煤	1122.2	1228.8	1083.5	811.6

根据预测的结果，在继续强节能减排情景下，中国平板玻璃综合能源消耗的峰值在2030年，为1228.8万吨标准煤。此后能源总消耗则不断下降。

继续强节能减排情景与基准情景相比，能源消耗的峰值提前了约10年，且峰值年份的能源消耗减少了758.4万吨标准煤。

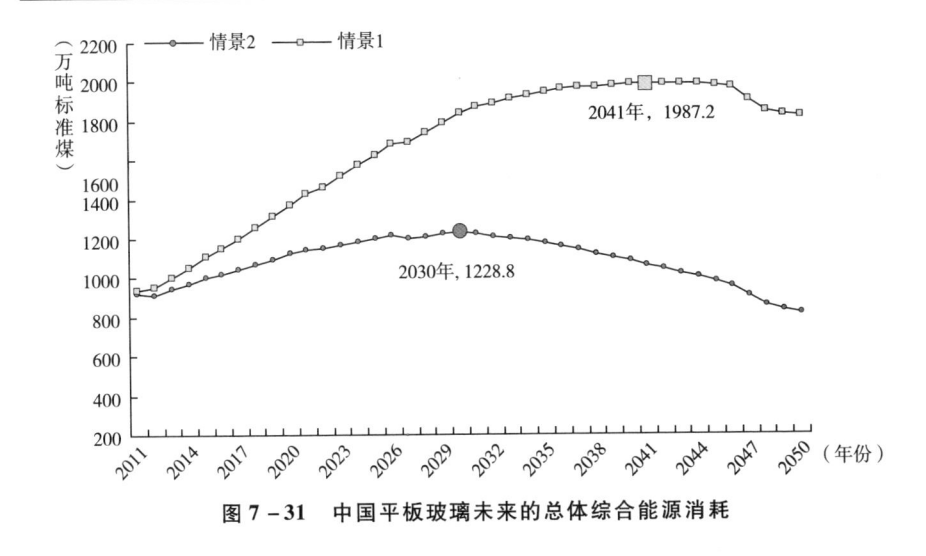

图 7-31 中国平板玻璃未来的总体综合能源消耗

(五) 中国中长期平板玻璃的碳排放预测

平板玻璃的碳排放，可以分为两大部分。第一部分是生产过程中的排放，生产玻璃的原材料是石灰石（$CaCO_3$）、白云石 [Ca、Mg(CO_3)$_2$] 和纯碱（Na_2CO_3），这些原料都会产生碳排放。第二部分则是由于燃料燃烧产生的碳排放。

对碳排放的预测，本研究设置了两个情景：情景 1，为基准情景，是指不采取更多、力度更强的节能减排措施，而是继续当前政策和生产技术的情景。情景 2，为继续强节能减排情景。根据中国近期实行的较强有力的节能减排政策，我们判断，未来的中长期内，中国在平板玻璃领域仍然很有可能继续推行强减排政策，而且节能技术的发展也为政策的实施提供了空间。因此，对于平板玻璃的 CO_2 排放预测，我们设置了继续强节能减排情景。

1. 生产过程中的碳排放

预测和计算平板玻璃的碳排放，主要使用的是 2006 年《IPCC 国家温室气体清单指南》中推介的方法。

根据 2006 年 IPCC 的温室气体清单指南，在玻璃生产中，熔炼过程中排放 CO_2 的主要玻璃原材料是石灰石（$CaCO_3$）、白云石 [Ca、Mg(CO_3)$_2$] 和纯碱（Na_2CO_3）。实际上，玻璃制造商不会仅用原材料生产玻璃，而且会使用某些回收的废玻璃（碎玻璃）。大多数操作将使用可以获得的碎玻璃，有时会限制玻璃质量要求。碎玻璃比率（the cullet ratio）是指碎玻璃表示的平炉加料比例。在玻璃产业中，能源的消耗和二氧化碳的排放也和循环使用碎玻璃的比例有关。使用的碎玻璃越多，能耗和二氧化碳排放就越少。据测算，每增加10%的破玻璃就能够减少2.5%～3.0%的综合能耗。

在具体的方法选择中，本研究使用的是2006年《IPCC国家温室气体清单指南》中方法2，即基于玻璃生产过程的排放：

$$CO_2 排放 = \sum_i [M_{g,i} \times EF_i \times (1 - CR_i)]$$

其中，$M_{g,i}$是i类熔化玻璃的质量，EF_i是i类玻璃制造的排放因子，熔化每吨玻璃产生的二氧化碳吨数，CR_i是i类玻璃制造的碎玻璃比率。

从上面的分析可以看到，中国平板玻璃中有近90%是浮法玻璃，因此，可以近似地把全部平板玻璃都按照浮法玻璃的制造来计算二氧化碳排放。

由于中国没有公布相应的玻璃生产的二氧化碳排放因子[①]，因此，本研究将使用《IPCC国家温室气体清单指南》中关于浮法玻璃生产的缺省排放因子，即0.21千克CO_2/千克玻璃。

本研究将分两种情景，对未来中国平板玻璃生产过程中的二氧化碳排放进行预测。

情景1：基准情景

在本情景下，平板玻璃的二氧化碳排放强度，以及使用碎玻璃的比例，都与当前水平相同。即，假定未来平板玻璃生产的二氧化碳排放因子均为0.21千克CO_2/千克玻璃。使用碎玻璃的比例，为目前中国的平均水平18%。在本情景下，平板玻璃生产过程的二氧化碳排放情况见表7-76和图7-31。

表7-76　未来中国平板玻璃生产过程中的二氧化碳排放情况（情景1）

单位：万吨

年　份	2020	2030	2040	2050
二氧化碳排放	696	932	1006	922

---

① 陈文娟（2006）曾计算过2002年的中国平板玻璃的生命周期清单，认为CO_2的综合排放系数为27.28千克/重量箱（即0.55千克CO_2/千克玻璃）。

根据预测的结果，中国平板玻璃在生产过程中的二氧化碳排放峰值出现在2041年前后，为1006.48万吨二氧化碳。此后二氧化碳排放逐步小幅下降。

情景2：继续强节能减排情景

在继续强节能减排情景下，我们假定，由于节能减排要求和技术进步的可行性，中国平板玻璃的二氧化碳排放强度将每年下降1个百分点。

另外，对于使用碎玻璃的比例，目前中国的平均水平是18%，而《IPCC国家温室气体清单指南》中关于浮法玻璃生产的缺省碎玻璃比率（典型范围）是10%~25%。实际上，碎玻璃的来源主要有两种，一种是工厂本身产生的碎玻璃，如生产过程中的不合格品、边部切除掉的下料、冷修放料时获得的玻璃碎块、本厂仓库储存时产生的碎玻璃等。另一种则是从社会上回收来的碎玻璃。为了保证浮法玻璃成分的稳定性，中国工厂一般使用本厂自身产生的碎玻璃较多。因此，中国的碎玻璃比例较低。这也和中国的回收制度有关。在欧盟的部分国家，有专门的碎玻璃回收和清选工厂，提高了碎玻璃的可用率，从而加大了碎玻璃的回收和循环使用率。2007年，欧盟平均的碎玻璃比例为62%，某些国家如奥地利、比利时、丹麦、德国、荷兰、瑞士和瑞典，都达到80%以上，而另一些国家如希腊、匈牙利、罗马尼亚和土耳其则比较低，均低于20%。[1] 20世纪90年代，美国的碎玻璃比例平均为30%。[2] 因此，中国的碎玻璃使用比例还有很高的提升空间。假定，中国在2050年的玻璃回收率和碎玻璃使用比例将达到目前欧盟的高端水平80%，则2010~2050年，碎玻璃比例需要每年提高3.7%。

根据预测的平板玻璃产量和设定的二氧化碳排放强度，可以推测未来平板玻璃生产过程的二氧化碳排放情况。

根据预测的结果，中国平板玻璃生产过程的二氧化碳排放量，先会经历小幅的上升，在2026年达到峰值，为585万吨二氧化碳。此后平板玻璃生产的二氧化碳排放量将不断快速下降。

---

[1] Nicola Favaro Stazione Sperimentale del Vetro, Murano : The Glass Industry in Italy and Europe: a Survey 2009, http://www.glassonweb.com/articles/article/575/.

[2] Matthias Ruth and Paolo Dell´Anno (Center for Energy and Evnironmental Studies, Boston University): An Industrial Ecology of the US Glass Industry, *Resources Policy*, Vol. 23, No. 3, pp. 109 - 124, 1997.

表 7-77　未来中国平板玻璃生产过程中的二氧化碳排放情况

单位：万吨

年　份	2020	2030	2040	2050
排　放	556	565	400	150

从图 7-32 可见，继续强节能减排情景与基准情景相比，平板玻璃生产过程中的二氧化碳排放峰值提前了 15 年，且峰值年份的二氧化碳排放减少了约 421 万吨。

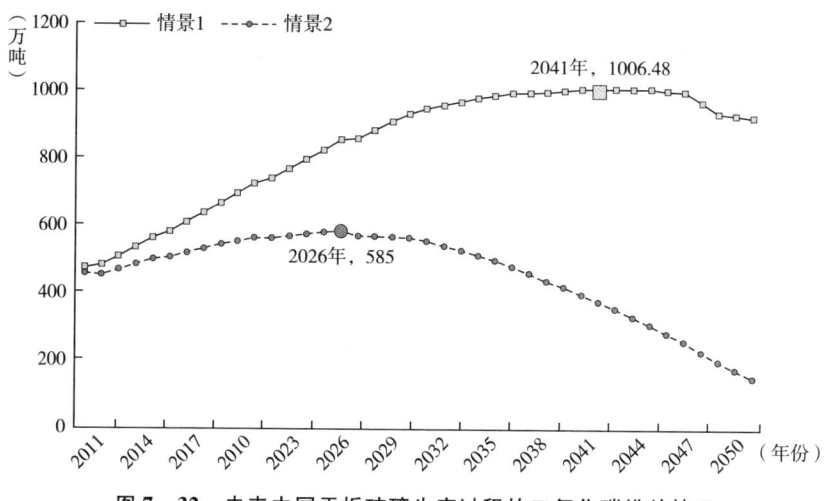

图 7-32　未来中国平板玻璃生产过程的二氧化碳排放情况

2. 燃料燃烧产生的碳排放

在平板玻璃的生产中，由于燃料燃烧而产生的碳排放，取决于中国未来将使用什么样的燃料结构。不同的固定源燃烧，将产生不同的碳排放结果。据统计，中国平板玻璃工业企业多使用重油作为燃料，少数使用天然气和煤气。根据调查，以重油作为燃料的企业占 90% 以上。[①]

情景 1：基准情景

在本情景下，中国未来使用的燃烧结构都与当前水平相同，即以重油作为燃料的企业占 90%，天然气为 10%。

在确定了每年各种燃料使用的比例结构之后，根据上面预测的能源需

---

① 中华人民共和国环境保护部：国家污染物排放标准《平板玻璃工业大气污染物排放标准》（二次征求意见稿）编制说明，2010 年 1 月。

求,确定各种燃料产生的热量总值,分别乘以各种燃料的二氧化碳排放因子,就能够得到因燃料燃烧产生的碳排放量。

根据 IPCC 公布的缺省排放因子,能源工业中固定源燃烧的排放因子:以原油为燃料,每 TJ(万亿焦耳)净发热值将产生 73300 千克的二氧化碳;以天然气为燃料,每 TJ(万亿焦耳)净发热值将产生 56100 千克的二氧化碳。

据此计算的未来平板玻璃生产中因燃料燃烧而产生的二氧化碳(见表 7-78)。

表 7-78 未来中国平板玻璃燃料燃烧导致的二氧化碳排放情况

单位:万吨

年　份	2020	2030	2040	2050
二氧化碳排放	2880.50	3860.37	4166.03	3819.20

根据预测的结果,在基准情景下,中国平板玻璃在因燃料燃烧而产生的二氧化碳,其排放峰值出现在 2041 年前后,约为 4167.82 万吨二氧化碳。此后二氧化碳排放逐步下降。

情景 2:继续强节能减排情景

关于平板玻璃的燃料结构,我们注意到,在发达国家,玻璃行业的生产依靠的主要能源是天然气,占了约 80% 的比重,也有少部分是使用电力,约占全部能源的 17%。2006 年,美国平板玻璃生产使用的燃料,85% 为天然气,10% 为电力。[①]

因此,在继续强节能减排情景,我们假定,到了 2050 年,中国的燃料结构与发达国家相似,天然气的比重达到 80%,而以水电、风电、核电等清洁能源为电力的比重达到 20%,到了 2040 年将不再使用重油作为燃料。要达到这种能源结构,需要重油比例平均每年以 3% 的幅度下降,清洁电力平均每年以 0.5% 的幅度上升。

在确定了每年各种燃料使用的比例结构之后,根据上面预测的能源需求,确定各种燃料产生的热量总值,分别乘以各种燃料的二氧化碳排放因子,就能够得到因燃料燃烧产生的碳排放。

---

① 根据 EAI 的 Manufacturing Energy Consumption Survey(MECS)2006 提供的基础数据计算而得。

根据IPCC公布的缺省排放因子,能源工业中固定源燃烧的排放因子为:以原油为燃料,每TJ(万亿焦耳)净发热值将产生73300千克的二氧化碳;以天然气为燃料,每TJ(万亿焦耳)净发热值将产生56100千克的二氧化碳;以清洁电力为燃料,则不排放二氧化碳。

据此计算的未来平板玻璃生产中因燃料燃烧而产生的二氧化碳(见表7-79)。

根据预测的结果,在继续强节能减排情景下,中国平板玻璃因燃料燃烧而产生的二氧化碳即将进入下降通道,2021年达到2110万吨,因燃料燃烧而产生的二氧化碳将大幅下降。

表7-79 未来中国平板玻璃燃料燃烧导致的二氧化碳排放情况

单位:万吨

年 份	2020	2030	2040	2050
二氧化碳排放	2092	2004	1514	1067

从图7-33可见,继续强节能减排情景与基准情景相比,平板玻璃的因燃料燃烧而产生的二氧化碳排放峰值提前了约20年,且峰值年份的二氧化碳排放减少了约2157.34万吨。

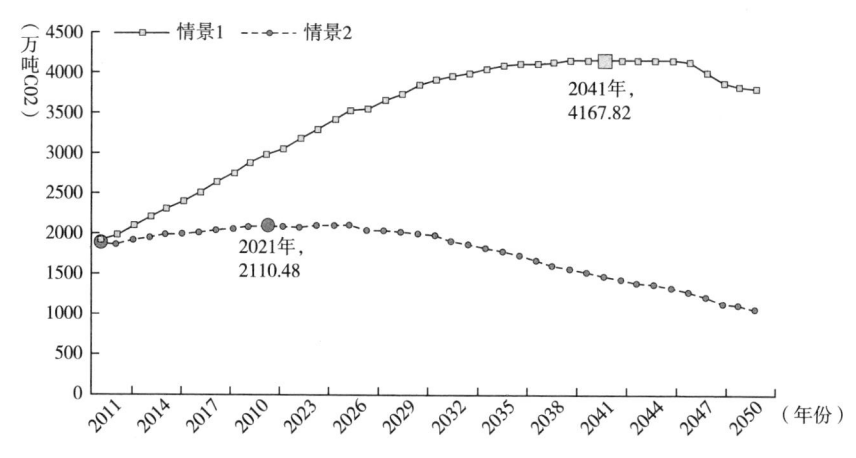

图7-33 未来中国平板玻璃燃料燃烧产生的二氧化碳排放情况

3. 总体排放情况

将生产过程中的碳排放和燃料燃烧产生的碳排放相加,可以得到未来中国平板玻璃生产的总体碳排放情况。

从上面的计算中，可以发现对于平板玻璃的碳排放而言，由于燃料燃烧产生的二氧化碳排放，是平板玻璃二氧化碳排放的最主要部分，远远高于生产过程中产生的二氧化碳排放。

情景1：基准情景

从总体来看，在基准情景中，中国平板玻璃生产二氧化碳排放在未来40年间仍然有较大幅度的上升，碳排放峰值可能在2041年出现，达到5174.29万吨。随后很快将出现大幅下降。到2050年，总体的二氧化碳排放大约为4741.49万吨。

表7-80 未来中国平板玻璃生产的二氧化碳总体排放情况（情景1）

单位：万吨

年 份	2020	2030	2040	2050
二氧化碳排放	3576.11	4792.60	5172.08	4741.49

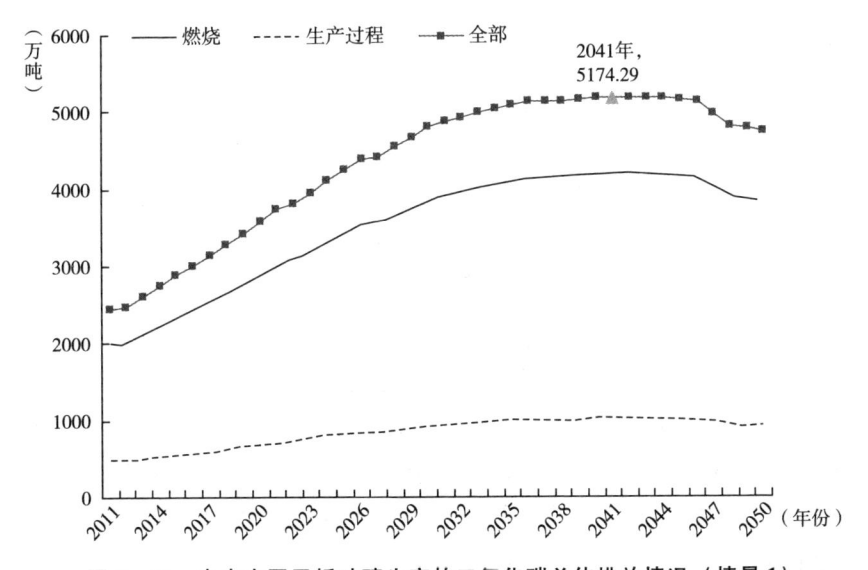

图7-34 未来中国平板玻璃生产的二氧化碳总体排放情况（情景1）

情景2：继续强节能减排情景

在继续强节能减排情景中，中国平板玻璃生产二氧化碳排放在未来20多年间仍然有较大幅度的上升，碳排放峰值可能在2026年出现，达到2688万吨。随后很快将出现大幅下降。到了2050年，总体的二氧化碳排放大约为1217万吨。

对比两个情景，可以发现，如果继续推行强有力的节能减排措施，则平板玻璃生产的总体二氧化碳排放峰值，会比基准情景下的峰值提前约15年，而且峰值年份的二氧化碳排放将会减少2486万吨。

表7-81 未来中国平板玻璃生产的二氧化碳总体排放情况（情景2）

单位：万吨

年份	2020	2030	2040	2050
二氧化碳排放	2647	2569	1914	1217

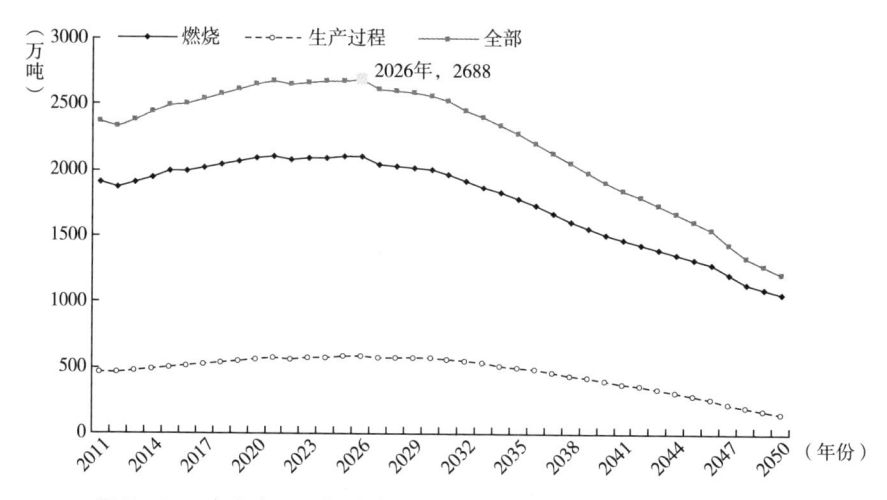

图7-35 未来中国平板玻璃生产的二氧化碳总体排放情况（情景2）

（六）平板玻璃行业减排节能的成本和收益

平板玻璃工业是能源消耗大户，中国现有的浮法玻璃工艺主产水平已经与国际水平不相上下，但在能耗方面与国际先进水平相比仍然存在着较大差距。玻璃生产的平均热耗比国际先进水平高20%左右。因此，中国玻璃行业节能降耗潜在空间巨大。

然而，玻璃行业的减排节能是否真正可行，以及能够在多大程度上推进，还必须统筹考虑进行减排节能后的成本和收益。只有当能源价格不断上升导致了高能耗生产方式的企业内部化成本上升，减排节能技术的普遍推广，使得企业在进行了减排节能创新和改造后所获得的收益大于成本，企业才会自觉地启动减排节能措施。这也是得到了欧洲和美国平板玻璃行业的生产历程验证的。

在20世纪70年代之前，虽然欧洲和美国较先进的玻璃生产商已经意识到玻璃生产给环境和能源所带来的压力，但是出于经济回报的考虑，却一直迟迟未在实质上普遍推动低能耗低碳的生产方式。直到20世纪70年代，由于能源危机导致的能源价格上涨，使玻璃生产的成本快速上升，极大地影响了玻璃生产商的经营效益，大型玻璃生产商才开始真正着手进行生产方式的改进，以便降低能耗、降低成本获得收益。

本部分将进行平板玻璃行业减排节能的成本和环境收益分析。

1. 平板玻璃行业减排节能的方向

根据平板玻璃生产的特点，该行业的减排节能可以考虑以下几个方向。

（1）改变燃料类型的使用比例

玻璃生产使用的燃料有重油、煤焦油、发生炉煤气、天然气、石油焦粉等，其中天然气燃料最为环保，它是一种清洁燃料，无毒无味、热值高、燃烧稳定，相比重油来说不但能提高玻璃质量，而且在燃烧过程中基本不产生一氧化硫和烟尘，能减少二氧化碳排放量60%，氮氧化合物排放量减少50%，环保效果显著。

在发达国家，玻璃行业的生产，其依靠的主要能源是天然气，占了约80%的比重，也有少部分是使用电力，约占全部能源的17%（见图7-36）。而在中国目前大部分地区，尤其是珠三角和长三角地区玻璃生产所用的燃料主要是重油，玻璃加工使用的能源主要是电力。

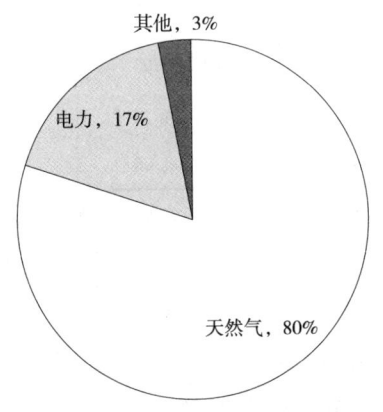

图7-36 发达国家玻璃生产消耗的能源种类

资料来源：EIA, MECS, 1994。

因此，改变燃料类型的使用比例，减少重油的使用比重，提高天然气的比重，是平板玻璃生产过程中减排节能的重要方向。

（2）使用先进的燃烧技术

现在，中国的玻璃熔窑全部是以空气作为助燃介质，空气助燃是导致高能耗、高污染、温室效应高的重要因素。空气中只有21%的氧气参与助燃，78%的氮气不仅不参与燃烧，还携带大量的热量排入大气。使用科学先进的燃烧技术，如富氧燃烧技术、全氧燃烧技术、纯氧辅助燃烧技术、局部增氧富氧燃烧技术等，则可以有效实现减排降能。

例如，同为500吨/天的生产线，如果使用全氧燃烧技术，将比空气助燃减少大量的二氧化碳排放。平均一年减排量达到28190.0吨，减排率达到21%。在纯氧燃烧中，氧气加燃料和空气加燃料成本比较，单位成本将提高1.85元/重量箱。[1]

（3）有效利用玻璃生产的余热进行发电

在平板玻璃生产过程中，需要很高的温度来熔炼成玻璃液体，因此，平板玻璃生产的特点是必然会产生大量的热量。有效地利用这些热量来进行发电，并把所发的电反过来用于玻璃生产的各个环节，也是降低玻璃生产能耗的重要方式。

表7-82　全氧燃烧500t/d和空气助燃窑500t/d浮法玻璃的排放对比

单位：吨，%

排放成分	空气熔窑 年排放量	全氧熔窑 年排放量	减排量	减排率
CO_2	133489.00	105299.00	28190.00	21
NO_x	1013.00	91.25	921.75	91
烟尘	300.00	90.00	210.00	70

资料来源：陈兰武撰《平板玻璃工业低碳经济的加法与减法》，《建筑玻璃与工业玻璃》2010年第11期。

以一座典型的500吨/天级浮法玻璃熔窑为例，其烟气余热为4.9×10千焦/时，按余热锅炉的热交换率50%，过热蒸汽350℃~500℃热值为2930千焦/纳克，产生450℃蒸汽8359千克/时，按中温（压）热力循环系统的汽耗率4.2（kg/千瓦时）计算，每小时发电量为1990千瓦时。按

---

[1]　陈兰武：《平板玻璃工业低碳经济的加法与减法》，《建筑玻璃与工业玻璃》2010年第11期。

电网供电价 0.6 元/千瓦时计算，可降低成本 1194 元/时，每重量箱成本降低 2.80 元。[①]

（4）扩大熔窑的规模

浮法玻璃生产线也具有规模经济的效应，单线规模越高，玻璃生产的能源利用效率就越高，污染物和二氧化碳排放水平就越低。目前，我国浮法玻璃总熔化能力还有将近 50% 是使用 600 吨级以下的熔窑，因此，还有很大的改进空间。

表 7-83　100~1000 吨/天燃重油典型吨位玻璃熔窑的能耗指标

熔化能力（吨/天）	100	200	300	400	500	600	700	800	900	1000
单位能耗指标（千焦/千克）	10500~10900	8370~8800	7330~7750	6700~7120	6280~6700	5860~6280	5650~5860	5440~5650	5230~5440	5020~5230
日耗燃油量熔化能力（吨/天）	25~26	40~42	52~55	64~68	75~80	84~90	95~98	108~112	117~122	125~130
熔窑热效率（%）	27~28	33~35	38~40	41~44	44~47	47~50	50~52	52~54	54~56	56~58

资料来源：陈兰武撰《平板玻璃工业低碳经济的加法与减法》，《建筑玻璃与工业玻璃》2010 年第 11 期。

目前，中国平板玻璃单位产品能耗为 18.1~30 千克标准煤/重量箱，平均为 20 千克标准煤/重量箱，而国际先进水平为 16~20 千克标准煤/重量箱。如果调整熔窑的规模，使玻璃单位产品平均能耗能达到 17 千克标准煤/重量箱，按 2009 年全国浮法玻璃产量计算，中国每年将节约 224.7 万吨标准煤，二氧化碳减排 554.5 万吨。[②]

2. 平板玻璃行业减排节能的成本收益

按照上述方向，我们将进行平板玻璃减排节能的成本收益分析。在这部分的分析中，首先必须获得微观企业进行减排节能改造的成本数据。我们选择将中国南玻集团股份有限公司作为标杆企业，采用其进行减排降耗的成本作为我们测算平板玻璃行业减排降耗成本的主要依据。选择中国南玻集团股份有限公司作为成本测算样本的主要理由在于以下两点。第一，南玻集团是

---

① 陈兰武：《平板玻璃工业低碳经济的加法与减法》，《建筑玻璃与工业玻璃》2010 年第 11 期。
② 陈兰武：《平板玻璃工业低碳经济的加法与减法》，《建筑玻璃与工业玻璃》2010 年第 11 期。

国内唯一拥有高档浮法玻璃工艺自主知识产权的企业,并拥有代表国内最大先进技术的浮法玻璃生产线。而且,南玻集团在节能降耗方面的措施,也走在了国内玻璃生产行业的最前列。第二,选择国内的生产企业作为测算减排降耗成本的标杆,主要是从平板玻璃行业整体减排的可实现性考虑的。虽然国外先进的大型玻璃生产商拥有比中国更先进的减排技术,但是欧美等国对先进技术的出口存在着封锁,我们难以获得。而且,即使国外先进技术进来后,是否能够有效地发挥效用,还要看本国企业在原有技术和劳动力配置上是否匹配,如果不相适应,也不能发挥作用。而国内先进企业对落后企业的技术扩散,则要相对容易些。

(1) 改换燃料的收益和成本

改换燃料系统,可以通过改进生产线来实现。改换燃料的主要成本是对生产线进行技术改造,或者是新建设使用天然气作为燃料的燃料系统的成本。

2009年,南玻集团下属企业深圳南玻浮法玻璃有限公司对浮法二线进行了技术改造,其中,对生产窑炉的燃烧系统进行改造,改变重油燃烧系统,换成了天然气燃烧系统,以天然气替代重油燃料,直接使用天然气作为生产燃料。燃烧系统的改造,需要的资金成本为1500万元。[①] 该生产线的日熔量约为600吨,[②] 根据南玻集团的会计估计方案,该生产线的使用年限约为12年。[③] 由此可计算出生产每吨平板玻璃使用天然气燃烧系统的成本(不包括燃料本身的成本)为5.71元,即生产每重量箱平均平板玻璃用天然气燃烧系统的成本(不包括燃料本身的成本)为0.29元。

由于改用天然气系统并使用了具有国际先进水平的天然气燃烧器,使得吨玻璃液单耗下降较大,根据深圳南玻的测算,可以达到减少二氧化碳排放量约26596吨/年。[④] 根据年产量,可以推算出现,由于改换燃料系统,将使平均每重量箱平板玻璃的生产减少二氧化碳排放量6.072千克。

[①] 数据来源:《中国南玻集团股份有限公司2009年年度报告》。
[②] 数据来源:《中国南玻集团股份有限公司2009年年度报告》。
[③] 根据中国南玻集团股份有限公司第四届董事会第十七次会议决议公告,南玻集团调整了会计估计方案,其中,机械设备的折旧年限由原来的10~20年调整为10~16年,工业窑炉用原来的16年调整为12年。综合比较之后,假定深圳南玻浮法玻璃有限公司浮法二线的使用年限为12年。
[④] 《南玻浮法玻璃成节能标杆企业》,http://www.csgholding.com/news/detail.asp?menuid=0503&ListId=1281, 2010-9-24。

表 7-84　使用天然气燃料系统（以天然气替代重油作为燃料）的单位成本和
单位 CO_2 减排量（平均每重量箱平板玻璃）

使用天然气燃料系统的成本（不包含燃料本身）	0.29 元/重量箱
环境收益（减少二氧化碳排放量）	6.072 千克二氧化碳/重量箱

由此推算出，在基准情景的基础上，如果使用天然气作为燃料，每年能够减少的二氧化碳排放量及成本如下。

表 7-85　使用天然气燃料系统（以天然气替代重油作为燃料）的减排潜力及成本

年　份	2020	2030	2040	2050
二氧化碳减排量（万吨）	490.57	657.45	709.51	650.44
减排成本（万元）	23056.65	30899.86	33346.49	30570.32

（2）利用余热发电的成本和环境收益

平板玻璃生产中会产生大量的热量，利用这些余热来发电，能够节约能源，减少二氧化碳排放。在平板玻璃的生产中，燃料（重油、天然气、煤气等）的利用率通常为 40%～45%，产生的大量余能中约 30% 余能以废气余热的形式存在，利用这些余热的最佳途径就是余热发电。

2009 年 10 月，南玻集团下属企业成都南玻玻璃有限公司的余热发电站成功并网发电。该发电站的装机容易为 12 兆瓦，为目前国内玻璃行业余热发电最大装机容量，项目的成本为 6415.65 万元。[1] 该座余热发电站是针对成都南玻的三座以天然气为燃料的浮法玻璃熔窑设计。根据南玻集团的会计估计方案，机械设备的折旧使用年限约为 12 年[2]，则项目设计和安装平均每年的成本（不包括设备维护的成本）为 641.57 万元。成都南玻的三条浮法玻璃生产线规模分别为 550 吨/天、700 吨/天和 1000 吨/天[3]，即每年约生产平板玻璃 821250 吨。由此可以推算出，建设余热发电的平均成本约为

---

[1] 数据来源：《中国南玻集团股份有限公司 2009 年年度报告》。
[2] 根据中国南玻集团股份有限公司第四届董事会第十七次会议决议公告，南玻集团调整了会计估计方案，其中，机械设备的折旧年限由原来的 10～20 年调整为 10～16 年，工业窑炉用原来的 16 年调整为 12 年。综合比较之后，假定深圳南玻浮法玻璃有限公司浮法二线的使用年限为 12 年。
[3] 《成都南玻：综合利用能源、发展循环经济》，http：//www.csgholding.com/news/detail.asp?menuid=0503&ListId=1402，2011-3-29。

7.81元/吨平板玻璃，即0.39元/重量箱平板玻璃。

另外，该余热发电站年发电量约为7526万千瓦时[①]，余热发电折合标准煤2.567万吨/年[②]。结合该厂每年约生产平板玻璃821250吨考虑，每重量箱平板玻璃的生产可以提供余热发电约1.56千克标准煤。这部分电量提供的热量，如果需要由天然气的燃烧来提供，产生的二氧化碳排放将约为2.57千克/重量箱。

表7-86 利用余热发电的单位成本和单位二氧化碳减排量（平均每重量箱平板玻璃）

建设余热发电站的成本（不包含设备维护的成本）	0.39元/重量箱
环境收益（减少二氧化碳排放量）	2.57千克/重量箱

由此推算出，在基准情景的基础上，如果建设余热发电站，利用玻璃生产的热量来发电，替代天然气燃料，循环提供玻璃生产所需的能量，每年能够减少的二氧化碳排放量及成本见表7-87。

表7-87 余热发电的减排潜力及成本

年份	2020	2030	2040	2050
二氧化碳减排量（万吨）	207.54	278.15	300.17	275.18
减排成本（万元）	31556.99	42291.77	45640.41	41840.74

（3）利用窑炉保温节能技术的成本和收益

在玻璃生产过程中，燃料燃烧释放出的热量有近1/3因窑体向外散热而浪费。使用玻璃窑炉保温节能技术，可以对熔窑所有散热表面进行保温，从而减少为保证玻璃生产所需热量而消耗的能源，并相应减少二氧化碳的排放。

成都南玻从2008年2月开始实施550吨/天和700吨/天玻璃窑炉保温节能技改项目，于2009年3月完成，总投资284万元。窑炉保温技改完成后，窑体表面温度降低平均30℃以上，排烟温度降低20℃以上；保温节能率在3.5%以上；天然气使用量减少，根据天然气公司计量统计，改造后平均每天节约天然气18911.6标准立方米/天，每年天然气可节能约7593吨标准煤；玻璃生产的单位能耗下降，数据显示，吨玻璃液的天然气单耗由2006年的

---

① 数据来源：《中国南玻集团股份有限公司2009年年度报告》。
② 《成都南玻：综合利用能源、发展循环经济》，http://www.csgholding.com/news/detail.asp?menuid=0503&ListId=1402，2011-3-29。

204.43 标准立方米/吨下降到 183.32 标准立方米/吨,吨耗下降 10.33%。[1]

由此可以计算出,使用了窑炉保温节能技术后,吨玻璃液的天然气单耗减少了 21.11 标准立方米/吨,即 1.0555 标准立方米/重量箱。这些天然气能量的消耗,将产生 CO_2 排放 2.31 千克/重量箱。

窑炉保温节能技术项目投资 284 万元,根据南玻集团的会计估计方案,假设该项目机械设备的折旧使用年限约为 12 年[2],则项目设计和设备安装使用的成本(不包括设备维护的成本)为平均每年 28.40 万元。

表 7-88 利用窑炉保温节能技术的单位成本和单位二氧化碳减排量
(平均每重量箱平板玻璃)

窑炉保温节能技术设计和安装使用的成本(不包含设备维护的成本)	0.03 元/重量箱
环境收益(减少二氧化碳排放量)	2.31 千克/重量箱

该项窑炉保温节能技术是针对成都南玻的两条玻璃熔窑生产线设计。规模分别为 550 吨/天和 700 吨/天,即每年约生产平板玻璃 456250 吨。由此可以推算出,窑炉保温节能技术的平均成本(不包括设备维护的成本)为 0.62 元/吨平板玻璃,即 0.03 元/重量箱平板玻璃。

由此推算出,在基准情景的基础上,如果使用窑炉保温节能技术,降低吨玻璃液的天然气单耗,每年能够减少的二氧化碳排放量及所需成本如表 7-89 所示。

表 7-89 利用窑炉保温节能技术的减排潜力及成本

年 份	2020	2030	2040	2050
二氧化碳减排量(万吨)	186.42	249.84	269.62	247.17
减排成本(万元)	2514.47	3369.81	3636.63	3333.88

(4) 小结

综上,中国平板玻璃生产中,三种可参考的减排节能技术的投资成本如

---

[1] 《成都南玻:综合利用能源,发展循环经济》,http://www.csgholding.com/news/detail.asp?menuid=0503&ListId=1402,2011-3-29。
[2] 根据中国南玻集团股份有限公司第四届董事会第十七次会议决议公告,南玻集团调整了会计估计方案,其中,机械设备的折旧年限由原来的 10~20 年调整为 10~16 年,工业窑炉用原来的 16 年调整为 12 年。综合比较之后,假定深圳南玻浮法玻璃有限公司浮法二线的使用年限为 12 年。

表7-90所示。

表7-90 平板玻璃生产中三种可参考的减排节能技术的投资成本

单位：元/吨二氧化碳

技术路径	燃料系统油改气	余热发电	窑炉保温
减排成本	47	250	14

当三种技术同时使用时，能够减少的CO_2排放量及相应的减排成本如表7-91所示。

表7-91 平板玻璃三种节能技术综合使用的减排潜力及成本

年 份	2020	2030	2040	2050
二氧化碳减排量（万吨）	885	1185	1279	1173
减排成本（万元）	57128	76561	82624	75745
单位减排成本（元/吨二氧化碳）	64.59			

可见，平板玻璃行业如果要通过以上三项技术改造等手段进行节能减排，从投资成本来看，其投入并不太大（但要注意，这并不是全部成本，并未包括运行费用等）；而从环境收益来看，能够减少的二氧化碳排放量，约占基准情景下平板玻璃生产总排放量的24.73%。

七 合成氨行业碳排放峰值及减排路径

2007年，中国工业总能耗为190167.3万吨标准煤，合成氨能耗占工业总能耗的4.2%，石化行业总能耗占工业总能耗的19.7%，合成氨占石化行业总能耗的21.11%。炼油、乙烯、合成氨、烧碱、纯碱、电石等六个行业耗能之和约占总石化行业能耗的60%[1]，但是合成氨就独占了21.11%。1998年，美国氮肥行业总能耗占化工行业总能耗的9.76%[2]，占工业总能耗的2.5%[3]。作为石化行业的能耗大户，其与发达国家的能源消耗差距较大，在全球气候变化的背景下，分析合成氨行业的碳排放、节能减排路径等

---

[1] 《化工产品能耗限额国家标准应用指南》，中国标准出版社，2010。
[2] http://www.eia.doe.gov/.html.
[3] http://www.eia.doe.gov/.html.

具有很重要的社会经济意义。

(一) 中国合成氨行业的发展

合成氨行业有 100 多年的历史，早期是为了满足军工的需要。战争和生产成本推动了合成氨生产技术的快速变革，由最早的氰化法到目前广泛使用的合成氨制氨法。合成氨工业化后，原料构成也经历了重大的变化。"一战"结束后很多国家的合成氨厂都以焦炭为原料，"二战"结束时，以焦炭、煤为原料生产的氨约占一半以上；20 世纪 50 年代，天然气、石油资源得到大量开采，以天然气为原料的制氨方法得到广泛的应用，截止到 1965 年，焦炭、煤在世界合成氨原料中比例仅占 5.8%。因为大型装置有投资少、成本低、占地少、劳动生产率高等显著优势，20 世纪 60 年代以后的合成氨装置开始向大型化发展。目前，世界上发达国家如欧洲、美国等都以大型天然气合成氨装置为主，占到总产能的 95% 以上。

中国的合成氨工业起步较晚，但是合成氨的产量增长很快。1949 年前，全国仅在南京、大连有两家合成氨厂，在上海有一个以水电解法制氢为原料的小型合成氨车间，年生产能力共为 46 千吨氨。为了满足农业发展的迫切需要，20 世纪 50 年代建成吉林、兰州、太原、四川四个氨厂。在高压往复式氮氢气压缩机和高压氨合成塔试制成功的基础上，于 20 世纪 60 年代在云南、上海、衢州、广州等地先后建设了 20 多座中型氨厂。此外，结合国外经验，完成"三触媒"流程（氧化锌脱硫、低温变换、甲烷化）氨厂年产

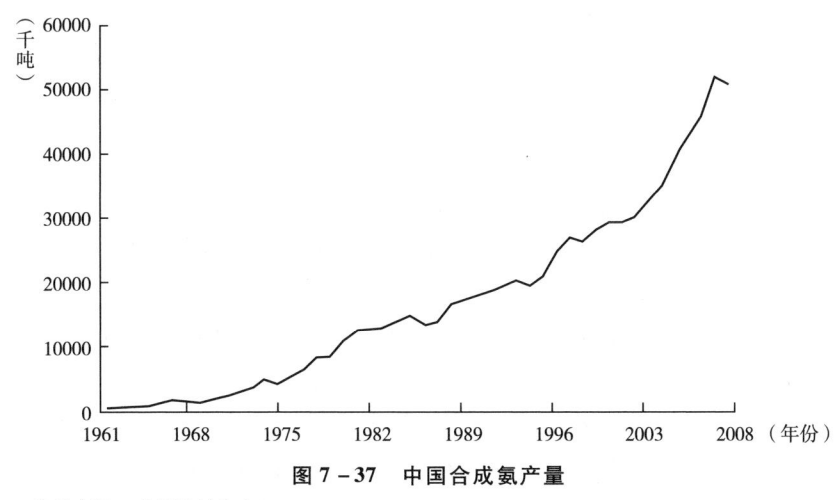

图 7 - 37 中国合成氨产量

数据来源：世界肥料协会 IFA。

50千吨的通用设计,并在石家庄化肥厂采用。与此同时开发了合成氨与碳酸氢铵联合生产新工艺,兴建大批年产5吨至20千吨氨的小型氨厂,其中相当一部分是以无烟煤代替焦炭进行生产的。20世纪70年代开始到80年代又建设了具有先进技术,以天然气、石脑油、重质油和煤为原料的年产300千吨氨的大型氨厂,分布在四川、江苏、浙江、山西等地。1983年、1984年年产量分别达到16770千吨、18373千吨(不包括台湾省),仅次于苏联,占世界第二位。

从图7-37看来,中国合成氨工业发展迅速,产量有很大幅度的提高,这主要源于20世纪90年代以后,国外的煤气化技术进入中国,使国内合成氨技术不断成熟,装置日益先进和大型化。2008年,中国有500多家合成氨生产企业,总产能5970万吨氨,产量4995万吨;产能大于30万吨的企业有40家,18万吨以上的企业有80家。2009年,中国合成氨生产企业共496家,合成氨生产能力约5650万吨氨,产量5135.6万吨,平均单厂能力约11.4万吨,平均单厂年产量10.3万吨。但是,据国家统计局统计,2009年中国合成氨产量超过18万吨的企业有80家,合成氨产量占总量的约52%,平均单厂年产量约33万吨。合成氨年产量小于18万吨的企业有416家,合成氨产量占总量的约48%,平均单厂年产量约6万吨。2010年,中国合成氨装置中,规模大于30万吨的大型企业有74家,大型企业的数量增加了85%,占总产能的49.4%;大于8万吨的大中型企业有223家,占总产能的82.4%,而产能小于8万吨的小企业仍有249家,占总数的52.8%,占总产能的17.6%。目前已有的合成氨装置中,日产千吨以上的大型天然气合成氨装置有25套,总生产能力920万吨,占全国天然气为原料的合成氨总能力的63%,拥有自主知识产权的20万吨/年天然气装置已有三套,技术水平与引进的大型装置相当。可以看出"十一五"期间,中国合成氨行业的节能减排工作力度很大,小企业无论是企业数量还是产能上都有大幅度的降低,"上大压小"政策效果明显,这一政策的实施提高了合成氨行业的竞争力,减少了行业的CO_2排放。

中国合成氨产能总量大,企业数量多,但是中小企业所占比重仍然偏大。2009年中国进口液氨28.1万吨,表观消费量5163.6万吨,和2008年(5019万吨)相比有所提高,国内自给率99.5%。2010年合成氨总产量5220.9万吨,占全球产能的33%,是世界上最大的合成氨生产国。合成氨工业能满足氮肥工业生产需求,也基本满足了农业生产需要。

(二) 峰值情景分析

中国合成氨行业看起来还处于发展期,产量以很快的速度在上升。为了更好地研究中国合成氨产量峰值可能出现的时间,本部分将以发达国家合成氨行业的发展历程为参考,对中国的合成氨产量等进行预测。

1. 发达国家合成氨行业发展状况

德国是最早发展合成氨工业的国家,经历了从无到有的技术研发过程,1912年建成世界上第一座日产30吨合成氨的装置,1926年,德国研制出用温克勒炉气化褐煤的方法,使以焦炭和煤为原料的工艺得到普及;随着天然气、石油的大量开发,相应的技术也陆续被研发出来,焦炭、煤在合成氨原料中占比例越来越小。德国合成氨的产量状况经历了一个从上升到下降再趋于稳定的过程。从下面的时间序列来看,源于20世纪七八十年代合成氨工艺的迅速发展,德国合成氨产量从1961年开始逐年上升,1976~1989年(图中圆圈标注部分)保持高位且趋于稳定,产量保持在8000千吨以上,1979年达到峰值(9595.4千吨),此时人均合成氨量为124.3881千克,人均GDP是15996.06美元。之后大幅度下降,1992~2008年达到稳定水平,维持在5000千吨左右(见图7-38)。

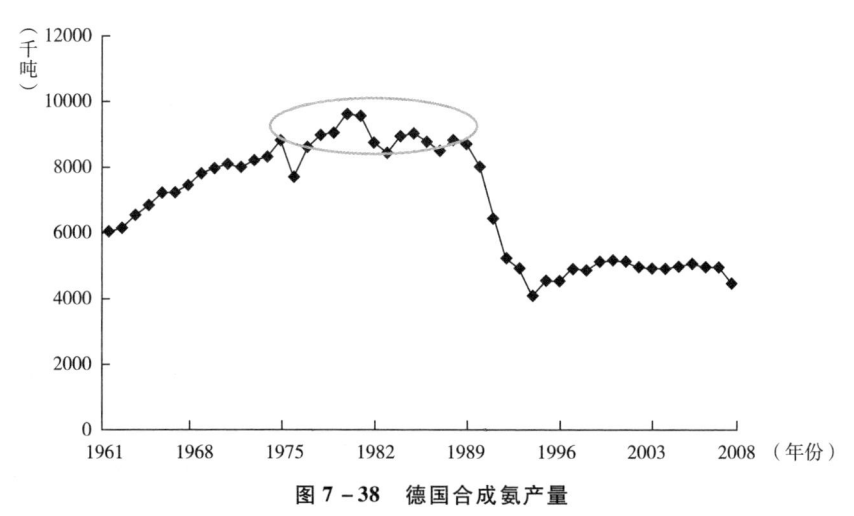

图7-38 德国合成氨产量

数据来源:世界肥料协会(IFA)。

日本合成氨产量也经历了一个先升后降的过程,1961~1967年快速上升,1967~1974年位于合成氨产量的高位,1972年日本建成目前世界上已投入生产的最大单系列装置,位于日本千叶,日产1540吨氨。1974年达到峰值3109千吨,此时人均合成氨量为28.11717千克,人均GDP为8531.625美元,之后大幅度下降,2002~2008年之间达到低位并趋于稳定。相比德国产量保持高位的时间来看,日本高位维持的时间较短,仅8年(见图7-39)。

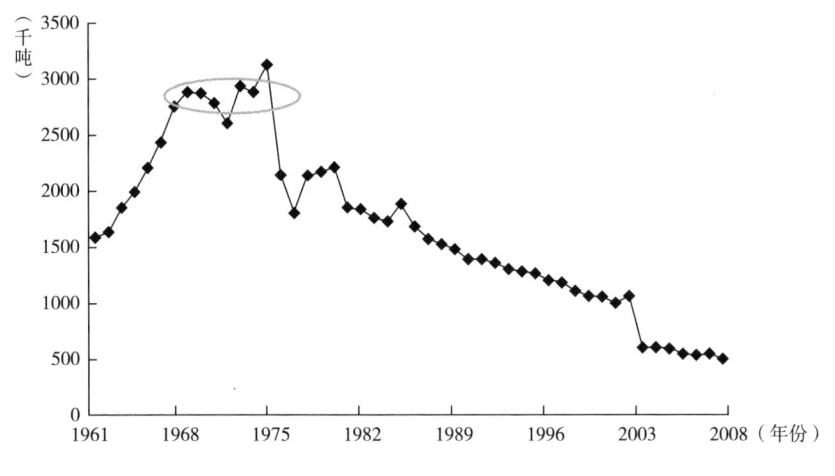

图7-39 日本合成氨产量

数据来源:世界肥料协会(IFA)。

和德国比较相似,韩国经历20年的产量上升之后,于1981~1993年之间位于产量高位,1989年达到峰值(797千吨),此时人均合成氨量为18.96219千克,人均GDP为7675.50美元,产量在高位保持时间较长(13年),之后急剧下降。1994之后产量保持在稳定的低位状况(见图7-40)。

英国的变化一直比较平滑,从数据上看,1961年开始一直比较平缓地上升,直到1979年达到峰值(2088.5千吨),之后保持了约7年的产量高位水平,达到峰值时的人均合成氨量为32.57234千克,此时人均GDP为21305.45美元;之后产量平缓的下降,直至2008年未见明显的企稳趋势(见图7-41)。

美国在1978~1999年的22年之间,除了1982、1985、1986年偶有下降外,产量一直在20000千吨左右的高位,1980年达到产量峰值(21541.6千吨),此时人均合成氨量为94.64千克,人均GDP为25652.19美元。之后略有下降,但是产量仍然保持在15000千吨以上。下降趋势没有其他国家明显。近年来,美国合成氨生产下降,源于市场波动、天然气价格上涨(见图7-42)。

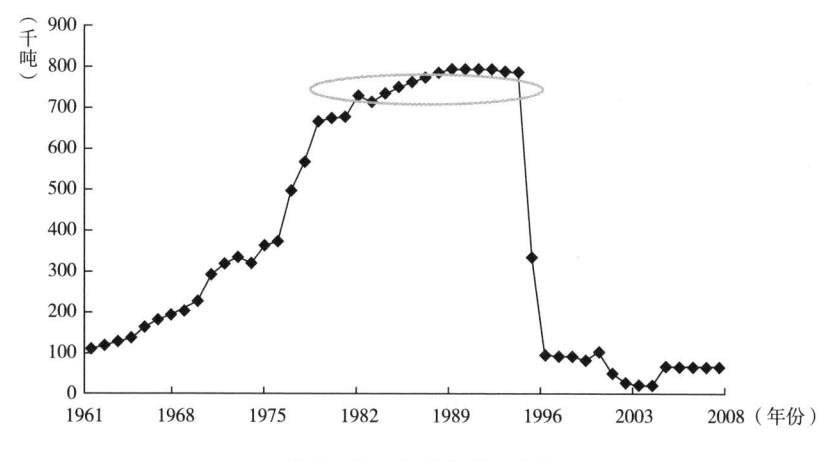

图 7-40 韩国合成氨产量

数据来源：世界肥料协会（IFA）。

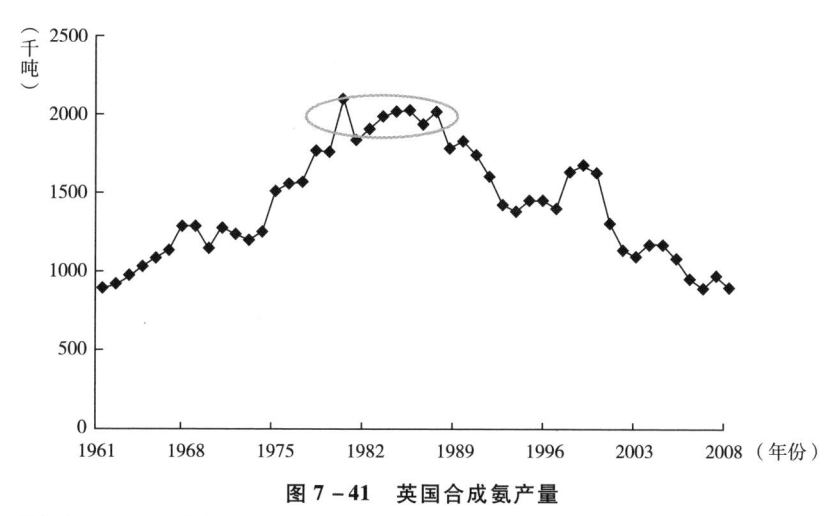

图 7-41 英国合成氨产量

数据来源：世界肥料协会（IFA）。

纵观各发达经济体，合成氨产量峰值基本出现在合成氨技术非常成熟的 20 世纪七八十年代，都在 1979～1980 年前后。而且这几个国家有一个共同点就是，在高速增长接近十年之后达到产量高峰期，维持一段高峰期（十年左右）开始大幅度下降（除了美国下降幅度不明显外）。而中国于 20 世纪 70 年代才开始引进国外的先进技术，20 世纪 90 年代以后，国外的煤气化技术才进入中国，用于合成氨甲醇的新建项目以及油头合成氨装置的技术改造，技术改造之后，合成氨产量经历了一个比较快的增长阶段，由图 7-43 可以看出，中国的高速增长阶段在 2000 年时已经出现，可以预计经过大

图 7-42 美国合成氨产量

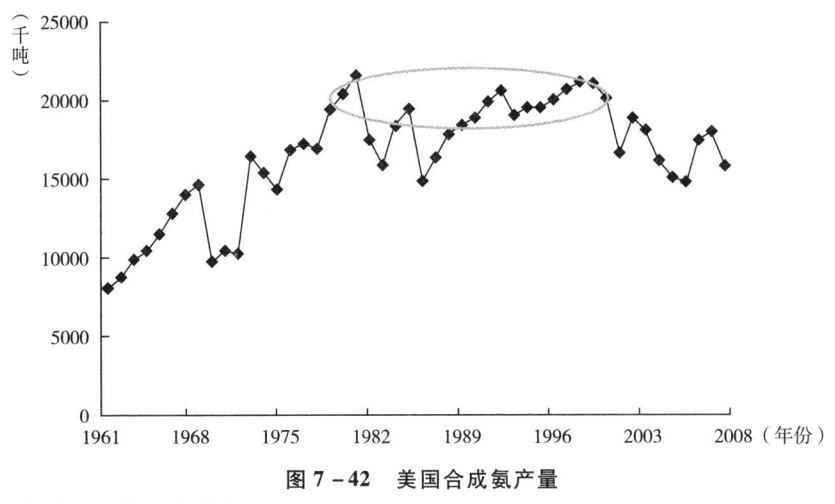

数据来源：世界肥料协会（IFA）。

约十年的高速增长之后是产量平稳阶段的到来，之后便是产量的下降。

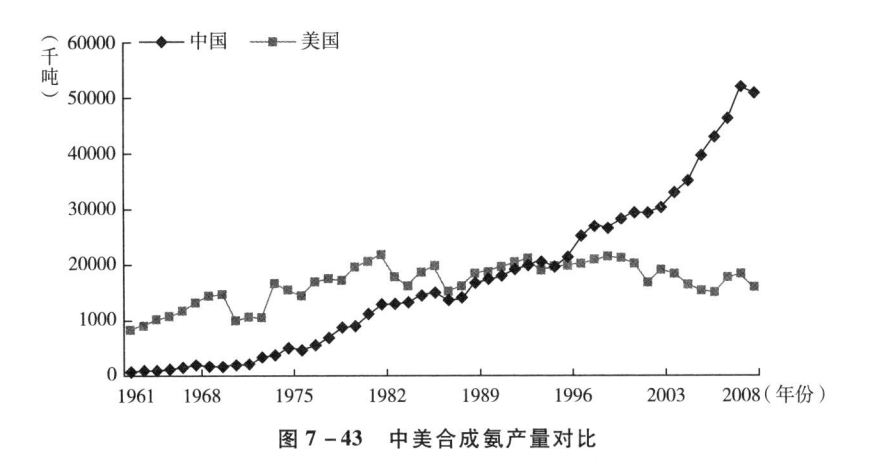

图 7-43 中美合成氨产量对比

以上数据中，合成氨的产量数值来自世界肥料协会，而所有的 GDP 数据来源于 EPS 数据库，各国达到产量峰值时人均 GDP 除特别说明外都为 2005 年不变价。限于数据的可得性，从 EPS 数据库能找到各国 1980 年至今的人均 GDP 数据，德国和英国都是 1979 年达到的产量峰值。1979 年和 1980 年两年的人均 GDP 相差不大，可以考虑用 1980 年的人均 GDP 替代达到合成氨产量高峰时的人均 GDP，德国为 17435.70 马克（2000 年不变价），折合 15996.06 美元。英国达到合成氨产量峰值时人均 GDP 为 11718.00 英镑，折合 21305.45 美元。

日本合成氨的产量达到峰值时间是1974年，从日本统计局数据得到，1974年日本的人均GDP为1235294日元（1990年不变价），按照1990年官方汇率折美元8531.625美元。韩国达到产量峰值时（即1988年）人均GDP为7675.497美元。美国（1980年）为25652.19美元。

表7-92　各国达到产量峰值时基本状况

国　　家	日　本	德　国	英　国	美　国	韩　国
达到产量峰值的时间（年）	1974	1979	1979	1980	1988
产量峰值（千吨）	3109	9595	2089	21542	797
产量峰值的人均GDP（美元）	8532[①]	15996[②]	21305[③]	25652	7676
峰值时人均合成氨量（千克）	28	124	33	95	19

注：本表中人均GDP都是2005年不变价，除标注外。①是1990年不变价，并按当时的官方汇率折算而得出；②、③都是以1979年的该国GDP替代，其中②是2000年不变价折算得出。

数据来源：由EPS和IFA数据计算所得。

2. 中国合成氨行业产量峰值预测

中国1983年产量超过俄国，1992年产量超过美国，之后以更快的速度增长，成为世界上最大的合成氨生产国。而2010年，产量占到世界合成氨产量的33%。

2005年全球尿素生产增加了4%，产量达到1.28亿吨。2005年，世界合成氨生产能力增加240万吨，达到1.651亿吨。尿素的全球生产能力增加了300万吨，达到1.44亿吨，近45%的增长来自于中国。2005年，氮肥需求量增加速率预计为0.6%，2006年约为1%。世界肥料协会对2004年到2006年这段时间内所做的合成氨供求平衡估测表明2003年氮肥市场开始吃紧后，2004年和2005年市场将继续吃紧。2006年，尿素的供求平衡显示过剩扩大到670万吨。2006年上半年，尿素市场很可能仍将吃紧，下半年生产能力增加后才会缓和。这与中国合成氨产量2005年、2006年的大幅度增加的产量趋势吻合。尿素目前国内已经供大于求，加上氮肥价格一直被控制在较低的状况，所以2007年以来氮肥市场比较疲软，2008年受危机的影响有一定幅度的下降，2009年有所恢复。据世界肥料协会预测，世界合成氨产量未来5年会保持平稳增长，2009～2013年年均增长700万吨。产能增长主要来自东亚（1350万吨）、西亚（750万吨）、拉美（500万吨）、非洲（450万吨），而欧洲和大洋洲将保持平稳。而需求方面的增长主要来自美国、摩洛哥、土耳其、巴西、智利、西欧等国家和地区。而产能增加除了中国,其余来自阿尔及利亚、特立尼达和多巴哥、委内瑞拉、沙特阿拉伯、巴基斯坦、印度等国家。这些国家多是天然气、石油资源丰富的国家。

随着能源和资源供求格局的变化,氮肥的生产开始向生产成本较低的中东等资源地转移。而中国产能的增加主要来自对落后产能的替代。中国能源结构是缺油少气多煤,但是按照天然气的输送条件以及国家的政策规定,在以天然气为原料的合成氨方面的扩张不大。以煤为原料的装置将是合成氨的主体,但是受能源供给和国家节能减排政策的限制,合成氨行业产能扩张压力很大。另外,据联合国粮农组织的预测及农田养分投入产出分析,国内农业氮肥的需求年均增长为1.6%,而工业合成氨的需求仍保持在总产量的10%左右,总体需求没有大幅度的增加。

综合对合成氨的供求、资源禀赋及国家节能减排政策的分析,中国的合成氨已经达到了产量的高峰阶段,会在近年内保持高位稳定。结合其他发达国家如德国、日本、韩国、英国的发展趋势,合成氨产量在达到产量高峰之后会保持一段时间的高位稳定(在高位保持的时间有所不同),之后下降。可以判断在2007年之后的下降并非仅是全球金融危机的影响,更多应该是全球供求区域平衡的均衡过程。因此给出如下初步判断。

①按照产量峰值高位保持时间来预测

第一,德国和韩国的高位稳定保持时间为13~14年,中国合成氨产量将在2008~2020年之间达到峰值,并于2020年之后开始大幅度下降。第二,对比日本、英国来看,日本的高位稳定保持时间为7~8年,中国合成氨产量将在2008~2015年之间达到峰值,并于2015年后开始大幅度下降。第三,和美国比较,美国的高位保持时间最长(达到22年),也就是中国的合成氨产量将于2008~2030年之间达到峰值、2030年之后开始下降。也就是说中国合成氨产量最晚在2030年达到峰值。

②以产量达到峰值时的人均GDP为预测标准

比照日本、韩国的人均GDP,参考中国社会科学院课题组统一人均GDP情景,中国将在2025年前后达到峰值。对比德国,则将在2037~2038年达到峰值。对比英国,中国将在2043~2044年达到峰值。对比美国来看,中国将在2047~2048年达到峰值。

③以人均合成氨占有量为预测标准

合成氨的人均占有量相差很大,中国目前的人均合成氨产量已经超过日本、韩国、英国。从图7-43的趋势看,2007年已经出现拐点,按照世界合成氨及尿素的供求趋势和中国的节能和对该行业的抑制政策来看，合成氨的产量应该不会有很大幅度的提高。有望在目前的人均量（40 千克）附近波动。预测达到峰值的时间则和以产量为标准的预测相同，峰值出现在 2020 年前后，最晚在 2030 年达到峰值。

④综合考虑，合成氨产量会比以上预测更早到达峰值

考虑到目前的节能措施和对合成氨行业的抑制等状况，合成氨的产量将比以上结论提及的时间更早达到峰值。

据《氮肥行业结构调整指导意见（讨论稿）》和《合成氨行业准入条件（征求意见稿）》，新建单套合成氨装置的准入门槛初步定为 30 万吨。准入条件对安全、环保、技术等方面提出了要求。同时，还对存量装置的能耗提出了要求，如果在限期内生产装置仍未达标，将被要求停产整顿。对在建和拟建差能严格控制，以替代为原则保证产能调整目标的实现。所以，合成氨行业的总产能不会有很大幅度的提高。

结合美国、德国、英国、日本、韩国等国家合成氨行业的发展状况，以及新中国成立以来合成氨行业的发展，依据各发达国家发展趋势、人均合成氨占有量、到达峰值时人均 GDP 等几种情景，预测中国合成氨产量达到峰值出现在 2020～2040 年。但是，综合考虑，本研究认为按照各国发展趋势来预测峰值出现时间更有合理性。对产量的预测，本文提供了两种情景：一种是美国情景，一种德国情景。按照美国的发展趋势预测中国的合成氨产量在 2037 年达到峰值，峰值为 6321 万吨，见图 7-44。

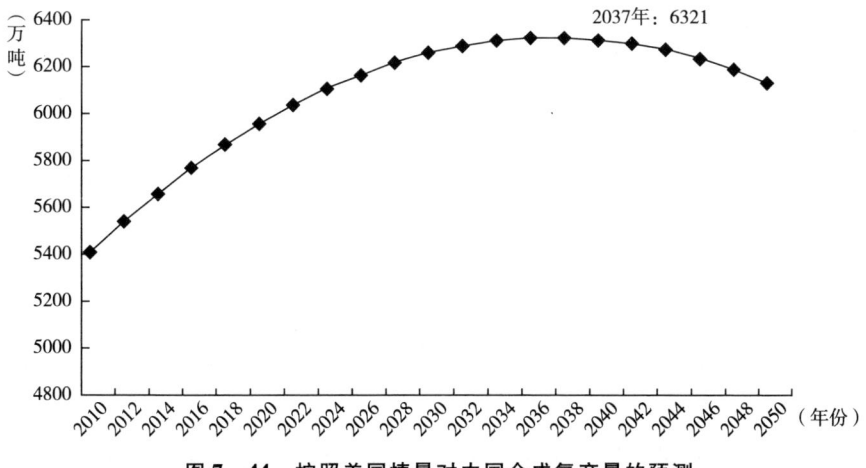

图 7-44 按照美国情景对中国合成氨产量的预测

3. 能源消耗峰值

为了计算出能源消耗，必须对单位合成氨的综合能耗做出预测。表7-93为中国和美国大型合成氨装置的能耗对照表。从下面的吨氨综合能耗来看，中国与美国还相距甚远。我们可以参照国家节能减排对合成氨工艺能耗指标的要求以及中国和发达国家的技术差距，对合成氨综合能耗做出预测。

表7-93 中美大型装置能耗比较

单位：千克/吨

国家/年份	1990	1995	2000	2005
中 国	1343	1347	1327	1340
美 国	1000	1000	970	970

数据来源：国家统计局能源统计司编《中国能源统计年鉴2011》，中网统计出版社，2011。

针对2005年以来实施的各项节能减排措施及其相关结果，以2010年前应推广的技术和工艺设备为主，适当考虑中长期发展的原则，国家发展改革委发布的《节能中长期专项规划》、发展和改革委和科学技术部共同拟定的《中国节能技术政策大纲》对主要产品单位能耗指标做出了相应的要求，即2010年总体达到或接近20世纪90年代初期国际先进水平，其中大中型企业达到21世纪初国际先进水平；2020年达到或接近国际先进水平。对大型合成氨装置（煤、油、气加权平均）的要求是：2010年达到1140千克标准煤/吨，2020年达到1000千克标准煤/吨的水平。对中型装置吨合成氨能耗（煤、油、气加权平均），2010年达到1660千克标准煤，2020年1555千克标准煤。2010年，小型装置吨合成氨能耗，2010年降为1700千克标准煤，2020年降为1650千克标准煤。2010年，全国吨合成氨能耗（大、中、小型加权平均），由2000年的1699千克标准煤降为1570千克标准煤，2020年降为1455千克标准煤。

要得到平均吨氨能源消耗，需要对中国合成氨行业的企业规模做进一步的预测。

结合企业规模和吨氨综合能耗的减排要求，我们得出合成氨行业企业规模和综合能耗长期预测，如表7-94。

按照表7-94的阶段性预测，我们用指数平滑后得到每年的吨氨综合能耗的比例。结合产量的预测，可以得到合成氨行业的能源消耗预测如图7-45。

第7章 中国工业部门排放研究　285

表 7-94　合成氨结构及综合能耗预测

单位：千克标准煤/吨，%

年　份	大　型	占比	中　型	占比	小　型	占比	平　均
2010	1140	15.6	1565	31.6	1700	52.8	1570
2020	1000	25	1555	30	1650	45	1459①
2030	970②	30	1450	35	1550	35	1341
2040	950	40	1350	40	1450	20	1210
2050	900	50	1300	45	1400	5	1105

注：①按照这种比例计算出的平均能耗与科技部、发展与改革委员会文件的 1455 千克标准煤/吨几乎相等，可以认为合理。

②美国 2005 年的大型合成氨装置的水平。

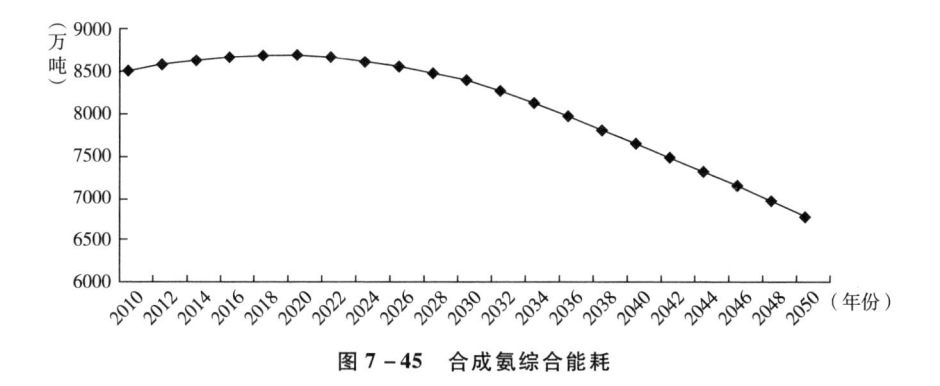

图 7-45　合成氨综合能耗

如果不考虑结构和节能减排因素，则能源消耗峰值和产量峰值同时到达，也就是 2037 年到达。考虑到技术进步等因素，2020 年达到能源消耗峰值，此时峰值为 8686.29 万吨。

（三）碳排放峰值

化工行业的 CO_2 排放分为两部分，能源燃烧排放和生产过程排放。过程排放计算公式是：

$$ECO_2 = Q\text{ammonia} \times \delta CO_2$$

其中，E 为 CO_2 排放量，Q 为合成氨产量，δ 为碳排放因子。过程排放因子我们参考美国和日本的排放清单中合成氨过程排放因子。以天然气为原料的过程排放因子为 $1.2 C/NH_3$，石油焦（petrol coke）为原料时因子为 $3.57 C/NH_3$。考虑到生产尿素时 CO_2 被吸收，扣减 $0.73 \times$ 国内尿素总量。

但是中国的合成氨中煤炭为原料的装置占到了60%以上,以上因子不适合计算中国的合成氨工业碳排放。因为中国没有公布专门的合成氨过程排放系数,本研究以《2006年IPCC国家温室气体清单指南》公布的工业过程中合成氨的碳排放因子计算,该因子为欧洲现代和传统工艺的欧洲平均水平,3.273吨CO_2/吨NH_3。另外假定,2011年开始以2%的年均速度下降,到2020年吨氨CO_2排放系数减少至2.674吨CO_2/吨NH_3,与欧洲现代工艺水平(2.772)相当,到2050年,过程排放因子为1.46吨CO_2/吨NH_3,比天然气为原料的过程排放因子(1.2)稍大,但是考虑到中国到2050年的能源结构和企业规模,这个系数具有合理性。

对于燃料燃烧的碳排放又根据燃料种类不同而有所区别,以煤炭为原料的碳排放高,而以天然气为原料的碳排放最低。中国合成氨企业大多以煤炭为原料,所以碳排放很高。综合各类研究,设综合碳排放系数约为2.41538千克CO_2/千克氨。有了综合排放系数后,结合综合能源消耗,就能计算出合成氨行业工业碳排放总量。

根据上面的假设,计算的中国合成氨行业过程排放和总排放见图7-46。这里的排放因子的选择以及排放因子的变化具有主观性,而且没有考虑合成氨生产过程中的CO_2回收利用,比如采用甲醇、甲烷、尿素等联合生产工艺,所以得出的过程排放占总排放比重较高。

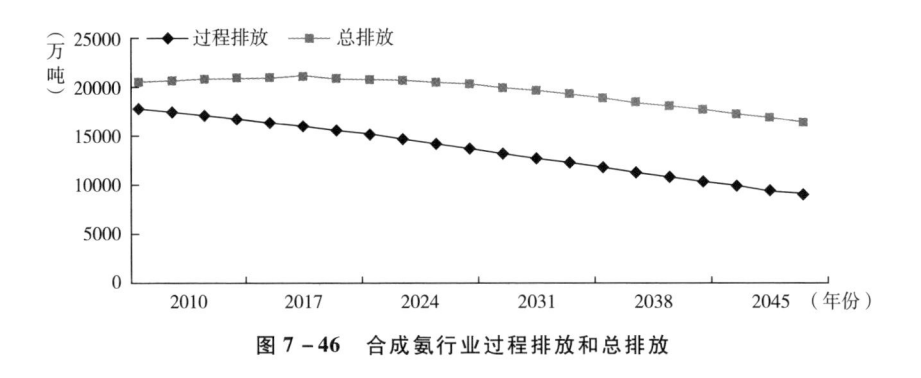

图7-46 合成氨行业过程排放和总排放

但是,随着技术的进步,节能减排的推进,能源结构,企业规模的变化,综合碳排放系数都会发生变化。我们按照国家节能减排对合成氨工业的要求,以及发达国家(主要指美国)合成氨装置的能耗比较,设置出未来40年碳排放系数变化表。

图7-47显示的是综合碳排放系数保持不变的情况下CO_2排放量。这种

情况下能源消耗与碳排放同时达到峰值，也就是2020年达到峰值，峰值为20981万吨。考虑到技术进步，吨氨的综合碳排放系数会减少，也就是图中的节能情景下的CO_2排放比系数不变情景下的峰值早两年到达，2018年到达碳排放峰值，此时峰值为20855万吨，累计碳排放减少3.9737亿吨。节能情景下CO_2排放与非节能情景对比如下。

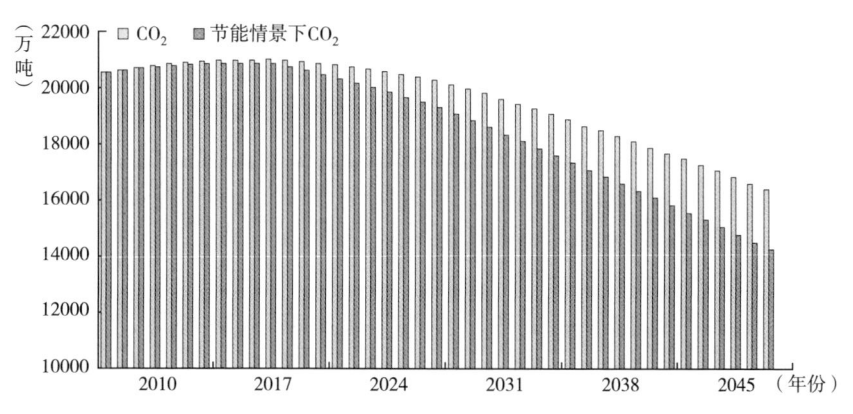

图7-47 节能与非节能情景下合成氨行业总的碳排放量对比

（四）减排路径

由于国内合成氨企业的技术水平差异很大，以天然气为原料的合成氨大型企业最好的能耗水平为吨氨综合能耗1044千克标准煤，与20世纪末美国的水平相当，而气头合成氨生产企业的平均吨氨能耗约为1253千克标准煤。以煤、焦为原料的就能耗更大，吨氨平均能耗为1800千克标准煤，而国内先进水平为1600千克标准煤。世界先进水平为1570~1670千克标准煤。也就是和国际先进水平相比，合成氨行业还有很大的技术进步和节能减排空间。

1. 氨合成回路分子筛节能技术

在氨合成的过程中，为了避免催化剂中毒，必须脱除含氧化合物（H_2O、CO及CO_2等），氨合成经典流程在合成气进氨合成塔之前采用水冷和氨冷方法，在分离氨的同时一并脱除含氧化合物。氨合成回路分子筛节能技术，采用分子筛直接脱除合成氨新鲜气中的水、CO_2和CO，并将合成氨装置氨合成回路的氨分离位置由合成塔前改为合成塔后、进循环段前，改变分氨流程，氨在压缩机之前分离，压缩机循环气量降低9%左右，节约压缩机能耗；新鲜气与循环气一起不经氨冷器而直接进入合成塔，使冷冻负荷下降，降低了氨冷及水冷能耗。并延长了催化剂的寿命。这个技术能使吨氨能耗下降 0.67 吉焦，合标准煤 22.85 千克。该技术主要适合大中型合成氨装置的改造和新建。

2. 节能改造综合技术

吹风气等余热回收副产蒸汽及供锅炉生产蒸汽，先发电后供生产用汽，实现能量优化。该技术主要是利用余热发电，降低合成压力，净化工艺，低位能余热吸收制冷，变压吸附脱碳，回收涡轮机组动力，提高变化压力，吨氨节电 200~400 千瓦时。该技术主要适合以煤为原料的中小型企业。

对于回路分子筛技术，我们以中石化湖北化肥分公司的改造为例，该公司装置为 20 世纪 70 年代从美国凯洛格公司引进的，年产合成氨 30 万吨，2005 年对回路进行改造，投资 1728.6 万元，建设期 3 个月。改造后，吨氨高压蒸汽消耗降低 0.144 吨，中压蒸汽降低 0.0729 吨，每年节省标准煤 9500 吨，每年可实现收益 1044 万元。我们假定其中 80% 的大企业进行改造，则年节约标准煤 120 万吨。

而节能改造综合技术以年产 10 万吨的合成氨企业为例计算，投资 3000~6000 万元，年节电 2000~4000 万千瓦时，年增产 6000 吨合成氨。假定其中 50% 企业进行改造，则投资总额为 35 亿元；而年节电按照 3000 万千瓦时计算，则总计节电 80 亿千瓦时。

假定：

（1）上文减排情景下，碳排放的减少完全依赖于上述两种技术以及企业类型的变动。而且只考虑技术改造所需投资，而不考虑重组兼并等所需投资。

（2）截至 2020 年，50% 的大型企业都采取第一种技术进行节能改造，截至 2020 年投资额为 34572 万元；而有 50% 的小企业采用第二种技术进行综合技术改造，投资为 350000 万元。这阶段投资总额为 384572 万元。

（3）截至 2030 年，小企业的改造基本完成，需要继续投资 350000 万元，中型企业 80% 进行节能改造，采用技术 1，投资 55315.2 万元，之前所有的 40 家大型企业完全改造，投资 34572 万元。该阶段投资总额为 439887.2 万元。

（4）截至 2040 年，中型企业改造完成，追加投资 13828.8 万元，小企业中有部分合并重组为大企业并进行第一项技术改造，投资 34572 万元，投资总额 48400.8 万元。

（5）2050 年，小企业继续重组，投资 34572 万元。此时，大型企业占

50%，小型 5%，中型 45%。

由上面的假定，结合减排潜力，计算出减排单位成本如表 7-95 所示。

表 7-95 减排投资

年 份	各期投资（万元）	累计投资（万元）	累计减排（万吨））	单位减排成本（元）
2020	384572	384572	599.94	641.02
2030	439887.2	824459.2	6636.10	124.24
2040	48400.8	872860	20234.71	43.14
2050	34572	907432	39603.49	22.91

3. 航天炉（HT-L 粉煤加压气化技术）

煤气化在合成氨生产过程中是关键工序，消耗的能源占全部生产能耗的 70% 左右，是直接影响产品成本与企业经济效益的主要因素。中国煤气化技术发展起步较晚，但在合成氨行业，煤气化技术开发与应用已经取得很大进展。国内自主研发出的固定床空气间歇气化虽然已得到广泛使用，但是工业和先进技术还是有一定的差距。目前比较先进的气化方法投资统计如表 7-96 所示。

表 7-96 气化法投资

单位：元

气化方法	吨氨建设投资
提升型固定床间歇气化法	195~225
恩德法	930~1100
灰熔聚法	1070~1250
水煤浆法	1430~1560
壳牌法	1920~2100

但是进口技术在国内的应用存在一定的局限，比如德士古煤气化技术，无法实现原料本地化；壳牌煤气化技术投资太大，操作维护难度高；恩德炉产生的气质差，只对内蒙古、东北等地的煤种较为经济；灰熔聚法则技术不太成熟。而且从表 7-97 可以看出，国外技术的投资相对都很高。国内专家针对这种现象研制出适合中国的煤气化技术，即航天炉又名 HT-L 粉煤加压气化技术。该技术对煤种的要求低，可实现原料本地化。关键设备已经完全国产化，投资少，成本低。综合能耗可降低 20% 以上，CO_2 等废气排放

量可减少50%以上。

目前已经开始进行改造的产能有：山东鲁西年产30万吨，2008年改造，现在正在试车；山东瑞星化工年产30万吨，建设中；河南晋开集团120万吨年产，2013年建成投产；临泉化工二期18万吨年产，设计阶段；安徽昊源30万吨年产，全部建成于2014年；昊化骏化60万吨年产，设计阶段；鲁能宝清30万吨年产，2009开工还没完成，沪天化集团45万吨年产，开始建设。共计产能425万吨。

以昊源化工总投资26亿元的三套航天炉为例。该公司总生产能力每年达60万吨合成氨，2009年，该公司吨氨综合能耗1228千克标准煤，按照节能20%计算，吨氨节能240kg标准煤，年总节能14.4万吨标准煤，减少CO_2排放34.78万吨。

按照20万吨规模的企业来计算，每套航天炉投资8.67亿元，综合节能4.8万吨标准煤，减少CO_2排放11.59万吨。按照该项目目前已有的采用状况来看，截至2015年，共计有500万吨的产能实施改造。我们预计2020年，实施的产能有1000万吨；2030年为2000万吨，2040年为3000万吨，2050年为4000万吨。

表7-97 累计投资

年 份	各期投资（万元）	累计投资（万元）	累计减排（万吨CO_2）	单位减排成本（元）
2020	4335000	4335000	599.94	7225.76
2030	4335000	8670000	6636.10	1306.49
2040	4335000	13005000	20234.71	642.71
2050	4335000	17340000	39603.49	437.84

4. 双甲工艺

即甲醇化反应串甲烷化反应，即以甲醇化反应来脱除脱碳工段后的工艺气中的$CO + CO_2$，在0.03%~0.3%，再以甲烷化反应将气体再精制到15×10^{-6}以下，完成对合成氨原料气的净化精制工作。

如果采取双甲工艺，按照12万吨合成氨年产的规模来计算，单厂投资为260万元，吨氨节能102千克标准煤，单厂节能总额1.224万吨标准煤，减少CO_2排放2.956万吨。假定截至2020年，100家小规模企业改造，则投资总额26000万元（见表7-98）。

表 7-98　双甲工艺投资

年　份	各期投资（万元）	累计投资（万元）	累计减排（万吨 CO_2）	单位减排成本（元）
2020	26000	26000	295.6	87.9567
2030	26000	52000	591.2	87.9567
2040	26000	78000	886.8	87.9567
2050	26000	104000	1182.4	87.9567

（五）合成氨行业节能减排的措施建议

综合以上分析，中国的合成氨节能减排工作可从以下几个方面着手。

1. 提高能效

提高能效也就是技术改进，减少单位合成氨的综合能耗水平。国家发展和改革委已经发文规定了"十二五"合成氨节能技术，针对合成氨生产的能耗和"三废"排放问题，明确以节能降耗和环境保护为目标。确定合成氨重点采用的节能技术。第一，大型合成氨装置要采用先进节能工艺、新型高效催化剂和高效节能设备，提高转化效率，加强余热回收利用。第二，以天然气为原料的合成氨装置要推广一段转化炉余热回收技术，并改造蒸汽系统。第三，以石油为原料的合成氨装置要加快以洁净煤或天然气为替代原料的技术改造工程。第四，中小型合成氨装置要采用节能设备和变压吸附净化技术和回收利用技术，降低能源消耗。第五，以煤为原料的合成氨装置的造气工段要采用水煤浆或先进粉煤气化技术，替代传统的固定床造气技术。但是大量中小合成氨装置仍采用落后的常压间歇固定床煤气化技术，粉煤气化等先进技术仅在个别企业得到推广，对比上节的分析，我们可以看到技术改进的节能潜力，另外，受能源供需矛盾和运输环境约束，无烟块煤价格快速上涨，合成氨生产成本急剧上升，原料供应十分紧张，以无烟煤为原料的中小型装置受原料供应局限、价格上涨、技术水平、环境保护等因素制约，数量将逐渐减少，一些落后产能将不得不被逐渐淘汰。所以应该加强中小企业的节能减排意识，坚决对落后产能实现淘汰，加快技术改进。加快对技术好的小企业的整合，通过规模提升来提高能源利用效率，减少排放。

2. 清洁能源替代

从世界技术水平看，合成氨主要以天然气原料为主，有的国家高达90%以上。所以天然气为原料的合成氨工艺，无论是技术水平，还是其能源本身的洁净程度都是值得推崇的。从上节的粗算，可以看到由天然气替代煤炭比结构调整的效果更加理想。中小企业极大程度的改造，节能总和与天然气以10%的速度替代煤炭的节能效果相当。而如果替代速度为20%的话，节能效果则接近结构改进效果的2倍。据国际能源机构（IEA）分析，世界化工行业用能的平均碳强度为19.1千克/吉焦，而最低水平的碳强度为15.3千克/吉焦，因此，能源替代还是具有一定潜力，可以帮助减少排放10%~20%。与国外化学工业以石油、天然气为主的能源结构相比，中国化学工业能源消费结构以煤焦为主，占化工总能耗的50%以上。而且这种局面在短期内还不会改变，尤其是小型企业更是这样，这是由国内资源结构决定的，而且随着天然气价格调整，以及国家对合成氨行业准入的规定，原则上不在新建以天然气为原料的合成氨企业（除非天然气产地资源冗余而且无法运输至外地的情况）。所以天然气替代煤炭为原料的节能必将面临一定挑战。这就意味着能源替代在合成氨行业的节能减排中贡献非常有限。技术进步与过程气体的综合利用将成为合成氨行业节能减排的主攻方向。

八 乙烯排放研究

（一）乙烯在石化工业及CO_2排放中的地位

工业是降低能源需求和减少CO_2等温室气体排放的重要部门。通过技术进步和工艺流程创新以及一些节能减排措施的实施，能有效提高工业能源综合利用效率，减少CO_2的排放。化学与石化工业是仅次于钢铁和水泥的第三大CO_2排放源，并且占终端能源使用的30%（IEA，2006）。

从能源使用和排放管理的角度，石化工业面临着巨大的挑战。石化工业生产大量的成千上万的化工产品，其中很大一部分是作为原料例如乙烯和石脑油来生产塑料等石化产品，生产这些石化产品会产生大量的CO_2，此外，当这些石化产品废弃焚烧时，还会产生CO_2排放。尽管考察所有石化产品的生命周期中的CO_2排放很重要，但这不是本研究所关注的。从能源供给和原料供应的角度来看，伴随着能源成本的上升以及亚太地区和中东地区产业增长模式的转换，石化工业正在经历巨大的变化。以乙烯为例，乙烯生产的重心正逐渐从欧美国家向中国和中东地区转移。

石化产业生产众多产品，从各种产品在产业链的位置来看，乙烯是最重要的产品。乙烯是石油和化工行业的龙头产品，乙烯技术水平被看作是衡量一个国家石油和化工发展水平的重要标志。其上游原料主要是石脑油、乙烷、加氢尾油和轻柴油等，下游产品数量较多，其中，60%左右用于生产聚乙烯，其他重要的下游产品是乙二醇、聚氯乙烯、苯乙烯以及醋酸等，这些衍生物的主要下游产品是塑料、纤维、合成橡胶等合成材料以及表面活性剂、黏合剂、涂料等，其中，塑料是占比例最大的终端产品，约占乙烯消费量的80%。这些产品最终应用于包装、农业、建筑、电子电器、机械和汽车等部门。乙烯产业链较长，分支产品较多，在石化行业中是非常重要的一条产业链。因此，世界各国普遍把乙烯工业作为其产业链布局的重要环节和石油化学工业的龙头，乙烯产量大小是衡量一个国家石油化工发展水平的重要标志。

20世纪60年代，中国乙烯工业开始起步，1961年，兰州化学工业公司建成投产中国第一套0.5万吨/年乙烯裂解分离装置，到20世纪70年代，中国乙烯工业开始初具规模，在此期间，引进和国内自行设计建成5套乙烯生产装置，使生产能力扩大到63.8万吨/年，到20世纪80年代末，乙烯工业开始加速发展，这个阶段中国石化企业一方面引进国外成套先进装置扩大生产能力，同时也进行了技术改造，新建6套30万吨/年的大型乙烯装置和7套20万吨/年以下的中型乙烯装置，乙烯的生产能力增加274.5万吨/年，90年代初，通过对部分老装置技术改造，增加乙烯生产能力101万吨/年，2000年以来中国乙烯生产能力迅速扩张，截至2009年，中国乙烯生产能力突破1千万吨/年，超过日本，成为仅次于美国的全球第二大乙烯生产国，除台湾、香港、澳门外，目前中国已上乙烯装置的省市有12个，占内地省市的39%；拟上的还有19个省市，合起来比例在60%以上。

（二）世界主要生产国乙烯产量、生产能力及平均装置规模

1. 中国乙烯产量：1960~2009年

中国乙烯工业起步较早，但受制于国民经济发展的整体环境，在1978年以前，中国乙烯工业发展比较缓慢。早在1960年，中国开始生产乙烯，当年生产乙烯0.07万吨，截至1978年，中国乙烯产量为38万吨，产量不到同期日本乙烯产量的1/11，远落后于同期的美国。改革开放以后，中国

乙烯工业取得长足发展。1978~1990年，中国乙烯产量增长了4.13倍，达到157.2万吨，年均增速为11.5%。截至2000年，中国乙烯产量为470万吨，与1990年相比，增长了将近3倍，年均增长8.79%。2000年以来，中国乙烯工业经历新一轮的高速增长，10年时间，产量翻了一番。截至2009年，中国乙烯产量为1072万吨，年均增长率为8.6%，超过日本，成为全球第二大乙烯生产国。单就乙烯产量的变动趋势来看，中国乙烯产量仍将保持持续快速增长的趋势，如果中国继续保持年均8.6%的增速，到2020年，中国乙烯产量将在2018年前后达到美国2008年的水平。从中国乙烯产量的变化趋势来看，伴随中国工业化进程的加速和重化工业的发展，中国乙烯产量还将经历较长的扩张过程。

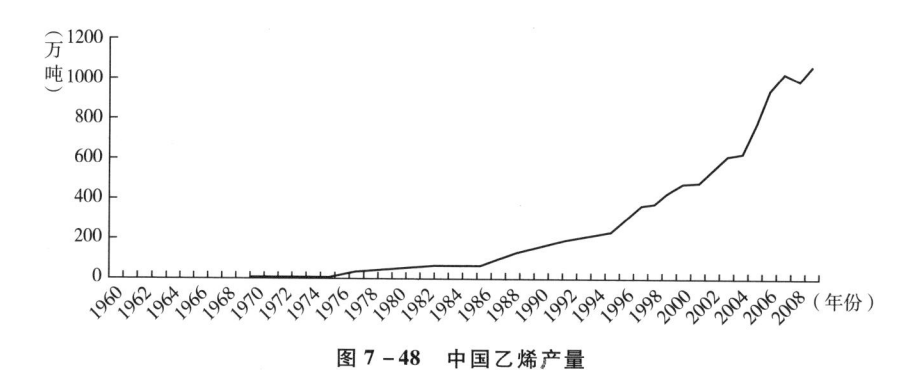

图7-48 中国乙烯产量

数据来源：国家统计局。

2. 日本乙烯产量：1965~2007年

第二次世界大战以后，经过十年的经济恢复期，日本石化工业全面恢复到战前水平，1955年与1950年相比，日本化学工业增长了1.4倍。随后，日本确立重化工业优先发展的战略，当时，中东石油总产量的87.6%主要由发达国家石油公司控制，这保证了中东石油对日本的充分供应，并且价格低廉，国际石油市场上价格长期在每桶1.5~2美元的低价位徘徊，在此背景下的西方发达国家中，日本率先采取以石油为主的能源结构，相继建立了大型石油发电厂，到1974年，日本能源一次性消耗中，石油已占了74.4%[1]，日本石化工业也发展十分迅速。1965~1973年，日本乙烯产量增长了将近5倍，产量达到413.6万吨的高峰。1973年石油危机以后，受高

---

[1] 日本亚太研究会：《中东政治形势与日本的选择》，1976，第166页。

油价的冲击，日本乙烯产量有所下降，1975 年日本乙烯产量陷入低谷，实现产量为 354.8 万吨。此后，乙烯产量开始新一轮的增长，1979 年达到一个新的高峰，产量为 483.7 万吨，紧随其后，日本乙烯产量恢复到 1973 年的生产水平，1983 年以后，日本乙烯产量开始保持持续扩张的趋势，1991 年日本乙烯产量突破 600 万吨。1999 年，日本乙烯产量达到 768.7 万吨，2000 年以来，日本乙烯产量基本保持在 750 万吨水平，发展比较平稳，2007 年，日本乙烯的产量达到 773.9 万吨。综合来看尤其是从日本 2000 年以来乙烯产量的变动情况来看，预计日本乙烯产量的峰值在 800 万～850 万吨。

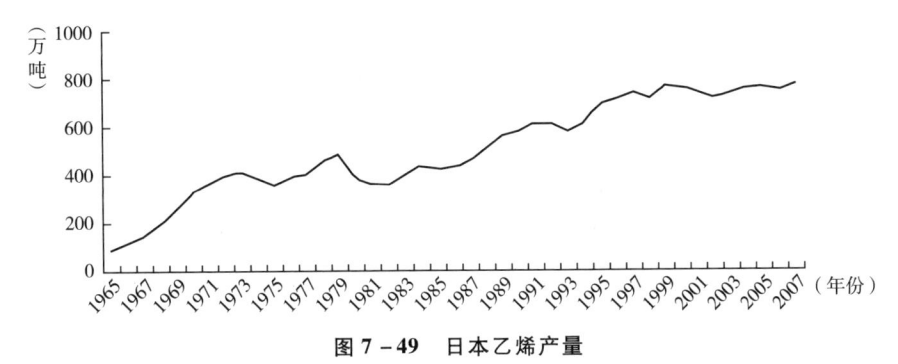

图 7-49　日本乙烯产量

数据来源：1985 年以前数据来源于日本能源与经济统计手册 2009；1985 以后数据来源于日本统计局。

3. 美国乙烯产量：1990～2008 年

1990～2008 年，美国一直是全球最大的乙烯生产国，生产规模远远领先其他乙烯生产国和地区。2000 年以前，美国乙烯产量保持持续低速增长态势，由 1990 年的 1654.1 万吨增长到 1999 年的 2511.8 万吨，年均增速为 4.27%。2000 年以来，美国乙烯产量波动较大，但产量一直维持在 2200 万吨以上，2007 年，乙烯产量达到 2539 万吨，2008 年产量减少了 285.3 万吨。

如图 7-50 所示，2000 年以来，美国乙烯产量一直处于 2200 万～2600 万吨的水平，其中，在 1999 年、2004 年、2006 年以及 2007 年美国乙烯产量超过了 2500 万吨，根据最新的统计数据，美国 2008 年和 2009 年乙烯的生产能力分别为 2849.2 万吨/年和 2755.4 万吨/年，因此，预计美国乙烯产量的峰值可能在 3200 万～3500 万吨。

4. 2009 年世界主要生产国乙烯的产能及生产装置平均规模

根据美国《油气杂志》2010 年 7 月 26 日发布的最新世界乙烯统计报告

图 7-50 美国乙烯产量

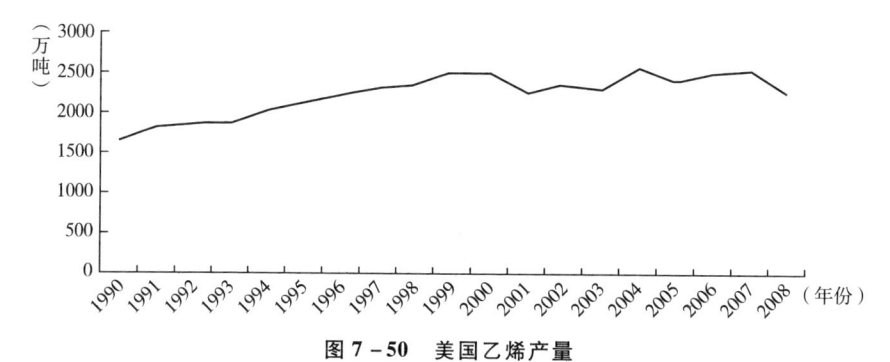

数据来源：《美国温室气体排放清单 1990~2008》。

显示[1]，2009 年全球乙烯产能持续增长，增量超过 600 万吨/年，达到 1.328 亿吨/年（2010 年 1 月 1 日），中国成为产能增长主力军，增加了超过 440 万吨/年，再加上中国台湾省的增量，2009 年中国乙烯产能增长接近 500 万吨。从历年产能增长情况看，2009 年的全球乙烯产能增长是近年来较大的，仅略低于创纪录的 2008 年。2008 年，由于中东一批新装置投产，全球乙烯产能一举增长 700 多万吨/年。表 7-99 按地区对 2008 年和 2009 年乙烯生产能力进行了分解。

调查还显示[2]，2009 年全球共投运了 7 套新的世界规模级乙烯生产装置，总能力近 640 万吨/年，全部在中国、沙特阿拉伯和新加坡。在中国，中国海洋石油有限公司惠州炼化项目将现有的乙烯装置增加了 15 万吨/年能

表 7-99 不同地区的乙烯生产能力（万吨/年）[3]

地　区	截至 2010 年 1 月 1 日	截至 2009 年 1 月 1 日	增减量	增长率（%）
亚太地区	3973.1	3336.2	636.9	19.09
东欧	797.1	857.1	-60	-7.00
中东/非洲	2060.2	1931.2	129	6.68
北美	3446.9	3540.7	-93.8	-2.65
南美	508.35	508.3	0.05	0.01
西欧	2491.8	2491.8	0	0.00
世界	13277.45	12665.3	612.15	4.83

数据来源：美国《油气杂志》。

---

[1] True, W. R., Global ethylene production continues advance in 2009, *Oil & Gas Journal*, 2010.
[2] True, W. R., Global ethylene production continues advance in 2009, *Oil & Gas Journal*, 2010.
[3] True, W. R., Global ethylene production continues advance in 2009, *Oil & Gas Journal*, 2010.

力，达到了95万吨/年；2009年9月，中国石油天然气集团公司投资44亿美元的新疆独山子石化千万吨炼油和百万吨乙烯项目投产；2009年12月下旬，中国石化集团公司在天津新建的1000万吨/年炼油项目组成部分，新增的100万吨/年乙烯装置投产，使天津石化的乙烯能力增加到120万吨/年。在中国台湾地区，新增乙烯能力中，台湾石化公司增加了38.5万吨/年。此外，中东乙烯产能也有所增长。沙特阿拉伯拉比格炼化公司石化装置第一阶段项目投产，150万吨/年产能的乙烯装置投运。在产能减少方面，东欧关闭乙烯产能60万吨/年，北美关闭乙烯产能超过93.5万吨/年。在美国，2009年弗林特希尔斯（Flint Hills）公司关闭了位于得克萨斯州敖德萨（Odessa）的36万吨/年乙烯装置，该公司还购买了亨斯迈公司位于得克萨斯州阿瑟港（Port Arthur）的63.5万吨/年乙烯装置，并继续投入操作。按照《油气杂志》数据统计，2009年世界乙烯装置平均规模为50万吨/年，但将中国乙烯产能校正为1287.9万吨/年后测算的乙烯装置平均规模为54.4万吨/年。表7-100列出了2009年世界主要国家和地区乙烯装置平均规模。

表7-100 2009年世界主要国家和地区乙烯平均装置规模[①]

单位：万吨/年，套

国家/地区	总能力	装置套数	平均规模
中国大陆*	1287.9	25	51.5
中国台湾	400.6	6	66.8
日本	76.5	15	48.4
韩国	563	11	51.2
印度	251.5	7	35.9
新加坡	278	4	69.5
沙特阿拉伯	1070	12	89.2
伊朗	473.4	7	67.2
巴西	350	6	58.3
加拿大	553.1	7	79
比利时	246	4	61.5
法国	337.3	8	42.2

---

① Nakamuradn, D. N., Global ethylene production rises 7 million tpy in 2008, *Oil & Gas Journal*, 2009.

续表

国家/地区	总能力	装置套数	平均规模
德国	575.7	12	48
英国	285.5	5	57.1
意大利	217	5	43.4
荷兰	396.5	5	79.3
俄罗斯	349	17	20.5
美国	2755.4	37	74.5
全世界	13297.45	266	50
	13407.55*	266	54.4*

* 指将其统计的2009年中国乙烯产能1177.8万吨/年校正为1287.9万吨/年后测算的乙烯装置平均规模。

数据来源：美国《油气杂志》。

有规模才有效益，这已成为世界各国发展乙烯过程中形成的共识。选择建设大规模的乙烯装置，可充分发挥装置经济规模的优势。鲁姆斯公司的数据统计表明，乙烯成本随着装置规模的增大会有较大幅度的降低：年产100万吨与年产50万吨乙烯装置相比可降低成本约25%；年产150万吨乙烯与年产50万吨乙烯装置相比可降低成本约40%；年产150万吨乙烯与年产100万吨乙烯装置相比可降低成本约15%。从表7-100可以看到2009年中国乙烯生产装置的平均规模为51.5万吨，低于全世界54.4万吨的平均水平，远低于美国、沙特阿拉伯、加拿大等乙烯生产大国的乙烯生产装置的平均水平。

5. 2010～2013年世界主要乙烯生产国的产能扩张

2010年全球约新增1000万吨的乙烯产能投产，2010年上半年大量乙烯新产能已按计划陆续投产。2010年1月，由中国石化与沙特阿拉伯基础工业公司（Sabic）按股比50：50合资建设的产能为100万吨/年的天津乙烯装置投产，建成后该装置总产能将达120万吨/年。3月，泰国最大的联合企业暹罗水泥集团（SCG）和美国陶氏化学公司的合资公司——马塔堡烯烃公司产能为90万吨/年石脑油裂解装置投产。4月，壳牌东方石油有限公司在新加坡裕廊岛投运了其新的乙烯裂解装置，该裂解联合装置是壳牌东方石化联合企业的组成部分。这座80万吨/年裂解装置的投产，使新加坡乙烯生产能力增加了40%，同时还增加了45万吨/年丙烯产能；同月，印度石油公司

(IOC）位于印度帕尼帕特（Panipat）的一套产能为 85 万吨/年的乙烯装置投产，当前的产能利用率为 50%；另外，4 月，中国石化镇海产能为 100 万吨/年的乙烯装置投产，大部分装置采用国产技术。5 月，中国海洋石油总公司位于广东大亚湾的乙烯装置产能从 80 万吨/年扩建至 95 万吨/年。同月，卡塔尔石油位于 Ras Laffan 工业园区的新乙烷裂解装置投产，原料来自卡塔尔北方气田，乙烯产能为 130 万吨/年。

2011～2013 年，中国分别新增 100 万吨/年以及 80 万吨/年乙烯生产装置 2 个；中国台湾投产 100 万吨/年和 60 万吨/年各 1 个；中东地区国家投产每年百万吨级别及以上的乙烯生产装置 8 个以及 90 万吨/年的生产装置 1 个，是全球乙烯生产的主要新增产能地区，其中，2013 年，卡塔尔 Ras Laffan 新增乙烯生产装置产能达到创纪录的 160 万吨/年；阿拉伯联合酋长国阿布扎比也在 2010 和 2013 年先后投产两个 150 万吨/年的乙烯生产装置。阿尔及利亚、印度、泰国、委内瑞拉以及特立尼达和多巴哥也纷纷投产大规模的乙烯生产装置。

（三）世界主要生产国的乙烯能源消耗及生产成本

1. 世界主要生产国的乙烯生产的能源消耗及生产成本

根据美国《油气杂志》统计，2006 年，世界乙烯的总产量为 10974.8 万吨，同比增长约 4.1%。其中，石脑油和混合原料裂解约占总生产量的 57%，乙烷裂解占 26%，丙烷和瓦斯油各占 9.4%。预计未来几年以天然气为原料的乙烷裂解将有较快的发展，2006～2011 年的年均增长率将达到约 9.4%，瓦斯油裂解年均增长率为 8.2%，丙烷为 4.9%，石脑油为 2.4%。到 2011 年，天然气凝析液（NGL）原料将占总乙烯生产原料的 50%。

从乙烯能源消费来看，天然气不仅是清洁能源，而且是制造乙烯的优质原料。根据统计，近年来世界天然气探明储量增长了 50% 以上，2004 年探明储量已经超过 170 万亿立方米。世界富有天然气的地区都将把廉价天然气中的乙烷、丙烷用作裂解装置制乙烯的原料乙烷作为主要裂解原料，乙烯收率高，工艺流程简单，公用工程费用和固定投资都比较低，从而大大提高了裂解制乙烯的经济性。

Nakamuradn（2009）、True（2010）和 Holmquistk（2010）等支出，2006 年，美国乙烯生产能力的约 75% 采用 NGL 为原料，20% 左右使用乙

烷、15%~20%使用丙烷、3%~4%使用丁烷，仅30%左右采用重质液体（石脑油和瓦斯油）为原料。中东地区乙烯能力的约75%采用乙烷和丙烷为原料。截至2009年，中东地区裂解装篷能力2417万吨的50%以上100%基于乙烷进料，约950万吨基于乙烷/丙烷混合物进料，仅100万吨基于石脑油原料。

从乙烯能源消费的成本来看，中东以乙烷为原料生产乙烯，是世界上原料成本最低的地区。2009年，中东地区的乙烷价格稳定在5~10美分/加仑，使其乙烯生产成本只有240美元/吨，仅为美国乙烯生产成本的1/6，比曾经具有成本优势的加拿大还低很多，这意味着中东的乙烯及下游衍生物最具竞争优势，也逐步确立了中东地区乙烯衍生物（尤其是聚乙烯）的出口地位。美国乙烷价格波动较大，2009年均价约为50美分/加仑，但随着美国乙烯原料从相对高成本原料转向来自中东和加拿大西部的低成本原料，美国在出口中仍具有成本竞争优势，以乙烷作为原材料的成本维持在230美分/加仑，亚洲和西欧则是全球乙烯生产成本最高的地区，以石脑油为原料的成本在280~300美分/加仑[1]。这些地区的裂解装置以炼厂石脑油为原料，不具有任何成本优势。虽然该地区的部分裂解装置在夏季以丙烷和丁烷为原料，可以降低成本但受到替代原料或装置运行条件的限制。

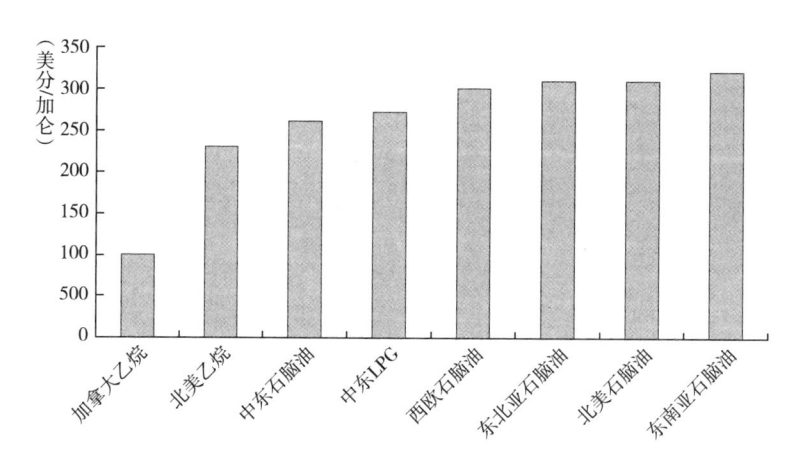

图7-51 全球各地区乙烯生产的现金成本

数据来源：美国《油气杂志》。

---

[1] Holmquistk, K., Global ethylene surplus to last through 2011, *Oil & Gas Journal*, 2010。

2. 世界主要生产国的乙烯生产的能源消耗及技术工艺水平

中国乙烯工业受资源限制，目前原料组成为石脑油67%、加氢尾油16%、轻柴油12%、轻烃5%。国内乙烯原料90%来自炼厂，原料偏重。这就使得中国乙烯裂解装置单位投资高，能耗高，原料成本较高。国内乙烯原料的构成在目前或将来都不占优势。

近年来，中国乙烯工业技术装备水平显著提高，成功开发出大型乙烯裂解炉、聚丙烯、丙烯腈、重质原料催化热裂解、SBS弹性体等成套技术，部分专用设备实现了国产化。"三剂"基本立足国内达到或接近世界先进水平。大型乙烯工程建设由成套设备引进，转为仅引进工艺包和部分关键设备；由国外总承包转为国内自行设计、采购和组织建设。中国乙烯生产的主要技术经济指标落后于国际水平。以石脑油为原料的乙烯装置平均综合能耗700万千卡/吨，比国外先进的同类装置（550万千卡/吨）高1.27倍。乙烯装置高附加值化学品（乙烯、丙烯、丁二烯、苯和氢气）总收率，中国平均水平56%。国外先进水平在60%以上。现有乙烯装置规模多数偏小，2006年平均规模达50.1万吨/年，仍低于世界平均规模54.4万吨/年。此外，中国的自主创新能力不足，总体技术水平比国外落后约10年。科研开发经费低，只有国外大公司的1/5~1/3。

与此同时，中国乙烯企业的劳动者素质和技术装备水平普遍偏低。中国70万吨/年的乙烯企业，职工总数约8000人，而国外同等规模的企业仅1000人左右，乙烯工业劳动生产率仅为国际水平的1/8，经营管理水平比较低；乙烯装置运转周期短，平均2~3年检修一次，而国外先进的乙烯装置平均运转周期已普遍达到或超过5年。

（四）中国乙烯的综合能源消耗测算

伴随着乙烯产量的持续高速增长，中国乙烯生产的技术水平也在不断提高，其能源使用效率也保持持续提升的趋势。乙烯的单位综合能耗从1980年的每吨消耗2013千克标准煤下降到2008年的1003千克标准煤，2008年与1980年相比，乙烯单位综合能耗下降了50.17%，年均降低了2.35%。但与日本等发达国家和地区相比，中国乙烯单位综合能耗远高于日本和中东地区，以2008年为例，比国外（中东地区）高374千克标准煤/吨，表明中国乙烯能源效率提升的空间仍十分巨大。

表 7-101 中国、日本及国外部分年份的乙烯单位综合能耗

单位：千克标准煤/吨

国　家	1980	1990	1995	2000	2003	2005	2006	2007	2008
中　国[①]	2013	1580	1277	1125	889.8	1073	1013	1026	1003
国　外		897[①]		714[①]		629[②]	629[②]	629[②]	629[②]
日　本	1100	857	870	714	629				

注：①主要用石油脑油做原料；②中东地区平均值，主要用乙烷做原料；③综合能耗中，电耗按发电煤耗折算标准煤

数据来源：《中国能源统计年鉴 2006~2010》。

根据中国乙烯产量的历史数据和乙烯的单位综合能源消耗数据，我们测度了1980年以来，中国部分年份乙烯的综合能源消耗。中国乙烯综合能源消耗由1980年的98.64万吨标准煤上升到2008年的990.54万吨标准煤，增长了10倍多，年均增速为8.59%。这说明尽管中国乙烯单位综合能耗在下降，但由于产量的高速增长，乙烯综合能源消费需求也保持着持续高速的增长态势。2007年，日本乙烯的综合能源消费为663.29万吨标准煤，比中国低37.1%，与1990年相比，增长了约3倍，年均增速为6.52%。日本乙烯综合能耗比中国低的主要原因是日本乙烯生产的单位能源消耗比中国低，能源效率高。1990~2008年，美国乙烯综合能源消耗波动较大，呈波浪形变动趋势，2000年达到1782.86万吨，总体来看，美国乙烯综合能耗比中国和日本高。造成这种现象的主要原因是，美国乙

表 7-102 中国、美国和日本部分年份的乙烯综合能源消耗

单位：万吨标准煤

年　份	中　国	美　国	日　本
1980	98.64		
1990	248.38	1483.73	212.86
1995	306.61		266.75
2000	528.75	1782.86	377.53
2003	544.35	1443.93	342.40
2005	810.69	1506.71	509.93
2006	952.74	1572.50	599.27
2007	1054.52	1597.16	663.29
2008	990.54	1417.70	

烯产量规模远远比中国和日本高。

(五) 中国乙烯产量的预测：2008~2050年

乙烯是石油化工行业的关键产品，乙烯装备技术水平被看作是衡量一个国家石油化工发展水平的重要标志，乙烯工业的发展极大地推动了各国国民经济的发展。为预测中国中长期乙烯产量，我们试图利用国际比较的方式，分析发达国家乙烯的发展是否与其经济增长阶段有密切关系。结果发现，中国、日本和美国的乙烯产量与其 GDP 和人均 GDP 之间并没有显著的相关关系。

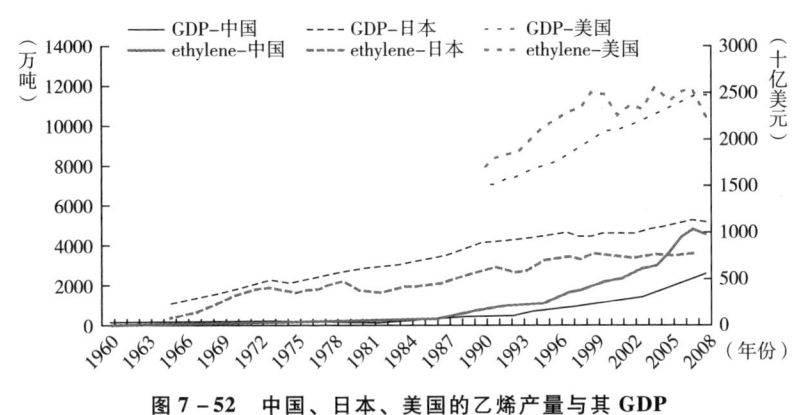

图 7-52　中国、日本、美国的乙烯产量与其 GDP

说明：美元以 2000 年不变价格计。

为此，我们试图从乙烯生产的原料供给和下游需求来测度中国中长期乙烯产量的变化趋势。我们从上游原料供给的角度来看，目前中国乙烯生产的主要原料是石脑油、加氢尾油、轻柴油、轻烃等，限于难以获得乙烯生产所获得原材料数据，而乙烯及其衍生物的主要下游产品是塑料树脂及共聚物、化学纤维、合成橡胶等合成材料以及表面活性剂、黏合剂、涂料等合成洗涤剂，塑料树脂及共聚物是占比例最大的终端产品，约占乙烯消费量的 80%。然而，国家统计局公布的塑料树脂及共聚物统计数据年限较短（仅有 10 年），且从两者的趋势图来看，两者没有呈现明显的相关关系。而通过对乙烯产量与化学纤维、合成橡胶以及合成洗涤剂做计量分析，我们发现，乙烯产量与合成洗涤剂产量存在较强的相关关系，并且两者变动趋势存在明显相关关系，因此，我们拟以合成洗涤剂为解释变量来拟合乙烯产量。利用中国 1960~2008 年的历史数据，我们构建了预测中国中长期乙烯产量的时间序

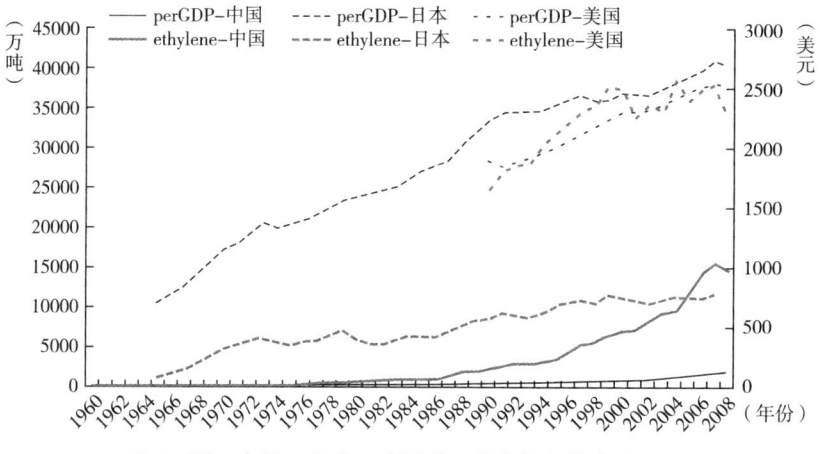

图 7-53 中国、日本、美国的乙烯产量与其人均 GDP

说明：美元 2000 年不变价格计。

列模型：

$$\log(ETHY) = -3.077799619 + 1.610805636 \times \log(XDJ) + [AR(1) = 0.6351907269]$$
$$t = -7.343253 \quad 17.65725 \quad 0.465444$$
$$\text{Adjusted R-squared} = 0.981882 \quad F\text{-statistic} = 1274.542 \quad \text{Prob}(F\text{-statistic}) = 0.000000$$

其中，log（ETHY）与 log（XDJ）分别是乙烯产量和合成洗涤剂产量的对数形式。可以看到，模型的参数统计比较显著，参数的标准误都很小，校正后的拟合优度为 98%，解释变量对被解释变量的解释能力，回归标准误为也很低（0.39），模型的拟合效果较好，因此，中国将以该模型作为中国乙烯中长期产量的预测模型。

为预测乙烯产量，我们必须对中国合成洗涤剂的产量进行预测。合成洗涤剂的产量与人口数量和居民收入水平密切相关，因此我们拟用课题组预测的中国人口数量和人均 GDP 来对合成洗涤剂的产量做预测，利用 1960～2008 年数据拟合得如下回归模型：

$$\log(XDJ) = -94.88256224 + 8.576831118 \times LOG(POP) + [AR(1) = 0.5380714542]$$
$$t = -40.77980 \quad 42.59125 \quad 4.390879$$
$$\text{Adjusted R-squared} = 0.994955 \quad F\text{-statistic} = 4635.898 \quad \text{Prob}(F\text{-statistic}) = 0.000000$$

根据合成洗涤剂的回归模型，利用课题组预测的 2008～2050 年中国人口增长的数据，我们可以得到合成洗涤剂的预测数据（如图 7-54 所示）。

图 7-54 中国合成洗涤剂

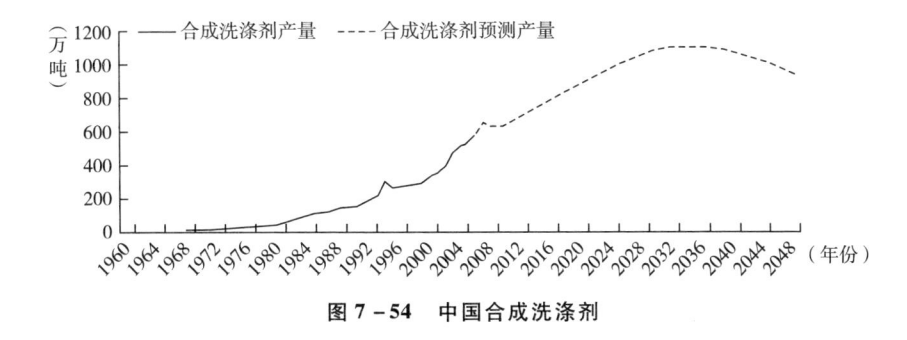

在此基础上,我们对中国乙烯 2008~2050 年的产量进行预测,到 2020 年中国乙烯产量预计达到 2425.31 万吨,与美国 2008 年的水平相当,2035 年前后中国乙烯产量达到峰值,预计产量为 3675.79 万吨,此后,中国乙烯产量呈下降趋势。

表 7-103 中国乙烯产量预测

单位:万吨

年 份	2010	2015	2020	2025
乙烯产量	1376.54	1856.18	2425.31	3010.97
年 份	2030	2035	2040	2045
乙烯产量	3473.47	3675.79	3578.06	3290.97

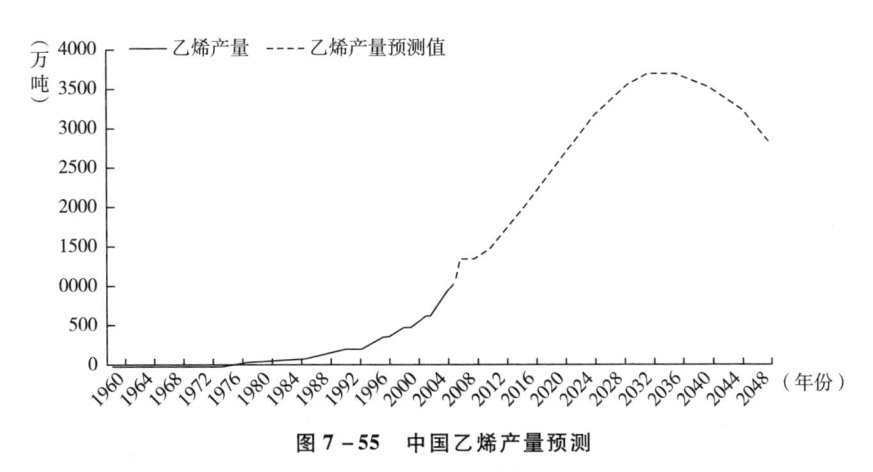

图 7-55 中国乙烯产量预测

(六) 中国乙烯的综合能源消耗量预测:2008~2050 年

为预测中国乙烯的能源消耗,必须首先确定 2008~2050 年中国乙烯的单位综合能源消耗。预测中国中长期乙烯单位综合能源消耗的主要方法是：根据中国政府出台的《国家中长期科学和技术发展规划纲要2006～2020》中提出的关于攻克主要耗能领域关键技术的发展思路和《节能中长期专项规划》提出的中国2020年乙烯单位产品能源消耗目标，结合中国乙烯单位产品综合能源消耗的历史数据，并通过国际对比，最终预测出中国2008～2050年中国乙烯单位产品综合能源消耗。

根据《中国能源统计年鉴2006～2010年》的中国、日本及国外（中东地区平均值）乙烯单位综合能源消耗系数，我们计算得到中国、日本和国外乙烯单位综合能耗下降速度（如表7-104所示），中国乙烯生产的单位能源消耗在1980～1990年和1990～2000年两个时期下降速度较快，2000～2005年下降速度有所减缓，随着中国经济经历新一轮的高速增长，乙烯产量也快速增长，大量乙烯项目投产，导致单位能源消耗下降速度有所减缓。2005～2008年，《乙烯工业中长期发展专项规划》和《节能中长期专项规划》等政策推进，乙烯单位综合能耗的下降速度又有所加快。目前，欧美发达国家和日本乙烯工业进入产业成熟期，技术水平高，能源利用效率也很高，乙烯单位能耗已经处于很低的水平，下降的空间有限。

表7-104 中国、国外以及日本乙烯单位综合能耗下降速度

单位：%

时期（年）	中 国	国 外	日 本
1980～1990	2.39		2.47
1990～2000	3.34	2.26	1.81
2000～2005	0.94	4.46	3.59
2005～2008	2.22	0.00	0.00

鉴于中国工业化进程中重化工业化发展的阶段特征以及节能减排的压力，根据《节能中长期专项规划》规定的乙烯单位能耗下降目标，预计到2020年中国乙烯单位能源消耗达到日本（国外）2008年的水平，即629千克标准煤／吨，年均下降速度为3.81%；此后，假定乙烯生产的节能技术改进和突破，以及中国乙烯技术装备水平的提高，乙烯单位能源消耗预计还会继续下降，到2030年预计会降至600千克标准煤／吨，此后，下降速度会保

持较低的水平，预计 2030～2040 年与 2040～2050 年两个期间年均下降速度分别是 0.25% 和 0.05%，主要年份的乙烯单位综合能源消耗的估算结果如表 7-105 所示。

表 7-105 2008～2050 年中国乙烯单位综合能耗系数

单位：千克标准煤/吨

年 份	2008	2010	2015	2020	2025
单位综合能源消耗	1003	928	764	629	614
年 份	2030	2035	2040	2045	2050
单位综合能源消耗	600	593	585	584	582

再运用 2008～2050 年中国乙烯的产量，计算可得 2008～2050 年中国乙烯综合能源消耗总量。可以看到，由于中国乙烯产量还将保持持续高速增长的过程，而乙烯单位综合能耗下降速度低于产量增速，因此，中国乙烯综合能源消耗将在未来一段时期内保持稳步增长的态势，预计在 2035 年前后达到峰值，此后，能源消耗会逐步下降。

表 7-106 2008～2050 年中国乙烯综合能源消耗

单位：万吨

年 份	2007	2010	2015	2020	2025
综合能源消耗	1054.52	1277.36	1418.11	1525.52	1849.72
年 份	2030	2035	2040	2045	2050
综合能源消耗	2084.08	2178.04	2093.76	1920.96	1642.31

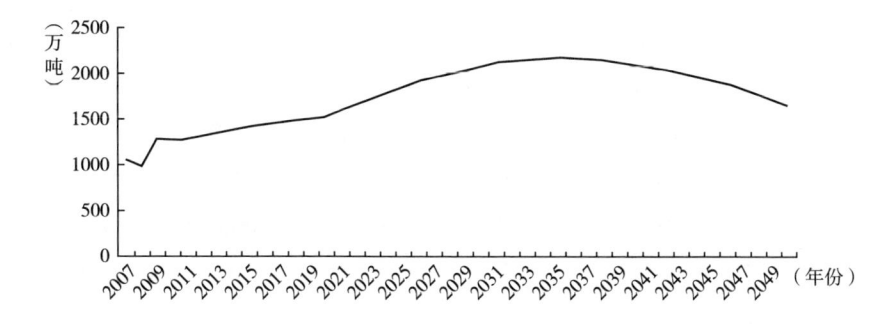

图 7-56 中国乙烯综合能源消耗（基准情景）

鉴于近年来国家大力推行化工产业节能减排政策，与基准情景相比，考虑到能源替代和能源效率提升的趋势，假定未来40年能源综合效率年均提高2%，则综合能源消耗在2034年达到峰值，达到2139万吨。

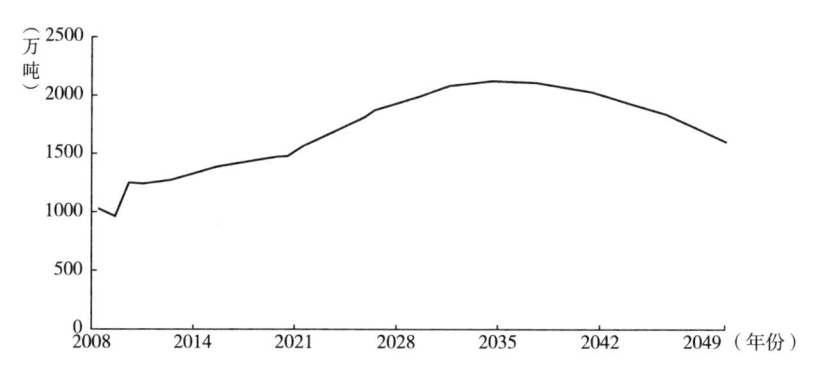

图7-57 中国乙烯综合能源消耗（能源替代与效率提升）

（七）中国乙烯 CO_2 排放量预测：2008～2050年

目前，全世界几乎所有乙烯均是通过石化原料的蒸汽裂解方式制成的。但是，乙烯生产的蒸汽裂解所用原料的类型和组合随地区而有所差异，包括乙烷、丙烷、丁烷、石脑油、汽油和其他石化原料。在美国，大部分乙烯是从乙烷的蒸汽裂解中产生的；而在欧洲、韩国和日本，大部分乙烯是从石脑油的蒸汽裂解中生产的，与欧洲、韩国和日本相同，中国生产乙烯也主要通过石脑油蒸汽裂解方式得到。

根据《2006年IPCC国家温室气体清单指南》，计算乙烯 CO_2 排放量可以给予基于产品排放因子方法，这种方法仅适用采用蒸汽裂解的乙烯，不适用于生产乙烯的其他过程技术。鉴于工厂级特定数据或碳流量活动数据均不可获得，我们计算中国乙烯 CO_2 排放量的方式IPCC方法1，方法1排放因子方法不需要石化生产过程中每个含碳原料消耗量的活动数据。它仅需要已生产产品量的活动数据，同时，该方法不用考虑乙烯过程中生成的一氧化碳或NMVOC等排放的碳含量，IPCC清单还进一步指出该方法还适用计算乙烯生产的全部 CO_2 的排放，美国和日本清单上计算乙烯全部 CO_2 也是采用该方法。具体公式如下：

$$ECO_2 = PP \times EF \times GAF/100$$

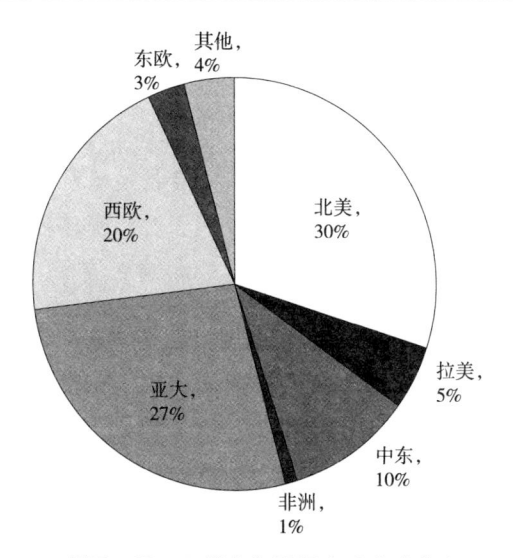

图 7-58 乙烯蒸汽裂解方式全球分布

数据来源：美国《油气杂志》（2006）。

其中：ECO_2 是指乙烯生产中 CO_2 排放量（单位为吨）；PP 为乙烯的年产量（单位为吨）；EF 为乙烯的 CO_2 排放因子（吨 CO_2/吨生产的乙烯）；GAF 为地理调整因子（单位为百分比）。

IPCC（2006）指出，如果只有蒸汽裂解过程产生的乙烯量的活动数据，则可使用表 IPCC 清单上提供的碳排放因子。又因为蒸汽裂解是生产出乙烯、丙烯、丁二烯、芳烃和若干其他高值化学物质等多产品的过程，为了计算乙烯 CO_2 排放量，排放因子内在假定是缺省排放因子内的特定产品组合。此外，要确定计算中国乙烯的排放因子还必须根据中国乙烯生产原料的构成以及所处的地区利用地理调整因子进行调整，通过地理调节，充分考虑到蒸汽裂解装置工作效率中的地区多变性，地理调节因子仅适用于乙烯生产，IPCC 清单给出了除日本和韩国之外的其他亚洲国家的地理调整因子为 130%。

表 7-107 蒸汽裂解乙烯的生产方法 1：CO_2 排放因子

单位：吨 CO_2/吨

原料	石脑油	汽油	乙烷	丙烷	丁烷	其他
乙烯（总过程和能源原料的使用）	1.73	2.29	0.95	1.04	1.07	1.73

注：假定其他原料具有与石油精原料相同的生产量。

数据来源：IPCC2006 温室气体排放清单。

根据前面的分析知道,目前,中国乙烯生产的原料构成为石脑油(67%)、加氢尾油(16%)、轻柴油(12%)、轻烃(5%)。根据 IPCC 清单提供的碳排放因子,我们拟采用 1.73 吨 CO_2/吨乙烯为计算中国乙烯 CO_2 的碳排放因子,此外,随着中国乙烯生产的装备技术水平的提高以及节能减排工作的推进和能源利用效率的提高以及能源替代等多种因素,中国乙烯的 CO_2 排放强度预计在 2020 年降到 0.95 吨 CO_2/吨乙烯,达到国际先进水平,2030 年为 0.74 吨 CO_2/吨乙烯,2030 年以后,随着中国乙烯生产的单位能耗下降,CCS 等先进技术的使用,中国乙烯的碳排放强度年均下降 1.5%。根据上文的公式,我们计算出 2008~2050 年中国乙烯的 CO_2 排放总量。结果显示,2008~2030 年,中国乙烯生产排放的 CO_2 排放量呈稳步上升的趋势,2030 年前后达到峰值,CO_2 排放量为 33.30 万吨,此后,中国乙烯生产的 CO_2 排放总量呈逐步下降的趋势,2050 年,排放量为 19.99 万吨。考虑到乙烯生产的能源替代,生产效率每年提高 5%,则乙烯 CO_2 的排放量预测见图 7-60。

表 7-108 中国乙烯 CO_2 排放量预测

单位:万吨

年　份	2008	2010	2015	2020	2025
CO_2 排放量	22.21	28.01	29.43	29.95	32.76
年　份	2030	2035	2040	2045	2050
CO_2 排放量	33.30	32.68	29.49	25.15	19.99

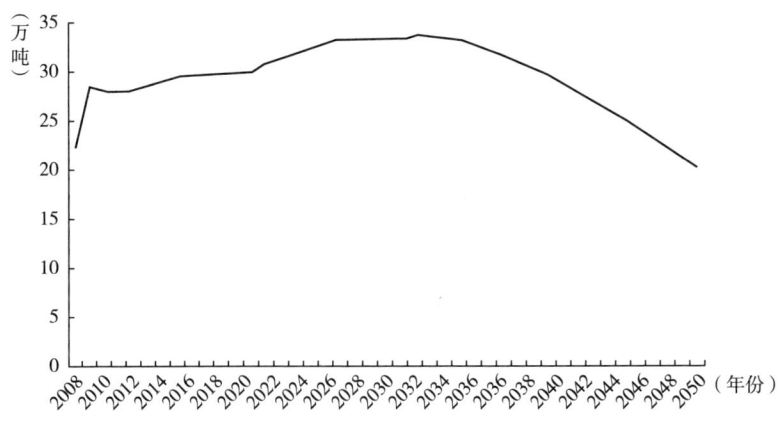

图 7-59 中国乙烯 CO_2 排放路径(基准情形)

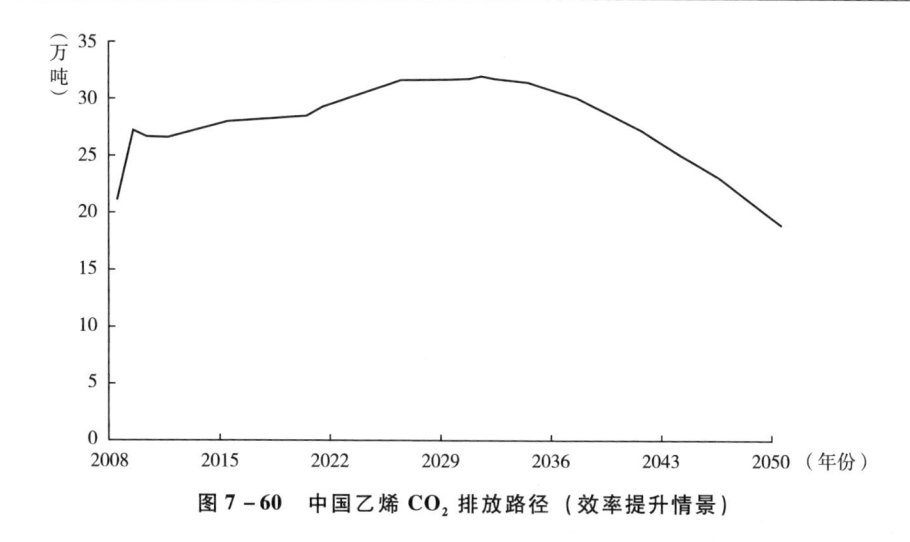

图 7-60 中国乙烯 CO_2 排放路径（效率提升情景）

（八）中国乙烯 CO_2 减排潜力与成本分析

考虑基准情景，2020 年，中国乙烯减排潜力为年均 6 万吨，2030 年达到年均 6.7 万吨，此后，减排潜力逐渐下降，2040 年和 2050 年，减排潜力分别为 5.9 万吨和 4.0 万吨。对于基准情景，在能源替代和能源效率提升的情况下，在未来 40 年，乙烯 CO_2 减排潜力平均每年比基准情景多 1 万吨。

对于超出限额的碳排放的处罚标准，目前应用最广泛的欧盟排放贸易体系规定，欧盟企业的 CO_2 排放超过限额将受到一定处罚，2008 年的处罚标

表 7-109 中国乙烯 CO_2 减排潜力与成本

技术路径		基准情景	乙烯（能源替代，效率提升情景）
单位减排的成本（元/吨 CO_2）		100.0	100.0
减排潜力（万吨 CO_2）	2020 年	6.0	7.1
	2025 年	6.6	7.8
	2030 年	6.7	7.9
	2035 年	6.5	7.8
	2040 年	5.9	7.0
	2045 年	5.0	6.0
	2050 年	4.0	4.7

续表

技术路径		基准情景	乙烯（能源替代，效率提升情景）
减排成本（万元）	2020 年	599.0	711.3
	2025 年	655.2	778.1
	2030 年	666.0	790.9
	2035 年	653.6	776.2
	2040 年	589.8	700.4
	2045 年	503.0	597.3
	2050 年	399.8	474.8

准为 100 欧元/吨 CO_2。即如果达到预期目标，就不会受到处罚，假定这一处罚标准即碳减排的单位投资成本，并且至 2050 年保持不变。根据中国乙烯制造业的产业规模与 CO_2 排放的变化趋势以及中国承诺的温室气体减排目标，保持现有的生产技术和能源结构，到 2050 年，预计乙烯减排投资总额为 399.8 万欧元。假定充分挖掘减排潜力与实现零排放，未来技术进步速度加速，降低 CO_2 需要付出更多的成本，对于基准情景，2050 年的减排成本为 474.8 万欧元。

参考文献

Nicolas Muller, Jochen Harnisch. How to Turn around the Trend of Cement Related Emissions in the Developing World. A report prepared for the WWF – Lafarge Conservation Partnership, http://wwf.panda.org/? 151621/A – blueprint – for – a – climate – friendly – cement – industry, 2008.

吴滨：《中国有色金属工业节能现状与未来趋势》，《资源科学》2011 年第 4 期。

中国建筑玻璃与工业玻璃协会：《我国平板玻璃工业 60 年发展综述》，《建筑玻璃与工业玻璃》2009 年第 1 期。

曹朴芳：《新中国造纸工业六十年的回顾与展望》，《中华纸业》2009 年第 30 卷第 19 期。

郝永涛：《中华纸业 30 年发展数字解析》，《中华纸业》2008 年第 29 期。

郝永涛：《图表中国纸业 60 年》，《中华纸业》2009 年第 30 期。

郝永涛、李玉峰：《向祖国汇报——中国制浆造纸工业 60 年》，《中华纸业》2009

年第 30 卷特刊。

邝仕均：《2008 年世界造纸工业概况》，《造纸信息》2009 年第 11 期。

邝仕均：《2009 年世界造纸工业概况》，《造纸信息》2010 年第 10 期。

国家发展和改革委员会能源研究所：《能效及可再生能源项目指导手册》，中国环境科学出版社，2010。

曹仑、张卫峰、高力、王利、马文奇、张福锁：《中国合成氨生产能源消耗状况及其节能潜力》，《化肥工业》2008 年第 4 期。

韩红梅：《我国合成氨工业进展评述》，《化学工业》2010 年第 9 期。

第8章

中国机动车排放研究

近两年,中国经济的迅速发展促进了社会的繁荣和进步,同时引发了一系列的环境问题。经济的快速发展导致大量污染物超强度集中排放,目前,中国已经成为世界上温室气体排放量最大的国家。在近年来的国际谈判中,中国面临越来越大的来自国际社会的减排压力。当前,中国机动车保有量高速增长。2010年汽车产、销量双双突破1800万辆,连续两年成为世界汽车产销量第一大国。机动车为人民生活带来便利的同时,也带来了严重的大气污染问题。同时,由于机动车大多行驶在人口密集区域,尾气排放会直接影响人民健康。所以,围绕国家气候变化谈判重大需求,研究机动车行业二氧化碳排放路径、峰值和减排成本效益,不仅是维护区域环境生态安全、保障人民身体健康的需要,也是把握环境外交主动权的迫切需要。

一 全国机动车污染源排放系数测算

本课题测算全国机动车污染源排放系数的基准年为2007年,其中机动车年均行驶里程、机动车的CO和HC排放系数依托环境保护部第一次全国污染源普查的全国机动车污染源排放系数测算课题。

(一)CO_2排放系数计算方法

本研究中机动车CO_2排放系数计算方法按如下步骤进行。

(1) 首先根据基准年2007年全国机动车油耗数据和总年均行驶里程计算出完全燃烧情况下的CO_2排放系数;

(2) 利用全国污染源普查获得全国机动车不同车型、车龄、燃料类型以及考虑了空调装置修正参数、工况速度修正参数、负载修正参数、海拔修正参数、温度和冷热启动工况等修正参数的CH和CO排放系数;

(3) 利用(1)得到的完全燃烧情况下的CO_2排放系数减去(2)得到的未完全燃烧情况下CH和CO排放系数,从而获得中国机动车实际的CO_2排放系数。

(二) 机动车分类

机动车污染源排放系数调查的范围包括四类:微型汽车、轻型汽车、中型汽车、大型汽车。根据控制水平、燃料和用途等细分34个小类,详见表8-1至8-3。

表8-1 载客汽车分类

车 型	使用类型	2000年1月1日前	2000年1月1日至2004年12月31日	2005年1月1日至2007年12月31日	北京(2006年1月1日后)广州(2007年1月1日后)
微型汽车	出租车	汽油	汽油	汽油	汽油
		其他	其他	其他	其他
	其他	汽油	汽油	汽油	汽油
		其他	其他	其他	其他
轻型汽车	出租车	汽油	汽油	汽油	汽油
		柴油	柴油	柴油	柴油
		LPG	LPG	LPG	LPG
	其他	汽油	汽油	汽油	汽油
		柴油	柴油	柴油	柴油
		LPG	LPG	LPG	LPG
中型汽车	公交车	汽油	汽油	汽油	—
		柴油	柴油	柴油	柴油
		LPG	LPG	LPG	LPG
	其他	汽油	汽油	汽油	—
		柴油	柴油	柴油	柴油
		LPG	LPG	LPG	LPG

续表

车型	使用类型	2000年1月1日前	2000年1月1日至2004年12月31日	2005年1月1日至2007年12月31日	北京（2006年1月1日后）广州（2007年1月1日后）
大型汽车	公交车	汽油 柴油 LPG	汽油 柴油 LPG	汽油 柴油 LPG	— 柴油 LPG
	其他	汽油 柴油 LPG	汽油 柴油 LPG	汽油 柴油 LPG	— 柴油 LPG

表8-2 载货汽车及低速载货汽车分类

车型	2000年1月1日前	2000年1月1日至2004年12月31日	2005年1月1日至2007年12月31日	北京（2006年1月1日后）广州（2007年1月1日后）
微型汽车	汽油 柴油	汽油 柴油	汽油 柴油	汽油 柴油
轻型汽车	汽油 柴油	汽油 柴油	汽油 柴油	汽油 柴油
中型汽车	汽油 柴油	汽油 柴油	汽油 柴油	— 柴油
重型汽车	汽油 柴油	汽油 柴油	汽油 柴油	— 柴油
低速载货汽车	三轮汽车 低速汽车			

表8-3 摩托车分类

类型	排放控制水平		
摩托车	2003年1月1日前	2003年1月1日至2004年12月31日	2005年1月1日至今
轻便摩托车	2004年1月1日前	2004年1月1日至2005年12月31日	2006年1月1日至今

（三）完全燃烧情况下中国机动车CO_2排放系数

1. 机动车能源消费量

2000~2007年中国机动车汽油和柴油消耗量如图8-1所示。可以看出

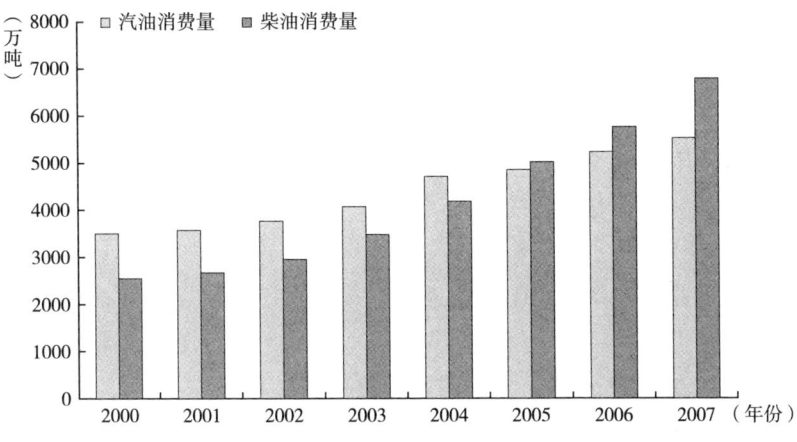

图 8-1 2000~2007 年中国机动车汽油和柴油消耗量变化情况

汽油和柴油消耗量都呈增加态势，特别是柴油消耗量显著增加。2007年机动车汽油和柴油消耗量分别为5519.0万吨和6794.4万吨，二者接近。

2. 年均行驶里程

机动车年均行驶里程直接影响机动车移动源的CO_2排放量，对机动车移动源CO_2排放准确化具有相当重要的作用。本次行驶里程的调查途径为：①从机动车维修保养部门的记录资料里获得相关信息；②委托地方环保局调查；③从机动车年检厂调查。

机动车类型不同，CO_2排放量也不同。中国汽车保有量结构中轻型客车占40%，其他车型所占比例相对较少，并且城市区域内的机动车主要为轻型客车，所以本次调查的重点是轻型客车。鉴于上海大众汽车有限公司和上海通用汽车有限公司的轻型汽车在国内销售中占有相当大的比重，因此选取这两家公司的售后维修部门获得行驶里程的相关数据。另外，考虑到微型汽车和轻型客车活动状况基本类似，将其合并处理。

摩托车年均行驶里程调查通过五羊本田摩托广州有限公司、钱江摩托股份有限公司的售后维修保养部门获得行驶里程的相关数据。由于公交车和出租车的活动状况特殊，因此单独进行调查统计。低速载货汽车由于没有里程表，行驶里程很难进行调查统计，通过行业调研经验估计。

（1）载客汽车。

A. 微型、小型客车

共调查了全国31个省，345个地级市，调查方法为通过上海大众汽车有限公司和上海通用汽车有限公司轻型客车售后保养维修点调查保养记录。

调查内容包括机动车注册日期（购买日期）、注册地区、车辆的使用性质、车用燃料性质、2007年两次保养时间和相应的行驶里程等。上海通用汽车有限公司调查 Excelle 21496 辆，GL8 16176 辆，Regal 13476 辆。上海大众汽车有限公司主要调查的车辆型号有 POLO、Passat 和 Touran，共调查 374159 辆。

B. 中型客车

中型客车数据收集采用问卷调查的方式，调查内容包括车辆用途、买车时间、已行驶里程和年行驶里程。共调查车辆 413 辆，其中大连 274 辆，鞍山 115 辆，乌鲁木齐 24 辆。本次调查不包括公交车。

C. 大型客车

大型客车数据收集采用汽车生产企业调查和问卷调查相结合的方式。共调查 413 辆，其中汽车生产企业厦门金龙提供 54 辆大型客车调查结果，车型主要包括 XMQ6800 系列、XMQ6900 系列、XMQ6111 系列、XMQ6127 系列、发动机以玉柴 4 缸机和 6 缸机为主，燃料类型为柴油；郑州宇通共提供 39 辆大型客车调查结果，车型以 ZK6100 系列为主。问卷调查主要为：大连 110 辆，沈阳 93 辆，乌鲁木齐 117 辆。以上车辆不包括公交车。

D. 出租车

出租车数据采集通过地方环保部门调查和相关资料调查获得。共调查了 12 个城市的出租车年均行驶里程情况，通过上海大众汽车有限公司统计调查了 300 多个城市的出租车年均行驶里程情况。

对不同出租车保有量城市的出租车年均行驶里程进行分析之后，发现出租车保有量对于城市出租车的年均行驶里程影响并不明显，各个城市的出租车年均行驶里程集中在 12000～16000 千米。因此本课题采用统一的全国城市出租车年均行驶里程。

E. 公交车

公交车数据来源于抽样调查城市公交公司的统计数据，调查内容包括行驶路线、车型、路线长度、车次、车龄和年均行驶里程等内容。

通过查阅 2007 年全国各省市统计年鉴得到公交车保有量，按公交车保有量的分布规律将全国城市分为三类，每一类中分别选取代表性城市。第 I 类城市为公交车保有量不超过 2000 辆，第 II 类城市为公交车保有量大于 2000 辆不超过 6000 辆，第 III 类城市为公交车保有量大于 6000 辆。由于宁夏回族自治区、新疆维吾尔自治区、云南省、贵州省和青海省没有公交车保有量的统计数据，鉴于这些省或自治区的城市经济发展和人口规模，除省会城市外其他城市都列入第Ⅰ类城市。城市划分结果及代表性城市详见表8-4。

表8-4 公交车年均行驶里程调查城市划分结果及代表性城市

城市类别	公交车保有量	城 市	代表性城市
Ⅲ	>6000辆	北京市、天津市、上海市、深圳市、广州市、重庆市	北京市、天津市
Ⅱ	2000~6000辆	沈阳市、哈尔滨市、长春市、大连市、南宁市、南昌市、合肥市、宜昌市、长沙市、郑州市、西安市、太原市、厦门市、宁波市、苏州市、无锡市、济南市、青岛市、石家庄市、乌鲁木齐市、西宁市、拉萨市、银川市、兰州市、武汉市、成都市	沈阳市、大连市
Ⅰ	≤2000辆	其他城市	鞍山市

（2）载货汽车

载货汽车的数据收集采用了汽车生产企业数据收集和问卷调查相结合的方法。北汽福田汽车股份有限公司共提供1553辆载货汽车的调查结果，其中有效数据1358个，包括：轻型载货汽车数据878个，中型载货汽车数据210个，重型载货汽车数据270个；另外还对沈阳、大连、鞍山和乌鲁木齐4个城市进行了年均行驶里程的问卷调查，共收集有效数据1090个。

中国低速载货汽车销售市场中，三轮汽车销售地区相对集中在河南、山东和河北，占总销售量的50%以上。安徽、辽宁、山西和甘肃等地区销量占总销售量的25%以上。上述7个省份销量占总销量的80%以上，其他所有省份销量综合约占20%。因此本次调查选择辽宁省的沈阳和大连进行低速载货汽车年均行驶里程调查。由于低速载货汽车基本上都没有安装里程表，因此调查具有较大的不确定性。本次调查采用问卷调查方式，其中沈阳31辆三轮汽车，大连230辆低速载货汽车，含三轮汽车87辆，低速货车143辆。

（3）摩托车

摩托车数据采集采用了汽车生产企业协助调查的方式。分别由五羊本田摩托广州有限公司、钱江摩托股份有限公司按地区提供调查数据，共提供摩托车样本 3392 个。五羊本田摩托车型主要包括 100cc 和 125cc，钱江摩托车型主要包括 QJ110 系列、QJ125 系列、QJ150 系列，燃料类型为汽油。五羊本田以地级市为单位，提供了 236 个地级市抽样调查数据。钱江摩托以地级市为单位，提供了 171 个地级市抽样调查的数据。两者共覆盖地级市 270 个，占总调查城市数量的 80%。年均行驶里程调查数据分为北部沿海综合经济区、东部沿海综合经济区、南部沿海综合经济区、黄河中游综合经济区、长江中游综合经济区、大西南综合经济区、大西北综合经济区和东北综合经济区单独计算，然后推算全国平均值。

3. 完全燃烧情况下机动车 CO_2 排放系数

根据基准年 2007 年公路行驶里程、汽油消耗量、柴油消耗量、汽油密度、柴油密度以及 1 升汽油和柴油完全燃烧生成的 CO_2 等因子，计算出 2007 年机动车完全燃烧时 CO_2 的排放因子为 290.53 克/千米，百千米油耗平均为 11.93 升。

（四）未完全燃烧情况下中国机动车 CO_2 排放系数

1. 未完全燃烧情况下机动车排放系数测算方法

根据车辆的用途、发动机的类型将机动车分为四大类 34 小类，对不同类型的车辆分别考虑工况、环境参数、油品参数等各种因素对污染物排放的影响，最终计算出它们的综合排放水平。对每一类机动车，其基本的计算公式可以总结为以下两个：

$$BEF = ZML + DR \times Mc \qquad (1)$$

其中，BEF 为基本排放因子（克/千米）；ZML 为新车零千米排放水平（g/km）；DR 为劣化率（克/千米·10^4千米）；Mc 为总行驶里程。在计算出平均排放水平后，考虑各种修正因子，对排放因子进行修正，得到实际的排放因子：

$$EF = SUM\,(BEF,\ AC,\ V,\ L,\ A,\ F) \qquad (2)$$

其中 SUM 表示下述物理量的综合函数；EF 为实际的排放因子；AC 为空调装置修正参数；V 为工况速度修正参数；L 为负载修正参数；A 为海拔修正参数；F 为温度和冷热启动工况等修正参数。具体操作如下。

（1）选择北京、天津、沈阳、鞍山、大连、庄河、锡林郭勒、荆州、南京、昆明、深圳、乌鲁木齐、青岛、上海、广州、增城、济南17个城市进行汽车道路行驶工况调查。

（2）选择天津、鞍山、增城、重庆、江门、温岭、西安7个城市完成摩托车的工况调查。

（3）调查采用随机跟车方式，划定城区、郊区及高速路，分别记录轻型车、公交车及重型货车行驶特征，除县级市调查两天外，其他城市调查周期均为5天，其中必须包括工作日及周末情况，并且至少1天为24小时连续记录。

（4）数据采集完成后，利用专用软件分别对汽车和摩托车进行特征参数以及速度-加速度分布比例的分析，获得中国轻型车、中型车、大型车、公交车、出租车、摩托车和低速载货汽车的典型道路行驶工况。

（5）利用对全国新车环保达标数据库中检测数据得到中国机动车零千米排放数据和进行劣化得到机动车基本排放率，通过实际工况修正后得到综合基本排放因子清单。

（6）重点研究了工况速度、温度、海拔高度、空调负载、燃料及货物载荷对机动车排放的影响，获得了相应的修正因子清单。

（7）通过对典型企业、典型车型、典型城市机动车年行驶里程的调查，采用机动车售后维修体系与城市机动车年检站调查相结合的方式，获得345个城市机动车年行驶里程清单。

（8）通过年鉴查询的方式，获得345个城市温度、海拔、湿度、人口、GDP等信息，为排放因子的修正提供依据。

2. 未完全燃烧情况下机动车CO和HC排放系数

本研究中依托第一次全国污染源普查的不同类型机动车、不同燃料类型以及不同排放标准的CO和HC基本排放因子，综合考虑载客汽车、载货汽车、低速汽车，汽油、柴油、LPG，以及国0、国Ⅰ、国Ⅱ和国Ⅲ车的所占比例得到基准年2007年机动车CO综合排放系数为4.30克/千米，HC综合排放系数为0.76克/千米。

（五）基准年全国机动车CO_2排放量

根据基准年2007年公路行驶里程、汽油消耗量、柴油消耗量、汽油密度、柴油密度以及1升汽油和柴油完全燃烧生成的CO_2等因子，计算出2007年机动车完全燃烧时CO_2的排放因子为290.53克/千米，然后将CO_2、CO

和HC的排放因子均换算成C排放因子，用CO_2的C排放因子减掉CO和HC的碳排放因子，然后转化为实际CO_2排放因子为281.18克/千米。由此可以计算出基准年2007年机动车CO_2排放量为3.71亿吨。

数据采用情况为：2007年全国行驶里程为131983241.7万千米；2007年机动车汽油消耗量为2736.2万吨，柴油消耗量6794.4万吨；汽油密度取90号、93号、97号的平均浓度0.727千克/升；柴油密度取国标浓度0.833千克/升；1升汽油完全燃烧可生成CO_2 2.28千克，1升柴油完全燃烧可生成CO_2 2.58千克。

二 机动车二氧化碳排放路径及峰值研究

（一）机动车保有量情景分析

按照世界上普遍认同的观点，人均GDP达到1000美元的时候汽车开始进入家庭，当人均GDP达到3000美元的时候，汽车开始快速普及。目前，中国人均GDP已经超过3000美元，一些大城市已经大大高于这一标准，大量中等收入居民家庭具备了汽车消费条件，并正在陆续进行汽车消费。目前汽车消费的快速增长，可以说是经济发展到一定阶段的必然结果。目前国内二、三线市场有8亿人口已进入汽车消费的第一高速增长期。统计数字显示，2009年汽车消费增长最快的区域，主要分布在中西部较为发达的地级城市、东部富裕的县级城市及辖区。从汽车保有量上分析，2009年中国千人汽车保有量达到了25辆，但最为庞大的三级市场的千人保有量则仅为5~8辆，西部地区大量中等城市千人保有量还不到5辆。因此，中小城市机动车保有量距离饱和状态还有很大的增长空间。

机动车保有量与人均GDP的关系：$y=0.219x+60.7$，根据人均GDP预测的机动车保有量如图8-2所示。可以看出机动车呈明显增加态势。2030年和2050年机动车保有量分别为25835.39万辆和54701.18万辆，分别是2009年机动车保有量（6209.40万辆）的4.2倍和8.8倍，千人汽车拥有量分别为180辆和386辆，分别是2009年中国千人汽车拥有量（47辆）的3.8倍和8.2倍。2009年各国千人汽车拥有量如图8-3所示，可以看出，中国千人汽车拥有量很低，即使到2050年仍然比美国2009年的少379辆。

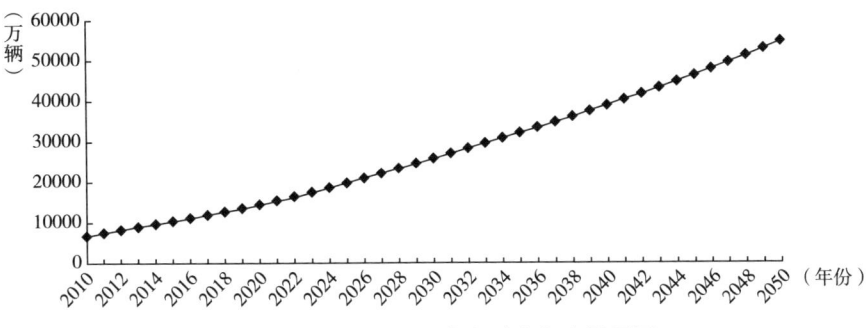

图 8-2　2010~2050 年机动车保有量预测

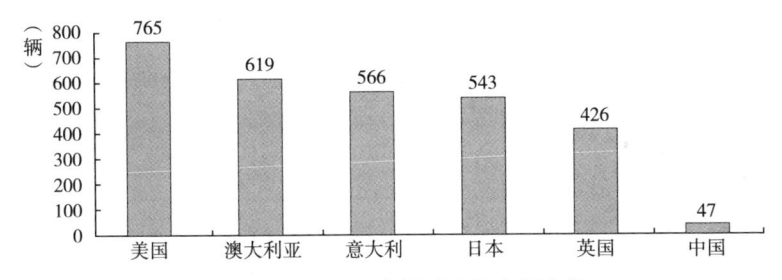

图 8-3　2009 年各国千人汽车拥有量

数据来源：基维百科。

（二）机动车 CO_2 排放情景分析

根据本课题研究的结果，以基准年 2007 年的 CO_2 排放因子（281.18 克/千米）分别计机动车 CO_2 排放路径。2010~2050 年机动车公路行驶里程如图 8-4 所示，可以看出，到 2050 年机动车公路行驶里程为 1656503687.96 万千米，是基准年 2007 年的 12.6 倍。

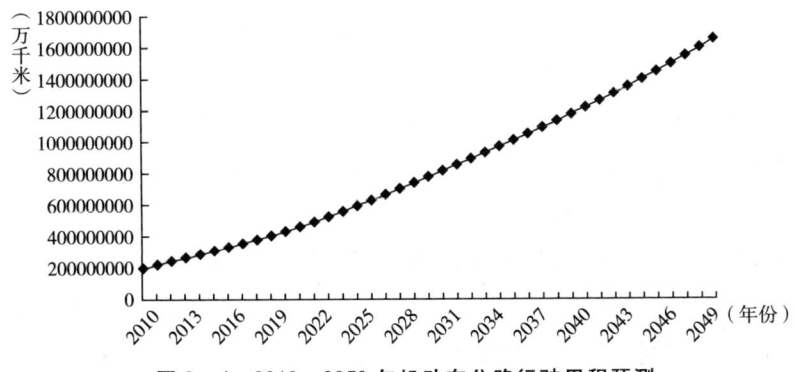

图 8-4　2010~2050 年机动车公路行驶里程预测

机动车CO_2排放预测如图8-5所示。可以看出2010~2050年中国机动车CO_2排放路径均呈增加态势，没有出现峰值，这与中国人均机动车保有量低的基本国情是相符的。2030年和2050年机动车CO_2排放量依次为22.00亿吨和46.58亿吨，分别是基准年2007年的5.9和12.6倍。可以看出控制机动车CO_2排放是十分必要和紧迫的。值得注意的是这里的机动车CO_2排放量没有考虑技术进步等因素，将在后文详细阐述。

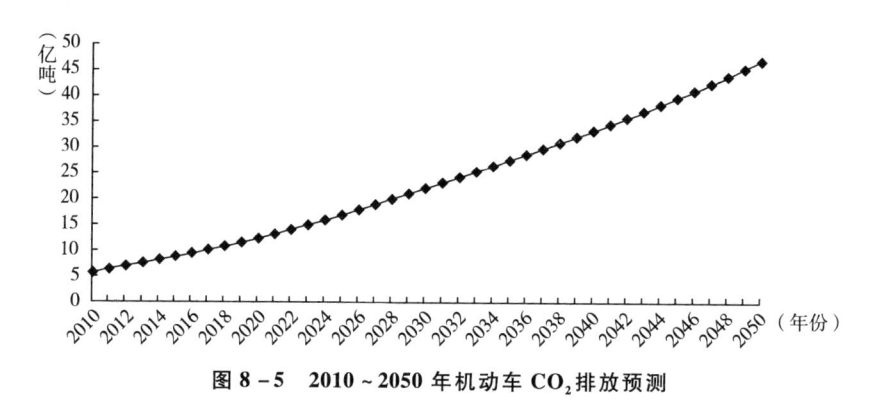

图8-5 2010~2050年机动车CO_2排放预测

三 机动车二氧化碳减排成本效益分析

机动车的二氧化碳排放来自其能源使用过程，二氧化碳的减排实际取决于机动车能源消耗有效控制和新类型燃料的应用，这一方面依赖于国家加大政策支持的力度，另一方面也必须依托成熟的机动车节能和燃料技术推广应用。

欧、美、日等发达国家和地区均采用加严油耗标准限值等手段强制推进机动车节能技术的进步，中国的相关标准也在不断提升，但考虑到内燃机和汽车工业的基础与实力，在标准推进的速度上还没有同发达国家接轨。减免税收和消费补贴政策是提高用户对节能车型购买意愿的积极拉动措施，但仅靠这两点，还不能完全弥补节能产品与普通产品之间巨大的差价，消费者的环保节能意识在很大程度上决定了节能环保技术和产品的推广应用效果。

机动车节能技术的开发与应用是交通行业二氧化碳减排成效的决定性因素，是国家实现制订与实施碳减排目标、政策的物质基础。由于发达国家的机动车保有量已经基本达到饱和水平，而中国机动车保有量在相当长的时间里还会维持快速增长。因此中国交通领域碳减排工作目标的达成，更加依赖于高效节能技术的研究应用。

（一）新能源汽车技术开发现状

从长远来看，目前机动车的主要动力——内燃机受其工作原理和燃料类型的限制，很难在节能方面取得重大的技术进步，温室气体减排的潜力非常有限。国内外公认的二氧化碳减排技术发展方向集中在新能源汽车上。所谓新能源汽车，是指采用非常规的车用燃料作为动力来源（或使用常规的车用燃料、采用新型车载动力装置），综合车辆的动力控制和驱动方面的先进技术，形成的技术原理先进，具有新技术、新结构的汽车。新能源汽车包括混合动力汽车（HEV）、纯电动汽车（BEV）、燃料电池电动汽车（FCEV）、动力汽车、其他新能源（如高效储能器）汽车等各类别产品。以下就它们的特点、成熟度和技术成本等分别进行阐述。

1. 混合动力汽车

混合动力汽车是既采用传统燃料的，同时配以电动机/发动机来改善低速动力输出和燃油消耗的车型。按照燃料种类的不同，主要又可以分为汽油混合动力和柴油混合动力两种。混合动力汽车的优点主要表现为以下几个方面：一是采用混合动力后可按平均需用的功率来确定内燃机的最大功率，此时处于油耗低、污染少的最优工况下工作；二是因为有了电池，可以十分方便地回收制动时、下坡时、怠速时的能量；三是有了内燃机可以十分方便地解决耗能大的空调、取暖、除霜等纯电动汽车遇到的难题。作为传统汽车与纯电动汽车间的过渡，混合动力汽车是当前技术条件下新能源汽车的最优解决方案。它既保留了传统汽车的动力性能，又能在一定程度上取得节能减排的实际效果，而且这类汽车技术上已较为成熟，成本增加也相对合理，因而已成了当前世界各国竞相发展的重点。

根据混合度以及节油率的不同，混合动力汽车又可分为微混、轻混和全混。插电式混合动力车（PHEV）可认为是更先进的一类强混车型。与普通混合动力相比，插电式混合动力车最大的特点是可以通过外接电源对车载电池组进行充电，而不仅仅是储存车辆减速时的能量，这就使得前者拥有更大的电力储备，因而也能提供更大的动力输出，甚至具有在纯电动模式下运行一定距离的能力。混合动力汽车的基本性能特点和成本效益参见表8-5。

表8-5 各种混合动力汽车的基本性能特点和成本效益

动力类型	微混合动力	轻混合动力	全混合动力	插电式混合动力
避免闲置	√	√	√	√
加速性		√	√	√
年节约汽油（升）	400	640	1280	1600
年减排 CO_2（千克）	424	1059	1694	2072
成本（元）	7000	14000	28000	105000

混合动力汽车以汽油、柴油为燃料，与传统内燃机汽车相比在燃料的生产、运输和销售环节没有增加成本。插电式混合动力汽车需要使用配套充电设备，可利用现有加油站和车库电路改造实现，几乎不增加社会成本，可以忽略不计。

2. 纯电动汽车

电动汽车主要采用电力驱动，其难点在于电力储存技术。车辆行驶过程本身不排放 CO_2，即使按所耗电量换算为发电厂的排放。电力可以从多种一次能源获得，如煤、核能、水力、风力、光、热等，解除了人们对石油资源日见枯竭的担心。电动汽车还可以充分利用晚间用电低谷时富余的电力充电，使发电设备日夜都能充分利用，大大提高其经济效益。有关研究表明，同样的原油经过粗炼，送至电厂发电充入电池，再由电池驱动汽车，其能量利用效率比经过精炼变为汽油，再经汽油机驱动汽车高，因此有利于节约能源和减少 CO_2 的排量，正是这些优点，使电动汽车的研究和应用成为汽车工业的一个"热点"。但是，蓄电池单位重量储存的能量太少，价格也较贵，又没形成经济规模，故购买价格较贵，至于使用成本，有些试用结果比汽车贵，有些结果仅为汽车的1/3，这主要取决于电池的寿命及当地的油、电价格。除了电池和成本的"软肋"外，目前电动汽车的间接温室气体排放强度并不占优势，未来排放取决于发电效率和电源结构的改善。在中国节能减排、上大压小、大力发展非化石能源的强劲背景下，电力工业的发电效率和电源结构将有很大的提升空间：估计2020年中国非化石能源发电量占全国电力需求的比重能达到30%，煤电装机比重下降到60%以下，单位发电 CO_2 排放量有可能降低到600克/千瓦时左右。未来非化石能源电力的大规模发展可以促使电动汽车成为减少温室气体排放、消纳峰谷差的重要手段。

与插电式混合动力汽车相似，电动汽车充电设施所需的成本极低，可以忽略不计。

3. 燃料电池电动汽车

燃料电池电动汽车是以氢气、甲醇等为燃料，通过化学反应产生电流，依靠电机驱动的。其电池的能量是通过氢气和氧气的化学作用，而不是经过燃烧，直接变成电能的。燃料电池的化学反应过程不会产生有害产物，因此燃料电池车辆是无污染汽车，燃料电池的能量转换效率比内燃机要高2~3倍，与传统汽车相比，燃料电池汽车具有以下优点：零排放或近似零排放、降低了温室气体的排放，提高了燃油经济性，运行平稳无噪声。因此从能源的利用和环境保护方面看，燃料电池汽车是一种理想的车辆。近几年来，燃料电池技术已经取得了重大的进展。世界著名汽车制造厂，如戴姆勒-克莱斯勒、福特、丰田和通用汽车公司已经计划将燃料电池汽车投向市场。

4. 氢动力汽车

氢动力汽车是一种真正实现零排放的交通工具，排放出的是纯净水，其具有无污染，零排放，储量丰富等优势，因此，氢动力汽车是传统汽车最理想的替代方案。与传统动力汽车相比，氢动力汽车成本至少高出20%。

氢具有很高的能量密度，释放的能量足以使汽车发动机运转，而且氢与氧气在燃料电池中发生化学反应只生成水，没有污染。其优点是只排放纯水，行驶时不产生任何污染物。其缺点是氢燃料电池成本过高，而且氢燃料的存储和运输按照目前的技术条件来说非常困难，因为氢分子非常小，极易透过储藏装置的外壳逃逸。另外最致命的问题，氢气的提取需要通过电解水或者利用天然气，如此一来同样需要消耗大量能源，除非使用核电来提取，否则无法从根本上降低CO_2排放。以上问题只能通过制氢技术的长期研究与突破来解决，短时间内氢动力汽车无法实现大规模使用。

5. 生物燃料汽车

生物燃料是以生物质为原料生产的液态或气态燃料，原料主要来自农林产品或副产品、工业废物及生活垃圾等有机物。由于燃料性质与汽油、柴油等传统化石燃料存在一定的差异，普通发动机在燃用高比例生物燃料时需要进行必要的改造以适应其自身特点，但改造的技术并不复杂，成本较低。除此以外，车辆的动力性、经济性与燃用普通化石燃料并没有本质差别。根据生物燃料的生产原料，大致可将其分为三代：使用粮食作物作为生产原料的生物燃料称为第一代生物燃料，如玉米、大豆、油菜籽、甘蔗等；第二代生物燃料指以麦秆、草和木材等农林废弃物为主要原料,采用生物纤维素转化为生物燃料的模式,发展纤维素乙醇;第三代生物燃料则指木质素降解利用。用于生产生物燃料的原料是通过光合作用固定大气中的 CO_2 而生长的,所以从理论上讲,生物燃料的生产和使用基本上只是地球大气碳循环的一种形式,并不大量增加大气中的 CO_2 含量。但由于其生产过程需要消耗额外的能源,所以也增加一定的 CO_2 排放。

6. 燃气汽车

燃气汽车是指用压缩天然气(CNG)、液化石油气(LPG)和液化天然气(LNG)作为燃料的汽车。燃气汽车由于其排放性能好、可调整汽车燃料结构、运行成本低、技术成熟、安全可靠等优点,被世界各国公认为当前最理想的替代燃料汽车。目前,燃气仍然是世界汽车代用燃料的主流,在中国代用燃料汽车中占到90%左右。天然气的主要成分为甲烷,其分子结构中碳元素的比例低于汽油、柴油等化石燃料,是一种典型的低碳燃料。所以天然气汽车的单位里程 CO_2 排放量大大低于传统车辆。燃用气态燃料需要对发动机进行相应的技术调整,但改造技术成熟且成本不高,非常适合在供气方便的地区进行大批量推广应用。

(二)新能源汽车应用成本分析

新能源汽车技术的推广应用除受技术成熟度的制约外,还在很大程度上取决于其应用成本。传统内燃机汽车100多年应用过程中,其生产和应用成本已被社会和广大用户接受,而新能源汽车在动力技术、维护技术和基础设施方式与内燃机汽车存在一定的差异,必定造成应用成本的变化,其被接受的速度和程度随其成本的增加而下降。在此领域,应用成本主要包括:车辆购置成本、燃料成本、维护成本和基础设施成本,前三项由消费者承担,属于个体成本,最后一项由政府或企业承担,属于社会集体成本。

本项目研究分析机动车 CO_2 减排成本主要考虑上一节中主要新能源汽车技术的个体与社会成本,以当前的货币购买力计算,不计货币的价值波动。随着新能源技术成熟、推广和应用,其个体和社会成本均会逐步下降,应体现在成本变化的趋势中。

1. 混合动力汽车

目前,混合动力汽车主要包括弱混汽车、中混汽车、强混汽车和插电式混合动力汽车。弱混汽车主要是加装了一套智能启停系统,即 BSG 系统。这种弱混系统采用发电-启动一体式电动机,用皮带传动方式与发动机进行动力混合,在汽车等红灯或者堵车等情况下可暂停发动机工作,当车辆起步时,可快速启动发动机。采用 BSG 系统,可节约油耗 5%~15%。BSG 系统的技术难度不高,目前多数汽车企业都能掌握,增加的电动机成本为 3000~5000 元。根据目前国家出台的补贴政策,弱混汽车属于节能汽车,可以获得 3000 元购车补贴,基本抵消了其增加的成本。

中混汽车是采用中度混合动力(ISG)系统的车型。与弱混动力系统不同,中度混合动力系统采用的是高压电机,动力性能更好,节油效果也更加明显,普遍能够节油 20% 左右。采用中混动力系统的汽车比传统汽车成本高出 4 万元左右,但如果销量超过 1000 辆,产生规模效应后,成本可以降低到 2 万元以下。

强混汽车也称重度混合动力汽车,强混系统采用 72~650 伏的高压启动电机,通过车载电池供电。电动机可以在启动或低速行驶过程中,单独驱动车辆行驶,在加速或者电池能量不足的情况下,再由内燃机单独或者联动电动机驱动车辆。与中混系统相比,强混系统混合程度更高,节油效果更好,节油率能够达到 40%~50%。比较典型的强混代表车型丰田普锐斯的一套混合动力系统价格为 6 万~8 万元,甚至更高。

插电式混合动力汽车是一种新型的混合动力电动汽车。区别于传统内燃机与电驱动结合的混合动力,插电式混合动力驱动原理、驱动单元都与电动车无异,之所以称其为混合动力,是这类车上装备有一台为电池充电的发动机。在日常使用过程中,它可以当作一台纯电动车来使用,只要单次使用不超过电池的续驶里程,就可以做到零排放和零油耗。

插电式混合动力汽车的成本主要为电池、电机和控制系统的成本。常用的国产无刷直流电机及控制系统价格为 4 万~5 万元,异步感应交流动力电机价格也与此类似。由于新能源汽车电机还没有量产,这个价格中包含较高的开发成本,若量产达到千台以上,价格就能降低。电池是电动汽车成本占比最高的,为整车成本的 33%~50%。目前的磷酸铁锂电池价格为 5 元/千瓦时左右,比锰酸锂电池价格稍低,有的高性能电池价格甚至高达 6~7 元/千瓦时。如果一辆纯电动汽车的电池能量为 30 千瓦时,则仅电池成本就达到 15 万元左右。一辆插电式混合动力汽车电池能量约为 16 千瓦时,电池成本也要 8 万元。

2. 纯电动汽车

现在用于生产电动汽车电池的技术不够成熟，导致电动汽车的电池只能维持工作两年。如果在使用两年后不更换，电动汽车的电池就会被耗尽，这导致人们不得不进行成本高昂的电池替换。电动汽车的成本高昂，而且一次充电能行驶的距离远远小于之前的预期。

电池是电动汽车成本上非常重要的一点，如果在营销上把电池和汽车分离，汽车本身的成本与汽油车是一样的，电池采用租用模式，在不包括政府对电动车的福利补贴时，租用电池的费用绝对不会高于汽油车的燃油成本。汽车行驶同样的距离，用电的成本是用油成本的1/10。那么现在就是电动汽车发展的非常好的时机。

以某型号电动汽车为例，如果在晚上充电，充满大概是人民币4元，可以在纯电动模式下行驶超过60千米，加上电池每充1度电的折旧费是2元左右，行驶60千米共花费30元。而以百千米消耗6~7升油的燃油汽车计算，行驶60千米花费约24元。这样一比，电动车的花费甚至比传统汽车还高。

由此可见，在目前的技术条件下，纯电动汽车的使用成本过高，除非政府投入高额的补贴，否则其应用范围还难以在短时间内扩大。

3. 燃料电池汽车

氢的来源一般是天然气和沼气；此外，可以通过电解水将氢和氧分离而提取氢。而电能则可以通过煤或核反应堆发电来产生。由于氢的提取需要消耗其他能源，因此，如果使用煤、天然气、沼气等碳氢燃料来提取氢，则会排出导致温室效应的气体。采用风力和太阳能可以解决这一问题，但这种开发方式费用太高，从而导致氢燃料电池汽车的成本增加。此外，一些辅助设施如氢燃料加注站的建设也要费些时日。

从国际上看，目前单辆燃料电池汽车的价格为100万~200万美元，是传统内燃机汽车的100倍，即使考虑量产带来的经济规模效应，价格也相当于传统汽车的10倍。当其价格降到50美元/千瓦时，才与普通汽车具有价格可比性。国内开发的氢燃料电池轿车成本在200万元人民币，虽然国内开发的氢燃料电池车技术水平稍低一点，但是离商业化显然更近一步。燃料电池的寿命也是其推广应用的制约因素之一，目前的技术条件下，电池可以运行2000小时，约相当于行驶10万千米，大大低于普通汽车的使用寿命。当其寿命能够达到25万千米后，应可满足普通用户的需求。

以氢燃料电池汽车为例，其规模应用还需要配套大量的氢气供应基础设施，如加氢站、氢气储存设施与输送网络等，其价值应计入此类汽车使用的社会成本。对于其他类型燃料的燃料电池汽车，可以与内燃机汽车使用共同的燃料基础设施，不必大幅增加车辆应用的社会成本。

4. 生物燃料汽车

乙醇的生产成本为6~7元/升，按国际金融危机前的汽油价格水平，乙醇汽油与其大体相当，或略低于油价。但由于汽油价格不稳定，常常随国际油价波动，所以乙醇汽油的应用受到很大的影响，燃料供应公司可能在低油价情况下少加乙醇，甚至不加。对于消费而言，乙醇汽油在价格上与普通汽油一样，使用性能差别不大，只是在车辆维护上可能增加少许成本，但增量很小，可以忽略不计。如果大幅增加汽油中乙醇的加入比例，使用其达到50%甚至更高（巴西使用E85汽油，其乙醇含量达到85%），则还需要对汽油发动机进行适当的改造以适应新型油品，从而发生少量的成本上升。

目前的燃料乙醇多是由粮食酿造而得，不但成本高，而且对国家粮食供应造成影响，今后乙醇生产将转而以植物纤维为原料，这样不但可以大大扩大原料范围，保证供应稳定，也可降低生产成本，以利于其推广应用。纤维素乙醇生产的关键技术在于其生物化学降解过程，此技术目前还不够成熟，预计将在2020年前后取得突破，在2025年获得广泛应用。届时，乙醇汽油应用成本将可比目前降低30%左右。

生物柴油的成本目前约为5500元，其中大部分是生物油脂成本，还包括其他原料、设备和技术成本等。与乙醇不同，此类燃料的原料和技术已经比较稳定，预计今后成本变化不大。

（三）新能源汽车CO_2减排能力分析

1. 混合动力汽车

混合动力系统的结构形式和控制方式充分发挥了串联式和并联式的优点，能够使发动机、发电机、电动机等部件进行更多的优化匹配。在汽车低速行驶时，驱动系统主要以串联方式工作；当汽车高速稳定行驶时，则以并联工作方式为主，从而在结构上保证了即使在更为复杂的工况下系统仍能工作在最优状态，因此，既有利于降低排放和油耗，也有利于动力控制。

（1）微混合动力系统

这是成本最低廉并且结构也最简单的混合动力模式。这种混合动力系统在传统内燃机的启动电机上加装了皮带驱动起动电机。该电机专门用来控制发动机的起动和停止,从而取消了发动机的怠速,一停车便关闭引擎,从而降低油耗和排放。从严格意义上来讲,这种微混合动力系统的汽车不属于真正的混合动力汽车,因为它的电机并没有为汽车行驶提供持续的动力,因此省油的效果不明显。

(2) 轻混合动力系统

该混合动力系统采用了集成起动电机,除了能够实现用发电机控制发动机的起动和停止,还能够实现在制动工况下对部分能量进行吸收,以及在车辆驱动需求和发电机充电需求之间进行调节。上海通用新近推出的混动型君越,就属于这一类型,据称可达到15%左右的省油效果。

(3) 中混合动力系统

该混合动力系统大体与轻混系统类似,但增加了一个功能:在汽车处于加速或者大负荷工况时,电动机能够辅助驱动车轮。目前,本田思域混合动力车使用了该技术,可节油30%左右。

(4) 强混合动力系统

该系统采用了272~650伏的高压启动电机,混合程度更高,节油可以达到甚至超过50%。技术的发展将使得完全混合动力系统逐渐成为混合动力技术的主要发展方向。丰田普锐斯采用这种系统。

(5) 纯电动汽车

电动汽车本身在行驶过程中不排放二氧化碳,发电造成的碳排放在本研究其他部分进行论述,故本章不再赘述。

(6) 燃料电池汽车

燃料电池车采用车载制氢装置,或者直接通过加氢方式,使氢气与氧气通过化学反应产生电能来带动发电机,驱动车轮转动。尽管这种新能源车排放也基本为零,但成本高、加氢难将制约它的发展。

(7) 氢动力汽车

氢动力汽车本身在行驶过程中不排放二氧化碳,制氢造成的碳排放在本研究其他部分进行论述,故本章不再赘述。

2. 生物燃料汽车

随着交通运输业的加速发展,以及全球对运输燃料的需求上升,来自生物质的液态和气态燃料将成为减少二氧化碳排放和降低对液态运输燃料依赖的关键技术之一。当生产实现可持续性时,预计使用生物燃料可望每年避免约 2.1 吉吨的二氧化碳排放。尽管提高汽车效率将是减少运输排放最重要和最具成本效益的方法，但生物燃料仍将是为飞机、船只和其他重型交通工具提供低碳燃料替代品所必需的，并且最终将为交通部门减排实现贡献 1/5（2.1 吉吨 CO_2）。

与传统的汽油或柴油相比，当以整个生产的生命循环作比较时，生物燃料可使运输燃料大幅度降低二氧化碳排放。但是，也有告诫：重要的是，在种植、运输和生物质转化为生物燃料时要减少矿物能源的使用。同样重要的是，要避免直接或间接的土地利用的变化，如将森林转换为种植生物燃料的原料，这会造成释放大量二氧化碳，并可望抵消生物燃料使二氧化碳减排的潜力。大多数传统的生物燃料主要来自淀粉、糖和油籽作物，因此必须在转换和土地利用效率方面加以改进，以取得大的温室气体减排。

3. 燃气汽车

从传统汽柴油汽车产业可持续发展的角度看，燃气汽车的推广使用，实际上可起到延长传统内燃机汽车生命周期的作用。发展燃气汽车既不需要对传统汽车结构进行根本性改动，又能有效地应对中国能源短缺和环境污染严重的挑战，可以收到一举多得之功效。

在推广应用燃气汽车的初级阶段，不少地方使用的是所谓的双燃料（即汽/柴油与燃气）汽车。这虽然有使用两种燃料的灵活性，却在一定程度上牺牲或者损害了单独使用燃气时发动机的效率。现在的发展趋势是，单一燃料的燃气汽车更受市场青睐。现阶段中国油电混合动力汽车技术已日趋成熟，小规模示范性的产业化与商业化正在酝酿之中。可以设想，未来单一燃料式天然气发动机完全可以成为气电式混合动力汽车的装车动力之一，如此一来，将使混合动力汽车的燃料完全摆脱对石油的依赖。同时，还能进一步提高其排放的洁净程度。

（四）新能源汽车销售和保有量推测

1. 欧美日等国家和地区的新能源汽车应用和推广前景分析

世界主要发达国家和地区在二三十年之前已经开始部署新能源汽车的技术开发和推广应用工作，成果最突出的国家主要包括日本、美国和英、法、德等汽车产业发达的欧盟成员国。

（1）日本

日本是石油资源贫乏的国家，国内生产原油仅占总供应量的 0.3%。20

世纪 70 年代的两次石油危机,使高速增长期建立起来的、以重化工业为主的日本经济遭受重大损失。1974 年,日本推出了"新能源技术开发计划",确定了大力开发本土能源,最大限度地减少对进口石油的依赖度,确立安全、稳定、长期和高效供给的新能源战略思路,拉开了日本在新能源和节能技术领域腾飞的序幕。从 1974 年到 2003 年的 30 年间,日本的国民生产总值增长了 1 倍多,而原油进口反而从 28861 万升下降为 24485 万升。2006 年 5 月,日本资源能源厅和经济产业省又制定了"新国家能源战略"。计划到 2030 年,日本的能源效率要比现在提高 30%,将目前近 50% 的石油依赖度进一步降低到 40%,将运输部门的石油依赖度从目前的 100% 降低到 80%。在新能源汽车及替代燃料方面,日本采取的措施主要有:①通过普及混合动力技术等使燃效提高并降低油耗;②促进电气、燃料电池汽车的技术开发与普及的支援;③通过建设基础设施以促进生物乙醇和柴油等燃料的多样化及其有效利用。在新能源汽车和替代燃料普及方面,2001 年日本国土交通省、环境省和经济产业省制定了"低公害车开发普及行动计划"。该计划所指的低公害车包括五类,即:以天然气为燃料的汽车、混合动力汽车、电动汽车、以甲醇为燃料的汽车、排污和燃效限制标准最严格的清洁汽油汽车。该计划主要由国土交通省以独立行政法人交通安全环境研究所为核心研究机关实施,以推动新一代低公害车的开发与实用化为主要目标,原计划到 2010 年,这些种类的低公害车要从 2001 年约 63 万辆增加到 1000 万辆,而后修改为到 2010 年达到 1340 万辆。2007 年 5 月,经济产业省资源能源厅公布了"新一代汽车及燃料计划"。该计划提出了实现"到 2030 年,将交通运输领域石油依赖度降低到 80%"目标的具体手段,以及实现"新一代电池、清洁柴油、氢燃料电池、生物燃料,利用 IT 技术创建世界一流友好型汽车社会构想"发展战略的具体措施。此外,该计划还提出,截至 2030 年,分别在 2010 年、2015 年和 2020 年设定目标,通过产业间、政府间以及"产官学"联合来实现计划目标。同时,在世界对防止地球温暖化的关心日益高涨之下,以首相官邸为主导,出台了反映日本解决地球温暖化问题的导向方针的新战略"美丽星球 50 计划"。计划到 2050 年,将世界范围内温室气体排放减少 50%,为了达到这一目标,日本将推动低碳能源应用以及开发、推广新能源汽车。日本目前新能源汽车的研发重点是混合动力汽车。按照日本现在混合动力车的普及程度推算,到 2020 年混合动力车在日本国内将有约 360 万辆。如果高性能锂电池在近几年得到更多推广,到 2020 年,混合动力车有可能进一步达到 720 万辆。在其他新能源汽车及替代燃料推广方面，日本也制定了多项措施和计划。国土交通省于 2003 年开始制定燃料电池汽车实用促进计划，成立了"促进燃料电池汽车实用化项目研讨会"，以独立行政法人"交通安全环境研究所"为核心研究机构，2003 年投入 3.5 亿日元，用来制定有关车辆安全、环境方面的标准和研究有关燃料电池车作为道路维修管理车辆进行实验性导入等问题。2005 年 3 月，日本制定了世界上第一个氢燃料电池汽车安全标准，并对国内 2 家汽车企业的氢燃料汽车进行了认证。日本交通省投入 2.15 亿日元，于 2005 年 10 月成立了"燃料电池巴士技术研讨会"，以促进燃料电池车的下一阶段的应用。在生物燃料推广方面，日本政府制定了到单年度生产生物燃料的目标。2007 年在原有的新能源预算中追加 109 亿日元，用于"生物燃料利用样板实证项目"，其中包括生物燃料利用地区试点工程项目 85 亿日元，生物能源研究开发 15 亿日元，其他发展经费 9 亿日元。生物燃料利用地区试点工程是对即将正式导入生产的生物燃料，从原料采购到制造、销售进行大规模应用推广，分两个阶段进行，即 2000～2005 年度和 2006～2010 年度，共有 8 家汽车制造厂的乘用车参加了行驶测试，通过测试，收集了在市区环境下的耗油量、环境特性、行车性能、安全性等数据。在建立氢燃料加气站方面，2002 年由多个政府部门联合所有的大型汽车制造商、日本能源公司联合实施了日本氢能和燃料电池实证示范工程（JHFC）。在示范工程下，在东京建立了 9 个加氢站，每个加氢站都采用不同的技术，如汽油重整、石脑油重整、甲醇重整、碱液电解、高压氢存储、液态氢存储等。这些加氢站运行得到的经验将用于将来全国氢气供给的基础设施发展上。

（2）美国

美国的新能源汽车发展的核心是可再生生物能源汽车。2007 年公布的可再生燃料标准要求美国汽车能耗的 4% 必须是可再生燃料，总量大约为 47 亿加仑。这一标准值至 2012 年将达到 75 亿加仑。美国作为世界最大的粮食生产国和出口国之一，具有丰富的谷类作物，特别是玉米的生产能力更是让其他国家望尘莫及，因此将生物制备乙醇作为替代汽车燃料的重要组成部分就成为美国新能源汽车政策的核心。与此同时，美国政府也鼓励以混合动力车为代表的其他新能源汽车的使用。从美国的新能源汽车消费市场看，2006 年各类新能源汽车的销量合计达到 127 万辆，其中 E85 的销量突破了 101 万辆，占 79.6%。2003～2007 年，美国乙醇汽油的消耗量年均增长率为

27%。另外，混合动力汽车在美国的销售增速也较快。

美国加利佛尼亚州等地区曾制订了纯电动汽车和氢能源汽车的发展和推广计划，并于2000~2005年在一定区域内进行了充电站和加氢站建设和应用试点，但受车辆技术成熟程度和政府财政状况的制约，此类计划没有完全取得预期的效果，基本处于停滞或小规模试验阶段。

(3) 欧洲

欧洲历来重视节能和减排。欧盟委员会于2007年公布了"新欧洲能源政策"，其目标是2020年将温室效应气体排放量降低20%，将可再生能源的比例提高到20%；同时将今后5年欧盟能源领域的研究开发预算提高50%。在替代燃料开发应用的发展方向上，生物燃料和氢燃料汽车是重点。而欧盟新能源汽车产业中长期发展方向则是真正清洁高效的氢燃料汽车，特别是氢燃料电池汽车。在亚洲、欧洲竞争对手对电动汽车热情日益高涨的情况下，欧洲汽车厂商没有固守自己的观念，宝马、奥迪相继推出混合动力车，主要面向北美市场。此外，奔驰也与美国著名电动汽车生产企业特拉斯建立了合作伙伴关系，双方将携手研发电动版斯马特微型车。

欧盟于2003年颁发了旨在推动生物燃料等可再生燃料在交通运输领域应用的"生物燃料促进指令"。根据该指令，到2010年年底，欧盟境内生物燃油的使用要达到燃油市场的5.75%，所有欧盟国家在2004年年底之前要将该指令写入其国内的法案。2005年12月欧洲委员会公布了"生物能源和生物燃料行动计划"，该计划倡议在发电、交通、采暖等20多个领域使用生物能源。

2006年1月，欧洲委员会又通过了一项"生物燃料战略"。该战略用来推动第二代生物能源的技术研究开发，改善生物燃料的成本竞争力，促进生物燃料在欧盟和发展中国家的发展。它具体包括7项核心内容：①支持生物燃料的研究发展，具体措施包括优先开发第二代生物燃料技术，继续支持强化生物燃料及生物燃料产业的竞争力，支持建立以生物燃料为产业主导的技术平台；②验证在汽油和轻油中添加生物燃料上限，分析削减二氧化碳排放可能性；③扩展生物燃料的原料供给范围，用砂糖生产生物乙醇适用欧盟农业补助，探讨粮食作物作为生物燃料原料的可能性；④刺激生物燃料需求，具体措施包括推动公共绿色采购，购买支持高密度生物燃料的车辆，在进行生物燃料改进及指令评价时支援第二代生物燃料；⑤针对植物油原料的多样化,重新研究生物柴油质量规格,并设定生物燃料的关税代码,推动贸易往来;⑥促进生物燃料的生产与销售;⑦支持发展中国家的生物燃料发展。欧盟还计划在2030年实现交通运输领域中生物燃料的比重达到1/4,而这一目标计划分三个阶段来实现:第一阶段,2010年之前,提高现有技术,研究第二代生物燃料的使用设备、生产厂模式;第二阶段,2010年到2020年,第二代生物燃料生产的研究和开发技术基本成熟,进行第三代生物燃料生产厂的构想,第三阶段是2020年之后可以大规模生产第三代生物燃料,生物燃料生产设施基本成熟。在氢燃料汽车的扶持措施方面,2004年,欧盟发表了一份研究报告指出,欧盟的长期能源战略核心是发展氢燃料电池。氢能与燃料电池研究将在五大领域进行,即氢能生产、定置型、储藏、交通输送、便携终端应用等。欧委会2007年10月通过了一项关于氢燃料汽车发展的立法建议,计划从2008年到2013年,欧盟委员会和汽车企业各出资4.7亿欧元研发氢燃料汽车。由于氢气属于高度易燃气体,为利于生产和销售,欧盟委员会还将制定氢燃料储存设备、氢燃料汽车车型的车安全标准,在2010年到2020年使氢燃料车达到商业的快速发展阶段。

2. 中国新能源汽车现状

中国新能源汽车制造的技术水平远落后于日本和美国,企业需要至少掌握新能源汽车车载能源系统、驱动系统及控制系统三者之一的核心技术,才能进行新能源汽车的生产。在这方面,中国的新能源汽车制造商已被发展多年的日系、美系厂商远远甩在后面。合资企业把新能源技术带到国内的态度一直不是很积极。即便有些车型已经在国内生产,但也相当于整车进口,技术保密相当严格。中资企业虽然在某些领域掌握了一定的新能源汽车技术,但是尚未能实现批量生产。在混合动力汽车技术上,同日本、美国等国家相比仍然存在很大差距。没有掌握核心技术,就会被竞争对手夺走了制定行业标准的"优先权",对之后的发展产生更加深远的影响。在过去许多年,新能源汽车没有全面推广,一个很大原因在于,新能源车的购置成本较高。相比其节约的能源减少的能源消耗成本,推广新能源汽车,厂商与消费者都要付出更高的代价。国内厂商比亚迪内部人士透露,F3电动车F3E的成本价已达18万元,是市场销售汽油版F3车型的近3倍,当初比亚迪想把F3的售价压缩到15万元以内推向市场,但是这个售价不仅不能让市场接受而且又违背了政府的相关规定。一汽推出的混合动力版奔腾,成本是现在市场上销售的汽油版奔腾的2~3倍。售价在25万~30万元不等的丰田普瑞斯混合动力车就是研发成本高导致价格过高而无法在中国进行大范围的推广。毫无疑问，对于国内大多数第一次购买轿车的消费者来说，新能源汽车高昂的价格，也只能让他们望而却步。

传统汽车已经发展了100多年，再去搞创新，空间很小，而新能源汽车刚刚起步，创新的空间很大。即使企业的核心技术很难突破，也不能把资金当作唯一的借口，作为车企，要积极筹谋，多方应对。中国在传统汽车发展上同发达国家相差20年，但是在新能源汽车上只相差10年，车企应该抓住机遇，持续并且深入地研究下去，就可以不被汽车大国前进的步伐抛下而越落越远，我们也可以在市场上占有一席之地。与此同时，中国的车企应该尽全力保住自己在某个新能源汽车技术领域的优势，不断创新和进步。比如比亚迪的双模技术，在世界上也只有通用、丰田和比亚迪三家拥有，一定要保持住并扩大该技术上的优势。

3. 中国新能源汽车产业政策

2012年4月18日，国务院总理温家宝主持召开国务院常务会议，讨论通过《节能与新能源汽车产业发展规划（2012~2020年）》（以下简称《规划》），会议指出，加快培育和发展节能与新能源汽车产业，对于缓解能源和环境压力，推动汽车产业转型升级，培育新的经济增长点，具有重要意义。《规划》指出：以纯电动汽车（纯电驱动）为中国汽车工业转型的主要战略取向，重点突破动力电池、电机和电控技术，推进纯电动汽车、插电式混合动力汽车产业化，实现中国汽车工业跨越式发展。近期以混合动力汽车为重点，大力推广普及节能汽车，逐步提高中国汽车燃油经济性水平；加强自主创新，掌握节能与新能源汽车关键核心技术，增强产业自主发展能力；坚持推动产业转型与加快技术升级相结合。重点发展纯电动汽车、插电式混合动力汽车，加快推动汽车工业转型。同时，坚持统筹兼顾，大力发展节能汽车，持续跟踪研究燃料电池汽车技术，因地制宜、适度发展替代燃料汽车。

经过10年努力，建立起较为完整的节能与新能源汽车产业体系，掌握具有自主知识产权的整车和关键零部件核心技术，具备自主发展能力，整体技术达到国际先进水平。培育形成若干具有较强国际竞争力的节能与新能源汽车整车和关键零部件企业集团。2020年，新能源汽车累计产销量达到500万辆，中/重度混合动力乘用车占乘用车年产销量的50%以上，中国节能与新能源汽车产业规模位居世界前列。为达到此目标，到2015年，新能源汽车应初步实现产业化。动力电池、电机、电控等关键零部件核心技术实现自主化；纯电动汽车和插电式混合动力汽车市场保有量达到 50 万辆以上；初步形成与市场规模相适应的基础设施体系；动力电池系统能量密度达到 120 千瓦时/千克以上，成本降低至 2 元/千瓦时，循环寿命稳定达到 2000 次或 10 年以上；电驱动系统功率密度达到 2.5 千瓦时/千克，成本降至 200 元/千瓦时。

到 2020 年，新能源汽车实现产业化。节能与新能源汽车及关键零部件技术达到国际先进水平；纯电动汽车和插电式混合动力汽车市场保有量达到 500 万辆；充电设施网络满足纯电动汽车城际间和区域化运行需要；动力电池系统能量密度达到 200 千瓦时/千克，成本降至 1.5 元/千瓦时；驱动电机平台技术达到国际先进水平；燃料电池汽车技术与国际同步发展。

不难看出，短期内，国家将以电动汽车作为发展的重点方向。此外，在新能源汽车的其他一些关键技术中，中国也具备一定的研究和应用基础。在生物燃料方面，中国在 21 世纪初已经开始了燃料乙醇的大规模应用，在推广试点的十多个省中，完全使用 E10 汽油。十年来，在乙醇的生产、运输、添加、燃用和车辆的维护保养方面积累了丰富的经验。对于生物柴油，目前还主要停留在研究和试验阶段。由于中国耕地资源有限，土地及其所产出的粮食基本用于保障全国人民的主副食需求，不具备美国以粮食大幅规模生产乙醇的条件。在第二代生物燃料技术还没有取得重大突破的情况下，生物燃料的应用不可能大幅度提高。预计 2025~2030 年，在木质素、纤维素等大分子物质的生物降解技术难关突破后，生物燃料应用将明显加快。

燃料电池汽车在 2008 年奥运会期间已经开始试点应用，但应用水平也仅限于原理和原型机的验证阶段。目前，面临的主要困难在于价格，燃料电池汽车的成本数倍于内燃机汽车，即使在政府财政补贴的情况下，也难以形成足够的消费规模，反过来又限制了企业的开发积极性和技术成熟的速度。另外，氢燃料的生产和运输成本也在一定程度上制约燃料电池汽车的推广。预计 2030~2040 年，中国在上述方面可以取得重大的进步，促进相关产品的销售和应用规模逐步上升。

燃气汽车是发展应用最成熟的新能源汽车技术。国家持续加大天然气和液化石油气的开发和进口规模，并在可燃冰（深海中天然气和水的结晶）开采方面加大了研究力度，但由于与燃油相比，燃气的二氧化碳排放量并没有显著的降低，其应用只能解决一定程度上的石油依赖问题，在相当长的时间内都不会成为新能源技术的应用重点，预计在2050年以前其应用水平均在低水平维持，不会出现显著的提高。

4. 未来中国新能源汽车产销量预测

综合以上对国家产业政策、具体国情和技术状况等各方面的分析，中国新能源汽车在短时间内以内燃机技术改进和电动汽车应用为重点；2025年后，生物燃料的应用比例将逐步提高；到2040年，燃料电池汽车技术将趋向成熟并推广应用；燃气汽车技术受资源条件和CO_2减排潜力的限制，应用规模将始终维持在较低的水平。以下以表和图的形式给出从现在到2050年中国新能源汽车产销量预测结果。

表8-6 各新能源汽车产销量变化趋势预测

单位：%

年份 类型	2011	2020	2030	2040	2050
内燃机汽车	93	55	40	35	20
混合动力汽车	0.05	35	40	25	25
电动汽车	0.01	1	3	10	10
燃料电池汽车	0	1	3	10	15
生物燃料汽车	3.94	4	10	15	25
燃气汽车	4	4	4	5	5

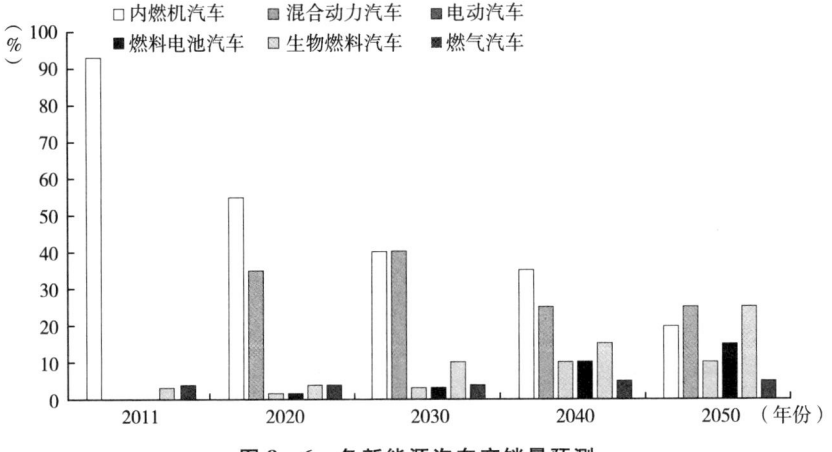

图8-6 各新能源汽车产销量预测

(五) 机动车 CO_2 减排前景推测

1. 新能源汽车保有量变化趋势预测

机动车 CO_2 减排前景推测中，结合新能源汽车保有量预测非常关键，表 8-7 给出了各车型保有量预测情况。

表 8-7 新能源汽车占机动车保有量比重的变化趋势预测

单位:%

动力类型 年份	内燃机汽车	混合动力汽车	电动汽车	燃料电池汽车	生物燃料汽车	燃气汽车
2011	96	1	0.05	0	1.95	1
2015	86	10	1	0.20	2	1
2020	70	25	2	0.50	1.50	1
2025	60	26	6	3.00	3.00	2
2030	50	28	10	4	5	3
2035	42	30	13	5	6	4
2040	35	33	15	6	7	4
2045	31	32	16	8	9	4
2050	27	31	17	10	11	4

2. 新能源汽车成本预测

表 8-8 给出了各新能源汽车的成本，主要包括购置成本、使用成本和维护成本三部分，其中使用成本按年行驶 15000 千米计算。

表 8-8 各类新能源汽车成本预测

单位：元

动力类型 成本分类	内燃机汽车	混合动力汽车	电动汽车	燃料电池汽车	生物燃料汽车	燃气汽车
购置成本	150000	200000	230000	300000	175000	150000
使用成本	10000	10000	10000	10000	10000	10000
维护成本	3000	5000	2000	2500	3000	3000
总 成 本	163000	215000	242000	312500	188000	163000

3. 新能源汽车 CO_2 排放强度

表 8-9 给出了各新能源汽车 CO_2 排放强度，其中电动汽车和生物燃料汽

车、燃料电池汽车在机动车使用过程中不产生CO_2，所以本研究中不考虑发电和生产燃料电池用氢燃料等电力或制氢行业CO_2排放。生物燃料的生产与使用只是大气层中CO_2的重新利用和再次释放的过程，不增加大气中CO_2浓度，其生产过程中由于使用能源所产生的少量CO_2排放在本研究中不进行计算。

表 8-9 各类型汽车 CO_2 排放强度

单位：吨，年，辆

动力类型	内燃机汽车	混合动力汽车	电动汽车	燃料电池汽车	生物燃料汽车	燃气汽车
CO_2排放强度	3.2	2.2	0	0	0	3.0

4. 机动车 CO_2 减排成本效益分析

按照前面的机动车保有量预测，混合动力汽车、电动汽车、燃料电池汽车、生物燃料汽车、燃气汽车等新能源汽车2011~2050年各类车型机动车保有量详见图8-7。可以看出机动车总量在持续增加，新能源汽车总数也呈显著增加态势，预计到2050年中国新能源机动车保有量将达到39932万辆左右，其中混合动力汽车发展最快，其次是电动汽车，等等。具体情况详见图8-7。

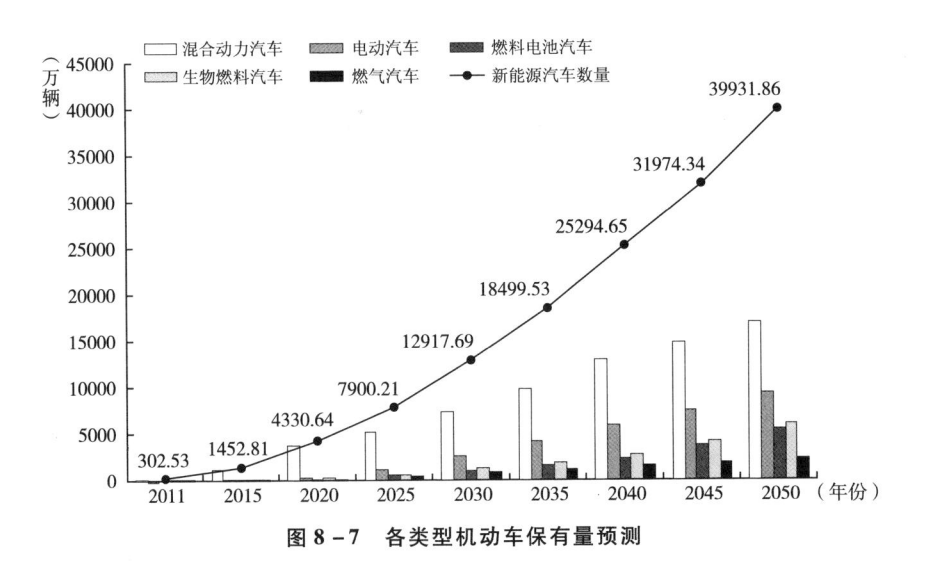

图 8-7 各类型机动车保有量预测

2011年、2020年、2030年、2040年和2050年中国新能源汽车减排CO_2量、新能源汽车成本投入以及CO_2减排成本效益详见表8-10。2015~

2050年期间，中国机动车的CO_2排放量在7.60亿~12.58亿吨，其中新能源汽车应用后减排的CO_2量介于1.24亿~34.00亿吨，具体情况如图8-8所示。所以新能源汽车是机动车行业减排二氧化碳的重要途径，需从政策、技术等多个层面支持和鼓励新能源汽车的发展。从图8-9可以看出，新能源汽车成本投入和新能源汽车减排CO_2量基本规律和趋势是一样的，2025~2045年期间新能源汽车减排CO_2量增幅大于新能源汽车成本投入，充分体现了学习曲线。机动车CO_2减排成本效益在1626~4599元/吨CO_2，总体呈波动下降趋势，符合学习曲线一般规律，下降中间有波动主要是由不同新能源汽车的购置成本、使用成本和维护成本差异造成的。详见图8-10。

表8-10 中国机动车CO_2减排成本效益分析

年 份	新能源汽车减排CO_2（亿吨）	实施新能源汽车后CO_2排放总量（亿吨）	新能源汽车成本投入（亿元）	减排成本效益（元/吨CO_2）
2011	0.26	6.10	1184.72	4599
2015	1.24	7.60	3823.32	3091
2020	3.69	8.60	5994.35	1626
2025	6.73	10.09	23828.59	3542
2030	11.00	11.00	36248.46	3296
2035	15.75	11.64	52656.46	3343
2040	21.54	11.60	73271.62	3402
2045	27.23	12.23	100155.67	3679
2050	34.00	12.58	135822.08	3995

5. 新能源汽车节能潜力分析

2007年全国汽车保有量为4358.4万辆；根据全国污染源普查数据，2007年全国机动车行驶里程为131983241.7万千米，每辆单车的年均行驶里程为30282.50千米。百千米油耗数据参考《节能与新能源汽车产业发展规划（2012~2020年）》中2020年当年生产的乘用车平均燃料消耗量降至每百千米5.0升；汽油和柴油消耗比例按基准年2007年比例计算。各类型新能源汽车节油量如图8-11所示，可以看出，各类新能源汽车2015~2050年节油量在11.35万~382.22万吨。

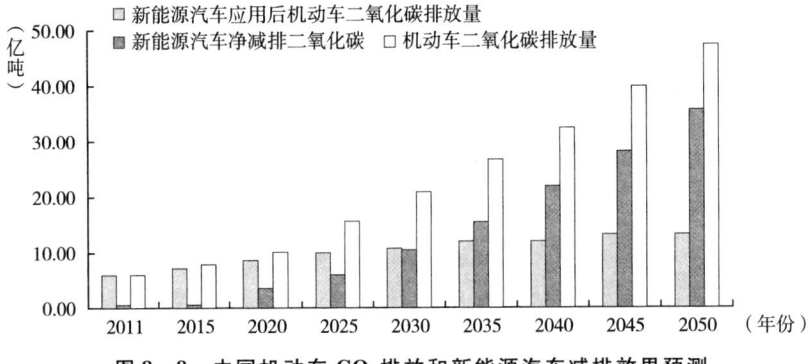

图 8-8 中国机动车 CO_2 排放和新能源汽车减排效果预测

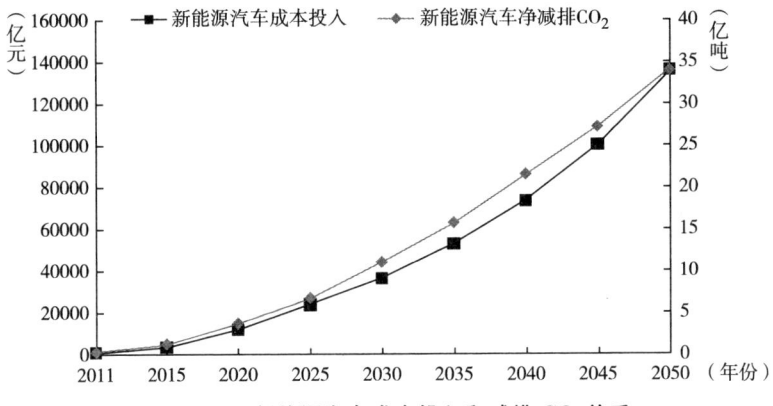

图 8-9 新能源汽车成本投入和减排 CO_2 关系

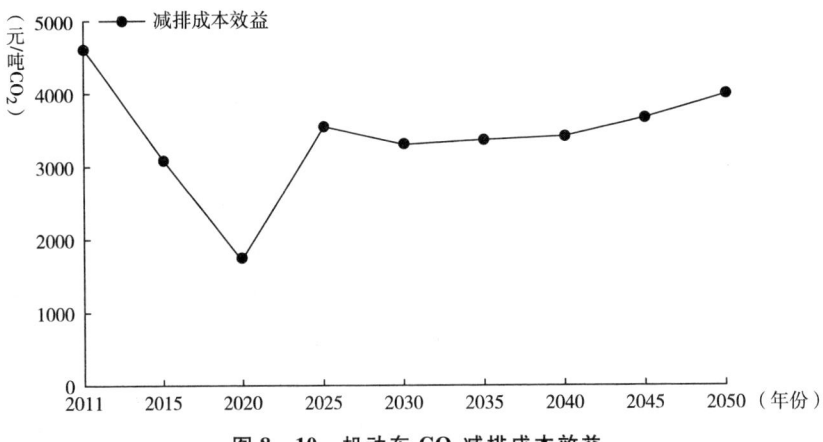

图 8-10 机动车 CO_2 减排成本效益

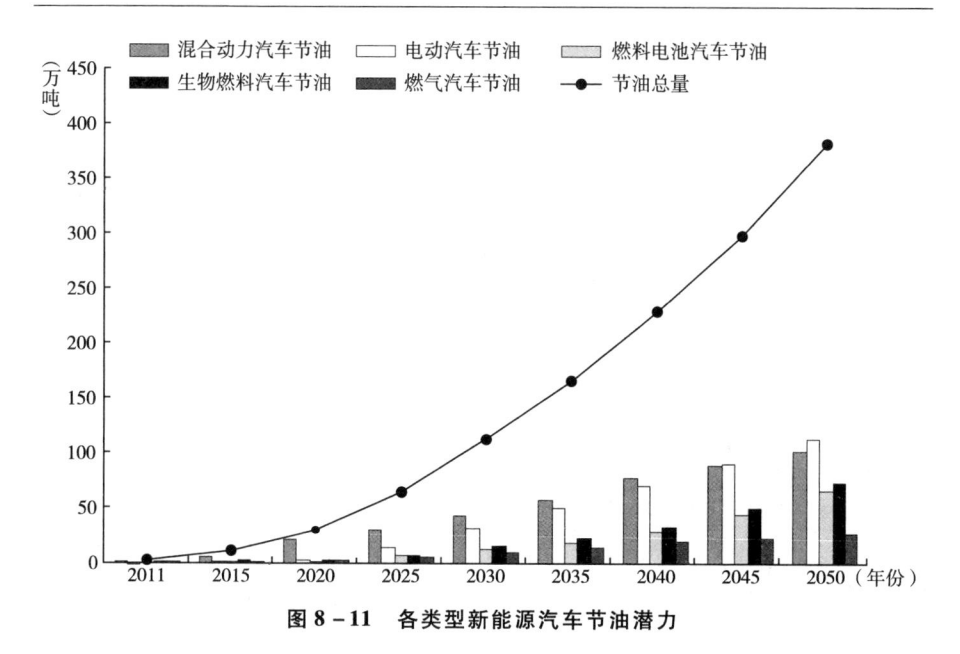

图 8-11 各类型新能源汽车节油潜力

参考文献

国家能源局综合司:《煤炭工业洁净煤工程技术研究中心》,《能源数据》(内部资料),2010。

中华人民共和国环境保护部:《2010 中国机动车污染防治年报》(内部资料),2010。

环境保护部机动车排污监控中心:《第一次全国污染源普查·全国机动车污染源排放系数测算研究报告》,2008。

中国汽车技术研究中心、中国汽车工业协会:《中国汽车工业发展年度报告》,《中国汽车工业年鉴》,2010。

张瑶:《驾车上班的美国人每年因堵车浪费一星期》,《华盛顿观察》,2007 年第 35 期。

冯相昭、邹骥、郭光明:《城市交通拥堵的外部成本估算》,《环境与可持续发展》2009 年第 3 期。

黄文伟、高谋荣、孟凡生:《降低二氧化碳排放的技术路线》,《技术与市场》2010 年第 3 期。

McKinsey & Company and Freshfields Bruckhaus Deringer. *Efficient routes to CO_2 reduction – considerations regarding the participation of European car makers in emissions rights trading*, 2010.

Yuki TANAKA. Prospects for CO_2 Reduction by Electric Drive Vehicles. Nomura Research Institute (NRI) Papers, No. 156 July 1, 2010.

Matthew Barth &Kanok Boriboonsomsin. Real – World CO_2 Impacts of Traffic Congestion. Transportation Research Record, 2008, 1 – 23.

钱伯章:《节能减排——可持续发展的必由之路》,科学出版社,2008。

商务部政策研究室:《欧洲三国节能减排措施调研》,2007 年 11 月 16 日),http://www·texindex·com.cn/Articles/2007 – 11 – 16/117876. html.

李连成:《日本交通运输减排的经验与启示》,《世界经济》2010 年第 2 期。

郑杰峰:《欧盟二氧化碳减排政策研究及其对我国的启示》,中国石油大学硕士学位论文,2011。

冯相昭、伊丽琪:《浅论中国道路交通温室气体减排的战略选择:新能源汽车发展》,《环境与可持续发展》2012 年第 1 期。

曹艳梅、丁冬梅:《我国城市交通节能减排发展分析及对策研究》,《经济研究导刊》2012 年第 2 期。

第9章

中国居民部门排放研究

一 居民部门室内照明碳排放预测、减排潜力及减排路径研究

(一) 三种情景下居民部门室内照明碳排放核算

1. 居民部门室内照明研究现状

国家发展和改革委员会能源研究所课题组在编写的《中国2050年低碳发展之路》一书中,给出了室内照明的情景情况,见表9-1。

表9-1 国家发展和改革委员会能源研究所课题组的居民室内照明技术参数

参　　数	2020年		2030年		2050年	
	城镇居民	农村居民	城镇居民	农村居民	城镇居民	农村居民
照明节能灯普及率(%)	100	70	100	100	100	100
每户照明灯数(个)	14	10	21	18	27	22

周大地在《2020中国可持续能源情景》一书中,给出了居民室内照明耗能情景,其中,农村住宅每平方米年照明能耗,1998年为0.5千瓦时/平方米,2005年为0.7千瓦时/平方米,2010年为0.9千瓦时/平方米,2020年为1.3千瓦时/平方米,节能灯普及率2010年为25%,2020年为40%;城镇住宅每平方米年照明能耗,1998年为0.7千瓦时/平方米,2005年为1.0千瓦时/平方米,2010年为1.3千瓦时/平方米,2020年为1.8千瓦时/平方米,节能灯普及率2010年为45%,2020年为60%。

2. 居民部门居住面积核算

(1) 人均住宅面积历史数据

在居民室内照明碳排放的研究中，需要根据居民居住面积进行照明能耗的计算，通过查阅《中国统计年鉴》中历年的人民生活的历史数据，得到农村居民和城镇居民人均住宅面积，见表9-2。

表9-2 居民人均住宅面积历史数据

年份	农村人均/城镇人均	农村居民人均住宅面积（平方米）	城镇居民人均住宅面积（平方米）	年份	农村人均/城镇人均	农村居民人均住宅面积（平方米）	城镇居民人均住宅面积（平方米）
1990	1.299	17.8	13.7	2000	1.222	24.8	20.3
1991		18.5	14.22※	2001	1.235	25.7	20.8
1992		18.9	14.74※	2002	1.162	26.5	22.8
1993		20.7	15.26※	2003	1.148	27.2	23.7
1994		20.2	15.78※	2004	1.116	27.9	25
1995	1.288	21	16.3	2005	1.138	29.7	26.1
1996		21.7	17.05※	2006	1.133	30.7	27.1
1997	1.258	22.4	17.8	2007		31.6	
1998		23.3	18.59※	2008		32.42	
1999		24.2	19.42※	2009		33.58	

注：※表示该年数据缺失，是根据前后年份的数据进行插值得到的。
数据来源：《中国统计年鉴》(1999~2010)。

通过对上述数据的分析发现，中国农村人均住宅面积和城镇人均住宅面积1990~2009（2006）年一直处于增长的趋势，单从人均住宅面积大小来看，农村居民人均住宅面积大于城镇居民住宅面积。

(2) 人均住宅面积情景设定

情景依据

①国家发展和改革委员会能源研究所课题组在编写的《中国2050年低碳发展之路》一书中，通过对世界各国的经验研究发现，人均居住住宅面积达到35平方米之前，将一直会保持较旺盛的需求，此后则比较平稳，但是采取的措施不同，人均住宅因国情的不同也会出现不同的趋势。总体而言，人口密度较大的国家，其达到饱和点后的人均居住面积相对较低。在这方面美国和日本两个国家人均住房面积对比很能说明问题，两国经济发展水

平、人均收入水平大致相当，但由于人口密度的关系，美国人均住宅达到60平方米，而日本只有30平方米。其对不同情景城乡居民住房面积增长比较中指出，在不采取节能措施情况下，中国城镇居民的人均住宅面积在2020年和2030年分别控制在34平方米和37平方米，2050年达到40平方米；农村居民的人均住宅面积在2020年达到39平方米，2030年达到42平方米，2050年达到45平方米。

另外，该书中还列出了目前为止，欧洲发达国家人均住宅使用面积，奥地利为36平方米、丹麦52平方米、芬兰33平方米、法国34平方米、爱尔兰32平方米、卢森堡44平方米、德国39平方米、荷兰41平方米、瑞典43平方米、英国32平方米。

②从目前中国居民家庭结构来看，城市居民户均人口数今后将长期保持在2~3，随着时间的推移，其户均人口将越来越趋近于2，而目前城镇楼房面积基本保持在80~120平方米，因此城镇居民2050年人均居住面积有望达到40~45平方米。

③从中国居民平均住宅面积历史数据发现，农村居民人均居住面积与城镇居民人均居住面积的比值趋近于1.1。

情景设定

本文给出了中国农村和城镇人均住宅情景，详情见表9-3。

表9-3　中国农村和城镇居民人均住宅情景（2010~2050年）

指标	2010年		2020年		2030年		2040年		2050年	
	城镇	农村	城镇	农村	城镇	农村	城镇	农村	城镇	农村
居民人均住宅面积	30	34	34	39	37	42	39	44	40	45

根据上述表9-3中，给出的中国农村和城镇居民人均住宅情景，得到2010~2050年中国城镇和农村居民人均住宅具体数值，见表9-4。

表9-4　中国城镇和农村居民人均住宅面积数据（2010~2050年）

单位：平方米

年份	城镇居民人均住宅面积	农村居民人均住宅面积	年份	城镇居民人均住宅面积	农村居民人均住宅面积
2010	30	34	2031	37.2	42.2
2011	30.4	34.5	2032	37.4	42.4

续表

年　份	城镇居民人均住宅面积	农村居民人均住宅面积	年　份	城镇居民人均住宅面积	农村居民人均住宅面积
2012	30.8	35	2033	37.6	42.6
2013	31.2	35.5	2034	37.8	42.8
2014	31.6	36	2035	38	43
2015	32	36.5	2036	38.2	43.2
2016	32.4	37	2037	38.4	43.4
2017	32.8	37.5	2038	38.6	43.6
2018	33.2	38	2039	38.8	43.8
2019	33.6	38.5	2040	39	44
2020	34	39	2041	39.1	44.1
2021	34.3	39.3	2042	39.2	44.2
2022	34.6	39.6	2043	39.3	44.3
2023	34.9	39.9	2044	39.4	44.4
2024	35.2	40.2	2045	39.5	44.5
2025	35.5	40.5	2046	39.6	44.6
2026	35.8	40.8	2047	39.7	44.7
2027	36.1	41.1	2048	39.8	44.8
2028	36.4	41.4	2049	39.9	44.9
2029	36.7	41.7	2050	40	45
2030	37	42			

（3）中国城镇和农村住宅面积总量核算

根据课题组给出的对中国人口和城镇化率（2010～2050年）预测数据，可计算得到中国城镇和农村居民总人口数量，见表9-5。

表9-5　中国城镇和农村居民总量

年　份	人口增长率（％）	人口（万）	城镇化率（％）	人均GDP（万元）	城镇人口（万）	农村人口（万）
2010	0.504	134146.69	47.07	2.23	63142.85	71003.84
2015	0.475	137363.08	51.62	3.28	70906.82	66456.26
2020	0.385	140027.76	56.51	4.65	79129.69	60898.07
2025	0.295	142232.91	61.19	6.40	87032.32	55200.59

续表

年份	人口增长率（%）	人口（万）	城镇化率（%）	人均GDP（万元）	城镇人口（万）	农村人口（万）
2030	0.185	143711.06	65.61	8.60	94288.83	49422.23
2035	0	144301.12	69.71	11.33	100592.31	43708.81
2040	-0.065	144019.91	73.46	14.70	105797.03	38222.88
2045	-0.135	143150.67	76.84	18.79	109996.97	33153.70
2050	-0.245	141561.57	79.86	23.73	113051.07	28510.50

在情景分析中，通过情景计算的中国城镇居民和农村居民住宅人均面积以及中国城镇和农村总人口数据，可以计算得到，2010~2050年中国城镇居民和农村居民住宅面积总量数据。

表9-6 中国城镇和农村居民住宅总面积（2010~2050年）

单位：平方米

年份	城镇居民住宅总面积	农村居民住宅总面积	年份	城镇居民住宅总面积	农村居民住宅总面积
2010	18942854095	24141306626	2031	43346238647	24289799061
2011	19892887633	24785259431	2032	44211359588	23847868075
2012	21069824730	25188288594	2033	45078312827	23405417310
2013	22280487568	25569426395	2034	45946977340	22962579505
2014	23529519759	25923540527	2035	46775424500	22510036763
2015	24817387664	26250221951	2036	47603958240	22058128945
2016	26116179974	26530876165	2037	48425652108	21614504012
2017	27446890035	26788924892	2038	49215074170	21158097990
2018	28814695981	27018609668	2039	50003060030	20703385726
2019	30214526896	27225715035	2040	50782572425	20258128580
2020	31651874870	27404132771	2041	51446628647	19785375749
2021	32711738018	27207701657	2042	52070366568	19303351332
2022	33762400181	26971742344	2043	52689311497	18826324003
2023	34826540503	26727295712	2044	53296398202	18362074101
2024	35904043043	26474509319	2045	53898517666	17902995393
2025	36988734992	26220281376	2046	54488563731	17456902245
2026	38092497075	25951342800	2047	55012797892	16997405635

续表

年 份	城镇居民住宅总面积	农村居民住宅总面积	年 份	城镇居民住宅总面积	农村居民住宅总面积
2027	39166239420	25646347980	2048	55523552953	16552062573
2028	40244113818	25341283430	2049	56027815393	16113170937
2029	41332079621	25029478089	2050	56525534901	15680775109
2030	42429971910	24711116767			

3. 居民部门室内照明情景设定

本研究考虑到居民部门室内照明的现状以及今后发展情况，给出了室内照明的三种情景设定，分别为：基准情景、低情景和高情景。

其中，基准情景是按照目前情况继续发展下去室内照明的能耗情景。低情景和高情景都属于节能减排情景，是在采取一定的节能减排方法下室内照明的情景。低情景是政府加大对低碳节能的宣传力度，居民采取节能的生活照明方式，适当加大节能灯的普及率。高情景是除了居民采取低碳节能的生活照明方式外，政府加强对节能照明灯具的研发，在居民的照明中，强力加大节能灯的普及率。

表9-7 三种情景下节能灯普及率及能耗情景设定（2010～2050年）

年 份	2010		2020		2030		2040		2050	
室内照明	城镇	农村	城镇	农村	城镇	农村	城镇	农村	城镇	农村
基准情景节能灯普及率（%）	60	40	70	50	80	60	90	70	100	80
低情景节能灯普及率（%）	60	40	80	60	90	70	100	80	100	90
高情景节能灯普及率（%）	60	40	90	70	100	80	100	90	100	100
基准情景能耗（千瓦时/平方米）	1.1	0.8	1.8	1.4	1.7	1.3	1.6	1.2	1.5	1.1
低情景能耗（千瓦时/平方米）	1.1	0.8	1.6	1.2	1.5	1.1	1.4	1	1.3	0.9
高情景能耗（千瓦时/平方米）	1.1	0.8	1.5	1.1	1.4	1	1.3	0.9	1.2	0.8

2010~2020年，随着居民生活水平的提高，居民2010~2020年室内照明的密集程度将大幅度提升，单位面积照明能耗2020年比2010年将大幅提升。同时，国家推出一系列节能灯推广政策，使得在2020年，低情景和高情景节能灯的市场普及率与基准情景出现不同。2020年之后，居民家庭室内照明密集程度将趋于稳定，但是随着节能技术的逐步提高，其节能灯能耗将逐步降低，因此，2020年之后居民室内照明单位面积能耗将逐步减少。

根据设定的情景，计算出2010~2050年，三种情景下，居民室内照明每平方米能耗具体情况，见表9-8。

表9-8 三种情景下居民室内照明单位面积能耗（2010~2050年）

单位：千瓦时/平方米

年 份	基准情景		低情景		高情景	
	城镇居民	农村居民	城镇居民	农村居民	城镇居民	农村居民
2010	1.1	0.8	1.1	0.8	1.1	0.8
2015	1.45	1.1	1.35	1	1.3	0.95
2020	1.8	1.4	1.6	1.2	1.5	1.1
2025	1.75	1.35	1.55	1.15	1.45	1.05
2030	1.7	1.3	1.5	1.1	1.4	1
2035	1.65	1.25	1.45	1.05	1.35	0.95
2040	1.6	1.2	1.4	1	1.3	0.9
2045	1.55	1.15	1.35	0.95	1.25	0.85
2050	1.5	1.1	1.3	0.9	1.2	0.8

4. 居民室内照明碳排放核算

根据计算得到的中国城镇和农村居民住宅总面积数据（2010~2050年）和三种情景下居民室内照明单位面积能耗数据（2010~2050年），可以计算得到三种情景下，2010~2050年城镇居民和农村居民室内照明能耗和全体居民照明能耗量，见表9-9。

表9-9 居民室内照明年总能耗（2010~2050年）

单位：亿千瓦时

情 景	基准情景		低情景		高情景		加权合计		
年 份	城镇居民	农村居民	城镇居民	农村居民	城镇居民	农村居民	基准情景	低情景	高情景
2010	208	193	208	193	208	193	401.5	401.5	401.5

续表

情 景	基准情景		低情景		高情景		加权合计		
年 份	城镇居民	农村居民	城镇居民	农村居民	城镇居民	农村居民	基准情景	低情景	高情景
2015	360	289	335	263	323	249	648.6	597.5	572
2020	570	384	506	329	475	301	953.4	835.3	776.2
2021	586	378	520	324	487	297	963.7	843.9	784
2022	601	372	533	318	500	291	973.2	851.7	791
2025	647	354	573	302	536	275	1001	874.9	811.6
2028	692	335	612	284	571	258	1027	895.5	829.9
2030	721	321	636	272	594	247	1043	908.3	841.1
2035	772	281	678	236	631	214	1053	914.6	845.3
2040	813	243	711	203	660	182	1056	913.5	842.5
2045	835	206	728	170	674	152	1041	897.7	825.9
2050	848	172	735	141	678	125	1020	876	803.8

三种情景下居民室内照明年耗电总量已经核算。由于电的碳排放系数是变化的，不同的发电方式，其碳排放系数也是不同的，夏德建（2012）给出了火电、水电、风电、太阳光伏发电、核电和生物发电的碳排放系数，根据课题组提供的2010~2050年基础情景下中国电力消费结构比例数据，可计算出2010~2050电的碳排放系数，从而可以计算得到三种情景下2010~2050年居民室内照明二氧化碳排放总量（见表9-10）。

表9-10 三种情景下居民室内照明碳排放量（2010~2050年）

年 份	千克碳/千瓦时 电的排放系数	基准情景碳排放 （万吨二氧化碳）	低情景碳排放 （万吨二氧化碳）	高情景碳排放 （万吨二氧化碳）
2010	0.235	3457	3457	3457
2015	0.228	5413	4987	4774
2020	0.215	7515	6584	6118
2021	0.213	7525	6589	6121
2022	0.211	7527	6587	6117
2025	0.205	7519	6572	6096
2028	0.200	7535	6570	6089
2030	0.197	7531	6558	6073
2035	0.190	7321	6359	5877

续表

年 份	千克碳/千瓦时电的排放系数	基准情景碳排放（万吨二氧化碳）	低情景碳排放（万吨二氧化碳）	高情景碳排放（万吨二氧化碳）
2040	0.183	7091	6134	5657
2045	0.175	6688	5767	5306
2050	0.168	6281	5395	4950

基准情景下，居民室内照明碳排放在2028年到达峰值，峰值量为7.535×10^3万吨二氧化碳；低情景下，居民室内照明碳排放在2021年到达峰值，峰值量为6.589×10^3万吨二氧化碳；高情景下，居民室内照明碳排放在2021年到达峰值，峰值量为6.121×10^3万吨二氧化碳。

（二）居民部门室内照明减排路径分析和成本研究

1. 减排潜力分析

对三种情景下2010~2050年居民室内照明的碳排放总量累计计算，得到基准情景下2010~2050年居民室内照明碳排放总量2.745×10^5万吨二氧化碳，低情景下2010~2050年居民室内照明碳排放总量2.413×10^5万吨二氧化碳，高情景下2010~2050年居民室内照明碳排放总量2.247×10^5万吨二氧化碳。

计算结果：如果采取低情景下的减排方法，居民部门室内照明二氧化碳排放的减排潜力为12.091%；如果采取高情景下的减排方法，居民部门室内照明二氧化碳排放的减排潜力为20.633%。

2. 减排路径分析

本文中设定的三种情景：基准情景、低情景和高情景是未来居民室内照明的三种可能的情况。

根据上述情景的设定和实际情况，居民部门室内照明的碳减排路径如下。

第一，政府加强低碳节能的宣传，鼓励居民采取低碳节能的生活方式，降低不必要的室内照明灯的使用时间。随着居民生活水平的逐步提高，居民室内照明的强度逐步变大，家庭中出现了越来越多的电灯，居民照明时间也逐渐变长，同时，不必要的照明浪费现象也越来越严重。因此，政府加大低碳节能的宣传力度，居民采取低碳节能的生活方式后，可以有效地减少电灯照明的时间，有效地减少居民室内照明的能耗，从而降低其二氧化碳排放量。

第二，政府加强节能电器的研发，采取政策补贴等方式，加快节能灯的市场普及程度。

目前市场上节能灯有 LED 节能灯、电子节能灯和太阳能节能灯。在居民室内照明中，主要用的是 LED 节能灯。LED 节能灯主要有以下优点。

(1) 高效节能：以相同亮度比较，3 瓦的 LED 节能灯 333 小时耗 1 千瓦时电，而普通 60 瓦白炽灯 17 小时耗 1 度电，普通 5 瓦节能灯 200 小时耗 1 度电。

(2) 超长寿命：半导体芯片发光，无灯丝，无玻璃泡，不怕震动，不易破碎，使用寿命可达 5 万小时（普通白炽灯使用寿命仅有 1000 小时，普通节能灯使用寿命也只有 8000 小时）。

(3) 健康：健康光线中含紫外线和红外线少，产生辐射少（普通灯光线中含有紫外线和红外线）。

(4) 绿色环保：不含汞和氙等有害元素，利于回收，普通灯管中含有汞和铅等元素。

(5) 保护视力：直流驱动，无频闪（普通灯都是交流驱动，就必然产生频闪）。

(6) 光效率高：CREE 公司实验室最高光效已达 260lm/W，而市面上的单颗大功率 LED 也已经突破 100lm/W，制成的 LED 节能灯，由于电源效率损耗，灯罩的光通损耗，实际光效在 60lm/W，而白炽灯仅为 15lm/W 左右，质量好的节能灯在 60lm/W 左右，所以总体来说，现在 LED 节能灯光效与节能灯持平或略优。

3. 减排成本研究

中国政府 2008~2011 年三年采购 1.5 亿只节能灯，每年 5000 万的数量投入市场，其订购价钱为 11 元，为居民提供补贴 50%，销售价钱为 5.5 元。而普通白炽灯价钱为 1 元。因此，一只节能灯的减排成本为 10 元。目前，国家标准节能灯最低使用寿命 6000 小时，平均 1 只节能灯 1 天使用 2 小时，则一只节能灯的平均使用寿命为 8 年，2010~2050 年，节能灯至少需要置换 5 次。

根据居民三种情景中的节能灯普及率情景设定，2010~2050 年，居民照明节能灯普及率，低情景比基准情景高 10%，高情景比基准情景高 20%。

基准情景下，随着节能技术的提高和居民节能意识的提高，2050 年，节能灯的年耗电量平均应该大约为 10 度电。基准情景下，2050 年，室内照明总能耗为 1.02×10^{11} 度电，则 2050 年节能灯总数量为 1.02×10^{10} 个。在本文的节能灯减排成本计算中，2050 年，低情景比基准情景节能灯多 1.02×10^{9} 个，高情景比基准情景节能灯多 2.04×10^{9} 个。而 2010~2050 年这段时间内，居民节能灯更换了约 5 次，因此，本文的研究的整体减排过程中，低情景比基准情景节能灯多 5.1×10^{9} 个，高情景比基准情景节能灯多 1.02×10^{10} 个。低情景下，减排成本为 510 亿元，高情景下减排成本为 1020 亿元。根据减排潜力计算中的 2010~2050 年居民照明碳排放总量，计算得到低情景下，减排 3.319×10^{4} 万吨二氧化碳，高情景下，减排 4.974×10^{4} 万吨二氧化碳。低情景的单位减排成本为 168.72 元/吨二氧化碳，高情景的单位减排成本为 205.07 元/吨二氧化碳。

二 居民部门室内耐用电器碳排放预测、减排潜力及减排路径研究

（一）三种情景下居民部门室内耐用电器碳排放核算

1. 居民部门室内耐用电器研究现状

在国家发展和改革委员会能源研究所课题组编写的《中国 2050 低碳发展之路——能源需求暨碳排放情景分析》中，对中国居民室内耐用电器技术参数做出了介绍，其出版时间为 2009 年，详见表 9-11。

表 9-11 国家发展和改革委员会能源研究所课题组的居民室内耐用电器技术参数

参　数	2020 年 城镇居民	2020 年 农村居民	2030 年 城镇居民	2030 年 农村居民	2050 年 城镇居民	2050 年 农村居民
空调强度指数，2000 年 = 1	1.3	2	1.4	2.6	1.6	2.9
空调利用时间，2000 年 = 1	1.6	1.7	1.8	2	2.2	2.1
电冰箱效率（千瓦时/天）	0.8	0.67	0.8	0.65	0.7	0.7
每周洗衣机利用次数（次）	5.4	4	8	6	8	12
电视机平均功率（瓦）	320	270	300	270	280	260
每台电视机每天观看时间（小时）	3.5	3.5	3.2	3.2	2.9	2.6
电炊具每天利用时间（分）	12	8	30	28	50	56

在周大地编写的《2020中国可持续能源情景》中，对家用电器用能情景描述及情景参数同样也做出了介绍，其出版时间为2002年。

其将电冰箱分为三类：旧电冰箱、高效冰箱和超高效冰箱。其中，旧冰箱每日耗电1.2千瓦时，高效冰箱每日耗电0.9千瓦时，超高效电冰箱每日耗电为0.8千瓦时。其分为三种情景，在2010年之后，用户主要使用高效冰箱（使用率为80%左右），到2020年，用户使用高效和超高效冰箱（使用率分别为70%和30%左右）。

其在洗衣机的情景预测中，将洗衣机分为两种：波轮式洗衣机和滚筒式洗衣机，其功率分别为0.4千瓦和2千瓦，居民每周使用4次，每次使用50分钟。而在2010年之后，波轮式洗衣机和滚筒式洗衣机的比例分别为20%和80%左右。

空调额定功率为1千瓦，北方地区每年使用300小时，过渡地区每年使用400小时，南方地区每年使用700小时。

热水器平均功率为1千瓦，彩色电视机平均功率为0.1千瓦，微波炉平均功率为1.25千瓦。

Nan Zhou，Michael A. McNeil，Mark Levine给出了2004年标准如下：中国城镇居民和农村居民电器的年耗电量，电冰箱为460千瓦时，波轮式洗衣机为36千瓦时，滚筒式洗衣机为61千瓦时，彩色电视机为150千瓦时，城镇空调每年388千瓦时，农村空调为375千瓦时（2009）。

夏国明、回海滨、崔增坤（2006）在《城市居民住宅及小区用电负荷计算》一文中，给出了城市家庭家用电器功率，空调为1千瓦，电视机为0.1千瓦，电脑为0.2千瓦，电冰箱为0.14千瓦，热水器为1千瓦，洗衣机为1千瓦，微波炉为2千瓦。

一般储水式的热水器在1.2~3千瓦是普通的，即热式的是5.5千瓦的，还有就是速热型的8.5~12千瓦，家里有三相电的速热12~27千瓦。今后，家庭中即热型热水器和速热型热水器将逐渐增多。

2. 居民室内耐用电器总量预测

（1）数据来源

本文的基础数据通过查阅《中国统计年鉴》数据，根据统计年鉴中的居民户数、户均人口数、总人口数、百户家庭电器拥有量，计算得到2002~2009年居民室内耐用电器的总量（见表9-12）。

表 9 – 12　居民室内耐用电器总量表（2002～2009 年）

单位：台

年份	洗衣机	电冰箱	电视机	电脑	空调	微波炉	热水器
2002	213688218	183613312	323169019	36158870	88760106	51054654.73	103100341.3
2003	228571412	196326723	354163187	51015164	114078573	64312491.25	115905168.9
2004	243899924	209502528	382420384	63837886	135885197	75959752.78	126417430.3
2005	254826427	221691760	409648145	82685554	164889878	90413970.59	137966287.8
2006	267588489	220442381	431609548	97245230	185019995	98999459.66	146963631.8
2007	280391574	241061698	451537888	116361293	209428017	108942703.4	162261168.3
2008	285660820	249498249	455524248	133176094	226716629	113760548	168128792.4
2009	301769766	271637424	487023555	154809026	251796919	123036067.2	179432977.4

（2）模型建立

将表 9 – 12 的数据，带入目前已经成熟的家电预测模型——美国伯克利能源实验室模型中，发现该模型拟合中国居民室内耐用家电效果不好，其预测情景完全不符合实际。因此，需要根据中国数据的情况建立自己模型。

通过对七种电器历史数据的分析，以及其影响因素的考虑，并将时间趋势因素考虑进去，得到了其模型：

$$Y = C + \beta_1 \ln [\ln (pavgdp) + year]$$

其中，Y 是指某种家电总量，单位台；

$pavgdp$ 是指以 2005 年为基数的人均 GDP，单位元；

$year$ 是时间趋势变量，2002 年为基年 1；2009 年为 8；2050 年为 49。

在七种电器的总量预测模型中，P 值均小于 0.001，R^2 均大于 0.99，可见该模型对七种电器总量的拟合效果非常好。

（3）总量预测

根据模型，得到七种居民室内耐用电器分别的预测模型，然后计算出 2010～2050 年七种电器总量，以 2002 年为基年（第 1 年，year = 1）如表 9 – 13。

表 9-13 居民室内耐用家电总量预测（2010~2050 年）

单位：万元，亿台

年份	序号	人均 GDP	电视机	电冰箱	电脑	空调	洗衣机	微波炉	热水器
2010	9	2.23426	4.99	2.68	1.58	2.62	3.07	1.3	1.85
2015	14	3.27517	5.68	3.03	2.09	3.33	3.44	1.62	2.18
2020	19	4.64635	6.23	3.31	2.5	3.9	3.74	1.86	2.44
2025	24	6.39665	6.68	3.55	2.83	4.36	3.99	2.07	2.66
2030	29	8.59627	7.07	3.74	3.12	4.76	4.2	2.25	2.85
2033	32	10.166	7.28	3.85	3.28	4.98	4.31	2.34	2.95
2035	34	11.3319	7.41	3.92	3.37	5.11	4.38	2.4	3.01
2038	37	13.2729	7.6	4.01	3.51	5.3	4.48	2.49	3.1
2040	39	14.7009	7.72	4.07	3.6	5.42	4.54	2.54	3.16
2045	44	18.7865	7.99	4.21	3.8	5.7	4.69	2.67	3.29
2046	45	19.6927	8.04	4.24	3.84	5.75	4.72	2.69	3.31
2050	49	23.7307	8.23	4.34	3.98	5.95	4.83	2.78	3.41

根据课题组给出的 2010~2050 年人口数据，计算出人均居民耐用家电量，见表 9-14。

表 9-14 居民室内耐用家电人均拥有量预测（2010~2050 年）

年份	人口（万）	电视机(台)	电冰箱(台)	电脑(台)	空调(台)	洗衣机(台)	微波炉(台)	热水器(台)
2010	134146.69	0.37	0.20	0.12	0.20	0.23	0.10	0.14
2015	137363.08	0.41	0.22	0.15	0.24	0.25	0.12	0.16
2020	140027.76	0.44	0.24	0.18	0.28	0.27	0.13	0.17
2025	142232.91	0.47	0.25	0.20	0.31	0.28	0.15	0.19
2030	143711.06	0.49	0.26	0.22	0.33	0.29	0.16	0.20
2035	144301.12	0.51	0.27	0.23	0.35	0.30	0.17	0.21
2040	144019.91	0.54	0.28	0.25	0.38	0.32	0.18	0.22
2045	143150.67	0.56	0.29	0.27	0.40	0.33	0.19	0.23
2050	141561.57	0.58	0.31	0.28	0.42	0.34	0.20	0.24

从得到的居民人均室内耐用电器拥有量来看，居民人均室内耐用电器拥有量一直增加，符合生活水平越高，人均室内耐用电器拥有量越多这一规律，从 2050 年人均室内耐用电器拥有量数据来看，也符合生活实际规律，说明预测模型得到的预测数据，经济意义合理。

3. 居民部门室内耐用电器情景设定

（1）情景设定

考虑到居民部门室内耐用电器的现状以及今后的发展趋势，给出了本研究中居民部门室内耐用电器能耗的三种情景：基准情景、低情景和高情景。

表 9-15 三种情景下节能电器市场占有率

单位：%

市场占有率	情景	2010年	2020年	2030年	2040年	2050年
节能电视机	基准	10	20	30	40	50
	低	10	25	35	45	55
	高	10	35	45	55	65
节能冰箱	基准	30	40	50	60	70
	低	30	45	55	65	75
	高	30	55	65	75	85
节能空调	基准	30	40	50	60	70
	低	30	45	55	65	75
	高	30	55	65	75	85
节能电脑	基准	10	20	30	40	50
	低	10	25	35	45	55
	高	10	35	45	55	65
节能洗衣机	基准	10	20	30	40	50
	低	10	25	35	45	55
	高	10	35	45	55	65
节能热水器	基准	10	20	30	40	50
	低	10	25	35	45	55
	高	10	35	45	55	65

基准情景，居民部门室内耐用电器各种参数情景如下。

表 9-16 基准情景居民部门室内耐用电器参数

年份	2010	2020	2030	2040	2050
电视机功率（瓦）	120	180	160	140	120
电视机年平均日使用时间（小时）	3.5	3.4	3.2	3.0	2.8
电冰箱效率（千瓦时/天）	0.9	0.7	0.6	0.5	0.4

续表

年　份	2010	2020	2030	2040	2050
电脑功率（瓦）	200	220	200	180	160
电脑年平均日使用时间（小时）	2	2.2	2.4	2.4	2.2
空调功率（瓦）	1200	1600	1400	1200	1000
空调日运行使用时间（小时）	1.4	1.6	1.8	2	2.2
空调年使用天数（天）	150	180	200	200	210
洗衣机功率（瓦）	1200	1800	1700	1600	1500
洗衣机周使用时间（小时）	3.5	4	5	6	8
微波炉功率（瓦）	2000	2000	2000	2000	2000
微波炉日使用时间（分钟）	8	10	25	40	50
热水器功率（瓦）	1500	3000	2800	2500	2000
热水器日使用时间（分钟）	20	20	20	20	20

低情景和高情景情况下，居民部门室内耐用电器各种参数情景如下。

表 9-17　低情景和高情景居民部门室内耐用电器参数

年　份	2010		2020		2030		2040		2050	
情　景	高	低	高	低	高	低	高	低	高	低
电视机功率（瓦）	120	120	150	170	130	150	110	130	90	110
电视机年平均日使用时间（小时）	3	3	3	3	2.8	2.8	2.6	2.6	2.4	2.4
电冰箱效率 千瓦时/天	0.9	0.9	0.5	0.6	0.4	0.5	0.3	0.4	0.25	0.35
电脑功率（瓦）	200	200	190	210	170	190	150	170	130	150
电脑年平均日使用时间（小时）	2	2	2.1	2.1	2.2	2.2	2.2	2.2	2.1	2.1
空调功率（瓦）	1200	1200	1300	1500	1100	1300	900	1100	700	900
空调日运行使用时间（小时）	1.4	1.4	1.5	1.5	1.6	1.6	1.8	1.8	2	2
空调年使用天数（天）	150	150	160	160	180	180	190	190	200	200
洗衣机功率（瓦）	1200	1200	1500	1700	1400	1600	1300	1500	1200	1400
洗衣机周使用时间（小时）	3.5	3.5	3.8	3.8	4.5	4.5	5.2	5.2	7	7

续表

年　份	2010		2020		2030		2040		2050	
情景	高	低	高	低	高	低	高	低	高	低
微波炉功率（瓦）	2000	2000	1800	1900	1700	1800	1600	1700	1500	1600
微波炉日使用时间（分钟）	8	8	10	10	20	20	30	30	40	40
热水器功率（瓦）	1500	1500	2500	2800	2300	2600	2000	2300	1500	1800
热水器日使用时间（分钟）	15	15	15	15	15	15	15	15	15	15

（2）情景能耗计算

根据居民部门室内耐用电器的功率与使用时间等参数的情景分析表，将表格中相邻10年的数据做差值，得到每一年的参数数据，通过计算可以得到，2010～2050年，居民部门七种室内耐用电器的每台年耗电量。

表9-18　基准情景下每台室内耐用电器年耗电量预测（2010～2050年）

单位：千瓦时

年　份	电视机年耗电量	电冰箱年耗电量	电脑年耗电量	空调年耗电量	洗衣机年耗电量	微波炉年耗电量	热水器年耗电量
2010	151.2	324	144	252	218.4	96	180
2015	186.3	288	158.76	346.5	292.5	108	270
2020	220.32	252	174.24	460.8	374.4	120	360
2025	201.96	234	173.88	484.5	409.5	210	348
2030	184.32	216	172.8	504	442	300	336
2033	174.0816	205.2	167.616	498.48	460.252	354	325.2
2038	157.5936	187.2	158.976	486.08	488.592	444	307.2
2040	151.2	180	155.52	480	499.2	480	300
2046	132.7104	158.4	137.8944	471.6576	576.576	552	264
2050	120.96	144	126.72	462	624	600	240

表9-19　低情景下每台室内耐用电器年耗电量预测（2010～2050年）

单位：千瓦时

年　份	电视机年耗电量	电冰箱年耗电量	电脑年耗电量	空调年耗电量	洗衣机年耗电量	微波炉年耗电量	热水器年耗电量
2010	129.6	324	144	252	218.4	96	135
2015	156.6	270	151.29	303.41	275.21	105.3	193.5

续表

年 份	电视机年耗电量	电冰箱年耗电量	电脑年耗电量	空调年耗电量	洗衣机年耗电量	微波炉年耗电量	热水器年耗电量
2020	183.6	216	158.76	360	335.92	114	252
2025	167.04	198	154.8	368.9	356.07	166.5	243
2030	151.2	180	150.48	374.4	374.4	216	234
2033	142.042	169.2	145.728	376.69	384.524	244.26	225.9
2038	127.354	151.2	137.808	377.2	399.942	288.96	212.4
2040	121.68	144	134.64	376.2	405.6	306	207
2045	108	135	123.84	370.5	459.94	346.5	184.5
2046	105.35	133.2	121.723	368.79	470.246	354.24	180
2050	95.04	126	113.4	360	509.6	384	162

表9-20 高情景下每台室内耐用电器年耗电量预测（2010~2050年）

单位：千瓦时

年 份	电视机年耗电量	电冰箱年耗电量	电脑年耗电量	空调年耗电量	洗衣机年耗电量	微波炉年耗电量	热水器年耗电量
2010	129.6	324	144	252	218.4	96	135
2015	145.8	252	143.91	280.94	256.23	102.6	180
2020	162	180	143.64	312	296.4	108	225
2025	146.16	162	139.32	316.2	312.91	157.5	216
2030	131.04	144	134.64	316.8	327.6	204	207
2033	122.314	133.2	129.888	315.93	335.54	230.46	198.9
2038	108.346	115.2	121.968	311.03	347.318	272.16	185.4
2040	102.96	108	118.8	307.8	351.52	288	180
2046	87.4944	97.2	106.315	293.53	404.934	332.64	153
2050	77.76	90	98.28	280	436.8	360	135

4. 居民部门室内耐用电器总能耗核算

根据七种居民室内耐用家电总量预测数据和七种居民室内耐用家电年耗电量情景预测数据，可以计算得到三种情景下，中国居民部门2010~2050年室内耐用电器年耗电量和耗电总量数据。

基准情景下，居民室内耐用电器年耗电量和所有电器年耗电总量的具体数据，见表9-21。

表9-21 基准情景下室内耐用电器耗电量

单位：亿千瓦时

年 份	电视机	电冰箱	电脑	空调	洗衣机	微波炉	热水器	所有电器年耗电总量
2010	754	869	227	661	670	125	333	3639
2015	1058	874	332	1155	1007	174	588	5187
2020	1372	835	435	1795	1400	224	879	6940
2025	1350	830	493	2114	1632	435	926	7779
2030	1304	809	539	2400	1855	675	957	8539
2035	1241	776	554	2525	2067	938	958	9058
2040	1167	733	559	2602	2269	1220	947	9496
2045	1084	682	535	2699	2647	1439	888	9973
2050	996	624	504	2750	3011	1666	817	10370

低情景下，居民室内耐用电器年耗电量和所有电器年耗电总量的具体数据见表9-22。

表9-22 低情景下室内耐用电器耗电量

单位：亿千瓦时

年 份	电视机	电冰箱	电脑	空调	洗衣机	微波炉	热水器	所有电器年耗电总量
2010	646	869	227	661	670	125	249	3448
2015	889	819	316	1011	947	170	422	4574
2020	1143	716	396	1402	1256	213	615	5742
2025	1116	702	438	1609	1419	345	647	6277
2030	1070	674	470	1783	1571	486	666	6720
2035	1009	635	481	1929	1713	631	664	7061
2040	939	586	484	2039	1843	778	653	7323
2045	863	568	470	2112	2158	923	606	7701
2050	783	546	451	2143	2459	1067	552	8000

高情景下，居民室内耐用电器年耗电量和所有电器年耗电总量的具体数据见表9-23。

表 9-23　高情景下室内耐用电器耗电量

单位：亿千瓦时

年　份	电视机	电冰箱	电　脑	空　调	洗衣机	微波炉	热水器	所有电器年耗电总量
2010	646	869	227	661	670	125	249	3448
2015	828	765	301	936	882	166	392	4269
2020	1009	596	358	1215	1108	201	550	5038
2025	977	574	395	1379	1247	326	575	5474
2030	927	539	420	1509	1375	459	590	5818
2035	865	494	427	1607	1492	595	583	6062
2040	794	440	427	1669	1598	732	568	6228
2045	719	417	411	1689	1860	868	518	6482
2050	640	390	391	1667	2108	1000	460	6656

5. 居民部门室内耐用电器碳排放核算

三种情景下居民室内耐用电器所有电器年耗电总量已经核算，根据课题组给出的基准情景下 2010~2050 电力结构比例数据，结合夏德建（2012）给出的火电、水电、风电、太阳光伏发电、核电和生物发电的碳排放系数，可计算出 2010~2050 电的碳排放系数，从而可以计算得到三种情景下 2010~2050 年居民室内耐用电器二氧化碳排放总量，见表 9-24。

表 9-24　三种情景下所有电器年耗电总量和碳排放总量

年份	电器排放系数	基准情景 所有电器年耗电总量（亿千瓦时）	基准情景碳排放总量（万吨二氧化碳）	低情景 所有电器年耗电总量（亿千瓦时）	低情景碳排放总量（万吨二氧化碳）	高情景 所有电器年耗电总量（亿千瓦时）	高情景碳排放总量（万吨二氧化碳）
2010	0.235	3639	31330	3448	29690	3448	29690
2015	0.228	5187	43290	4574	38180	4269	35630
2020	0.215	6940	54700	5742	45260	5038	39710
2025	0.205	7779	58430	6277	47150	5474	41120
2030	0.197	8539	61650	6720	48520	5818	42010
2033	0.193	8860	62550	6934	48950	5974	42180
2038	0.186	9330	63530	7227	49220	6171	42020
2040	0.183	9496	63760	7323	49170	6228	41810

续表

年份	电器排放系数	基准情景 所有电器年耗电总量（亿千瓦时）	基准情景碳排放总量（万吨二氧化碳）	低情景 所有电器年耗电总量（亿千瓦时）	低情景碳排放总量（万吨二氧化碳）	高情景 所有电器年耗电总量（亿千瓦时）	高情景碳排放总量（万吨二氧化碳）
2045	0.175	9973	64070	7701	49470	6482	41640
2046	0.174	10060	64080	7767	49480	6523	41560
2050	0.168	10370	63860	8000	49270	6656	40990

（二）居民部门室内耐用电器减排潜力、减排路径分析和成本研究

1. 减排潜力分析

基准情景下 2010~2050 年所有室内耐用电器耗电总量为 3.27×10^{13} 度电，二氧化碳排放总量 2.332×10^6 万吨二氧化碳，二氧化碳排放峰值出现在 2046 年，峰值量为 6.408×10^4 万吨二氧化碳。低情景下 2010~2050 年所有室内耐用电器耗电总量为 2.62×10^{13} 度电，碳排放总量 1.873×10^6 万吨二氧化碳，二氧化碳排放峰值出现在 2046 年，峰值量为 4.948×10^4 万吨二氧化碳。高情景下 2010~2050 年所有室内耐用电器耗电总量为 2.27×10^{13} 度电，碳排放总量 1.635×10^6 万吨二氧化碳，二氧化碳排放峰值出现在 2033 年，峰值量为 4.218×10^4 万吨二氧化碳。

通过上述计算结果发现，如果采取低情景的室内耐用电器节能减排方法，其碳排放减排潜力为 19.659%，如果采取高情景的室内耐用电器节能减排方法，其碳排放减排潜力为 29.882%。

2. 减排路径分析

本研究中设定的三种情景：基准情景、低情景和高情景是未来居民使用室内耐用电器的三种可能的情况。

根据上述情景的设定和实际情况，将本文的减排路径归结为三部分。

第一，政府加强低碳节能的宣传，鼓励居民采取低碳节能的方法，降低室内耐用电器的使用时间，实现低碳环保的生活方式。

随着经济的发展和社会的进步，居民的生活水平逐渐提高，越来越多的居民喜欢"享受"生活，因此居民室内耐用电器的使用时间逐步增加，同样，电器为了越来越满足居民"舒适"的要求，其功率也会随着逐步变大。

如：以前居民使用波轮式洗衣机，现在使用滚筒式洗衣机的占多数，而滚筒式洗衣机由单纯的洗衣、甩干增加到洗衣、甩干、加热烘干、充气等全自动多功能，随着功能的增多，洗衣机的功率也变大，居民使用洗衣机的时间也随着生活条件的提高逐步增长；居民随着生活水平的提高，居民对电视机的需求逐步由小尺寸电视机改变为大尺寸高清电视机，随着电视机屏幕的变大，电视机的功率增大，而且随着居民生活条件的提高，在使用电视机时会增加不必要的使用量，经常电视机在无人状态下工作，而不采用待机模式；随着居民生活水平的提高，居民对热水器的需求由一般小型热水器逐步转变为即热型热水器和速热型热水器，同时，居民在生活中使用热水器时，经常热水器中的水反复加热，造成能源不必要的浪费；等等。

以上是居民随着生活水平的提高，对室内耐用电器的功率使用上的增大以及使用时间上的浪费。因此，加大对居民的低碳节能的宣传，可以号召居民采取绿色节能的生活方式，减少对能源不必要的浪费，从而降低碳排放量。

第二，通过采取财政补贴等方式加快节能电器的市场普及程度。目前各种家电主要由旧家电、高效家电和超高效家电组成，其中，旧家电的能耗最大，发展节能减排需要减少旧家电的市场占有率，鼓励居民使用高效家电和超高效家电，提高电器的能耗的效率。政府应该加大对节能电器的补贴，实施家电以旧换新政策，在家电以旧换新中，鼓励高效节能电器的使用。目前，北京的节能补贴政策也对不同能效等级的产品有不同补贴标准：购买1级能效的电视机、电冰箱、洗衣机、空调，每台可获节能补贴300元；购买2级能效的电视机、空调，每台可获节能补贴100元。

第三，政府需要加大对节能技术的研发力度，保证节能家电在满足居民生活需要的基础上尽可能地降低能耗。目前，市场上的节能电器主要有以下几类。

（1）节能电冰箱。目前，冰箱节能水平的途径一般有以下几种：降低冰箱的耗电量，最为简单有效的措施就是提高压缩机的效率，采用高效压缩机；合理的系统设计压缩机的工作状态一定程度上取决于冰箱的系统设计，如采用良好的换热器设计、先进的制冷循环（多路循环、双制冷系统、劳伦兹循环等）以及改进制冷系统流程等；最佳的运行控制，运行控制系统保证合理设计的冰箱始终运行在最佳、最为经济的状态，以最小的耗电量实现制冷的目的，如模糊控制技术、智能化霜技术、变频技术的应用；节能新工质的应用冰箱的工作介质不同，获得相同制冷量所需的理论功耗也有所不同，采用较为节能的新工质如R600A等也将减少冰箱能耗、具有一定的节能效果；减少冰箱的冷量损失，冰箱在进入稳定工作状态后，其耗电量主要用于克服因冰箱周围较高环境温度的加热作用而造成的冰箱内的温度上升，以维持所需的低温，透过外壳进入冰箱的热量越少，冰箱所消耗的电能也越少。

（2）G-Matrik变频空调。随着生活水平的不断提高，许多消费者从舒适性、节能环保等方面对空调提出了更高的要求。变频空调与定速空调相比，不仅提高了舒适程度，减少了噪声，而且大幅度节能。目前，国际先进的G-Matrik直流变频技术已经装配空调，使用该技术的空调运行稳定，控温精准，舒适性高，节能效果强。G-Matrik直流变频技术与普通180度直流变频技术的最大区别在于在室温达到用户设定的理想温度后，会自动调整运行频率，以15赫兹的低频率运行，保持室内温度恒定，没有30赫兹变频的忽停忽起，以保证环境更为舒适。因为机器始终在低频运行，所以大大降低了能耗。

（3）节能电视机。随着节能减排越发受到国家的重视，尤其是大尺寸平板电视相比传统CRT电视耗电量成倍增长，国家相关部门对平板电视节能提出了要求，鉴于此，中国电子技术标准化研究所正在制定《音频视频和有关设备的消耗功率的测量方法》。彩电制造企业方面，平板电视产品整体节能水平普遍提高。目前为止，夏普、东芝、索尼、TCL、长虹、海信、创维、康佳、海尔、厦华、清华同方均推出了使用LED背光源的液晶电视，比传统LCD耗能平均低30%以上，同时，这些产品的能效指数也都在二级以上。整体来看，相比2008年，目前主流尺寸LCD产品平均功率普遍能做到150瓦以下，待机功率指标均在1瓦以下，远低于国家节能产品认证要求的3瓦水平。等离子电视方面，松下NeoPDP产品通过提高发光效率的方式实现了等离子的节能。

3. 减排成本研究

（1）减排成本依据及设定

A. 依据

①节能家电补贴。为了推进节能家电的广泛使用，国家对节能家电进行财政补贴，以减小节能电器产品和普通电器产品的价格差，补贴的电器产品包括：节能电视机、电冰箱、洗衣机、空调、电脑（配有节能显示器），补贴对象为参与家电以旧换新并购买节能产品的单位和个人，单独买节能家电无法享受补贴。以北京市2010年电器补贴条例为例，购买一级能效电视机、电冰箱、洗衣机、空调，再给予300元/台补贴；购买二级能效电视机、空调，再给予100元/台补贴；购买节能电脑（配有一级和二级能效显示器），

再给予 200 元/台补贴。

②市场价格调查。从对家电市场的调查发现，目前市场上各类节能电器较普通电器价格高出数百元至上千元不等。LED 节能电视比同配置 LCD 普遍高出 500~1000 元，变频节能空调比定频空调高出 600~1000 元，滚筒节能洗衣机比普通洗衣机高出 600~1000 元，电脑控温节能热水器比普通热水器高出 300~500 元，节能电冰箱比同容量普通冰箱价格高出 400~800 元，LED 屏幕节能电脑比普通屏幕电脑贵 200~500 元。

B. 成本设定

本文的三种情景下，低情景比基准情景的节能电器产品的普及率高，高情景比低情景的节能电器的普及率高。从目前的市场情况来看，节能电器比普通电器的价格高，国家采取了财政补贴节能产品的措施，主要是为了减少节能产品和普通产品之间的差价，大多消费者认为，节能电器和普通电器差价在 300 元内，可以接受购买节能家电。

因此，本文根据对市场节能电器与普通电器的价格调查和国家制定的财政补贴政策，将节能电器和普通电器之间的成本差作为本文的家电减排成本。其中，节能电视机为 600 元，节能冰箱为 500 元，节能洗衣机为 500 元，节能空调为 500 元，节能电脑为 300 元，节能热水器为 300 元。由于目前，关于微波炉的节能技术不算成熟，市场上没有相关的节能微波炉产品，因此，本文计算减排成本时不考虑节能微波炉。

（2）减排成本计算

根据本文三种情景设定中，居民部门室内耐用电器的节能电器的市场占有率情况和 2010~2050 年居民部门室内耐用电器的总量预测情况，计算出未来低情景和高情景下节能电器的增加量和减排成本，见表 9-25。

表 9-25 减排成本数据

单位：台

| 低情景比基准情景节能电器增加量 ||||||||
电器品种	电视机	电冰箱	电脑	空调	洗衣机	热水器
2020 年	31139018	16568598	12475266	19476466	18695317	12211514
2030 年	35365645	18720058	15603275	23809904	20984104	14240906
2040 年	38578124	20355291	17980742	27103564	22723714	15783359
2050 年	41170962	21675110	19899629	29761925	24127777	17028296

续表

低情景比基准情景节能电器增加量							
电器品种	电视机	电冰箱	电脑	空调	洗衣机	热水器
减排成本	247 亿元	108 亿元	99.5 亿元	89.3 亿元	121 亿元	51.1 亿元
总计	716 亿元						

高情景比基准情景节能电器增加量						
电器品种	电视机	电冰箱	电脑	空调	洗衣机	热水器
2020 年	93417054	49705793	37425798	58429398	56085950	36634542.1
2030 年	106096935	56160173	46809826	71429711	62952312	42722716.7
2040 年	115734372	61065872	53942226	81310693	68171141	47350078.2
2050 年	123512886	65025331	59698886	89285774	72383331	51084887.1
减排成本	741 亿元	325 亿元	179 亿元	446 亿元	362 亿元	153 亿元
总计	2210 亿元					

由于在情境设计中，每年，低情景下节能电器市场占有率比基准情景的节能电器市场占有率高5%，高情景下节能电器市场占有率比基准情景的节能电器市场占有率高15%，在本文中，2010~2050年，居民节能电器的成本就是新置节能电器的增加量的成本（普通家电更新和节能家电更新的家电更新换代不考虑）。

根据三种情景下所有电器的2010~2050年能耗总量和碳排放总量，可以计算出，低情景比基准情景节能 6.54×10^{12} 度电，减排 4.584×10^5 万吨二氧化碳，高情景比基准情景节能 9.95×10^{12} 度电，减排 6.968×10^5 万吨二氧化碳。低情景的减排成本为716亿元，高情景的减排成本为2210亿元。

因此，可以计算出，低情景下，单位减排成本为0.01095元/度电，15.6195元/吨二氧化碳；高情景下，单位减排成本为0.02221元/度电，31.7164元/吨二氧化碳。

三 居民部门住宅采暖碳排放预测、减排潜力及减排路径研究

（一）三种情景下居民部门住宅采暖碳排放核算

1. 居民部门住宅采暖研究现状

目前，关于居民采暖碳排放的未来情景预测的国内外研究主要有以下几种。

（1）周大地（2003）在《2020中国可持续能源情景》中，给出了城镇和农村居民生活采暖单位面积终端能耗（瓦/平方米），见表9-26。

表9-26　居民采暖单位面积终端参数

指　　标	地　域	2010年	2020年
北方地区采暖单耗（瓦/平方米）	城镇	30	25
	农村	33	23
过渡地区采暖单耗（瓦/平方米）	城镇	22	19
	农村	14	16
北方地区采暖天数（天）	城镇	160	165
	农村	110	130
过渡地区采暖天数（天）	城镇	50	60
	农村	30	40

根据上述数据计算，2010年，北方城镇居民采暖单位面积年能耗为115.2千瓦时，北方农村居民采暖单位面积年能耗为87.12千瓦时，2020年，过渡地区城镇居民采暖单位面积年能耗为26.4千瓦时，过渡地区农村居民采暖单位面积年能耗为10.8千瓦时；2020年，北方城镇居民采暖单位面积年能耗为99千瓦时，北方农村居民采暖单位面积年能耗为71.76千瓦时，2020年，过渡地区城镇居民采暖单位面积年能耗为27.36千瓦时，过渡地区农村居民采暖单位面积年能耗为15.36千瓦时。

（2）郝斌等（2010）在《建筑节能与清洁发展机制》中，给出了2006年，北方集中采暖地区单位面积采暖能耗，分散式采暖为24.9千克标准煤/（平方米·年），热电联产集中供热为12.7千克标准煤/（平方米·年），区域锅炉房为19.9千克标准煤/（平方米·年）。其中研究中，北方地区定义为15个省、市自治区、直辖市。

（3）清华大学建筑节能中心（2007）《中国建筑节能年度发展研究报告2007》中，给出2005年北京地区居民集体供暖，燃煤热电联产能耗为7.224.9千克标准煤/（平方米·年），天然气热电联产能耗为9.2千克标准煤/（平方米·年），天然气锅炉能耗为16.1千克标准煤/（平方米·年），燃煤锅炉能耗为18.8千克标准煤/（平方米·年）。另外，给出的中美日德单位面积建筑能耗对比表中，美国单位面积采暖能耗值为75千瓦时/（平方米·年），德国为 73 千瓦时/（平方米·年）中国城市为 74 千瓦时/（平方米·年）。

（4）清华大学建筑节能中心（2008）《中国建筑节能年度发展研究报告 2008》中，采暖采用"标准煤"作为能耗计量单位，是因为中国采暖目前以煤为主要能源。采暖热源主要是热电联产电厂、集中供热锅炉房，以及分散的末端采暖方式。中国北方城镇的集中供热系统目前约 50% 由热电联产热源提供，其中约 35% 是热电联产发电产生的热量，其余 15% 为调峰锅炉房产生的热量，另外 50% 的热源是由不同容量的燃煤燃气锅炉提供。2006 年，完全采用热电联产热源时，折合的供热煤耗为 9.6 千克标准煤/（平方米·年），采用 70% 的热电联产，30% 的大型锅炉房调峰，平均折合的供热煤耗为 14 千克标准煤/（平方米·年）。

（5）清华大学建筑节能中心（2009）《中国建筑节能年度发展研究报告 2009》中，给出了 2006 年中国北方城镇采暖，分散采暖单位面积年能耗为 24.9 千克标准煤/（平方米·年），占总采暖面积的 30.6%，热电联产集中供热源的能耗为 12.8 千克标准煤/（平方米·年），占采暖面积的 34.7%，区域锅炉房单位面积年能耗为 19.9 千克标准煤/（平方米·年），占采暖面积的 34.7%。通过技术进步进一步提高热电联产系统的能源效率，年平均供热煤耗能达到 6.35 千克标准煤/（平方米·年）。在不能使用热电联产供热，只能采取区域锅炉房方式时，提高技术，可使得年平均供热煤耗能达到 12.3 千克标准煤/平方米·，热电联产和区域锅炉房都是集中供热的方式。

（6）清华大学建筑节能中心（2010）《中国建筑节能年度发展研究报告 2010》中，从 1996~2008 年数据分析，采暖建筑面积总量增加了近 2 倍，采暖总能耗增加了 1 倍，单位面积能耗有所下降。近几年，在建设部和地方政府的强力推动下，集中供热所占比例增大，节能建筑的比例不断提高。对于没有条件建设或接入城市热网的建筑，燃气分户壁挂炉的采暖方式的单位面积能耗为 12 千克标准煤/（平方米·年）。

（7）G. NanZhou 等（2009）《Energy for 500 Million Homes: Drivers and Outlook for Residential Energy Consumption in China》中，给出了中国人口北方地区占 34.3%，过渡地区人口占 36.2%。给出了居民单位面积采暖能耗情景，见表 9-27。

表9-27　LBNL中国居民采暖情景

		城　镇		农　村	
		2000年	2020年	2000年	2020年
北方地区	千瓦时/（平方米·年）	79	64	5.85	30.6
过滤地区	千瓦时/（平方米·年）	29.6	28.8	5	9.6

（8）国家发展和改革委员会能源研究所课题组（2009）给出的数据如表9-28所示。

表9-28　国家发改委能源研究所北方地区居民采暖情景

	2005年	2010年	2020年	2050年
北方城镇住宅单位面积采暖能耗（瓦/平方米）	23.4	20.8	18.9	16.8
采暖天数（天）	115	118	122	129

通过计算，可以得出中国北方城镇居民采暖耗能，2005年为64.5千瓦时/（平方米·年），2010年为58.9千瓦时/（平方米·年），2020年为55.3千瓦时/（平方米·年），2050年为52千瓦时/（平方米·年）。

其中，城镇居民节能建筑住宅比例，2020年为20%，2030年为45%，2050年为65%；农村居民节能建筑比例，2020年为15%，2030年为35%，2050年为65%。

（9）焦良珍等（2008）在其研究中，得到结论如下。

①长江中下游地区住宅建筑不宜大面积推广使用集中供热。这些地区的气候总趋势是变暖，采暖天数普遍减少，同时住宅建筑使用时段率和负荷分布不集中，这些都会降低供暖系统的利用率，同时造成系统能源的浪费。

②长江中下游地区住宅建筑宜采用调节灵活、启停方便的空调器、家用中央空调或燃气炉采暖。这三种供暖方式可供灵活选择。

（10）对上述国内外研究现状进行分析，在这些数据的基础之上，还发现了中国居民采暖情况规律如下。

①北方地区取暖能耗远远大于过渡地区采暖能耗。

②城镇居民单位面积年采暖能耗比农村居民单位面积年采暖能耗多，但是随着经济的发展、住房结构的改变和人民生活水平的提高，可以发现，城镇居民和农村居民的采暖面积逐年增长，居民的采暖强度和采暖天数也逐年提高，但是随着采暖方式和技术的进步，居民的采暖能效逐渐提高，热源利

用率越来越高。

③集中供热能够使得居民采暖效率提高,中国居民采暖的发展趋势是集中供热所占比例增加。北方地区在集中供热方式中,热电联产的供热方式所占比例逐渐增高。同时,由于热电联产投入费用高,且热电联产在停止供暖阶段热电站不工作,故在过渡地区(采暖天数少)不适应建大型的热电联产站。

④过渡地区不适宜进行集中供热,其居民采取的供热方式主要为分散供热,其中,以空调供热为主。

2. 居民部门住宅面积总量预测

根据课题组给出的对中国人口和城镇化率(2010~2050年)的预测数据,可计算得到中国城镇居民和农村居民总人口数量,又根据2010~2050年中国城镇居民和农村人均住宅面积数据以及 Nan Zhou(2009)研究中中国人口北方地区占34.3%,过渡地区人口占36.2%,可以计算得到中国北方地区城镇和农村住宅总面积以及中国过渡地区城镇和农村住宅总面积,见表9-29。

表9-29 居民人口总数和北方地区以及过渡地区住宅总面积

年份	人口 (万人)	城镇化率 (%)	城镇居民人均住宅面积 (平方米)	农村居民人均住宅面积 (平方米)	北方地区城镇居民住宅总面积 (亿平方米)	北方地区农村居民住宅总面积 (亿平方米)	过渡地区城镇居民住宅总面积 (亿平方米)	过渡地区城镇居民住宅总面积 (亿平方米)
2010	134146.69	47.07	30	34	64.97	73.06	68.57	87.39
2015	137363.08	51.62	32	36.5	77.83	72.94	82.14	87.81
2020	140027.76	56.51	34	39	92.28	71.02	97.39	85.98
2025	142232.91	61.19	35.5	40.5	106	67.22	111.8	80.93
2030	143711.06	65.61	37	42	119.7	62.72	126.3	75.14
2035	144301.12	69.71	38	43	131.1	56.97	138.4	68.04
2040	144019.91	73.46	39	44	141.5	51.13	149.4	60.88
2045	143150.67	76.84	39.5	44.5	149	44.92	157.3	53.41
2050	141561.57	79.86	40	45	155.1	39.12	163.7	46.44

3. 居民部门住宅采暖情景设定

根据《中国能源统计年鉴》的数据分析,中国居民室内采暖的主要能源是煤、液化石油气、热能和天然气等,因此在情景的设定中,其能耗单位定为千克标准煤。

虽然，随着居民生活水平的提高，2010～2050年居民的采暖面积和采暖天数将会逐渐增加，居民采暖面积的情况设定如下，2010年，城镇居民采暖面积占城镇居民居住面积的70%，农村居民采暖面积占农村居民居住面积的40%；2020年，城镇居民采暖面积占城镇居民居住面积的80%，农村居民采暖面积占农村居民居住面积的60%；2030年，城镇居民采暖面积占城镇居民居住面积的90%，农村居民采暖面积占农村居民居住面积的80%；2040年，城镇居民采暖面积占城镇居民居住面积的90%，农村居民采暖面积占农村居民居住面积的90%；2050年，城镇居民采暖面积占城镇居民居住面积的90%，农村居民采暖面积占农村居民居住面积的90%。

但是随着采暖技术和能源效率的提高，2010～2050年居民的采暖能效同样增加，居民采用集中供暖的比例也将增加。同时，随着居民生活水平的提高，居民的采暖方式也由传统的化石燃料的燃烧取暖方式转变成集中供热的热能取暖和采取电褥子、电暖气和空调等室内电器电能取暖方式。在课题组的室内耐用电器碳排放研究中，已经考虑到了空调的使用时间增加的情况，本文的居民室内采暖研究的情景设定中，除去了室内耐用电器取暖的方式。

因此，本文的情景设定单位面积采暖能耗可能比目前研究的大多情景较低。在此基础上，给出了中国居民基准情景、低情景和高情景三种情景下的居民采暖能耗情景分析。三种情景，主要是由北方地区城镇居民采暖方式和节能建筑、北方地区农村居民采暖方式和节能建筑、过渡地区城镇居民采暖方式和节能建筑和过渡地区农村居民采暖方式以及节能建筑的不同造成的。

（1）北方地区城镇居民采暖方式和节能建筑趋势。

表9-30 北方地区城镇居民采暖方式和节能建筑趋势

单位:%

年　　份		2020	2030	2040	2050
北方城镇热电联产	基准情景	40	45	50	55
	低情景	45	50	55	60
	高情景	50	55	60	65
北方城镇区域锅炉房	基准情景	40	40	40	35
	低情景	40	40	40	35
	高情景	40	40	40	35

续表

年 份		2020	2030	2040	2050
北方城镇分散采暖	基准情景	20	15	10	10
	低情景	15	10	5	5
	高情景	10	5	0	0
北方城镇节能建筑	基准情景	20	30	40	50
	低情景	25	35	45	55
	高情景	30	40	50	60

（2）北方地区农村居民采暖方式和节能建筑趋势。

表9-31 北方地区农村居民采暖方式和节能建筑趋势

单位:%

年 份		2020	2030	2040	2050
北方农村热电联产	基准情景	10	20	30	40
	低情景	15	25	35	45
	高情景	20	30	40	50
北方农村区域锅炉房	基准情景	30	30	30	30
	低情景	30	30	30	30
	高情景	30	30	30	30
北方农村分散采暖	基准情景	60	50	40	30
	低情景	55	45	35	25
	高情景	50	40	30	20
北方农村节能建筑	基准情景	20	30	40	50
	低情景	25	35	45	55
	高情景	30	40	50	60

（3）过渡地区城镇居民采暖方式和节能建筑趋势。

表9-32 过渡地区城镇居民采暖方式和节能建筑趋势

单位:%

年 份		2020	2030	2040	2050
过渡地区城镇集中采暖（热电联产和区域锅炉房）	基准情景	20	20	20	20
	低情景	20	20	20	20
	高情景	20	20	20	20

续表

年　份		2020	2030	2040	2050
过渡地区城镇空调采暖	基准情景	30	40	50	60
	低　情　景	40	50	60	60
	高　情　景	50	60	60	60
过渡地区城镇其他采暖	基准情景	50	40	30	20
	低　情　景	40	30	20	20
	高　情　景	30	20	20	20
过渡地区城镇节能建筑	基准情景	20	30	40	50
	低　情　景	25	35	45	55
	高　情　景	30	40	50	60

（4）过渡地区农村居民采暖方式和节能建筑趋势。

根据给出的 2010~2050 年居民采暖面积的情况设定，结合三种情况下，北方地区城镇居民采暖方式和节能建筑、北方地区农村居民采暖方式和节能建筑、过渡地区城镇居民采暖方式以及节能建筑和过渡地区农村居民采暖方式

表 9-33　过渡地区农村居民采暖方式和节能建筑趋势

单位：%

年　份		2020	2030	2040	2050
过渡地区农村集中采暖（热电联产和区域锅炉房）	基准情景	10	10	10	10
	低　情　景	10	10	10	10
	高　情　景	10	10	10	10
过渡地区农村空调采暖	基准情景	30	40	50	60
	低　情　景	40	50	60	60
	高　情　景	50	60	60	60
过渡地区农村其他采暖	基准情景	60	50	40	30
	低　情　景	50	40	30	30
	高　情　景	40	30	30	30
过渡地区城镇节能建筑	基准情景	20	30	40	50
	低　情　景	25	35	45	55
	高　情　景	30	40	50	60

和节能建筑的不同的情景设定,给出了本文的三种情景下,北方地区居民和过渡地区居民的单位面积采暖能耗情景,这个情景是按照居民人均居住面积(并非人均采暖面积)给出的。

(5) 基准情景。

表 9-34 居民部门住宅采暖基准情景

	居民人数所占比例(%)	2010 年		2020 年		2030 年		2040~2050 年	
		城镇	农村	城镇	农村	城镇	农村	城镇	农村
北方地区居民采暖能耗 千克标准煤/(平方米·年)	34.30	10	6	13	10	12	9	11	8
过渡地区居民采暖能耗 千克标准煤/(平方米·年)	36.20	2	1.5	4	3	3	2	2	2

(6) 低情景。

表 9-35 居民部门住宅采暖低情景

	居民人数所占比例(%)	2010 年		2020 年		2030 年		2040~2050 年	
		城镇	农村	城镇	农村	城镇	农村	城镇	农村
北方地区居民采暖能耗 千克标准煤/(平方米·年)	34.30	10	6	11	8	10	7	9	6
过渡地区居民采暖能耗 千克标准煤/(平方米·年)	36.20	2	1.5	3	2	2	1.5	1.5	1.5

(7) 高情景。

表 9-36 居民部门住宅采暖高情景

	居民人数所占比例(%)	2010 年		2020 年		2030 年		2040~2050 年	
		城镇	农村	城镇	农村	城镇	农村	城镇	农村
北方地区居民采暖能耗 千克标准煤/(平方米·年)	34.30	10	6	10	7	9	6	8	5

续表

	居民人数所占比例（%）	2010年		2020年		2030年		2040~2050年	
		城镇	农村	城镇	农村	城镇	农村	城镇	农村
过渡地区居民采暖能耗 千克标准煤/（平方米·年）	36.20	2	1.5	2	1.5	1.5	1	1	1

4. 居民部门住宅采暖碳排放核算

从能源结构看，中国能源主要由煤炭、石油、天然气和电（不包括火电），根据课题组给出的基础情景下2010~2050年能源结构，以及单位千克标准煤等量的煤炭、石油、天然气和电（不包括火电）的碳排放系数，可以计算出2010~2050年标准煤的碳排放系数，见表9-37。

表9-37　课题组基础情景下2010~2050年能源结构的标准煤的碳排放系数

标准煤的碳排放系数（千克碳/千克标准煤）	年份	能源结构				合计
		除火电外的电	天然气	石油	煤炭	
0.645	2010	8.87	3.98	17.93	69.21	100
0.618	2015	11.73	5.69	18.73	63.86	100
0.592	2020	14.55	7.40	19.53	58.51	100
0.581	2025	16.12	8.15	18.33	57.41	100
0.570	2030	17.68	8.90	17.12	56.30	100
0.561	2035	19.30	8.75	16.43	55.53	100
0.552	2040	20.92	8.59	15.73	54.76	100
0.543	2045	22.31	8.53	15.31	53.86	100
0.535	2050	23.69	8.47	14.89	52.95	100

根据三种情景下，居民部门住宅采暖的情景数据设定，结合中国北方地区城镇和农民居民住宅总面积以及中国过渡地区城镇和农村居民住宅总面积的数据，可以计算出，三种情景下居民部门住宅采暖的总能耗，并根据计算出的标准煤的碳排放系数，可以得到，三种情景下居民部门住宅采暖的二氧化碳排放量，见表9-38。

表9-38 三种情况下居民部门住宅采暖总能耗及二氧化碳排放量

年份	基准情景总能耗（万吨标准煤）	低情景总能耗（万吨标准煤）	高情景总能耗（万吨标准煤）	基准情景碳排放（万吨二氧化碳）	低情景碳排放（万吨二氧化碳）	高情景碳排放（万吨二氧化碳）
2010	13564	13564	13564	32060.9577	32060.9577	32060.9577
2015	19225	16868	15484	43589.01553	38244.96821	35107.01256
2020	25573	20474	17437	55527.69788	44456.03122	37861.66926
2025	25570	20381	17406	54502.53171	43442.16264	37100.94122
2030	25296	20010	17179	52913.52078	41856.40223	35934.5894
2035	24740	19601	16688	50909.32051	40334.42164	34340.12695
2040	23863	18959	15981	48292.50221	38368.08237	32341.38532
2045	24201	19268	16275	48226.07486	38395.93449	32431.6916
2050	24394	19459	16466	47851.31496	38170.80995	32299.73568

（二）居民部门住宅采暖减排路径分析和成本研究

1. 减排潜力分析

基准情景下，居民部门住宅采暖的二氧化碳排放总量在2020年达到峰值，峰值量为55528万吨二氧化碳。低情景下，居民部门住宅采暖的二氧化碳排放总量在2020年达到峰值，峰值量为44456万吨二氧化碳。高情景下，居民部门住宅采暖的二氧化碳排放总量在2020年达到峰值，峰值量为37861万吨二氧化碳。

基准情景下，居民采暖2010~2050年碳排放总量为2.0102×10^6万吨二氧化碳，低情景下，居民采暖2010~2050年碳排放总量为1.6369×10^6万吨二氧化碳，高情景下，居民采暖2010~2050年碳排放总量为1.4195×10^6万吨二氧化碳。

其中，采取低情景居民部门住宅采暖的减排方法较基准情景减排3.7322×10^5万吨二氧化碳，减排潜力为18.567%，采取高情景居民部门住宅采暖的减排方法较基准情景减排5.9066×10^5万吨二氧化碳，减排潜力为29.384%。

2. 减排路径分析

（1）在北方地区，加速推广热电联产集中采暖方式和锅炉房采暖方式，减少分散采暖方式。提高热电联产集中采暖方式和锅炉房采暖方式的能源利用效率。

（2）在过渡地区，加速推广空调取暖和热泵取暖方式代替传统的燃烧化石燃料的分散取暖方式。

（3）采用建筑节能材料，提高节能建筑的比例，具体措施见课题组大型公建项目建筑材料节能减排路径。

（4）提倡节能环保的生活方式。

3. 减排成本研究

根据给出的三种情况下，2010~2050年，北方地区城镇居民采暖方式和节能建筑、北方地区农村居民采暖方式和节能建筑、过渡地区城镇居民采暖方式和节能建筑以及过渡地区农村居民采暖方式和节能建筑的不同的情景设定数据，可以发现以下结论。

（1）低情景与基准情景相比，北方地区城镇和农村居民，热电联产的采暖方式整体增加了5%，区域锅炉房取暖整体不变，分散采暖方式整体减少了5%，节能建筑面积整体增加了5%；过渡地区城镇和农村居民，热电联产和区域锅炉房集中供热方式比例不变，除空调外的分散采暖方式减少10%，节能建筑面积增加5%。

（2）高情景与基准情景相比，北方地区城镇和农村居民，热电联产的采暖方式整体增加了10%，区域锅炉房取暖整体不变，分散采暖方式整体减少了10%，节能建筑面积整体增加了10%；过渡地区城镇和农村居民，热电联产和区域锅炉房集中供热方式比例不变，除空调外的分散采暖方式减少20%，节能建筑面积增加10%。

2050年，北方城镇居民住宅为155.1亿平方米，北方农村居民住宅面积为39.12亿平方米，过渡地区城镇居民住宅面积为163.7亿平方米，过渡地区农村居民住宅46.44亿平方米。目前，大多城市的管道初装费150元每平方米，实际交费面积按75%进行计算。居民住宅节能建筑成本每平方米100元就能使住宅有一定的节能效果。

实现低情景和高情景，需要增加热电联产采暖方式整体所占的比例和节能建筑面积所占比例，这就是说，采取节能减排的方法需要支付成本。

（3）**低情景减排成本**。低情景情况下，北方地区，热电联产采暖方式增加5%，其前期的初装费基本能够收回建设项目的投资，得到低情景下管道初装费的成本为1091亿元。

低情景情况下，北方地区城镇居民、北方地区农村居民、过渡地区城镇居民和过渡地区农村居民的节能建筑比例提高 5%，成本为 2020 亿元。

低情景居民采暖较基准情景减排 3.7322×10^5 万吨二氧化碳，总投入 3111 亿元，减排成本为 83.35 元每吨二氧化碳。

（4）高情景减排成本。高情景情况下，北方地区，热电联产采暖方式增加 10%，其前期的初装费基本能够收回建设项目的投资，得到低情景下管道初装费的成本为 2182 亿元。

低情景情况下，北方地区城镇居民、北方地区农村居民、过渡地区城镇居民和过渡地区农村居民的节能建筑比例提高 10%，成本为 4040 亿元。

高情景居民采暖较基准情景减排 5.9066×10^5 万吨二氧化碳，总投入 6222 亿元，减排成本为 105.34 元每吨二氧化碳。

参考文献

国家发展和改革委员会能源研究所课题组：《中国 2050 年低碳发展之路能源需求暨碳排放情景分析》，科学出版社，2009。

周大地：《2020 中国可持续能源情景》，中国环境科学出版社，2003。

Nan Zhou, Michael A. McNeil, Mark Levine. *Energy for 500 Million Homes: Drivers and Outlook for Residential Energy Consumption in China*, . ERNEST ORLANDO LAWRENCE BERKELEY NATIONAL LABORATORY, 2009.

郝斌、林泽、马秀琴：《建筑节能与清洁发展机制》，中国建筑出版社，2010。

韦保仁：《中国能源需求与二氧化碳排放的情景分析》，中国环境科学出版社，2007。

夏国明、回海滨、崔增坤：《城市居民住宅及小区用电负荷计算》，《河北工程技术高等专科学校学报》2006 年第 3 期。

夏德建：《煤电链边际碳排放的演化情况估算》，《科技与产业》2012 年第 9 期。

清华大学建筑节能研究中心：《中国建筑节能年度发展研究报告 2007》，中国建筑工业出版社，2007。

清华大学建筑节能研究中心：《中国建筑节能年度发展研究报告 2008》，中国建筑工业出版社，2008。

清华大学建筑节能研究中心：《中国建筑节能年度发展研究报告 2009》，中国建筑工业出版社，2009。

清华大学建筑节能研究中心：《中国建筑节能年度发展研究报告 2010》，中国建筑工业出版社,2010。

焦良珍、钱建军、文远高:《长江中下游地区住宅建筑供12号方式的合院选择》,《制冷空调与电力机械》2008年第6期。

刘卫东等:《我国低碳经济发展框架与科学基础》,商务印书馆,2010。

蔡博峰等:《城市温室气体清单研究》,化学工业出版社,2009。

张志强等:《温室气体碳排放科学评价与减排政策》,科学出版社,2009。

刘胜强、毛显强、邢有凯:《中国新能源发电生命周期温室气体减排潜力比较分析》,《气候变化研究发展》2012年第8期。

张逸:《日本节能管理对发展低碳经济的启示(上)》,《电力需求侧管理》2011年第2期。

国家经贸委、"市场经济条件下政府节能管理模式研究"课题组:《市场经济条件下政府节能管理模式研究》,中国电力出版社,2004。

李继尊:《美国的节能体制机制及其对我们的启示》,《中国科技论坛》2007年第5期。

翟青等:《美国节能管理工作特点及对我国的启示》,《中国能源》2003年第7期。

张通:《英国政府推行节能减排的主要特点及对我国的启示》,《中共中央党校学报》2008年第1期。

第10章

废弃物温室气体排放峰值及减排成本收益分析

随着人口增长、城市化进程加快以及经济发展水平提高，中国废弃物产生量日益增多。废弃物处置不仅影响居民的生活环境质量，而且还关系到温室气体排放。目前，中国已超过美国成为全球最大的城市固体废弃物（MSW）和工业固体废弃物生成地。2010年，中国城市固体废弃物和工业固体废弃物的产生量分别达到1.58亿吨和22.5亿吨。分析废弃物的温室气体排放趋势，计算其所占排放总量的比重，对中国掌握各类排放源的排放态势，设计相关领域的减排路径具有重要意义。本研究根据《2006年IPCC国家温室气体清单指南》提供的参考方法，对中国废弃物的温室气体排放进行系定量分析，进而对2010~2050年的排放趋势做出预测，估算废弃物温室气体排放的峰值及其出现时间。在此基础之上，分析废弃物部门温室气体减排的成本与收益，并通过国际比较，提出减少废弃物温室气体排放的政策建议，为中国制定废弃物部门的减排路径提供依据。

一 研究背景与文献简评

作为温室气体的主要排放源之一，废弃物在被处置过程中，会产生甲烷、二氧化碳、氧化亚氮等温室气体[1]。目前，中国处理废弃物通常采取填

---

[1] 按照IPCC分类，温室气体排放源（不包括LUUCF）主要有六个部门，分别为：能源生产利用、农业、工业生产过程、废弃物、溶剂使用及其他。

埋、焚烧和堆肥三种方式。根据《IPCC2006年国家温室气体清单修订指南》（以下简称《2006年IPCC国家温室气体清单指南》）有关国家温室气体清单的分类，废弃物产生的温室气体主要有四个来源：固体废弃物填埋处理、固体废弃物生物处理、废弃物的焚化与露天燃烧、废水处理与排放（见图10-1）。其中，固体废弃物填埋处理（SWDS）是废弃物温室气体最大的排放来源。固体废弃物填埋处理时，甲烷菌使其含有的有机物质发生厌氧分解，产生甲烷。甲烷是《京都议定书》提出控制的6种温室气体之一，是仅次于二氧化碳的具有较强温室效应的气体，而且其增温潜能较高，相当于同等质量二氧化碳的21倍（高庆先等，2006）。据IPCC估算，在每年全球温室气体排放中，由固体废弃物填埋产生的甲烷占3%~4%（IPCC，2001）。同时，固体废弃物填埋处理还产生二氧化碳、非甲烷挥发性有机化合物（NMVOC）以及较少量的氧化亚氮、氮氧化合物和一氧化碳。其中，包含化石碳（如塑料）在内的废弃物焚化和露天燃烧是废弃物主要的二氧化碳排放来源。另外，废水处理也会造成甲烷和二氧化碳的排放。

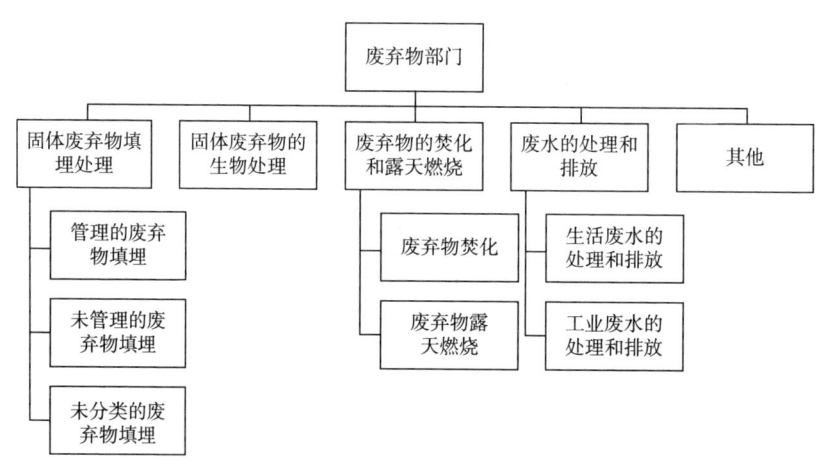

图10-1 废弃物部门温室气体排放来源

资料来源：《2006年IPCC国家温室气体清单指南》。

目前，关于中国废弃物温室气体排放的相关研究成果很少。其中，杜吴鹏等（2006）、高庆先等（2006）利用《1996年IPCC国家温室气体清单指南》给出的质量平衡法，测算出1994~2004年中国城市固体废弃物填埋处理所产生的甲烷排放量。但《2006年IPCC国家温室气体清单指南》却建议在计算废弃物的甲烷排放时,尽量不要采用质量平衡方法,而鼓励使用一阶衰减法(FOD)。相比质量平衡法,一阶衰减法估算的年度排放数值更加精确。本研究主要参考《2006年IPCC国家温室气体清单指南》给出的方法,测算中国废弃物部门的温室气体排放,并对今后排放趋势进行相关预测。

另外,由于经济发展水平、生活习惯和自然地理条件不同,各个国家和地区废弃物的处置方式存在较大差异。美国、意大利、英国等以卫生填埋为主,日本、丹麦、荷兰、瑞士则以焚烧为主,而芬兰、比利时堆肥处理所占比重较大。目前,中国固体废弃物处理主要采取填埋方式,而且是以简易填埋处理为主(杜吴鹏等,2006)。据IPCC估计,中国约97%的城市固体废弃物按填埋处理,焚烧和堆肥处理分别约占2%和1%(见图10-2)。因此,在测算中国废弃物部门碳排放时,本文主要测算固体废弃物填埋处理所产生的排放。

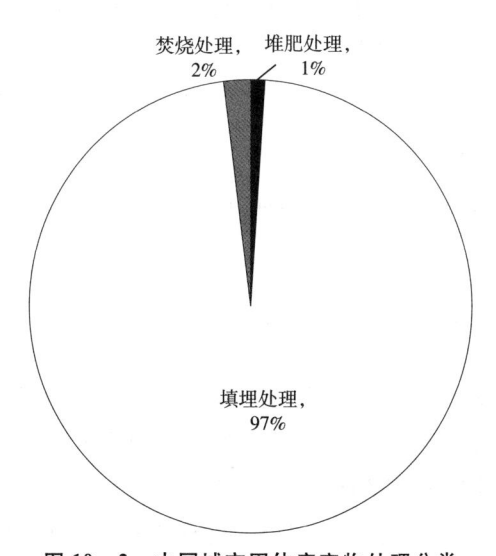

图 10-2 中国城市固体废弃物处理分类

资料来源:《2006年IPCC国家温室气体清单指南》。

二 废弃物碳排放及其峰值:基于FOD的测算

(一)计算方法及依据

《2006年IPCC国家温室气体清单指南》推荐使用一阶衰减法计算固体

废弃物填埋处理产生的甲烷。此方法假设，在甲烷和二氧化碳形成的数十年里，废弃物中的可降解有机成分——可降解有机碳（DOC）——衰减较慢。如果条件恒定，甲烷产生率完全取决于废弃物的含碳量。因此，在填埋之后的最初若干年内，处置场沉积的废弃物所产生的甲烷排放量最高，随着废弃物中可降解有机碳逐渐被细菌消耗，其排放量将趋于下降。一阶衰减法要求先计算被填埋处理的废弃物中可分解可降解有机碳（DDOCm）的数量。作为有机碳的一部分，DDOCm 是指在厌氧条件下填埋处理时降解的那部分碳。源自废弃物填埋处置的 DDOCm 为：

$$DDOCm = W \cdot DOC \cdot DOC_f \cdot MCF \tag{1}$$

其中，$DDOCm$ 为沉积的可分解 DOC 质量，W 为沉积的废弃物质量，DOC 为沉积年份的可降解有机碳，DOC_f 为可分解的 DOC 比重，MCF 为沉积年份有氧分解的甲烷修正因子。

在一阶衰减反应中，结果量始终与反应材料数量成正比。这意味着，只有在填埋场的分解材料总质量与每年产生的甲烷量有关，而每年填埋的废弃物量则与其无关。在已知起始年份 SWDS 中分解材料数量的条件下，可求出 T 年末 SWDS 累积的 $DDOCm$：

$$DDOCma_T = DDOCmd_T + (DDOCma_{T-1} \cdot e^{-k}) \tag{2}$$

在此基础上，可进一步求出 T 年末分解的 $DDOCm$：

$$DDOCmdecomp_T = DDOCma_{T-1} \cdot (1 - e^{-k}) \tag{3}$$

其中，T 为清单（计算）年份，$DDOCma_T$ 为 T 年末 SWDS 累积的 $DDOCm$，$DDOCma_{T-1}$ 为 T-1 年末 SWDS 累积的 $DDOCm$，$DDOCmd_T$ 为 T 年沉积到 SWDS 的 DDOCm，$DDOCmdecomp_T$ 为 T 年末 SWDS 分解的 DDOCm，k 为反应常量，$k = \ln2/t_{1/2}/$ 年，$t_{1/2}$ 为半衰期时间。

由此，可求出分解的 DDOCm 产生的甲烷：

$$CH_{4产生T} = DDOCmdecomp_T \cdot F \cdot 16/12 \tag{4}$$

其中，$CH_{4产生T}$ 为 T 年可分解材料产生的甲烷量，$DDOCmdecomp_T$ 为 T 年分解的 DDOCm，F 为产生的垃圾填埋气体中甲烷所占比重，16/12 为 CH_4/C 分子量之比。

由（4）式可以看出，甲烷是厌氧条件下有机材料降解产生的结果。某年份所填埋的废弃物会随着降解不断产生甲烷。此过程中,其释放的甲烷将在随后几十年里逐渐减少。另外,回收的甲烷必须从产生的甲烷数量中减去,只有未回收的甲烷会在废弃物覆盖层处氧化。因此,T年时固体废弃物填埋产生的甲烷排放为:

$$CH_{4排放} = \left[\sum_x CH_{4产生x,T} - R_T \right] \cdot (1 - OX_T) \tag{5}$$

其中,$CH_{4排放}$为T年排放的甲烷,T为计算年份,x为废弃物类别,R_T为T年回收的甲烷,OX_T为T年的氧化因子。

(二)固体废弃物生成量:相关数据处理

编制固体废弃物生成的数据是估算其排放温室气体的起点。在编制过程中,由于经济发展水平、产业结构、废弃物管理法规以及生活方式不同,各国固体废弃物的产生率和成分也不尽相同。《2006年IPCC国家温室气体清单指南》将填埋处置的固体废弃物分为三类:城市固体废弃物(MSW)、污泥和工业废弃物。中国的情况则有所不同。由于中国农村人口所占比重较大,农村废弃物排放也不可忽视。同时,鉴于污泥占填埋处置废弃物的比重较小,且中国可查污泥的统计数据较短,在此不做估算。因此,本研究重点测算城市固体废弃物、农村固体废弃物与工业固体废物三项指标。

如前所述,给定一期固体废弃物在填埋后,甲烷会随着有机物质的分解陆续排放,其排放过程将是长期的。假定值为1的废弃物在第0期被填埋,通过对其一阶衰减过程进行数值模拟可发现,第二期时废弃物的甲烷排放量最高,此后逐渐减少,至第50期时甲烷排放量已基本为零。相比固体废弃物填埋量,废弃物产生的温室气体排放量(折合为碳排放)存在一定的滞后。当废弃物填埋量达到峰值时,其产生的碳排放量将会延后若干年才能达到峰值。因此,为使计算结果更加准确可信,一阶衰减法需要收集或估算废弃物的历史处置数据,采用至少50年的处置数据为佳(见图10-3)。

1. 城市固体废弃物生成量

本研究使用中国历年城市生活垃圾清运量代表城市固体废弃物生成量。由于该指标自1980年才有可查数据,为了获得50年以上的数据,需对未来一段时期城市生活垃圾清运量进行预测。城市垃圾生成(清运量)主要受人口、城市化率、经济发展水平以及垃圾处理技术等因素的影响,因此,利用1980~2010年相关数据,选取城市人口、城市化率、人均GDP、生活垃

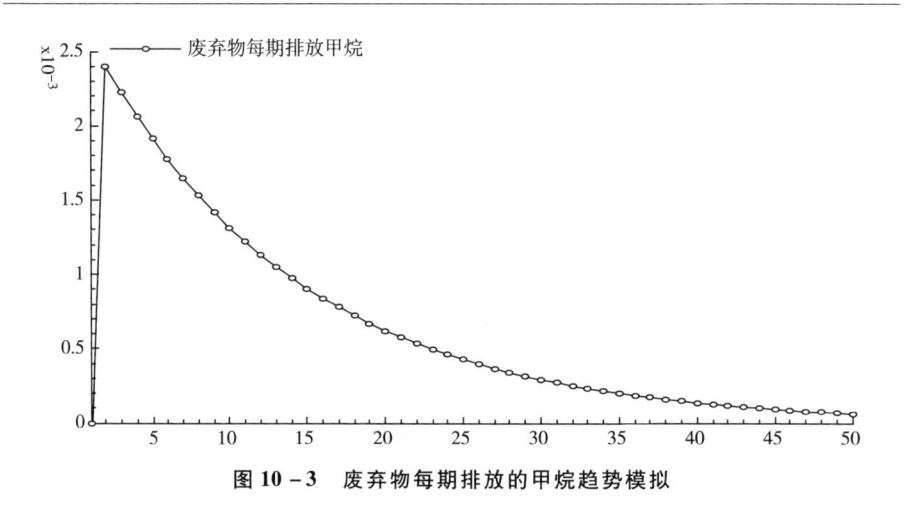

图 10-3 废弃物每期排放的甲烷趋势模拟

圾排放强度（生活垃圾清运量/GDP）作为相应的自变量，预测采用多元线性回归方法，计量回归结果如下。

$$rab = -14.155 + 0.991mp - 0.994mr + 1.006a + 0.996t \quad (5)$$
$$(-31.35)^* \quad (26.32)^* \quad (-26.08)^* \quad (143.76)^* \quad (201.10)^*$$

注：括号内为 t 值，*表示 p<0.01。

其中，rab 为城市生活垃圾清运量，mp 为城市人口，mr 为城市化率，a 为人均 GDP，t 为城市生活垃圾排放强度。各变量数据均经过对数化处理。统计检验结果为：$R^2=0.999$，p=0.000，D.W.=1.43。

为预测 2011~2050 年城市生活垃圾清运（排放）量，需设定方程（5）中各变量 2011~2050 年的变化情景（见表 10-1）。

表 10-1 相关变量的情景设定

变 量	情景模式设定目标
城市人口	2050 年城市人口为 2005 年的 2 倍
城市化率	2050 年城市化率为 79%，达到美国 2009 年水平
人均 GDP	2050 年人均 GDP 约 30000 美元（2005 年美元）
城市生活垃圾排放强度	2050 年城市生活垃圾排放强度较 2005 年下降 90%

根据上述对各变量的情景设定进行预测，结果显示，到 2050 年，中国城市生活垃圾清运（排放量）仍不会出现峰值，且在 2040~2050 年间，城市生活垃圾排放量将呈现加快增加的趋势（见图 10-4）。这表明，城市化

进程加快、城市人口增多及居民生活水平提高将导致城市生活垃圾生成量不断上升。

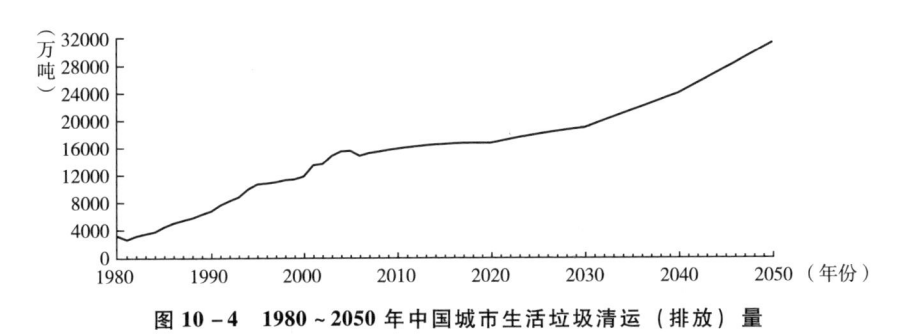

图 10 - 4　1980 ~ 2050 年中国城市生活垃圾清运（排放）量

2. 农村固体废弃物产生趋势

中国农村固体废弃物主要由农业有机副产物构成（陈雪雯等，2010）。农业有机副产物则由农业生产产生，包括农作物秸秆、玉米芯、棉籽皮等。黄振管（1999）的研究提供了农业有机副产物的计算方法：$W = Q_1 \cdot k + Q_2$。其中，W 为农业副产物生产量，Q_1 为农作物产量，k 为秸秆系数，Q_2 为非秸秆类农业副产物。蔡金炉（1992）估算出中国的秸秆系数 k 值为 1.35[①]。采用历年粮食产量数据替代秸秆类农作物产量数据，即可计算出 1980 ~ 2010 年农村固体废弃物排放量。

为了预测 2011 ~ 2050 年农村固体废弃物排放，需要对未来中国粮食产量进行预测。刘江（2000）参照中等发达国家的消费结构预测出中国未来 50 年的人均粮食需求。在刘江给出的整数年节点预测基础上，利用 matlab 对其进行样条函数插值模拟，可得出其他年份人均粮食需求量。结果显示，2050 年，中国人均粮食需求量将达到 430 千克，比 2005 年增长 9.4%。由此，利用前文对未来人口的预测结果，则可估算出 2011 ~ 2050 年中国粮食需求量。假定未来中国能保持粮食基本自给，则可近似将粮食需求量等于粮食生产量[②]。在

[①] 由于中国农作物主要由秸秆类作物构成，非秸秆类作物所占比重较小，为便于预测未来农业副产物的产量，本文暂不考虑非秸秆类作物的排放。另外，受数据来源限制，本文未将农村生活垃圾计入农村固体废弃物之中，但可以预见，随着农民收入水平提高和消费结构变化，中国农村生活垃圾生成量也将逐步增加。

[②] 2004 年以来，中国粮食连续 6 年增产，2009 年粮食总产量达到 10616 亿斤，比 2003 年增产 2002 亿斤，粮食自给率保持在 95% 以上。尽管近两年来粮食进口量不断增加，但所占比重仍较小。同时，中国政府一直高度重视粮食安全问题，因此，可预计今后粮食生产与消费仍将基本处于平衡状态。

此基础上，测算中国农村固体废弃物的产生量，其态势是，未来中国农业的固体废物产生量将呈上升趋势，但上升速度趋缓。（见表10-4）

3. 工业固体废物生成量测算

自1980年以来，工业固体废物一直是中国固体废弃物的最大来源。2010年，中国工业固废产生量达到225094万吨，而城市生活垃圾清运量仅为15734万吨，前者是后者的约14倍。该指标的统计同样也始于1980年，因此，为获得50年以上的数据，需对未来工业固体废物产生量进行预测。预测同样采用多元线性回归的方法，选取总人口、人均GDP、工业固体废物产生强度（工业总体废物产生量/工业总产值指数）等影响工业固体废物生成的主要因素作为自变量，计量回归结果如下

$$iw = -15.917 + 1.081p + 1.185a + 0.864tw + u$$
$$(-1.98)^* \quad (1.53)^{**} \quad (21.36)^* \quad (16.84)^*$$
$$u = 0.673u_{-1} + \varepsilon$$
$$(6.06)^*$$

注：括号内为t值，*表示p<0.01，**表示p<0.05。

其中，iw为工业固体废物产生量，p为总人口，a为人均GDP，tw为工业固体废物产生强度。各变量数据均经过对数化处理。统计检验结果为：$R^2 = 0.998$，p=0.000，D.W.=1.21。

利用回归方程，通过设立各自变量2011～2050年增长情景模式（设定依据参照上文）（见表10-2），即可对2011～2050年工业固体废物产生量进行预测。预测结果显示，中国工业固体废物产生量将在2025年达到峰值，峰值额约为22亿吨，随后将逐步下降（见图10-5）。

表10-2 人口、人均GDP及工业固体废弃物产生强度的情景设定

变量	情景模式设定目标
总人口	2035年人口达到峰值，2050年回落至14亿人
人均GDP	2050年人均GDP 24716美元（2005年美元）
工业固体废物产生强度	2050年工业固体废物产生强度较2005年下降90%

资料来源：总人口和人均GDP设定同表10-1；工业固体废物产生强度为笔者预测。

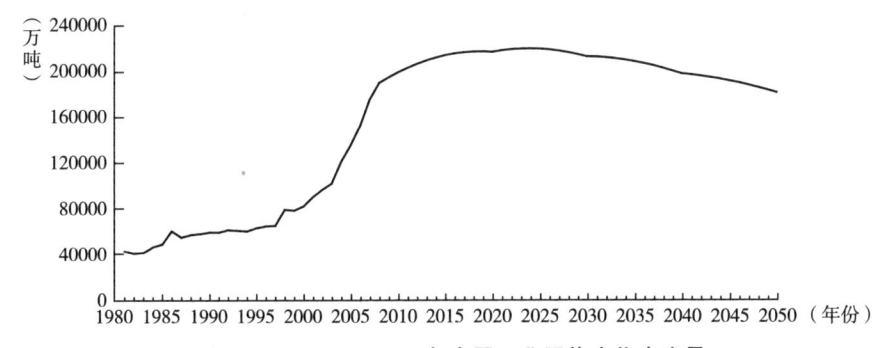

图 10-5　1980~2050 年中国工业固体废物产生量

目前，各国仅对无法回收再利用的废弃物采取填埋等处置手段，而且只有这部分的工业固体废物才会排放甲烷等温室气体。随着回收利用技术推广应用，工业固体废物回收利用比重不断提高，美国、日本、德国等发达国家工业固体废物利用率均已接近100%，促使工业固体废物温室气体排放显著下降。为缓解日益增大的环境和资源压力，近年来中国工业固体废物再利用力度加大，工业固体废物综合利用率已由1990年的29.3%上升至2010年的69%，其中"十一五"时期工业固体废物综合利用率提高13.2个百分点。但与发达国家相比，中国固体废物处理技术和综合利用水平仍存在一定差距，"减量化、无害化、稳定化、资源化程"度偏低，尚有较大的提升空间。与"十一五"规划不同，"十二五"规划中并未设置工业固体废物综合利用率目标，但2011年工业与信息化部发布了《工业转型升级规划(2011~2015)》，要求"十二五"末工业固体废物综合利用率达到72%。由此，假设2015年全国工业固体废物综合利用率为72%，2050年工业固体废物综合利用率接近发达工业国的水平，为95%，同样采用matlab对其进行样条函数插值模拟，可得出2011~2050年中国工业固体废物综合利用率数值（见图10-6）。在此基础上，计算出1980~2050年中国未被再利用的工业固体废物（即按填埋处理的工业固体废物）数量。[①] 结果显示，2011~2050年中国按填埋处理的工业固体废物数量明显下降。这一趋势符合加快转变发展方式的目标方向，也是随着产业转型升级工业固体综合利用率逐步提高的结果。

---

① 由于1980~1989年工业固体废物综合利用率没有统计数据，这一时期的数据按年均利用率25%估算。

图 10-6 2011~2050 年中国工业固废综合利用率

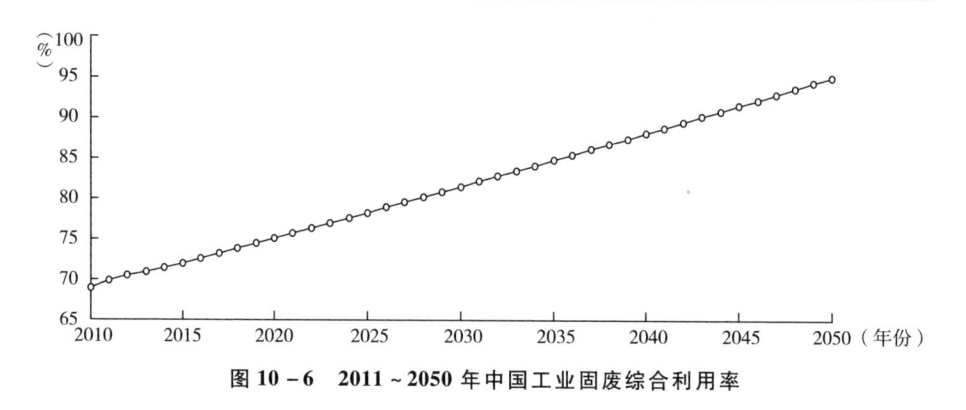

（三）计算结果

在获得 1980~2050 年城市固体废弃物、农村固体废弃物与工业固体废物填埋处置相关数据后，即可使用一阶衰减法分别计算出其排放的甲烷。计算步骤如下：首先，利用 T 年排放的固体废弃物数据，计算出当年产生出的可降解有机碳（DDOCm）。其次，计算 T 年年终时固体废弃物处置中所累积的 DDOCm。再次，计算 T 年固体废弃物处置中所分解的 DDOCm。最后，计算可分解材料所产生的甲烷。

使用一阶衰减法时，需要对相关参数进行校准。《2006 年 IPCC 国家温室气体清单指南》鼓励通过开展废弃物产生研究、SWDS 处抽样调查及结合国内可降解有机碳的分析，获取特定国家参数值。然而，由于调研条件限制，中国特定参数值尚难以获得。在这种情况下，本研究借鉴《2006 年 IPCC 国家温室气体清单指南》中给出的缺省参数值，测算甲烷排放量。其中，城市和农村固体废弃物的可降解有机碳（DOC）值为 0.14，可降解有机碳的比重（DOC_f）值为 0.5，甲烷修正因子（MCF）为 0.71，产生的垃圾填埋气体中甲烷的比重（F）值为 0.5，氧化因子（OX）值为 0。而对于工业固体废物，DOC 值为 0.15，DOC_f 值为 0.5，MCF 值为 0.72，F 值为 0.5，OX 值为 0。

由于半衰期的反应常量（k）值受气候影响较大，该数值在降雨量少的干地区与雨量丰沛的湿地区之间存在较大差异，而中国幅员辽阔、各地区气候和降雨量差别较大，直接影响反应常量的取值。因此，本研究以年均降水量 800 毫米作为划分标准，将中国 31 个省区市划分为干地区与湿地区，进而对参数 k 进行校准，以改进预测结果（见表 10-3）。同时，依据 1980~

2010年各省区市的GDP水平，测算各年干地区与湿地区参数权重，由此分别加权计算出中国城市、工业固体废弃物在半衰期中的反应常量k值。同样，利用1980~2010年各省区市粮食年产量，加权测算出中国农业固体废弃物在半衰期中的反应常量k值。

表10-3 中国干、湿地区划分

干地区（年降水量＜800毫米）	湿地区（年降水量＞800毫米）
北京、天津、河北、山西、内蒙古、甘肃、陕西、宁夏、青海、新疆、西藏、河南、山东、黑龙江	上海、江苏、安徽、浙江、福建、广东、广西、海南、江西、湖南、湖北、四川、重庆、云南、贵州、吉林、辽宁

利用校准后的参数，分别求出各年城市、农村、工业固体废弃物甲烷排放量，加总得出废弃物甲烷排放总量，进而换算成废弃物碳排放总量（见表10-4）[①]。结果显示，1981~2010年，中国固体废弃物碳排放处于快速上升态势，2010年碳排放量达2875.25万吨。但固体废弃物的碳排放占全国碳排放总量比重在2001年达到2.34%的高点之后，下降较快，2010年这一比值降至1.21%。主要原因在于：一方面，20世纪头十年这一轮工业和经济高增长导致能源、工业生产过程等主要排放源的碳排放增长相对更快，占排放总量的比重上升幅度更大；另一方面，这也是中国废弃物处置水平提高的结果。继续推算未来固体废弃物的碳排放量发现，中国固体废弃物产生的碳排放将于2030年达到峰值，峰值量为3544.44万吨，在全国碳排放总量中所占比重为1.15%。随后排放量将呈下降趋势，占全国碳排放总量的比重进一步下降（见图10-8）[②]。

表10-4 1981~2010年中国固体废弃物碳排放

单位：万吨,%

年份	城市固废产量	农村固废产量	工业固废填埋量	城市固废甲烷排放量	农村固废甲烷排放量	工业固废甲烷排放量	废弃物碳排放总量	中国碳排放总量	所占比重
1981	2606	43877.70	32291.25	7.52	103.87	95.30	155.02	40596.09	0.38
1982	3125	47857.50	30375.75	13.23	201.66	172.61	290.63	42374.55	0.69

---

① 根据《2006年IPCC国家温室气体清单指南》，1吨CH_4 = 21吨CO_2当量。
② 2010~2050年中国碳排放的预测数据参见渠慎宁等（2010）。

续表

年份	城市固废产量	农村固废产量	工业固废填埋量	城市固废甲烷排放量	农村固废甲烷排放量	工业固废甲烷排放量	废弃物碳排放量	中国碳排放总量	所占比重
1983	3452	52282.80	30888.75	19.77	301.93	239.32	420.77	44999.44	0.94
1984	3757	54986.85	33908.25	26.62	405.55	302.54	551.03	48616.77	1.13
1985	4477	51179.85	36306.75	33.71	508.15	369.06	683.19	52667.00	1.30
1986	5009	52853.85	45273.00	42.02	594.18	437.01	804.90	55613.22	1.45
1987	5398	54402.30	40155.75	51.00	678.00	523.42	939.31	59675.10	1.57
1988	5751	53200.80	42099.00	60.26	759.46	590.22	1057.45	64043.20	1.65
1989	6292	55019.25	42879.75	69.70	832.14	657.26	1169.32	66754.45	1.75
1990	6767	60242.40	40862.48	79.75	903.92	721.47	1278.85	67758.89	1.89
1991	7636	58764.15	37253.21	90.22	983.03	775.77	1386.76	71424.59	1.94
1992	8262	59759.10	37377.94	102.01	1052.86	816.72	1478.70	75006.40	1.97
1993	8791	61626.15	37827.00	114.45	1120.03	855.04	1567.14	79286.80	1.98
1994	9952	60088.50	35911.73	127.26	1186.81	891.75	1654.36	83602.05	1.98
1995	10671	62993.70	36814.65	141.93	1245.06	920.80	1730.84	88968.99	1.95
1996	10825	68112.90	37561.29	157.26	1306.07	950.11	1810.07	94752.73	1.91
1997	10982	66712.95	35965.25	171.85	1374.94	979.24	1894.52	92696.77	2.04
1998	11302	69160.50	41395.16	185.76	1435.46	1002.09	1967.49	87974.86	2.24
1999	11415	68632.65	37887.49	199.43	1497.48	1037.45	2050.77	89343.43	2.30
2000	11819	62394.30	44149.93	212.38	1553.73	1061.10	2120.41	91797.81	2.31
2001	13470	61106.40	42554.36	225.37	1590.94	1099.37	2186.76	93554.00	2.34
2002	13650	61703.10	45458.83	241.37	1622.36	1130.71	2245.83	99153.42	2.27
2003	14857	58144.50	45393.46	256.65	1652.93	1167.35	2307.70	115870.38	1.99
2004	15509	63378.45	53173.29	273.72	1672.75	1201.17	2360.73	134067.95	1.76
2005	15577	65342.70	59023.11	291.11	1703.70	1252.82	2435.73	148593.96	1.64
2006	14841	67235.40	60313.32	307.41	1737.12	1315.99	2520.39	162789.07	1.55
2007	15215	67716.00	66564.53	320.77	1772.66	1377.95	2603.53	175263.82	1.49
2008	15438	71375.85	67875.34	334.05	1806.78	1451.72	2694.41	185056.83	1.46
2009	15734	71660.70	67301.19	346.91	1847.21	1523.57	2788.27	198018.78	1.23
2010	15805	72060.92	69779.14	359.54	1885.40	1588.72	2875.25	231570.55	1.21

资料来源:"城市固废产量"数据来自《中国统计年鉴》(相关年份),其他数据为笔者计算。

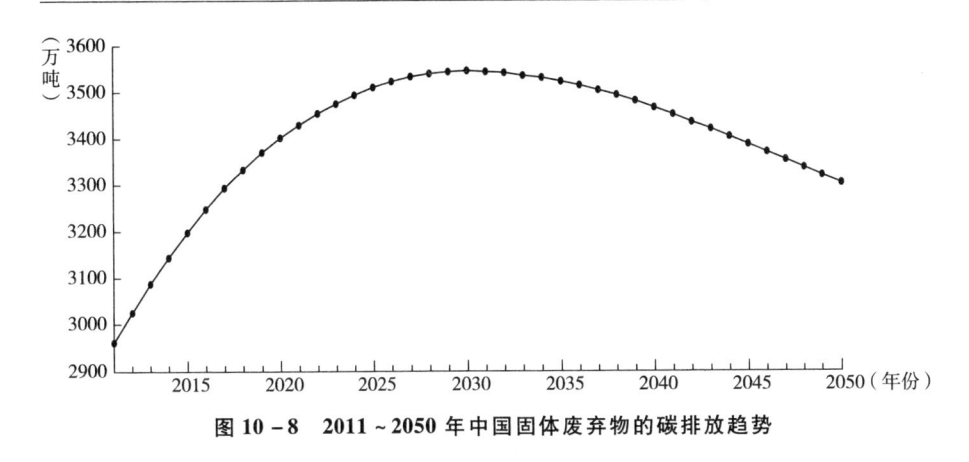

图 10-8 2011~2050 年中国固体废弃物的碳排放趋势

三 废弃物减排成本收益：基于水泥窑协同处理方式的分析

（一）废弃物处置策略选择

自 20 世纪 60 年代以来，欧、美、日等发达国家处置废弃物的主要技术路线有三种：一是采用机械方法，以填埋为主；二是采用焚烧与热裂解方法，以焚烧发电为主；三是生化方法，以厌氧堆肥和制造再生固体燃料（RDF）为主。然而，在实际运营中，填埋、焚烧及堆肥法逐渐暴露一些缺点（见表 10-5）。进入 20 世纪 90 年代后期，欧盟和日本接连发生了填埋场渗透液泄漏的事故，同时垃圾焚烧炉残渣和飞灰的净化和再处置也遇到困难。在这种情况下，各国开始重新修订填埋场的防渗漏标准和技术规范，但在随后的实施过程中，欧盟和日本发现所需采取的补救措施成本较高，收效不大，且不能根除二次污染隐患。经过反复论证，2007 年至今，德国、英国、丹麦、荷兰、挪威、瑞等国相继做出决策，不再新建填埋场和焚烧厂。对于新产生的可燃废物和垃圾，这些国家要求要求采取其他更安全、更经济的处置方法，相关法规也正在研讨修订之中。随着废弃物处置技术的创新发展，利用水泥窑消纳废弃物等废弃物处置方式越来越受到重视。根据《巴塞尔公约》，水泥窑协同处理废弃物被视为对环境无害的处理方法。欧盟在其 2020 年发展战略中将这一新型技术作为废弃物处置的行之有效的措施，而日本也已于 2002 年推出了"生态水泥"（JISR5124）新标准，拟将每年产生的约 250 万吨垃圾焚烧炉灰渣制造成水泥，以解决其对环境的二次污染隐患。

表 10-5　废弃物填埋法、焚烧法、堆肥法的优缺点比较

	优　点	缺　点
填埋法	消纳处理量大，操作工艺简便，进场及维持费用较低，适用范围广	一次污染无法避免，同时浪费很多可回收资源，占用大量土地。使用期限最长30年，难以满足城市发展和建设的需要。
焚烧法	占地面积相对较小，能源得到一定程度的利用	技术难度较大，运行成本较高，对大气产生严重污染，同时焚烧过程中产生的污染物需进行二次处理。
堆肥法	仅用于处理垃圾中的有机成分	减容减量及无害化程度低，垃圾处理量少，经筛选后不适合堆肥的垃圾还需采用其他方法处置。长期使用易引起土壤板结和地下水水质变坏等问题，此外费用较高，且存在爆炸、细菌感染等隐患。

近年来，水泥工业技术不断创新和配套装备的逐步完善。大量实践证实，与传统的填埋、焚烧、堆肥等方法相比，现代新型干法水泥窑（PC窑）系统具有明显优势（见表 10-6）。水泥窑可消纳的废物种类较多，适用范围广。无论是固体或液体、块状、粒状或膏状，普通废物、危险废物或有毒废物，都可以在水泥窑或预分解炉内燃烧殆尽。按照性能与特点，不同废弃物可以分别用做水泥工业的混合材、替代原料或替代燃料，从而使得物尽其用。同时，水泥窑对各种可燃废物有很强的适应能力，略作调整便不会影响水泥熟料的正常性能和质量，也不会影响窑的正常操作运行。而从环境影响来看，水泥窑内由于温度较高（1600℃），热容量和热惯性大，废料在高温区的停留时间长（5~15秒），有害成分均能被彻底分解，加之水泥窑系统中高浓度气固悬浮体及其碱性气氛对酸性有害成分的中和与吸附作用，窑废气中的重金属、氯化合物、二噁英、呋喃等含量远低于国家有关标准，能够确保环境安全。另外，废弃物在水泥窑内燃烧后的残渣，即使其中含有硫、氯或某些重金属等有害物质，也都全部固熔在水泥熟料的晶格之中，不会再逸出或析出，不产生二次污染隐患。因而，总体而言，由于水泥消费量和生产规模较大，水泥窑单机产能高，水泥工业对各种废物的消纳量巨大，利用水泥窑处置废弃物的发展潜力相当可观。

表 10-6　水泥窑与传统废弃物处置方法比较

处理方式	填埋	堆肥	焚烧	水泥窑
占地	需较大面积	中等	小	小
适用条件	无机物>60%；含水量>30%；密度<0.56/立方米	从无害化角度，垃圾中可生物讲解有机物大于等于10%，从肥效出发成大于40%	垃圾低位热值>3300千焦/千克时，可不添加辅助燃料	工业、农业、城市废弃物及污泥均可
产品	可回收沼气发电	能生产堆肥产品但建立稳定的堆肥市场较困难	能产生热能或电能	提供燃料和水泥熟料
土壤污染	限于填埋场区	需控制堆肥制品中重金属含量	无	无
地下水污染	有可能，虽可采取防渗措施但仍然可能发生渗漏	重金属等可能随堆肥制品污染地下水	灰渣中没有有机质等污染物，仅需填埋时采取固化措施可防止污染	无
地表水污染	有可能，但采取措施较少	非堆肥物填埋时与卫生填埋相同	炉渣填埋时有可能对地表水造成污染	无
大气污染	有大气污染，影响半径800~1200米	有轻微气味，影响半径小于200米	可以控制，但二噁英等微量剧毒物质尚难控制	无
单位投资（万元/（吨/天））	8~10	12~18	20~28	6.3~8.4
废弃物处理成本（元/吨）	29.8	8.2	100	60

资料来源：根据《水泥工程》《铜陵市利用水泥工业新型干法窑处置生活垃圾工程可行性报告》等整理。

目前，中国处置废弃物的主要方式仍以填埋为主，堆肥与焚烧处置较少。有超过80%的废弃物通过填埋处理，但用地紧张和二次污染已成为填埋的瓶颈。实际上，这种处理方式只是完成了废弃物污染的转移，而并未真正实现废弃物的"无害化、减容化、资源化"处理，难以满足节能减排、资源综合利用的要求。尤其在中国东部地区的一些经济发达省市，人口密度大，土地资源紧张，决定了未来在这些地区，废弃物处置应采用占地面积小、利用效率高、环境影响低的新技术和新方式。从欧美等发达国家的经验来看，建立焚烧炉不仅投资和处理成本较高，且会对环境造成较为严重的二次污染，而通过水泥窑协同处理城市垃圾，在"无害化、减容化、资源化"等方面的优势明显。借助现有水泥窑的高温环境，水泥窑协同处理废弃物的投资成本在所有处理手段中也是最低的。同时，由于废弃物可作为水泥生产过程中的替代原料和替代燃料使用，处理废弃物还可带来一定的经济收益。考虑到中国现有水泥工业规模以及未来水泥的需求，利用水泥窑协同处理废弃物的潜力巨大。经过多方努力，2010年4月，住房和城乡建设部、国家发展和改革委员会、环境保护部联合发布《生活垃圾处理技术指南》，将水泥窑协同处理作为废弃物处置的重要方式。因此，本研究将水泥窑协同处理作为未来处理废弃物的主要手段，测算废弃物减排的成本与收益。

（二）废弃物减排成本估算

根据前文的预测路径，如表10-7所示，中国2011~2050年废弃物产生量及所排放量，废弃物部门将于2030年达到碳排放峰值，为3544.44万吨。将其作为一种基准情景，为推动中国废弃物部门提前达到峰值，需要增加资本及人力投入，以减少每年的固体废物产生量。

表10-7 基准情景下中国2011~2050年废弃物产生量及所排放量

单位：万吨

年份	城市固废产量	农村固废产量	工业固废填埋量	城市固废甲烷排放量	农村固废甲烷排放量	工业固废甲烷排放量	废弃物碳排放量
2011	16059.15	72562.42	61244.21	371.43	1921.78	1655.61	2961.62
2015	16548.98	74546.94	60035.47	415.12	2053.94	1795.07	3198.10
2020	16691.65	76661	54039.34	458.01	2193.79	1883.78	3401.69
2025	17987.58	78491.23	47755.15	493.91	2310.75	1875.07	3509.80
2030	18920.50	79932.09	39438.78	530.38	2408.37	1787.17	3544.44
2035	21446.81	80935.61	31825.78	571.89	2488.65	1636.19	3522.55
2040	23923.26	81551.27	23578.99	626.49	2552.12	1442.63	3465.93
2045	27529.69	81978.09	16304.43	694.56	2601.11	1221.44	3387.83
2050	31313.67	82176.49	9076.40	779.49	2638.26	987.24	3303.74

分别假定使废弃物部门较基准方案提前5年、7年和10年达到峰值，则每年所需实行的减排方案及其减排效果如表10-8所示。在"方案一"中，废弃物部门碳排放将于2025年达到峰值，而这需使每年城市固体废弃物、农村固体废弃物及工业固体废弃物排放量减少15%；"方案二"中，废弃物部门碳排放于2023年达到峰值，而这需每年城市固体废弃物、农村固体废弃物及工业固体废弃物排放量减少18%；"方案三"中，废弃物部门碳排放于2020年达到峰值，而这需每年城市固体废弃物、农村固体废弃物及工业固体废弃物排放量减少21%。

减少固体废弃物排放量需要技术、设备及人力等方面的投入。以水泥窑协同处理方法为例，由于水泥窑有天然的稳定高温环境，不必另外建设高温炉，土地方面也只需稍加扩展即可，垃圾则略作预处理便可送入水泥窑焚烧。因此，投资成本较低，一般介于6.3万~8.4万元/（吨·天）之间。其中，60%左右投资于设备，25%~30%投资于基建。假定每年需减少的废弃物都由水泥窑处理，中国需一次性固定投资用于相关设备与基础建设。考虑规模经济的作用，可假定投资成本为6.3万元/（吨·天），而固定投资规模则由实施减排策略后，初期（最初五年）所需减少的废弃物数量均值决定。固定投资完成后，废弃物每吨的处置成本为60元。若不考虑技术进步、通货膨胀率、折旧等因素对固定投资、处置成本的影响，及城市废弃物、农村废弃物及工业废弃物之间的处置成本差异，则可对未来中国废弃物减排每年所需的额外成本进行测算，计算结果见表10-8。

表10-8 废弃物部门减排成本分析

	方案一		方案二		方案三	
完成目标	提前5年达到峰值		提前7年达到峰值		提前10年达到峰值	
减排方案	每年城市固体废弃物、农村固体废弃物、工业固体废弃物排放量减少15%		每年城市固体废弃物、农村固体废弃物、工业固体废弃物排放量减少18%		每年城市固体废弃物、农村固体废弃物、工业固体废弃物排放量减少21%	
年份	废弃物部门碳排放（万吨）	所需成本（万元）	废弃物部门碳排放（万吨）	所需成本（万元）	废弃物部门碳排放（万吨）	所需成本（万元）
2011	2961.616	1348792.044	2961.616	1618550.436	2961.616	1888308.856
2015	3047.221	1360182.561	3017.046	1632219.074	2986.871	1904255.559

续表

	方案一		方案二		方案三	
完成目标	提前5年达到峰值		提前7年达到峰值		提前10年达到峰值	
减排方案	每年城市固体废弃物、农村固体废弃物、工业固体废弃物排放量减少15%		每年城市固体废弃物、农村固体废弃物、工业固体废弃物排放量减少18%		每年城市固体废弃物、农村固体废弃物、工业固体废弃物排放量减少21%	
年份	废弃物部门碳排放（万吨）	所需成本（万元）	废弃物部门碳排放（万吨）	所需成本（万元）	废弃物部门碳排放（万吨）	所需成本（万元）
2020	3117.216	1326527.847	3060.322	1591833.406	3003.427	1857138.965
2025	3138.353	1298105.613	3064.064	1557726.73	2989.774	1817347.875
2030	3119.21	1244622.343	3034.165	1493546.812	2949.12	1742471.281
2035	3067.246	1207873.842	2976.186	1449448.61	2885.126	1691023.379
2040	2996.219	1161481.717	2902.277	1393778.065	2808.334	1626074.414
2045	2914.109	1132309.946	2819.364	1358771.907	2724.62	1585233.896
2050	2831.835	1103098.992	2737.453	1323718.801	2643.072	1544338.61

从表 10-8 还可发现，与废弃物生成量减排幅度略有不同，"方案一"中 2050 年废弃物的碳排放量较基准情景减少约 15%，"方案二"中 2050 年碳排放量较基准情景减少约 17%；"方案三"中 2050 年碳排放量较基准情景减少约 20%。因此，为达到不同减排方案下 2050 年碳排放量较基准情景分别下降 15%、17% 和 20% 的目标，到 2050 年所需的一次性固定投资分别为 379.73 亿元、466.03 亿元和 535.07 亿元，累计处置投资分别为 4970.46 亿元、5964.55 亿元和 6958.64 亿元（见表 10-9）。如果考虑技术进步的因素，减排成本可能会较本研究所预测的低一些，但通货膨胀则会在一定程度上推高减排成本。

表 10-9 废弃物部门碳排放减排目标与成本

	方案一	方案二	方案三
实现目标	2050 年碳排放较基准情景下降 15%	较基准情景下降 17%	较基准情景下降 20%
初期需减少废弃物排放量	约 22000 万吨/年	约 27000 万吨/年	约 31000 万吨/年
一次性固定投资（亿元）	379.73	466.03	535.07
年份	累计处置成本（亿元）		
2020	1349.21	1619.06	1888.91

续表

	方案一	方案二	方案三
实现目标	2050年碳排放较基准情景下降15%	较基准情景下降17%	较基准情景下降20%
初期需减少废弃物排放量	约22000万吨/年	约27000万吨/年	约31000万吨/年
一次性固定投资（亿元）	379.73	466.03	535.07
年 份	累计处置成本（亿元）		
2030	2638.95	3166.74	3694.53
2040	3841.10	4609.32	5377.54
2050	4970.46	5964.55	6958.64

注：初期需减少废弃物排放量数值为减排方案下最初几年需减少的数额均值，随着时间的推移，每年需减少的废弃物排放量将逐步递减，但从水泥窑一次性投资建设来看，需根据初期减少的废弃物排放量来投资。

（三）废弃物减排收益估算

采用水泥窑协同处置方式，废弃物可作为生产水泥的替代原料与替代燃料。目前，日本每生产1吨水泥利用废物量达到400千克，而美国水泥厂燃料替代率达到20%~60%，欧洲的先进水泥厂燃料替代率已高达80%以上。在生产水泥过程中，一般燃料所占总成本比重为30%~40%。以目前水泥市价每吨400元估算，假定今后生产1吨水泥，每吨废弃物的贡献率为20%，则处置1吨废弃物能带来80元的收益。同样不考虑技术进步、通货膨胀率等因素的影响，可测算出三种方案下每年处置废弃物所带来的收益（见表10-10）和累计收益（见表10-11）。

表10-10 废弃物部门的减排收益

	方案一	方案二	方案三
完成目标	提前5年达到峰值	提前7年达到峰值	提前10年达到峰值
实行计划	每年城市固体废弃物、农村固体废弃物、工业固体废弃物排放量减少15%	每年城市固体废弃物、农村固体废弃物、工业固体废弃物排放量减少18%	每年城市固体废弃物、农村固体废弃物、工业固体废弃物排放量减少21%

续表

年份	方案一 废弃物部门碳排放（万吨）	方案一 所得收益（万元）	方案二 废弃物部门碳排放（万吨）	方案二 所得收益（万元）	方案三 废弃物部门碳排放（万吨）	方案三 所得收益（万元）
2011	2961.616	1798389.38	2961.616	2158067.256	2961.616	2517745.132
2012	2984.496	1803175.447	2976.117	2163810.537	2967.737	2524445.626
2013	3006.295	1809097.723	2990.123	2170917.267	2973.95	2532736.812
2014	3027.252	1813497.588	3003.825	2176197.106	2980.398	2538896.623
2015	3047.221	1813576.735	3017.046	2176292.082	2986.871	2539007.429
2020	3117.216	1768703.78	3060.322	2122444.536	3003.427	2476185.292
2025	3138.353	1730807.488	3064.064	2076968.985	2989.774	2423130.483
2030	3119.21	1659496.469	3034.165	1991395.763	2949.12	2323295.057
2035	3067.246	1610498.453	2976.186	1932598.144	2885.126	2254697.834
2040	2996.219	1548642.293	2902.277	1858370.752	2808.334	2168099.211
2045	2914.109	1509746.578	2819.364	1811695.894	2724.62	2113645.21
2050	2831.835	1470798.665	2737.453	1764958.398	2643.072	2059118.131

表 10-11 废弃物部门碳排放减排的目标与收益

	方案一	方案二	方案三
实现目标	2050年碳排放较基准情景下降15%	2050年碳排放较基准情景下降17%	2050年碳排放较基准情景下降20%
年份	累计获得收益（亿元）		
2020	1798.96	2158.75	2518.54
2030	3518.60	4222.32	4926.04
2040	5121.46	6145.57	7170.05
2050	6227.28	7952.73	9278.19

比较表 10-9 与表 10-11 的计算结果，可利用累计收益扣除一次性固定投资与累计处置成本测算出累计净收益。从表 10-12 可以看出，尽管废弃物处置一次性固定投资较大，且每年处置成本较高，但由于收益同样可观，到 2020 年，已能弥补固定投资与处置成本，并开始产生一定净收益。随着时间的推移，累计净收益会逐步提高。至 2050 年，整个产业所能带来的净收益能超过千亿元规模。

表 10 – 12 废弃物部门碳排放减排目标与净收益

实现目标	方案一 2050年碳排放较基准情景下降15%	方案二 较基准情景下降17%	方案三 较基准情景下降20%
2020	70.02	73.66	94.56
2030	499.92	589.55	696.44
2040	900.63	1070.22	1257.44
2050	877.09	1522.15	1784.48

（四）小结

以上分析表明，尽管利用水泥窑处置废弃物的前期投资较大，但后期收益能够弥补前期的投资成本及处置成本，回收成本到投资见效所需时间不到十年，而且计算过程中还未计入消纳垃圾的国家政策性补贴，因此，利用水泥窑协同处理废弃物在经济上是可行的。同时，这一计算结果还反映出，处置技术的创新发展是提高废弃物减排效益、降低减排成本的关键。为此，国家应加大对相关技术研发的投入，并鼓励新技术的推广应用。

对于占世界水泥总量50%的中国水泥工业而言，提高资源利用率和降低污染排放强度尤为重要。近年来，中国一些外资和中外合资的大型水泥集团，如越秀-海德堡、华新-豪西姆、法国拉法基等，在国外技术与经验支撑下，已开始试运行水泥窑协同处置废弃物的工程。可以预见，水泥工业的绿色发展将改变该行业的环境空间。在国家绿色发展政策措施不断完善的情况下，积极推广水泥窑协同处置技术，不仅将为循环经济发展和生态城市建设带来更大的效益，而且还将为温室气体减排做出积极贡献。

从全国范围来看，填埋和焚烧仍是废弃物处置的主要方式。中国当前仍不惜巨资大力发展垃圾填埋场和焚烧炉厂。据环境保护部统计，中国正在建的焚烧炉为25台（套），"十一五"期间共新建82台（套）垃圾焚烧炉（含发电）和约200个垃圾填埋场等，用于城市垃圾处置的总投资为600亿元。在处置相同废弃物量的情况下，利用现有水泥窑处置所需的基建投资估计不足新建焚烧炉发电厂的1/4，其所替代而节省的煤量足以抵消垃圾焚烧炉的实际发电量。目前，有关部门已对利用水泥窑协同处置废弃物的手段有所重视。工业和信息化部出台的《十二五规划纲要》中提出将"支持水泥窑协同处置城市生活垃圾、污泥生产线和建筑废弃物综合利用示范线的建设"作为建材工业发展重点之一。"十二五"期间,将着力通过试点示范,引导城市周边有条件的水泥企业有序转为城市"净化器",将水泥工业打造成兼顾水泥生产和废弃物无害化最终处置的功能产业。

今后,应根据欧盟和日本在此方面的经验教训,从长远考虑,对这种技术路线进行充分论证,促使中国现有的 800 多台 PC 水泥窑在减排中发挥更大作用。政府应继续制订相关标准和政策,鼓励水泥窑协同处置废物项目发展,避免垃圾填埋和焚烧带来的污染隐患。同时,应专门制订颁布一项水泥厂烧可燃废物的污染物排放标准,使水泥企业有章可循,并对企业前期投资及运营过程中给予税收优惠或低息贷款等政策扶持,参考对垃圾焚烧发电的补贴政策,帮助企业弥补前期运营亏损。水泥厂也可从当地和邻近地区相对富集的可燃废物着手,采用较简捷的技术装备,逐步开展试烧可燃废物的各项工作,积累经验,提高原料和燃料替代率。这种做法一次性投资较小,对新增设备和人员的管理较为便利。

四 国际比较与政策建议

过去 20 年中,主要发达国家废弃物温室气体排放占其排放总量的比重均有较大幅度下降。1990～2009 年,美国、澳大利亚、日本在碳排放总量出现不同程度增长的情况下,其废弃物的碳排放仍有明显下降,而同期欧盟(15 国)废弃物的碳排放下降也远远超过其排放总量的下降幅度(见表 10-13)。产业升级转移、废弃物处理技术进步、工业清洁生产和循环经济的推广以及居民生活垃圾规范化管理是导致发达国家废弃物温室气体排放下降的主要原因。目前,欧美国家废弃物收集、回收、处理、加工及销售的规模化、产业化水平不断提高,并已形成较为成熟的商业模式。固体废弃物处理公司一般有包括废弃物回收中心、垃圾填埋场、有机废弃物堆肥场等在内的一整套处理设施,而居民和商业机构缴交纳的废弃物处理费以及回收产品和副产品销售则是其收益的主要来源。回收率提高减少了温室气体排放,缓解了水体污染,降低了对填埋场和焚烧炉的需求,并提供工业原材料,节约能源,增加就业机会。目前,发达国家不仅废弃物处置技术领先,而且还建立了较为科学完善的废弃物管理体系,其核心内容在于设置合理的废弃物管理分级制度。处置废弃物时首先在生产过程中减少废弃物排放,其次为废弃物回收利用及循环利用,再次为废弃物再生处理(如堆肥和厌氧消化),最后才为填埋处理（见图10-9）。通过尽量在源头对可循环利用物质进行分离，可减少废弃物产生，提高废弃物回用量。

表10-13 主要发达国家废弃物温室气体排放情况

单位：%

国家和组织	2009年废弃物排放占碳排放总量的比重	1990~2009年废弃物碳排放变化	1990~2009年碳排放总量变化
欧盟（15国）	3.09	-39.1	-12.7
美国	2.27	-14.1	7.3
日本	1.8	-14.6	0.4
澳大利亚	2.61	-21.9	30.5

资料来源：根据各国《温室气体国家排放清单》相关年份计算。

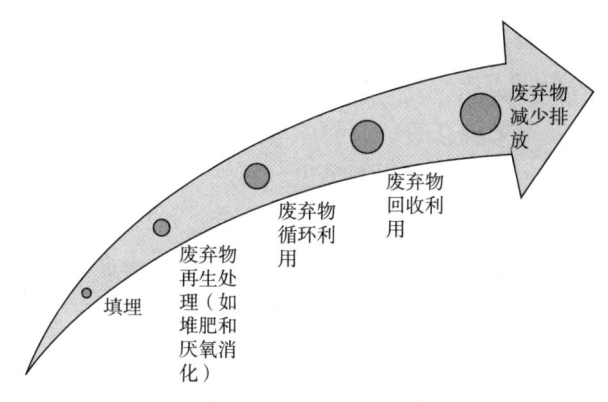

图10-9 发达国家废弃物处理的优先次序

与发达国家相比。中国人均GDP和城市化率较低，人均固体废弃物日产量约为0.75千克，仍处于较低水平，而日本、卢森堡、美国等发达国家人均固体废弃物日产量分别达到1.2千克、1.75千克和2.1千克（世界银行，2005）。然而，中国由于人口基数大，废弃物生成总量较大，而且随着人均收入不断提高，工业化和城市化进程加快，中国废弃物生成量特别是城市固体废弃物产量呈快速上升趋势，废弃物的温室气体排放增加，环境影响增大。与发达国家废弃物温室气体排放已出现下降的趋势不同，本研究的测算结果显示，中国废弃物碳排放到2030年才能达到峰值。到2050年，中国废弃物排放与峰值时水平相比下降约10%，与美国、日本1990~2005年变化情况相近，这是由中国经济发展和工业化的阶段性特征决定的。相对于城市固体废弃物,由于中国粮食需求的逐步稳定,农村固体废弃物生成量增速趋缓,而在经历了21世纪头十年工业高增长中生成规模的快速扩大后,随着综合利用率逐步提高,工业固体废弃物处置量将明显下降。同时,本研究的预测结果还显示,中国废弃物碳排放峰值出现时间与碳排放总量的达峰时间基本一致[①]。但由于废弃物碳排放占排放总量的比重较小,而且在技术进步的支持下,新型处置方式的推广应用将使废弃物减排的收益大于成本。相比之下,中国能源、交通、工业生产过程等温室气体排放的主要部门面临的减排压力更大,减排形势尤为严峻。

近年来,随着节能减排力度不断加大,中国废弃物处理技术取得显著进步。多数大型城市积极推进垃圾卫生填埋,并以此作为废弃物的主要处理方法。尽管如此,与国外先进的废弃物处置产业化体系相比,中国相关领域在规模、技术和管理体制等方面仍存在较大差距。目前,中国废弃物管理缺少系统、可靠的废弃物产量和处理成本数据,导致政策制定依据不足。同时,居民废弃物处置仍以市政市容管理部门为主导,回收处理效率低,收费难以弥补成本,主要依靠财政支持。而相关部门职责划分不清,建设部和环境保护部均有管理职权,重复监管问题突出。另外,由于废弃物处置市场化经营的商业参与规则不健全,私营部门参与度较低,难以通过市场竞争提高废弃物处置的运营效率。从发达国家的经验来看,废弃物处置技术已比较成熟,并能够产生温室气体减排和减少环境损害的双重效应。在加速工业化和城市化条件下,中国固体废弃物处理有较大的改善潜力。为此,应借鉴发达国家的经验和方式,结合中国废弃物产生及其温室气体排放趋势,加快发展废弃物处置及相关行业发展,减少废弃物温室气体排放。应坚持"充分发挥市场机制,辅之以有效的政府支持"的原则,通过市场推动,不断吸引新厂商的进入,加快新技术研发速度,降低废弃物处置成本,提高废弃物处置的收益。

首先,作为废弃物的主要排放来源,中国工业固废减排潜力较大,工业是废弃物减排的重点领域。因此,应加快传统产业技术改造,淘汰落后产能,大力发展战略性新兴产业,积极推进清洁生产和循环经济,配合资源税改革和环境税试点,加大废弃物处置技术研发投入和推广应用,提高工业生

---

① 国内对中国碳排放总量峰值预测大都得出了总量达峰时间在 2030~2040 年的结果,课题组关于排放总量的研究也支持这一判断。

产效率和资源利用率,通过产业升级,从源头上减少工业固废排放。上文的预测结果显示,2010~2030年,中国工业固废综合利用率提高相对较快,应在这一时期加大工业固废综合利用的投入力度,缩减工业固废填埋处置的规模,力争提前达到废弃物碳排放峰值。

其次,目前中国农村废弃物管理制度建设滞后,投入严重不足,处置方式单一,回收利用率较低。农民收入水平提高和消费升级将改变未来农村废弃物的构成,使得这部分废弃物的处置压力进一步加大。今后,要高度重视农村废弃物处理,结合新农村建设,加强农村废弃物回收以及村镇垃圾收集、污水处理等废弃物处置的基础设施建设,引导农民转变观念,改善生产生活方式,提高秸秆类农副产品以及农村生活垃圾的综合利用率,在为农民创造一定收益的同时,减少环境损害,降低农村温室气体排放。

再次,现阶段中国废弃物处理仍以简单填埋为主,尚缺乏科学的废弃物分类层级和处置模式。如何建立适合中国产业结构和居民生活方式的分级管理制度是改善废弃物处置效果的关键。废弃物分级管理制度设计应由末端处置转向源头管理,减少转运和处置量,延长填埋场使用时间,通过技术和制度创新降低废弃物处置成本。在分级制度中,对于不能减量或重复使用的二级原料(如纸和金属)应进行重点循环利用,而对无法循环利用的废弃物则需加强再生处理,如采取微生物分解(堆肥或厌氧消化)等方式处置。同时,目前中国固体废弃物管理法规尚不完善,致使各地政府部门缺少可参照的统一标准,废弃物管理较为混乱。为此,应加快立法进程,明确各部门职责,加强区域间合作和跨部门协调,充分发挥市场机制,鼓励民营企业参与废弃物商业化综合利用,建立可持续的废弃物管理政策法规体系。

此外,由于垃圾填埋过程中处置不当,致使填埋场周边土地污染严重,"棕地"现象日益增多。据世界银行统计,中国目前至少有5000块"棕地",清理这些"棕地"的成本远高于废弃物填埋的收益。另一个值得注意的现象是,近年来焚烧处理废弃物方式在中国发展较快,但由于焚烧温度较低,废弃物焚烧过程中会产生二噁英等有害物质。因此,应加强废弃物处置技术创新投入力度,开发多元化处置技术和模式。鼓励对大中城市周边水泥厂进行浇水改造,将城市污水处理厂的淤泥等部分废弃物直接作为水泥厂原料进行高温处置。实现温室气体减排的同时,减少废弃物处置的环境影响。

参考文献

IPCC. *Summary for Policymakers and Technical Summary of Climate Change* 2001: *Mitigation*, Contribution of Working Group III to the Third Assessment Report of the Intergovernmental Panel on Climate Change, Bert Metz et al. eds. Cambridge University Press, Cambridge, 2001.

UN. *World Population Prospects*: *The* 2009 *Revision*, Geneva, 2009.

杜吴鹏、高庆先、张恩琛、缪启龙、吴建国：《中国城市生活垃圾排放现状及成分分析》，《环境科学研究》2006年第5期。

杜吴鹏、高庆先、张恩琛、缪启龙、吴建国：《中国城市生活垃圾处理及趋势分析》，《环境科学研究》2006年第6期。

陈雪雯、李建华：《农村废弃物排放及资源化现状分析》，《安徽农业科学》2010年第20期。

高庆先、杜吴鹏、卢士庆、张志刚、张恩深、吴建国、任阵海：《中国固体废弃物甲烷排放研究》，《气候变化研究进展》2006年第6期。

杜吴鹏：《城市固体废弃物（MSW）填埋处理温室气体——甲烷排放研究》，南京信息工程大学硕士学位论文，2006。

黄振管：《全国城镇有机废弃物生成、利用和排放状况的初步分析》，《生态经济》1999年第3期。

刘江：《21世纪初中国农业发展战略》，中国农业出版社，2000。

蔡金炉：《农副产品资源化综合利用的途径》，《农村生态环境》1992年第1期。

渠慎宁、郭朝先：《基于STIRPAT模型的中国碳排放峰值预测研究》，《中国人口·资源与环境》2010年第12期。

陈卫：《中国未来人口发展趋势：2005~2050年》，《人口研究》2006年第4期。

杜鹏、翟振武、陈卫：《中国人口老龄化百年发展趋势》，《人口研究》2005年第6期。

许宪春：《中国未来经济增长及其国际经济地位展望》，《经济研究》2002年第3期。

黄宇驰、黄沈发、杨泽生、王虹扬：《上海市生物废弃物排放管理对策研究》，《中国环境管理》2006年第3期。

蔡承智、陈阜：《中国粮食安全预测及对策》，《农业经济问题》2004年第4期。

IPCC：《2006年国家温室气体清单修订指南》，2006。

世界银行：《中国固体废弃物管理：问题与建议》，2005。

2050
中国的低碳经济转型

第四篇
案例研究——湖南省温室气体排放研究

第 11 章

地区温室气体排放理论研究与实践综述

中国各地区温室气体排放和减排的情况如何？减排潜力有多大？所开展的温室气体减排项目的成本和收益如何？有什么有效的减排技术和策略？在这一部分，本研究将对具体省（区、市）的区域性研究进行综述与评价。

结合相关研究文献和各省（区、市）的特点和实际，综述主要涉及上海、北京、浙江、黑龙江、重庆、广东、甘肃、陕西、贵州、宁夏、新疆、河北、河南、江苏、云南、山东、山西、广西等省（区、市）。其中，上海具有全国最高 CO_2 排放密度，同时还是世界自然基金会"中国低碳城市发展项目"的首批试点城市之一（另一个城市是河北保定）；江苏、山东等省在 CDM 项目的开发方面走在全国前列；山西、河南等省是全国温室气体排放量最大的地区之一：山西拥有储量全国第一和第二的煤炭和煤层气资源，是煤炭资源输出和能源重化工大省；新疆、广东、辽宁、宁夏、河北等省是全国风能资源丰富的地区，同时也是风能资源开发量较大的地区。

目前学界已就各地区温室气体排放与减排展开了大量研究，各地的温室气体减排工作也都有了较大进展，但仍存在着一些不足。从学界的相关研究来说，目前缺乏对国内各地区不同初始排放权分配机制及其效率的比较研究；缺乏从经济社会发展视角对农业领域温室气体排放与减排展开的区域性研究；相对缺乏对国家内部各区域间的 CO_2 排放交易市场的发展策略与减排效果的研究；如何实现中央政府、各级地方政府、政府低碳经济职能部门和监管部门、企业、实施项目所在社区（村镇）、新闻媒体、社会大众等多方利益主体的利益均衡，构建起各方的利益耦合战略机制，从而协调实现各地区发展经济与减排温室气体的目标，尤其有待进一步做出更系统的深入分析。从各地区的温室气体减排实践的发展情况来说，各地区都存在着政府重视而企业和民众重视不够、宏观上的战略措施多而真正被实行的措施较少、舆论形势好而实践形势却不容乐观等问题，将理论上可行的减排战略与措施真正转变为行动并实现低碳社会还将是一个漫长而艰难的过程。

一 各地区温室气体排放情况研究

对温室气体的排放现状、特征进行描述和分析是相关区域性研究的主要内容之一。相关研究或基于时间点与纵向的比较来分析其现实或历史排放情况，或分析排放的变化特征，也有一些研究进行了横向的比较和纵横对比，还有一些研究试图利用监测数据研究其排放特征与规律。在研究范畴方面，大多数研究对区域温室气体排放的总体情况展开分析，也有一些研究针对各个行业或领域（例如交通部门、工业部门、能源及转化业、废物处理等）进行了较细致的分析。

（一）对区域温室气体排放总体情况的研究

众多学者或基于时点数据或基于时间序列数据对区域温室气体排放总量、构成及变化情况进行了分析（见表 11 - 1）。从所计算的指标看，虽然同样研究温室气体排放情况，但大多数研究计算的是碳排放量，只有少数研究计算的是温室气体排放量，且仅部分学者结合当地的碳汇情况计算的是净碳排放情况，例如李风亭、郭茹等（2009）。从计算方法看，现有相关研究在计算时均利用《IPCC 国家温室气体清单指南》推荐的缺省方法（又称表观消费量法），多数研究在计算时所采用的有关参数例如碳排放因子、碳氧化因子也沿用该指南所提供的数据，只有少数研究对部分参数值进行了调整，应用的是国内相关研究所得出的有关参数值。比较相关研究的结果，可以看出，各地区的温室气体排放具有以下特征：第一，CO_2 是温室气体的主要组成。第二，能源消费（尤其是化石燃料燃烧）是各个区域温室气体的

表 11-1 关于地区温室气体排放总体情况的研究结果

相关研究	省份	年份	温室气体排放总量	排放结构构成或横向比较结果
刘虹、姜克隽(2009)	安徽省	2007	约26383万吨二氧化碳，扣除林业碳汇后，净排放量为26262万吨二氧化碳	化石燃料燃烧排放量占76.0%；工业生产过程排放量占17.5%，主要来自水泥熟料和钢铁生产过程；农业生产过程排放量约占4.2%；固体废弃物和废水处理排放量占2.13%；森林碳汇总量为119.7万吨二氧化碳，约占总排放量的0.5%
曲建升、刘蕾等(2009)	甘肃省	2005	7989.796万吨二氧化碳	石油消费排放占14.27%，煤炭消费排放占83.43%，天然气消费排放占2.3%
曲建升、刘蕾等(2009)	上海市	2005	15093.063万吨二氧化碳	石油消费排放占41.48%，煤炭消费排放占56.15%，天然气消费排放占2.37%
郭军、赵连臣等(2008)	辽宁省	2004	3.47亿吨二氧化碳当量	电力、水泥和钢铁行业排放量占62.77%，其中，电力行业排放量占43.80%，水泥行业排放量占10.22%，钢铁行业排放量占8.64%
王芳、李友宏等(2008)	宁夏自治区	2003，1985	2003年排放总量为1048.4047万吨，较1985年增加了1.91倍	1985年煤炭燃烧排放量占39.52%，农田排放量占49.89%，秸秆燃烧排放量占10.59%；2003年的这3个比例变为61.17%、25.69%和13.14%，煤炭燃烧排放量所占比例大幅上升，农田排放量所占比大幅下降
刘尚余、赵黛青等(2006)	广东省	1994，2004	1994年排放总量为17621万吨二氧化碳，2004年排放总量为2.17亿吨二氧化碳，增加28%	1994年，二氧化碳排放主要来自能源消耗和工业过程，二者之和占96.4%；到2004年，工业过程和农业活动成为温室气体排放的主要排放源

续表

相关研究	省 份	年 份	温室气体排放总量	排放结构或构成或横向比较结果
郭运功（2009）	上海市	1995~2006	排放总量逐年增加，从1995年的12805.93万吨增加到19142.18万吨，年均增长率为3.72%	2006年能源消费的排放量占84.11%，农田和湿地的排放量占8.1%，人口、生活垃圾和废水的排放量所占比重分别占3.11%、3.15%和1%；11年间能源消费排放量所占比重逐年增加，温室气体排放的主要部门是工业部门（包括发电）
李风亭、郭茹等（2009）	上海市	1985~2007	22年间，碳源量从1710.65万吨增加到6544.39万吨，前后两个10年均增速为5.75%、6.09%；1995~2005碳净增量从2596.62万吨上升到5039.01万吨，年均增长率为6.8%	上海的碳源量遥遥领先于其他长三角城市例如南通市、苏州市和无锡市；除了南通市在2001~2007年间的碳源量大致稳定外，其他三个城市碳源变化情况均呈现一定幅度的上升；上海市1985~1998年间单位GDP碳排放量下降很快，1998~2006年的下降速度减缓并趋于稳定，相比之下，自2001年以来，南通、苏州、无锡三市的万元GDP净碳源量则经历先升后降的变化态势
朱世龙（2009）	北京市	2001~2007	每年减排1122万吨，单位GDP二氧化碳排放量下降了46.5%，但人均二氧化碳排放水平仍不断上升，远高于中国人均5.6吨的平均排放水平	93.78%来自能源活动，工业和交通运输，其中的最大增幅来自发电和供热，在30个省（区、市）中，2007年北京万元GDP能耗为当年全国最低水平；比较2007年左右位列国家人均GDP处于7654美元前十位包括当时的二氧化碳的排放量，北京在人均二氧化碳排放量和单位GDP二氧化碳排放量排名中均为第六，处于较低水平

主要排放源，表 11-1 中所列出相关研究区域中，来源于能源消费的温室气体排放量占排放总量的比例达到了 75% 以上。因而，目前不少相关研究在计算温室气体排放量时，仅计算来源于能源消费活动的碳排放量。第三，各地区的温室气体排放量在过去 20 年内均有增长，虽然增长情况各有不同，但都呈现增长率在近年来加速上升的态势。

除了对研究区域进行单一、零散研究外，也有一些学者对多个地区、当地与国外部分地区的温室气体排放情况进行了比较分析（例如李风亭、郭茹等，2009；朱世龙，2009），较具代表性的这类研究是王铮、朱永彬（2008）。他们在省级尺度上对比分析了中国 1995~2006 年能源消费导致的碳排放情况。其研究发现，从能源消费；从排放强度看，山西、贵州、内蒙古和宁夏的单位 GDP 碳排放量最多，各省份的单位 GDP 碳排放增长率均呈下降趋势，一些经济发达、科技领先的省市例如北京、天津、上海下降得最为明显。邹秀萍、陈劭锋等（2009）指出，中国碳排放存在显著的东南部低、中北部高、西北部低的空间分布格局。

（二）对部门或领域的细致分析

围绕某一地区不同部门或领域，对其温室气体排放情况展开一系列细致、深入研究的文献不多，相关研究主要表现为徐新华、汪大辉等（1996、1997、1998、1999）根据 IPCC 提供的方法对 1990 年江浙沪地区废物（固体废弃物处置、废水处理）温室气体排放清单、小型燃烧中温室气体排放情况、交通部门温室气体的排放情况、能源及转化业中能源的消耗量和温室气体的排放情况、工业部门与化学工业部门能源消耗现状与温室气体的排放情况分别进行的一系列研究。这些研究的结果表明，无论是能源及转化业部门、交通部门、工业部门还是化学工业部门，CO_2 是温室气体的主要组成，且主要来源于固体燃料消费的排放。从各行业 CO_2 的部门分布情况看，在能源及其转化业中，电力及热力供应业的排放占 91.3%，石油加工业的排放占 2.5%，煤气、炼焦及煤制品业的排放占 6.1%；在交通领域，水上运输部门的排放最多，占 CO_2 总排放的 58.6%，其次是铁路运输部门，最后是公路运输部门。另外，李颖、黄贤金、甄峰（2008）分析了 1995~2004 年江苏省主要土地利用方式的碳排放情况。该研究的结果表明，建设用地和耕地是主要碳源，建设用地碳排放的贡献高达 96% 以上；林地为主要的碳汇。从土地利用变化的边际碳源/汇效应来看，江苏省建设用地面积每变化 1 平方千米,其边际碳源/汇效应为 6.7692 吨,耕地的边际碳源/汇效应为 0.0422 吨,林地的边际碳源/汇效应为 5.77 吨。

(三) 基于监测数据的规律探索

受监测条件等因素的限制,这类研究主要探索大气 CH_4 浓度、CO_2 浓度的变化规律,且一般针对经济较发达的大城市展开。从北京地区大气 CH_4 浓度的变化规律看,在日变化方面,CH_4 的日变化呈现单周期正弦变化,白天浓度低,夜间浓度高;在季节变化方面,则呈明显的双峰模态,分别在夏末和冬季各出现一个峰,冬季峰值主要是人为源的增长造成的;在长期变化特征方面,1985~2000 年,北京城区大气 CH_4 摩尔分数平均值和年平均增长率均比全球平均水平高,但 20 世纪 90 年代的增长速率比 80 年代末期低(顾青峰、王跃思等,2002;王长科、王跃思等,2003)。李晶、王跃思等(2006)进一步比较分析了北京地区 CH_4 和 CO_2 浓度日变化规律:CO_2 日变化有明显的双峰结构,而 CH_4 日变化则呈单峰结构;化石燃料的燃烧,对 CO_2 日变化峰值出现的时间有明显影响,且 CH_4 和 CO_2 的日变化具有较好的相关性;源汇强度的变化和昼夜气象因素的周期变化,是两种温室气体形成稳定日变化形式的主要影响因子。

(四) 各地区温室气体排放的驱动因素研究

要实现温室气体减排,必须在明确各地区温室气体排放的驱动因素的基础上采取有针对性的措施。因此,研究温室气体排放驱动因素是相关研究的重点。从温室气体排放的驱动因素方面的相关国内外研究来看,因素分解法、回归分析法、STIRPAT 模型和灰色关联分析法是主要研究方法。在区域性研究中,这些研究方法均有应用,且主要以前三种研究方法为主。例如,王伟林、黄贤金(2008)以江苏省为例,通过建立分解模型从横向和纵向两个方面分析了影响碳排放强度变化的因素。该研究表明,江苏省碳排放强度变化由行业碳排放强度和行业产出份额共同发挥作用,其中行业碳排放强度对整个社会碳排放强度变化的影响更大,工业部门内部结构变化对碳排放强度变化有较大影响。郭运功(2009)以上海市为研究区域,用对数平均迪氏指数法(LMDI)对上海市能源消费 CO_2 排放量和强度进行了分解分析,采用 STIRPAT 模型量化分析了人口、经济、城市化和技术对 CO_2 排放的具体影响。其结果表明:能源效率和能源消费结构因素引起 CO_2 排放下降,其中能源效率的提高起主要作用,而人口和人均 GDP 对 CO_2 排放增长起促进作用;人口数量、人均 GDP、城市化水平和能源效率每发生 1% 变化,分别将引起 CO_2 排放总量相应发生 0.618%、(0.178 + 0.0181ln 人均 GDP)%、0.516% 和 0.264% 的变化。巩帅臣 (2010) 采取 Kaya 恒等式分析了湖南省碳排放的驱动因素,其研究结果表明,在 1996~2007 年,能源结构因素累计贡献了 7.5% 的 CO_2 减排,约 92.5% 的 CO_2 减排量来源于单位 GDP 能耗的降低,经济增长是 CO_2 排放增长的主要因素,累计贡献了 94.7% 的 CO_2 排放增量,累计 5.3% 的 CO_2 排放增量来自人口增长。也有一些研究利用全国多个省份的面板数据综合分析了温室气体排放的驱动因素。例如,邹秀萍、陈劭锋等 (2009) 借助 EKC 模型,采用 1995~2005 年间中国 30 个省 (不包括西藏) 的面板数据定量分析了经济水平、经济结构、技术水平对各地区碳排放的影响趋势。其研究结果显示,碳排放量与人均 GDP 呈倒 "U" 形曲线关系,当人均 GDP 超过 38868.3 元时,碳排放量将呈下降趋势;碳排放量与能源消耗强度呈 "U" 形曲线关系,曲线的拐点为 5193.8 吨/万元;碳排放量与第二产业比重呈 "N" 形曲线关系,随着第二产业产值所占比例的增加,碳排放量呈现出先上升、再保持一定的水平、而后又上升的变化趋势。

综合上述相关研究,可以看出,尽管所研究的区域和研究方法各不相同,但相关研究都得出了大致一致的结论:降低能耗强度、调整能源消费结构和产业结构对降低温室气体排放具有重要意义。

(五) 各地区未来温室气体排放的情景分析

在对各地区未来温室气体排放情况进行分析时,大多数研究都通过设置情境来进行分析,只是所设置的参数和情境不同。例如,曲建升、刘谨、陈发虎 (2009) 以甘肃省为研究区域,设置了基于经济发展目标 (E_1)、基于提高能效目标 (E_2) 和基于保护环境目标 (E_3) 3 种排放情景。这一研究表明,E_1 排放情景下,2020 年和 2050 年甘肃省温室气体排放量将达到 2005 年的 2.83 倍和 6.74 倍;E_2 排放情景下,2020 年和 2050 年温室气体排放量将分别是 2005 年的 1.58 倍和 3.14 倍;E_3 排放情景下,2020 年温室气体排放量将达到峰值,比 2005 年排放量增长 7.71%,在 2050 年温室气体排放总量降至 2005 年的 75%。李风亭、郭茹等 (2009) 以上海市为研究区域,设计了 12 种情景方案:可再生能源比例分别选取 0.5%(上海能源 "十一五"

规划目标)、8%（目前中国的可再生能源平均比例）、15%（中国发改委《可再生能源发展规划》2020年目标）以及20%（欧盟已设定的可再生能源比例目标）（能耗总量低、中、高方案各四个）。该研究的结果表明，上海市可再生能源比例的提高对碳减排的影响较大。也有一些研究通过建立人口、经济、技术与温室气体排放量之间的模型来预测区域温室气体的排放量。例如，郭运功（2009）通过建立可拓展的随机性的环境影响评估模型（STIRPAT模型），对上海未来的经济发展、人口增长、城市化率以及技术发展情况设置10种情景，预测出2010年、2015年、2020年上海市能源利用CO_2排放量分别为16759.23万~18176.27万吨，18613.20万~21000.49万吨，19782.58万~24133.29万吨。刘虹、姜克隽（2009）则利用中国综合政策评价模型（IPAC）中的IPAC-AIM/technology模块对安徽省未来由于化石燃料燃烧引起的CO_2排放情况进行了预测分析。从预测结果来看，基础情景下，2020年的万元GDP能耗为0.65吨标准煤，万元GDP能源CO_2排放量为1.6吨；强化情景下，2020年的万元GDP能耗为0.54吨标准煤，万元GDP的能源CO_2排放量为1.29吨，比基础情景下的排放量少20%，将实现7823万吨CO_2减排量。

综观现有相关研究，可以发现，现有研究对各地区未来温室气体排放量的预测采取的基本上都是趋势外推方法。这一方法进行短时间（3~5年）的预测是可以的，但在进行长期的预测（30~50年后的情况）时，考虑到未来中国经济转型和产业结构调整的必要性、必然性以及部分参数设置的主观性，这一方法的科学性和可靠性还有待商榷。

（六）区域未来温室气体减排潜力的情景分析

对减排潜力的分析，大多数研究是根据各地区近年来的能源、资源利用情况，通过对有关技术、政策等指标设计情景方案得到的。出于研究的需要，不同研究所预测的时间段、预测的方法与情景以及对技术、措施的情景设定重点往往不同，不过，这些预测都为区域制定政策或企业制定规划提供了一定的前景性的依据与启示。

通过设定宏观层面的情景，一些研究预测了区域或具体领域的温室气体减排潜力。例如，郭运功（2009）运用情景分析法初步分析了上海市温室气体的减排潜力，结果表明：在保证经济中速发展的情景下，加快技术的发展，同时适度控制城市化进程，到2010年、2015年和2020年上海将形成

766.50万吨、936.22万吨和1925.40万吨CO_2的减排潜力（相对于基准情景）。

与设定宏观层面的情境不同，一些研究对采取具体措施所能实现的温室气体减排潜力进行了预测。例如，杨晓华、陈平、夏黎（2008）以2005年为基准年，分析了"十一五"期间降低能耗强度给新疆带来的温室气体的减排潜力：在万元GDP能耗下降20%的情景下，新疆"十一五"期间能源消费领域CO_2减排量可达10254.00×10^4吨，接近2005年的排放量；其中，工业能源消费领域减排量占全部能源消费领域减排量的82.05%，是主要减排领域；石油加工、炼焦及核燃料加工业，石油和天然气开采业，电力、热力的生产和供应业，黑色金属冶炼及压延加工业，非金属矿物制品业和化学原料及化学制品制造业等六大主要工业经济行业是主要减排行业。郭军、赵连臣等（2008）以辽宁省为例，预测了调整可再生能源比例的减排潜力：①太阳能方面，在沈阳城市新建建筑太阳能热水系统普及率达到35%的情景下，到2015年末，仅沈阳市应用太阳能热水系统，年减排量可达约15万吨二氧化碳当量；到2020年，辽宁省建成太阳能热水器面积将达到1000万平方米，年减排量接近300万吨二氧化碳当量。②风能方面，在2010年辽宁省风电累计装机容量占全省发电总装机容量2.5%的情景下，其年减排潜力达110万吨二氧化碳当量；在2020年，年减排潜力达430万吨二氧化碳当量。③生物质能方面，如果将全部垃圾进行发酵制气，年减排潜力可达220多万吨二氧化碳当量；如果充分利用农作物秸秆，年发电量将达到110亿千瓦时，年减排温室气体将达到1500万吨二氧化碳当量；若将农村人畜粪便资源可开发量（1006.82万吨干物重）全部利用，每年可生产沼气50亿立方米，温室气体年减排量将达到3300万吨二氧化碳当量。④水能方面，若将目前仅有的尚待开发的44.2万千瓦的水电资源全部开发，其温室气体年减排潜力约为154万吨二氧化碳当量。而王丽辉、王侃宏等（2009）对河北省的研究表明，火力发电能源效率提高可减少碳排放115.1万吨，利用新能源和可再生能源发电共计可减少241.1万吨碳排放，利用秸秆发电和垃圾填埋气和焚烧发电的减排潜力分别为389.1万吨、246.7万吨二氧化碳当量，能分别实现碳减排106.1万吨和67.3万吨。

众多学者对节能和提高能效、新能源和可再生能源、甲烷回收利用等领域发展清洁发展机制（CDM）的减排潜力进行了估计。在节能和能效领域，2008~2012年广西工业行业平均每年CDM的总减排潜力为900多万吨碳，约为3500万吨CO_2当量；其中，水泥、钢铁、制糖、有色金属、化肥这5个行业的减排量达到783万吨碳，折合3045多万吨CO_2当量，占减排总量的87%（阮付贤、龙裕伟等，2007）。在新能源和可再生能源领域，第一，参与生物质能CDM项目的减排潜力巨大。在2009～2012年，若以秸秆气化发电CDM项目、CDM沼气项目形式对直接焚烧的秸秆和畜牧粪便进行开发利用，则分别可实现的温室气体减排量达10794.88万吨和2509.21万吨CO_2当量（马驰、夏伊丽，2009）；浙江省畜禽养殖场开展CDM项目活动预计每年可减排CO_2 372.9万吨（宓虹明、Stefan Winter等，2009a）；就湖北恩施州农村户用沼气池项目而言，预计每个农户可实现温室气体减排1.43～2.0吨CO_2当量，整个项目实现年减排温室气体58444吨CO_2当量（董红敏、李玉娥等，2009）；广西每年发展30万～40万座户用沼气池，到2010年，减排总量为378万吨CO_2（阮付贤、龙裕伟等，2007）。第二，水电发展CDM项目具有较大减排潜力。广西小水电具有较大的开发潜力，约为360万千瓦，开发小水电可以减少1035万吨CO_2排放量（阮付贤、龙裕伟等，2007）。第三，城市垃圾焚烧和填埋气利用发展CDM项目可实现较大幅度的减排。浙江省通过填埋气发电CDM项目所产生的年发电量为70000兆瓦时，温室气体年减排量约为42万吨CO_2当量，通过减排额的国际转让交易，填埋场运营10年可获得约3780万欧元的收入（宓虹明、Stefan Winter等，2009[b]）。第四，煤层气（甲烷回收利用）CDM项目开发的潜力和空间均非常巨大，是继新能源和可再生能源（小水电）项目之后的一大减排项目类型。据预测，到2010年，贵州大中型煤矿的抽放煤层气利用量将达到当年抽放量的75%、近4亿立方米。如果有一半开发成CDM项目，平均每年可产生CERs达到91796万亿吨CO_2；若对抽放纯量在10立方米/分钟以上的煤矿采用民用配合燃气轮机发电进行处理，对低于抽放纯量在10立方米/分钟的煤矿建设燃气轮机发电系统，对抽排浓度低于40%的煤层气增设净化系统，则重庆市还没有进行CDM谈判的、具有较大利用价值的煤矿（南桐、天府、水江），预计年减排瓦斯纯量达28000吨；其他的一些具有利用价值的煤矿，减排瓦斯纯量可以达到14000吨（龙江英，2008）。

　　从上述相关研究可以看出，对具体措施减排潜力的研究主要涉及降低能耗强度、调整能能源消费结构和提高可再生能源比例等措施，对实施某项具体技术性措施所能实现的温室气体减排潜力的研究较少。

二 各地温室气体减排成本与收益估算

（一）各地区温室气体减排成本的估算

目前对区域温室气体减排成本的研究有三类。第一类是通过建立模型来模拟分析控制 CO_2 排放量对国民经济的影响和减排成本。例如，王翠花（2003）通过建立投入-产出模型指出，控制温室气体 CO_2 的排放，力图通过减少煤炭的使用量将对国民经济造成很大损失，当将工业和电力部门的 CO_2 排放量减少 5%、10% 和 15% 时，江苏省整个社会的总产出将分别减少2887.7 亿元、5775.4 亿元、8663.11 亿元和 1360.15 亿元、2720.3 亿元、4080.44 亿元。郑淮、张阿玲等（2003）构建出一个由宏观经济测算模型（简称 MEM）、终端需求预测模型（简称 EDFM）和能源系统优化模型（简称 ESOM）3 个模块组成的改进的经济-能源-环境模型（3E 模型），并以 2000~2050 年为规划期，对减排 CO_2 的效果、减排成本和减排费用时间分布进行了预测。该研究表明，到 2050 年，中国 CO_2 排放量将为 22.66 亿吨，单位 GDP 排放强度从 2000 年的 0.087 千克碳/元下降到 0.015 千克碳/元；减排率为 20% 时，CO_2 减排成本为 543~965 元/吨碳；2005 年为减排起始年，减排率为 15% 时，减排前期投资、减排前期费用和减排总成本分别为 7230 亿元、4232 亿元和 2681 亿元，减排总成本仅为减排前期投资的 37%、减排前期费用的 63%。另一类则是探讨不同减排方案的成本代价，以便为制定减排方案提供量化基础和依据。

第二类则以某一区域性项目为研究对象，分析实施实现温室气体减排的项目所需要的成本。例如，张治军、张小全等（2009）以清浩发展机制广西珠江流域治理再造林项目为例，对项目及其 5 种造林模式临时核证减排量（tCER）和长期核证减排量（lCER）成本的动态变化进行了初步研究。结果表明：从项目期初到期末，整个项目及 5 种造林模式人工林的 tCER 成本均逐渐降低，其中项目成本由第一承诺期末的 40.33 元/吨二氧化碳降至最后承诺期末的 13.34 元/吨二氧化碳；lCER 成本先降低后升高，在第一承诺期末均降至最小值，项目成本由第一承诺期末的 40.33 元/吨二氧化碳增加至最后承诺期末的 105.27 元/吨二氧化碳；贴现率对项目 tCER 和 lCER 的成本影响较大。罗玉和、丁力行等（2008）计算了农业废弃物与煤共燃发电的单位碳减排成本。结果表明：农业废弃物与煤共燃发电作为 CDM 项目时，废弃物与煤共燃比例越高，单位碳减排成本越低；在不同混燃比例下，其单位碳减排成本范围在 107～126 美元/吨二氧化碳之间，与其他可再生能源相比，具有明显的竞争力。

第三类相关研究则以某一项技术为研究对象，分析实施具体的技术措施的减排增量成本。例如，梁亚娟、樊京春（2004）定量分析了生物质气化发电、沼气发电、风力发电、太阳能光伏发电等可再生能源发电技术的减排增量成本：生物质气化发电技术的减排增量成本最低，为 -0.27 元/千瓦时，沼气发电技术和风力发电技术的减排增量成本较低，分别为 0.19 元/千瓦时和 0.33 元/千瓦时，光伏发电的减排增量成本在所选技术中虽然是最高的（11.4 元/千瓦时），但太阳能作为一种储量无限的清洁能源，其发展前景十分广阔。

（二）地区温室气体减排收益的估算

从现有相关研究看，目前从宏观层面对区域温室气体减排收益的定量分析较少，对温室气体减排项目的效益进行估计是大多数相关研究的主要视角。

一些学者仅估计了项目实施的环境效益。例如，刘叶志（2009）通过建立能源温室气体减排的环境效益核算方程，评价了每口沼气池在能源温室气体减排方面的年环境效益。结果表明，在替代薪柴的情况下环境效益最高，每口沼气池的年收益达 235.82 元，替代煤炭的环境效益则相对较低，但年收益也达到了 127.45 元；在农村居民生活能源来源多样化的情况下，其环境效益的大小处于 27.45～235.82 元这个区间。

众多研究则同时估算了项目的经济收益和环境收益。例如，李玉娥、董红敏等（2009）以山东民和集约化养鸡场为案例，利用《气候变化框架公约》清洁发展机制理事会批准的方法（ACM0010），分析了沼气池处理鸡场粪便及污水、利用沼气发电替代以燃煤为主的电网电能和减少温室气体排放的潜力：项目每年可减排温室气体 84666 吨 CO_2 当量，公司每年售电获利 767 万元，减排获益 593 万元；由于有 CDM 项目的额外收入，项目的投资年限由原来的 19.7 年缩短为 6.0 年。进一步的，李玉娥、董红敏等（2009）以新疆阿克苏某养猪场为案例，利用《气候变化框架公约》清洁发展机制执行理事会批准的方法（ASMIII.D）分析了利用沼气工程处理猪场粪便及污水和沼气发电替代化石燃料的温室气体减排潜力和效益。结果表明,项目的实施可使养殖企业每年从减排温室气体中获益502万元,使项目的投资收回年限由原来的11.5年缩短为5年。

项目的净收益才是决定温室气体减排项目能否得到开展的关键因素,因此,不少学者在对项目进行成本-收益比较的基础上分析了温室气体减排项目实施的净收益。例如,张晓康(2008)对河北省秸秆发电项目进行了成本-收益比较:河北晋州秸秆发电项目总投资2.59亿元人民币;每年将带动农民增收1760万元,年发电收益7854万元,年供热收益460万元,年CERs收益107.2万欧元,折合人民币1072万元,投资回收期约3年;与同等规模烧煤的火电厂相比,一年可节约标准煤6万吨,减少CO_2排放量600吨,烟尘排放量400吨。张红蕾、夏巧丽(2009)以云南水电为研究对象,对应用基于GIS的CDM项目区域潜力评价系统进行了成本-效益比较。其研究指出,项目申报的费用为10万~100万元,而假设只有一半开发成功,这些小水电行业引入CDM,每年可带来约800万美元(约合人民币6305万元)的资金。

还有一些研究者希望通过比较温室气体减排项目有无CERs收益的情况,更深入地阐释引入清洁发展机制和开展温室气体减排项目的意义。例如,陈娜(2009)对有无CERs效益的白竹洲水电站的财务状况进行了评价和比较;赵立祥、郭轶杰(2009)在用整合方法学对规模化养殖场沼气工程进行CO_2减排量估算的基础上,分析了引入CDM项目前后沼气工程的效益。这些研究的结果表明,在有CERs效益的情况下,项目的投资回收期将缩短,内部收益率将提高,有利于项目进入可持续发展的良性循环发展轨道。

此外,也有学者估算了实施某项具体技术措施的减排收益。例如,梁亚娟、樊京春(2004)定量分析了可再生能源发电技术的温室气体减排效益。其分析结果表明,可再生能源发电技术替代燃煤发电技术将取得良好的环境效益,其中生物质(谷壳)气化发电技术的CO_2减排环境效益最佳,其次是沼气发电技术,风力与光伏发电技术的减排效益大体相同。

纵观现有相关研究,可以看出,无论对效益的界定是什么,采用什么方法进行估计,关于温室气体减排项目效益评估的研究都得出了大致相同的结论:温室气体减排项目和减排技术的实施具有很好的经济效益和环境效益。不过,现有研究对温室气体减排成本和效益估算的对象主要是减排项目和减排技术措施，对地区宏观层面整体减排成本和收益的估算不足。

三 地区温室气体减排政策工具的应用

从现有研究看，温室气体减排的工具主要包括三个方面：法律机制、政策工具与技术手段。其中，对政策工具和技术手段的研究是相关研究的重点，有关法律机制的研究较少，且一般为内容介绍性文献，仅有的少数分析性文献也立足于宏观层面，分析温室气体减排法律机制中存在的问题（例如彭本利，2008）。对技术手段的研究或就某一技术手段展开理论分析与实验研究（这类研究集中在自然科学领域）；或分领域展开，例如《温室气体减排与控制技术丛书》就围绕交通运输领域、环境工程领域、工业领域、农林业领域与清洁发展机制分别进行了研究；或从国家宏观层面分析有关技术手段的实施情况（例如洪大剑、张德华，2006；钱伯章，2006）。此外，也有研究就某一技术手段对某一区域温室气体排放的影响展开分析，例如冯登军（2009）分析了排水造林对小兴安岭草丛沼泽温室气体（CO_2、CH_4、N_2O）排放的影响。对温室气体减排技术手段的相关研究进行综述的文献不少，本节仅重点综述温室气体减排政策。

在温室气体减排方面，国家层次的主要政策工具包括排放税（或能源税、碳税）、排放权贸易、补贴、抵押返还制度自愿协议、直接的政府投入或投资等；国际层次的主要政策工具包括排放权贸易、联合履约、清洁发展机制、协调排放税（或能源税、碳税）、国际排放税（或能源税、碳税）、直接国际资金和技术转移等（刘兰翠、范英等，2005）。

本节在此主要综述相关的区域性研究。

（一）有关市场交易机制的研究

相关的区域性研究主要围绕清洁发展机制（CDM）展开。在国内，清洁发展机制的理念已经被运用到包括煤炭行业、水电行业等在内的多个行业，相应的，研究清洁发展机制在各地区的应用现状、潜力和面临的挑战等内容的文献相对较多。

1. CDM 在各地区的应用现状

众多学者分析了 CDM 在各省份的应用状况。例如，李红霞（2006）从发改委审批和国际执行委员注册和签发三个阶段分析了黑龙江省目前 CDM

项目发展现状；张娅妮（2007）分析了目前山西省 CDM 项目的现状；进一步的，靳新慧（2007）分析了山西省洁净煤技术开发利用现状；阮付贤、龙裕伟等（2007）简单说明了广西自治区开展 CDM 项目的情况；龙江英（2008）详细介绍了贵州省煤矿区开展 CDM 项目的最新进展；李忠民、庆东瑞（2009）描述了西北内陆能源资源丰富的陕西省 CDM 发展情况；朱宏文（2009）分析了浙江省 CDM 项目开发现状；王宪明、李保强（2009）介绍了 CDM 项目在河北省的实施情况；进一步的，李根华、刘自强等（2008）介绍了河北省新能源产业的发展现状以及河北省新能源产业申报国家发改委 CDM 项目的进展情况；王忠萍（2009）分析了新疆在煤炭加工洁净煤技术、高效洁净燃烧技术、煤炭转化技术以及污染排放控制与废弃物管理方面的应用现状。

从这些研究的结果可以看出，各个区域的 CDM 项目的注册数量增长较快，所实现的 CO_2 年减排量和经核证的减排量持续增加，通过交易经核证的减排量所获得的收益持续增加；多数区域的 CDM 项目主要集中于节能、提高能效、甲烷回收利用、发展新能源与可再生能源领域。

2. 各地区开展 CDM 项目中存在的问题及原因

尽管各地近年来 CDM 项目发展较快，但仍存在不少问题，对此，不少学者进行了研究。总体上看，各地区开展 CDM 项目中存在的问题主要有：第一，部分地区 CDM 项目申请进程滞后。例如，陕西省 CDM 项目开发数量明显偏少（仅占全国批准项目的 1.8% 不到），这和陕西省自身广阔的 CDM 项目开发资源相比很不相称（李忠民、庆东瑞，2009）；截止到 2007 年 12 月 21 日，重庆只有 4 个 CDM 项目在 CDM 执行理事会成功注册，没有一个项目成功获得 CERS 的签发（陈方淑，2009）；河北省 CDM 项目的发展水平与其工业大省身份不相称（王宪明、李保强，2009）。第二，CDM 项目申请类型较少，所属领域过于狭窄。例如，重庆市所申请的 CDM 项目大多涉及水电站项目，煤气层利用项目较少，垃圾填埋气处理、生物质燃烧发电、水泥厂工艺中减排 CO_2 等项目鲜有涉及，尤其是有着广阔前景的植树造林和再造林 CDM 项目根本没有（陈方淑，2009）；陕西省目前的 CDM 项目所属领域仅仅集中在节能和提高能效、新能源和可再生能源、甲烷回收利用与 N_2O 分解四个领域（李忠民、庆东瑞，2009）。第三，减排量交易价格不高，企业议价能力弱，申请成本较大。在重庆市已经签约的 CDM 项目中，每吨 CO_2 当量价格远远低于国际市场和国内平均水平；相比于印度的卖家坚持的

CERs 价格 14～15 欧元和中国的平均售价 9～12 欧元，重庆的 CERs 价格每吨交易价格通常仅为 5.5～10 美元（陈方淑，2009）。第四，买家集中，且购买形式单一。在黑龙江省目前发展的 CDM 项目中，买家集中为欧洲国家（占 78.5%），存在同一买家购买多个项目的情况；且主要采取以下形式进行购买：在企业产生减排量之前，提供资金或设备让企业有能力进行项目建设，减排量产生后再买入，第一期的核证减排量（CER）交易扣除前期提供的资金（李红霞，2006）。此外，还有学者指出，部分区域的 CDM 项目发展中存在参与企业太少、实际投入商业运作的项目所占比重过低、已经批准的方法学还较少以及缺乏专业的技术服务中介等问题（张娅妮，2007）。

一些学者进一步分析了导致部分区域 CDM 项目开展中存在上述问题的原因。这些原因包括思想观念不到位，宣传力度不够，CDM 审批程序过于复杂，专业的中介服务机构比较缺乏，政府不作为，企业缺乏将项目按 CDM 基准线和方法学建设的意识，CDM 项目相关人才队伍培养滞后，CDM 项目面临融资困难，专业技术支持比较缺乏等（陈方淑，2009；李忠民、庆东瑞，2009；王宪明、李保强，2009）。

3. 各地区推进 CDM 项目发展的对策研究

针对 CDM 项目发展中存在的问题，一些学者提出了各地推进 CDM 项目建设的对策与建议。综合来看，这些建议主要集中从政府、企业、中介机构 3 个主体角度展开。对于政府相关部门而言，应做好以下几方面工作。第一，建立有力的政府管理机构，统筹安排，统一领导，制订 CDM 战略，出台刺激开发 CDM 项目的政策（李忠民、庆东瑞，2009）。第二，应加强思想宣传与经验交流工作：一方面，政府相关部门应加强对 CDM 的宣传，聘请有关专家学者成立 CDM 培训机构，组织进行相关知识的培训；另一方面，要正确引导新闻舆论对企业的宣传工作，为 CDM 项目的额外性的审查证据做好准备（陈方淑，2009；朱宏文，2009）。第三，尽快设立一个以政府出资为主的碳基金，购买国内企业 CO_2 减排量并适时卖出，达到稳定调节碳交易市场价格和基金保值增值的目的（陈方淑，2009）。第四，建立 CDM 支持体系，培育和开拓咨询服务市场（李红霞等，2008）。第五，加强计量方法学研究，拓宽 CDM 项目申请范围，尤其应加强植树造林和再造林 CDM 项目。对于企业而言，一方面，应重视除单纯地出售 CERs 以外的以 CERs 换取技术、设备和融资等其他多种方式，主动关注和联络国外有相应实力和资源的买方，以可能达成更有利的交易方式（朱宏文，2009）；另一方面，要有意识开发符合 CDM 基准线和方法学的项目（李忠民、庆东瑞，2009）。对于中介机构而言，一方面，充分发挥作为专业机构的作用，做好市场推广工作；另一方面，应与实力雄厚的高等院校和律师事务所、会计师事务所等单位合作，充分引入国内或省内专家和专业机构的介入，提高专业性，发挥专业力量优势（朱宏文，2009；陈方淑，2009）。

（二）有关财税、金融等减排政策工具的研究

在财税、金融等减排政策工具方面，国内的研究还处于起步阶段，相关的研究不多，且多为理论和宏观层面的分析以及对某类减排政策工具的概括类综述。例如，徐瑞娥（2009）在综述中国向低碳经济转型的策略中重点综述了中国发展低碳经济的财税政策建议：调整财政支出结构、加大转移支付力度、完善政府采购制度并扩大环保产品采购、对发展低碳经济的企业给予财税支持、推进能源价格机制改革以促进能源价格市场化、建立健全环保税种并推进环境有偿使用制度改革；曹静、陈粹粹（2010）综述了碳关税的最新研究动态，并运用一个中国的可计算动态一般均衡（CGE）模型初步分析了碳关税；周健（2010）围绕碳金融的界定、碳金融工具、碳金融与金融业和相关政策支持等研究进行了综述；雷仲敏、曾燕红（2011）综述了低碳经济理论方法与政策模型的相关研究，概括了实行碳税的必要性、意义和模式等，并综述了低碳经济研究的 12 种方法与政策模型，这些方法和模型包括：能源消费的碳排放量测算方法、碳减排对能源系统影响的能源-环境-经济耦合的非线性动态规划模型（MARKAL-MACRO 模型）、碳需求的 STIRPAT 模型、长期能源替代规划系统 LEAP 模型、碳排放预测模型、政策评估模型、初始碳排放权分配模型、一般均衡（CGE）模型、投入产出模型、产品生命周期评价方法（LCA）、森林固碳的估算方法、低碳城市研究的模型。

对区域层面的分析较少，其分析角度或对某一地区节能减排的有关财税、金融等政策进行介绍与评价，或提出具体的减排政策。例如，安伟（2008）详细分析了河南省节能减排的产业政策、税收政策和科技政策的现状、问题及改进途径；王宪明、李保强（2009）提出了河北省促进 CDM 产业发展应采取的金融支持政策。

此外，有学者就某区域的温室气体减排政策工具进行了比较。例如，郭运功（2009）着重指出，在经济政策层面上，清洁发展机制为优先政策，

其次为许可证交易制度，征收碳税会导致较大的国民生产总值损失，成本有效性较低；在技术政策层面上，提高能源效率为优先政策，其次为发展和使用清洁能源及可再生能源政策。调整能源结构是上海市温室气体减排最有效、最直接的方法。

（三）各地区促进温室气体减排的对策研究

总体上看，大多数关于温室气体排放及减排的区域性研究都对其研究区域促进温室减排应采取的措施或对策提出了主张和观点。虽然现有相关研究各有其政策主张，但总体上看，目前众多区域性研究所提出的温室气体减排对策主要可以概括为以下五个方面。第一，"少用"，即通过调整经济结构、优化产业结构、倡导绿色消费、绿色建筑和生态城市建设等来降低能源消耗的总量和减少高排放的能源组分（朱世龙，2009；郭运功，2009）。第二，"减排"，在不得不用能源的情况下，通过开发燃烧减排技术、交通减排技术和建筑减排技术以及加强过程监管等来减少温室气体的排放（朱世龙，2009；李风亭、郭茹等，2009）。在工业方面，通过进行重工产业的升级与转移减少工业过程的温室气体排放，同时应采取节能利用措施：在水泥行业推广使用替代燃料、替代原料和余热利用技术；在钢铁行业坚决淘汰高能耗、高物耗、高污染的落后工艺（郭军、赵连臣等，2008）；在交通方面，应制定强制性、统一性的提高燃料效率的标准，同时鼓励发展和使用小排量、低油耗机动车及代用燃料汽车，并完善公共交通体系，倡导低碳出行（刘尚余、赵黛青等，2006；郭运功，2009）。第三，"吸收"，对已排出的 CO_2 利用自然环境吸收（开展封山育林等生态保护工作）；根据不同区域的特点保护生态碳汇，开展规模化的植树造林项目，推进绿色系统建设和湿地农田保护，恢复良好的自然和人居环境，通过生态重建等工作实现生物固碳（李风亭、郭茹等，2009；曲建升、刘谨等，2009；王芳、李友宏等，2008）。第四，"替代"，通过调整能源结构，更明确地说是通过积极开发新能源、可再生能源（地热能源，发展风能、太阳能、生物质能等），替代尽量多的传统能源，以实现温室气体排放总量的下降（王芳、李友宏等，2008；郭军、赵连臣等，2008）。第五，市场交易机制，用经济手段全面促进少用和减排。可以采取的经济手段包括明晰产权、建立市场（CDM、排放权贸易）、税收手段（排放税或能源税、碳税）、收费手段、补贴手段、财政和金融手段、责任手段、债券与押金－退款制度等（王遥、刘倩，2010）。

参考文献

李风亭、郭茹、蒋大和、Mahesh Pradhan：《上海市应对气候变化碳减排研究》，科学出版社，2009。

王铮、朱永彬：《我国各省区碳排放量状况及减排对策研究》，《战略与决策研究》2008年第23卷第2期。

邹秀萍、陈劭锋、宁淼等：《中国省级区域碳排放影响因素的实证分析》，《生态经济》2009年第3期。

徐新华、汪大辉：《江浙沪地区小型燃烧温室气体减排研究》，《环境保护科学》1997年第23卷第31期。

李颖、黄贤金、甄峰：《江苏省区域不同土地利用方式的碳排放效应分析》，《农业工程学报》2008年第24卷第S2期。

顾青峰、王跃思、刘广仁、王明星、郭雪清：《北京城市大气甲烷自动连续观测与结果分析》，《环境污染治理技术与设备》2002年第3卷第10期。

王长科、王跃思、刘广仁、李晶、王明星：《北京城区大气CH_4浓度及其变化规律》，《环境科学研究》2003年第16卷第6期。

李晶、王跃思、刘强、王明星：《北京市两种主要温室气体浓度的日变化》，《气候与环境研究》2006年第11卷第1期。

徐国泉、刘则渊、姜照华：《中国碳排放的因素分解模型及实证分析：1995~2004》，《中国人口·资源与环境》2006年第16卷第6期。

王伟林、黄贤金：《区域碳排放强度变化的因素分解模型及实证分析》，《生态经济》2008年第12期。

郭运功：《特大城市温室气体排放量测算与排放特征分析》，华东师范大学硕士论文，2009。

曲建升、刘谨、陈发虎：《欠发达地区温室气体排放特征与对策研究——基于甘肃省温室气体排放评估与情景分析的案例研究》，气象出版社，2009。

刘虹、姜克隽：《安徽省气候变化形势与温室气体排放预测分析》，《中国能源》2009年第31卷第9期。

杨晓华、陈平、夏黎：《新疆能源消费领域温室气体减排潜力分析》，《环境与可持续发展》2008年第4期。

郭军、赵连臣、李继祥、张大雷：《辽宁省可再生能源温室气体减排潜力分析》，《可再生能源》2008年第26卷第4期。

阮付贤、龙裕伟、杨颂阳：《广西清洁能源发展机制（CDM）发展潜力分析》，《大众科技》2007年第10期。

王芳、李友宏、赵天成、陈晨：《宁夏CO_2、CH_4、N_2O温室气体排放量估算及减排措施》,《干旱区资源与环境》2008年第22卷第11期。

刘尚余、赵黛青、骆志刚：《广东省温室气体减排潜力分析与预测》,《可再生能源》2006年第5期。

朱世龙：《北京市温室气体排放现状及减排对策研究》,《中国软科学》2009年第9期。

马驰、夏伊丽：《利用CDM促进浙江农村生物质能发展的研究》,《福建论坛（社科教育版）》2009年第10期。

宓虹明、Stefan Winter、张艳梅等：《CDM对促进浙江省畜禽废弃物回收利用的节能减排潜力研究》,《农业环境与发展》2009年第3期。

董红敏、李玉娥、朱志平等：《农村户用沼气CDM项目温室气体减排潜力》,《农业工程学报》2009年第25卷第11期。

郑淮、张阿玲、何建坤等：《对我国未来减排温室气体的评价模型及应用》,《数量经济技术经济研究》2003年第10期。

张治军、张小全、朱建华等：《清洁发展机制（CDM）造林再造林项目碳汇成本研究》,《气候变化研究进展》2009年第5卷第6期。

罗玉和、丁力行、邓玉艳：《农业废弃物与煤共燃发电的温室气体减排效益分析》,《农机化研究》2008年第12期。

梁亚娟、樊京春：《可再生能源发电技术温室气体减排效益分析》,《可再生能源》2004年第1期。

刘叶志：《农户用沼气能源温室气体减排的环境效益评价》,《长江大学学报（自然科学版）》2009年第6卷第1期。

李玉娥、董红敏、万运帆：《规模化养鸡场CDM项目减排及经济效益估算》,《农业工程学报》2009年第1期。

李玉娥、董红敏、万运帆：《规模化猪场沼气工程CDM项目的减排及经济效益分析》,《农业环境科学学报》2009年第28卷第12期。

张晓康：《CDM在河北省秸秆发电项目中的应用研究》,《河北工程大学学报（社会科学版）》2008年第25卷第4期。

张红蕾、夏巧丽：《基于GIS的云南水电CDM项目区域潜力评价系统》,《科技情报开发与经济》2009年第19卷第32期。

陈娜：《白竹洲水电站利用CDM效益探讨》,《湖南水利水电》2009年第6期。

赵立祥、郭轶杰：《基于CDM的农村沼气工程效益评价》,《经济论坛》2009年第10期。

冯登军：《排水造林对小兴安岭草丛沼泽温室气体（CO_2、CH_4、N_2O）排放的影响》,东北林业大学硕士学位论文,2009。

彭本利：《论温室气体减排法律机制》,《中外能源》2008年第6期。

洪大剑、张德华：《二氧化碳减排途径》，《电力环境保护》2006 年第 6 期。

钱伯章：《世界能源消费现状和可再生能源发展趋势》，《节能与环保》2006 年第 3、4 期。

刘兰翠、范英、吴刚：《温室气体减排政策问题研究综述》，《管理评论》2005 年第 17 卷第 10 期。

刘倩：《低碳经济的消费行为研究述评与政策启示》，《环境科学与管理》2010 年第 10 期。

李红霞：《黑龙江省 CDM 发展状况与问题分析》，《节能技术》2006 年第 26 卷第 152 期。

张娅妮：《山西省 CDM 项目发展现状及其发展前景》，《技术经济与管理研究》2007 年第 5 期。

靳新慧：《浅析山西省洁净煤技术的发展》，《太原科技》2007 年第 12 期。

龙江英：《贵州煤矿区煤气层 CDM 项目的开发进展与潜力分析》，《商场现代化》2008 年第 4 期。

李忠民、庆东瑞：《CDM 项目开发与发展研究》，《陕西行政学院学报》2009 年第 23 卷第 4 期。

朱宏文：《清洁发展机制及其在浙江的利用情况》，《当代经济》2009 年第 4 期。

王宪明、李保强：《河北省 CDM 项目发展中的金融支持政策研究》，《金融教学与研究》2009 年第 1 期。

李根华、刘自强、马吉华：《清洁发展机制（CDM）在河北省新能源产业中的作用》，《河北省科学院学报》2008 年第 25 卷第 3 期。

王忠萍：《浅析新疆煤炭煤质特征及利用方向》，《煤质技术》2009 年第 S1 期。

陈方淑：《论重庆 CDM 市场发展的战略选择》，《前沿》2009 年第 8 期。

徐瑞娥：《当前我国发展低碳经济政策的研究综述》，《经济研究参考》2009 年第 66 期。

曹静、陈粹粹：《"碳关税"：当前热点争论与研究综述》，《经济学动态》2010 年第 01 期

周健：《我国低碳经济与碳金融研究综述》，《财经科学》2010 年第 5 期。

朱世龙：《北京市温室气体排放现状及减排对策研究》，《中国软科学》2009 年第 9 期。

郭军、赵连臣、李继祥、张大雷：《辽宁省可再生能源温室气体减排潜力分析》，《可再生能源》2008 年第 4 期。

刘尚余、赵黛青：《广东省温室气体减排潜力分析与预测》，《可再生能源》2006 年第 5 期。

王遥、刘倩：《碳金融市场：全球形势、发展前景及中国战略》，《国际金融研究》

2010 年第 9 期。

徐新华、姜虹、汪大辉:《江浙沪地区交通部门温室气体排放研究及减排措施》,《江苏环境科技》1997 年第 2 期。

徐新华、汪大辉:《江浙沪地区化学工业能源消耗现状及温室气体减排措施》,《化工环保》1999 年第 19 卷第 4 期。

徐新华、江大翠:《华东地区工业能耗及其温室气体排放与减排》,《节能》1998 年第 1 期。

巩帅臣:《湖南省碳排放特征及影响因素分析》,《企业家天地》2010 年第 1 期。

第12章

湖南省温室气体排放的时序分析

目前，现有大部分关于温室气体排放状况的区域性研究仅分析排放源，没有结合考虑碳汇来分析净碳排放情况。在此，本研究试图以湖南省为研究区域，以1995~2008年为研究时序，从能源消费、主要工业产品工艺过程、固体废弃物处理与废水、土地利用变化与牲畜管理4个方面综合分析温室气体的排放源与碳汇的变化情况。本文以湖南省为研究区域的原因是，作为中部省份，在2007年长株潭城市群被批准为"全国资源节约型和环境友好型社会建设综合配套改革试验区"之后，湖南省进一步形成了"3+5"城市群的"两型社会"建设试验区，并在2010年确定将建设"两型社会"作为加快经济发展方式转变的方向和目标，该区域较具有代表性。

一 能源消费温室气体排放

（一）计算方法

本研究计算能源消费排放的温室气体包括二氧化碳、甲烷和氧化亚氮，计算方法采用《2006年IPCC国家温室气体清单指南》中的表观能源消耗量估算法。这一方法由IPCC推荐使用，也称为参考方法。本研究在此仅计算能源消费排放的二氧化碳，能源消费排放的甲烷与氧化亚氮暂未计算。

基本的计算公式为：

$$排放量 = \sum(分品种燃料的实际消费量 \times 单位能源含碳量 - 非能源利用固碳量) \times 燃料的氧化率 \times 44/12$$

表 12-1　温室气体排放评估所采用的燃料类型和计算系数

		燃料类型	能量转化系数 e_i（千焦/千吨）	碳排放因子 c_i（吨/千焦）	固碳率 s_i	碳氧化因子 o_i
液体燃料	一次燃料	原油	42.62*	20.0		0.98#
	二次燃料	汽油	44.3	18.9		0.98#
		煤油	44.1	19.55		0.98#
		柴油	43.0	20.2		0.98#
		燃料油	40.4	21.1		0.98#
		液化石油气	47.3	17.2		0.98#
		石脑油	44.5	20.0	0.8	
		沥青	40.2	22.0	1	
		润滑油	40.2	20.0	0.5	
		其他石油制品	40.2	20.0		0.98#
固体燃料	一次燃料	原煤	20.52*	24.74		0.9#
	二次燃料	洗精煤	20.52*	24.74		0.9#
		其他洗煤	20.52*	24.74		0.9#
		型煤	20.52*	24.74		0.9#
		焦炭	28.2	29.2		0.97#
		煤焦油	28.0	22.0	0.75	
气体燃料		天然气	48.0	15.3		0.99#

*《IPCC 国家温室气体清单优良作法指南和不确定性管理》中中国的参考系数；#根据《中国气候变化国别研究》采取的各种燃料的氧化率确定；其他为《2006 年 IPCC 国家温室气体清单指南》国际参考系数。

具体的计算步骤为：

ⓐ计算表观消费量：表观消费量 = 能源产量 + 全部能源进口量 - 全部能源出口量 - 国际航班加油量 - 库存变化量。

ⓑ换算成通用热量计量单位：热量值 = 表观消费量 × 热量转化系数。

ⓒ计算含碳量：含碳量 = 表观消费量热量值 × 碳排放因子，获得的表观消费量的含碳量单位为吨，乘以 10^{-3} 变为千吨。

ⓓ计算净碳排放量：净碳排放量 = 燃料含碳量 - 固碳量。在燃料作为非

能源使用时，例如化工原料、工业或建筑材料等，要计算其中的固碳量。固碳量＝固碳燃料的表观消费量×热量转化系数×碳排放因子×固碳率。

ⓔ计算碳实际排放量：实际碳排放量＝（燃料含碳量－固碳量）×碳氧化率。

ⓕ计算二氧化碳的实际排放量：二氧化碳的实际排放量＝实际碳排放量×44/12

本研究计算所采用各燃料的能量转化系数、碳排放因子、固碳率、碳氧化率的数值和来源见表12－1。

生物质燃料（包括沼气、秸秆、薪柴等）的生产过程和消费过程从数十年的时间尺度看是一个碳的循环过程，理论上生物质再生产的固碳过程与生物质燃料的排放过程中不产生额外的碳排放（尽管很多生态学家不认同这一点）（曲建升等，2009），因此，本研究没有将生物燃料纳入计算。

（二）数据来源

计算区域温室气体排放的基础是该地区历年（1995～2008年）的一次燃料（指直接从自然界中采掘的燃料，如原油、煤炭和天然气）和二次燃料（指从一次燃料加工生成的作为燃料或原料的二次产品，包括汽油等各种类型的燃料油和润滑油等燃料产品）的消费量，主要燃料生产和供应数据来源于《中国能源统计年鉴》（历年）、《中国统计年鉴》（历年）等。对于石脑油、沥青和润滑油这些固碳燃料，由于相关数据在目前可以获得的公开资料中很不完整，本研究通过换算的间接方法获得其表观消费量。在中国当前的原油生产工艺下，按照每吨原油生产过程中产出0.059吨石脑油、0.014吨润滑油和0.015吨沥青的比例来计算。对于煤制油或煤焦油，这部分按IPCC建议采取的6%来计算。

燃料的能量转化系数、碳排放系数、氧化率及固碳率等数据来源于《IPCC国家温室气体清单优良作法指南和不确定性管理》、《中国气候变化国别研究》和《2006年IPCC国家温室气体清单指南》等资料。

（三）排放现状与特征分析

1. 能源消费现状分析

近年来，在湖南省大力推进"一化三基"战略、宏观经济形势好转的形势下，能源消费呈现持续快速增长态势。从煤炭消费总量的变化情况（见表

12-2 和图 12-1）看，1995~2008 年，以 2000 年为界，湖南省的煤炭消费总量呈现先下降、后上升的趋势。从变化速度看，1994~2000 年，湖南省煤炭消费总量的年均减少率为 11.92%；2000~2005 年的煤炭消费总量增长较快，年均增长率为 23.32%；2005 年后煤炭消费总量的增长较慢，2005~2008 年的年均增长率为 6.32%。从油品消费总量的变化情况看，1995~2007 年湖南省的油品消费总量在逐年增加，其年均增长率为 9.26%。其中，柴油的增长速度很快，年均增长率高达 59.57%，其次是汽油和煤油，两者的年均增长率分别为 21.29% 和 17.56%。天然气的消费量在 2004 年后迅速增加。

从湖南省的能源消费结构看，湖南省能源消费结构仍以煤、油、电、焦炭等能源为主，2008 年，煤品燃料消费总量达 8240.98 万吨标准煤，占全社会消费量的 72.57%，油品燃料消费总量为 1339.94 万吨标准煤，占 11.8%，水电消费量为 1134.91 万吨标准煤，占 9.9%，天然气消费总量为 109.46 万吨标准煤（折 823 百万立方米天然气），占 0.96%。

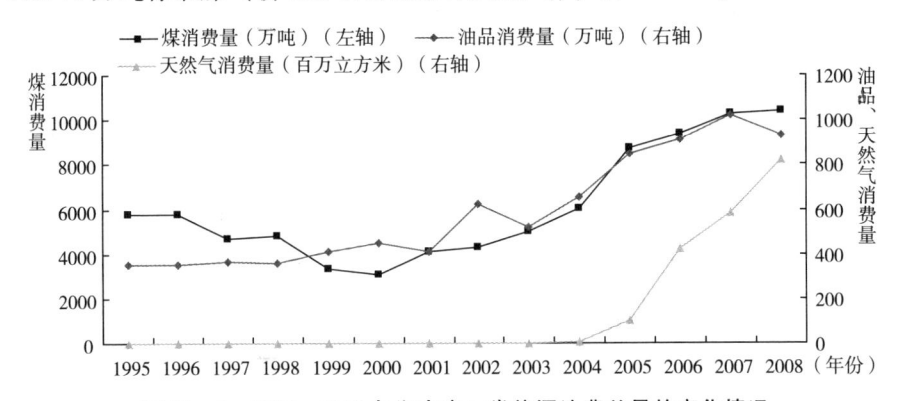

图 12-1 1995~2008 年湖南省三类能源消费总量的变化情况

表 12-2 1995~2008 年湖南省的能源消费情况（表观消费量）

年 份	1995	2000	2001	2002	2003	2004	2005	2006	2007	2008
煤总量（万吨）	5785.36	3066.33	4100.29	4287.42	4984.25	6040.79	8746.5	9400.51	10277.39	10403.58
原 煤	5617.14	2899	3914.31	4087.84	4734.78	5650.3	8154.19	8805.64	9628.52	9254.35
洗精煤	171.85	168.66	188.51	201.96	258.73	353.89	612.49	522.17	497.58	283.80
其他洗煤	-3.63	-1.33	-2.53	-2.38	-9.26	25.5	-33.93	64.99	71.01	100.51
型 煤	0	0	0	0	0	11.09	13.75	7.71	80.28	764.92
油品总计（万吨）	351.24	451.91	407.53	624.39	521.39	656.24	849.46	910.27	1017.13	931.74

续表

年份	1995	2000	2001	2002	2003	2004	2005	2006	2007	2008
原油	348.87	541.05	440.43	607.27	507.82	615.79	652.28	573.31	671.67	616.57
汽油	13.99	-4.79	5.05	23.3	11.66	30.81	144.31	139.04	141.81	103.49
煤油	2.3	-0.49	0.9	0.49	1.74	1.13	3.82	12.86	16.06	21.35
柴油	0.61	-75.35	-68.23	-3.47	4.74	2.38	54.38	144.45	166.3	142.1
燃料油	1.35	12.43	16.02	25.51	19.37	4.05	10.93	10.67	15.16	21.79
液化石油气	0	-5.68	-8.05	-9.24	-11.67	0.27	26.31	32.47	17.93	13.04
其他石油制品	-15.88	-15.26	21.41	-19.47	-12.27	-8.6	-51.03	-2.53	-11.8	13.4
天然气（亿立方米）	0	0	0	0	0	0.06	1	4.25	5.84	8.23

2. 1995～2008年湖南省能源消费的二氧化碳排放分析

根据前述计算方法，利用所获得的表观消费量数据以及能量转化系数、碳排放系数、碳氧化率，算出的1995～2008年湖南省化石燃料的含碳情况见表12-3。从表12-3可以看出，虽然煤炭是湖南省消费的主要能源，但与煤炭消费总量的变化趋势不同，1995～2008年湖南省化石燃料的含碳量的变化呈现为在波动中上升的趋势。利用固碳率、能量转化系数、碳排放系数以及前文确定的石脑油、沥青、润滑剂和煤焦油的表观消费量，计算得到这些非能源使用化石燃料的固碳量见表12-4。利用氧化系数和前文的计算方法，计算得到湖南省实际的二氧化碳排放量见表12-5，1995～2008年湖南省化石燃料二氧化碳排放的来源及其比例的变化情况见图12-2。

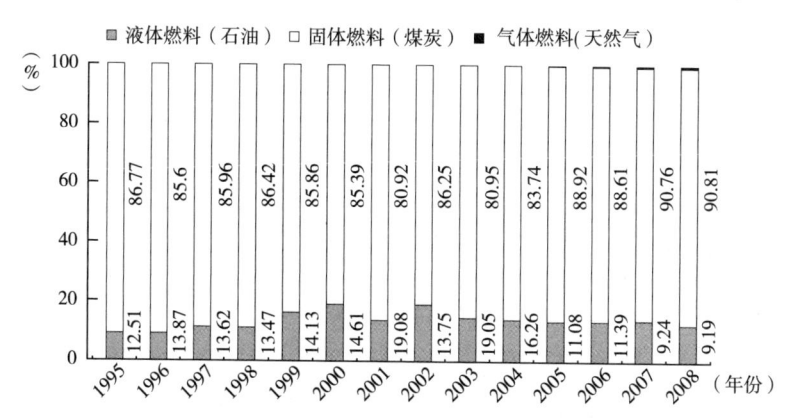

图12-2 1995～2008年湖南省化石燃料消费二氧化碳排放的来源及其比例

表12-3 1995~2008年湖南省化石燃料的含碳量

单位：千吨碳

年份	1995	1996	1997	1998	1999	2000	2001	2002	2003	2004	2005	2006	2007	2008
原油	2973.77	2957.91	3061.82	3042.90	4104.99	4611.91	3754.23	5176.37	4328.66	5248.99	5560.03	4886.89	5725.32	5255.64
汽油	117.13	148.62	73.60	69.83	-26.04	-40.11	42.28	195.08	97.63	257.96	1208.26	1164.14	1187.33	866.49
煤油	19.83	0.95	-5.43	-13.02	-35.87	-4.22	7.76	4.22	15.00	9.74	32.93	110.87	138.46	184.07
柴油	5.30	-28.75	-3.13	56.55	-665.49	-654.49	-592.65	-30.14	41.17	20.67	472.34	1254.69	1444.48	1234.28
燃料油	11.51	18.16	128.29	112.52	117.64	105.96	136.56	217.46	165.12	34.52	93.17	90.96	129.23	185.75
液化石油气	0.00	0.00	0.00	-86.32	-125.04	-46.21	-65.49	-75.17	-94.94	2.20	214.05	264.16	145.87	106.09
其他石油制品	-127.68	-88.44	-153.64	-108.54	114.09	-122.69	172.14	-156.54	-98.65	-69.14	-410.28	-20.34	-94.87	107.74
小计	2999.86	3008.44	3101.51	3073.92	3483.89	3850.15	3454.83	5331.28	4453.98	5504.95	7170.52	7751.38	8675.82	7940.06
原煤	28516.24	28559.55	22993.51	23392.48	16145.26	14717.20	19871.57	20752.52	24036.81	28684.58	41395.95	44703.13	48880.61	46981.1
洗精煤	872.42	939.48	885.11	917.30	935.93	856.23	957.00	1025.28	1313.48	1796.57	3109.4	2650.87	2526.04	1440.75
其他洗煤	-18.43	-28.38	-2.23	-16.55	-11.47	-6.75	-12.84	-12.08	-47.01	129.45	-172.25	329.93	360.49	510.25
型煤	0	0	0	0	0	0	0	0	0	56.3	69.8	39.1	407.6	3883.22
焦炭	645.33	459.07	561.67	679.59	848.39	745.13	978.33	1191.27	1101.76	3395.2	3015.03	3263.79	3482.33	4489.7
小计	30015.57	29929.72	24438.06	24972.82	17918.11	16311.81	21794.06	22956.99	26405.05	34062.2	47417.93	50986.87	55657.02	57305.04

表 12-4 1995~2008 年湖南省非能源使用的化石燃料的固碳量

单位：千吨碳

年　份	石脑油	润滑油	沥　青	小　计	煤焦油
1995	146.5533	19.6344	46.2811	189.3283	21.72416
1996	145.772	19.52972	46.0344	188.3189	15.4539
1997	150.8927	20.21578	47.6515	194.9342	18.90781
1998	149.9602	20.09083	47.3570	193.7295	22.87732
1999	202.3021	27.10332	63.8864	261.3487	28.55992
2000	227.2843	30.45029	71.7757	293.6224	25.08383
2001	185.0158	24.7874	58.4274	239.017	32.93413
2002	255.102	34.17716	80.5604	329.5594	40.10252
2003	213.325	28.58011	67.3674	275.5888	37.08936
2004	258.6811	34.65666	81.6907	334.1831	114.2979
2005	274.0098	36.71032	86.5315	353.9858	101.4968
2006	240.8361	32.26589	76.0553	311.1296	109.871
2007	282.1551	37.80159	89.1035	364.5086	117.2279
2008	259.0087	34.7006	81.7942	375.5035	151.1405

表 12-5 1995~2008 年湖南省化石燃料二氧化碳的排放情况

单位：万吨 CO_2

年　份	固体燃料（煤炭）	液体燃料（石油）	气体燃料天然气	总　计
1995	9897.97	1001.60	0.00	10899.57
1996	9871.71	1005.09	0.00	10876.80
1997	8058.32	1035.87	0.00	9094.19
1998	8233.48	1026.44	0.00	9259.92
1999	5903.55	1146.49	0.00	7050.04
2000	5374.62	1265.08	0.00	6639.70
2001	7181.17	1145.05	0.00	8326.22
2002	7562.57	1782.81	0.00	9345.39
2003	8701.43	1489.33	0.00	10190.76
2004	11202.81	1843.35	1.15	13047.31
2005	15614.42	2433.86	19.12	18067.41
2006	16789.41	2659.86	81.28	19530.55
2007	18328.13	2970.52	111.68	21410.34
2008	18860.79	2718.20	157.39	21736.37

计算结果（见表 12-5 和图 12-2）显示，湖南省化石燃料能源消费排放的二氧化碳总量从 1995 年的 10899.57 万吨增长到 2008 年的 21736.37 万吨，增长了 0.99 倍，年均增长率为 5.45%。其中煤炭燃烧排放的二氧化碳量从 1995 年的 9897.97 万吨增长到 2008 年的 18860.79 万吨，增长了 0.91 倍，年均增长率为 5.08%；使用成品油燃料所排放的二氧化碳量由 1995 年的 1001.6 万吨增加到 2008 年的 2718.2 万吨，增长了 1.71 倍，年均增长率为 7.98%；天然气使用所排放的二氧化碳量从 2004 年到 2008 年增长了约 136 倍，年均增长率达 242.12%。总体上说，三种化石能源的消费中，二氧化碳排放增长速度最快的是天然气，其次是成品油，最后是煤炭。另外，三种化石能源消费二氧化碳排放量在能源消费总排放量中所占的比重不同，煤炭和成品油消费排放二氧化碳量在能源消费总排放量中所占比重呈波动的变化趋势：1995~2008 年煤炭的这一比例基本维持在 80%~91% 之间，2008 年的这一比例为 96.77%；1995~2008 年成品油的这一比例基本维持在 9%~14% 之间，2008 年的这一比例为 12.51%；天然气消费二氧化碳排放量占总能源消费二氧化碳排放量的比例逐年增加，从 2004 年的 0.01% 增长到 2008 年的 0.72%。

二 主要工业产品工艺过程温室气体排放

（一）计算方法

在国家发展和改革委员会能源研究所制定的《1994 年中国国家温室气体清单》中，工业生产过程计算了水泥、石灰、钢铁、电石生产过程的二氧化碳排放以及己二酸生产过程的氧化亚氮排放。而在《2006 年 IPCC 国家温室气体清单指南》中，工业产品生产过程温室气体的排放分为采掘工业、化学工业和金属工业三大类。根据数据的可得性，本文在此计算水泥、钢铁、电石、纯碱四类工业产品生产过程的二氧化碳排放量。其二氧化碳排放量计算方法是，利用这些工业产品现有文献或 IPCC 给出的二氧化碳排放系数（见表 12-6）乘以相应的产量数（见表 12-7）。

（二）湖南省 1995~2008 年主要工业产品产量及其工艺过程中 CO_2 排放量

1995~2008 年各主要工业产品产量的结果表明，在变化趋势方面，在

表 12 - 6　主要工业产品工艺过程的温室气体排放系数

主要工业产品	水泥	钢	电石（CaC_2）	纯碱
CO_2 排放系数（吨 CO_2/吨生产量）	0.427	1.06	2.19	0.138

注：水泥生产工艺过程二氧化碳排放系数（吨 CO_2/吨生产的水泥）的数据来源为汪澜（2009）。其余排放系数均源自《2006 年 IPCC 国家温室气体清单指南》，其中，钢生产工艺过程二氧化碳排放系数的数据来源为《2006 年 IPCC 国家温室气体清单指南》中全球平均因子（65% BOF、30% EAF、5% OHF）×（吨 CO_2/吨生产的钢）；电石生产和使用中 CO_2 排放的排放因子为《2006 年 IPCC 国家温室气体清单指南》中石油焦使用的缺省排放因子与产品使用的缺省排放因子之和。

表 12 - 7　湖南省 1995 ~ 2008 年主要工业产品产量与 CO_2 排放量

单位：万吨

年份	主要工业产品产量 水泥	钢	电石	纯碱	主要工业产品 CO_2 排放量 水泥	钢	电石	纯碱
1995	2196.02	175.6	12.16	10.8	937.70	186.14	26.63	1.49
1996	2300.28	189.45	12.45	12.87	982.22	200.82	27.27	1.78
1997	2209	243.73	13.81	10.91	943.24	258.35	30.24	1.51
1998	2338	270.59	11.09	8.58	998.33	286.83	24.29	1.18
1999	2273.85	309.02	10.09	10.05	970.93	327.56	22.10	1.39
2000	2395.72	304.13	10.44	13.03	1022.97	322.38	22.86	1.80
2001	2496.02	441.9	11.03	12.47	1065.80	468.41	24.16	1.72
2002	2746.5	546.65	13.12	14.44	1172.76	579.45	28.73	1.99
2003	3054.34	590.77	15.99	15.78	1304.20	626.22	35.02	2.18
2004	3358.22	804.07	19.18	18.86	1433.96	852.31	42.00	2.60
2005	3571.07	975.17	18.06	27.53	1524.85	1033.68	39.55	3.80
2006	4379.41	1191.8	13.11	37.38	1870.01	1263.31	28.71	5.16
2007	5556.72	1303.1	13.29	39.67	2372.72	1381.29	29.11	5.47
2008	6043.88	1293.01	11.27	39.67	2580.74	1370.59	24.68	5.38

数据来源：相关年份《湖南省统计年鉴》，中国统计出版社。

水泥、钢、电石与纯碱四类工业产品中，水泥、钢、纯碱在 1995 ~ 2008 年间的产量虽有反复，但呈持续上升趋势，电石在 1995 ~ 2008 年间产量的变化不太规律，呈现上升 - 下降 - 上升 - 下降的态势，但并不存在周期性，近 5 年来的电石产量呈现下降态势。在变化的绝对量和变化速度方面，湖南省水泥的生产量从 1995 年的 2196.02 万吨增加到 2008 年的 6043.88 万吨，年均增长8.09%；钢的生产量从1995年的175.6万吨增加到2008年的1293.01万吨，年均增长16.6%；纯碱的生产量从1995年的10.8万吨增加到2008年的39.02万吨，年均增长10.38%；电石的生产量从1995年的12.16万吨下降到2008年的11.27万吨，年均下降0.58%。

1994~2008年各主要工业产品CO_2排放的结果和变化趋势表明，与水泥、钢、电石与纯碱四类工业产品产量的变化趋势类似，水泥、钢与纯碱四类工业产品工艺过程中CO_2的排放量在1994~2008年间总体上呈持续上升趋势，电石工艺过程中CO_2的排放量在1994~1997年、1999~2004年间呈上升趋势，在1997~1999年间呈缓和的下降趋势，而在2004年的近5年间呈迅速下降趋势。在1994~2008年各主要工业产品CO_2排放变化的绝对量和变化速度方面，由于生产水泥而排放的CO_2从1995年的937.7万吨增加到2008年的2580.74万吨，增长了1.75倍；由于生产钢而排放的CO_2从1995年的186.14万吨增加到2008年的1370.59万吨，增长了6.36倍；由于生产纯碱而排放的CO_2从1995年的1.49万吨增加到2008年的5.38万吨，增长了2.61倍；由于生产电石而排放的CO_2从1995年的26.63万吨下降到2008年的24.68万吨，下降了73.23%（见图12-4）。

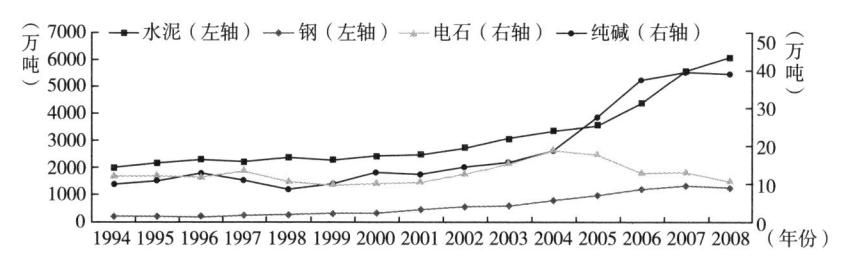

图12-3　湖南省1994~2008年主要工业产品产量的变化趋势

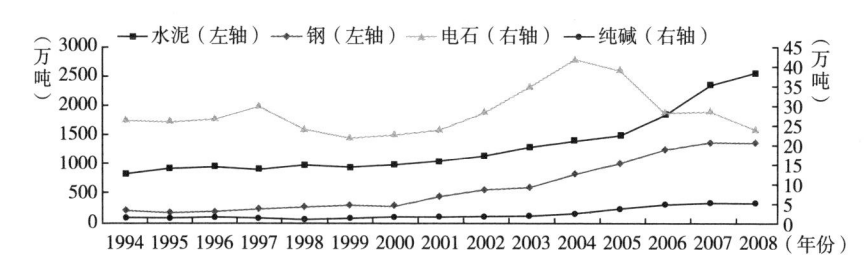

图12-4　湖南省1994~2008年主要工业产品工艺过程中CO_2排放的变化趋势

三 土地利用变化与牲畜管理中温室气体的排放

(一) 计算方法与数据来源

1. 土地利用变化温室气体排放的计算方法

在《2006年IPCC国家温室气体清单指南》中,土地利用类别包括林地、农田、草地、湿地、聚居地和其他土地六类。所确定的每个特定土地的温室气体排放量和清除量,包括生物量、死有机质和土壤中的CO_2排放(以碳库变化的形式),以及燃烧产生的非CO_2排放。由于基础数据缺乏以及湖南省存在的实际情况,本研究主要计算农田、湿地排放的温室气体、城市绿地和经济作物净储碳量、草地碳汇、农田土壤储碳量以及林地储碳量。

(1) 农田、湿地温室气体排放计算方法

农田、湿地温室气体排放量的计算采用排放系数法来计算,排放系数主要来自国内相关研究文献。由于数据缺乏,本研究用稻田和麦田温室气体排放系数来代替水田和旱田温室气体排放系数(见第12-8)。水田和旱田面积的数据来源于《中国统计年鉴》(1996~2009年历年)。对于湿地温室气体的排放系数,本研究用汪青(2006)崇明湿地的研究系数来计算。其研究结果表明,对生长季度下,崇明湿地甲烷(CH_4)、氧化亚氮(N_2O)、二氧化碳(CO_2)表现为排放源,平均数量分别为0.0089吨/(公顷·年)、0.0002吨/(公顷·年)和47.93吨/(公顷·年)。

表12-8 水田与旱田温室气体的排放系数

	CH_4(吨/公顷·年)	N_2O(吨/公顷·年)	CO_2(吨/公顷·年)	生长时间(天)
水 田	0.126	0.0019	14.57	147
旱 田	0.004	0.0039	10.58	211

数据来源:黄明蔚:《稻麦轮作农田生态系统温室气体排放及机制研究》,华东师范大学硕士学位论文,(2007)。

(2) 城市绿地和经济作物净储碳量的计算方法

本研究中的经济作物包括油料、棉花、麻类、甘蔗、烟叶、药材、蔬菜瓜类及其他作物。城市绿地和经济作物净储碳量的计算同样采用排放系数法来计算。由于数据的缺乏,本研究在计算城市绿地和经济作物净储碳量时采用的排放系数来自管东生、陈玉娟等人（1998）的研究结果（4.80 吨/公顷）。各类经济作物的面积与城市绿化覆盖面积来源于《中国统计年鉴》（1996～2009，历年）。

（3）草地与湿地植被碳汇计算方法

对草地碳汇同样采用排放系数法进行计算。由于现有文献对中国南方草场生态系统植被碳贮量缺乏研究，本研究采用王建林等（2009）的研究中西藏草地生态系统植被的平均碳密度（2307.895 千克碳/公顷）来计算。历年草地面积来源于《湖南省统计年鉴》（1996～2009，历年），由于南方草场资源植被状况要好于西藏地区，因此，利用这一系数计算得出的草地碳汇应该比实际的要小，计算存在低估的情况。湿地植被单位面积碳储量采用《农林业温室气体减排与控制技术》中的 43 吨碳/公顷。

（4）农田、湿地土壤储碳量与呼吸量的计算方法

对农田土壤储碳量与呼吸量的计算也采用系数法。平均土壤碳储量系数（34.8 吨/公顷）和平均土壤年呼吸量（0.1044 吨/公顷）来自于钱杰（2004）的研究。其计算公式为：

土壤年碳储存量（吨）= 土类（包括水田、旱田）总面积 × 34.8 × 0.6

土壤年呼吸量（吨/公顷）= 土类（包括水田、旱田）总面积 × 0.1044 × 0.42

其中，0.6 和 0.42 为将水田和旱田植物非生长期与一年的天数（365 天）的比值。

湿地土壤碳储量的系数采用《农林业温室气体减排与控制技术》中的 643 吨/公顷。

（5）林地碳汇的计算方法

森林固碳量的估算有多种方法，主要有生物量法、蓄积量法[①]、涡旋相关法等。由于缺乏主要树种的抽样实测数据，本研究不再按照蓄积量法计算碳密度值，而是参考胡长青、桂小杰、徐永新（2005）的研究。其研究指出，如果需综合考虑地上、地下两部分，则森林生态系统总碳储量 = 植被总碳储量 + 凋落物总碳储量 + 土壤总碳储量。该研究算得湖南省及各市（州）的森林碳密度值见表 12-9。碳密度是反映生态系统碳存贮能力的重要指标，其含义是单位面

[①] 蓄积量法是以森林蓄积量数据为基础的碳估算方法。其原理是根据对森林主要树种抽样实测，计算出森林中主要树种平均容重，根据森林的总蓄积量求出生物量。再根据生物量与碳的转换系数求出森林的固碳量、固碳系数和 CO_2 吸收系数。

积上的碳存储量。比较第 12-9 中各地市（州）的森林碳密度值，可以发现，湖南省各市（州）碳密度差异很小，林分质量差异不大，储碳能力基本相近。因此，本研究在计算时采用湖南省的全省平均碳密度值进行计算。

表 12-9 湖南省及各市州的森林碳密度值

单位：吨/公顷

地 区	邵 阳	娄 底	郴 州	长 沙	怀 化	永 州	湘西自治州	
碳密度	221.9	221.24	217.43	216.63	216.45	216.1	215.58	
地 区	张家界	株 洲	湘 潭	益 阳	常 德	岳 阳	衡 阳	全省平均
碳密度	214.99	214.69	214.49	213.33	211.8	211.64	209.62	215.42

资料来源：胡长青、桂小杰、徐永新（湖南省林业厅）(2005)。

2. 牲畜管理温室气体排放的计算方法

(1) 源自牲畜肠道发酵的总排放的计算

由于《2006 年 IPCC 国家温室气体清单指南》中缺乏家禽的肠道发酵的排放因子，本研究的牲畜主要包括牛、羊、马、驴、骡、猪，而在计算粪便管理系统的甲烷排放时还包括家禽和兔。这些牲畜的年末存栏量的数据来源于 1996~2009 历年的《中国农村统计年鉴》。将甲烷、氧化亚氮按照《IPCC 气候变化报告——第一组报告》中的全球变暖趋势（GWP）值，转化为二氧化碳当量（GWp：CH_4 为 22；N_2O 为 310）。

源自牲畜肠道发酵主要排放的温室气体种类为甲烷，其总排放量为各类别和亚类牲畜肠道发酵温室气体排放之和，而某类牲畜肠道发酵温室气体的排放量等于该类牲畜的甲烷排放因子乘以该类牲畜的数量。虽然《中国气候变化国别研究》中列出了黄牛、水牛、奶牛、羊这些牲畜的繁殖母畜、当年生仔畜和其他的甲烷排放因子，但是基于本研究的计算只是估计总的温室气体排放量，并且有些指标的时间序列数据不可得，因此，本文采用《2006 年 IPCC 国家温室气体清单指南》中气候温和地区的排放因子的缺省值（见第 12-10）进行计算。

(2) 牲畜粪便管理系统中的甲烷排放

牲畜粪便管理系统中主要排放的温室气体种类为甲烷，其计算方法仍没有排放系数法。对比《2006 年 IPCC 国家温室气体清单指南》中气候温和地区的排放因子的缺省值（见表 12-10）与《中国气候变化国别研究》中牲畜粪便甲烷排放因子（见第 12-11），可以发现，后者对有关牲畜的分类以及

表 12-10　源自牲畜肠道发酵温室气体的排放因子缺省值

单位：千克 CH_4/（头·年）

牲畜种类	家牛	水牛	其他牛	绵羊	山羊	马	驴和骡	猪	家禽	兔
肠道发酵排放因子	61	55	47	5	5	18	10	1		
来自某种限定牲畜种群的排放因子	14	2	1	0.15	0.17	1.64	0.9	3	0.02	0.08

注：IPCC 缺省值没有对肉牛、奶牛、水牛做出区分，其排放因子全部用水牛的排放因子进行计算；由于湖南各市的年平均气温为 17~18℃，属于气候温和地区，在选择牲畜种群的排放因子时，其数据对应于温和地区亚洲的有关数据。

数据来源：《2006 年 IPCC 国家温室气体清单指南》中发展中国家或亚洲的缺省值。

排放系数更符合中国的实际情况，因此，本研究主要采用《中国气候变化国别研究》中牲畜粪便甲烷排放因子进行计算。但由于《中国气候变化国别研究》中给出的是奶牛、非奶牛的甲烷排放因子，为与源自牲畜肠道发酵甲烷排放的计算口径一致，在计算牛粪便管理系统甲烷排放时，用《2006 年 IPCC 国家温室气体清单指南》中的缺省排放系数［家牛 14 千克 CH_4/（头·年），其他牛 1 千克 CH_4/（头·年）］。

表 12-11　牲畜粪便管理系统甲烷排放因子

单位：千克 CH_4/（头·年）

奶牛	非奶牛	水牛	绵羊	山羊	驴、骡	马	猪	家禽
8.87	0.77	1.07	0.1	0.13	0.62	1.23	3.05	0.016

资料来源：中国气候变化国别研究组编《中国气候变化国别研究》，清华大学出版社，2000。

（二）湖南省 1995~2008 年土地利用变化与牲畜管理中温室气体的排放分析

1. 土地利用变化温室气体的排放分析

（1）农田、湿地温室气体排放分析

从 1994~2008 年湖南省农田面积的比较看，湖南省农田耕地面积从 1994 年的 325.843 万公顷增加到 2008 年的 378.94 万公顷，增加了 16.3%。其中，水田、旱田分别由 1994 年的 257.031 万公顷、68.812 万公顷上升到 2008 年的 291.364 万公顷、87.576 万公顷，分别上升了 13.36% 和 27.27%。但是，从变化趋势看，湖南省农田面积并不是一直上升的，

1994~1998年，水田的面积持续下降，与此同时，旱田的面积持续上升。在1999年间，水田与旱田的面积都出现了较大幅度的增加，在1999~2008年间，湖南省的水田面积又出现持续减少趋势，但减少幅度较小；而旱田面积除个别年份外，其变化趋势表现为小幅持续减少。

根据前文说明的计算方法和生长季节农田生态系统温室气体的排放系数，计算出1995~2008年湖南农田温室气体的排放量（见表12-12）。将甲烷和N_2O的排放量转化为二氧化碳当量后的农田温室气体排放量与构成情况见表12-13。

表12-12　1994~2008年湖南省农田面积及农田温室气体排放情况

年份	甲烷排放量（万吨）				N_2O排放量（万吨）				CO_2排放量（万吨）		
	水田	旱田	总计	CO_2当量	水田	旱田	总计	CO_2当量	水田	旱田	总计
1994	32.4	0.3	32.7	685.9	0.5	0.3	0.8	234.6	3744.9	728.0	4473.0
1995	32.3	0.3	32.6	683.9	0.5	0.3	0.8	234.0	3734.1	726.7	4460.8
1996	32.1	0.3	32.4	680.8	0.5	0.3	0.8	233.5	3717.1	728.1	4445.2
1997	32.1	0.3	32.3	679.1	0.5	0.3	0.8	232.7	3707.8	725.1	4432.8
1998	31.9	0.3	32.2	675.6	0.5	0.3	0.8	232.1	3688.6	725.8	4414.5
1999	37.4	0.4	37.7	792.5	0.6	0.4	0.9	290.9	4319.6	1017.6	5337.2
2000	37.3	0.4	37.7	792.0	0.6	0.4	0.9	290.4	4316.8	1014.4	5331.1
2001	37.3	0.4	37.7	791.2	0.6	0.4	0.9	289.5	4312.6	1007.9	5320.5
2002	37.2	0.4	37.6	788.8	0.6	0.4	0.9	287.4	4300.2	994.1	5294.3
2003	37.0	0.4	37.4	784.6	0.6	0.3	0.9	281.4	4278.7	949.1	5227.8
2004	36.9	0.4	37.3	783.1	0.6	0.3	0.9	279.7	4271.2	936.3	5207.5
2005	36.9	0.4	37.3	782.7	0.6	0.3	0.9	279.7	4268.8	937.5	5206.3
2006	36.8	0.3	37.1	779.3	0.6	0.3	0.9	277.0	4251.1	920.3	5171.4
2007	36.7	0.3	37.1	778.9	0.6	0.3	0.9	277.3	4248.8	923.5	5172.3
2008	36.7	0.4	37.1	778.3	0.6	0.3	0.9	277.5	4245.2	926.6	5171.7

数据来源：1994~2007年的数据来源于湖南省统计局的《湖南省改革开放30年》（1978~2008），2008年的数据来源于《湖南省统计年鉴》（2008）。

从表12-12和表12-13可以看出，与农田的面积的变化趋势类似，湖南省农田温室气体排放在1994~2008年间呈现总量增加、在1999年迅速增加的前后阶段表现出阶段性轻微下降变化趋势。从排放构成情况看，水田是农田温室气体排放的主要来源，其排放量占总排放量的82%以上；农田排放的温室气体以二氧化碳为主，1994~2008年湖南省农田二氧化碳排放量占农田温室气体排放总当量基本上维持在82%~83%之间；相比之下，农田甲烷和氧化亚氮的排放量较小，占排放总当量的比例比较稳定：甲烷的二氧化碳当量在总排放当量中的比重在1995~2008年基本保持在略高于12%的水平上，氧化亚氮的二氧化碳当量占总农田排放当量基本维持在4.3%~4.6%之间。

表12-13 1994~2008年湖南省农田温室气体排放情况

年 份	水田（万吨）	旱田（万吨）	总量（万吨）	水田占比例（%）	旱田占比例（%）
1994	4576	817	5393	84.85	15.15
1995	4563	815	5379	84.84	15.16
1996	4542	817	5360	84.75	15.25
1997	4531	814	5345	84.78	15.22
1998	4508	815	5322	84.70	15.30
1999	5279	1142	6421	82.21	17.79
2000	5275	1138	6414	82.25	17.75
2001	5270	1131	6401	82.33	17.67
2002	5255	1116	6371	82.49	17.51
2003	5229	1065	6294	83.08	16.92
2004	5220	1051	6270	83.24	16.76
2005	5217	1052	6269	83.22	16.78
2006	5195	1033	6228	83.42	16.58
2007	5192	1036	6228	83.36	16.64
2008	5188	1040	6228	83.30	16.70

由于缺乏湿地1994~2008年的连续数据，并且所找到2003~2008年湿地面积的数据也一致（1226909公顷），因此，本研究假设1994~2008年湖南省湿地的面积基本保持不变。利用汪青（2006）对崇明湿地的排放系数进行计算，得到湖南省湿地每年排放温室气体为：CH_4 1.092万吨、N_2O 0.0245万吨、CO_2 5880.575万吨，折合成CO_2当量后，其总的排放量为5911.113万吨/年。从其排放构成看，与农田一样，CO_2是湿地排放的主要温室气体，其占湿地温室气体排放总当量的比例高达99.48%，CH_4、N_2O在排放总当量的比例分别仅占0.39%和0.13%。

（2）城市绿地和经济作物的净储碳量

从计算结果（见表12-14）看，随着城市绿色覆盖面积在2000年达到1994~2008年的最大值，城市绿色覆盖的净储碳量与总净储碳量达到这一阶段的最大值，而在1994~2000年和2001~2008年这两个被断开的阶段，城市绿色覆盖的净储碳量与总净储碳量都表现为持续上升的态势。经济作物面积的变化规律不太明显，存在阶段性的波动，因而其净储碳量也表现为上升－下降－上升－下降－上升的波动态势。

（3）草地与湿地植被碳汇的分析

根据搜集到的2003～2008年牧草地面积的数据来看，湖南省的牧草地面积基本稳定在10.4万～10.5万公顷之间，由于难以获得时间序列的草地面积的数据，本研究以2003～2008年的年均牧草地面积（10.447万公顷）来计算。由于近年来牧草地存在一定程度的退化为荒地的趋势，因此，本研究对基础数据的这一处理有可能低估其碳汇水平。计算得到湖南省草地生态系统植被的碳汇为24.1098万吨。就湿地来说，计算得到湖南省湿地植被每年的碳储量为736.1454万吨，折合二氧化碳当量19344.265万吨。

表12－14　湖南省1994～2008年城市绿地与经济作物的面积与净碳储量

年份	面积（万公顷）		净储碳量（万吨）		
	城市绿化覆盖	经济作物	城市绿化覆盖	经济作物	合计
1994	2044	116.581	9811.2	559.5888	10370.7888
1995	2366.1	125.014	11357.28	600.0672	11957.3472
1996	2477.7	131.004	11892.96	628.8192	12521.7792
1997	2580.7	136.638	12387.36	655.8624	13043.2224
1998	2637.8	131.034	12661.44	628.9632	13290.4032
1999	2680.4	127.808	12865.92	613.4784	13479.3984
2000	4467.2	129.3	21442.56	620.64	22063.2
2001	3014.9	130.538	14471.52	626.5824	15098.1024
2002	3182.6	126.822	15276.48	608.7456	15885.2256
2003	3425.48	126.745	16442.304	608.376	17050.68
2004	3610.73	126.607	17331.504	607.7136	17939.2176
2005	4072.33	129.006	19547.184	619.2288	20166.4128
2006	3531.4	132.461	16950.72	635.8128	17586.5328
2007	3974.2	133.104	19076.16	638.8992	19715.0592
2008	4181.5	134.468	20071.2	645.4464	20716.6464

数据来源：1994～2007年的城市绿化覆盖面积与经济作物面积数据来源于《湖南省改革开放30年》（1978～2008），2008年的数据来源于《湖南省统计年鉴》（2008）。

（4）农田、湿地土壤储碳量与农田呼吸量

从计算结果（见表12－15）看，虽然2008年湖南省水田与旱田的土壤碳储量比1994年分别增加了716.873万吨和391.792万吨,但1994~2008年之间湖南省水田与旱田的土壤碳储量并不表现出递增的态势,反而在总体上表现为阶段性递减趋势:1994~1998年以及1999~2007年之间均表现为连续递减,总体上增加的结果是由1998~1999年之间农田的迅速增加带来的。与此变化特征一致,农田土壤呼吸量的变化在1994~2008年同样表现出阶段性递减趋势。利用单位面积碳储量计算得到湖南省湿地土壤碳储量为78890.249万吨,折合成CO_2当量为289264.25万吨。

表12-15 湖南省1994~2008年农田土壤碳储量与呼吸量

年份	面积(万公顷) 水田	面积(万公顷) 旱田	土壤碳储量(万吨) 水田	土壤碳储量(万吨) 旱田	土壤碳储量(万吨) 总计	土壤年呼吸量(万吨) 水田	土壤年呼吸量(万吨) 旱田	土壤年呼吸量(万吨) 总计
1994	257.031	68.812	5366.807	1436.795	6803.602	5.367	1.437	6.804
1995	256.288	68.682	5351.293	1434.080	6785.374	5.351	1.434	6.785
1996	255.123	68.817	5326.968	1436.899	6763.867	5.327	1.437	6.764
1997	254.479	68.531	5313.522	1430.927	6744.449	5.314	1.431	6.744
1998	253.166	68.604	5286.106	1432.452	6718.558	5.286	1.432	6.719
1999	296.471	96.181	6190.314	2008.259	8198.574	6.190	2.008	8.199
2000	296.279	95.881	6186.306	2001.995	8188.301	6.186	2.002	8.188
2001	295.99	95.265	6180.271	1989.133	8169.404	6.180	1.989	8.169
2002	295.139	93.961	6162.502	1961.906	8124.408	6.163	1.962	8.124
2003	293.662	89.708	6131.663	1873.103	8004.766	6.132	1.873	8.005
2004	293.152	88.495	6121.014	1847.776	7968.789	6.121	1.848	7.969
2005	292.985	88.613	6117.527	1850.239	7967.766	6.118	1.850	7.968
2006	291.772	86.987	6092.199	1816.289	7908.488	6.092	1.816	7.908
2007	291.614	87.283	6088.900	1822.469	7911.369	6.089	1.822	7.911
2008	291.364	87.576	6083.680	1828.587	7912.267	6.084	1.829	7.912

数据来源:1994~2007年的数据来源于湖南省统计局的《湖南省改革开放30年》(1978~2008),2008年的数据来源于《湖南省统计年鉴》(2008)。

(5) 林地碳汇的分析

从1973年开始至今,全国森林资源清查工作共进行了7次[①],在

---

① 七次全国森林资源清查工作开展的时间为:第一次清查的时间为1973~1976年,第二次清查的时间为1977~1981年,第三次清查的时间为1984~1988年,第四次清查的时间为1989~1993年,第五次清查的时间为1994~1998年,第六次清查的时间为1999~2003年,第七次清查的时间为2004~2008年。

1994~2008年间只进行过3次。为了更好地反映湖南省1994~2008年林地面积的变化情况，本研究用有林地的面积来替代清查得到的森林面积的数据。从理论上说，任何林地都具有储碳功能，用有林地的面积进行计算得到的结果能更全面地反映区域的碳汇情况。同时，比较这两类数据发现，在历年的《湖南省统计年鉴》给出的有林地面积比全国森林资源清查得到的数据在数量上稍大，且大多数年份的这一数据都不同，存在十多个数据点（见表12-16），这比在1994~2008年的15年中只用全国森林资源清查得到的3个数据点能更反映实际的变化情况。

表 12-16 湖南省 1994~2008 年有林地的碳储量

年 份	1994	1995	1996	1997	1998	1999	2000	2001
有林地面积（万公顷）	727	727	891	750	750	750	947	958
碳储量（万吨）	156619	156619	191896	161595	161595	161595	204014	206362

年份（年）	2002	2003	2004	2005	2006	2007	2008
有林地面积（万公顷）	972	986	1003	1018	1037	1049	975
碳储量（万吨）	209382	212428	216047	219369	223388	226051	209989

注：在统计年鉴中，1994~1999年的数据对应的指标为"森林面积"。
资料来源：有林地面积的数据来源于相关年份《湖南省统计年鉴》。

根据前文确定的湖南省全省平均碳密度值（215.42吨/公顷）进行计算，结果见表12-16。可以看出，除个别年份外，湖南省1994~2008年的有林地面积呈现缓慢递增的变化趋势。与此相对应，湖南省林地碳汇也呈现总体上升趋势，2008年的林地碳汇是1994年的1.341倍，增长了34.1%，年均增长率为2.12%。

2. 牲畜粪便管理温室气体排放分析

从牲畜构成情况（见表12-17）看，湖南省的牲畜结构以猪为主，猪在总牲畜数量中的比重占到了77%~85%；其次是牛，除2008年外，牛在总牲畜数量中的比重一直保持在10%以上；马、驴、骡和绵羊在牲畜中所占的比重较小。从湖南省1994~2008年的年末牲畜存栏数的变化情况看，牛的数量从1994年的420.5万头增长至2005年的606.5万头后，在历经2006年和2007

年两年的持续下降后,在 2008 年迅速下降到 2008 年的 465.1 万头,2008 年的牛的数量比 1994 年增长 10.61%;马的数量在 1994~2008 年之间变化的转折点发生在 2001 年,在 1994~2000 年,以年均 16.99% 的增长率在 2000 年达到 4.5 万匹,在 2001 年迅速下降到 3 万头,之后在 2002~2008 年间以 4.65% 的速率增长;驴的数量在波动中从 1994 年的 0.2 万头增加至 2008 年的 0.42 万头,增长了 1.1 倍;骡在 1994~2008 年间的数量基本稳定,除个别年份外,基本保持在 0.2 万头左右;除个别年份外,猪的数量在 1994~2008 年之间基本保持增长趋势,在 1994~2008 年的 15 年间增长了 41.7%,年均增长 2.52%;山羊在 2007 年之前表现出持续上升态势,在 2008 年则出现迅速减少,减少了 21.48%;绵羊的数量则在 1994~2008 年间基本上呈减少趋势,减少了 80%,年均减少率为 89.14%。

计算牲畜肠道发酵和牲畜粪便管理排放的甲烷量分别见表 12-18 和表 12-19。从变化特征看,牲畜肠道发酵排放的甲烷排放和牲畜粪便管理的甲烷排放具有相同的特征。在总量方面,2004 年之前,牲畜肠道发酵排放的甲烷量和牲畜粪便管理排放的甲烷量都呈持续上升趋势,在 2004 年以后则都呈持续下降态势。比较 1994~2008 年期末与期初的情况,牲畜肠道发酵排放的甲烷量从 1994 年的 28.5289 万吨增加到 2008 年的 33.79944 万吨,增加了 18.47%,年均增长率为 1.22%;牲畜粪便管理排放的甲烷量由 1994 年的 13.39019 万吨增加到 2008 年的 17.91002 万吨,增加了 33.75%,年均增长率为 2.1%。

表 12-17 湖南省 1994~2008 年的年末牲畜存栏数

单位:万头/匹/只

年份	黄牛	水牛	其他牛	牛(总计)	马	驴	骡	猪	山羊	绵羊
1994	251.1	168.4	1	420.5	1.5	0.2	0.2	3171.8	139.5	0.5
1995	259.5	169.3	1.7	430.5	1.8	0.3	0.1	3391.1	214.1	0.6
1996	245.4	152.6	71.4	469.4	2.8	0.3	0.21	3008	388.9	1.3
1997	255.5	158.5	79.7	493.7	3.5	0.3	0.14	3169.1	459.8	1.5
1998	297.8	184.1	7.1	489	4	0.3	0.1	3492.2	336.1	0.6
1999	301.4	185.3	7.2	493.9	4.2	0.2	0.1	3422.4	349.1	0.3
2000	317.2	186.9	0.7	504.8	4.5	0.2	0.2	3583.8	374.9	0.3
2001	312.9	193.6	1.4	507.9	3	0.2	0.5	3604.3	387.7	0.2
2002	319.3	196.5	18.2	534	3.2	0.5	0.2	3908.5	482.9	0.1

续表

年份	黄牛	水牛	其他牛	牛（总计）	马	驴	骡	猪	山羊	绵羊
2003	342.6	211.1	2.5	556.2	3.4	0.5	0.2	4108.7	588.3	0.1
2004	357.7	219.1	6.8	583.6	3.6	0.5	0.2	4343.4	671	0.1
2005	367.1	221.2	18.2	606.5	3.9	0.5	0.2	4435	711.1	0.1
2006	361.4	218.9	3.1	583.4	4.1	0.5	0.2	4379.8	693.9	0.1
2007	359.4	215.8	3.4138	578.6	4.0	0.4	0.2	4417.0	699.3	0.1
2008	—	—	—	465.1	4.4	0.42	0.16	4495	549.1	0.1

数据来源：1994~2006 年的数据来源于《中国农村统计年鉴》，2007、2008 年的数据来源于《湖南省统计年鉴》(2008、2009)。

表 12-18　湖南省 1994~2008 年源自牲畜肠道发酵的甲烷排放量

单位：万吨

年份	黄牛	水牛	其他牛	牛（总计）	马	驴	骡	猪	山羊	绵羊	总计
1994	15.3	9.3	0.0	24.6	0.027	0.002	0.002	3.2	0.7	0.0025	28.5
1995	15.8	9.3	0.1	25.2	0.032	0.003	0.001	3.4	1.1	0.003	29.7
1996	15.0	8.4	3.4	26.7	0.050	0.003	0.002	3.0	1.9	0.0065	31.7
1997	15.6	8.7	3.7	28.0	0.063	0.003	0.001	3.2	2.3	0.0075	33.6
1998	18.2	10.1	0.3	28.6	0.072	0.003	0.001	3.5	1.7	0.003	33.9
1999	18.4	10.2	0.3	28.9	0.076	0.002	0.001	3.4	1.7	0.0015	34.2
2000	19.3	10.3	0.0	29.7	0.081	0.002	0.003	3.6	1.9	0.0015	35.2
2001	19.1	10.6	0.1	29.8	0.054	0.002	0.005	3.6	1.9	0.001	35.4
2002	19.5	10.8	0.9	31.1	0.058	0.005	0.002	3.9	2.4	0.0005	37.5
2003	20.9	11.6	0.1	32.6	0.061	0.005	0.002	4.1	2.9	0.0005	39.7
2004	21.8	12.1	0.3	34.2	0.065	0.005	0.002	4.3	3.4	0.0005	42.0
2005	22.4	12.2	0.9	35.4	0.070	0.005	0.002	4.4	3.6	0.0005	43.5
2006	22.0	12.0	0.1	34.2	0.074	0.005	0.002	4.4	3.5	0.0005	42.2
2007	21.9	11.9	0.2	34.0	0.072	0.004	0.002	4.4	3.5	0.0006	41.9
2008	—	—	—	26.5	0.079	0.004	0.002	4.5	2.7	0.0005	33.8

注：由于 2008 年缺乏黄牛、水牛、其他牛数量的基础数据，本文用 1996 年每头牛的平均排放因子进行计算得到 2008 年牛肠道发酵的甲烷排放量；在计算黄牛时，甲烷排放系数用的是家牛的排放系数。

表 12-19　湖南省 1994~2008 年牲畜粪便管理中的甲烷排放量

单位：万吨

年份	黄牛	水牛	其他牛	牛（总计）	马	驴	骡	猪	山羊	绵羊	总计
1994	3.5	0.2	0.001	3.7	0.001	0.0002	0.0002	10	0.02	0.00005	13.4
1995	3.6	0.2	0.002	3.8	0.001	0.0004	0.0001	10	0.03	0.00006	14.2

续表

年份	黄牛	水牛	其他牛	牛（总计）	马	驴	骡	猪	山羊	绵羊	总计
1996	3.4	0.2	0.071	3.7	0.002	0.0004	0.0003	9	0.05	0.00013	12.9
1997	3.6	0.2	0.080	3.8	0.002	0.0004	0.0002	10	0.06	0.00015	13.6
1998	4.2	0.2	0.007	4.4	0.002	0.0004	0.0001	11	0.04	0.00006	15.1
1999	4.2	0.2	0.007	4.4	0.003	0.0002	0.0001	10	0.05	0.00003	14.9
2000	4.4	0.2	0.001	4.6	0.003	0.0002	0.0004	11	0.05	0.00003	15.6
2001	4.4	0.2	0.001	4.6	0.002	0.0002	0.0006	11	0.05	0.00002	15.6
2002	4.5	0.2	0.018	4.7	0.002	0.0006	0.0002	12	0.06	0.00001	16.7
2003	4.8	0.2	0.003	5.0	0.002	0.0006	0.0002	13	0.08	0.00001	17.6
2004	5.0	0.2	0.007	5.2	0.002	0.0006	0.0002	13	0.09	0.00001	18.6
2005	5.1	0.2	0.018	5.4	0.002	0.0006	0.0002	14	0.09	0.00001	19.0
2006	5.1	0.2	0.003	5.3	0.003	0.0006	0.0002	13	0.09	0.00001	18.7
2007	5.0	0.2	0.003	5.3	0.002	0.0005	0.0002	13	0.09	0.00001	18.8
2008	—	—	—	4.1	0.003	0.0005	0.0002	14	0.07	0.00001	17.9

从甲烷排放的来源构成情况看，牛是牲畜肠道发酵排放甲烷的主要来源，其在1994~2008年间所排放的甲烷分别占当年该类甲烷排放总量的78.3%~86.3%，不过，从总体上看，这一比重在1994~2008年之间呈现比较明显的下降趋势；猪是牲畜肠道发酵排放甲烷的第二来源，其在1994~2008年间所排放的甲烷分别占当年该类甲烷排放总量的9.4%~13.3%；第一来源与第二来源在1994~2008年间所排放的甲烷分别占当年该类甲烷排放总量的91.5%以上，最高时高达97.4%。猪是牲畜粪便管理排放甲烷的主要来源，其在1994~2008年间所排放的甲烷分别占当年该类甲烷排放总量的70%~76.5%；牛是牲畜粪便管理排放甲烷的第二来源，其在1994~2008年间所排放的甲烷分别占当年该类甲烷排放总量的23.1%~29%；第一来源与第二来源在1994~2008年间所排放的甲烷分别占当年该类甲烷排放总量的93%以上，最高时高达99.7%。

四 固体废弃物处理与废水温室气体的排放

（一）固体废弃物处理的排放分析

本研究只计算生活垃圾处理的排放情况。一般情况下，生活垃圾处理的温室气体排放包括垃圾焚烧时排放的 CO_2 量和垃圾填埋所排放的 CH_4 量两方面,不过,由于湖南进行垃圾无害化处理的方式基本上用的是卫生填埋的方式,用于堆肥和焚烧的量基本可以忽略不计,因此,本文在此只计算垃圾填埋所排放的 CH_4 量。其计算公式为:

垃圾填埋 CH_4 排放系数 = 排放因子 × (1 - 含水率) × (1 - 甲烷捕获率)

其中,排放因子采用《2006 年 IPCC 国家温室气体清单指南》的缺省值(CH_4:0.167);垃圾含水率采用孙晓杰等(2008)的研究中得出的上海市垃圾的含水率(71.5%)。

进行卫生填埋的垃圾量及计算得到的甲烷排放量见表 12-20。从结果可以看出,随着进行无害化处理垃圾数量的增加,近 15 年来湖南省的生活垃圾处理排放的甲烷数量呈持续上升趋势,从 1994 年的 3.4893 万吨增加到 15.37861 万吨,增加了 3.4 倍,年均增长率为 11.18%。

表 12-20 垃圾卫生填埋排放的甲烷量

单位:万吨

年 份	卫生填埋量	甲烷排放量	CO_2 当量
1994	73.305	3.4893	76.7654
1995	75.879	3.6118	79.4603
1996	78.543	3.7386	82.2499
1997	81.3	3.86988	85.13736
1998	84.154	4.0057	88.1262
1999	87.108	4.1464	91.2200
2000	90.167	4.2919	94.4224
2001	93.332	4.4426	97.7372
2002	96.608	4.5986	101.1684
2003	100	4.76	104.72
2004	159	7.5684	166.5048
2005	192.9	9.18204	202.0049
2006	236.3	11.24788	247.4534
2007	269.73	12.83915	282.4613
2008	323.08	15.37861	338.3294

注:由于缺乏 1994~1996 年、1998~2002 年的有关基础数据,对于这些年份的垃圾卫生填埋量,本文按照 1997~2003 年卫生填埋量的年均增长率(3.52%)算得。

（二）废水温室气体排放分析

1. 计算方法

废水排放的温室气体主要考虑甲烷和氧化亚氮。在计算废水的甲烷排放时，其排放系数用《2006年IPCC国家温室气体清单指南》的缺省值，即0.25千克CH_4/千克COD。COD数据包括工业废水和生活污水两类，数据来源于历年《湖南省统计年鉴》。计算废水排污中氮的年度总量（单位为千克N/年）的公式为：$N = (P \times 蛋白质 \times F_{NPR} \times F_{NON-CON} \times F_{IND-COM}) - N_{污泥}$

其中，P是人口，蛋白质为每年人均蛋白质消耗量（中国为28.11千克/人/年），F_{NPR}为蛋白质中氮的比例，缺省值为0.16；$F_{NON-CON}$为添加到废水中的非消耗蛋白质因子，缺省值为1.4；$F_{IND-COM}$为共同排放到下水道系统的工业和商业废水中的蛋白质因子，缺省值为1.25；$N_{污泥}$为随污泥清除的氮（缺省值=0）。

某一年份废水氧化亚氮的排放量的计算方法为：排放到污水中的氮含量×废水排放的氧化亚氮的排放因子（$EF_{排污}$缺省值=0.005千克N_2O-N/千克N，$EF_{工厂}$缺省值=0.0032千克N_2O/人/年）×44/28。

2. 计算结果分析

（1）废水甲烷排放量

从计算得到的结果（见表12-21）可以看出，湖南省1994~2008年废水排放的甲烷量总体上在波动中趋于上升，从1994年的11.315万吨增加到2008年的22.115万吨，增加了近一倍，年均增长4.9%。在其排放来源的构成方面，在20世纪90年代中后期，工业废水是废水甲烷排放的主要来源，其在废水甲烷总排放的比重在50%以上，随着工业废水COD排放量在1998年以后一直的逐年减少，其比重逐渐下降，到2008年已降至26.81%。在20世纪末21世纪初，生活污水取代工业废水成为废水甲烷总排放的主要来源，其在废水甲烷总排放的比重从20世纪90年代中后期的40%左右上升至2000年的51.99%，到2008年，这一比例高达73.19%。因此，可以说，近年来废水甲烷排放量的增加完全是生活污水COD排放增长过快带来的，控制废水甲烷排放，应加强对生活废水的处理。

（2）废水氧化亚氮排放量

从计算得到的结果（见表12-22）可以看出，湖南省1994~2008年废水排放的氧化亚氮量总体上以较低的速率逐年缓慢上升，从1994

年的3916.0631万吨增加到2008年的4253.2161万吨，15年间仅增加8.6%，年均增长仅为0.59%。由此可以看出，废水氧化亚氮的排放相对比较稳定，这与中国较严格的计划生育政策带来的人口增加较稳定、缓慢有关。

表12-21 湖南省1994~2008年废水甲烷排放量

单位：万吨

年 份	COD排放量		甲烷排放量			CO_2当量
	工业废水	生活污水	工业废水	生活污水	总 计	
1994	26.409	18.852	6.602	4.713	11.315	248.937
1995	31.483	20.469	7.871	5.117	12.988	285.734
1996	34.089	22.223	8.522	5.556	14.078	309.715
1997	25.483	24.128	6.371	6.032	12.403	272.864
1998	37.713	26.197	9.428	6.549	15.978	351.505
1999	35.747	30.197	8.937	7.549	16.486	362.689
2000	32.359	35.040	8.090	8.760	16.850	370.694
2001	31.700	39.297	7.925	9.824	17.749	390.483
2002	30.900	43.194	7.725	10.798	18.523	407.514
2003	25.200	56.300	6.300	14.075	20.375	448.250
2004	27.604	57.380	6.901	14.345	21.246	467.414
2005	29.377	60.080	7.344	15.020	22.364	492.011
2006	29.205	63.040	7.301	15.760	23.061	507.348
2007	25.719	64.640	6.430	16.160	22.590	496.974
2008	23.719	64.740	5.930	16.185	22.115	486.525

注：1994~1997年的生活污水COD排放量数据缺失，本文以1998~2008年生活污水COD排放量的年均增长率（8.57%）为1994~1997年的年均增长率，通过计算得到1994~1997年的这一数据。

数据来源：相关年份《中国环境统计年鉴》和《中国环境年鉴》。

表12-22 1994~2008年湖南省废水氧化亚氮的排放情况

年 份	年末总人口（万人）	废水排污中氮的含量（万吨）	废水氧化亚氮的排放量（万吨）	CO_2当量（万吨）
1994	6302.58	496063.4666	3916.0631	121.398
1995	6392	503101.536	3971.6235	123.120
1996	6428	505935.024	3993.9919	123.814

续表

年 份	年末总人口（万人）	废水排污中氮的含量（万吨）	废水氧化亚氮的排放量（万吨）	CO_2当量（万吨）
1997	6465	508847.22	4016.9816	124.526
1998	6502	511759.416	4039.9713	125.239
1999	6532	514120.656	4058.6115	125.817
2000	6562.05	516485.8314	4077.2829	126.396
2001	6595.85	519146.1618	4098.2843	127.047
2002	6628.5	521715.978	4118.5711	127.676
2003	6628.8	521739.5904	4118.7575	127.681
2004	6697.7	527162.5716	4161.5681	129.009
2005	6732.1	529870.1268	4182.9422	129.671
2006	6768.1	532703.6148	4205.3106	130.365
2007	6805.7	535663.0356	4228.6731	131.089
2008	6845.2	538772.0016	4253.2161	131.850

数据来源：人口数据来源于《湖南改革开放30年》1978~2008和2009年的《湖南省统计年鉴》。

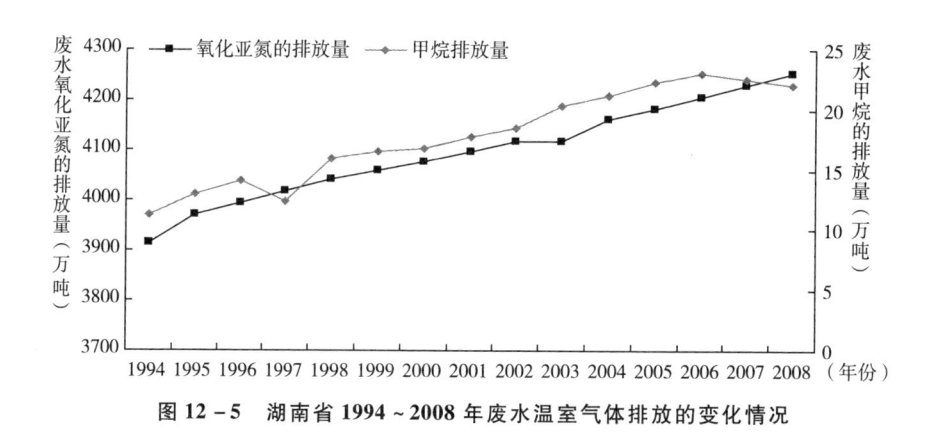

图12-5 湖南省1994~2008年废水温室气体排放的变化情况

五 湖南省温室气体源和汇平衡结果的时间序列分析

（一）温室气体源的时间序列分析

将上述得到的计算结果进行整理后得到结果见表12-23至表12-25、图12-6，可以看出，湖南省1995~2008年温室气体排放具有以下三方面特征。

第一，二氧化碳是湖南省所排放的温室气体的主要构成。在温室气体的各类排放中，从表12-23和表12-24的结果看，二氧化碳是湖南省所排放的温室气体的主要构成，1995~2008年间其在温室气体总排放量（二氧化碳当量）中所占的比重最高达到了91.95%（2008年），最低也占到了87.04%（2000年）；氧化亚氮的排放相对较少，其1995~2008年在温室气体总排放量中所占的比重在1%~2%之间。

表12-23 湖南省1995~2008年温室气体的排放情况

年 份	二氧化碳 排放量（万吨）	比重（%）	甲烷 排放量（万吨）	比重（%）	氧化亚氮 排放量（万吨）	比重（%）
1995	22392.876	90.19	94.169	8.34	1.177	1.47
1996	22414.681	90.05	95.960	8.48	1.177	1.47
1997	20640.925	89.21	96.849	9.21	1.177	1.58
1998	20865.576	88.87	102.197	9.58	1.177	1.55
1999	19589.773	87.45	108.539	10.66	1.368	1.89
2000	19221.495	87.04	110.781	11.04	1.369	1.92
2001	21087.365	87.95	112.001	10.28	1.368	1.77
2002	22303.174	88.23	115.990	10.10	1.363	1.67
2003	23266.714	88.32	120.968	10.10	1.344	1.58
2004	26466.266	89.13	127.745	9.46	1.343	1.40
2005	31756.175	90.51	132.409	8.30	1.345	1.19
2006	33749.751	90.97	133.422	7.91	1.339	1.12
2007	36251.767	91.49	134.388	7.46	1.341	1.05
2008	36770.068	91.95	127.357	7.01	1.345	1.04

第二，1995~2008年的14年间，湖南省温室气体排放总量增长了61.2%，年均增长率为3.74%。2000年，湖南省温室气体排放总量的变化从减少趋势转变为上升趋势，造成这一转折发生的主要原因是能源消费温室气体排放的大幅增加。从期初与期末的比较情况看，湖南省温室气体排放总量在2.20亿吨（2000年）至3.99亿吨（2008年），年均温室气体排放总量约为2.83亿吨，14年间的排放总量有较大幅度的增加，从1995年的约2.48亿吨二氧化碳当量增加到2008年的约3.99亿吨二氧化碳当量，增加了61.18%，年均增长3.74%。在变化趋势方面，在2000年之前，湖南

表12-24　湖南省1995~2008年温室气体排放源的总当量情况

单位：万吨二氧化碳当量

年份	能源	水泥	钢	电石	纯碱	农田	湿地	农田土壤呼吸量	牲畜肠道发酵	牲畜粪便管理	固体废弃物处理	废水	碳源量
1995	10899.571	937.701	186.136	26.630	1.490	5378.669	5911.113	6.785	624.160	297.952	79.460	408.854	24758.521
1996	10876.802	982.220	200.817	27.266	1.776	5359.529	5911.113	6.764	666.387	270.852	82.250	433.529	24819.305
1997	9094.186	943.243	258.354	30.244	1.506	5344.667	5911.113	6.744	705.430	284.648	85.137	397.390	23062.662
1998	9259.919	998.326	286.825	24.287	1.184	5322.156	5911.113	6.719	711.411	316.496	88.126	476.744	23403.306
1999	7050.042	970.934	327.561	22.097	1.387	6420.623	5911.113	8.199	717.429	313.147	91.220	488.506	22322.258
2000	6639.702	1022.972	322.378	22.864	1.798	6413.643	5911.113	8.188	739.355	328.109	94.422	497.090	22001.634
2001	8326.221	1065.801	468.414	24.156	1.721	6401.183	5911.113	8.169	743.516	328.344	97.737	517.530	23893.905
2002	9345.386	1172.756	579.449	28.733	1.993	6370.549	5911.113	8.124	788.094	350.389	101.168	535.190	25192.944
2003	10190.757	1304.203	626.216	35.018	2.178	6293.755	5911.113	8.005	834.656	370.351	104.720	575.931	26256.903
2004	13047.308	1433.960	852.314	42.004	2.603	6270.272	5911.113	7.969	881.171	390.322	166.505	596.423	29601.964
2005	18067.406	1524.847	1033.680	39.551	3.799	6268.700	5911.113	7.968	913.137	399.352	202.005	621.682	34993.24
2006	19530.550	1870.008	1263.308	28.711	5.158	6227.797	5911.113	7.908	885.385	393.728	247.453	637.713	37008.832
2007	21410.337	2372.719	1381.286	29.105	5.474	6228.498	5911.113	7.911	880.810	395.468	282.461	628.063	39533.245
2008	21736.371	2580.737	1370.591	24.681	5.385	6227.526	5911.113	7.912	709.788	376.110	338.329	618.375	39906.918

省温室气体排放总量持续下降，二氧化碳当量从 1995 年的约 2.48 亿吨逐年持续减少到 2000 年的约 2.2 亿吨，减少了 11.14%；而在 2000 年之后，湖南省温室气体排放总量持续增加，二氧化碳当量从 2000 年的约 2.2 亿吨迅速增加到 2001 年的约 2.39 亿吨，再逐年增加到 2008 年的约 3.99 亿吨，增加了 81.38%，年均增长约 7.73%。比较 2000 年与 2001 年湖南省温室气体的排放来源情况，可以看出，纯碱生产工艺过程、农田、土壤呼吸排放的温室气体量有轻微减少，水泥、钢和电石生产工艺过程和牲畜肠道发酵和牲畜粪便管理以及固体废弃物处理和废水排放的温室气体量只是出现了较少的增加，发生较大幅度增加的是能源消费的温室气体排放量，从 2000 年的约 0.66 亿吨迅速增加到 2001 年的约 0.83 亿吨，1 年内增加了约 0.2 亿吨，其碳排放的增加量在温室气体排放增加总量中占到了约 89.13%，所以说，能源消费温室气体排放的大幅增加是湖南省温室气体排放总量的变化趋势在 2000 年发生转折的主要原因。

第三，能源消费与农业部门是湖南省温室气体的主要来源，随着能源消费的增加，能源消费排放的温室气体所占比重逐渐增加，在 2005 年后取代农业部门成为湖南省温室气体排放的第一来源。从表 12-25 可以看出，能源消费与农业部门是湖南省温室气体的主要来源。1995~2008 年，能源消费排放的温室气体占温室气体总当量的比重平均约为 42.6%，最高年份达到了 54.47%（2008 年），比重最低的年份也有 30.18%（2000 年）；农业部门排放的温室气体占温室气体总排放量的比重一直在 33% 以上，14 年间的比重平均约为 48.06%，最高年份达到了 60.91%（2000 年），这一情况与湖南是一个农业大省有密切关系。城市固体废弃物处理与废水排放的温室气体所占的比重相对较小，14 年间基本上保持在 2%~3%。

从各来源在温室气体排放总当量中所占比重的变化趋势（见图 12-6）看，主要工业产品生产工艺过程排放的温室气体所占比重呈现在波动中上升的趋势；城市固体废弃物处理、废水排放的温室气体所占比重的变化很小，总体上略有上升；能源消费与农业部门排放的温室气体所占的比重则存在明显的转折点，能源消费排放的温室气体所占比重的变化在 2000 年由下降趋势转变为上升趋势（与排放总量转折点发生的时间一致），农业部门排放的温室气体所占比重的变化则在同一年由上升趋势转变为下降趋势。不过，能源消费排放的温室气体所占比重超过农业部门排放的温室气体所占比重直到

2005年才发生,也就是说,在2005年之后,能源消费取代农业部门成为湖南省温室气体排放的第一来源。

表12-25 湖南省1995~2008年温室气体排放来源的构成情况

单位:%

年 份	能源消费	主要工业产品生产工艺过程	农业部门	城市固体废弃物处理、废水
1995	44.02	4.65	49.35	1.97
1996	43.82	4.88	49.21	2.08
1997	39.43	5.35	53.13	2.09
1998	39.57	5.60	52.42	2.41
1999	31.58	5.92	59.90	2.60
2000	30.18	6.23	60.91	2.69
2001	34.85	6.53	56.05	2.57
2002	37.10	7.08	53.30	2.53
2003	38.81	7.49	51.10	2.59
2004	44.08	7.87	45.47	2.58
2005	51.63	7.44	38.58	2.35
2006	52.77	8.56	36.28	2.39
2007	54.16	9.58	33.96	2.30
2008	54.47	9.98	33.16	2.40

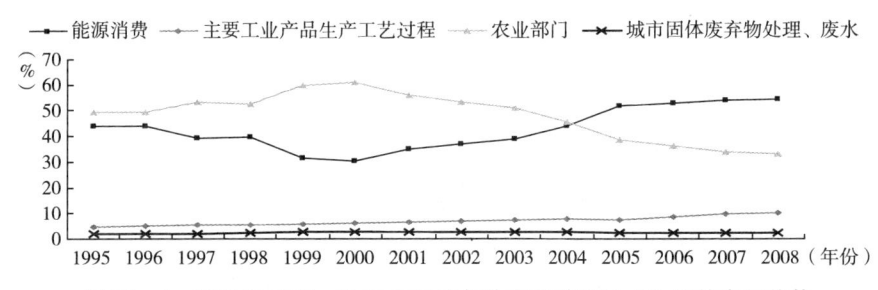

图12-6 湖南省1995~2008年温室气体各排放源所占比重的变化趋势

2. 碳汇的时间序列分析

从计算结果（见表12-26和图12-7）看,湖南省1995~2008年的碳汇变化具有以下特征。

第一,1995~2008年湖南省总碳汇量为17.54亿~25.37亿吨,总体上呈上升趋势，年均增长率为 2.40%。1995～2008 年，湖南省年均碳汇量为 22.13 亿吨；碳汇量在总体上呈上升趋势，从 1995 年的约 17.54 亿吨增加到 2008 年的约 23.86 亿吨，14 年间增加了 36.07%，年均增长率为 2.40%。其中，1997 年、2001 年和 2008 年的碳汇量出现了下降，其原因可能是统计数据不实（例如，计算中所应用的有林地面积这一指标，1996 年有林地面积为 890.8 万公顷，而在 1995 年和 1997 年，这一面积为 727.04 万公顷和 750.14 万公顷）。从各类碳汇来源的变化情况看，林地碳汇量在 14 年间总体上呈现上升趋势；城市绿地与经济作物以及农田土壤碳汇量的变化规律不明显，前者在近几年有较明显的波动，后者则在近几年基本上呈下降趋势。

第二，林地是湖南省碳汇的主要来源，其在总碳汇量中的比重一直在 87% 以上。从碳汇构成情况看，首先林地是湖南省碳汇的最主要来源，其在碳汇总量中的比重最高达到了 90.86%（1996 年），最低也达到了 87.08%（2000 年），14 年的这一比重平均达到了 89.09%；其次是城市绿地与经济作物，在碳汇总量中的比重最高为 9.42%（2000 年），最低为 5.93%（1996 年），14 年的这一比重平均约为 7.4%；草地植被碳汇所占的比重最小，14 年中的比重都保持在 0.01% 左右；农田土壤所占的碳汇比重较小，最高为 4.47%（1999 年），最低为 3.12%（2007 年），14 年的这一比重平均约为 3.5%。

表 12-26　1995～2008 年湖南省碳汇量的变化

单位：万吨 CO_2 当量

年　份	城市绿地与经济作物	草地植被碳汇	林地碳汇（包括地上和地下）	农田土壤	总碳汇量
1995	11957.35	24.1098	156618.957	6785.374	175385.8
1996	12521.78	24.1098	191896.136	6763.867	211205.9
1997	13043.22	24.1098	161595.159	6744.449	181406.9
1998	13290.4	24.1098	161595.159	6718.558	181628.2
1999	13479.4	24.1098	161595.159	8198.574	183297.2
2000	22063.2	24.1098	204013.511	8188.301	234289.1
2001	15098.1	24.1098	206361.589	8169.404	229653.2
2002	15885.23	24.1098	209381.777	8124.408	233415.5
2003	17050.68	24.1098	212427.816	8004.766	237507.4

续表

年 份	城市绿地与经济作物	草地植被碳汇	林地碳汇（包括地上和地下）	农田土壤	总碳汇量
2004	17939.22	24.1098	216046.872	7968.789	241979
2005	20166.41	24.1098	219368.649	7967.766	247526.9
2006	17586.53	24.1098	223388.386	7908.488	248907.5
2007	19715.06	24.1098	226050.977	7911.369	253701.5
2008	20716.65	24.1098	209989.262	7912.267	238642.3

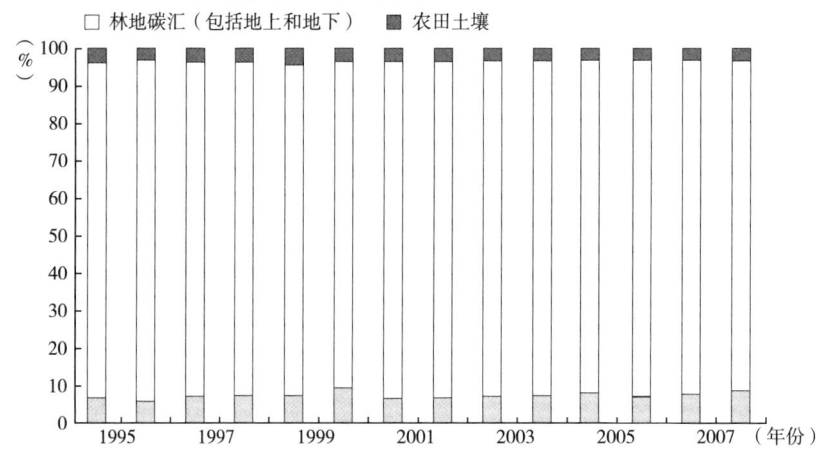

图 12-7 1995~2008 年湖南省碳汇的构成及变化情况

3. 碳源与碳汇平衡的时间序列分析

根据碳源与碳汇的平衡结果（见表 12-27），可以进行以下分析。

第一，1995~2008 年，湖南省的碳源与碳汇平衡结果为碳汇盈余，且其盈余在 2001 年后出现逐渐增加的趋势。作为具有 55.9%（2008 年）森林覆盖率的农业大省，湖南省 1995~2008 年的碳源与碳汇平衡结果为碳汇盈余，14 年间年均净碳汇约为 19.3 亿吨，总体上有所增加，从 1995 年的约 15.06 亿吨增长到 2008 年的约 19.87 亿吨，增长了 31.94%，年均增长率为 2.15%。其中，碳源年均增长 3.74%，碳汇年均增长 2.40%。在碳汇增长率小于碳源增长率的情况下，湖南省在 2001~2007 年实现净碳汇持续增加的主要原因是碳汇基数较大。

第二，出现碳源与碳汇均衡的时间为 2033~2145 年，湖南省只有在加速推进工业化过程中注重产业升级和结构调整，才能赢得更多的碳源与碳汇出现均衡之前的时间。前文的分析指出，在2005年以后，能源消费取代农业部门成为湖南省温室气体排放的第一来源。不过，碳源量由下降趋势转变为上升趋势的时间为2000年（这一年，能源消费排放的温室气体所占的比重也由下降趋势转变为上升趋势）。也就是说，在2000年前后，由于能源消费量的大量上升，扭转了碳源的变化趋势。在今后，依照各排放源的发展趋势，能源消费仍将是温室气体的主要排放源。以2000~2008年碳源的平均增长率（7.73%）为今后的碳源增长率，以2000~2008年碳汇的平均增长率（0.23%）为今后的碳汇增长率，则可以计算出碳源与碳汇出现均衡的时间为24.48年以后，也就是会出现在2033年前后。即使以1995~2008年碳源的平均增长率（3.74%）为今后的碳源增长率，以1995~2008年碳汇的平均增长率（2.39%）为今后的碳汇增长率，碳源与碳汇出现均衡的时间也不过出现在136.53年以后，也就是会在2145年前后。

表12-27 1995~2008年湖南省净碳汇量

单位：万吨CO_2当量

年 份	碳源量	碳汇量	净碳汇量
1995	24758.525	175385.788	150627.263
1996	24819.316	211205.892	186386.576
1997	23062.656	181406.94	158344.284
1998	23403.314	181628.23	158224.916
1999	22322.260	183297.241	160974.981
2000	22001.633	234289.122	212287.489
2001	23893.902	229653.205	205759.303
2002	25192.944	233415.521	208222.577
2003	26256.908	237507.372	211250.464
2004	29601.951	241978.989	212377.037
2005	34993.242	247526.937	212533.695
2006	37008.837	248907.516	211898.679
2007	39533.252	253701.515	214168.263
2008	39906.915	238642.285	198735.37

参考文献

政府间气候变化专门委员会（IPCC）：《2006 年 IPCC 国家温室气体清单指南》，2006。

中国气候变化国别研究组：《中国气候变化国别研究》，清华大学出版社，2000。

汪澜：《水泥生产企业 CO_2 排放量的计算》，《中国水泥》2009 年第 12 期。

汪青：《崇明东滩湿地生态系统温室气体排放及机制研究》，华东师范大学博士学位论文，2006。

黄明蔚：《稻麦轮作农田生态系统温室气体排放及机制研究》，华东师范大学硕士学位论文，2007。

管东生、陈玉娟、黄芬芳：《广州城市绿地系统碳的储存、分布及其在碳氧平衡中的作用》，《中国环境科学》1998 年第 18 卷第 5 期。

王建林、常天军、李鹏、成海宏、方华丽：《西藏草地生态系统植被碳贮量及其空间分布格局》，《生态学报》2009 年第 2 期。

钱杰：《大都市碳源碳汇研究——以上海为例》，华东师范大学博士学位论文，2004。

胡长青、桂小杰、徐永新：《湖南省森林生态系统碳汇经济价值初探》，《湖南林业科技》2005 年第 3 期。

孙晓杰、徐迪民、李雄、李兵：《上海城市生活垃圾的组成及热值分析》，《同济大学学报（自然科学版）》2008 年第 3 期。

门可佩、曾卫：《中国未来 50 年人口发展预测研究》，《数量经济与技术经济研究》2004 年第 3 期。

第13章

湖南省温室气体排放情景分析与峰值研究

一 能源消费温室气体排放情景分析

(一) 能源需求总量预测分析

本研究拟用能耗年增长率和人均能耗法来预测能源需求总量。在分别利用能耗年增长率和人均能耗法进行预测的基础上,综合有关结果,得到湖南省能源需求总量的预测结果。本研究选择的基准年为2005年,近期预测时间为2015年,中期预测时间为2030年,远期预测时间为2050年。

1. 能耗年增长率法

从湖南省1995~2009年的能源消费总量的变化情况(见表13-1)看,1995年湖南省的能源消费量为5426万吨标准煤,2009年上升至13331万吨标准煤,"八五"到"十一五"倒数一年(2009年)的14年来,湖南省的能源消费总量年均增长率为6.63%。其中,"九五"期间年均能源消费增长率为负数,为-7.13%,"十五"期间为18.49%,"十一五"前四年(2006~2009年)为10.51%,湖南省的能源消费增长速度呈现出"下降-上升-下降"的波动特征。

表13-1 湖南省能源消费总量与人均能耗量

年 份	能源消费总量 (万吨标准煤)	人均能耗量 (吨标准煤/人)	年 份	能源消费总量 (万吨标准煤)	人均能耗量 (吨标准煤/人)
1995	5426	0.85	2003	5562	0.83

续表

年 份	能源消费总量（万吨标准煤）	人均能耗量（吨标准煤）	年 份	能源消费总量（万吨标准煤）	人均能耗量（吨标准煤）
1996	5473	0.85	2004	7599	1.13
1997	4808	0.74	2005	9110	1.35
1998	4897	0.75	2006	9879	1.46
1999	4087	0.63	2007	10797	1.59
2000	4071	0.62	2008	11355	1.66
2001	4622	0.70	2009	13331	1.93
2002	5045	0.76			

根据《湖南省应对气候变化方案》和《湖南省"十一五"节能规划》中提出2010年单位GDP能耗下降20%的目标，即单位GDP（按2005年可比价）能耗由1.4吨标准煤/万元下降到1.12吨标准煤/万元，以及湖南省《政府工作报告》中2010年地区生产总值增长10%以上的预期目标，"十一五"期间湖南省能源消费量的年均增长率要从"十五"时期的18.49%下降到12.7%左右。

根据上述历史统计数据，假定湖南省能源需求分别按"八五"时期的7%、"十一五"规划要求的12%和"十五"时期的18%的速度增长，以2005年能源消费总量9110.11万吨标准煤为基数，计算得到湖南省未来能源需求总量（见表13-2）。

表13-2 利用能耗年增长率法计算得到的湖南省未来能源需求预测

单位：%，万吨标准煤

能耗年增长率	基准年	预测年		
	2005年	2015年	2030年	2050年
低方案：7	9110.11	17920.97	49444.51	191334.65
中方案：12	9110.11	28294.62	154872.46	1493945.11
高方案：18	9110.11	47680.82	570918.09	15639178.97

2. 人均能耗法

应用这一方法的前提假设是，在经济发展过程的一定时段中，人均能耗与人均GDP之间存在一定的比例关系。根据湖南省历年统计年鉴得到的湖南省历年年末人口数，计算得到湖南省1995~2009年的人均能耗量见表

13-1。2009年湖南省人均能耗量为1.93吨标准煤，1995年湖南省人均能耗量为0.83吨标准煤，"九五"到"十一五"倒数一年（2009年）的14年中，湖南省人均能耗量的年均增长率为6.05%。其中，"九五"期间人均能耗量的年均增长率为负数，其数值为-7.61%，"十五"期间为17.88%，"十一五"期间的前四年（2006~2010年）为9.8%。以"十一五"时期前四年人均能耗增长率9.8%为推算系数，预测得到湖南省2015年、2030年和2050年的人均能耗量分别为3.44吨标准煤、14.01吨标准煤和98.88吨标准煤。

从湖南省1995~2009年年末人口数的增长情况看，"九五"到"十一五"倒数一年（2009年）的14年中，人口年平均增长率为5.48‰，其中，"九五"期间为5.17‰，"十五"期间为5.12‰，"十一五"前四年为6.46‰。1995~2009年，人口年增长率最低的年份是2000年，为4.6‰，最高的年份是1995年，为13.99‰。根据赵先超（2009）关于湖南省人口预测的研究，其采用自回归模型、马尔萨斯人口模型以及Logistic模型等多种数学分析方法预测得出结论说，湖南省人口规模到2020年将达到7264万人，2009~2020年年平均增长率为4.1‰，并且有持续下降趋势。本文取4.1‰为低速发展方案下的人口增长率，以1995~2009年的5.48‰为中速发展方案下的人口增长率，以1995年的13.99‰为高速发展方案下的人口增长率，以2005年的年末人口数为基数，结合人均能耗水平，计算得出2015年、2030年和2050年的能耗总量见表13-3。其中，2050年的能耗总量是以2037年湖南省的人口数量计算得到的（根据湖南省人口发展研究处的预测，湖南省的人口到2037年会达到最高峰）。

表13-3 利用人均能耗法计算得到的湖南省未来能源需求预测

单位:‰，万吨标准煤

能耗年增长率	基准年	预测年		
	2005年	2015年	2030年	2050年
低方案：4.1	9110.11	24125.63	104475.12	758790.64
中方案：5.48	9110.11	24464.13	108178.4	793387.61
高方案：13.99	9110.11	26612.68	133517.31	10386660.41

3. 综合两种方法得到的预测结果

综合上述两种方法得到的结果，确定不同增长率情景方案下湖南省能源需求总量的预测结果见表13-4。从结果可以看出,湖南省能源需求总量高速扩张,碳减排压力很大。特别是工业能耗短期内难以大幅下降而人们生活水平迅速提升带来生活能耗增长迅速的情况下,形势更不容乐观。在低方案下,湖南省2030年和2050年的能源消费总量将达到2009年的5.7倍和35.6倍;在中方案下,这一比例将达到9.9倍和85.8倍;在高方案下,2030年和2050年的能源消费总量将是2009年能源消费总量的26.4倍和625.5倍。如果以"十一五"规划要求的12%的增长速度计算,到2030年湖南省的能源消费总量也将达到2009年的近12倍。

表13-4 综合两种方法后的湖南省未来能源总需求的预测

单位:万吨标准煤

年 份	低方案 预测值	低方案 取值	中方案 预测值	中方案 取值	高方案 预测值	高方案 取值
2015	17920.97~24125.63	21020	24464.13~28294.62	26370	26612.68~47680.82	37140
2030	49444.51~104475.12	76950	108178.4~154872.46	131520	133517.31~570918.09	352210
2050	191334.65~758790.6	475060	793387.6~1493945.1	1143660	1038660.4~15639178.97	8338910

注:其取值是对预测值的中位数取整数和舍去个位数值后得到的。

(二)可再生能源比例变化预测分析

在能源需求量一定的情况下,可再生能源所占比例的不同会使区域的碳排放总量存在较大差异,可再生能源所占比例越大,碳排放总量越小。因而,自20世纪90年代以来,越来越多的国家都把可再生能源作为能源政策的基础,制定并实施了鼓励发展可再生能源的政策和措施。美国计划在未来20年内以新能源代替中东石油进口量的75%,到2040年美国每天用氢能源取代1100万桶石油;欧盟建立了到2020年实现可再生能源占能源总量20%的目标;瑞典计划到2020年摆脱对矿物燃料的依赖,并在15年内逐步成为世界上第一个不依赖石油的国家;丹麦的新能源计划要求到2030年,在丹麦的能源消费中,风能占50%、太阳能占15%、生物能和其他可再生能源占35%。根据国际共识,在2012年《京都议定书》到期后,工业化国家应力争在2020年之前将温室气体排放量减少为1990年水平的25%~40%。

在2009年，中国可再生能源在一次性能源消费结构中所占的比例已由2008年的8.4%提升到了9.9%；而根据《可再生能源中长期发展规划》，中国要力争在2010年使可再生能源消费量达到能源消费总量的10%，到2020年达到15%。就湖南省而言，虽然在其国民经济与社会发展的第十一个五年规划纲要、湖南省"十一五"节能规划、湖南省"十一五"环境保护规划、"十一五"循环经济规划以及《湖南省应对气候变化方案》等法规中没有明确提出提高可再生能源所占比例的具体目标，但都强调要积极推进可再生能源的开发和利用。在2008年的湖南省能源消费结构中，其水电消费量占了9.9%。

综合上述分析，在下文的情景分析中，可再生能源所占比例分别选取目前中国的平均水平8%、《可再生能源发展规划》中要求的15%以及欧盟已设定的目标20%。

（三）能源消费碳排放预测分析

根据前文对湖南省未来能源需求总量的预测结果和可再生能源所占比例的变化情况，本研究设定以下9种情景方案进行分析。

S_1：能耗总量低方案，可再生能源所占比例为8%；

S_2：能耗总量低方案，可再生能源所占比例为15%；

S_3：能耗总量低方案，可再生能源所占比例为20%；

S_4：能耗总量中方案，可再生能源所占比例为8%；

S_5：能耗总量中方案，可再生能源所占比例为15%；

S_6：能耗总量中方案，可再生能源所占比例为20%；

S_7：能耗总量高方案，可再生能源所占比例为8%；

S_8：能耗总量高方案，可再生能源所占比例为15%；

S_9：能耗总量高方案，可再生能源所占比例为20%。

以国家发改委能源研究所的推荐值0.67吨碳当量/吨标准煤为碳排放系数，计算得到各情景下碳排放量见表13-5。从结果可以看出，不同能耗总量下的碳排放总量之间的差异较大，通过调整可再生能源所占的比例，可以在能耗总量一定的情况下实现碳排放总量的大幅降低，特别是在能耗总量高的情况下，调整可再生能源所占比例对实现碳减排的作用明显。根据能耗总量低方案情景，2015、2030和2050年湖南省的碳排放总量在可再生能源所占比例为20%的情况下比在8%的情况下分别少排放了近1700万吨、6190

万吨和39900万吨碳当量，在能耗总量高方案情景下，2015、2030和2050年减少的碳排放量分别为近2990万吨、28320万吨和678720万吨碳当量。在能源消费总量高方案情景下，由于可再生能源所占比例的提高（12%）所带来的碳排放减少量2030年相当于现有能源消费碳排放总量2050年甚至于约为现有能源消费碳排放总量的3倍。

表13-5　湖南省未来不同情景下的碳排放方案

单位：万吨碳当量

年份	S_1	S_2	S_3	S_4	S_5	S_6	S_7	S_8	S_9
2015	12956.7	11970.9	11266.7	16254.5	15017.7	14134.3	22893	21151.2	19907.0
2030	47432	43823.0	41245.2	81068.9	74900.6	70494.7	217102	200583.6	188784.6
2050	292827	270546.7	254632.2	704952	651314.4	613001.8	5140104	4749009.2	4469655.8

二　主要工业产品工艺过程温室气体排放预测

石化产业是湖南省的支柱产业之一，是湖南省继机械行业之后第二个过千亿元的行业。根据湖南省石油化学工业规划，到"十二五"时期末，湖南省石化产业发展的总体目标是：以炼化为龙头及煤化工为补充，配套发展盐化工、氟化工和化工机械，通过实施8条重点下游产业链，带动湖南省化工整体快速发展，实现到2015年全省石油和化学工业销售收入达3000亿元，整体实力进入全国10强，将湖南省打造成为中部地区领先的石化产业强省。就主要工业产品目前的发展现状看，湖南省水泥工业持续快速发展，近十年来水泥产量基本保持在全国第9位，近十年来年均增长率在13%以上。钢铁产业中，粗钢2008年和2009年的产量分别达1299万吨和1437万吨，在全国排名第12位和第13位，占全省规模以上工业增加值的9%以上，近十年来的年均增长率在18%以上，"十一五"以来粗钢产量年均增长20%；根据《湖南省钢铁产业振兴实施规划（2009～2011年）》，到2011年，全省粗钢产量要达到3000万吨左右，这样算来，2008～2011年的3年里，湖南省粗钢产量年均增长率须达到32.2%以上。纯碱2009年的产量达39.4万吨，在全国排名第11位，近十年来年均增长率在2%以上；在2004年以后，电石的生产量持续下降，2004～2008年的产量年均减少近12.5%，近十年来，电石产量年均增长1.2%。在估算湖南省未来工业产品的产量时，本文以下列增长率进行计算：水泥13%（近十年来年均增长率）、粗钢32%（实现规划目标的增长率）、纯碱2%（近十年来年均增长率）和电石1.2%（近十年来年均增长率）。由于受人口增长、经济发展等因素的限制（根据湖南省人口发展研究处的预测，湖南省人口总量到2037年会达到最高峰，在2023年会达到小高峰），这些工业产品的市场需求不可能无限增长下去，区域生产这些工业产品的产能也是一定的，因此本文在此仅估算2015年和2030年主要工业产品工艺过程的碳排放情况。经过计算，得到湖南省2015年水泥、钢、电石与纯碱这四类主要工业产品工艺过程的碳排放量分别为5176.2万吨、16600.7万吨、44.56万吨和4.63万吨二氧化碳当量，湖南省2030年（以2023年的数值为基准的2030年的值）水泥、钢、电石与纯碱这四类主要工业产品工艺过程的碳排放量分别为13760.6万吨、153008.9万吨、49万吨和5.2万吨。

三 土地利用变化与牲畜管理中温室气体的排放预测

（一）农田、湿地温室气体排放预测

根据《湖南省土地利用总体规划（2006~2020）》，湖南省将严格保护耕地，到2010年和2020年，确保全省耕地保有量分别不低于378.73万公顷和377.00万公顷。而2009年湖南省耕地保有量为378.94万公顷，要实现2020年的目标，湖南省的耕地保有量年均减少率必须保持在0.46%以下。按照这一比率进行推算，湖南省2015年、2030年和2050年的耕地保有量分别为377.9万公顷、375.3万公顷和371.9万公顷。根据1995~2008年湖南省水田与旱田面积的平均比例（水田占77.17%，旱田占22.83%），计算得到2015年、2030年和2050年的水田和旱田面积见表13-6。根据农田温室气体排放量计算方法，计算得到未来湖南省农田温室气体排放情况见表13-6。从表13-6可以看出，虽然受城市化带来的耕地损失影响，耕地的温室气体排放量呈现下降趋势，但是由于农田的变化幅度较小，由农田排放的温室气体在未来几十年的变化幅度很小。

根据《湖南省"十一五"环境保护规划》，在生态环境保护方面，湖南省将大力改善生态环境，有效保护和不断增强湿地系统功能，推进生态省创建工作。并且，从湖南省2003~2008年湿地面积的变化情况看，湿地面积

表 13-6　湖南省未来农田面积及农田温室气体排放预测

年份	农田面积（万公顷）		甲烷排放量（万吨）			CO_2当量	N_2O排放量（万吨）			CO_2当量	CO_2排放量（万吨）			总计（万吨）
	水田	旱田	水田	旱田	总计		水田	旱田	总计		水田	旱田	总计	
2015	292	86	37	0.4	37	816	0.6	0.3	0.9	276	4249	913	5162	6254
2030	290	86	36	0.3	37	810	0.6	0.3	0.9	274	4220	907	5126	6211
2050	287	85	36	0.3	37	803	0.6	0.3	0.9	272	4182	898	5080	6155

基本没有发生变化。因此，本研究假设未来湖南省的湿地面积不变，至少不会减少。在这一假设下，湖南省未来湿地温室气体的排放基本不变。按照在湖南省温室气体时序分析部分的结果，湖南省湿地每年排放温室气体为：CH_4 1.092 万吨、N_2O 0.0245 万吨、CO_2 5880.575 万吨，折合成 CO_2 当量后，其总排放量为 5911.113 万吨/年。

（二）牲畜管理温室气体排放预测

根据《湖南省"十一五"农业发展规划》提出的目标，到 2010 年，湖南省肉类总产量要达到 740 万吨，禽蛋总产量达到 120 万吨，鲜奶总产量达到 30 万吨。而在 2005 年，肉类总产量为 629.96 万吨，禽蛋总产量为 92.06 万吨，鲜奶总产量为 6.91 万吨。按照这一目标，湖南省 2005~2010 年的肉类总产量、禽蛋总产量和鲜奶总产量年均增长率须达到 3.27%、5.44% 和 34.13%。在 2008 年，湖南省肉类总产量、禽蛋总产量和鲜奶总产量分别为 621.51 万吨、89.66 万吨和 7.47 万吨，2005~2008 年三者的实际增长率分别为 -0.45%、-0.88% 和 34.13%。根据历史数据，1995~2008 年湖南省牛、马、驴、骡、猪和羊的年均增长率分别为 0.6%、7.12%、2.62%、3.68%、2.19% 和 7.49%。对比目标增长率与实际增长率可以看出，受气候等自然因素的影响，湖南省畜牧业发展较慢。

根据《中国食物与营养发展纲要（2001~2010 年）》，为保障合理的食物摄入量，人均每年需摄入肉类 28 千克、蛋类 15 千克、奶类 16 千克。以 2008 年为例，湖南省肉类、蛋类和奶类的需求量分别为 191.67 万吨、102.68 万吨和 109.52 万吨。对比当年这三类产品的供给情况，区域肉类供给量远大于需求量，而蛋类和奶类的生产远不能保障人们取得合适的食物摄入量。由此可以推断，为满足人们生活需要，湖南省将会大力发展奶牛，提高奶牛在牲畜总量中的比例。而在牲畜管理中，除奶牛外，牲畜肠道发酵与牲畜粪便管理所排放的温室气体基本上都来源于产肉类牲畜。因此，本文在估算未来来源于牲畜管理的温室气体排放情况时，假定牲畜的数量增长基本维持1995～2008年实际增长率的做法会在一定程度上高估其温室气体排放量。同时，根据湖南省人口发展研究处的预测，湖南省的人口到2037年会达到最高峰，因此，2050年的人口估算值以2037年的值为基准。不过，由于2050年的人口数低于2037年，其需求量也会相应减少，因此，这一做法也会在一定程度上高估2050年的来源于牲畜管理的温室气体排放量。估算得到未来湖南省源自牲畜管理的温室气体排放情况见表13-7和表13-8。

表13-7　湖南省未来牲畜肠道发酵的温室气体排放预测

年　份	牛	马	驴和骡	猪	羊	合　计	CO_2当量
2015	39277.19	139.65	9.35	5507.79	7322.21	52256.20	1149636.3
2030	42964.54	391.83	14.48	7622.61	21635.32	72628.78	1597833.2
2050	44801.86	634.15	17.80	8870.79	35870.69	90195.29	1984296.5

表13-8　湖南省未来牲畜粪便管理的温室气体排放预测

年　份	牛	马	驴和骡	猪	羊	合　计	CO_2当量
2015	9014.44	9.54	0.58	16798.77	146.44	25969.77	571335.01
2030	9860.71	26.78	0.90	23248.96	432.71	33570.05	738541.07
2037	10282.39	43.33	1.10	27055.92	717.41	38100.16	838203.53

四　固体废弃物处理与废水温室气体的排放

根据赵先超（2009）利用自回归模型、马尔萨斯人口模型以及Logistic模型等多种数学分析方法对湖南省2009～2020年人口数量所进行的预测，湖南省的人口数量到2015年将达到7137.533万人，到2020年将达到7264.823万人，人口增长率从2009年的约7.5‰下降到约3‰，2009～2020年人口的平均增长率为4.1‰，并且有持续下降趋势。按照这一趋势，本研究假定湖南省2020～2050年的人口按其2009～2020年人口平均增长率的下滑速度（11年间增长速度年均下降7.99%）增长。以此计算得到湖南省2030年和2050年的人口分别为7407.91万人和7498.67万人。

按照 1 千克/（人·天）的生活垃圾产生量进行计算，估计湖南省 2015 年、2030 年和 2050 年生活垃圾产生量分别为 2605.2 万吨、2703.89 万吨和 2737.02 万吨。根据《湖南省"十一五"环境保护规划》中的污染控制方面的目标，到 2010 年城市生活垃圾无害化处理率要达到 60%。而在 2005 年，湖南省生活垃圾无害化处理率为 39.69%。也就是说，要实现 2010 年城市生活垃圾无害化处理率达 60% 的目标，城市生活垃圾无害化处理率在 2005～2010 年的年均增长率要达到 8.62%。按照这一增长速度进行计算，湖南省在 2017 年就能实现城市生活垃圾无害化处理率达到 100%（2015 年湖南省生活垃圾无害化处理率为 90.74%）。由于湖南省历年来进行垃圾无害化处理的方式基本上是卫生填埋方式，因此，本研究在此假定未来湖南省进行生活垃圾无害化处理仅采取卫生填埋方式，因而在此只估算垃圾填埋所排放的 CH_4 量。根据前文的计算方法，算得湖南省 2015 年、2030 年和 2050 年生活垃圾处理产生的温室气体排放量分别为 110.4 万吨、128.7 万吨和 130.3 万吨。

根据《湖南省"十一五"环境保护规划》中的污染控制方面的目标，到 2010 年，城市污水处理率要达到 70%，工业用水重复利用率要达到 75%，工业固废综合利用率要达到 80%，单位 GDP 化学耗氧量排放量小于 8.0 千克/万元。按照这一目标和现在的发展速度，到 2030 年，湖南省城市污水处理率和工业用水重复利用率要达到 100% 是比较容易的。因此，在此不再具体估算湖南省未来废水温室气体的排放量。

五 基于 STIRPAT 模型的湖南省温室气体排放预测

（一）研究方法

在研究方法上，本研究试图通过建立回归模型拟合能源消费量表征环境压力与人口数量、富裕程度等因素之间的可拓展的随机性的环境影响评估模型（Stochastic Impacts by Regression on Population, Affluence, and Technology, STIRPAT），预测湖南省未来的温室气体排放情况。可拓展的随机性的环境影响评估模型（STIRPAT 模型）的函数形式为：

$$I = aP^b A^c T^d e \tag{1}$$

对（1）式这一多自变量的非线性模型的两边同时进行对数化处理，其模型形式转化为：

$$lnI = lna + b(lnP) + c(lnA) + d(lnT) + lne \qquad (2)$$

(1) 式与 (2) 式中，I、P、A、T 分别反映环境压力、人口、富裕程度和技术因素，其相对应的指标分别为区域温室气体排放总量、年末总人口、人均 GDP 和能源效率，e、lne 为模型误差，lna 为常数项。

从湖南省温室气体排放的构成看，能源消费与农业部门是湖南省温室气体的主要来源。1995～2008 年，能源消费排放的温室气体占温室气体总当量的平均比重达到了 42.6%，且从 2000 年，这一比重以 2.36% 的年均速度上升，至 2008 年达到了 56.75%。将湖南省 1995～2008 年第二产业产值在当年 GDP 中的比重与温室气体排放总量之间进行相关分析，得出两者之间的相关系数为 0.962。同时，分析湖南省 1995～2008 年的城市化率与温室气体排放总量之间的相关性，发现两者之间的相关系数为 0.904。并且，多项区域层面的研究结果表明，城市化水平与生态环境压力之间存在着极强的相关关系，城市化水平的发展是产生城市生态环境压力的最直接原因，由此可以看出，产业结构、城市化率与区域温室气体排放总量之间的关系密切。因此，进一步地，本研究将产业结构（以 S 表示）与城市化水平（以 U 表示）作为变量引入上述模型。同时，根据环境库兹涅兹理论，富裕程度与环境压力之间一般存在倒"U"形曲线关系，因此本文引入 $(lnA)^2$ 项，所建立的模型为：

$$lnI = lna + b(lnP) + c_1(lnA) + c_2(lnA)^2 + d(lnT) + f(lnU) + g(lnS) + lne \qquad (3)$$

分析上述模型可以发现，自变量间存在明显的共线性时，不能直接使用最小二乘法进行回归分析，必须通过增加样本容量、改变先验信息、删除不必要的解释变量以及进行逐步回归、岭回归（ridge regression）和主成分分析（principal components）等来处理。本研究拟利用岭回归方法来建立模型，这一方法是一种估计总体回归系数的新方法，是一种专门用于共线性数据分析的有偏估计回归方法。这一方法能减小样本回归系数的标准误差，并能克服一般多重回归方程的缺点，利用这一方法建立的回归方程更符合实际。

（二）数据来源与数据处理

模型中，年末总人口、人均 GDP 变量数据来源于《湖南改革开放 30 年国民经济和社会发展统计资料》，产业结构、城市化率以及能源效率变量数据来源于相关年份的《湖南省统计年鉴》（1996～2009 年）数据。其中，人均

GDP 数据为扣除价格影响后的实际 GDP 水平（以 1978 年不变价格计算）；产业结构以第二产业产值所占比重来反映，城市化率以市镇人口占总人口的比重来反映；能源效率以单位 GDP 能耗来反映，为使历年的单位 GDP 能耗指标具有可比性，GDP 按 1978 年可比价格来计算。模型拟合所采用的数据见表 13-9。为使各变量的量纲实现统一，在进行模型估算时，本研究对所有数据进行了无量纲化处理。由于 lnA 与 $(lnA)^2$ 两者之间存在较强的多重线性关系，在建模时，本研究还对人均 GDP 对数的平方项进行了中心化处理。

表 13-9 模型拟合的数据基础

年 份	lnI	lnP	lnA	$(lnA)^2$	lnT	lnU	lnS
1995	10.1169	8.7628	6.9404	48.1697	2.3244	-1.4147	-1.0189
1996	10.1194	8.7684	7.0013	49.0186	2.2721	-1.3863	-1.0161
1997	10.0460	8.7742	7.0151	49.2120	2.1284	-1.3783	-1.0051
1998	10.0606	8.7799	6.9943	48.9205	2.1683	-1.3509	-0.9916
1999	10.0133	8.7845	6.9746	48.6451	2.0076	-1.3322	-0.9916
2000	9.9989	8.7891	6.9881	48.8340	1.9902	-1.2123	-1.0106
2001	10.0814	8.7942	7.0079	49.1102	2.1272	-1.1777	-0.9970
2002	10.1343	8.7991	7.0019	49.0265	2.2208	-1.1394	-1.0024
2003	10.1757	8.8043	7.0261	49.3661	2.2948	-1.0936	-0.9650
2004	10.2956	8.8095	7.1032	50.4553	2.5296	-1.0356	-0.9467
2005	10.4629	8.8146	7.1368	50.9334	2.6775	-0.9943	-0.9188
2006	10.5189	8.8200	7.1724	51.4439	2.4969	-0.9491	-0.8771
2007	10.5849	8.8255	7.2326	52.3098	2.7523	-0.9051	-0.8533
2008	10.5943	8.8313	7.3046	53.3569	2.7303	-0.8639	-0.8164

（三）模型估计结果

利用 PASW18.0 统计分析软件的岭回归函数对模型进行拟合，系数 k 在 (0, 1) 区间，以步长为 0.05 进行取值。从岭迹图可以看到，当 $k=0.8$ 时变化逐渐平稳，自变量回归系数与预期相同，且变化趋于稳定。所以本文取 $k=0.8$。当 $k=0.8$ 时，重新进行岭回归，此时回归方程的 R^2 为 0.936，F 值等于 17.076，p 等于 0.0007，回归方程通过了显著性检验（见表 13-10）。得到岭回归方程如下：

$$lnI = 0.0965(lnP) + 0.1478(lnA) + 0.1476(lnA)^2 + 0.2205(lnT) +$$
$$0.1150(lnU) + 0.1583(lnS)$$

即年末总人口、人均 GDP、能源效率、城市化率和第二产业产值所占比重每发生 1% 的变化，将分别引起湖南省的温室气体排放总量相应地发生 0.0965%、(0.1478 + 0.2952lnA)%、0.2205%、0.1150% 和 0.1583% 的变化。在不同的人均 GDP 水平下，湖南省人均 GDP 对温室气体排放总量的弹性系数（EE = 0.1478 + 0.2952lnA）各不相同，并且呈现出随着人均 GDP 水平的上升总体上呈上升趋势（见表 13 - 11）。如果说温室气体排放量与人均 GDP 之间存在倒"U"形环境库兹涅茨曲线，则湖南省还处于经济发展带来温室气体排放量增加的阶段。且相比于经济处于发达经济初级阶段（例如，经济较发达地区上海的这一弹性系数＜1）而言，作为处于工业化中级阶段的中部省份，湖南省的经济发展会带来温室气体的成倍增长。反过来说，要实现同一数量的温室气体排放数量，经济发展程度较落后地区要比发达地区以牺牲更大的经济发展程度为代价。比较人口、经济发展、能源效率、城市化率和产业结构这几个因素对温室气体排放总量的影响，可以看出，就中等发展程度的湖南省而言，经济发展对温室气体排放量的解释作用最大，能源效率次之，人口因素的解释作用最弱。

表 13 - 10　岭回归的方差分析结果

变异来源	自由度	SS	MS	F	P
回　　归	6	12.169	2.028	17.076	0.0007
残　　余	7	0.831	0.119	—	—
决定系数	0.936		调整的决定系数	0.8812	

表 13 - 11　温室气体排放量对实际人均 GDP 的弹性系数

年　份	1995	1996	1997	1998	1999	2000	2001
A	1033.221	1098.088	1113.35	1090.421	1069.137	1083.7	1105.292
lnA	6.94	7.001	7.015	6.994	6.975	6.988	7.008
EE	2.196	2.214	2.219	2.212	2.207	2.211	2.217
年　份	2002	2003	2004	2005	2006	2007	2008
A	1098.711	1125.63	1215.84	1257.356	1303.02	1383.749	1487.099
lnA	7.002	7.026	7.103	7.137	7.172	7.233	7.305
EE	2.215	2.222	2.244	2.255	2.265	2.283	2.304

注：A 为实际人均 GDP，在地区生产总值的计算中，1978 年 = 100。

(四) 湖南省温室气体排放与峰值情景分析

本研究采用情景分析方法通过对人口增长、经济增长、能源效率提高、城市化发展以及产业结构调整等设置高、中、低水平的方案来估算湖南省温室气体的未来排放情况。

1978～2008年，湖南省人口的年平均自然增长率为9.34‰，最低值为1999年的4.6‰，最高值为1987年的22.49‰。"十一五"以来，湖南省制定的人口发展规划中要求把人口自然增长率控制在7.5‰以内；湖南省2011年在《政府工作报告》中提出，人口自然增长率控制在7‰以内是湖南省"十二五"时期的主要奋斗目标。而根据2004年湖南省人口与计划生育执法动员会上所公布的有关数据，湖南省人口将在2003年6662.8万人的基础上，以年均净增30万人以上的速度持续增长，预计到2035年达到峰值7470万人，然后开始负增长。按照这一数据计算得到2004～2035年湖南省年平均自然增长率为3.58‰。根据赵先超（2009）利用自回归模型、马尔萨斯人口模型以及Logistic模型等多种数学分析方法预测得出的数据，湖南省的人口规模到2020年将达到7264.82万人，2009～2020年年平均增长率为4.1‰。根据门可佩等（2008）利用离散灰色增量模型和新初值灰色增量模型对中国人口的预测结果，2035年以后，中国人口年增长率均在1.8‰以下。从现实情况看，湖南省目前的人口增长率要高于全国的平均水平。根据湖南省的人口发展规划以及相关研究结果，本研究拟分段设定湖南省未来人口的自然增长率的高、中、低三个方案（见表13-12）。根据湖南省2009年的年末人口数6900.2万（2009年湖南省人口自然增长率为6.05‰），计算得到湖南省未来的人口情况见表13-13。

1. 湖南省未来经济增长的情景设定与预测

1995～2008年，湖南省的名义地区生产总值年均增速达13.58%，名义人均GDP的增速也高达13.55%，居全国前列；而同一时期的实际GDP（以2005年不变价格计算）的年均增速仅2.59%，实际人均GDP的年均增速也仅2.84%。根据《湖南省国民经济和社会发展的第十一个五年规划纲要》，湖南省"十五"期间GDP和人均GDP的名义年均增长率均在10%以上，"十一五"期间的目标年均增长率为10%以上。湖南省2011年《政府工作报告》中提出，湖南省"十二五"时期的主要奋斗目标之一是：生产总值年均增长10%以上，力争到2015年达到2.5万亿元。综合上述情况,参照湖南省过去经济的实际发展情况,本研究将湖南省未来40年内的人均GDP实际的年均增长速度按高、中、低分别设定为5.65%(1978~2008年湖南省人均GDP的实际年均增速)、2.84%(1995~2008年湖南省人均GDP的实际年均增速)和1.34%(1978~2008年间湖南省经济实现增长的年份中人均GDP增速最低年份1982年的人均GDP增速)。根据这一情景设定,以2008年为基期,算得湖南省未来人均GDP的增长情况见表13-14。

表13-12　湖南省未来人口增长自然增长率的情景设定

单位:年,‰

时间段	高方案	中方案	低方案
2010~2020年	7	5	3
2021~2035年	5	4	2
2036~2050年	2	0	-2

表13-13　湖南省未来40年的人口预测值

单位:万人

年份	2015	2020	2030	2035	2050
高方案	7195.128	7450.507	7831.527	8029.283	8273.563
中方案	7109.811	7289.343	7586.221	7739.164	7739.164
低方案	7025.339	7131.353	7275.271	7348.315	7130.925

表13-14　湖南省未来人均GDP的增长情况

单位:元

年份	1978年不变价格水平			2005年不变价格水平		
	高增长 (5.65%)	中等增长 (2.84%)	低增长 (1.34%)	高增长 (5.65%)	中等增长 (2.84%)	低增长 (1.34%)
2015	2184.8739	1809.1490	1632.3233	18116.9746	15001.4639	13535.2245
2020	2875.9007	2081.0604	1744.6595	23846.9687	17256.1529	14466.7163
2030	4982.7478	2753.6286	1993.0568	41316.9443	22833.0885	16526.4268
2050	14957.4972	4821.1065	2600.9839	124027.5666	39976.6152	21567.3588

2. 湖南省未来单位GDP能耗水平下降情况的情景设定与预测

按照《湖南省应对气候变化方案》中确定的目标,"万元GDP能耗从2005年的1.4吨标准煤下降到2010年的1.12吨标准煤,下降20%,年均下降速度须达到4.37%"。而在1995~2008年间，湖南省的万元名义GDP能耗水平（以当年价格水平计算）的年均下降速度为6.8%；扣除价格因素的影响，湖南省的万元实际GDP能耗水平在1995~2008年呈现出先持续下降后持续上升（以2000年为界）、后又持续下降的变化态势，总体能耗水平有所增长，年均增长速度为3.17%。随着对提高能效的重视和新技术的采用，湖南省的单位GDP能耗水平将逐渐下降：湖南省单位实际GDP能耗从2005年的1.472吨标准煤下降到2008年的1.268吨标准煤（GDP为2005年的价格水平），下降了13.86%，年均下降5.18%。而根据国家规划，全国"十二五"期间单位GDP能耗将下降17.3%，"十三五"（2016~2020年）期间将下降16.6%。由此可以看出，至少在未来10年内，湖南省的单位GDP能耗水平的年均下降速度不会低于"十一五"的下降速度（4.37%）。在此，将湖南省未来单位GDP能耗的下降速度按高、中、低分别设定为2005~2008年的年均下降速度（5.2%）、《湖南省应对气候变化方案》中确定目标的整数百分值（4%）[①]和1990~2004年高收入国家单位GDP能耗的年均下降速度[②]（2.7%）。根据这一情景设定，以2008年为基期，算得湖南省未来单位GDP能耗情况见表13-15。

表13-15 湖南省未来单位GDP能耗强度情况

单位：吨标准煤/万元

年 份	1978年不变价格水平			2005年不变价格水平		
	高下降速度 (5.2%)	中等下降速度 (4%)	低下降速度 (2.7%)	高下降速度 (5.2%)	中等下降速度 (4%)	低下降速度 (2.7%)
2015	10.55	11.52	12.66	0.87	0.95	1.05
2020	8.08	9.40	11.04	0.67	0.78	0.91
2030	4.74	6.25	8.40	0.39	0.52	0.69
2050	1.63	2.76	4.86	0.13	0.23	0.40

---

① 这一水平也是中等收入国家1990~2004年的单位GDP能耗的年均下降速度。根据《中国统计年鉴》（2007年）中的数据，中等收入国家的单位GDP能耗从1990年的10.89吨标准油/万美元下降为2004年的6.18吨标准油/万美元。

② 根据《中国统计年鉴》（2007年）中的数据，高收入国家的单位GDP能耗从1990年的2.43吨标准油/万美元下降为2004年的1.68吨标准油/万美元。

3. 湖南省未来城市化发展的情景设定与预测

景普秋、陈甬军（2004）的研究指出，城市化率在20%以下时为城市化的起步期，城市化发展速度相对较低，并有开始加速增长的趋势；城市化率在20%~70%为城市化的成长期，城市化稳步、快速增长；城市化率在70%以上，为工业化、城市化成熟期，城市化的速度放慢。这是一个大致的规律，具体到不同国家，还是有些差别，早期工业化国家农村人口向城市转移的规模与速度相对要慢于后期工业化国家。按照《湖南省"十一五"城镇化发展规划的通知》，湖南省"十一五"期间城市化发展的目标是力争全省城镇化水平年均增长1.6个百分点，从37%增长到45%，年均增长率为3.99%。按照这一状况，湖南省正处于城市化的成长期，城市化将稳步、快速增长。按照年均增长1.6个百分点的增长速度，湖南省的城市化率要大概达到70%需到2025年。不过，从现实情况看，1995~2008年湖南省城市化水平年均增长约1.42个百分点，增长速度为4.01%。若按照这一增长幅度计算，湖南省的城市化率要大概达到70%则需到2028年前后。结合上述规律，本研究对湖南省未来城市化的发展情景的设定采取分段形式，以2030年为界进行情景设定（见表13-16）。具体为：2030年之前，将湖南省城市化率的年均增幅的高增长、中等增长和低增长情景设定为年均增长1.6个百分点、1个百分点（中国过去30年城市化率的年均增幅和日本1920~1970年城市化率的年均增幅[1]）和0.50个百分点（美国1840~1970年城市化率的年均增幅[2]和发展中国家1980~2000年城市化水平的年均增幅[3]）；2030年之后湖南省城市化率的年均增幅的高增长、中等增长和低增长情景设定为年均增长0.8个百分点[1975~2000年发达国家城市化水平年均提高约0.86个百分点（段杰、李江，1999）]、0.5个百分点和0.2个百分点（发达国家1980~2002年城市化率的年均增幅）[4]。根据这一情景设定，以2008年为基期，算得湖南省未来城市化水平的增长情况见表13-17。

---

[1] 日本的城市化率从1920年的18%提高到1970年的72%，年均增长1.08个百分点。
[2] 美国的城市化率从1840年的10%增长到1970年的73%，年均增长0.50个百分点。
[3] 发展中国家的城市化率由1980年的29.2%上升到2000年的39.3%，上升了10.1个百分点，年平均增长0.505个百分点（窦金波，2010）。
[4] 发达国家的城市化率由1980年的70.2%上升到2002年的74.4%，仅上升了4.2个百分点，年均增长0.21个百分点（窦金波，2010）。

表 13-16　湖南省未来城市化率的年均增幅情景设定

单位:%

时间段	高发展方案	中等发展方案	低发展方案
2010~2030 年	1.6	1	0.5
2031~2050 年	0.8	0.5	0.2

表 13-17　湖南省未来城市化率的预测值

单位:%

年　份	高发展方案	中等发展方案	低发展方案
2015	53.35	49.15	45.65
2020	61.35	54.15	48.15
2030	77.35	64.15	53.15
2050	93.35	74.15	57.15

4. 湖南省未来第二产业所占比重的情景设定与预测

按照《湖南省国民经济和社会发展的第十一个五年规划纲要》确定的目标，湖南省第二产业产值所占比重要由 2005 年的 40.8% 提高为 44.5%，所占比重须年均增长 1.75%。而湖南省 1995~2008 年第二产业产值所占比重最高为 44.2%，最低为 36.1%，年均实际增长速度为 1.46%，并且近年内的年均实际增长速度较快（在 2004~2008 年这 5 年间，第二产业产值所占比重实际年均增长了 3.3%）。从经济发展阶段与产业结构调整的发展趋势来说，从经济发展的准备条件阶段到高速增长阶段再到稳定增长阶段，第二产业的增长经历成长－高速成本－相对减缓的发展态势（吴仁洪，1987）。并且，受区域自然资源等因素的限制，区域产业结构面临一定的刚性约束。也就是说，在一定时期内，随着经济发展程度的提高，第二产业产值所占比重会持续上升，但提高速度会不断减缓；当发展到一定阶段后，随着经济发展程度的提高，第二产业产值所占比重会持续下降。从处于发达经济初级阶段的上海市的情况看，从 1978 年至 2009 年，其第二产业产值所占比重持续表现出下降趋势，从 1978 年的 77.4% 下降到 2009 年的 39.89%，年均下降约 2.12%。并且，《湖南省国民经济和社会发展第十二个五年规划纲要》在产业结构上，在突出新型工业化带动功能的同时，调高了服务业发展目标。从发达国家的情况看，第二产业在 GDP 中所占比重在 50% 左右时为上限值（何永芳，2009）。综合考虑上述情况，本研究设定，作为农业大省的湖南省第二产业产值所占比重的上限为50%，未来第二产业产值所占比重的年均增长率为1%，在达到上限水平后，第二产业产值所占比重的下降幅度为年均2%。这样，计算得到湖南省2015年、2020年、2030年和2050年的第二产业产值所占比重分别为47.39%、49.81%、41.27%和27.56%。

5. 湖南省未来温室气体排放情况的预测与分析

本研究设定高、中、低三种社会经济发展方案：高发展模式假定人口、人均GDP、城市化率、能耗强度这些变量均按高速度变化；中等发展模式假定人口、人均GDP、城市化率等变量的变化速度适中；低发展模式则这些变量均按低速度变化。根据这三种方案延伸设定出高中模式、高低模式、中高模式、中低模式和低中模式。高中模式假定人口、人均GDP和城市化率高速增长，能耗强度则适中变化；高低模式假定人口、人均GDP和城市化率高速增长，能耗强度低速变化；中高模式假定人口、人均GDP和城市化率中速增长，能耗强度高速变化；中低模式假定人口、人均GDP和城市化率中速增长，能耗强度低速变化；低中模式假定人口、人均GDP和城市化率低速增长，能耗强度中速变化。

根据上述情景设定，将有关数据代入（3）式，计算得到湖南省温室气体的排放情况见表13-18。从未来温室气体的预测结果看，可以进行以下分析：第一，无论是何种发展方案，在未来40年内，湖南省温室气体的排放总量均不能达到峰值；第二，比较未来一些年份的温室气体排放情况可以看出，湖南省2015年中方案的温室气体排放量（40430.95万吨二氧化碳当量）仅略低于2030年低中方案（43997.89万吨二氧化碳当量），这意味着，在同样的技术水平下，人口、城市化和经济选取低方案进行发展将比选取中方案使同一水平的温室气体排放总量至少延后约15年出现。第三，在人口、人均GDP、城市化率这些变量处于同一变化方案的情景下，随着时间的推移，无论能耗强度的下降速度是快还是慢，能耗强度的下降所带来温室气体排放的减少幅度下降（表现在数据上，在人口、人均GDP、城市化率这些变量同以高方案或中方案、低方案变化时，2015~2050年能耗强度以高方案变化下的温室气体排放量与能耗强度以中方案或低方案变化的温室气体排放量的比值持续下降），即技术进步在温室气体减排方面同样存在边际效率递减情况。

表 13-18　湖南省未来温室气体排放情况

单位：万吨二氧化碳当量

年　　份	2015	2020	2030	2050
高 方 案	62912.61	119796.56	440474.10	7472179.04
中 方 案	40430.95	55136.06	99283.95	333982.11
低 方 案	32116.83	36983.97	46961.71	75041.90
高中方案	64144.71	123861.07	468169.15	8392287.53
高低方案	65493.35	128331.96	499706.31	9507431.38
中高方案	39654.35	53326.77	93410.70	297365.19
中低方案	41281.01	57126.26	105971.99	378360.73
低中方案	31500.98	35695.51	43997.89	66240.10

值得说明的是，由于回归模型所依据的时间序列数据较短，进行这样长期的预测将使有关结果的误差很大。不过，这样的预测结果虽然非常粗糙，但仍能为湖南省未来温室气体的排放情况提供一个大概的趋势。将利用预测数据算得的湖南省未来温室气体排放的年均增长率指标（见表 13-19）与《中国的绿色革命》研究中对中国 2030 年温室气体的预测（见表 13-20）进行对比，结合湖南省作为中部省份和发展中地区无论是经济增长速度还是温室气体排放速度都将高于全国平均水平的情况，可以发现，本研究设置的中方案和中高方案比较具有现实可行性，符合未来发展态势，其温室气体排放情况能大致反映湖南省未来温室气体排放的发展态势。

表 13-19　湖南省未来温室气体排放的年均增长率

单位：%

年　　份	2015	2020	2030	2050
高 方 案	6.72	9.59	11.53	13.27
中 方 案	0.19	2.73	4.23	5.19
低 方 案	-3.05	-0.63	0.74	1.51
高中方案	7.02	9.90	11.84	13.58
高低方案	7.33	10.22	12.17	13.92
中高方案	-0.09	2.45	3.94	4.90
中低方案	0.48	3.03	4.54	5.50
低中方案	-3.32	-0.93	0.44	1.21

表 13-20　《中国的绿色革命》中对中国 2030 年温室气体排放的预测

指标	GDP 年均增长率	2030 年工业部门占 GDP 的比重	城市化率	能耗强度	温室气体排放
数值	7.80%	41%	15 亿人口中有 2/3 生活在城市	每 5 年下降 17% 左右	145 亿吨，年均增长速度为 3.1%

参考文献

《湖南省应对气候变化方案》
《湖南省"十一五"节能规划》
《可再生能源中长期发展规划》
《湖南省钢铁产业振兴实施规划（2009~2011 年）》
《湖南省土地利用总体规划（2006~2020）》
《湖南省钢铁产业振兴实施规划（2009~2011 年）》
《湖南省"十一五"农业发展规划》
《中国食物与营养发展纲要（2001~2010 年）》
《湖南省"十一五"环境保护规划》
《湖南省人民政府 2011 年政府工作报告》
景普秋、陈甬军：《中国工业化与城市化进程中农村劳动力转移机制研究》，《东南学术》2004 年第 4 期。
段杰、李江：《中国城市化进程的特点、动力机制及发展前景》，《经济地理》1999 年第 6 期。
吴仁洪：《经济发展与产业结构转变——兼论我国经济当前的发展阶段及其使命》，《经济研究》1987 年第 10 期。
窦金波：《当地世界城市化的特点及发展趋势》，《经济研究导刊》2010 年第 5 期。
何永芳：《从发达国家发展方式转变看中国产业结构调整》，《中国经济问题》2009 年第 12 期。
Enkvist, Per - Anders; Nauclér, Tomas and Rosander, Jerker: A Cost Curve for Greenhouse Gas Reduction, The McKinsey Quarterly, No. 1, 2007.
麦肯锡公司：《中国的绿色革命：实现能源与环境可持续发展的技术选择》，2009。
刘红光、刘卫东：《中国工业燃烧能源导致碳排放的因素分解》，《地理科学进展》2009 年第 28 卷第 2 期。

李国志、李宗植：《中国二氧化碳排放的区域差异和影响因素研究》，《中国人口·资源与环境》2010 第 20 卷第 5 期。

高振宇、王益：《我国生产用能源消费变动的分解分析》，《统计研究》2007 年第 24 卷第 3 期。

湖南省统计局：《湖南农村可再生能源开发利用前景广阔》，2010。

http：//www.hntj.gov.cn：7777/was40/search？channelid=38677。

第14章

湖南省温室气体减排成本收益分析

减少温室气体的排放对于减轻污染、保护生态系统和实现自然-经济-社会系统的可持续发展具有重要意义。不过，在目前的技术条件下，减少温室气体的排放必然要减少化石燃料的消耗，这必将波及整个工业文明和社会的方方面面，须为之付出一些代价。从经济学视角看，通过节能减排获得的生态效益是建立在支付一定成本基础上的。这些成本反映在现实生活中体现为经济发展速度的下降、城市化进程的变缓等。当部分地区采取拉闸限电等强制性措施来实现节能目标时，人们的日常生活和社会生产也不可避免地受到了影响。这就涉及节能减排目标的科学制定。而要制定科学的节能减排目标和制定合理的减排策略，不仅需要结合当地的经济发展程度和工业化发展程度，还需考虑各地进行温室气体减排的成本与收益的差异。因此，有必要对地区温室气体减排的成本与收益展开研究。

一 湖南减排潜力估算

（一）估算方法

从现有研究看，目前对温室气体减排成本、收益的研究有三类：一类是通过建立投入-产出模型来模拟分析控制碳排放（使其在目前的水平上分别减少5%、10%等一定比例）对国民经济的影响（例如王翠花，2003）；另一类则是基于有关温室气体减排项目来进行成本-收益的比较（例如李玉娥等，2009；张治军，2009年；张红蕾，2009年），这些研究一般以区域性的某一项目为研究对象，或仅对其效益、成本进行单独分析，或者进行成本-收益的比较，或者对有无CERs收益的情况进行比较，以说明开展温室气体减排项目的必要性和意义；第三类是探讨不同减排方案的成本代价和粗略的收益估计，以便为制定减排方案提供量化基础和依据。这三类研究虽然分别从宏观、中观与微观层面反映了温室气体减排的成本和收益，但由于仅局限于某一层面的分析，难以从总体上反映温室气体减排的成本与收益，特别是无法提供一个量化数据为制定温室气体减排策略提供参考。为弥补这一不足，本研究以湖南省为例，试图对区域温室气体减排的成本与收益进行量化估算。对减排成本的估算步骤是：首先，估算湖南省在战略意义和一些减排技术在技术意义上的减排潜力；然后，利用麦肯锡公司所得出的各类减排技术在中国应用后的单位减排成本，估算实现战略意义和技术意义的减排潜力所支付的减排成本。对温室气体减排收益的估算则利用目前的价格水平计算核证减排量碳交易所能取得的经济效益。

（二）湖南省未来20年减排潜力的估算

对"减排潜力"的界定借鉴了麦肯锡公司的《中国的绿色革命》中的含义，即最大技术潜力，这一潜力只考虑了技术适用性、技术成熟程度、原料供给以及人才供给对技术研发与实施的制约，而没有考虑其他制约因素（如巨额资本投资）限制技术应用。同时，"减排潜力"的结果也并不能作为对全部减排潜力的完整估计，仅反映所研究的减排技术的技术潜力上限。本研究对湖南省未来20年减排潜力的有关估算中用到的有关增长指标的数据也完全借鉴于《中国的绿色革命》对中国研究的有关结果。虽然由于没能对技术进步、减排技术普及水平和成本以及温室气体减排国际框架等各方面的因素进行精确预测和有关考虑，从而使有关预测结果存在一定的不确定性，但是，这一研究的结论是在参考100多位国内外专家和相关机构的意见和建议的基础上，经由项目小组进行复杂而周密的研究，并与行业专家、麦肯锡全球网络的内部专家以及其他领先的研究机构进行100多次访谈和工作会议的测试与完善后确定的，并且这项研究涉及了具有可预见成本和明确发展路径、经过证实能够进行规模化商用的200多项技术（其中许多是潜力很大的新兴技术），是目前相关研究中针对中国减排成本研究中最前沿、最全面的研究。因此，本研究应用这一研究的有关成果作为数据基础是适宜的。

根据《中国的绿色革命》这一研究，中国 2007 年的温室气体排放量为 76 亿吨，1990~2007 年温室气体排放的年均增长率为 4.7%。通过设置基准情景（以麦肯锡为中国经济各行业部门所做的大量咨询项目以及中国领先研究机构和专家的研究成果为基础而设置），该研究计算得出以下结果：第一，中国温室气体排放量将从 2005 年的每年 68 亿吨增加到 2030 年的每年 145 亿吨，年均增长速度为 3.1%。第二，在基准情景下，200 多个减排技术的最大技术潜力为 67 亿吨，其中减排的主要动力来自能源效率和清洁燃料（分别能减排 24 亿吨，分别占总减排潜力的 35.8%）、CCS 和非 CO_2 温室气体管理措施（例如煤层气和废弃物甲烷管理）（减排潜力为 14 亿吨，占总减排潜力的 20.9%），另外有 7.5% 来自农林部门的碳汇增加。第三，要实现全部减排潜力，中国在今后 20 年中平均每年需新增资本投入 1500 亿~2000 亿欧元，且随着各项减排措施普及率的逐渐增长和高成本减排措施的逐步应用，资本需求将逐渐增加，到 2030 年，年新增资本投资额是当年 GDP 的 1.5%~2.5%。

同样以 2005 年为基年（根据前文的计算，2005 年湖南省温室气体排放总量为 32783.59 万吨 CO_2 当量），根据中国温室气体排放量的年均增长速度（3.1%，情景一）和湖南省 1995~2008 年这 14 年温室气体排放总量的年均增长速度（3.74%，情景二），计算得到湖南省 2015、2020、2025 和 2030 年温室气体排放总量结果见表 14-1。

从一般意义上来说，按照情景一算得的温室气体排放总量会被低估。其原因可能是源于湖南省未来 GDP 长期增长率、第二产业产值所占比重以及城市化的增长率要高于研究中所设定的中国的这三个指标。根据《中国的绿色革命》这一研究，这两个能使温室气体排放增长产生敏感作用的指标被设定为：假设中国 GDP 长期增长率（2005~2030 年）为每年 7.8%，工业部门占 2030 年 GDP 的比例预计为 41%（相比于 2005 年的 48% 有所下降）。而比较湖南省 1995~2008 年这两个指标的增长情况，湖南省 1995~2008 年的地区生产总值年均增速达 12.55%；1995~2008 年工业部门所占比重一直维持在 40% 以下，平均比重为 32.68%，年均增速为 1.57%，该比重的变化趋势是：在 1995~1998 年持续上升，在 1998~2002 年持续下降，在 2002~2008 年又继续持续上升。按照这一增长速度，到 2030 年，湖南省第二产业产值所占比重将达 54.05%。另外，在该研究中"到 2030 年，中国15亿人口中将有2/3生活在城市"的假定下,中国2005~2030年城市化的年均增长率为1.65%。而1995~2008年湖南省城镇化的实际增长速度为4.01%。考虑到这些情况,采用《中国的绿色革命》中的有关结果作为数据基础也许会低估湖南省未来温室气体的排放总量。不过,该研究中"未来二十年中,中国单位GDP能耗每五年可以降低17%~18%"的假定是适应于湖南省的情况的(有关分析见第15章)。

根据《中国的绿色革命》的研究结果,中国的减排潜力2015年将达到12亿吨,2020年达到将27亿吨,2025年将达46亿吨,它们分别大致相当于2030年减排潜力的20%、40%和2/3。2030年技术冻结情景下[①]中国的温室气体排放量为229亿吨二氧化碳当量;基准情景下中国的温室气体排放量为145亿吨二氧化碳当量,实现了84亿吨二氧化碳当量温室气体的减排;减排情景(其与基准情景中主要技术的对比见表14-2)进一步实现了67亿吨二氧化碳当量温室气体的减排。再利用"中国的温室气体排放将从2005年的每年68亿吨增加到2030年的每年145亿吨"这一结果,计算得到2030年减排情景下200多个减排技术的最大技术减排潜力占基准情景下总排放量的比例为46.2%。利用这一比例和2015年、2020年、2025年的减排潜力占2030年减排潜力中的比重及温室气体排放量,计算得到湖南省2015、2020、2025和2030年温室气体的减排潜力见表14-1。

表14-1　湖南省未来温室气体排放总量与减排潜力

单位：万吨

情景	温室气体排放总量				减排潜力			
	2015年	2020年	2025年	2030年	2015年	2020年	2025年	2030年
情景一： 年均增长3.1%	47486.57	55317.71	64440.29	75067.3	6936.22	13872.44	23120.73	34681.09
情景二： 年均增长3.74%	50518.05	60698.48	72930.48	87627.47	8096.78	16193.56	26989.26	40483.89

---

① 中国在2005~2030年不采用任何新的温室气体减排技术,且现有技术的普及率保持在2005年的水平。技术冻结情景与基准情景间排放量的差异代表了目前的政策和市场发展趋势所贡献的温室气体排放量。

表 14-2　在基准情景和减排情景中的主要技术

部门	基准情景中的主要技术	减排情景中的主要技术
建筑和家电使用	现有的节能建筑标准的落实	使用被动设计实现更高的节能效应
	市政供热中的热电联产	供热的控制系统
	紧凑型节能荧光灯	发光二极管
	高效电器	
道路运输	常规提高油效措施	先进内燃机效率化措施
		混合动力车和纯电动车
		木质纤维素乙醇
高排放工业	钢铁：高炉向电炉转变；对高炉煤气的更好利用	钢铁：联合循环发电；煤调湿
	基础化工：先进电动车；热电联产	基础化工：催化剂优化；氟化物管理
	水泥：新型干法的普及；提高水泥质量以降低水泥在混凝土中的使用量	水泥：熟料替代比例最大化；生物质与煤共燃
	煤炭开发：高浓度煤层气利用	煤炭开发：低浓度煤层气利用和氧化
	废弃物处理：城市固体废弃物处理和填埋气发电	废弃物处理：城市固体废弃物发电
电力	超临界和超超临界	更多的核电
	水电和天然气	风能：离岸风能和更多的陆上风能
	核电	太阳能
	风能：陆上风电	IGCC（整体煤气化联合循环发电系统）和 CCS（碳捕获和存储）
		生物质发电：柳枝稷
农业和林业	保护性耕地	推广草原管理和恢复
	草原管理	大规模植树造林
	植树造林	肥料效率的进一步提高
	肥料管理	牲畜管理
	沼气利用	

资料来源：麦肯锡《中国的绿色革命》，研究报告，2009。

二 湖南省温室气体减排成本的估算

本研究对"减排成本"的界定沿用《中国的绿色革命》中对"减排技术的成本"的有关界定,即要素(或技术-工程)成本-资金、运营和维护成本——扣除全部能源及其他要素节约后,分摊到使用该技术后每年每吨减排量上的单位成本。该成本是基准情境中所包含的技术解决方案成本的新增部分,并不必然反映发展、推广和实施某项减排技术的全部成本。在其范畴中,税费和关税、现有或未来补贴以及现有或未来的碳价格(例如碳税或碳排放总量限制)、社会成本、交易成本、通信成本、信息成本以及实施减排技术对宏观经济的作用等成本因素没有被涵盖在内。在计算时,以 4% 的真实折现率将资本投资在该技术的整个寿命周期中摊销,以体现初始资本投资的时间价值;能源价格采用的是 60 美元/桶左右的长期油价和 70~80 美元/吨的长期煤价。其计算公式为:

$$\text{减排成本} = \frac{\text{减排措施的所有成本} - \text{基准情景解决方案的所有成本}}{\text{基准情景解决方案中的排放量} - \text{使用减排措施后的排放量}}$$

减排成本为正时,表示相对于基准情景而言,实施某项减排技术获得减排潜力需要发生新增成本;减排成本为负,则意味着与基准情景相比,某项减排技术在寿命周期中能产生净的经济效益或实现节约。

《中国的绿色革命》研究中对中国 5 大部门的减排潜力、各类减排技术措施的减排潜力和平均减排成本进行了估算,结果见表 14-3。利用表 14-3 的有关结果,计算得出各类技术措施的减排潜力在总减排潜力中所占的比重和平均减排成本。利用这两个指标,结合前文算得的湖南省未来在采取相关技术措施后的温室气体减排潜力,进而算得湖南省五大部门的减排潜力与未来的减排成本数据见表 14-4 和图 14-1。

从表 14-4 和图 14-1 可以得出以下几点结果。

第一,从湖南省温室气体减排的成本看,2015 年、2020 年和 2030 年湖南省采取各类技术措施取得最大的技术减排上限所需要付出的减排成本分别为 153710.47 万、307420.95 万和 768552.14 万欧元,单位碳减排成本为 22.16 欧元/吨 CO_2 当量。

第二,电力部门和高排放工业是湖南省最具有温室气体减排潜力的主要领域,两个领域的减排潜力占总减排潜力的近 2/3,其次是建筑和家电使用部门（占 16.16%），然后是农林部门，占近 10%，道路运输部门的减排潜力是 5 大部门中最小的，其在总减排潜力中所占比重为 7.33%。

第三，从各部门采取有关技术措施所需要付出的成本看，电力部门所需付出的成本最高，该部门采取有关技术措施所需要付出的成本占 5 大部门总减排成本的 62.79%；其次是高排放工业，其减排成本所占的比例为 18.49%；道路运输部门、建筑和家电使用部门以及农林部门的减排成本所占比例相当，分别为 6.71%、6.59% 和 5.41%。

第四，高排放工业能以相对较小的成本所占比重实现相对更多的温室气体排放。从 5 大部门的减排潜力和减排成本的比较看，电力部门和高排放工业既是温室气体减排的主要领域，又是减排成本较高的两大部门。其中，电力部门具有最大的减排潜力，但要实现这一减排潜力所需付出的成本也最高；高排放工业则能以相对较小的成本所占比重实现相对更多的温室气体排放，因此，应重视采取措施加强对高排放工业企业的管理。

第五，从各部门的平均减排成本的比较看，建筑和家电使用部门的平均减排成本最低，是未来实现温室气体减排最具经济性的部门。在五大部门中，电力部门单位温室气体的平均减排成本最高，为 32.6 欧元/吨二氧化碳当量，其他三个部门单位温室气体的平均减排成本相当，为 15~17 欧元/吨二氧化碳当量；虽然建筑和家电使用部门的减排成本总量所占比例与道路运输部门与农林部门相当，但是其单位温室气体的平均减排成本（9.04 欧元/吨二氧化碳当量）要比其他 4 个部门低很多。因此，应重视建筑和家电使用部门的温室气体减排，从而实现以最小的成本实现较大的温室气体减排潜力。

要实现减排情景下能效改善和温室气体减排的最大潜力，需要相当大的新增投资。从实现单位温室气体减排潜力所需的增量投资看，由于各减排措施普及率的逐步上升和高成本减排措施的逐步应用，实现单位减排潜力所需的投资逐渐增加，而到后期，当大量的新技术被采用，大批基础设施得以建设后，实现单位减排潜力所需的投资将有所下降。就湖南省的情况来看（结果见表 14-5），要完全实现能效改善和温室气体减排的最大潜力，湖南省 2010~2030 年间所需的增量投资高达 319.71 亿欧元，20 年间的平均每年所需的增量投资需达到 15.99 亿欧元。随着每 5 年的最大技术减排潜力的增加，湖南省在"十四五"之前实现最大技术减排潜力所需的增量投资和每一时期内平均每年所需的增量投资持续上升，而"十五五"期间这两项指标则有所下降，这说明，减排技术应用具有一定的规模效应。

表 14-3　中国各类技术在 2030 年的减排技术与单位减排成本

部门	减排潜力	减排机会与减排潜力	减排技术	减排量（亿吨）	2030 年平均减排成本（欧元/吨二氧化碳当量）	主要技术措施
建筑和家电使用（2030 年排放量为 32 亿吨，比 2005 年增长 2 倍）	11 亿吨	选用高能效燃料（6 亿吨），强化提高家电能效（4 亿吨），贯彻节能建筑标准、提高发电效率（6 亿吨）	提高建筑围护结构能效	5.5	-8 欧元/吨	①在新建筑中大力实施建筑节能标准，可以实现其中 93% 的减排量，成本为 -9 欧元/吨；改善北方地区的民用建筑和全国范围的公用建筑，剩余的减排量可以通过改善中部和南方地区的民用建筑（中部地区）和 260 欧元/吨（南方地区）。②在新建筑使用被动式设计原则（优化建筑的保温、通风、朝向和遮蔽）（可减排 2.9 亿吨），公用建筑的成本为 -33 欧元/吨，北方民用建筑的成本为 -14 欧元/吨，中部地区民用建筑的成本为 28 欧元/吨，南部地区民用建筑的成本为 9 欧元/吨，均为正值（即产生费用）。③旧房改造（减排潜力为 2 亿吨）：改造传统公用建筑所产生的减排潜力约占一半，成本是 14 欧元/吨，余下的减排潜力主要通过改造北方地区的民用建筑实现，成本为 3 欧元/吨，也有适合南方和中部地区民用建筑的简单廉价的减排方案，可减少 1300 万吨
			改善通风、供暖和空调系统效率	2.8	7 欧元/吨	①北方民用建筑：主要的减排机会来自区域供热扩张（可减排 7100 万吨）和区域供热控制设备（减排潜力为 6900 万吨），并且成本为 -13 欧元/吨。②公用建筑正确安装和运行良好的建筑自动化系统（BAS），可减排 9100 万吨，但其减排成本高达 30 欧元/吨。③在供暖、供暖和空调系统及排水系统中使用高效泵，可带来 4600 万吨的减排潜力，平均成本是 -124 欧元/吨，减排成本可低至 -54 欧元/吨
			使用节能型照明	1.5	130 欧元/吨	用发光二极管（LED）取代效率较低的照明设备可以减排 1.4 亿吨
			家电	0.6	-108 欧元/吨	
			水暖	0.2	-50 欧元/吨	

第14章 湖南省温室气体减排成本收益分析　499

续表

部门	减排潜力	减排机会与减排潜力	减排技术	减排量（亿吨）	2030年平均减排成本（欧元/吨二氧化碳当量）	主要技术措施
道路运输（2030年温室气体排放比2005年增加近4倍）	6亿吨	传统内燃机燃油效率的提高、电动汽车，以及生物燃料技术等	内燃机燃油效率提升	2.7	—	措施包括减少轮胎摩擦，减轻车辆重量和减少漏油等。①通过可变阀控制、空调改良、轮胎压力控制系统、空气动力效率提升、传导优化和改善汽车空气动力等，会使每辆轻型车的成本上升约330～950欧元，平均减排成本为-19欧元/吨，中型车和重型车可实现4700万吨和3500万吨的总减排潜力，将使车的成本上升340～670欧元
			推广电动汽车	2.11	—	①轻型充电式混合动力车的边际（增量）减排潜力是1.65亿吨，边际（增量）减排成本可低至9欧元/吨；②纯电动车比充电式混合动力车可多减排4600万吨，但单独的减排成本超过100欧元/吨，边际（增量）成本超过1000欧元/吨
高排放工业（钢铁、化工、水泥、煤炭开采和废弃物管理占5大产业，2030年排放48亿吨，比2005年高出60%）	16亿吨	在温室气体减排方面，化工占4.45亿吨，水泥占3.8亿吨，钢铁占3.5亿吨，煤炭开采1.8亿吨，约42%减排成本为负	废弃物和副产品回收再利用（主要应用于煤炭开采、废弃物管理和水泥行业）	8.4	—	①固体废弃物/废水处理具有2.15亿吨的减排潜力，平均成本为14欧元/吨二氧化碳当量（其中，垃圾填埋气利用的减排成本为3欧元/吨，平均成本为直接发电增加的成本每吨超过10欧斯发电的成本约为每吨-1欧元/吨；②煤层气利用的能减排1.8亿吨，新型氧化技术的成本为每吨2欧元左右）；③熟料替代可减排1.65亿吨，平均成本为1欧元/吨二氧化碳当量；④农业废弃物混燃具有1.45亿吨的减排潜力，平均成本接近于0欧元/吨二氧化碳当量；⑤氟化物销毁具有1.3亿吨的减排潜力，平均减排成本为6欧元/吨二氧化碳当量
			能效提升（主要应用于化工和钢铁行业）	3.9	—	①催化剂优化具有1.2亿吨的减排潜力，平均成本接近于0欧元/吨二氧化碳当量；②先进流程控能减排0.5亿吨，平均成本为0欧元/吨二氧化碳当量；③其他能效提升措施可减排1.05亿吨，平均成本为-30欧元/吨二氧化碳当量；④煤调湿具有0.5亿吨的减排潜力，平均成本为-90欧元/吨二氧化碳当量；⑤联合循环发电具有0.45亿吨的减排潜力，平均成本为58欧元/吨二氧化碳当量；⑥薄带铸造具有0.2亿吨的减排潜力，平均成本对化工行业，后四项针对钢铁行业

续表

部门	减排潜力	减排机会与减排潜力	减排技术	减排量（亿吨）	2030年平均减排成本（欧元/吨二氧化碳当量）	主要技术措施
高排放工业（钢铁、化工、水泥、煤炭开采和废弃物管理5大产业；2030年排放48亿吨，比2005年高出60%）	16亿吨	在温室气体减排方面，化工占4.45亿吨，水泥占3.8亿吨，钢铁占3.5亿吨，废弃物管理占2.15亿吨，煤炭开采占1.8亿吨，约42%减排成本为负	CCS和其他	3.4	—	①CCS（主要应用于水泥、钢铁和化工行业）具有2.1亿吨的减排潜力，平均成本为65欧元/二氧化碳当量（主要应用于化工行业）至81欧元/二氧化碳当量（主要应用于钢铁行业）；②以天然气替代煤炭能减排0.7亿吨，平均成本为-10欧元/二氧化碳当量；③钢铁生产地转移具有0.6亿吨的减排潜量
电力部门：生产更清洁的电力（2030年温室气体排放为54亿吨）	28亿吨	开发更加清洁的能源（核能、风能、太阳能、"小水电"），使用更加清洁的煤	开发更加清洁的能源	19	22欧元/吨	①2030年核能的装机容量达到1.82亿千瓦时，核能将以3欧元/吨的成本贡献4.7亿吨的减排力；②各地风能的成本因风力分布和风电有效（售出的）运营时间不同而不尽相同；成本为每吨16欧元，高于100欧元，弱风区的风力大于每平方米300瓦的强风力每平方米100~300瓦，蕴含4000万吨~2.3亿吨的减排潜力，海上风能蕴含4亿吨的减排潜力，减排成本较高，为25欧元/吨；③不同地域太阳能的发电成本亦不相同：在日照特别丰富的地区，太阳能光伏发电技术蕴含2.3亿吨的减排潜力，减排成本为18欧元/吨；在日照较充足的地区，减排潜能是2.2亿吨，成本是63欧元/吨

续表

部门	减排潜力	减排机会与减排潜力	减排技术	减排量（亿吨）	2030年平均减排成本（欧元/吨二氧化碳当量）	主要技术措施
电力部门：生产更清洁的电力（2030年温室气体排放为54亿吨）	28亿吨	发电技术（整体煤气化联合循环技术、碳捕获及存储）	使用更加清洁的煤电技术	9	55欧元/吨	①整体煤气化联合循环技术（IGCC）减排潜能达到1.4亿吨，成本为32欧元/吨；②碳捕获及存储（CCS）有7.3亿吨的减排潜力，减排成本为每吨60欧元以上
农林部门：增加碳汇（减排情景下的排放水平比2005年低80%~90%）	6亿吨	政府有关生态恢复和改善农村环境的政策（包括农村沼气工程推广、增加森林覆盖面积、草原管理与恢复、肥料管理、农地管理与恢复等）	林业部门	3.6	—	其中，造林/再造林的减排潜力为3.4亿吨，平均减排成本为23欧元/吨二氧化碳当量；森林管护的减排潜力为0.2亿吨，平均减排成本为28欧元/吨二氧化碳当量

续表

部门	减排潜力	减排机会与减排潜力	减排技术	减排量（亿吨）	2030年平均减排成本（欧元/吨二氧化碳当量）	主要技术措施
农林部门：增加碳汇（减排情景下的总排放水平比2005年低80%~90%）	6亿吨	政府有关生态恢复和改善农村环境的政策（包括农村沼气工程推广、增加森林覆盖面积、草原管理与恢复、肥料管理、农地管理与恢复等）	农业部门	2.9	—	其中，草原管理与恢复的减排潜力为0.8亿吨，平均减排成本为5欧元/吨二氧化碳当量；性畜排放控制的减排潜力为0.7亿吨，平均减排成本为57欧元/吨二氧化碳当量；农村沼气利用的减排潜力为0.6亿吨，平均减排成本为-10欧元/吨二氧化碳当量；农地管理的减排潜力为0.4亿吨，平均减排成本为-20欧元/吨二氧化碳当量；肥料管理的减排潜力为0.4亿吨，平均减排成本为-41欧元/吨二氧化碳当量

注：有关计算多诸在不确定性，前四大减排领域的成本计算的不确定性在于：减排技术在技术进步、成本演变等影响减排潜力与成本计算的关键因素上存在诸多不确定性；农林部门的估计中较大的不确定性来源于技术本身难以标准的中国复杂的自然条件的影响。

资料来源：笔者对《中国的绿色革命：实现能源与环境可持续发展的技术选择》的整理。

表 14-4 湖南省未来的减排潜力与减排成本

部门	技术措施	占总减排潜力的比重（%）	湖南省各技术措施的减排潜力（万吨二氧化碳当量）			平均减排成本（欧元/吨二氧化碳当量）	湖南省温室气体减排的成本（万欧元）		
			2015年	2020年	2030年		2015年	2020年	2030年
建筑和家电使用	提高建筑围护结构能效	8.38	581	1163	2907	-8	-4652	-9303	-23258
	改善通风、供暖和空调系统效率	4.27	296	592	1480	7	2072	4144	10360
	使用节能型照明	2.29	159	317	793	130	20615	41230	103076
	家电	0.91	63	127	317	-108	-6851	-13701	-34253
	水暖	0.30	21	42	106	-50	-1057	-2114	-5286
	部门总和	16.16	1121	2241	5603	—	10128	20256	50639
道路运输	内燃机燃油效率提升	4.12	285	571	1427	6.6#	1884	3768	9420
	推广电动汽车	3.22	223	446	1115	28.8#	6433	12866	32165
	部门总和	7.33	509	1017	2543	—	8317	16634	41585
高排放工业	废弃物和副产品回收再利用	12.80	888	1776	4440	4.1#	3632	7264	18160
	能效提升	5.94	412	825	2062	12.1#	5001	10001	25003
	CCS和其他	5.18	359	719	1797	55.1#	19791	39581	98953
	部门总和	23.93	1660	3320	8299	—	28423	56846	142115
电力部门	开发更加清洁的能源	28.96	2009	4017	10043	22	44191	88381	220953
	使用更加清洁的煤电技术	13.72	951	1903	4757	55.0#	52331	104662	261654
	部门总和	42.68	2960	5920	14801	—	96521	193043	482607

续表

部门	技术措施	占总减排潜力的比重(%)	湖南省各技术措施的减排潜力（万吨二氧化碳当量）			平均减排成本（欧元/吨二氧化碳当量）	湖南省温室气体减排的成本（万欧元）		
			2015	2020	2030		2015	2020	2030
农林部门	林业部门	5.49	381	761	1903	23.4#	8894	17788	44470
	农业部门	4.42	307	613	1533	4.7#	1427	2854	7136
	部门总和	9.91	687	1374	3436	—	10321	20643	51606
5大部门的总和		100.00	6936.22	13872.44	34681.09	—	153710.47	307420.95	768552.14

注：其中各项技术措施的减排潜力在总减排潜力中所占比重指标根据《中国的绿色革命》的研究结果计算得出；#表示有关数据是根据《中国的绿色革命》的研究结果，利用加权平均方法（各技术的减排潜力在该部门总减排潜力中所占比重为权数）计算得到的。

表14-5 湖南省未来20年实现最大技术减排潜力所需的增量投资

年份区间	实现技术减排潜力所需的增量投资（每个周期内的年平均投资额，亿欧元）	减排潜力（亿吨二氧化碳）	实现单位温室气体减排潜力所需的投资（欧元/吨二氧化碳）	湖南省的最大技术减排潜力（万吨二氧化碳）	湖南省实现最大技术减排潜力所需的增量投资（亿欧元）	每个周期内平均每年所需的增量投资（万欧元）
2011~2015	350	12	29.17	6936.22	20.23	4.05
2016~2020	1450	15	96.67	6936.22	67.05	13.41
2021~2025	2400	19	126.32	9248.29	116.82	23.36
2026~2030	3000	30	100	11560.36	115.60	23.12

注：第二列和第三列数据来源于《中国的绿色革命》，其他四列数据为本文计算所得。

三 湖南省温室气体减排收益的估算

如果湖南省能实现《中国绿色革命》中减排情景下的最大减排潜力，减排所能实现的经济效益将相当可观。按照一级市场上目前的较低价格水平（10欧元/吨二氧化碳）计算，分别假设在全部减排潜力中50%、30%和10%为核证减排量并实现碳交易，那么湖南省在2030年将分别获得约17.34亿、52.02亿和3.47亿欧元的经济收益（见表14-6）。

表14-6　湖南省未来温室气体减排的可能收益

单位：万欧元

年　份	减排潜力 （万吨）	50%为核证减排量 并实现碳交易	30%为核证减排量 并实现碳交易	10%为核证减排量 并实现碳交易
2015	6936.22	34681.1	10404.33	6936.22
2020	13872.44	69362.2	20808.66	13872.44
2025	23120.73	115603.65	34681.095	23120.73
2030	34681.09	173405.45	52021.635	34681.09

此外，通过全面应用减排技术从而实现减排情景下的最大减排潜力，将使社会大大降低对煤炭、石油产品等传统能源的需求，有利于能源生产设施的改进、环境污染状况的改善和生态系统的保护。

从各部门完全实现能效改善和温室气体减排的最大潜力平均每年所需的新增初始投资（见表14-7）和收益的比较来看，可以进行以下分析。

第一，道路运输部门每年所需的初始投资水平最高，其实现单位温室气体减排潜力所需的初始投资是建筑和家电使用部门的2.57倍，是电力部门的6.53倍，是高排放工业部门的9.375倍。

第二，建筑和家电使用部门实现减排能取得最好的经济效益。尽管建筑和家电使用部门实现单位减排潜力所需的初始投资水平较高，分别是电力部门和高排放部门的2.55倍和4.85倍，但是该部门拥有经济回报（即负成本）的技术贡献了该部门约70%的减排潜力。也就是说，其所带来的能耗节约效益将超过前期投入。

第三，高排放工业实现单位温室气体减排潜力所需的初始投资水平虽然在4个部门中最低（是电力部门的近1/2、建筑和家电使用部门的近1/5和道路运输部门的1/9强），但是该部门中很多技术（例如废弃物回收）的运营成本相对较高，从而影响了该部门的净收益水平。

第四，在农林部门，许多碳汇减排技术（例如植树造林）应用所需的投资较小，但是碳汇增加措施将带来除温室气体减排以外的巨大生态效益——更清洁的空气、更稳态的生态系统等。

由此可以看出，在5个部门中，农林部门实现减排潜力所带来的对生态-经济-社会系统的净效益巨大；建筑和家电使用部门能以中等的初始投资水平获得比其他部门更好的能耗节约效益。就湖南省的情况（见表14-7）而言，要实现未来最大技术减排潜力，道路运输仍然是所需初始投资水平最高的部门,其次是电力部门、建筑和家电使用部门,高排放工业部门所需的初始投资水平最低。因此,在未来的温室气体减排实践中,湖南省除加大力度加强牲畜管理、植树造林和植被恢复以外,尤其应重视加强建筑节能,引导人们改变消费习惯等,以较低的初始投资实现较大温室气体减排潜力。

表14-7 湖南省未来20年5大部门实现最大技术减排潜力所需的初始投资

指　标	建筑和家电使用	道路运输	高排放工业	电力部门
减排情景下的最大减排潜力（亿吨）	11	6	16	28
各部门完全实现减排的最大潜力平均每年所需的新增初始投资（亿欧元/年）	500	700	150	500
实现单位温室气体减排潜力所需的初始投资（欧元/吨二氧化碳）	45.45455	116.6667	9.375	17.85714
湖南省各部门的减排潜力（万吨二氧化碳）				
2015年	1120.62	508.51	1659.79	2960.13
2020年	2241.24	1017.02	3319.57	5920.26
2030年	5603.10	2542.54	8298.93	14800.65
湖南省各部门实现全部技术减排潜力所需的初始投资（万欧元）				
2015年	50937.32	59325.97	15560.51	52859.46
2020年	101874.63	118651.93	31121.01	105718.93
2030年	254686.50	296629.74	77802.51	264297.24

资料来源:第2行和第3行数据来源于《中国的绿色革命》,其他行的数据为本文计算所得。

参考文献

王翠花:《减排CO_2对江苏国民经济影响的投入产出研究》,南京气象学院硕士学位论文,2003。

李玉娥、董红敏、万运帆:《规模化养鸡场 CDM 项目减排及经济效益估算》,《农业工程学报》2009 年第 1 期。

张治军、张小全、朱建华:《清洁发展机制（CDM）造林再造林项目碳汇成本研究》,《气候变化研究进展》2009 年第 6 期。

张红蕾、夏巧丽:《基于 GIS 的云南水电 CDM 项目区域潜力评价系统》,《科技情报开发与经济》2009 年第 32 期。

第 15 章

湖南省温室气体减排路径探讨

要制定针对性强的温室气体减排策略，需要分析影响湖南省温室气体排放的因素。从前文第二部分建立的湖南省温室气体排放的 STIRPAT 模型结果可以看出，经济发展对温室气体排放量的解释作用最大，能源效率次之，人口因素的解释作用最弱。宏观层面得出的这一结果虽然能为减排策略的制定提供方向上的指导，但并不能提供有力的量化依据，需进一步对温室气体的排放情况进行结构分析。从前文湖南省 1995～2008 年温室气体排放来源的分布情况看，农业部门和化石能源消费是湖南省温室气体排放的主要来源，两者在 14 年间所排放的温室气体占排放总量的平均比重分别达 50%和 40%，其所导致的温室气体排放在全省碳排放中占据主导地位。要实现湖南省温室气体的减排目标，应该着力减少这两大部门的温室气体排放。不过，农业部门并不是实现湖南省温室气体减排的重点部门。一方面，作为农业大省，尽管湖南省的农业产值所占比重在近年来持续下降，但水稻、棉花、柑橘、油茶、畜禽等是湖南省的传统支柱产业，要减少来源于农田和牲畜管理领域的农业部门的温室气体排放的空间有限；另一方面，近年来，来源于农业部门的温室气体所占比重总体上呈快速下降趋势。鉴于此，本研究将主要分析影响能源消费领域碳排放的主要因素。在此基础上，进一步结合湖南省目前有关政策的实施情况分析湖南省实现温室气体减排的可能路径。

一 湖南省能源消费碳排放的影响因素分析

（一）研究方法

综观国内外相关研究，结构分解分析（Structural Decomposition Analysis，简称 SDA）与指数分解分析（Index Decomposition Analysis，简称 IDA）是目前能源消费与碳排放分解分析领域常用的分解方法。SDA 方法虽然能对产业部门最终需求等因素进行较细致的分析（分析方法包括投入产出法和两极分解法等），但难以进行时间序列分析以及跨国比较，IDA 方法则能弥补这一不足，因而成为目前国内外较前沿的研究能源及相关环境问题的方法。这一方法主要包括 Laspeyres 指数法、简单平均分解法（SAD）和自适应权重分解法三类（刘红光等，2009），其中，改进的对数平均权重分解法（Iogarithmicmean Weight division Index Method，LMDI）目前被认为是较精确的指数分析法，得到了最广泛的应用和经验性研究。因此，本研究借助 Kaya 恒等式，结合湖南省经济环境的变化，分析 1995～2008 年湖南省的温室气体排放的影响因素。

Kaya 恒等式将经济、政策和人口等因子与人类活动产生的 CO_2 联系起来，其表达式为：

$$CO_2 = \frac{CO_2}{PE} \times \frac{PE}{GDP} \times \frac{GDP}{POP} \times POP \tag{1}$$

（1）式中，CO_2、PE、GDP 和 POP 分别表示一个国家或地区的二氧化碳排放量、一次能源消费总量、国内（地区）生产总值以及国内（地区）人口总量。这一恒等式虽然反映了能源消费规模、经济产出规模和人口规模对能源消费碳排放的影响，但没能反映与能源消费碳排放同样密切相关的能源结构、能源效率及主导产业类型等因素的影响（朱勤等，2009）。引入反映能源结构、能源效率与产业结构的变量，对 Kaya 恒等式进行扩展后得：

$$\begin{aligned} C_t &= \sum_{i=1}^{m}\sum_{j=1}^{n}\left(\frac{C^j_{it}}{PE^j_{it}} \times \frac{PE^j_{it}}{PE_{it}} \times \frac{PE_{it}}{GDP_{it}} \times \frac{GDP_{it}}{GDP_t} \times \frac{GDP_t}{POP_t} \times POP_t\right) \\ &= \sum_{i=1}^{m}\sum_{j=1}^{n}\left(POP_t \times \frac{GDP_t}{POP_t} \times \frac{GDP_{it}}{GDP_t} \times \frac{PE_{it}}{GDP_{it}} \times \frac{PE^j_{it}}{PE_{it}} \times \frac{C^j_{it}}{PE^j_{it}}\right) \\ &= \sum_{i=1}^{m}\left(POP_t \times \frac{GDP_t}{POP_t} \times \frac{GDP_{it}}{GDP_t} \times \frac{PE_{it}}{GDP_{it}}\right)\sum_{j=1}^{n}\left(\frac{PE^j_{it}}{PE_{it}} \times \frac{C^j_{it}}{PE^j_{it}}\right) \end{aligned} \tag{2}$$

(2) 式中，C_t 表示一个国家或地区的经济系统在 t 时期的碳排放总量；用 i 区分经济系统中的部门，m 为经济系统部门的分类数，用 j 区分能源类型，n 为能源品种数；C_{it}^j 表示 t 时期 i 部门中第 j 种能源产生的碳排放；PE_{it} 表示 t 时期 i 部门的能源消费量，PE_{it}^j 则表示 t 时期 i 部门中第 j 种能源的消费量；GDP_t 表示一个国家或地区 t 时期的国内或地区生产总值，GDP_{it} 则表示 t 时期 i 部门的产值；POP_t 表示一个国家或地区 t 时期的人口数量。

令 $P_t = POP_t, y_t = \dfrac{GDP_t}{POP_t}, g_{it} = \dfrac{GDP_{it}}{GDP_t}, e_{it} = \dfrac{PE_{it}}{GDP_{it}}, s_{it}^j = \dfrac{PE_{it}^j}{PE_{it}}, f^j = \dfrac{C_{it}^j}{PE_{it}^j}$

则：
$$C_t = \sum_{i=1}^{m}(P_t \times y_t \times g_{it} \times e_{it}) \sum_{j=1}^{n}(f^{ij} \times s_{it}^j) \tag{3}$$

（3）式中，P_t 表示一个国家或地区 t 时期的人口数量；y_t 为 t 时期一个国家或地区的人均 GDP；g_{it} 为 i 部门在 t 时期对经济系统的贡献率，即 t 时期 i 部门的产值在当期 GDP 中的比重；e_{it} 为 t 时期 i 部门的能耗强度，即 t 时期 i 部门单位经济产值的能耗；f^j 表示 j 种能源的碳排放系数；s_{it}^j 表示在 t 时期第 j 种能源在 i 部门能源消费中所占的比重。

于是，可以将能源消费碳排放的变化分解为人口规模效应（P）、产出规模效应（y）、产业结构效应（g）、产业能源效率效应（e）和产业内能源结构效应（s）。

采用 LMDI 分解方法中的加和分解方法，根据（3）式，一个国家或地区从第 t 年到 $t+1$ 的碳排放变化可以表示为：

$$C = C_P + C_y + C_g + C_e + C_s \tag{4}$$

（4）式中，C_P 表示在其他因素不变的情况下人口规模效应引起的碳排放变化；C_y 表示在其他因素不变的情况下经济规模效应引起的碳排放变化；$\triangle C_g$ 表示在其他因素不变的情况下产业结构效应引起的碳排放变化；C_e 表示在其他因素不变的情况下技术进步效应引起的碳排放变化；C_s 表示在其他因素不变的情况下产业内能源消费结构效应引起的碳排放变化。各分解因素的 LMDI 效应的表达式分别为：

人口规模效应：

$$C_P = \sum_{i=1}^{m}\left(\dfrac{C_i^{t+1} - C_i^t}{\ln C_i^{t+1} - \ln C_i^t}\right)\ln\left(\dfrac{P^{t+1}}{P^t}\right) \tag{5}$$

经济规模效应：

$$C_y = \sum_{i=1}^{m} (\frac{C_i^{t+1} - C_i^t}{\ln C_i^{t+1} - \ln C_i^t}) \ln(\frac{y^{t+1}}{y^t}) \qquad (6)$$

产业结构效应：

$$C_g = \sum_{i=1}^{m} (\frac{C_i^{t+1} - C_i^t}{\ln C_i^{t+1} - \ln C_i^t}) \ln(\frac{g_i^{t+1}}{g_i^t}) \qquad (7)$$

技术进步效应：

$$C_e = \sum_{i=1}^{m} (\frac{C_i^{t+1} - C_i^t}{\ln C_i^{t+1} - \ln C_i^t}) \ln(\frac{e_i^{t+1}}{e_i^t}) \qquad (8)$$

能源消费结构效应：

$$C_s = \sum_{i=1}^{m} (\frac{C_i^{t+1} - C_i^t}{\ln C_i^{t+1} - \ln C_i^t}) \ln(\frac{\sum_{j=1}^{n} f^j \times s_{i(t+1)}^j}{\sum_{j=1}^{n} f^j \times s_{it}^j}) \qquad (9)$$

（二）数据来源与数据处理

根据《中国能源统计年鉴》中能源平衡表的内容，本研究主要考察湖南省的6个经济部门，即 $m=6$，分别为农、林、牧、渔、水利部门，工业，建筑业，交通运输、仓储和邮政业，批发、零售和住宿、餐饮业，人民生活和其他。其中，工业部门扣除了用作原料、材料的能源消费量。

能源消费碳排放总量包括各类化石能源的终端消费（不包括用作原料的化石能源）、二次能源生产过程中的能量转换与能量损失所产生的碳排放。在计算湖南省及其各经济部门能源消费的碳排放时，为尽可能地减少误差，本研究根据全省及各经济部门的能源终端消费量，在将其转化为标准煤后，利用2.4567吨二氧化碳/吨标准煤的折算系数再乘以12/44计算碳排放量。其中，计算所用的1995～2007年湖南省6部门的化石能源消费数据和各品种能源的消费数据来源于历年《湖南省统计年鉴》中的《湖南能源平衡表》，2008年的有关能源消费数据来源于《中国能源统计年鉴2009》中的《湖南能源平衡表》。其中，湖南省1995～2003年的天然气消费数据缺失，且从2004～2008年天然气消费总量及其在能源消费总量所占的比重看，其绝对值和相对值都很低，因此，本研究对湖南省1995～2003年天然气消费数据以零值处理。能源实物量数据的标准量折算采用"各种能源与标准煤的参考折标系数"和《中国能源统计年鉴2009》所附的"各种能源折标准煤参考系数"。各种能源的碳排放系数（f）选用李国志（2010）文中所列出的有关数据：煤炭为0.7476吨碳/吨标准煤、汽油为0.5532吨碳/吨标准煤、柴油为0.5913吨碳/吨标准煤、天然气为0.4479吨碳/吨标准煤、煤油为0.3416吨碳/吨标准煤、燃料油为0.6176吨碳/吨标准煤、原油为0.5854吨碳/吨标准煤、电力为2.2132吨碳/吨标准煤、焦炭为0.1128吨碳/吨标准煤。根据湖南省终端能源消费的构成情况，在分解过程中，本文分析的能源种类包括原煤、焦炭、汽油、煤油、柴油、燃料油、天然气、电力[①]，即$n=8$。

计算中所采用的人均地区生产总值以及6个经济部门历年的生产总值数据来自于《湖南统计年鉴2009》，为剔除价格波动的影响，本研究采用了以1978年为基期的不变价格计算得到的数据。6个经济部门的能耗强度数据利用来源于历年的《湖南省统计年鉴》中《湖南能源平衡表》的相关数据除以以1978年为基期的不变价格计算得到的6个经济部门历年的生产总值数据计算得到［根据各部门的生产总值指数计算。其中，批发、零售业和住宿、餐饮业增加值的指数采用批发、零售业的这一指标（2004年之前两项是合并的）；生活消费与其他的指数采用GDP指数］。6个经济部门的生产总值占GDP比重的有关数据来自于《湖南统计年鉴2009》的"地区生产总值构成"。由于在2004年之前，批发零售贸易增加值与住宿餐饮业增加值是合并在一起被核算的，而在《湖南统计年鉴2009》的"地区生产总值构成"中所列出的"批发和零售业所占的比重"在2004年后的数据没有将住宿餐饮业增加值考虑进去，低估了有关结果。因此，对于2004年以后的批发、零售业和住宿、餐饮业在GDP中的比重，本研究利用2005~2009年《湖南统计年鉴》中批发、零售业增加值和住宿、餐饮业增加值的和除以当年的GDP得到。由于数据缺失，2008年住宿、餐饮业增加值用的是2007年的数据。

（三）计算结果与分析

利用有关数据，在计算湖南省6个经济部门1995~2008年碳排放量

[①] 在湖南省的能源消费结构中，煤炭是主要构成部分（占一半以上），其次是油品，然后是电力，三项合计所占比例历年都保持在80%以上。

(结果见表15-1)的基础上,根据(5)式至(9)式分别计算出人口规模效应、经济规模效应、产业结构效应、技术进步效应以及能源消费结构效应对湖南省1995~2008年碳排放的年度变化与累积变化的影响,结果见表15-2。1995~2007年湖南省碳排放累积增量分解结果见图15-1,各类效应在湖南省碳排放的综合变化中所起的作用见图15-2。

表15-1 1995~2008年湖南省终端能源消费分行业碳排放量

单位：万吨

年份	终端消费碳排放量	农、林、牧、渔业	工业	建筑业	交通运输、仓储和邮政业	批发、零售业和住宿、餐饮业	生活消费与其他
1995	2706.52	187.86	1923.57	5.75	127.65	15.51	446.17
1996	2799.90	210.61	1953.76	7.49	132.44	17.09	478.51
1997	2405.46	241.17	1643.36	7.23	136.72	15.50	361.47
1998	2467.12	252.81	1670.08	7.58	142.76	16.38	377.51
1999	1933.40	186.83	1296.01	8.56	161.45	13.68	266.86
2000	1827.45	148.30	1227.18	10.23	195.04	14.34	232.35
2001	2107.75	140.79	1135.10	11.24	193.57	14.82	233.59
2002	2332.09	145.76	1399.51	14.35	266.58	15.92	228.76
2003	2457.90	144.95	1454.54	15.02	297.96	14.20	255.84
2004	2906.47	167.23	1584.81	25.84	353.90	18.02	239.82
2005	4633.28	240.71	2830.33	73.39	399.51	240.67	431.68
2006	4965.20	219.88	3274.52	73.66	424.69	255.81	408.25
2007	5341.44	234.71	3640.56	79.60	467.62	285.41	461.77
2008	5710.57	247.70	3929.55	65.36	398.35	280.57	607.22

注：将该表中的终端能源消费碳排放量与第三章来源于能源消费的碳排放量进行比较后,可以发现,除1999年和2000年外,该表中其他年份的终端能源消费碳排放量均略小于第三章算得的有关结果。相关误差可能来源于计算方法不同形成的计算误差及相关参数的不确定性。

有关计算结果显示,湖南省终端能源消耗碳排放总量从1995年的2706.52万吨增长到2008年的5710.57万吨,增长了1倍多,年均增长5.91%。在排放来源方面,工业部门是能源消费碳排放的主要来源,1995~2008年工业部门能源消耗碳排放量在当年终端能源消费碳排放总量中的比重始终在67%以上,14年间这一比重平均达到了70.17%；同时,14年间能源消费碳排放增量也主要来源于工业部门,2008年湖南省工业部门碳排放量较1995年增加了2005.98万吨，是其他5个部门14年碳排放增量总和的2倍。6个经济部门中，仅农业部门和生活消费与其他两个部门的碳排放所占比重在14年间有所下降（分别从7%下降到4%、从16%下降到11%），其他4个经济部门碳排放所占比重均有些许上升。湖南省碳排放增量效应因素分解的结果（见表15-2）表明，1995~2008年湖南省终端能源消费碳排放的净增加量为3347.27万吨，其中，人口规模上升、经济规模扩大、技术进步、产业结构变化分别导致终端能源消费碳排放量增加了216.82万吨、1425.88万吨、489.29万吨和2073.6万吨，能源结构优化引起碳排放量减少了501.43万吨。总体上看，湖南省1995~2008年终端能源消费碳排放总量的累积变化在呈现上升趋势的情况下有短期的下降波动（1996~2002年的碳排放总量下降）。

结合表15-2、图15-1、图15-2的有关结果与湖南省人口增长、经济发展、产业结构变化、技术进步与能耗结构调整的有关数据，可以对导致湖南省能源消费碳排放变化的各因素进行以下分析。

技术进步效应是湖南省终端能源消费碳排放变化的决定性因素，其对湖南省14年间能源消费碳排放总量变化的贡献率为55.98%。在1995~2004年，技术进步效应对碳排放累积增量的影响持续为负，这得益于在1997年和1999年技术进步显著提高了能源利用效率，从而带来了工业部门碳排放强度的持续下降。但技术进步带来的能源利用效率提高态势没能在2004年以后持续。在2005年，各部门的能源消费量均出现了很大幅度的上升，特别是批发、零售业和住宿、餐饮业，其能源消费量相比于2004年增加了12.36倍；而建筑业的能源消费量相比于2004年增加了1.84倍，农业部门、工业部门以及交通运输业、仓储和邮政业这三个部门的能源消费量也分别比2004年增加了43.93%、54.51%和12.89%。这就使得湖南省2005年的能源消费总量出现了大幅上升。在"十一五"期间，湖南省加速推进有湖南特色的新型工业化进程，加强节能技术改造，这虽然使能源消费总量与单位GDP能耗有了大幅下降，但由于2005年碳排放增加的基数过大，且在2006~2008年技术进步效应带来的年度碳排放增量为正，因而技术进步效应对湖南省碳排放累积增量的影响在2005~2008年仍表现为正向——尽管其年度增幅下降。图15-3显示，技术进步效应引起碳排放变化的比重在14年间有较大波动，2002年的这一比重最大，达91.32%，1997~2000年、2005年和2006年的这一比重在50%以上；1996年的这一比重最小，为

第15章 湖南省温室气体减排路径探讨　515

表15-2　湖南省1995~2008年碳排放增量效应因素分解分析结果

单位：年、万吨

时间	人口规模 年度变化	人口规模 累积变化	经济规模 年度变化	经济规模 累积变化	产业结构 年度变化	产业结构 累积变化	技术进步 年度变化	技术进步 累积变化	能耗结构 年度变化	能耗结构 累积变化	碳排放总量 年度变化	碳排放总量 累积变化
1995~1996年	15.46	15.46	167.61	167.61	32.30	32.30	-21.29	-21.29	-73.28	-73.28	123.44	120.81
1996~1997年	15.07	30.53	36.24	203.85	48.81	81.11	-437.21	-458.50	35.05	-38.23	-308.75	-187.94
1997~1998年	14.08	44.61	-51.36	152.49	19.94	101.05	126.25	-332.24	12.71	-25.52	123.77	-64.17
1998~1999年	10.07	55.98	-43.11	109.37	6.32	107.37	-486.54	-818.78	53.46	27.94	-476.57	-540.74
1999~2000年	8.62	64.60	25.41	134.78	-3.13	104.24	-89.74	-908.52	28.36	56.30	-31.52	-572.26
2000~2001年	10.08	74.69	38.72	173.50	-6.64	97.60	-75.72	-984.24	159.95	216.25	119.53	-452.74
2001~2002年	10.95	85.63	-13.24	160.27	-10.19	87.41	440.48	-543.77	-7.49	208.76	370.59	-82.15
2002~2003年	12.36	97.99	57.95	218.22	67.37	154.79	36.24	-507.53	20.87	229.63	181.77	99.62
2003~2004年	13.97	111.96	206.18	424.40	11.76	166.54	50.21	-457.32	115.93	345.55	349.01	448.63
2004~2005年	18.80	130.76	123.19	547.59	93.95	260.49	1928.07	1470.75	-802.69	-457.13	1213.49	1662.11
2005~2006年	25.58	156.34	171.09	718.68	62.76	323.25	386.72	1857.47	-24.41	-481.55	578.66	2240.77
2006~2007年	28.54	184.87	309.62	1028.30	63.89	387.14	269.69	2127.16	69.23	-412.31	721.67	2962.44
2007~2008年	31.94	216.82	397.58	1425.88	102.15	489.29	-53.56	2073.60	-89.11	-501.43	384.83	3347.27

6.87%。同时，技术进步效应与经济规模效应在碳排放变化中所起的作用呈现此消彼长的态势，即当经济规模效应对碳排放变化的影响较小时，技术进步效应对碳排放变化的影响却较大；反之亦然。这说明，近年来，湖南省利用技术措施降低碳排放强度、提高能源效率的努力没能与实现经济发展的目标协调起来，甚至在某些年份例如1998年和2002年，在经济规模效应降低碳排放的同时，技术进步效应反而导致碳排放增加（见表15－2）。

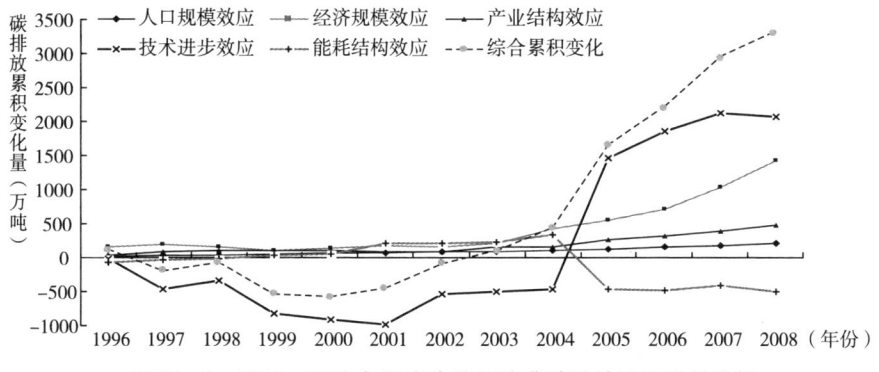

图15－1 1996～2008年湖南省能源消费碳排放累积增量分解

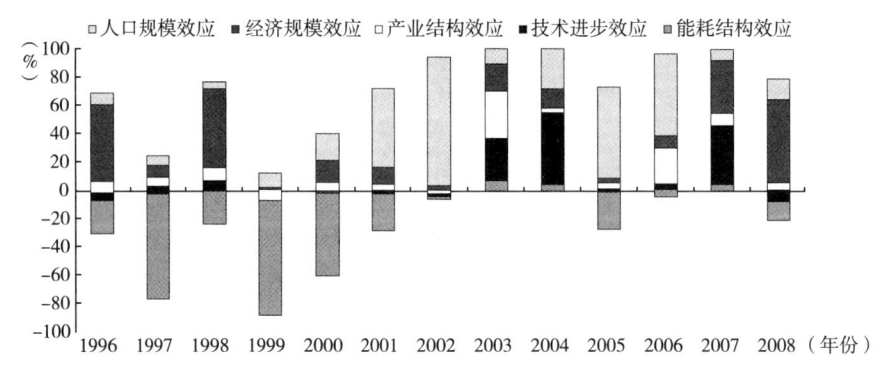

图15－2 1996～2008年湖南省能源消费碳排放年度增量在各效应上的分解

经济规模的变化是湖南省能源消费碳排放量增加的第二重要因素，其贡献率为38.49%。从总体上看，1995～2008年，湖南省经济发展迅速，14年间人均实际GDP增长了43.92%，2004～2007年连续4年的GDP增长率均超过全国的平均水平。经济的快速发展带来了终端能源消费的快速增加，进而使能源消费碳排放量的增长呈现加速态势，14年间终端能源消费碳排放量增长了1.1倍，远高于经济增长速度。根据环境库兹涅茨曲线原理，湖南省目前还处于环境压力与经济发展的倒"U"形曲线的左边,并且经济发展带来了增长速度远高于其发展速度的环境压力。从经济规模效应引起碳排放变化的比重看,这一比重在 14 年间有一定波动,比重最大的年份是 2008 年,达 58.96%;1996 年、2004 年和 2007 年的比重在 40% 以上;有 4 个年度的比重小于 8%,其中,2002 年的这一比重最小,仅为 2.74%。值得关注的是,在 1998 年、1999 年和 2002 年,经济规模年度效应的影响方向为负,其原因是,受国家实现经济"软着陆"的宏观经济调控措施和东南亚金融危机的影响,湖南省的经济发展放缓,在扣除价格水平的影响后,这三年的人均实际 GDP 是下降的。

能源结构效应是湖南省能源消费碳排放量变化的负向影响因素,其贡献率为 -13.54%。1999~2004 年,这一效应表现为正向影响;其最终能带来能源消费碳排放量减少主要得益于这一效应在 1995~1998 年和 2005~2008 年的负向影响,尤其是 2005 年工业领域的油品消费所占比重出现了较大幅度下降。结合表 15-1 可以看出,在 2005~2008 年,湖南省优化能源结构取得了较大成效。不过,湖南省调整能源结构的空间还较大。从总体上看,湖南省是典型的能源输入省份,各种能源生产占全国的比重都较低,能源供应以煤炭、电能等传统能源为主,风能、太阳能、生物质能等新型能源的供应相对缺乏。因而,在能源结构上,湖南省能源消费品种单一,煤炭所占比重过大(见表 15-3,1994~2008 年,农业部门和工业部门的原煤消费在其能源消费总量中的平均比重达 71.38% 和 59.18%),6 个经济部门的煤炭、焦炭和油品消费量在部门能源消费总量中的平均比重均达到了 65% 以上(见表 15-4),一次能源转换成电能的比例和天然气使用占能源消费总量的比重较低。特别是平均碳排放强度最高的工业部门,不仅其煤炭、焦炭和油品消费量所占的比重较高,而且是原煤消费大户(见表 15-5,14 年间,近 75% 的原煤被工业部门消费)。从碳排放的分解情况看,能耗结构效应引起的碳排放年度变化所占比重的平均值为 16.32%,2001 年的这一比重最大,为 54.94%,这是工业部门显著降低原煤消费比重的结果,1996~1999 年、2002 年和 2005~2007 年的这一比重在 10% 以上,2002 年的这一比重最小,为 1.55%。可见,要更好地发挥能源结构效应,应减少对传统化石能源的消费,加快发展新能源,结合实际积极发展水电、风能和生物质能。

能耗结构效应对湖南省碳排放累积增量的影响具有阶段性,在 1995~1998 年和 2005~2008 年表现为负向影响,在 1999~2004 年表现为正向影响，这说明，在"十一五"期间，湖南省优化能源结构取得了一定成效。不过，1995~1998年和2005~2008年能耗结构的年度效应并不一直表现为负影响，1996年、1997年和2007年能耗结构效应的年度变化就为正值。2005~2008年能耗结构效应对碳排放累积增量变化的负向影响主要是2005年工业领域的油品消费所占比重出现较大幅度下降的结果。从总体上看，湖南省是典型的能源输入省份，各种能源生产占全国的比重都较低，能源供应以煤炭、电能等传统能源为主，风能、太阳能、生物质能、核能等新型能源的供应相对缺乏。因而，在能源消费结构上，湖南省能源消费品种单一，煤炭所占比重过大（见表15-3），6个经济部门的煤炭、焦炭和油品消费量在部门能源消费总量中的平均比重均达到了65%以上（见表15-4），一次能源转换成电能比例和天然气使用占能源消费比重较低。特别是平均碳排放强度最高的工业部门，不仅其煤炭、焦炭和油品消费量所占的比重较高，而且是原煤消费大户（见表15-5）。从碳排放的分解情况看，能耗结构效应引起的碳排放年度变化所占比重的平均值为16.32%，2001年的这一比重最大，为54.94%，这是工业部门显著降低原煤消费比重的结果，1996~1999年、2002年和2005~2007年的这一比重在10%以上，2002年的这一比重最小，为1.55%。可见，要更好地发挥能耗结构效应，应减少对传统化石能源的消费，加快发展新能源，结合实际积极发展风能、生物质能，合理利用水电。

表15-3 各部门原煤消费在其能源消费总量中所占的比重

单位：%

年 份	农、林、牧、渔业	工 业	建筑业	交通运输、仓储和邮政业	批发、零售业和住宿、餐饮业	生活消费及其他
1995	72.95	69.01	10.07	10.70	53.19	87.43
1996	74.08	70.05	24.92	10.97	55.53	87.50
1997	79.23	63.44	27.73	9.97	48.50	83.19
1998	79.82	63.39	26.88	9.62	47.56	84.51
1999	73.12	54.28	21.52	5.98	25.36	75.19
2000	67.28	49.73	18.66	4.61	23.56	71.21
2001	71.09	58.31	19.54	4.73	24.41	70.43
2002	66.61	58.54	16.11	3.65	24.07	67.97
2003	71.15	57.42	15.77	3.45	30.68	63.47

续表

年份	农、林、牧、渔业	工业	建筑业	交通运输、仓储和邮政业	批发、零售业和住宿、餐饮业	生活消费及其他
2004	61.59	55.61	15.56	2.56	24.70	55.38
2005	76.16	63.18	16.06	3.37	59.33	40.50
2006	70.04	59.09	12.02	0.91	58.17	32.21
2007	68.16	60.16	12.07	1.02	52.93	28.41
2008	68.01	46.36	20.04	2.73	61.20	27.86

表 15-4 湖南省 1995~2008 年煤炭、焦炭和油品消费在能源消费总量中所占的比重

单位:%

年份	农、林、牧、渔业	工业	建筑业	交通运输、仓储和邮政业	批发、零售业和住宿、餐饮业	生活消费及其他	6部门平均
1995	87.07	84.26	47.75	96.66	77.07	89.44	80.38
1996	87.76	84.69	63.65	96.59	80.69	89.43	83.80
1997	89.19	81.86	57.81	95.91	75.17	84.89	80.81
1998	88.97	81.79	58.72	95.66	72.09	85.83	80.51
1999	85.97	75.95	62.83	95.66	55.38	77.03	75.47
2000	83.63	71.56	68.71	96.19	53.75	73.41	74.54
2001	81.95	76.84	64.10	95.14	49.68	72.03	73.29
2002	80.75	76.54	58.64	95.38	48.02	69.92	71.54
2003	80.39	75.96	57.77	95.29	32.12	63.64	67.53
2004	76.81	72.28	82.46	95.34	25.62	55.59	68.02
2005	81.97	77.85	92.59	96.08	85.58	44.84	79.82
2006	76.07	75.22	91.38	96.00	85.84	35.37	76.65
2007	74.68	75.00	90.17	95.14	79.28	31.70	74.42
2008	74.38	62.42	83.21	93.98	80.86	38.69	72.26

表 15-5 原煤消费在各部门的分布情况

单位:%

年份	农、林、牧、渔业	工业	建筑业	交通运输、仓储和邮政业	批发、零售业和住宿、餐饮业	生活消费及其他
1995	7.30	70.72	0.03	0.73	0.44	20.78
1996	7.92	69.50	0.09	0.74	0.48	21.26

续表

年 份	农、林、牧、渔业	工 业	建筑业	交通运输、仓储和邮政业	批发、零售业和住宿、餐饮业	生活消费及其他
1997	12.27	66.94	0.13	0.88	0.48	19.31
1998	12.59	66.04	0.13	0.86	0.49	19.90
1999	12.94	66.64	0.17	0.91	0.33	19.01
2000	11.22	68.59	0.21	1.01	0.38	18.59
2001	8.61	75.95	0.19	0.79	0.31	14.15
2002	7.83	78.36	0.19	0.78	0.31	12.53
2003	8.08	77.86	0.19	0.81	0.34	12.73
2004	7.24	82.19	0.28	0.64	0.31	9.34
2005	7.11	79.59	0.46	0.52	5.54	6.78
2006	6.01	82.57	0.35	0.15	5.80	5.13
2007	5.82	83.40	0.35	0.17	5.49	4.77
2008	6.91	78.14	0.54	0.45	7.04	6.94

产业结构效应对湖南省终端能源消费碳排放累积增量的影响始终为正向推动，其贡献率为13.21%。这说明，湖南省产业结构调整的成效不显著，没能对降低碳排放起到促进作用。从1995~2008年湖南省产业结构的变化情况看（见表15-6），湖南省第二产业所占比重一直保持在36%以上，并且呈持续上升态势，在2008年上升至44.2%；而第三产业比重虽然在2000年达到了40%以上，但增长缓慢，并且在2003年后持续下降，在2008年下降至37.8%。工业部门不仅消耗能源最多，而且其平均碳排放强度是农业部门的34.9倍，是批发、零售业和住宿、餐饮业的16.8倍。这意味着，降低工业部门所占比重所能实现的减排效果要显著好于调整其他部门所占比重所能实现的减排效果。在2000~2002年，产业结构的年度效应为负向并与其他效应一起导致碳排放总量出现下降的原因，正是由于这3年工业部门所占比重有所下降（从1999年的31.4%下降至2002年30.5%）。因此，降低工业部门所占比重和其能耗强度对湖南省实现碳减排具有非常重要的意义。而目前，钢铁、化工、有色金属等高耗能产业被湖南省各个地（市）作为了优先发展的重点。在这种情况下，湖南省各个地（市）有必要根据自身资源状况对优先发展产业做出调整，大力推进发展第三产业，并设法降低已经得到发展的高耗能产业的能耗强度。如何降低工业部门的能耗强度，提高工业部门的能源利用效率将是湖南省降低碳排放的重中之重。

表 15-6 湖南省 1995~2008 年产业结构变化情况

单位:%

年 份	农林牧渔业（第一产业）	第二产业	工 业	建筑业	第三产业	交通运输、仓储和邮政业	批发、零售业和住宿、餐饮业
1995	32.1	36.1	30.9	5.2	31.8	6.3	9.9
1996	31.3	36.2	31.1	5.1	32.5	6.7	9.6
1997	30.0	36.6	31.7	4.9	33.4	7.0	9.4
1998	27.4	37.1	31.8	5.3	35.5	7.3	9.6
1999	24.2	37.1	31.4	5.7	38.7	7.7	9.7
2000	22.1	36.4	30.8	5.6	41.5	8.1	9.6
2001	21.5	36.9	30.8	6.1	41.6	7.9	9.8
2002	20.4	36.7	30.5	6.2	42.9	8.0	10
2003	19.0	38.1	31.9	6.2	42.9	8.0	9.8
2004	20.5	38.8	32.3	6.5	40.7	7.9	9.7
2005	19.3	39.9	33.6	6.3	40.8	8.0	9.9
2006	17.6	41.6	35.6	6	40.8	5.6	9.4
2007	17.7	42.6	36.7	5.9	39.7	5.2	9.1
2008	18.0	44.2	38.4	5.8	37.8	4.7	8.5

数据来源:《湖南统计年鉴 2009》。

人口规模效应对湖南省能源消费碳排放年度变化和累积变化的影响始终为正,但其贡献率较低,为 5.85%。随着湖南省人口规模的持续扩大(从 1995 年的 6392 万人持续增加到 2008 年的 6845.2 万人,13 年间增长了 7.09%),能源消费碳排放量持续上升。在 2000 年之前,人口规模扩大带来的能源消费碳排放的年度增量呈下降态势,从 1996 年的 15.93 万吨碳下降到 2000 年的 8.99 万吨碳;而在 2000 年之后,人口规模扩大带来的能源消费碳排放的年度增量呈上升态势,从 2000 年的 8.99 万吨碳上升到 2008 年的 31.7 万吨碳。也就是说,以 2000 年为界,人口规模效应导致的能源消费碳排放量的年度增量呈现先下降后上升的趋势。这一状况是由湖南省人口增长速度有一定上升造成的。在 1995~2000 年,湖南省的年均人口增长率为 4.39‰;而在 2000~2008 年,其年均人口增长率上升至 7.07‰。因此,虽然人口增长带来的碳排放变化较小,但湖南省仍要重视加强对人口规模的管理,至少要做到使人口增长率不上升。

综合上述分析可以看出，湖南省的终端能源消费碳排放总量从 1995 年的 2706.52 万吨碳增长到 2008 年的 5710.57 万吨碳，净增加量为 3004.05 万吨碳，年均增长 5.91%；其累积变化在呈现上升趋势的情况下有短期的下降波动（1996~2002 年的碳排放总量下降），这一现象是技术进步效应、经济规模效应、能源结构效应、产业结构效应和人口规模效应综合作用的结果。其中，技术进步效应和经济规模效应是正向决定性因素，两者对湖南省 14 年间能源消费碳排放总量变化的贡献率分别为 55.98% 和 38.49%，此外，产业结构效应和人口规模效应的贡献率分别为 13.21% 和 5.85%；能源结构效应是负向影响因素，其贡献率为 -13.54%。研究发现，湖南省利用技术措施降低碳排放强度、提高能源效率的努力有限，且没能与实现经济发展的目标协调起来；产业结构效应对终端能源消费的碳排放的影响较小，这主要源于第二产业在国民经济中所占的比重一直居高不下，产业结构调整的成效不显著，没能对降低碳排放产生促进作用。工业部门不仅是湖南省消耗能源最多、能源消费碳排放最多的部门，而且其平均碳排放强度远高于其他部门，因而是节能减排调控的主要部门。同时，如何将利用技术措施降低碳排放强度、提高能源效率的努力与实现经济发展的目标协调起来也是有待解决的一个主要问题。

二 湖南省减排温室气体的路径探讨

实现温室气体减排的有效路径就是要以最小的成本实现最大的减排目标。综合前文的分析，本研究认为，湖南省未来实现温室气体减排的有效路径有以下几个方面。

（一）推进技术创新

要实现前文所述的减排情景下的最大技术减排潜力，技术创新与普及尤其重要。根据麦肯锡（2008）的研究，与在 2005~2030 年中国不采用任何新的温室气体减排技术且现有技术的普及率保持在 2005 年水平的技术冻结情景相比，应用了表 15-2 左边技术的基准情景下中国温室气体排放量将减少排放 84 亿吨二氧化碳当量，占技术冻结下中国温室气体排放量的 36.68%，占基准减排情景下中国温室气体排放量的 57.9%；应用了表 15-2 右边技术的减排情景下中国温室气体排放量将减少排放 151 亿吨二氧化碳当量，占技术冻结下中国温室气体排放量的 65.94%，大致相当于基准减排情景下中国的温室气体排放量，相当于减排情景下中国温室气体排放量的近 2 倍。同时，前文对湖南省能源消费碳排放影响因素的分析结果表明，技术进步效应是湖南省终端能源消费碳排放变化的决定性因素。因此，加强对节能减排技术的研发、提高相关技术的普及率将极大地减少温室气体的排放。对于湖南省而言，应加快研发提高能源效率和具有低碳经济特征的前沿技术，并采取措施加快推广相关技术的应用和普及。

（二）加快发展现代服务业

前文的分析表明，从湖南省过去十几年的情况看，产业结构效应对终端能源消费的碳排放的影响较小，湖南省产业结构调整的成效不显著，没能对降低碳排放产生明显的促进作用。从现实情况看，湖南省的高排放工业所占比重高，第三产业比重增长缓慢。尽管湖南省委、省政府早在 2007 年初就明确指出，将发展现代服务业作为实施新型工业化和加快富民强省的重要战略举措，并出台了支持加快服务业、生产性服务业等的实施意见或指导意见，但从其现实发展情况看，湖南省服务业所占比重在近年来呈下降态势，且其中传统服务业所占比重高，生产服务业所占比重低，发展相对滞后。因此，在加强对水泥等高排放工业的改革、改造的同时，湖南省应加快发展信息服务、物流等现代服务业、生产性服务业、战略性新兴产业和高新技术产业，依托电子信息、金融等现代服务业的发展促进第三产业内部结构的优化和升级。

（三）深度开发水电

从前文的分析可以看出，电力部门是湖南省最具有温室气体减排潜力的主要领域；而湖南省少煤无油，是典型的能源输入省份；并且，湖南省要更好地发挥能耗结构效应，必须减少对传统化石能源的消费，加快发展可再生能源。因此，湖南省应积极发展绿色电力。

近年来，湖南省在发展绿色电力方面取得了一定成效：截至 2008 年底，湖南省共有风力发电厂 15 个，总装机容量 1651.8 千瓦，2008 年风力发电 300.6 万千瓦时；截至 2009 年底，湖南省共有微水发电设备 2579 台，总装机容量 5398.8 千瓦，全年微水发电共 1528.31 万千瓦时（湖南省统计局，2010）。不过，风力、太阳能发电等技术虽然应用前景广阔，但按照现有的技术水平还不能满足大规模的社会需求。而水电是目前唯一一种技术上比较成熟的、可以进行大规模开发的可再生能源，因此，水电是湖南省发展绿色电力的主攻重点。

湖南省河流众多，有湘、资、沅、澧四大水系，水资源总量达2085亿立方米（不含入境水量），占全国水资源总量的7.6%（刘东润等，2003）。水能资源也相对丰富，理论蕴藏量1569.48万千瓦，占全国的2.3%，技术可开发容量达1323.2万千瓦，经济可开发装机容量为1149.76万千瓦（罗信芝，2008；罗信芝等，2003）。尽管到2007年底，湖南省已开发水能资源超过3/4，但截至2008年底，水电装机容量仅在湖南省电力市场的装机容量中占四成（42.5%）。这说明，湖南省对其省内丰富水能资源的利用还比较初级。因此，深度开发水电资源，将是湖南省充分发挥其资源优势以实现温室气体减排的极具现实性的途径。具体说来，应加快开发目前已经规划的水电项目，对具备条件的水电项目尽快实施增容改造，并开展新的抽水蓄能电站建设等。

（四）加强废弃物管理

麦肯锡公司（2009）指出，副产品和废弃物的回收及再利用，将成为推动基准情景之上的额外减排潜力的关键因素；中国废弃物回收的减排潜力占高排放工业减排潜力的50%以上。对废弃物的管理包括两个方面，一是对包括钢铁、基础化工、水泥、煤炭开采在内的高排放工业的废弃物的回收及再利用；二是对城市固体废弃物的回收及再利用。从现实情况看，虽然近年来湖南省对工业副产品和废弃物的回收及再利用率有所提高（例如，2009年度湖南省株洲市的工业固体废物处置利用率达92.52%，比2008年度增加了1.06个百分点），但仍有许多未被回收或未得到妥善处置的工业废弃物，煤层气的回收率还很低，炼钢排放的高炉炉渣和电力生产中燃煤产生的粉煤灰等的回收利用率也很低；城市废弃物的处理则主要采取在填埋场填埋的方式，城市固体废弃物填埋气发电技术还没能取得突破。因此，加强这两个方面的废弃物管理，不仅能大大降低高排放工业与城市固体废弃物管理中的温室气体排放量，还有利于提高资源利用效率。

（五）建设绿色建筑和生态城市

前文的分析表明，湖南省建筑和家电使用部门的单位温室气体的平均减排成本（9欧元/吨二氧化碳当量）最低，是未来实现温室气体减排最具经济性的部门。因此，建筑节能将是湖南省实现温室气体减排的最具经济性的途径。湖南省应重视建筑节能手段的应用。一方面，通过设计更密集的城市规划实现能效的提高和私车的减少（因为高层建筑的能效比低层建筑高10%~15%，密集度高的城市的公共交通系统更发达和便捷）。另一方面，应在新建筑中引进节能设计、使用节能照明和电器、安装节能的通风、供暖和空调系统等，使建筑朝向更利于有效利于阳光的吸收和反射、使用自然遮阴和通风设备、合理设计门窗大小等这些建筑被动设计的要素的管理将能以相似的成本实现更大的能源节约。目前，湖南省已充分认识到建设绿色建筑和生态城市的意义，制定了《湖南省建筑节能"十二五"发展规划》、《湖南省可再生能源建筑应用"十二五"发展规划》等规划，出台了《湖南省绿色建筑评价标识管理办法》、《湖南省建筑节能专项资金管理办法》等管理规定，不过，建筑节能实践还不深入，建筑节能工作组织体系和技术支撑体系还没能建立起来，建筑节能工作还有待大力推进。

（六）倡导绿色消费

麦肯锡（2009）的研究表明，2005~2030年间，公众消费行为有减少4亿吨二氧化碳当量排放的潜力。并且，引导消费者转变消费观念，使他们在细小的行为上做到节能减排，将是持续投资和运营成本很少而又不影响消费者生活水平的一项措施。因此，应重视倡导绿色消费，采取政策引导、措施激励和公众教育影响等方式鼓励消费者注重环保、节约资源和能源。

此外，作为农林业大省，湖南省应继续推广低排放的高产水稻品种和水稻间歇灌溉技术，进一步扩大测土配方施肥的应用范围，合理配比施肥用量，推行保护性耕作，从而减少水稻田甲烷排放。同时，应积极推动植树种草工作，保护和恢复生态，提高森林覆盖率，加强森林管理，从而提高碳汇。

参考文献

湖南省统计局：《发展可再生能源 助推新农村建设——湖南省农村可再生能源建设的现状问题及对策》，http://www.hntj.gov.cn/fxbg/2009fxbg/2009jczx/200904130046.htm，2009。

刘东润、刘慎柏、张在峰：《湖南省水资源现状与可持续利用对策分析》，中国水力发电工程学会水文泥沙专业委员会第四届学术讨论会论文集，2003。

罗信芝、吴作平：《湖南电源开发现状与展望》，《能源》2000年第3期。

罗信芝：《湖南水电参与市场竞争的态势及对策》，《华中电力》2008年第2期。

胡新明、罗满妹、游兴：《湖南省水资源开发利用现状及对策》，《湖南水利水电》2005年第3期。

湖南省农村能源办调查组：《湖南省农村户用沼气建设需求情况调查报告》，http：//www.hnncb.gov.cn/Ncb/News/Show.asp？id=4309，2010。

第16章

中国低碳经济转型的路径选择与政策建议

一 中国排放的总体形势

全球气候变化谈判已经变成世界各国争夺话语权、竞相抢占道义制高点的平台。随着中国经济总量的增加,为了为中国的发展创造更好的外部环境,充分利用各种平台,占领道义上的制高点,提升软实力,不仅极其重要,而且十分迫切。中国也应积极把握应对气候变化的机会,充分发挥全球应对气候变化各种平台的作用,使气候变化谈判成为中国提升软实力的重要组成部分。

世界银行在专门研究东亚地区能源可持续发展的报告中指出,通过实施可持续发展战略,中国的二氧化碳排放可以在2025年达到峰值。国际能源署2010年发布的国际能源技术展望通过情景分析,提出中国的二氧化碳排放在2020年可以达到峰值。国内大部分对中国碳排放达峰时间研究的结论是,中国可以在2030~2040年间达峰。这些研究主要考虑中国达峰的经济上的代价与可行性,但中国究竟应在何时达峰,既要考虑经济因素,也要考虑道义上的因素。中国减排的成绩举世瞩目,也得到了国际社会的高度肯定,但随着中国在全球经济政治格局中地位的变化,国际社会对中国的期待也会有所不同,中国气候变化谈判需要着眼于中国角色的变化而进行调整,充分利用好气候变化谈判这个平台,进一步抢占道义上的制高点。从占领道义制高点的角度来说,中国承诺碳排放达峰的时间不能晚于2030年。

世界银行按人均国民总收入水平把全球各国分成四种类型：低收入国家或地区、中等偏下收入国家或地区、中等偏上收入国家或地区及高收入国家或地区，《京都议定书》的附件 I 国家，基本上都属于高收入国家。

按世界银行的标准，中国目前仍属于中等收入水平国家，属于发展中国家的行列，但已超越中等偏下收入阶段，向高收入国家迈进。对中国何时能进入高收入国家行列，不同的研究虽有不同的判断，但大致在 2020~2030 年这个区间段。在人民币对美元汇率不出现大幅度升值的情况下，中国的经济增长率在 2010~2020 年只要保持 7.5% 左右、2020~2030 年间保持 5.9% 左右，2030 年前中国的人均 GDP 会突破 8 万元（按 2005 年不变价计算），按当前的汇率计算，即进入高收入国家行列。如果人民币出现大幅升值，中国进入高收入国家的时间将更早。

当前气候变化谈判的难点就在于，中国正处于从中等收入国家向高收入国家行列迈进的进程中，国际社会对中等收入国家和高收入国家的期待是不同的。中国气候变化谈判要占领道义上的制高点，就要适应这一特点：在中国进入高收入国家行列之前，不考虑总量减排，在中国进入高收入国家行列之后，考虑总量减排目标问题，开始承诺实行碳排放零增长甚至负增长。

判断一个国家能否达峰，什么时候达峰，从一些已经达到碳排放峰值的国家经验来看，通常需要满足几个条件：一是城市化过程基本完成，二是第二产业比重下降，三是高耗能产业产量达到峰值，四是人口增长缓慢。到 2030 年左右，中国基本能满足这些条件。

（一）城市化过程基本完成

目前碳排放已达峰的国家，其城市化水平都超过 60%，城市化过程基本完成，城市人口增长率基本保持在 1% 以下。2011 年中国的城市人口占总人口的比例超过 50%，预计到 2025 年，中国的城市化率将超过 60%，2030 年达到 65%，相当于日本目前的水平。

（二）第二产业的比重出现较大幅度下降

碳排放达峰的发达国家，第二产业的比重都在 20%~30%，部分国家甚至更低，中国目前的第二产业在国民经济中占有较大比重，而且是能源消费大户。随着中国一、二、三产业协调发展政策的推进，中国第三产业的比重必将有所提高，2030 年前后中国第二产业比重将会降至 30% 左右，和日本、德国 20 世纪 90 年代、美国 20 世纪 80 年代的水平相当。

（三）高耗能产品产量达峰

传统的工业化道路，都要经历重化工业的阶段，碳排放达峰的国家，其高耗能产业在制造业中不再占有重要地位。中国碳排放达峰的时间，受高耗能产业或产品产量达峰早晚的制约。中国的一些高耗能产品产量如钢铁、水泥、平板玻璃都将在 2030 年前后达峰。

（四）人口规模基本稳定

人口增长是碳排放增长的重要驱动因素。日本、德国、法国、英国等国在碳排放达到峰值及之后，人口增长缓慢。在科学的人口政策指导下，中国的人口今后也不会出现快速增长，2030 年人口规模达到峰值的可能性很大。2030 年后人口增长对碳排放增长驱动将趋于零甚至为负值。

上述四个条件是一个国家实现总量减排的基础，除此之外，一个国家要实现总量减排还需政府和社会在理念上的支持，有减排的决心和动力。中国政府目前已高度重视节能减排工作，有了一定的社会基础。

归纳起来，中国于 2030 年达峰面临的有利条件是：①城市化率达到 65%。②第二产业所占比重降到 36% 左右；和日本、德国 20 世纪 90 年代、美国 20 世纪 80 年代的水平相当。③人口规模为 14.37 亿人，此后人口也不会大幅度增加。

2030 年中国达峰面临的主要挑战是，居民生活和大型公建的碳排放、交通运输业的排放仍面临持续增加的压力，钢铁、水泥的产量仍将处于高位。为了实现 2030 年达峰，需要实现以下情景：①能源消费总量 2030 年控制在 59 亿吨标准煤，2050 年控制在世界范围内 66 亿吨标准煤。②非化石能源 2030 年占比达到 24%，2040 年达到 30%，2050 年达到 38%。③钢铁、水泥、平板玻璃、化工产品的排放于 2030 年前达峰。④控制小轿车总量，大力发展新能源汽车，2030 年把机动车保有量控制在 2.5 亿辆，通过发展新能源汽车和实行节能型出行方式、提高机动车能源利用效率，把排放量放控制在 11 亿吨左右。⑤节能型耐用电器得到推广、普及，城镇建筑面积实行合理增长，提高建筑能效。所以，要实现于 2030 年达峰的目标，中国除优化能源结构、较快推进新能源汽车发展外，还需要适度加快结构调整，提高第三产业比重，推进节能型电器、节能型汽车和节能型建筑的发展。

基于情景分析，一些国际机构、组织和政府部门根据全球温室气体排放控制目标，对中国达峰时间进行了大量研究，这些研究的结论正在被国际谈判的各方所采纳，并转化成对中国的现实压力，使国际社会对中国达峰有着越早越好的期待。对中国温室排放达峰时间的情景分析，绝大多数研究认为，中国达峰的年代在2030~2040年间，部分分析指出，在大力采取强化节能减排措施的情景下，中国有可能在2030年前，如2025年，甚至2020年达峰，还有少数研究指出，中国的温室气候排放2050年前没有峰值。从现实经济发展的趋势看，中国于2040年实现排放达标目标，难度相对是比较小的。中国于2040年达峰面临的有利条件是，城市化水平达到70%，第二产业比重降到30%，人口规模已越过峰值，高耗能产品产量已趋于下降。2040年达峰，重点要解决好居民生活的节能减排问题和交通运输部门减排，重点是要控制城镇建筑面积和推广新能源汽车、发展新能源产业；2040年能源消费总量控制不超过70亿吨标准煤；非化石能源比重2040年达到27%，2050年达34%左右，2040年车用能源排放控制在11.6亿吨二氧化碳。

如果把排放达峰目标提到2025年，则面临的挑战很大，因为届时人口总量没有达峰，城市化水平还较低，一些高耗能产品产量处于高位。此时达峰需要满足以下情景：①能源消费总量2025年控制在53亿吨左右，2050年控制在56亿吨左右；②非化石能源比重2025年达到21%；③控制钢铁、水泥等高耗能产品产量，钢产量不超过8.3亿吨，水泥产量不超过23亿吨，提高钢铁、水泥的能源利用效率；④对公用建筑、居民生活领域实行高强度的节能减排，2025年把公用建筑的碳排放控制在2.5亿吨，大力推进居民生活的节能减排，建立严格的大型公建排放标准，严格控制城镇建筑面积；⑥大力发展新能源汽车，提高机动车能效，把交通运输部门的排放控制在10亿吨左右，2025年机动车总量控制在1.9亿辆。所以，要实现2025年的达峰目标，除需要优化能源结构、大力发展新能源汽车之外，还必须加快结构调整步伐，较快地提高第三产业的比重，对生活模式向严格节约型、低碳型转变实现节能减排目标作为重点加以推进。此外，还应加快CCS技术的推广和应用。

二 减排的经济影响

(一) 中国减排的影响

在中国排放何时达峰上存在着多种研究结论。课题组根据情景分析测算了中国在 2025 年达到峰值的排放路径和由此产生的经济成本。由于经济政策和技术存在很大的不确定性，所以又分别测算了 2030 和 2040 年达峰的经济影响。政策冲击的设定是：假定中国的二氧化碳排放分别于 2025、2030 和 2040 年达到峰值，然后通过调整相应年份政府征收的碳税来实现达峰的时间和排放总量。

从对宏观经济的影响看，中国经济将会受到负面冲击，而且达峰越早影响越大。与基准情景相比，在 2025 年达峰、2030 年达峰和 2040 年达峰三个政策情景下，2050 年中国实际 GDP 增长，分别累计下降 20.9%、14.8% 和 8.7%。中国的消费需求将会下降而外贸出现一定的盈余。其中，私人消费和政府消费都出现下降。由于政府消费不产生排放，所以，政府消费受到的冲击较小，下降的幅度小于私人消费。外贸也出现同时下降的局面，其中进口下降是因为本国经济收缩对进口产品需求下降，出口下降是因为实际汇率升值导致出口产品价格上涨。总的来说，进口下降的幅度超过了出口，所以，外贸将会取得一定的贸易盈余。

从对产业的影响来看，减排使中国所有行业都受到负面影响，而且达峰越早受到的冲击越大。平均来看，2025 年、2030 年和 2040 年达峰使 17 个行业的产出平均下降幅度分别为 -31.9%、-24.5% 和 -15.8%。其中下降较大的有石油、天然气、煤炭、建筑业、电力和成品油等行业，受到冲击较小的行业有农产品、食品、贸易和服务业等。总体上来说，对能源行业的冲击较大，而对非能源行业的冲击相对较小。

(二) 主要国家减排的经济影响

对主要国家减排的经济影响，课题组采用了动态 GTAP - E 全球模型，包含了区域间贸易和资本的流动，也就是说，一个国家完成减排承诺的经济影响，还取决于其他国家是否完成承诺以及在多大程度上完成。在全球模型中，一个国家产生政策冲击后会一系列的连锁反应，存在着国家间的溢出和反馈的效应。为了简化分析，我们这里假定的情景是2050年当一个国家完成承诺时其他国家保持不变，从而部分隔离了其他国家的影响，这样我们可以捕捉到由于自身减排对经济的影响。

减排路径的假设。完成2050年承诺的减排有三种方式，先快后慢、先慢后快和线性的减排，虽然这三种不同的方式都可以达到同样的减排目标，但是三种方式对经济的影响却不一样。如中国在之前减排的越多，对整个的经济影响就越大，因为越往前中国的大型基础设施还没有全部完成而且工业化和城市化率还在大幅推进，这就导致二产比重较高，高耗能行业也会保持较快的发展，与先慢后快或者线性减排相比，如果选择先快后慢的减排就会产生更大的负面影响，即使是减排同样数量的二氧化碳。所以，减排的路径的选择也会直接影响到减排的成本和相关的经济影响。在这里我们采用的假设是较为普遍的线性减排方式。

减排的方式假设。为达到同样的减排目标其实也有很多的方式和手段可以选择，如可以征收碳税增加企业和居民使用高排放产品的相对价格，从而抑制其对这些产品的消耗。当然也可以通过区域间碳市场的方式来实现，也就是说通过买卖配额的方式来达到减排目标。还有一些技术的措施，如大力发展CCS技术和一些新能源技术等措施。还可以通过扩大植树造林扩大绿化面积来增加碳汇也可以实现承诺。在这里我们选择的是常规的最主要的经济手段征收碳税。根据全球完成2℃目标的要求和各国政府的减排战略，对各国设定了减排目标，2050年印度、巴西、南非等发展中国家相对于2005年减少20%，发达国家欧盟、日本相对于1990年减排80%，美国相对于2005年水平减排83%，澳大利亚相对于2000年减排80%。

对主要经济体的经济影响进行评估显示：欧盟累计影响是GDP将下降25.4%，投资、消费和贸易也均出现大幅度的下降。其中，降幅最大的是投资下降25.4%，这是由于征收碳税的直接影响就是导致国内的投资回报率下降，所以整体投资受到的冲击最大。另外，从物价看，通过征收碳税完成承诺会推高国内的物价水平，模型显示物价将会上涨17.5%。美国经济累计下降13.4%，投资、消费和贸易也均出现大幅度的下降。其中，投资降幅最大达18.7%，物价将会上升2.82%。日本经济累计下降8.93%，投资、消费和贸易也均出现大幅度的下降。其中，投资降幅最大达5.2%，物价将会上升1.94%。所有行业均受到负面冲击，平均影响为-18.8%。澳大利亚经济累计下降15.9%，投资、消费和贸易也均出现大幅度的下降。其中，投资降幅最大达 21.5%，物价将会上升 1.74%。

对于主要发展中国家的影响为：印度经济累计下降 46.4%，投资、消费和贸易也均出现大幅度的下降。其中，投资降幅最大达 71.3%，物价将会上升 36.8%，巴西经济累计下降 13.1%，投资、消费和贸易也均出现大幅度的下降。其中，投资降幅最大达 27.3%，物价将会上升 11.5%。南非经济累计下降 10.1%，投资、消费和贸易也均出现大幅度的下降。其中，投资降幅最大达 21.9%，物价将会上升 5.4%。

将中国减排的影响和其他国家进行比较，不难发现，中国 2025 年达峰能受到的冲击要高于美国、日本、澳大利亚等一些发展中国家。

三 中国典型部门与行业的减排活动

（一）农业部门

课题组从农业生产过程和化肥、能源等投入两方面计算了中国农业温室气体排放。2009 年，中国农业总计排放温室气体 158557.3 万吨 CO_2 当量，比 1980 年增长 52.03%，年均增长 1.46%。其中，CH_4 占总排放的 25%，N_2O 占总排放的 52%，CO_2 占总排放的 23%。按来源分析，在 2009 年排放的温室气体中，水稻种植排放 14264.45 万吨，占 9%；畜牧生产排放 42709.94 万吨，占 26.94%；土壤排放 47457.81 万吨，占 29.93%；化肥、能源、农药、农膜等投入排放 54125.11 万吨，占 34.14%。

2009 年每一元农业 GDP 排放的温室气体为 2.98 千克，每千克粮食排放的温室气体为 1.5 千克。其中，稻谷、小麦、玉米每千克排放的温室气体分别为 1.67、1.25、1.13 千克。每千克牛肉排放的温室气体在 2008 年为 28.54 千克，羊肉为 15.5 千克，猪肉为 1.49 千克，禽肉为 0.54 千克，牛奶为 1.04 千克，禽蛋为 0.83 千克。由于技术进步和生产效率提高，每千克粮食、肉类和牛奶排放的温室气体都有较大幅度降低。

对于种植单季粮食的土地，每吨 CO_2 为 80 元将使 23.27% 的耕地退出粮食生产；当每吨 CO_2 为 100 元时，这一比例高达 63.31%。对于种植双季粮食的土地，每吨 CO_2 价格达到 130~140 元时，将有 50% 的耕地退出粮食生产。由于中国粮食生产利润率过低，CO_2 较低的价格便严重影响粮食生产面积和产量。

整个农业部门的温室气体排放将在 2026 年达到峰值，数量为 168484.76 万吨。其中水稻种植、土壤、化肥施用等排放的温室气体已经达到峰值，农药排放的温室气体将在 2012 年达到峰值，畜牧将在 2026 年达到峰值，能源和塑料薄膜将在 2033 年达到峰值。

通过提高水稻等作物单产，扩大部分农产品进口，改良牲畜品种和饲料结构，提高化肥施用和能源利用效率等措施，农业温室气体排放可从 2010 年的 161340.86 万吨减至 2050 年的 117668.74 万吨，较预期的 152261.97 万吨减少 22.72%。

中国农业已进入大规模利用化石能源时代，今后应逐渐向绿色农业转型。在自然资源可持续利用的基础上，提高农业生产力和农民收入水平，保障中国居民食物的充足供给。实现绿色农业转型的关键是农业技术进步。

（二）工业部门排放

通过对行业排放的研究，重点行业的基本特点是：行业碳排放首先达峰，其次是能源消耗达峰，最后是产量达峰。

钢铁、水泥行业碳排放研究。城市化的进程中必然伴随着钢铁、水泥等高耗能产业的扩张和成熟。通过对美国、日本、韩国等国家与地区钢铁、水泥产业的研究表明，发达国家的变化规律是：第一，水泥消费量达到"峰值"持续几年后，工业化、城镇化进程基本进入后期，这时建设高峰期已过，水泥消费开始回落，当回落到实现动态平衡时，这才是真正的"饱和点"或"平衡点"，由此水泥消费进入动态平衡的稳定期，水泥消费量已不再随 GDP 的增长而改变。第二，发达国家钢铁产量均经历了急速上升，然后达到峰值后根据各国产业结构保持平稳或者回落的过程。美国、日本等发达国家经验表明，当城市化率在 70% 左右时，钢铁、水泥产量将出现下降；考虑中国城市化的特点，中国在 2030 年前后钢铁、水泥产量将出现下降。

合成氨、纯碱、乙烯、造纸行业碳排放研究。通过对主要发达国家比较分析，合成氨产量将在 2020 年前后达峰；乙烯产量将在 2030 年前后达峰；纯碱产量将在 2040 年前后达峰；造纸产量在 2025 年前后达峰，但此后大约存在十年的平台期。

有色金属、平板玻璃行业碳排放研究。通过对主要发达国家比较分析，预计中国将在 2025 年前后产量（原生金属产量）与碳排放达峰；平板玻璃碳排放将在 2025 年前后达峰，产量将在 2045 年前后达峰。

（三）机动车排放

与发达国家（美国、日本）相比，中国的汽车保有量并不高，其中摩托车保有量超过半数，占主导地位。

依托第一次全国污染源普查的不同类型机动车、不同燃料类型以及不同排放标准的 CO 和 HC 基本排放因子，综合考虑载客汽车、载货汽车、低速汽车，汽油、柴油、LPG，以及国 0、国 Ⅰ、国 Ⅱ 和国 Ⅲ 车的所占比例得到基准年 2007 年机动车实际 CO_2 排放因子为 281.18 克/千米。由此可以计算出基准年 2007 年机动车 CO_2 排放量为 3.71 亿吨。

2030 年和 2050 年机动车保有量分别为 25835.39 万辆和 54701.18 万辆，分别是 2009 年机动车保有量（6209.40 万辆）的 4.2 倍和 8.8 倍，千人汽车拥有量分别为 180 辆和 386 辆，分别是 2009 年中国千人汽车拥有量（47 辆）的 3.9 倍和 8.3 倍。

新能源汽车是机动车 CO_2 减排的重要途径，综合考虑技术现状和资源条件混合动力汽车是最适宜在中国大力推广的新能源汽车车型。经研究 2011~2050 年间通过实施新能源汽车可减排 CO_2 量在 0.25 亿~34 亿吨，节油量 11.35 万~382.22 万吨。到 2050 年中国机动车 CO_2 排放量为 12.58 亿吨。

综合考虑购置成本、使用成本、维护成本和学习曲线规律，机动车 CO_2 减排成本效益在 1626~4599 元/吨 CO_2 之间，总体呈波动下降趋势。

（四）居民部门

居民部门的二氧化碳排放在未来一段时间内还将较快地增长，但减排潜力较大。基准情景下，居民部门照明二氧化碳排放量将从 2010 年的 3.457×10^3 万吨开始增长，直到 2028 年达到峰值，峰值量为 7.535×10^3 万吨二氧化碳；居民部门耐用电器二氧化碳排放量从 2010 年的 3.133×10^4 万吨增长，在 2046 年到达峰值，峰值量为 6.408×10^4 万吨二氧化碳；居民部门住宅采暖二氧化碳排放量从 2010 年的 3.206×10^4 万吨开始增长，在 2020 年达到峰值，峰值量为 5.5528×10^4 万吨二氧化碳。基准情景下，2010~2050 年居民室内照明的碳排放总量为 2.745×10^5 万吨二氧化碳，低情景下 2010~2050 年居民室内照明碳排放总量 2.413×10^5 万吨二氧化碳，减排潜力为 12.091%，高情景下 2010~2050 年居民室内照明碳排放总量 2.247×10^5 万吨二氧化碳，减排潜力为 20.633%。基准情景下 2010~2050 年所有室内耐用电器碳排放总量 2.332×10^6 万吨二氧化碳，低情景下 2010~2050 年所有室内耐用电器碳排放总量 1.873×10^6 万吨二氧化碳，减排潜力为 19.659%，高情景下 2010~2050 年所有室内耐用电器碳排放总量 1.635×10^6 万吨二氧化碳，减排潜力为 29.882%。基准情景下，居民采暖 2010~2050 年碳排放总量为 2.0102×10^6 万吨二氧化碳，低情景下，居民采暖 2010~2050 年碳排放总量为 1.6369×10^6 万吨二氧化碳，减排潜力为 18.567%，高情景下，居民采暖 2010~2050 年碳排放总量为 1.4195×10^6 万吨二氧化碳，减排潜力为 29.384%。

（五）废弃物部门

与发达国家相比，中国人均 GDP 和城市化率较低，人均固体废弃物日产量约为 0.75 千克。然而，由于人口基数大，中国废弃物生成总量较大，而且随着人均收入不断提高，工业化和城市化进程加快，中国废弃物生成量特别是城市固体废弃物产量呈快速上升趋势，废弃物的温室气体排放增加，环境影响增大。与发达国家废弃物温室气体排放已出现下降的趋势不同，本研究的测算结果显示，中国废弃物碳排放到 2030 年才能达到峰值。到 2050 年，中国废弃物排放与峰值时水平相比下降约 10%，与美国、日本 1990~2005 年变化情况相近，这是由中国经济发展和工业化的阶段性特征决定的。相对于城市固体废弃物，由于中国粮食需求的逐步稳定，农村固体废弃物生成量增速趋缓，而在经历了 21 世纪头十年工业高增长中生成规模的快速扩大后，随着综合利用率逐步提高，工业固体废弃物处置量将明显下降。同时，本研究预测结果还显示，中国废弃物碳排放峰值出现时间与碳排放总量的达峰时间基本一致。但由于废弃物碳排放占排放总量的比重较小，而且在技术进步的支持下，新型处置方式的推广应用将使废弃物减排的收益大于成本。

四 政策建议

（1）把大力拓展发展中国家的市场，作为减轻发达国家对中国施压的重要手段。对发展中国家的地位、立场要进行重点跟踪，目前应着手针对发展中国家的地位变化制订有针对性的措施。

（2）积极支持、参与相关国际机构、组织有关全球排放情景的分析，争取取得主导权。对国际社会有关中国于 2020 年达到峰值的分析，要保持警惕，防止一些国家把关于中国 2020 年的情景分析作为参照向中国施压，从而把理论情景变成现实压力。

（3）加快东部地区的产业转型升级，为中西部地区的发展留下更多的排放空间，以应对西方国家的再工业化挑战。"制造业回流"是发达国家制造业整体发展氛围回暖的结果，而"再工业化"将增强发达国家的国际竞争力。应加强"再工业化"与"制造业回流"对全球应对变化、温室气体减排前景以及国际气候变化的影响的跟踪研究，采取有效措施防止中国产业外移，防止发达国家以气候变化为平台，通过不公平竞争手段维护其传统产业和战略性新兴产业竞争优势。积极参与新型的地区性经济、贸易组织的谈判，避免其建立不利于中国的规则。要为中西部地区承接东部产业转移创造有利条件，把国际产业转移变成国内转移。

（4）把鼓励和倡导节约型、低碳型生活方式、消费方式作为中国减少排放的核心环节加以推进。要利用 2020 年前这一段中国工业化、城市化进一步推进的关键时期，要尽早培育低碳型生活方式和消费方式。

（5）经济结构调整要坚持优化一、二、三产业结构和优化工业内部结构同时并举的原则。无论何时达峰，节能都需要做出关键贡献，对于节能优先战略的实施，加大结构调整力度又至关重要，要把实施经济结构调整作为实施节能优先原则的战略性举措。在经济结构调整上，要坚持两条腿走路的方针：一方面通过优化一、二、三产业结构实现减排，另一方面要通过优化工业内部结构、降低高耗能产业比重实现减排，二者不可偏废。

（6）根据不同时期的特点，进行重点突破。2030 年前，要把加快经济结构调整、加大第二产业和交通运输行业的节能力度作为节能减排的重点加以推进，2030 年后要把交通运输部门的减排以及居民生活减排作为重点加以推进。如果要实现 2025 年达峰，则还需要加快 CCS 技术的推广和应用、大力推广新能源的使用。

图书在版编目(CIP)数据

2050:中国的低碳经济转型/张其仔等著.—北京:社会科学文献出版社,2015.7
(发展方式转变丛书)
ISBN 978-7-5097-5915-8

Ⅰ.①2… Ⅱ.①张… Ⅲ.①节能-中国经济-转型经济-研究 Ⅳ.①F12

中国版本图书馆 CIP 数据核字(2015)第 073415 号

·发展方式转变丛书·
2050:中国的低碳经济转型

著　　者／张其仔　郭朝先　杨丹辉　等

出 版 人／谢寿光
项目统筹／邓泳红
责任编辑／周映希

出　　版／社会科学文献出版社·皮书出版分社(010)59367127
　　　　　　地址:北京市北三环中路甲29号院华龙大厦　邮编:100029
　　　　　　网址:www.ssap.com.cn
发　　行／市场营销中心(010)59367081　59367090
　　　　　　读者服务中心(010)59367028
印　　装／三河市东方印刷有限公司
规　　格／开　本:787mm×1092mm　1/16
　　　　　　印　张:34.5　字　数:576千字
版　　次／2015年7月第1版　2015年7月第1次印刷
书　　号／ISBN 978-7-5097-5915-8
定　　价／128.00元

本书如有破损、缺页、装订错误,请与本社读者服务中心联系更换

▲ 版权所有 翻印必究